국제물류운송론

International Transportation & Logistics

송채헌 · 박종은

탑북스

머 리 말

'국제물류'는 초창기에 제시된 물류의 개념이 '국내'(domestic)에 치중되어 있었으나 실제 제조기업을 포함한 기업들의 활동은 국내에 한정된 것이 아니므로 국제물류 또한 고려해야 한다는 점을 강조하는 측면에서 사용되어 온 용어이다. 본래 국제(International)란 2개국 이상의 국가들 사이에서 개인들 또는 기업들이 관련된 것을 의미하는 것이므로 '국제물류'는 물류가 2개국 이상에 걸쳐 발생하고 관련되어지는 것을 뜻한다.

국제물류의 개념은 자유무역의 확대와 기업의 글로벌화가 진행된 20세기 후반부와 21세기 전반부에 들어서 본격적으로 적용되기 시작했다. 현재 아시아를 중심으로 한 국제교역 증가는 국제물류시장의 성장으로 이어지고 있고 또 주요 물류거점 국가들은 물류산업의 활성화를 이용해 자국의 이익을 극대화하여 선진국으로의 진입을 위한 기반으로 활용하고자 많은 노력을 기울이고 있다. 우리나라도 2000년 이후 국가경제성장 기반강화와 선진국 진입의 일환으로 동북아의 물류 거점화를 추진하고 있으나 아직 성과가 미흡한 상황이다. 그러나 글로벌 교역의 중심지역으로 부상한 동북아를 이용할 수 있는 한국의 입지를 고려한다면, 우리나라의 물류산업의 성장은 매우 중요한 사안이다. 국제물류운송의 합리성과 효율성이 우리나라와 기업들에게 중요한 이유는 다음과 같다.

첫째, 그 동안 기업활동에 있어서 제품, 가격, 판매촉진, 유통경로 등은 마케팅믹스(marketing mix)의 발전을 통하여 상당한 진전을 가져왔으나 대부분 제품의 물적 흐름에 관해서는 단지 기업활동의 보조나 지원수단으로 인식하여 왔다. 그러나 기업활동에 있어서 제조부문에서의 원가절감은 기계화 및 원가관리의 합리화 그리고 자본의 고정화에 따른 고정자산의 증대로 인하여 제조원가는 어떤 한계점 이상의 절감은 어려운 것이 현실이다. 또 기업은 생산부문의 합리화, 즉 생산비의 절감에는 한계가 있으나 물류비는 매년 증가하는 경향이 있으며 고객의 요구는 다양화, 전문화, 고도화되어 고객서비스 향상이 특히 중요시되고 있다. 따라서 기업간 경쟁에서 승리하려면 물류면에서 우위를 확보하여야 한다.

둘째, 제품의 운송, 보관, 재고통제 등의 물류분야는 관리의 혁신을 통하여 대폭적인 비용절감을 기대할 수 있으나 반대로 기술혁신에 의하여 운송, 보관, 하역, 포장기술이 발전되었고 정보면에서는 그 발전속도가 현저하게 빠르다. 그러나 우리나라 기업들은 이제 물류운송분야에 대한 관심을 갖기 시작하였으므로 국제물류운송은 아직 타 분야에 비해 미개척분야로 남아 있다고 볼 수 있다. 이 점에 대하여 미국의 드럭커(P. F. Drucker) 교수는 국제물류운송분야를 "경제의 암흑대륙"으로 그리고 파커(D. D. Parker) 교수는 "비용절감을 위한 최후의 미개척분야"로 표현하였으며, 일본에서도 1965년부터 물류를 기리켜 '제3의 이윤원(利潤源)', '비용절감의 보고(寶庫)' 또는 '암흑대륙' 등으로 표현하고 있으며, 필자는 이를 '물류전쟁'으로 표현하고 있다.

필자는 이와 같은 국제물류운송의 중요성을 감안하여 본 교재를 집필하였으며 아울러 국제운송수단별 개요와 특징, 절차, 법규 등을 기초에서부터 실무에 이르기까지 알기 쉽도록 풀어 놓았다. 본 교재는 물류학 전공자나 무역에 관심을 가지고 있는 무역 입문자, 그리고 무역실무자들에게 국제운송에 관한 이해와 감각을 가지도록 많은 도움을 줄 것으로 기대한다. 또 무역회사, 보험회사 및 운송회사(해상, 항공 등) 등 근무하는데 필요한 종합 지침서로서 물류관리사와 무역업종사자, 물류기업 실무자 양성을 위한 이론과 실무교재로 활용될 수 있도록 집필하였다.

끝으로 본 교재의 집필과정에서 발견된 부족한 점은 향후 지속적으로 보완하고 수정해 나갈 것임을 약속드리며 더불어 본 교재의 출판을 허락하여 주신 도서출판 탑북스 김광식 사장님에게 깊은 사의를 표하며 또한 출판에 애써주신 편집 관계자 여러분들에게 이 지면을 빌어 심심한 감사를 드린다.

2011년 2월

대표 저자 씀

일 러 두 기

본 교재는 총 2부 7장 17절로 구성되어 있다.

제1부는 물류 및 국제운송에 관한 개괄적인 내용을 담았다.

제1장에서는 물류의 기원과 물류의 정의 및 물류의 속성에 대하여 살펴보고 물류의 종류와 변천과정을 설명하였다. 그리고 우리나라의 시대별 물류의 발전과정을 통하여 물류의 구성과 영역, 물류의 역할과 기능 등에 관하여 기술하였으며 특히, 제3절에서는 현재 우리나라의 물류의 현황과 문제점을 분석한 다음 우리나라 기업의 제4자 물류의 활용방안과 향후 물류산업을 전망하였다. 제2장에서는 국제운송의 기초로 국제운송의 의의 및 생성과정과 국제운송 기업의 운영체계를 기술하였다. 그리고 국제운송기업의 운송실무를 알아보고 2010년 가을에 변경된 "INCOTERMS 2010"의 주요내용과 한계를 기술하였다.

제2부는 국제운송에 관한 개괄적인 지식과 과정 및 국제운송수단별 국제법적 검토를 하였다.

제3장에서는 국제운송의 전 단계로 수출포장 및 선적전 활동에 관한 내용을 담았다. 제4장에서는 육상운송의 종류 및 운송절차와 육로운송에 관한 국제조약 등을 통하여 육상운송에 관한 책임체계와 수출자가 육상운송 계약시 고려해야 하는 사항에 관하여 기술하였다. 제5장에서는 해상운송에 관한 내용으로 항만에 관한 일반적 내용과 우리나라의 항만의 입지조건 및 시설, 선박에 관하여 집중 분석하였다. 그리고 해상운송계약과 해상운임, 선화증권, 해상운송과 관련된 국제법규 등을 분석하였다. 제6장에서는 항공운송에 관한 내용으로 항공화물의 수출·입 절차 및 항공화물운송 계약에 관한 내용을 담았다. 또 항공화물의 운임 및 위험물관리, 항공화물운송장의 작성요령, 항공운송과 관련된 국제법 및 국제법규 등에 관하여 알아보았다. 제7장에서는 복합운송에 관한 내용으로 복합운송에 관한 전반적인 지식과 복합운송의 주요 운송경로, 복합운송에 관한 국제법규 등을 살펴보았다. 그리고 복합운송인과 프레이트 포워더의 책임과 국제물류주선업에 관하여 기술하였다.

차 례

제 1 부 물류 및 국제운송 개관

제1장 물류의 기초

제1절 물류의 정의 및 기원 ········ 21
1. 물류의 정의 ········ 21
   1) 미국의 물류에 대한 정의 21
   2) 일본의 물류에 대한 정의 22
   3) 현대적 의미의 물류에 대한 정의 24
2. 물류의 기원 ········ 25

제2절 물류의 발달 ········ 27
1. 우리나라의 시대별 물류의 발전 ········ 27
2. 물류의 종류 및 변천과정 ········ 28
   1) 제1자 물류(the first party logistics, 1PL) 29
   2) 제2자 물류(the second party logistics, 2PL) 29
   3) 제3자 물류(the third party logistics, 3PL) 31
   4) 제4자 물류(the fourth party logistics, 4PL) 33
   5) 공동물류(joint logistics, JL) 35
3. 물류의 구성과 영역 ········ 36
   1) 물류의 구성 36
   2) 물류의 영역 42
4. 물류의 역할과 기능 ········ 45
   1) 물류의 역할 47
   2) 물류의 기능 48

제3절 물류산업의 과제와 전망 ········ 49
1. 물류의 아웃소싱(Outsourcing) ········ 49
2. 우리나라 제3자 물류의 현황과 문제점 ········ 51
   1) 우리나라 제3자 물류의 현황 51
   2) 우리나라 제3자 물류의 문제점 52

3. 우리나라 기업의 제4자 물류 활용 방안 ········ 54
1) 제4자 물류의 출현 배경 54
2) 제4자 물류의 활성화 필요성 56
3) 제4자 물류의 운영모델 및 사례분석 57
4) 제4자 물류의 활성화 방안 63
4. 우리나라 물류산업의 전망 ········ 67

제2장 국제운송의 기초

제1절 국제 운송의 기초 ········ 71
1. 국제운송의 의의 및 생성과정 ········ 71
1) 기업의 글로벌화의 필요성 72
2) 기업의 해외 신규시장 개척 73
2. 국제물류운송인의 운영 체계 ········ 74
1) 우리나라 국제 운송기업의 운송 영역 75
제2절 국제운송 기업의 운송실무 ········ 78
1. 국제 운송기업의 운송실무 절차 ········ 78
1) 수출·입 물류의 지원 체계 78
2) 수출·입 물류 이동 79
3) 특수화물 운송 79
2. 국제 운송기업의 운송실무 내용 ········ 79
1) 통관대행 80
2) 화물보관 80
3) 해상운송·항공운송 및 기타운송 81
제3절 INCOTERMS 2010 ········ 81
1. INCOTERMS 2010의 개관 ········ 81
1) INCOTERMS 2010의 제정 배경 및 목적 81
2) 개정 INCOTERMS 2010의 주요 내용 82
3) 개정 INCOTERMS 2010의 내용분석 99
2. INCOTERMS 2010의 한계 ········ 102
1) 계약물품의 소유권이전에 관한 규정의 부재 102
2) 계약불이행에 관한 책임범위의 부재 103
3) 불가항력규정에 대한 부재 103
4) 변형 INCOTERMS 해석기준 불비 103
□ 참고문헌 및 자료 ········ 104

제2부 국제운송

제3장 수출포장 및 선적 전 활동

제1절 수출포장 ········· 109
1. 수출포장의 평가 ········· 109
1) 수출포장의 기능 109
2) 수출포장의 종류 111
3) 수출포장시 고려사항 114
2. 수출포장의 과정 ········· 116
1) 수출포장의 체계 및 종류 116
2) 목재 방역 / 열처리 121
3) 운 송 127
4) 화인(Shipping Mark) 130
제2절 선적준비 및 수출·입 운송 ········· 134
1. 선적준비 ········· 134
1) 선적 스케줄(shipping schedule) 확인 134
2) 컨테이너 적입 136
3) 포장명세서 139
2. 수출·입 운송 ········· 141
1) 수출·입 운송의 의의 141
2) 수출·입 운송의 종류 및 특성 142
3) 국제운송계약과 국제협약 144

제4장 육상운송

제1절 수출·입 화물의 육상운송 ········· 149
1. 육상운송의 기초 ········· 149
1) 도로운송 149
2) 철도운송 156
3) 연안 해상운송 160
2. 수출·입 화물의 내륙운송 절차 ········· 161
1) FCL / LCL 화물의 내륙운송(수출) 161

2) FCL/LCL 화물의 내륙운송(수입) 164
3) 컨테이너 화물의 운송형태 166
4) ICD(Inland Container/Clearance Depot) 167

제2절 육로운송에 관한 국제조약 ········· 169

1. 육로운송에 관한 국제조약 ········· 169
2. 국제육상운송인의 책임체계 ········· 171
   1) 국제규칙 171
   2) 책임원칙과 입증책임 172
   3) 운송인의 면책 175
   4) 운송인의 책임범위 179
3. 육상운송계약시 고려사항 ········· 182
   1) 운송장 182
   2) 운임의 청구와 유치권 182
   3) 포 장 182
   4) 운송물의 수탁거절 183
   5) 운송인의 손해배상 183
4. 육상운송과 보험 ········· 184
   1) 적재물 배상책임보험의 일반조항 185
   2) 적재물 배상책임보험의 위험담보 186
   3) 적재물 배상책임보험의 보상내용 186

제5장 해상운송

제1절 항 만 ········· 191

1. 항만(港灣)의 기초 및 입지 ········· 191
2. 항만의 분류 ········· 198
3. 항만의 시설 ········· 200
   1) 항만의 부두시설 200
   2) 항만의 화물하역 시설 204
   3) 항만의 선박수리 시설 206
   4) 항만의 항로표지 시설 207
4. 한국의 항만 ········· 209
5. 무역의 자유지대 ········· 212
   1) 자유지대(Free Zone)의 발달 212
   2) 관세자유지역제도 213

3) 자유무역지역제도 215
6. 선 박 216
1) 선박의 대형화 및 고속화 216
2) 선박의 대형화가 항만에 미치는 영향 219
3) 국제적 항만운영회사의 동북아 진출현황 220
제2절 해상운송 222
1. 해상운송의 개관 222
1) 해상운송의 4대 요소 222
2) 해상운송의 형태 223
3) 해운동맹(Shipping Conference) 231
4) 편의치적제도(Flag of Convenience) 233
5) 선급제도(Ship's Classification) 235
2. 선 박 236
1) 선박과 인간생활 236
2) 선박의 특성 및 기능 244
3) 선박의 치수 246
4) 속력과 무게단위 249
5) 선박의 종류 250
6) 선박의 구조 258
제3절 해상운송 계약 260
1. 해상운송계약 260
1) 개품운송계약(Affreightment in a General Ship) 262
2) 용선운송계약(contract by charter party) 266
3) 기간용선계약(time charter) 288
4) 나용선계약(bare boat charter) 300
2. 해상운임 304
1) 해상운임의 분류와 부대비용 304
2) 해상운임의 산정기준과 지급시기 308
3. 선화증권(Bill of Lading) 317
1) 선화증권의 기능과 성질 318
2) 선화증권의 종류와 기재사항 319
3) 선화증권의 유의사항 329
4. 해상운송관련 국제법규 332
1) 해상운송인의 면책 334
2) 해상운송인이 손해배상책임을 부담하는 경우 334

3) 해상운송인에게 손해배상청구를 할 수 있는 당사자 335
4) 해상운송인의 책임의 한도 335
5. 해상운송과 보험 ········ 337
1) 적재물 배상책임보험 337
2) 선박보험 338

제6장 항공운송

제1절 항공운송의 기초 ········ 342
1. 공 항 ········ 342
2. 화물 항공기의 특성 ········ 343
1) B747-400ERF 344
2) A300-600F 344
3) 항공기 단위 탑재용기 345
3. 항공운송의 이해 ········ 347
1) 항공운송(Carriage by Air)의 개념 347
2) 항공화물의 분류 349
3) 항공화물 운송업자 350
4. 항공화물 수출·입 절차 ········ 352
1) 항공화물 수출절차 354
2) 항공화물 수입절차 356
제2절 항공화물 운송계약 ········ 358
1. 항공화물의 정의 ········ 358
2. 항공화물의 운임 ········ 358
1) 항공화물의 운임 358
2) 운임의 종류 361
3) 항공화물 운임요율 361
3. 위험물관리 ········ 364
4. 항공화물운송장(Air Waybill ; AWB) ········ 366
1) 항공화물운송장의 기능 367
2) 항공화물운송장의 표준화 368
3) IATA의 항공화물운송장 이면약관 368
4) 항공화물운송 클레임 370
5. 항공화물 운송장의 작성요령 ········ 372
1) 항공화물운송장(Air Way Bill) 발행 387

2) 항공화물운송장의 파생문제 387
6. 항공운송관련 국제법 및 국제기구 ······ 388
1) 국제법 388
2) 몬트리올 협정(Montreal Additional Protocol) 390
3) 국제기구 397
7. 항공운송과 보험 ······ 398
1) 주요 보상손해 398
2) 주요 보상하지 않는 손해 399
8. 국제 항공운송의 새로운 문제 ······ 400

제7장 복합운송

제1절 복합운송의 기초 ······ 403
1. 복합운송(Multimodal Transport)의 의의 ······ 403
1) 복합운송의 개념 403
2) 복합운송의 성립요건 405
2. 복합운송의 주요 운송경로 ······ 406
1) 해륙복합운송 406
2) 해공복합운송 413
3) 한국을 경유한 랜드브리지의 주요 경로 415
3. 복합운송에 관한 국제조약 · 규칙 ······ 416
1) 복합운송 관련법규의 성립배경 416
2) UN 국제복합운송조약 417
3) ICC 복합운송증권통일규칙 419
4) UNCTAD/ICC 복합운송증권규칙 419
제2절 복합운송인과 프레이트 포워더 ······ 421
1. 복합운송인 ······ 421
1) 복합운송인의 정의 및 범위 421
2) 복합운송인 422
2. 프레이트 포워더의 의의 ······ 424
1) 프레이트 포워더의 개념 424
2) 프레이트 포워더의 기능 425
3) 프레이트 포워더의 효용성 427
3. 미국의 프레이트 포워더와 NVOCC ······ 428
1) Domestic Freight Forwarder 428

2) Ocean Freight Forwarder 428
3) NVOCC(Non-Vessel Operating Common Carrier) 429
4. 복합운송인의 책임 및 책임체계 ······ 431
1) 복합운송인의 책임 431
2) 복합운송인의 책임체계 431
3) 우리나라 복합운송인의 책임 434
5. 우리나라의 국제물류주선업 ······ 437
1) 국내법상의 국제물류주선인 제도 437
2) 국제물류주선업의 등록요건 438
6. 복합운송증권 ······ 442
□ 보충자료 및 참고문헌 ······ 457

찾아보기 ······ 467
INDEX ······ 470

표 목 차

〈표 1-1〉 제1자 물류의 특성 29
〈표 1-2〉 제2자 물류의 특성 31
〈표 1-3〉 제3자 물류와 외주물류의 대조 33
〈표 1-4〉 운송의 5가지 기본형태 37
〈표 1-5〉 물류의 기능 48
〈표 1-6〉 국내기업의 아웃소싱형태 50
〈표 1-7〉 기업의 물류영역별 아웃소싱 현황 50
〈표 1-8〉 제3자 물류의 긍정적인 효과 53
〈표 1-9〉 화주와 제3자 물류 간 잠재적 위험 53
〈표 1-10〉 제3자 물류의 이용실태 54
〈표 1-11〉 일반 아웃소싱, 제3자 물류, 제4자 물류의 차이점 57
〈표 1-12〉 '04년 기준 매출액 5조원 이상 산업의 집중도 60
〈표 1-13〉 효율적인 공급사슬과 민첩한 공급사슬에 적합한 환경 65
〈표 1-14〉 제4자 물류업체 선정시 고려사항 66
〈표 1-15〉 제4자 물류 선정 방법 67
〈표 2-1〉 국제 운송기업의 해상 수출기업 지원내용 75
〈표 2-2〉 국제 운송기업의 항공 수출기업 지원내용 76
〈표 3-1〉 포장의 일반적인 지향성 110
〈표 3-2〉 포장의 성격결정 요인 110
〈표 3-3〉 수출포장 시 고려사항 114
〈표 3-4〉 수출 목재포장재 열처리 순서 122
〈표 3-5〉 목제포장제 검역을 시행하는 국가들의 소독방법(1) 123
〈표 3-6〉 항공운송에 적합한 품목 143
〈표 3-7〉 국제운송을 규제하는 주요 국제운송법규 145
〈표 4-1〉 부산 CY~경인지역 간 DOOR (편도 운임) 152
〈표 4-2〉 인천기점 왕복운임 153
〈표 4-3〉 부산기점 왕복운임 153
〈표 5-1〉 Harbour와 Port의 비교 191
〈표 5-2〉 항만입지 선정시 검토사항 197
〈표 5-3〉 항만의 분류 199
〈표 5-4〉 UNCTAD의 거점항만 구분 200
〈표 5-5〉 관세자유지역 제도 도입에 따른 경제적 기대효과 214
〈표 5-6〉 관세자유지역 지정현황 215

〈표 5-7〉 관세자유지역과 자유무역지역의 차이점 ····· 216
〈표 5-8〉 컨테이너선의 대형화 단계 ····· 217
〈표 5-9〉 대형화 컨테이너선의 자본 비용 비교 ····· 217
〈표 5-10〉 대형 컨테이너 선박의 제원 비교 ····· 218
〈표 5-11〉 컨테이너선의 대형화 단계 ····· 218
〈표 5-12〉 개발 중인 초대형 컨테이너선 기항가능 항만 ····· 220
〈표 5-13〉 컨테이너 크레인 제원 ····· 220
〈표 5-14〉 국제적 항만운영회사의 동북아 진출현황(2006) ····· 221
〈표 5-15〉 해상운송의 장단점 ····· 222
〈표 5-16〉 정기선과 부정기선 비교 ····· 224
〈표 5-17〉 태평양항로 컨테이너 물동량(2006년/2008년) ····· 228
〈표 5-18〉 주요 해운 동맹(한국 국적 선사 소속) ····· 231
〈표 5-19〉 속력의 분류 ····· 249
〈표 5-20〉 해상운송계약의 형태 ····· 260
〈표 5-21〉 용선계약별 특성 비교 ····· 301
〈표 6-1〉 항공운송의 특성 ····· 347
〈표 6-2〉 대리점과 주선업자의 차이 ····· 351
〈표 6-3〉 위험물 분류 ····· 364
〈표 6-4〉 WARSAW 조약과 헤이그 의정서의 비교 ····· 389
〈표 6-5〉 운송인의 책임제한 내용의 비교 ····· 390
〈표 6-6〉 항공운송인의 책임한도 비교 ····· 397
〈표 7-1〉 MLB Service 내역 ····· 408
〈표 7-2〉 IPI Service 내역 ····· 409
〈표 7-3〉 RIPI Service 내역 ····· 409
〈표 7-4〉 복합운송증권규칙 비교 ····· 420
〈표 7-5〉 미국의 Freight Forwarder와 NVOCC와의 비교 ····· 430
〈표 7-6〉 각 조약(규칙)별 책임한도액의 비교(운송물 1kg당) ····· 434

그 림 목 차

〔그림 1-1〕 물류정책기본법에 의한 물류의 정의 ····· 24
〔그림 1-2〕 IMF 이전 농심의 물류형태 ····· 30
〔그림 1-3〕 IMF 이후 농심의 물류형태 ····· 30
〔그림 1-4〕 제3자 물류 개념 ····· 32
〔그림 1-5〕 제3자 물류 서비스 흐름도 ····· 33

〔그림 1-6〕 제4자 물류의 발생과정 ········· 34
〔그림 1-7〕 계류장을 이용한 배송지별 공동물류업무 ········· 36
〔그림 1-8〕 센터창고를 활용한 소량화물 순회배송업무 ········· 36
〔그림 1-9〕 물류의 구성 ········· 37
〔그림 1-10〕 물류의 보관기능 ········· 39
〔그림 1-11〕 물류관리 활동 ········· 42
〔그림 1-12〕 소극적 물류의 관리영역 ········· 43
〔그림 1-13〕 적극적 물류의 관리영역 ········· 43
〔그림 1-14〕 물류소싱의 형태 ········· 49
〔그림 1-15〕 국내 기업의 물류변천 과정 ········· 52
〔그림 1-16〕 4PL의 업무내용 ········· 55
〔그림 1-17〕 제4자 물류의 운용 모델 ········· 58
〔그림 1-18〕 제4자 물류 활용에 적합한 산업과 기업 ········· 59
〔그림 1-19〕 Vector SCM의 세4자 물류 사례 ········· 61
〔그림 2-1〕 국내 기업의 글로벌화의 필요성에 대한 인식 ········· 72
〔그림 2-2〕 국내 기업의 글로벌화의 필요성에 대한 인식 ········· 73
〔그림 2-3〕 국제운송 기업의 운송실무 내용 ········· 78
〔그림 2-4〕 국제운송 기업의 수출·입 실무 내용 ········· 79
〔그림 3-1〕 화인표기 예 ········· 132
〔그림 4-1〕 육상운송의 다양한 방식 ········· 149
〔그림 4-2〕 도로(공로) 운송 절차 ········· 154
〔그림 4-3〕 철도운송의 원리 ········· 157
〔그림 4-4〕 철도운송 절차 ········· 160
〔그림 4-5〕 FCL/LCL 화물의 내륙 운송(수출) ········· 162
〔그림 4-6〕 FCL/LCL 화물의 내륙 운송(수입) ········· 165
〔그림 4-7〕 ICD의 기능 ········· 168
〔그림 5-1〕 세계 20대 항만 ········· 192
〔그림 5-2〕 인천항 전경 ········· 200
〔그림 5-3〕 관세자유지역 운영 개념도 ········· 214
〔그림 5-4〕 원시 배의 형태 ········· 237
〔그림 5-5〕 고대 배의 형태 ········· 238
〔그림 5-6〕 중세시대 배의 형태 ········· 239
〔그림 5-7〕 선박의 치수 ········· 247
〔그림 5-8〕 선박의 만재 흘수선 표 ········· 247
〔그림 5-9〕 정기선에 의한 개품운송절차 ········· 263
〔그림 5-10〕 LNG운반선의 형식 ········· 253

〔그림 6-1〕 항공화물 수출 Flow ········· 352
〔그림 6-2〕 항공화물 수입 Flow ········· 352
〔그림 6-3〕 항공화물 수출절차 ········· 354
〔그림 6-4〕 항공화물 수입절차 ········· 356
〔그림 7-1〕 Land Bridge 2가지 형태 ········· 407
〔그림 7-2〕 Sea & Air의 주요 운송경로 ········· 414

참고 목차

〈참고 1〉 기업의 제3자 물류 활용 추이 ········· 51
〈참고 2〉 국제물류운송인의 주요 업무 내용 ········· 75
〈참고 3〉 골판지 상자 형태 ········· 120
〈참고 4〉 합판의 종류 및 치수와 두께 ········· 121
〈참고 5〉 운송, 하역, 보관상의 주의사항을 외장의 측면에 표시 ········· 133
〈참고 6〉 컨테이너 육상 운송 방식 ········· 150
〈참고 7〉 트레일러 종류 및 쓰임 비교 ········· 151
〈참고 8〉 박거식 부두 ········· 204
〈참고 9〉 선화증권의 종류 ········· 319
〈참고 10〉 선화증권의 배서형식 ········· 321
〈참고 11〉 선화증권의 발행방식 ········· 322
〈참고 12〉 항공화물의 분류 ········· 349
〈참고 13〉 ATA Traffic Conference Area (TC Area) ········· 359
〈참고 14〉 항공화물운송장과 선화증권의 차이점 비교 ········· 367
〈참고 15〉 인천 항공화물 터미널 조감도 ········· 401

제 1 부

물류 및 국제운송 개관

제 1 장 물류 기초
제1절 물류의 개념 및 기원
제2절 물류의 발달
제3절 물류산업의 과제와 전망

제 2 장 국제운송 기초
제1절 국제운송의 기초
제2절 국제운송기업의 운송실무
제3절 INCOTERMS 2010

제1장

물류의 기초

학습의 목적

물류의 기초로서 물류의 정의 및 물류의 기원을 이해한 후 물류의 발달과정을 통하여 물류의 구성과 영역, 물류의 역할과 기능 그리고 물류산업의 과제와 전망에 관한 포괄적인 지식을 습득한다.

학습의 목표

1. 제1자 물류의 작동방식과 기능 및 장 · 단점을 이해할 수 있다.
2. 제2자 물류의 작동방식과 기능 및 장 · 단점을 이해할 수 있다.
3. 제3자 물류의 작동방식과 기능 및 장 · 단점을 이해할 수 있다.
4. 제4자 물류의 작동방식과 기능 및 장 · 단점을 이해할 수 있다.
5. 공동 물류의 작동방식과 기능 및 장 · 단점을 이해할 수 있다.
6. 물류의 기본 형태와 물류의 역할 및 기능을 이해할 수 있다.
7. 물류의 구성요소와 물류의 영역을 이해할 수 있다.
8. 우리나라 물류산업의 실태를 배경으로 향후 물류산업을 전망할 수 있다.

제1절 물류의 정의 및 기원

1. 물류의 정의

물류(物流)는 본래 물(物)과 류(流)가 합쳐진 용어로 '물'은 천지간의 모든 것인 만물을 뜻하며 '류'는 '흐르다'와 '널리 펴서 두루 미치게 하다'라는 의미이다. 그래서 물류라 함은 재화(財貨)를 물처럼 자유롭게 흘려서 소비자들에게 널리 그리고 두루 미치게 하는 것을 뜻한다.

☞
普應堂 映虛
(1541~1609)
一波寒源淸
且幽
環山橫野等
閑流
涓涓自得朝
宗勢
從古于今逝
不休

반면 우리가 물류관리라고 말할 때에는 재화가 소비자들 사이에서 물처럼 자유롭게 이동할 수 있도록 합리적으로 개입하고 적절하게 통제를 하는 행위를 의미한다. 즉, 재화가 소비자들 사이를 유영(遊泳)하는 동안 물리적 혹은 화학적인 변화를 거치지 않고 최종 소비자에게 처음과 같이 도달할 수 있도록 의도적으로 계획하고 합리적으로 조작하는 모든 행위가 물류관리이다.

그러나 오늘날 우리는 물류와 물류관리를 언어의 구분 없이 사용함으로써 물류의 언어적 영역을 계속 확장시켜 왔다. 그래서 물류와 물류관리를 의미의 구분 없이 포괄적으로 물류라고 부르기도 한다.[1] 이는 사람들이 재화의 흐름에 보다 적극적으로 관여하고 또 합리적인 간섭에 의하여 재화의 시간적 가치와 공간적 가치를 창출해 내기 때문이다.

구체적으로 물류에는 생산된 상품을 수송·하역·보관·포장하는 과정과 유통가공이나 수송의 기초시설 등 물자(物資)의 유통과정을 모두 포함한다. 또 통신의 기초시설과 정보망 등 정보유통 개념도 모두 여기에 포함되어 있다.

그러므로 물류는 수송 기초시설, 통신 기초시설 등 국가 기간산업활동과 관련된 부분과 기업이 자체적으로 관리할 수 있는 수송, 보관, 하역, 포장, 유통, 가공, 정보기능을 통합하여 총체적으로 나타내는 언어이다.

1) 미국의 물류에 대한 정의

미국에서 물류라는 용어는 1912년 미국의 마케팅 개척자인 Arch. W. Shaw교수가 그의 논문 〈Some Problems in Market Distribution〉에서 처음 사용한 후, 1922년 Fred F. Clark가 《마케팅 원론》에서 물류를 상세하게 언급하기 시작하였다.[2] 이때부터 미국의 학계는 그동안 개별적으로 이루어져왔던 수송, 운송, 보관, 하역, 유통, 가공 등의 개별적인 활동들을 하나의 종합적인 개념으로 파악하기 시작하였다. 그 후, 학계에 의한 물류의 정의는 시대의 변화에 맞게 다음과 같이 변모해 왔다. 미국마케팅협회(1948, AMA : American Marketing Association)는 《마케팅용어 정의 집》에서 "물류란 생산단계에서부터 소비 또는 그 이용에 이르기까지 상품의 이동 및 취급을 관리하는 것이다." 라고 정의하였다. 그리고 한편으로 물류를 "생산자로부터 소비자 및 사용자에 이르기까지 재화의 흐름을 결정하는 기업활동의 업무수행 비용이다."라고 규정하고, "물류는 생산의 단계에서 소비 및 이용의 단계에 이르기까지 재화의 이동을 취급하고 관리하는 것이다."라고 재정의 하였다. 이것은 물류가 생산자로부터 소비자에 이르는 유통단계에서 이루어지고 유형의 재화뿐만 아니라 무형의 서비스도 포함시키고 있으며, 포장·수송·보관·하역 등의 제반활동을 그 내용으로 하고 있음을 의미한다. 또 물류는 전술한 제반활동을 종합적으로 계획하고 통제하는 것을 포함한다. 이는 미국마케팅협회가 물류를 개별경제, 즉 개별기업의 입장을 보다 명료하게 표현하는 동시에 기업의 물류관리를 마케팅 주체라는 관점에서 규정한 것이다.

미국 로지스틱스 관리협의회(1985, NCLM : National Council of Logistics Management)는 "물류는 재화의 기점(起點)으로부터 소비점(消費點)에 이르기까지 원재료·중간재·완성재 그리고 관련정보를 이동시키는 것과 관련된 흐름과 저장을 효과적으로 계획·수행·통제하는 과정이다."라고 정의하였다. 이와 같은 정의는 원료생산자로부터 생산라인까지 원료이동 및 운송·보관·하역·하역·포장뿐만 아니라 주문처리, 시장예측 및 고객서비스까지 포괄하고 있으며, 교환개념에 입각한 마케팅 정의를 수용하여 고객서비스의 트레이드-오프(trade off)관계에 있는 비용 최소화의 개별기업의 입장을 반영하여 물류관리측면의 계획·수행·통제과정을 강조하였다.

이 밖에도 미국의 물류이론을 이끌었던 시카코 대학의 스마이키교수와 오하이오 주립대학의 라론데(E.W.Smykey & B.J.La Londa)교수는 1970년 저서인 《물류(*physical distribution*)》에서 "물류는 제조에서의 노력이 판매의 최종목표에 합치되도록 필요한 측면적 원조를 행하는 활동으로서 제품을 적절한 가격에, 적절한 장소에 공급하는데 있다. 이를 위해서는 창고의 장소, 수송방법, 보관방법 및 통신 등의 적절한 조합이 필요하다."라고 주장했다. 이들의 물류에 관한 용어의 정의는 첫째, 물류의 범위와 영역이 협의적으로는 생산라인에서 소비자까지 판매물류에 한정하나 광의적으로는 생산라인의 생산물류와 원재료의 조달물류까지 포함한다.

둘째, 물류를 기능별로 구분할 때 기본요소 외에도 주문처리, 시장예측 및 고객서비스 등 기업과 소비자간 인간관계의 향상을 통한 서비스 제고까지 포괄한다.

2) 일본의 물류에 대한 정의

일본은 산업의 고도성장에 따라 1960년경부터 수송·하역·보관·포장 등의 물류관련 기계, 재료 및 기법 등이 크게 발전하였다. 물류산업도 미국에 이어 세계 제2위의 지위를 차지하면서 유통산업의 혁신에도 크게 기여했다.

그러던 중 1965년 5월, 일본 통계심의회는 〈물자유통 소비자에 관한 통계의 정비에 관하여〉 라는 보고서에서 물류에 관한 개념과 범위에 대해 처음으로 상세하게 정의하였다.

이 보고서에 따르면, 유통활동은 물리적·사회적 물(物)의 흐름에 관한 경제활동이며, '물'은 일절의 경제재(經濟財)를 지칭하는 것으로서 물자와 정보를 의미한다. 그리고 물류는 물리적인 물의 흐름에 관한 경제활동을 말하는 것으로 물자유통과 정보유통을 포함한다. 또 1965년 7월, 일본의 산업구조심의회(産業構造審議會)는 〈물적 유통의 기본 정책에 대해서〉 라는 보고서에서 "물적 유통은 유형 또는 무형의 물리적인 재(財)가 공급자로부터 수요자에 이르는 실물적인 흐름으로서 구체적으로 수송, 포장, 보관, 하역 및 통신의 제반 활동을 일컬으며, 물류활동은 상거래에서도 물리적인 재(財)의 공간·시간적 가치창조에 공헌하고 있다."고 보고서의 해당 내용에 추가하여 정의하였다.

산업구조심의회의 물류에 관한 정의는 첫째, 그 이전의 어떤 정의보다 물류에 대한 상세한 정의를 내리고 있어 물류개념의 정립에 주류를 이루고 있다. 둘째, 물류를 재화의 흐름의 측면에서만 보지 않고 효용의 측면에서 접근하고 있는 점이 특징이다. 즉, 주로 장소효용을 창출하는 것은 수송이며, 시간효용을 창출하는 것은 보관이고 수송과 보관의 준비작업 및 효율화를 돕는 것이 포장이며 이에 부대하여 하역이 성립한다.

일본의 산업구조심의회는 물류를 소유효율을 창출하는 상적(商的) 유통과 연결하여 설명하였으며 시간과 장소의 효용을 보다 효율화하기 위하여 정보활동의 불가결한 병행을 주장하였다.

1972년, '경제심의회 유통연구위원회(經濟審議會流通硏究委員會)'의 〈지금부터의 유통〉 이라는 보고서를 살펴보면 이들은 유통활동을 제 효용의 창출과정으로 인식하였다. 이 가운데 상류(商流)는 주로 소유와 관계되는 창출이며, 물류는 시간, 공간 및 효용창출을 주요한 임무로 하고 있다. 더욱이 물류의 본래 의미는 생산된 재화를 수요자에게 인도하는 과정에서 관련되는 수송·보관·하역·포장 및 그것을 지원하는 정보 등 제반 활동을 가리키고 있다는 점은 통상적 개념이며, 좀 더 넓은 의미로 보면 원재료 및 중간재의 조달과 관련된 제반 활동도 물류활동 안에 포함하여 사용하였다.

그러나 시간 및 공간의 효용창출 외에도 일부 형질의 효용창출을 물류활동에 포함시키는 이들의 주장은 오늘날 유통가공의 활동을 의미하는 것으로 볼 수 있지만 그 개념과 범위를 명확히 지적하지 못하는 아쉬움을 남긴다.

일본의 경우, 경제심의회의 정의를 제외하고 대체로 1960년대 중반까지의 물류에 대한 정의에서는 첫째, 완성품의 판매물류와 원재료의 조달물류를 포함하는 공장 내의 생산물류를 완전히 구별하지 못하고 있으며 둘째, 유통조성활동으로서 존립이 불분명하며, 셋째로 상류활동과 물류활동의 구분이 불명확하다.

그러나 경제심의회의 물류에 관한 정의에서는 이와 같은 불명확성이 상당히 해소되었음을 알 수 있다.

3) 현대적 의미의 물류에 대한 정의

현대적인 의미의 물류(logistics)[3]는 이미 18세기에 때부터 존재해 왔던 군사적인 용어에서 비롯하였다.

미군의 규정에 따르면 병참은 군수물자의 발주, 생산계획, 구입, 재고관리, 배급, 운송, 통신 외에도 규격화, 품질관리 등 군사작전에 필요한 물자관리의 모든 것을 포함한다.

그런데 이와 같은 군사적 용어인 '병참'을 기업들이 도입하여 원재료 및 반제품의 재고관리, 주문관리, 운송, 보관, 포장, 하역, 배송, 정보, 통신, 공장 및 창고의 입지선정 등을 구성요소로 하여 총비용개념이 도입된 시스템적 물자관리로 활용하고 있다.[4]

현재, 물류를 지칭하는 용어는 "logistics"외에도 "logistics management", "business logistics", "physical distribution management", "supply chain management", "distribution management", "rhocrematics" 등 열 가지 이상 존재한다. 그래서 물류에 관한 용어의 정의는 논자(論者)의 입장에 따라 상이하며, 시대의 변천에 따라 해석상 변화가 많이 발생하기도 한다.

현대적인 의미의 물류는 그 범위가 계속 확대되어 단순히 생산자와 소비자를 연결하는 유통분야, 즉 판매물류가 전부였던 고전적 의미의 물류개념에서 벗어나 조달물류, 생산물류, 회수물류 등을 물류산업의 새로운 과제로 인식하고 있다. 원재료나 부품의 조달, 생산계획, 제품 폐기물의 회수처리 등을 효율적으로 추진하는 일 모두가 물류인 셈이다.

국내에서 물류에 관한 정의는 [그림 1-1]과 같이 물류정책기본법(2009.12.10시행) 제2조 1항에 규정되어 있다.

즉, 물류란 재화가 공급자로부터 조달·생산되어 수요자에게 전달되거나 소비자로부터 회수되어 폐기될 때까지 이루어지는 운송·보관·하역(荷役) 등과 이에 부가되어 가치

[그림 1-1] 물류정책기본법에 의한 물류의 정의

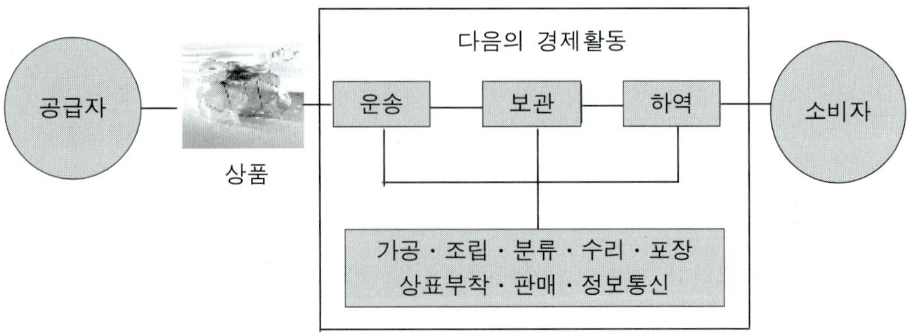

를 창출하는 가공·조립·분류·수리·포장·상표부착·판매·정보통신 등을 말한다.

결국, 현대적인 의미의 물류(物流)는 그 의미가 확장되어 물품의 시간적 가치와 공간적 가치를 창출하는 제반 활동까지 포함하는 공급사슬의 망으로 물류는 소비자 요구를 반영한 정확한 수요예측을 통하여 필요한 원자재(부품 · 반제품 포함)의 조달에서부터 시작하여 생산과정을 거쳐 완제품이 최종 소비자에게 이르기까지 상품의 흐름과 상품의 사후처리(반품, 회수, 폐기)를 포함하는 경영혁신활동이다.

현대적 의미의 로지스틱스는 하나의 역설(paradox)이다. 로지스틱스는 문명이 시작된 이래 계속 존재해 왔으므로 전혀 새로운 것이 아니지만, 현대에 이르러 최상의 로지스틱스를 수행하는 일이 기업이나 공공부문을 경영하는데 있어서 가장 중요하고 어려운 분야 중 하나가 되었다.[5]

좁은 의미의 물류

물류 중 - Logistics의 유통활동의 일부분 - 재화를 생산점으로부터 소비 또는 이용점까지 이동하고 취급하는 단계까지를 말한다.

넓은 의미의 물류

생산라인의 종단에서 완제품을 능률적으로 소비자에게 이동시키고 또한 경우에 따라 원자재를 공급으로부터 생산라인의 시작점까지 이동시키는 것을 포함한 광범위한 활동이며, 이러한 활동을 화물운송, 보관, 하역, 시장예측 및 고객서비스를 포함한 활동으로 규정한다.

둘의 비교

협의의 물류란 광의의 개념 중 화물운송의 일부분에만 국한하는 것이라 할 수 있다. 따라서 현재의 물류를 협의의 물류로 설명하기엔 한계가 있다. 그러나 우리나라 대다수의 사람들이 물류를 협의의 물류로만 단정하는 것이 현실이다. 일부 CJ Logistics나 한진택배, 대한통운 등의 대기업에선 광의의 물류에 적합한 대응을 하고 있지만 이것은 극히 일부이고, 대다수의 기업은 아직도 단순한 협의의 물류로 이해하고 있으며, 이에 대한 대응 또한 시원치 않은 실정이다.

2. 물류의 기원

물류의 개념과 정의는 기업들과 학자들의 입장에 따라 서로 다르다. 그 이유는 시대의 변천에 따라 물류도 그 해석상 많은 변화를 수용하며 꾸준히 자신의 영역을 확장하여 왔기 때문이다. 이를테면 다음과 같이 물류는 다양한 의미로 사용된다.

물류의 다양한 의미

- 물류는 물자, 서비스, 정보 및 자본의 흐름을 관리하기위한 하나의 프레임이다. 물류는 오늘날과 같은 영업환경에서 점점 그 중요성이 더해지는 복잡한 정보와 커뮤니케이션, 통제시스템을 포함한다. (Logistics Partners Oy, Helsinki, FI, 1996)
- 물류는 자재와 인원의 재배치, 배분, 유지, 조달이다.(Webster's Dictionary)
- 물류는 소비자의 요구에 즉각 부응하기 위하여 생산점에서 소비점까지 이르는 전 과정과 이에 관련된 정보와 서비스, 상품의 보관과 효과적인 이동 등을 효율적으로 통제하고 이행하고 계획하는 과정이다. 여기에는 재화의 수출과 수입, 사내이동, 사외이동 그리고 반품·회수되는 것 등이 포함된다.(Reference : Council of Logistics Management)
- 물류는 상품과 서비스의 공급과 관련된 활동을 관리하고 조직하고 계획하는 과학이다. (MDC, LogLink / Logistics World, 1997)
- 물류는 시스템의 운영을 유지하기 위해 필요한 자원을 취득하고, 사용하고 계획하는 과학이다. (Reference: ECRC University of Scranton / Defense Logistics Agency Included with permission from: HUM - The Government Computer Magazine "Integrated Logistics" December 1993, Walter Cooke, Included with permission from: HUM - The Government Computer Magazine.)

☞ http://www.clm1.org/mission.html, 12 Feb 98)

어떤 학자들은 물류는 물품을 적은 경비를 들여 신속하고 효율적으로 원하는 장소에 때를 맞추어 보낼 수 있도록 함으로써 가치를 창출하는 경제 활동, 곧 자재 및 제품의 포장·수송·하역·보관·통신 등의 활동이라고 정의하기도 하고 또 물류(物流)는 원래 물적유통(物的流通)의 줄임말이었지만 지금은 그 의미가 확장되어 물품의 이동과 관리에 관계된 제반 활동이라고 주장하기도 한다.

물류가 이처럼 학자들에 따라 다르게 정의되고 혼란을 부추기는 이유는 물류의 물류(物流: 物的流通, 貨物流通, Physical Distribution)와 로지스틱스(logistics)가 원래 구분되어 발전되어 왔음에도 불구하고 현재 우리나라에서는 경우에 따라서 같은 뜻으로 혼용되고 있기 때문이다.

먼저 물류라는 용어는 1960년대 초에 미국에서 사용되던 'Physical Distribution'을 일본에서 '물적 유통'으로 번역하여 사용하던 것이 축약된 것이다. 우리나라에서도 화물유통, 종합화물유통 등으로 용어를 바꾸어 사용하려는 시도[6]가 있었으나 1970년대 말부터 간편하게 사용된 물류라는 용어를 그대로 보편적으로 사용하고 있다. 그리고 물류의 내용이 확대되면서 미국에서 사용되는 용어인 로지스틱스가 물류와 더불어 같이 혼용되고 있는 것이다.

한편 유럽어에 기반을 두고 있는 로지스틱스(logistics)는 두 가지 서로 다른 어원을 가지고 있다.

첫째, 그리스어인 "lego"(=생각하다, 따지다)와 "logos"(=이성, 계산)을 어원으로 각각 '계산하다'는 수학적 의미를 내포하고 있다. 이런 맥락에서 아테네와 로마에서는 각각 재무담당 정부 부서와 식량배급소를 "logistika"라고 불렀다. 둘째, 로지스틱스의 어원은 라틴어와 불어의 "loguqea"(=식량)과 "loger"(=보관하다)으로 군사적 의미로서 군대의 군

수(military's need)에서 비롯하였다. 군대가 주둔지를 이동할 경우, 군부대와 함께 반드시 이동해야 하는 것들이 무기들과 탄약, 식량, 약품 등인데 이와 같은 것들을 확보하고 보관하고 공급하고 재조정하는 것을 군수라고 한다. 고대 그리스와 로마, 비잔틴 제국은, 재정과 군수물자들의 공급과 배급을 책임지는 'logistikas'라는 장교를 별도로 편성하였다.

옥스포드 영어 사전은 군수를 "군사과학의 한 분야로 물자, 인원 및 시설, 기지 등을 획득하고, 유지하고 수송하는 것"으로 정의 하였다. 또 다른 사전에서 군수는 "시간과 관련하여 적시 적소에 자원의 배치"라고 규정하고 있다.

결국 로지스틱스는 "기술설계 시스템이라기보다는 사람들 사이의 인적 관계 시스템"이라 할 수 있다.

제 2 절 물류의 발달

1. 우리나라의 시대별 물류의 발전

물적 유통에서의 물류는 공급자인 생산자가 소비자에게 재화(완성품)를 공급하는 과정이고, 로지스틱스에서의 물류는 초기단계의 경제활동인 원재료나 부품의 공급자 단계에서부터 생산단계를 거쳐 최종소비자에게까지 물자가 전달되는 총체적인 과정이다. 즉, 로지스틱스는 크게 조달물류, 생산물류, 판매물류를 통합한 넓은 개념이다.

물류는 수송시대((transport management), 물류시대(physical distribution), 로지스틱스 시대(logistics management) 순으로 변천을 거치면서 발전하였다. 우리나라의 경우, 물류의 수송시대는 그 시기가 대략 1960년대에서 86년 아시안게임과 88년 서울올림픽까지와 일치한다. 이 시기는 1960년대에 들어서서 정부의 주도하에 제1차, 제2차 경제개발 5개년계획 추진을 바탕으로 공급면에서 물량의 확대와 수요면에서 소비구조의 향상을 유도하는 과정이었으나 항상 수요가 공급을 절대적으로 서행하고 있었기 때문에 기업들은 기본적인 유통질서의 개선을 위한 검토에 대단히 소극적이었다. 그래서 이 시기는 물류의 자생적이고 주도적인 발전의 여지가 없었으며, 유통산업에 대한 기반마저도 정립되지 못해 거의 발전이 없었다.

그 후, 우리나라의 물류시대는 대략 1988년 서울올림픽을 거쳐 1997년까지이다. 88년 서울올림픽 이후 경제적으로 눈부신 발전은 개인당 구매능력의 향상과 더불어 시장의 볼륨이 급격하게 팽창하였다. 이 시기는 정치적으로도 민주화운동과 맞물려 사회 전반에 걸쳐 근로자들의 의식수준이 대폭 향상하였다. 그러나 같은 시기에 기업들은 근로자들의 파업을 매우 부담스럽게 인정하면서도 시장의 선점과 주도권장악을 위하여 동종의 경쟁업체와의 '치킨런 게임' 에 몰두하였다. 이 시기에 생산은 수요의 증가속도를 항상 앞질렀으며, 때문에 시장은 언제나 과포화상태로 놓여있었으므로 무자료거래, 덤핑판매, 끼워팔기 등과 같이 물류가 심하게 왜곡되었다. 그러나 아이러니컬하게도 이 시기부터 기업들은 비로소 물류의 합리화와 효율성에 관심을 나타내기 시작하였다.

1997년 말 우리나라가 겪게 되는 외환유동성위기는 역설적이게도 우리나라에서 로지스틱스 시대를 열게 하였다. IMF체제의 불황을 극복하기 위하여 기업들은 스스로 협력체제를 구축하기 시작하였다. 특히, 물류공동화로 외환위기를 극복하자는 기업들이 하나, 둘 생겨나기 시작했다. 경제위기 속에서 물류기업들이 할 수 있는 것은 공동물류를 통해 물류효율성을 제고하고 물류비를 줄여야 살아남을 수 있다는 절박감에서 비롯된 것이다. 정부도 고물류비를 해소하기 위하여 물류공동화사업을 적극 권장하거나 자금지원 등으로 활성화하려고 노력하였다. 이와 같은 움직임은 대기업이 동종업종의 경쟁사나 협력사와 물류동맹을 체결하는 경우와 중소기업이나 단체에서 공동물류센터를 건립하여 제품을 공동으로 수배송하고 있는 것에서 잘 나타나 있다.[7] 당시 공동물류는 자사의 물류합리화 뿐만 아니라 업체간 공동의 이익을 가져다주는 공존공생의 물류합리화 방안이었다. 공동물류를 실시하면서 왕복수송을 통한 공차율을 줄이고, 공동배송을 통해 적재율을 향상하고 신속한 배송과 빠른 회전율로 고객의 서비스를 향상시킬 수 있었다. 물류공동화사업은 단기간에 물류효율화를 극대화시키는 방안이었다.

오늘날 기업들은 "우리 물류는 우리가 직접 수행한다."는 전통적인 사고를 빠른 속도로 탈피하고 기업의 본업회귀 움직임이 강하게 작용함에 따라 기업의 조직구조를 점차 슬림화 하고 있다. 따라서 기업들은 자신의 물류업무를 우선적으로 아웃소싱의 대상에 포함하고 있다. 이는 기업이 물류관련 고정자산이나 인력고용 등을 줄여서 경기상황이나 시장상황의 변동에 따라 유연하게 대처하고자 하기 때문이다. 최근에는 물류서비스를 아웃소싱하는 기업들이 단일계약(one-stop service)으로 전문 물류업체로부터 공급사슬 전체를 지원하는 통합된 물류서비스를 제공받고 싶어하는 수요가 증가함에 따라 새로운 조직형태인 제4자 물류가 도입되었다.

2. 물류의 종류 및 변천과정

물류의 종류에는 대표적으로 제1자 물류(the first party logistics, 1PL), 제2자 물류(the second party logistics, 2PL), 제3자 물류(the third party logistics; 3PL or TPL), 제4자 물류(the fourth party logistics, 4PL) 그리고 제한적이지만 공동물류 등이 있다.

그러나 대다수 기업들이 수행하는 물류방식을 두고 1자 물류, 2자 물류, 3자 물류로 구분하기가 매우 어렵다. 대부분의 기업들이 정도의 차이가 있지만, 영업상의 비밀을 내세워 완전한 1자 물류, 2자 물류, 3자 물류 등이 아닌 혼합물류 방식을 선택하고 있기 때문이다. 따라서 1자 물류, 2자 물류, 3자 물류는 단지 물류수행 방식의 기준이지 물류회사의 기준이 아니다.

1) 제1자 물류(the first party logistics, 1PL)

제1자 물류는 기업이 물류업무를 사내 부서를 통해 자체적으로 수행하는 경우를 말한다. 현재 해태, 롯데 등과 같은 제과기업이나 아모레퍼시픽과 같은 화장품 기업들은 1자 물류형태의 물류를 수행하고 있다. 그러나 엄밀히 말하면 이들은 완전한 1자물류를 운용하고 있는 것이 아니라 자가물류 형태에 자사직원 및 협력업체 위탁의 하역시스템, 협력업체 위탁의 수배송시스템을 혼용하고 있다.

제과업체들은 자사상품의 판매방식으로 직접 판매방식을 선택하고 있으므로 기본적으로 자가물류 형태와 협력업체 위탁의 수·배송시스템을 혼용하고 있다.

화장품의 경우는 화장품 기업들이 다품종 소량다빈도 생산 유통구조를 가지고 있으므로 물류 전체의 아웃소싱은 리스크가 크다. 특히 철저한 가시성(visibility)을 요하는 화장품 속성상 물류의 모든 기능을 아웃소싱 하는 것은 바람직하지 않다고 판단하기 때문이다. 제1자 물류의 특성은 <표 1-1>과 같다.

〈표 1-1〉 제1자 물류의 특성

시장지배력강화	신제품 홍보 및 판촉활동, 반품 및 클레임처리, 전략상품의 시장 확산 및 분포 진열활동 강화, 거래선과의 유대강화. 시장의 돌발상황(돌발 주문, 돌발 사고)에 신속하게 대응
비용 발생	중요하지 않은 부분까지 직접 관여하므로 비용의 과다 발생
신규 창업 기업 불리	신규 창업기업은 매출이 작고 전국 단위의 물류 네트워크가 미구축되어 있으므로 1자 물류를 전략적으로 선택할 수 없음

2) 제2자 물류(the second party logistics, 2PL)

기업이 사내의 물류부서를 별도의 자회사로 독립시켜 물류활동을 수행하는 경우를 제2자 물류라고 한다. 제2자 물류는 제1자 물류와 뒤에서 언급할 제3자 물류의 중간 형태이다.

우리나라 기업 중에서 (주)농심은 확실한 제2자 물류이다. 그리고 글로비스와 범한판토스가 제2자 물류에 가깝다. 글로비스는 현대기아차그룹의 물류 업무의 상당수를 총괄하고 있으며, 범한은 모기업인 LG의 물량을 50~60% 처리하고 있기 때문이다. (주)농심의 제1자 물류에서 제2자 물류로의 변천과정을 살펴보면 [그림 1-2]와 [그림 1-3]과 같다.

[그림 1-2] IMF 이전 농심의 물류형태

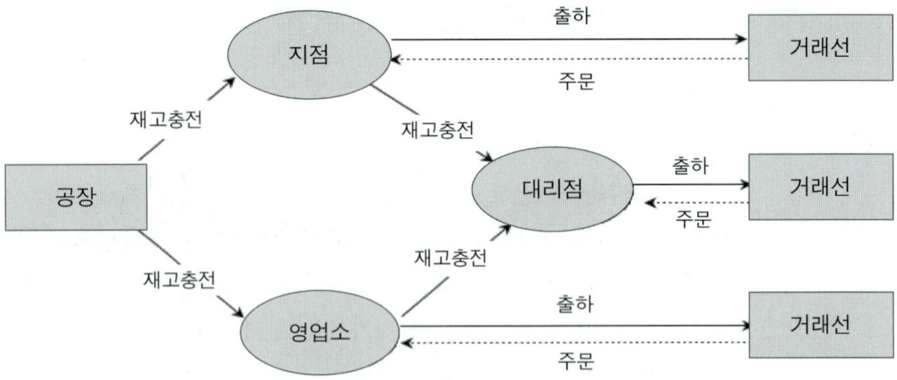

이 시기의 농심은 물・상(物・商)이 분리가 되지 않아 시장과 물류를 대리점과 함께 직접 관리하였다. 지점과 영업소의 구분은 매출규모면에서 차이만 존재할 뿐 업무내용은 동일했으며 대리점은 지점 혹은 영업소의 하부조직으로 해당지역내의 시장관리 및 유통과 물류를 책임지는 개인사업자로서 존재하였다. 우선 지점은 해당지역 내 대리점이 거래할 수 없는 대형 유통업체나 기업, 학교, 농협 등과 같은 거래선을 발굴하여 공급계약을 체결하고 제품을 직접 공급하는 형태로 운영되었으며, 대리점은 해당지역 내 소매점을 비롯하여 도매점 등 대리점이 관리할 수 있는 거래선들에게 제품을 공급하였다.[8)]

IMF 이후, (주)농심은 [그림 1-3]과 같이 기업활동을 활성화시키기 위하여 상류와

[그림 1-3] IMF 이후 농심의 물류형태

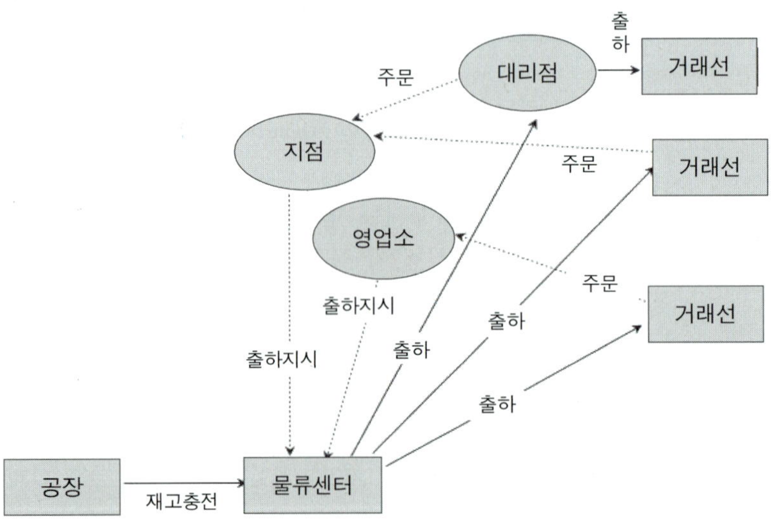

물류의 흐름을 분리시켜 지점이나 영업소 등에서 처리하고 있던 물류 활동은 배송센터나 공장의 직배송 등을 통하여 수행하였다.

그 이유는 대량 수송 및 수·배송 시간의 단축화와 재고의 집약화를 통해 최소 재고화를 달성함으로써 고객 서비스를 향상시키고, 총물류비를 절감할 수 있기 때문이다. 물론 상류와 물류를 분리하더라도 양자간의 횡적인 연계성은 물류정보 시스템의 구축을 통하여 충분히 의사소통이 가능하였다. 또한 그 동안 직접 제품의 수(배)송을 책임졌던 각 지점에 소속되었던 배송팀을 화물자동차운수사업법시행령에 따라 지입형태의 개인사업자로 전환하여 제품의 수(배)송을 책임지게 하였다.

상류와 물류는 상호 유기적인 관련을 맺으면서 마케팅의 양면을 이루고 있지만 유통면에서 판매확대는 거래지역을 광범위하게 하는 반면 물류면에서는 운송거리의 연장, 보관시설, 재고 등의 증가를 가져온다. 즉, 매출확대는 상거래에서는 바람직하지만 상품단위당 물류비의 증가를 가져와 이익을 저하시키게 된다. 이와 같은 상반된 원리의 문제점을 극복하기 위한 방편으로 (주)농심은 상·물류분리를 분업적으로 시행하였다. 제2자 물류의 특성은 <표 1 2>와 같다.

〈표 1-2〉 제2자 물류의 특성

시장지배능력강화	영업 전략이나 비밀을 최대한 유지하면서 시장의 주도권을 향유할 수 있음. 물 · 상의 분리가 전제되어야 함.
비용발생	중요하지 않은 부분은 아웃소싱하여 제1자 물류보다 물류비용을 감소시키고 기업은 경쟁력이 있는 부분에 집중할 수 있음.
대기업유리	M/S가 50% 이상이거나 많은 계열회사를 가지고 있는 대기업에게 유리하다.

3) 제3자 물류(the third party logistics, 3PL)

제3자 물류는 기업이 고유의 핵심역량인 마케팅이나 영업에만 주력하고 물류부문은 물류전문기업에게 아웃소싱을 주는 형태이다.

제3자라는 용어를 본격적으로 사용하기 시작한 시기는 1980년대 후반이다. 1988년 미국 물류관리협회(council of logistic management)가 화주를 대상으로 한 물류조사에서 제3자 제공자(the third party provider)라는 용어가 처음으로 사용되었다고 한다.[9] 그러나 국내에서는 (주)삼영이 3자 물류의 전문업체로서 효시이므로 우리나라에서 제3자 물류(TPL, 3PL)라는 용어가 널리 사용되기 시작한 시기는 1997년 외환 유동성위기 이후로 보는 것이 타당하다.

제3자(the third party)는 물류채널 내 다른 주체와의 일시적이거나 장기적인 관계를 맺고 있는 물류채널내의 대행자 또는 매개자를 의미한다. 제3자 물류 이전에도 화주기업들은 파트너십(partnership)[10]이나 제휴(alliance)[11], 계약물류(contract logistics)[12],

전략적 파트너십(strategic partnership)[13]을 통하여 기업 간 물자의 보관, 운송 등 부분적인 물류기능에 대한 아웃소싱이 널리 사용되어 왔다. 이러한 용어들의 주된 초점의 하나는 물류부문에 있어서 서비스 제공자의 역할 증대에 있는데, 최근 이러한 서비스 제공자의 역할은 창고관리, 운송, 운임지불, 물류정보뿐만 아니라 재고보충, 자동 재주문, 운송업체 선정, 포장 및 레이블링, 제품조립 및 통관업무까지 그 범위가 확대되고 있다.

결국 제3자 물류로의 방향전환은 [그림 1-4]와 같이 화주와 물류서비스 제공업체의 관계가 기존의 거래기반 관계에서 파트너십 관계로 전환된다는 것을 의미한다.

[그림 1-4] 제3자 물류 개념

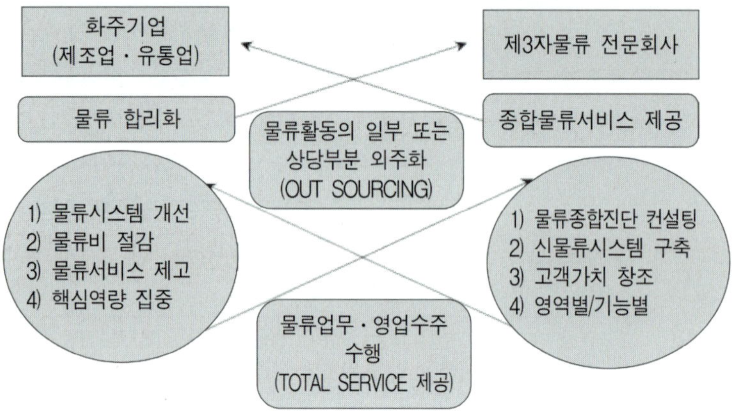

☞ supply chain: 공급자로부터 생산자와 유통업자를 거쳐 최종 소비자에 이르는 재화의 흐름을 포함함.

자사물류를 수행하던 식품회사 제일제당과 오뚜기 등이 경영효율화 차원에서 물류자회사를 설립하는 움직임도 있었고, 전통적인 고객물류업무인 '택배'나 '화물수송'도 전문화의 길을 걷고 있다. 이러한 움직임은 고객서비스에 대한 요구상승이나 기업의 부응이라는 상호 기대요인이 작용한 것으로 해석된다.[14]

제3자 물류는 화주기업이 고객서비스의 향상, 물류관리비용의 절감과 물류활동에 대한 운영효율의 향상 등을 목적으로 공급사슬(supply chain)의 전체 또는 일부를 특정 물류 전문업자에게 위탁(outsourcing)하는 것이다.[15] 즉, 제3자 물류는 공급업자 또는 제조업자, 도소매업자와 같은 물자의 소유권자에 대하여 물자의 소유권이 없는 물류업자가 물류를 대행하는 것을 의미한다. 그래서 제3자 물류의 형태는 대규모 수송업자나 창고회사 따위를 모체로 하는 자산보유형 (asset형) 사업자가 대부분이다.[16] 그러나 자산보유형 사업자도 자산비보유형 사업자와 마찬가지로 정보화에 막대한 투자를 하고 있으며 수송프로그램을 구사하여 각각의 화주기업에 맞는 물류시스템의 제안에서 운영까지 하고 있다. 흔히 물류의 아웃소싱을 외주물류와 동일어로 사용하기도 한다.

외주물류는 제3자 물류로의 이행과정에 있는 중간 단계로 이해하여야 한다. 외주물류는 주로 운영측면에서 원가절감효과를 극대화하는데 중점을 두고 있는 반면 제3자 물류는 [표 1-3]에서 보는 바와 같이 전략적인 관점에서 원가절감 이상의 성과를 얻기 위한 것이다.

〈표 1-3〉 제3자물류와 외주물류의 대조[17]

제3자물류	내 용	외주물류
중장기	운영기간	단기적, 일시적
통합관리	관리형태	분산관리
능동적, 적극적(제안형)	서비스제공	수동적(수주형)
운영, 관리, 전략	개입범위	주로 운영면
경쟁계약	계약방식	수의 계약
최고 경영층	의사결정	중간관리층
무자산형 가능	자산특성	자산소유 필수
발전, 협력관계	관계내용	느슨, 일시적 관계
협력관계(파트너쉽)	화주와의 관계	수직적 계약관계
종합물류지향	서비스의 범위	기능별 서비스(수송,보험)

참고로 제3자 물류의 서비스 흐름은 다음 [그림 1-5]와 같다.

[그림 1-5] 제3자 물류 서비스 흐름도

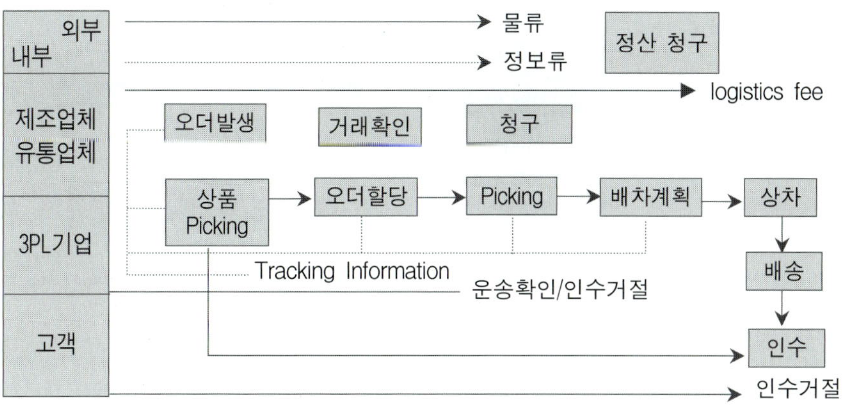

☞ 국내 최초 제4자 물류기업은 2008년 말 설립된 E X E c&t 임.

4) 제4자 물류(the fourth party logistics, 4PL)

제4자 물류(4PL)는 제3자 물류(3PL)업체가 기본으로 제공하는 보관·하역·포장 등의 물류서비스에 SCM(공급망 관리), 프로세스 재설계 등 물류컨설팅과 같은 IT 서비스를 결합한 시스템이다. 제조기업들과 유통기업들에게 한 번의 계약으로 원스톱 형태의 통합물류서비스를 제공하는 물류기업을 의미한다.

제4자 물류는 사실 일반적으로 판단하면 아직 그 개념조차 생소한 것이 사실이다. 그러나 용어상으로는 제3자 물류나 제4자 물류 모두 낯설고 새로운 개념으로 들릴 수 있으나 오랫동안 기업들이 수행해 왔던 혹은 앞으로 수행하고자 하는 업무 영역이다. 엄밀히 말하면, 제3자물류와 제4자물류는 같은 카테고리 안에서 얼마만큼의 옵션을 더 많이 다느냐에 따라 구별되는 개념이다. 미국, 유럽 등의 선진국에서 창고업, 화물운송 주선업, 통관업 등과 같은 제3자 물류는 상당한 수준의 서비스를 요구하는 개념이다. 이러한 고객의 요구를 충족시켜주지 못하거나 혹은 기업의 효율성에 제 역할을 다하지 못하는 3PL을 보완하기 위한 개념으로 [그림 1-6]과 같은 제4자 물류가 태동한 것이다.

[그림 1-6] 제4자 물류의 발생과정[18)]

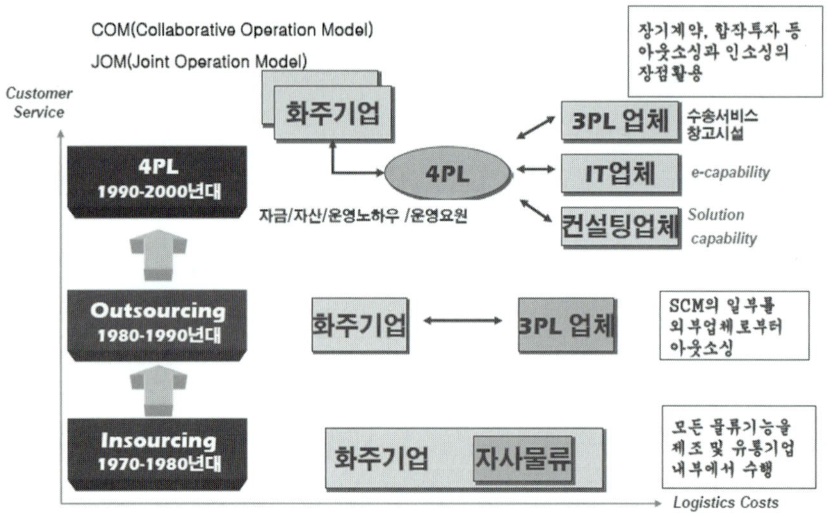

Blade & Mueller,"New for the Millennium:4PL",Transportation & Distribution,Feb. 1999
前田健藏/田村誠一 譯, サプヲイチェーン戰略, 1999. 5.

예를 들면 화주들의 물류 아웃소싱에 대한 마인드가 가장 낮은 분야인 택배를 제3자 물류업체의 입장에서 보면, 첫째 화주에게 물류에 관한 분석과 진단을 내릴 수 없다는 한계, 둘째 위임 받은 서비스를 고객에게 만족스럽게 제공하지 못한다는 한계, 셋째 컨설팅 기능을 정보기술(IT: Information technique) 업체와 공동으로 수행하지 못한다는 한계 등의 문제점을 드러내고 있다.

실제로 우리나라의 제3자 물류 수준은 '단순물류', '외주물류'를 벗어나지 못하고 있다. 국내 대부분의 제조업체들이 아직까지 해당기업의 물류관리에 충분한 서비스를 제공하지 못하고 있으며, 아웃소싱 또한 비용절감에만 초점을 두고 있기 때문이다. 따라서 이를 극복하고 시스템의 연속이고도 전체적인 개선을 달성하기 위해서는 제4자 물류가 필요하다. 혹자는 제4자 물류의 개념을 컨설팅 기능까지 수행할 수 있는 제3자 물류로 정의 내릴 수도 있다.

그러나 제4자 물류는 아직 개념 정립도 미진하고 논의 수준도 걸음마 단계이긴 하지만 물류기업의 변화될 원형(原形)인 것은 확실하다.

5) 공동물류(joint logistics, JL)

공동물류는 제한적인 공동물류는 업종이나 업태가 서로 비슷한 기업끼리 납품처가 중복되는 복수의 화주에 대하여 동일트럭이 순회 집하, 공동수송을 직접 행하거나 물류센터를 경유하는 형태로 운영되는 물류를 의미한다.

지금까지 우리나라 기업들의 공동물류가 잘 이행이 되지 않았던 것은 기업들이 공동물류에 대한 상호 인식이 부족했고, 기업간 물류시스템이 구축이 되지 않아 성실하게 이행되지 못했다. 특히, 물류의 공동화를 위한 조건으로 참여기업이 물류시스템이 구축이 반드시 선행되어야 하는데, 어느 일방이 영업망이나 유통경로를 갖추고 있지 못하면 공동물류가 될 수 없다. 이 이외에도 자사의 영업기밀 누설우려나 공동화에 소요되는 비용부담과 이익배분에 있어서의 공정성에 대한 불신이 팽배하였기 때문에 우리나라 기업들의 공동물류가 잘 이행이 되지 않았다. 그러므로 지금까지 국내기업들은 각각의 기업들이 독립적으로 물류시설을 갖추고 추진함으로써 중복투자로 인한 낭비와 저급한 이익률과 이로 인한 투자부진을 불러왔던 것이 사실이다.

그러나 최근에는 물류는 단순히 외부의 물류전문업체에게 물류활동을 외주하는 개념에서 보다 장기적이고 상호 호혜적인 관계의 구축이라는 관점에서 물류업체를 활용하는 개념으로 발전하고 있다.

공동물류는 [그림 1-7]과 같이 계류장을 이용한 배송지별 공동물류업무를 수행한다. 또 공동물류는 [그림 1-8]과 같이 업종이나 업태가 서로 비슷한 기업끼리 납품처가 중복되는 복수의 화주에 대하여 센터 창고를 활용하여 소량화물들을 순회 배송한다.

[그림 1-7] 계류장을 이용한 배송지별 공동물류업무

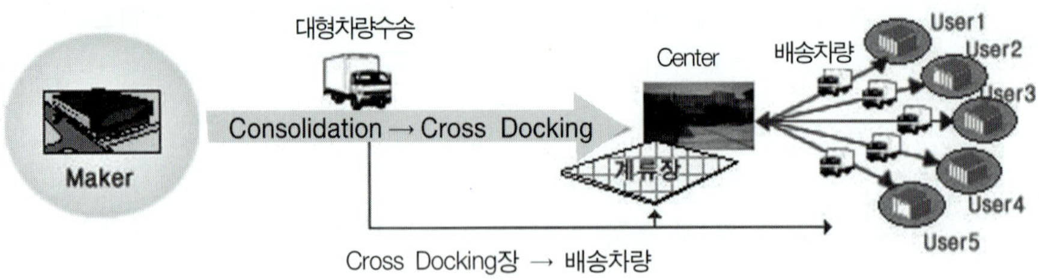

이와 같은 환경의 변화는 기업이 과거와 같이 생산부터 판매활동에 이르기까지 이와 관련된 모든 영역을 효율적으로 수행하기 불가능하게 만들기 때문이다. 이때, 기업의 핵심역량이 아닌 경우, 기업은 물류업무를 외부의 물류전문업자에게 아웃소싱하게 되는데 이를 제3자 물류라고 한다.[19)]

[그림 1-8] 센터창고를 활용한 소량화물 순회배송업무

3. 물류의 구성과 영역

1) 물류의 구성

물류는 [그림 1-9]에서 보는 바와 같이 구성되어 있다. 즉, 물류는 기본활동으로 수(배)송활동, 보관활동, 하역활동, 포장활동, 유통가공활동 등 크게 5가지와 여기에 물류의 지원활동인 정보활동, 물류관리활동 등 2가지를 더하여 총 7가지 요소로 구성되어 있다.

[그림 1-9] 물류의 구성

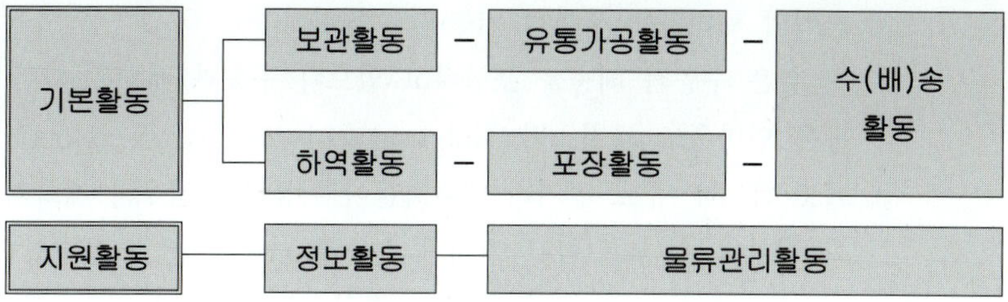

(1) 수(배)송 활동

장소적 효용을 창출하기 위해 자동차, 철도, 선박, 항공기 기타의 운송 수단으로 사람이나 물자를 한 장소에서 다른 장소로 이동시키는 물리적 행위를 말하며, 보다 많은 수량을 안전하고, 신속하게, 저렴한 비용으로 운송함으로써 비용절감과 고객서비스 향상을 목적으로 한다.

운송은 제품에 대해 시간적, 장소적 효용을 부가하며 또한 새로운 제품개발, 설정된 목표시장지역, 구매/조달, 시설지역, 가격 등을 포함하여 물류와 마케팅의 의사결정 범위에 많은 영향을 미친다. 운송은 생산과 소비의 지리적 거리를 만족시키기 위해서 행해지는 것으로 기업은 정해진 시간내에 상품을 고객에게 정확하게 전달하여 판매하고, 생산의 조정역할로 생산계획을 원활하게 추진하도록 물류계획을 바르게 이행한다. 운송의 5가지 기본 형태는 <표 1-4>와 같다.

〈표 1-4〉 운송의 5가지 기본형태

자동차 운송	화물의 손실이나 손상이 적고 빠르고 확실한 서비스를 제공 타 운송방식 대비 고객의 요구 수준에 더 적절히 대처가 가능
열차 운송	세계 모든 주요도시에서 이용 가능하고 항공, 자동차운송 대비 운송비가 저렴하나 운송시간과 서비스는 자동차 운송보다 열세
항공 운송	운송비용이 높지만 장거리를 빠르고 정확하게 운송이 가능. 기업들의 전략적인 역할로써 고객의 높은 요구 수준에 충분히 대처가 가능
선박 운송	단위당 낮은 가치의 상품 또는 부피가 크고 무거운 상품운송에 적절히 사용된다. 시간적 요인에 구애받지 않는 운송에 적합
파이프라인 운송	천연가스, 원유, 석유, 물, 화학제품, 이장(泥漿)등의 에너지자원의 수송에 이용. 유지비가 저렴하고, 사람의 손이 불필요

운송은 사람이나 재화를 자동차, 철도, 선박, 항공기와 같은 수단을 통해 공간적으로 이동하는 경제적 활동이며 시장의 확대, 시장에서의 가격안정화, 분업화의 촉진, 유통범위의 확대라는 사회적 기능을 수행한다.

운송은 수송과 배송을 포함하고 있으나 수송과 배송은 의미상의 차이가 있다. 통상 수송은 인바운드 로지스틱스(inbound logistics = transportation) 혹은 기간물류라고 부르기도 하는데, 주로 장거리 대량화물이 이동하는 경우와 재화의 거점간 이동, 지역간 이동이 여기에 속한다. 이런 거점간 수송을 다루는 전문 솔루션으로는 TMS(transportation management system)가 있다. 수송의 경우 비용과 거리, 시간을 중심으로 구현이 되어 최소의 운송수단으로 화물을 소화할 수 있는 최적의 계획결과를 보여준다.

배송은 통상 아웃바운드(outbound logistics = delivery)라고 한다. 단거리 소형화물이 이동하는 경우로 재화가 기업내에서 고객까지 이동할 때나 지역내 이동이 여기에 해당한다.

그러나 수(배)송은 조달과 판매물류에서 과다한 비용을 발생시키고 있으므로, 이에 대한 비용절감에 노력해야 한다. 이를 위해서 향후 물류운송에서는 자차 대 용차의 비율 적정화하고 공차율을 감소시켜야 하며 공동 수(배)송시스템의 구축과 화물의 표준화를 선행하여야 한다.

(2) 보관활동

보관은 재화를 창고 및 보관시설에서 물리적으로 보존하고 관리하는 것을 의미한다. 수송의 입장에서 풀이하면 시속 0Km의 속도로 수배송하는 것을 의미한다. 보관은 여름에 생산된 난방기기는 겨울까지 보관하지 않으면 수요에 적합하지 않게 되는 것처럼 생산과 소비 사이의 시간적 차이를 조정하여 시간적 효용을 창출한다.

보관활동은 물류의 주된 기능과 관련하여 고객서비스의 최첨병으로 수(배)송의 윤활유역할을 하며 조달과 생산, 판매 등의 물류기능을 조절하고 재화의 집산, 분류, 피킹, 대조 등의 장소로서 다양한 역할을 수행한다. 이때 발생하는 재고관리비는 물자를 창고 등 보관시설에 보관하는 활동에서 소비되는 비용을 말하며, 이 비용은 시간에 의한 제품의 효용을 창조하는 목적에서 발생한다. 제품을 보관하는 비용 외에도 재고물품에서 발생하는 이자비용까지 포함한다.

☞ storage : 원재료저장
warehousing : 제품보관
warehouse : 창고 자체를 의미함

창고의 기능변화 : 보관(저장 및 비축위주)→동관(動管 : 피킹 및 출하위주)

[그림 1-10] 물류의 보관기능

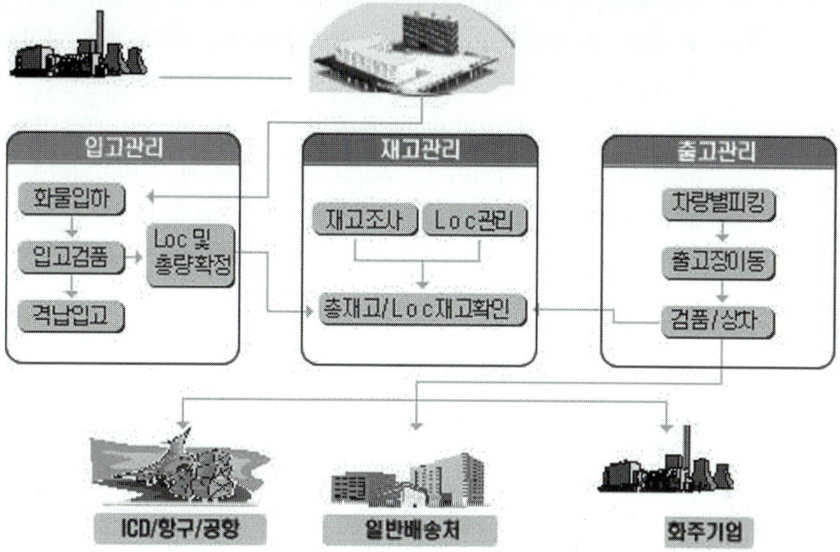

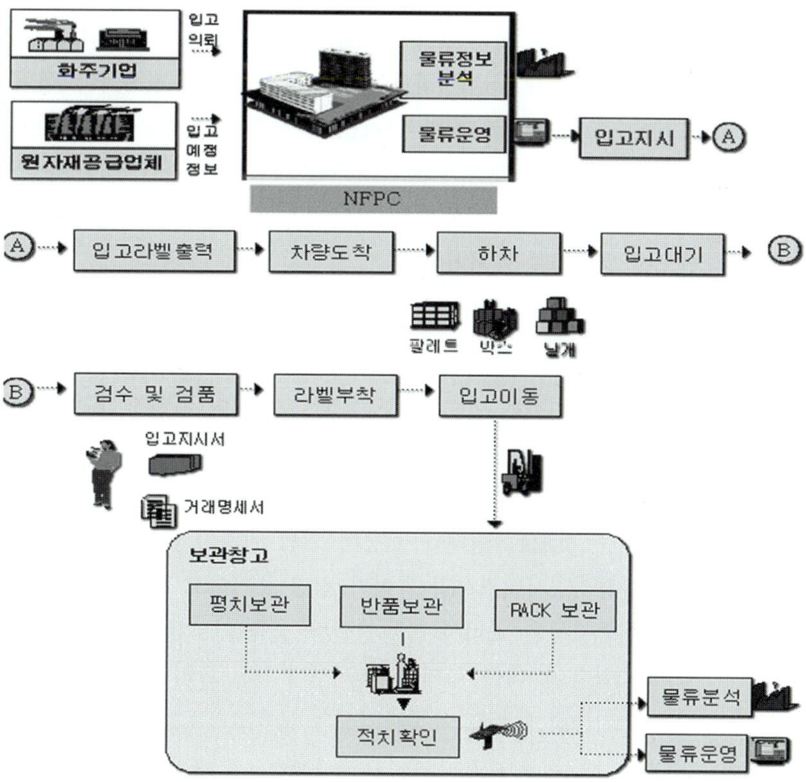

(3) 하역활동

수송과 보관의 양단에 걸친 물품의 취급으로 물자를 상하좌우로 이동시키는 활동으로서 재화를 싣고 내리고, 시설내에서의 이동과 피킹, 분류 등의 작업이 여기에 해당한다. 보관 및 수송의 연계기능을 수행함으로써, 하역자체의 가치보다 보관 및 수송능력의 효율향상을 위한 지원역할을 담당한다. 그러나 하역활동은 작업분석이나 공정분석 등을 통한 개선의 여지가 많은 분야이다. 하역작업의 대표적인 방식이 컨테이너화와 파렛트화에 의한 하역이다. 그리고 파렛트화물과 컨테이너화물은 기계를 사용하여 하역하는데 지게차, 크레인, 컨베이어 등이 이용된다.

하역활동을 효과적으로 하기 위해서는 하역작업의 여러 단계를 공정별로 표준적인 하역작업이 이루어질 수 있도록 지속적으로 하역물류의 표준화작업과 공정별 하역작업을 평가하여 유닛로드시스템을 기본으로 한 하역물류의 자동화와 기계화에 노력하여야 하다.

(4) 포장활동

포장은 물품을 수송, 보관함에 있어서 가치 또는 상태를 보호하기 위해 적절한 재료, 용기 등을 물품에 가하는 기술 및 가한 상태를 말한다.

포장을 표준화하게 되면 작업면, 보관면, 수송면, 하역면, 운반면 등에서 이익이 발생하게 된다. 그러나 폐기물처리를 감안하여 무포장에 대해서도 연구할 필요가 있다. 미래의 포장활동은 하역, 보관, 수(배)송 등을 합리화하기 위한 방법으로 포장의 사이즈를 물류시스템 전체로 계열화하는 포장모듈화을 추진하여야 한다. 포장모듈화는 하역시 하역횟수를 감소시키고 하역시간의 단축과 하역비용을 절감하게 한다.

보관활동시에는 재화의 보관비용의 절감과 시간단축, 보관방법의 개선효과를 유발한다. 또 재화의 운송시에도 시간단축과 비용절감을 가져오며 제품의 품질을 보호하고 마모를 방지하는 효과가 있다.

(5) 유통가공활동

유통가공서비스는 단순한 제품배달에서 벗어나 포장, 라벨 붙이기, 불량품 검사 등 제조과정의 마무리 단계를 직접 맡는 물류서비스의 발전된 형태이다. 재화의 보존을 위한 가공 및 동일 기능물의 형태전환을 위한 가공 등, 물자유통상의 가동률 향상에 도움이 되는 것으로, 형태나 기능이 거의 변하지 않는 것이 특징이다. 국내 주요 물류기업의 유통가공서비스사업 참여가 점점 증가하고 있다.

유통가공활동은 소비자에게 신선한 상품을 보급하고 상거래상의 위험회피 및 물류효율화와 물품에 대한 부가가치를 부여한다. 그리고 다양한 고객요구에 대한 능동적인 대응을 기능하게 하고 유통과정상의 물류코스트를 감소시키는 효과가 있다.

국내 사례

물류회사들이 유통가공서비스 사업에 착수한 것은 비용의 절감과 매출의 증대라는 두 가지 효과를 모두 얻기 위한 혁신활동의 하나로 볼 수 있다. 제조업체에서 생산한 제품을 포장하지 않고 보관하거나 운송하면 부피가 작아 물류비용을 줄일 수 있다. 또한 다양한 유통가공서비스를 통해 고객을 유도하여 매출을 증대시키는 사업적 이득이 있다. 외국계 기업의 경우, 유통가공서비스사업의 서비스 범위를 보다 확장해 나가는 추세이다. 따라서 국내 물류기업이 글로벌 서비스를 제공하는 다국적 물류기업과 경쟁하려면 유통가공서비스 외에 고객관리나 애프터서비스 등으로 서비스 범위를 넓혀야 할 것이라는 지적도 나오고 있다.

CJ GLS	
유통가공서비스를 제공하면서 2001년 70개였던 고객사 수가 2004년 111개로 증가하였으며, 매출도 1,322억 원에서 2,387억 원으로 증가했다.	
포장서비스	질레트 면도기, 칫솔 등을 다양한 단위로 포장 및 납품 서비스 제공
품질검사	양주 '진로 발렌타인'이 수입되면 부유물(浮遊物)이 있는지, 병뚜껑이 제대로 조여져 있는지를 검사
라벨링	백화점에 납품할 청바지에 라벨 부착 서비스
㈜한진	
라벨링	고객사의 운송품인 복사기에 로고, 태그 등을 부착
포장서비스	간장, 된장 등에 키친타월 등 사은품을 함께 포장하여 납품
대한통운	
대한통운도 유통가공서비스를 시작한 이후, 매출액이 급증하고 있다. 2001년 1,243억 원에서 2004년 3,134억 원으로 매출이 증가했다.	
일괄대행 서비스	LG-다우폴리카보네이트가 자동차 범퍼, CD플레이어 케이스 등을 생산하는 데 필요한 원자재 수입과 하역, 배송, 수출에 이르는 전 과정을 담당

해외 사례

선진국 물류기업들은 1970년대부터 제조공정의 일부를 맡는 것을 포함하여 원료 조달, 판매, 배달, 고객 관리까지 전담하는 '종합물류 서비스'를 도입했다. 제3자물류의 진화된 형태라고 할 수 있다. 제조업체는 상품을 만드는 핵심 역량에만 집중하고 나머지 모든 서비스는 유통업체가 맡는다.

멘로로지스틱스	물류업무를 대행하면서 자동차를 생산해서 소비자에게 전달하는 기간을 55~60일에서 15~20일로 단축시켰다. GM의 물류비용은 2002년 2200만 달러에서 2003년 1900만 달러로 줄었다.
엑셀로지스틱스	직원 6만7000여 명이 전 세계 기업들을 대상으로 원료 조달에서부터 생산, 판매, 고객 관리 서비스를 해주고 있다.

(6) 정보활동

물류활동과 관련된 물류정보를 수집, 가공, 제공하여 운송·보관·하역·포장·유통가공 등의 기능을 컴퓨터 등의 전자적 수단으로 연결하여 줌으로써 종합적인 물류관리의 효율화를 기할 수 있도록 하는 기능이다. 예를들어 고객으로부터 주문을 받아 이를 이행하기 위해 창고에 출하를 지시하며 수송, 배송을 수배하는 것 등의 처리활동이라고 볼 수 있다. 물류의 각 기능은 서로 연계를 유지함에 따라 효율을 발휘하는데 이것을 가능하게 하는 것이 정보이다.

(7) 물류관리 활동

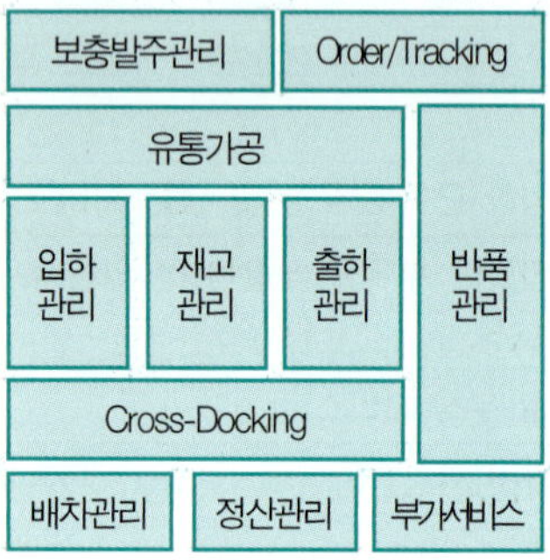

물류활동에 대한 전반을 계획, 조정, 통제하는 활동이다. 넓은 의미로 물류관리활동은 아래 그림에서 보는 바와 같이 제품의 보충·발주관리, 유통가공관리로서 화물의 입하관리, 재고관리, 출하관리가 있다. 또 시장에 파손이나 유통기간을 경과한 제품 그리고 제품의 하자나 결함으로 회수되는 제품의 반품관리와 차량의 배차관리, 정산관리, 부가서비스 등이 여기에 속한다.

그러나 좁은 의미로 물류라 함은 [그림 1-11]에서 보는 바와 같이 차량 및 대인의 정확, 신속한 위치 확인을 가능하게 하고 차량의 배송정보 및 공차정보 파악을 통해 효율적인 배차관리를 실현하는 것이다. 효율적인 물류관리는 실시간 업무지시로 업무 효율이 증대된다. 물류는 일반적으로 로지스틱스와 동의어로 사용되고 있지만, 로지스틱스가 물류보다 광의의 상위 개념이다.[20]

[그림 1-11] 물류관리 활동

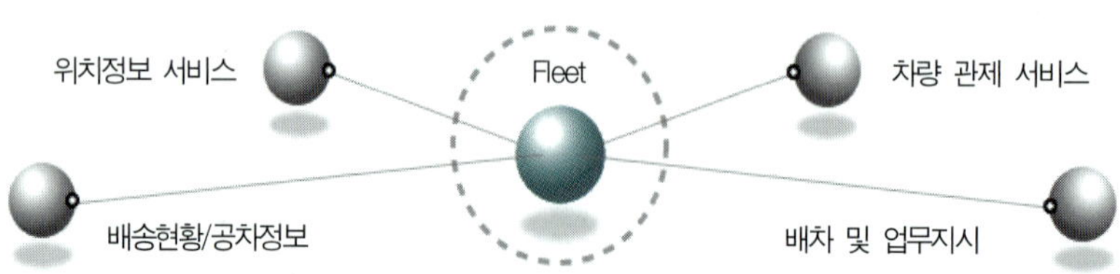

2) 물류의 영역

소극적 물류의 관리영역은 [그림 1-12]와 같이 화주기업으로부터 화물을 인도받은 때부터 배송처에 배송한 후 배송처에서 보관하고 있는 반품까지 회수하여 처리하는 데 소요되는 전과정이 물류의 영역이다.

[그림 1-12] 소극적 물류의 관리영역

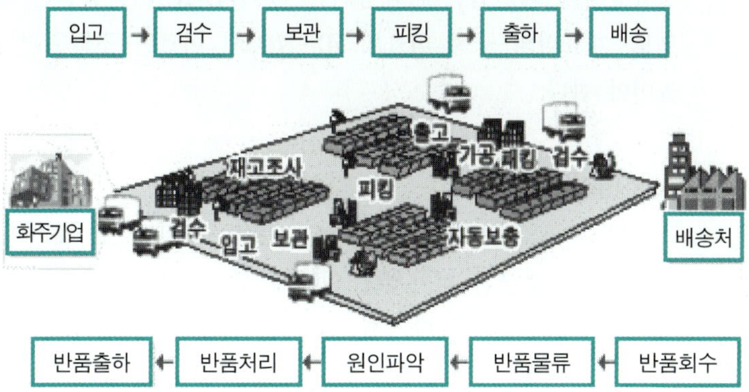

이를 좀 더 언급하면 물류의 관리영역은 다음 [그림 1-13]과 같다.

[그림 1-13] 적극적 물류의 관리영역[21]

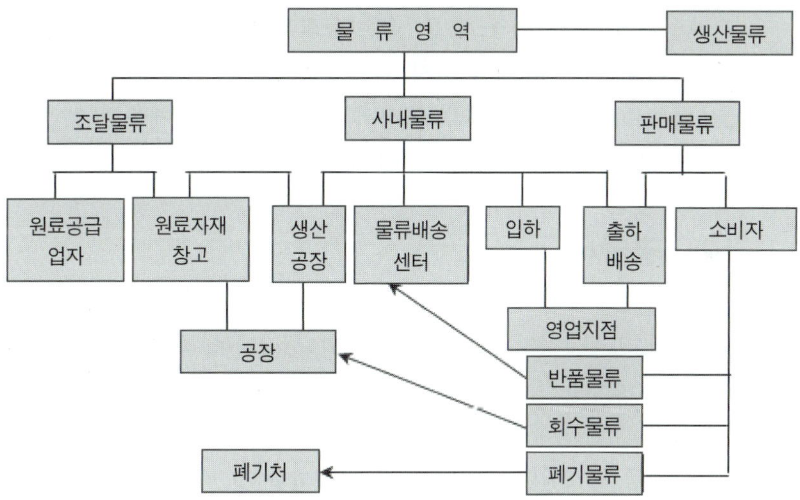

조달관련 : 포장의 표준화, 규격화, 임시 보관장소 폐지, ·팰리트나 용기 등의 표준화 및 규격화, 협력업체와의 공동화, JIT 납품, 공차율 감소, 수송루트 적정화, 차량회전률 증대

(1) 조달물류

기업이 필요로 하는 각종 원자재를 구두나 전화 등의 수단을 통하여 도착하기까지의 전 과정을 관리하는 것으로, 협력업체의 입장에서는 판매(납품)물류가 되고, 구입처의 입장에서는 조달물류가 되는 양면성을 가지고 있다.

조달물류는 전체물류의 출발점으로서 조달물류는 후속되는 모든 물류과정에 영향을 미치므로 신중하게 관리해야 한다. 즉, 바로 다음에 이어지는 생산부서의 재고압축, 다빈도 납입, 단납기, 조달비용 삭감, 다품종화 대응 등에 대응하기 위해 협력회사의 다빈도 납품에 따른 보관비 및 수송비 증대, 생산롯트 증대 등 조건을 충분히 검토하여 결품방지나 적기납품에 대응하는 것이다. 조달된 물품은 원가구성상 재료비에 해당되므로, 재료비의 구성 비율이 70~80%에 이르는 조달관련 코스트의 절감에 관심을 기울어야 한다.

(2) 생산물류

공정분석: 작업 교체 및 생산 사이클 단축, 중간품, 반제품 등의 그룹화, 공정재고의 제로화 및 흐름화 및 평준화, 내작 및 외주의 적정화

조달된 원자재를 고객에 대한 판매가 최종적으로 확정되기까지의 전 과정을 관리하는 것이다. 조달된 원자재를 일시에 한꺼번에 처리할 수 없기 때문에 제품생산과정에서 발생하는 원자재, 반제품, 재공품, 제품 등의 다양한 형태를 관리하는 것이다. 물자는 정지되어 있는 순간부터 보관비 등의 손실이 발생하므로 정확한 공정분석을 통하여 공정을 단축하고 재고를 삭감하도록 노력한다.

(3) 판매물류

판매물류는 공장에서 생산한 제품을 소비자에게 전달하기까지 일체의 과정을 관리하는 것이다. 생산된 제품을 고객의 요구에 따라 제품창고에서 출고하는 과정과 배송센터 내에서 유통가공, 분류, 배송 등의 유통과정에서 발생하는 물류활동을 관리한다.

제품은 판매되어야 다시 돈으로 환산되어 기업에 돌아오게 되므로 잠시도 창고에서 머무르게 할 수는 없다. 따라서 기업에서 만든 제품을 효과적으로 소비자에게 전달하는 모든 과정의 내용들이 관리대상이 된다.

(4) 반품물류

판매 또는 제공된 물품의 반환과 관련된 물류로, 반환된 물품을 회수, 운반, 분류, 정리, 보관, 처리하는 업무가 이에 해당되며, 최근에 확산되고 있는 리콜제의 확산과 함께 중요한 문제가 되고 있으므로 "팔면 끝이다!"라고 하는 관념의 수정을 요구하고 있다.

반품 발생원인은 판매자 실수에 의한 것, 구매자 실수에 의한 것, 관행상 팔고 남은 물품의 반환 등이나 실무적으로 가장 큰 원인은 기업들의 무리한 밀어내기식 영업에서 오는 유통기한 경과가 가장 큰 원인이다. 물품이 반환되는 것은 물품의 공급처로부터 소비자를 거쳐 다시 공급처로 돌아오는 과정에서 발생하는 물류경비가 과다하게 소요될 뿐만 아니라 품질의 저하에 따른 부대비용의 발생으로 가격상승을 부채질하고 땡물건처리, 가격인하판매, 폐기처리 등처럼 실제 판매가격은 더 떨어지고 기업의 이익을 잠식하는 경우가 많다.

■ 반품이 기업의 이익을 잠식하는 사례

2009년 8월 26일 현재, G-Market에서 판매하는 신라면(120g)의 가격이 60봉지 당 37,000원으로 개당 631.6원(소비자가격은 750원)으로 가장 싸다. 이 가격을 기준으로 신라면 반품을 양돈업자에게 양도할 경우, 약 8봉지 당 200원(1kg당 200원에 판매)에 판매한다. 농심은 유통과정에서 발생하는 반품을 전량 회수 100% 교환해주므로 반품처리로 인한 손해는 결국 농심의 부담이다. 따라서 반품이 증가할수록 농심의 경영수지는 악화된다.

반품은 처음부터 발생하지 않는 것이 바람직하지만, 환경조건의 변화에 따라 다양한 형태의 반품이 발생하게 되므로, 회사의 전사적인 입장에서 고객의 요구를 파악한 후, 제품설계부터 관련부문이 서로 협조하여 반품의 소지를 처음부터 제거하는 것이 바람직하다. 예를 들면, 물류거점별 품질보증체계 확립, 매출예측정밀도 향상으로 반품 감소, 반품에 대한 페널티제도 등과 같은 조치를 취함으로써 기업내부에서부터 보다 완벽한 품질관리 등을 통하여 이중비용이 발생되지 않도록 하는 것이다.

(5) 폐기물류

제품 및 포장재, 수송용기류 등 각종의 물품에 의해 발생된 폐기물을 관리하기 위한 물류를 말한다. 이들은 조달, 생산, 판매 등의 과정을 거치면서 매일 대량으로 폐기물화하고 있다. 폐기물은 일반폐기물과 특정폐기물로 구분되는데, 물류와 관련된 사항으로는, 가정이나 기업 등에서 발생된 폐기물을 폐기물 처리업자 등이 수집, 운반, 보관, 매립, 소각하거나, 재활용 등의 방법으로 처리한다.

재화는 자연에서 와서 자연으로 돌아가게 된다. 그러므로 시장에 많이 조달된 물자는 많은 쓰레기를 생산하게 되고, 그 쓰레기는 다시 자연으로 되돌려 보내게 된다.

그러나 자연의 복원력에도 한계가 있어 쓰레기처리에 따른 환경문제가 전 세계적인 문제점으로 되고 있으므로 친환경적인 물품생산을 통하여 폐기물류의 감소를 유도하여야 한다.

4. 물류의 역할과 기능

물류에 대한 몇몇의 정의는 재고관리와 연계하여 물류를 정의한다. 일부는 상품의 수송을 물류라고 생각하고 또 다른 일부는 아직도 물류를 단순히 상품의 전달시스템으로 판단한다. 사실이다. 근래에 들어서 물류에 대한 각기 다른 정의가 너무 많아 범람하고 있긴 하지만 다 옳은 정의이다. 이것은 물류가 오늘날 기업들이 포괄적인 의미로 광범위하게 사용하고 있고, 실제로 물류가 사업의 모든 측면에 영향을 주며 가동하는 서로 다른 구성요소들을 총괄적으로 아우르기 때문이다.

일반적으로 물류의 통합은 원료에서 완성품의 배분까지 관련된 전체 공급사슬시스템을 관리한다. 물류의 목표는 개별적인 것보다는 오히려 전체시스템 안에서 물류의 경제적인 효과를 위해 채택한 유통수단 혹은 운송수단을 점검하고 제안하는 것이다. 그래서 물류는 서로 분리된 업무보다는 하나의 실체로 공급망을 구성하는 모든 기능들의 관리를 필요로 한다. 궁극적으로 물류는 그들의 공급망을 조정하여 적시에 적합한 장소에 적합한 원자재의 취득을 허용하게 함으로써 기업에게 경쟁력을 준다. 통합물류는 재고품 가격을 낮추고 소비자에게 더 나은 서비스를 제공하고, 기업에게 경영의 더 큰 유연성과 자본투자를 절감할 수 있도록 한다.

물류의 역할은 그 미치는 영향에 따라 국민경제적 관점, 사회경제적 관점, 개별기업적 관점으로 나눈다.

첫째, 국민경제적 관점에서의 물류의 합리화는 상류(商流)의 합리화를 가져와 상거래의 대형화를 유발하고 유통효율의 향상으로 물류비를 절감하여 기업의 체질개선과 소비자 및 도매 물가의 상승을 억제하며, 정시배송(定時配送)의 실현으로 수요자들에게 양질의 서비스를 제공하게 된다. 또 물류 합리화는 자재와 자원의 낭비를 방지하여 자원의 효율적인 이용을 가능하게 하고 지역경제발전의 기회를 부여함으로써 인구의 지역적 편중을 해소할 수 있게 해준다.

물류의 합리화를 위해서는 사회 자본의 증강과 각종 설비투자를 필요로 하게 되는데 이것은 결과적으로 국민경제개발을 위한 투자계획을 증가시킨다. 물류의 합리화는 도시생활환경 개선에 이바지한다.

둘째, 사회경제적 관점에서의 물류의 역할로 물류는 유·무형을 불문하고 모든 경제재의 흐름을 말하는 것으로 산업구조상 커다란 비중을 차지한다. 그리고 사회·경제적 입장에서 물류활동은 물리적 흐름에 관한 경제활동으로 그 범위는 운송통신활동과 상업활동을 주체로 한다. 그리고 이들을 지원하는 제 활동을 포함한다. 물류가 잘 발달되어 있는 미국이나 일본 등지에서 GNP의 20% 정도가 물류비로 지불되는 등 사회·경제적으로 물류가 미치는 영향은 매우 크다고 할 수 있다.

셋째, 개별기업적 관점에서의 물류의 역할은 다음과 같다. 영리를 목적으로 하는 개별 기업 입장에서의 물류는 최소의 비용으로 소비자를 만족하게 하는 서비스의 질을 높임으로써 매출신장을 꾀하는 역할을 하게 된다. 또 개별기업은 마케팅 분야에서 상품을 제조 또는 판매하기 위한 원재료 구입과 제품판매와 관련된 물류의 제 업무를 종합적으로 총괄하는 물류관리에 중점을 두게 된다. 앞으로는 개별기업의 입장에서 볼 때 서비스의 경쟁 특히 고객의 욕구를 만족시킬 수 있는 물류 서비스가 판매경쟁에 있어 중요한 역할을 하게 될 것이다.

1) 물류의 역할

7R : Right Commodity, Right Quality, Right Quantity, Right Time, Right Place, Right Price, Right Impression 이다.

실무적으로 기업경영에서 물류는 다음과 같은 역할을 수행한다.

첫째, 물류는 마케팅의 절반을 차지한다. 물류가 마케팅 기능으로서 간주되기 시작한 것은 미국의 경우 1950년대부터이다. 특히 마케팅학자 Paul Converse가 "물류는 마케팅의 절반이다"(the other half of marketing)라고 발표하고 나서부터 물류는 마케팅의 중요한 요소로 취급되어 왔다. 오늘날은 고객조사, 가격정책, 판매조직화, 광고선전 만으로는 마케팅을 실현하기 힘들고, 결품방지나 즉납서비스 등의 물리적인 고객서비스가 수반되지 않으면 안 되는 시점에 있다.

둘째, 물류는 판매기능을 촉진한다. 물류는 고객서비스를 향상하고 물류코스트를 절감하여 기업이익을 최대화하는데 목표가 있다. 판매기능은 물류의 7R 기준을 충족할 때 비로소 달성될 수 있다.

셋째, 물류는 제3의 이익원이다. 기업의 이익을 높이기 위한 첫 번째 방법은 매출의 증대이며, 두 번째는 원가를 절감시키는 것이다. 그러나 물류는 이익을 높일 수 있는 세 번째 방법이 될 수 있다. 예를 들어 매출액 대비 순이익률이 5%이고, 물류비가 매출액의 20%를 차지하고 있을 때(ex: 매출액 100억, 물류비 20억, 순이익 5억), 물류비를 10% 절감하면(20억→ 18억) 순이익이 40% 증가하는 결과가 된다. (5억→ 7억).

넷째, 물류는 적정재고의 유지로 재고비용의 절감에 기여한다. 재고는 유동자산으로 평가되기 때문에 재무비율에는 긍정적인 영향을 미친다. 그러나 과다한 재고의 보유는 재고유지비용을 증가시킴은 물론 현금과 달리 유동성이 부족하기 때문에 불황일 경우 자칫 흑자도산의 원인이 되기도 한다. 그러므로 물류 합리화를 달성하면 불필요한 재고를 보유하지 않아도 되므로 재고비용의 절감이 가능하다.

다섯째, 상물분리는 유통합리화에 기여한다. 유통경로상 여러 경로기관의 유통흐름은 크게 다음과 같은 5가지 유형의 흐름에 의하여 연결되어 있다.

① **물적 흐름** : 생산자로부터 최종소비자에 이르기까지의 제품의 이동
② **소유권 흐름** : 유통기관으로부터 다른 기관으로의 소유권의 이전
③ **지급 흐름** : 고객이 대금을 지급하거나, 판매점이 생산자에게 송금
④ **정보 흐름** : 유통기관 사이의 정보의 흐름
⑤ **촉진 흐름** : 광고, 판촉원 등 판매촉진 활동의 흐름

이 중에서 물적 흐름, 즉 '물적 유통'을 제외한 나머지 4가지의 흐름을 상적유통 또는 거래유통(commercial distribution)이라 한다. 즉, 유통경로는 크게 물적유통과 상적유통의 두 가지의 흐름이 존재한다. 그런데 상물분리가 효과적으로 성립하기 위해서는 상품과 상거래가 표준화되어야 한다. 따라서 청과물의 경우처럼, 상품을 일일이 보지 않으면 값을 매길 수 없는 상품은 상물분리를 할 수 없다. 또한 즉각적인 정보전달을

가능하게 하는 물적 정보시스템이 선행되어야 하며, 판매량도 너무 작아서는 안 되고 일정한 수준이상이 되어야 한다.

물류의 각 부분에서 재고·출고·반품 등의 정보가 정확하고 신속하게 전달되면, 기업은 판매기회의 실기(失期)를 우려해 과잉생산으로부터 일어나는 일련의 현상을 없앨 수 있다. 때문에 기업들은 기업내에서의 효율적인 자원관리를 위해 ERP(전사적 자원관리, enterprise resource planning)를 도입하고 고객과 접하는 전방위에는 CRM(고객관계관리, customer relationship management)을, 생산부문 쪽으로 후방위에는 SCM(공급망 관리, supply chain management) 등을 구축하기 위하여 대규모 투자를 하고 있다.

그러나 이런 기법이나 시스템들이 제대로 운영되기 위해서는 현장에서 일어나는 정보들을 정확하고 빠르게 파악해야 하고 이 정보를 바탕으로 제품의 판매추이와 성향을 분석하고 시기에 맞게 제품의 생산과 판매계획을 수립해야 한다. 그렇지 않으면, 주문서가 도착했을 때 제품의 보유재고가 없어 판매기회의 상실을 일으킨다. 이런 이유로 기업이나 창고, 대리점, 판매점 등은 적정 이상의 재고를 보유하게 되는데 이것은 기업에게 과다한 제품생산으로 생산비용, 재고 관리비용 등의 부담이 발생하게 한다. 이와 같은 기업들의 문제를 해결하는데 물류는 상당히 중요한 가교역할을 차지한다.

2) 물류의 기능

물류의 기능은 <표 1-5>와 같이 크게 6가지로 장소적 기능, 시간적 기능, 품질적 기능, 가격적 기능, 인적 기능 등으로 분류된다.

〈표 1-5〉 물류의 기능[22]

장소적(場所的) 기능	생산과 소비의 장소적 간격을 조정
시간적(時間的) 기능	재화의 생산시기와 소비시기의 불일치 조정
수량적(數量的) 기능	생산자의 생산수량과 소비자의 소비수량의 불일치를 집하, 중계, 배송 등을 통해 조정
품질적(品質的) 기능	생산자가 제공하는 재화와 소비자가 소비하는 재화의 품질을 가공, 조립, 포장 등을 통해 조정
가격적(價格的) 기능	생산자와 소비자를 매개로 운송에서 정보활동에 이르기까지의 모든 비용을 조정
인 적(人 的) 기능	생산자와 소비자가 인적으로 다르고 분업으로 발생하는 복잡한 유통경제조직을 운송과 상거래로 조정

물류는 위의 6가지 기능을 유기적으로 결합하여 생산자와 소비자 모두에게 경제적 이익을 유발한다. 과학적인 물류관리는 기업의 자재와 자원의 낭비를 방지하고 자원의 효율적인 이용을 가능하게 한다. 그리고 이것은 물류비절감을 유발하여 기업의 경영수

지를 개선하고 기업의 체질개선을 도모한다. 또 한편으로 소비자들도 소비자 및 도매물가의 상승억제와 정시배송의 실현으로 양질의 서비스를 제공받는다.

제 3 절 물류산업의 과제와 전망

1. 물류의 아웃소싱(Outsourcing)

아웃소싱은 기업이나 기관이 비용절감, 서비스의 수준향상 등의 이유로 기업에서 제공하는 일부 서비스를 외부에 위탁하는 것을 말한다. 즉, 자신의 핵심적인 능력을 중심으로 기업의 경쟁력을 제고(提高)하기 위하여 기타 부가적인 서비스는 그것을 전문적으로 제공하는 기관들의 도움을 받는 것이다. 현재 기업의 물류수싱 형태를 거시적으로 살펴보면 [그림 1-14]와 같다.

[그림 1-14] 물류소싱의 형태[23)]

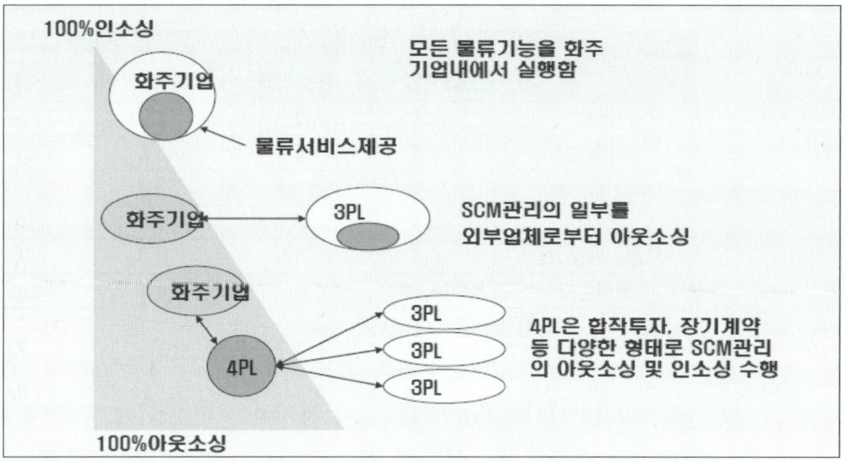

자료 : 前田健藏/田村誠一 譯, サプヲイチェ-ン戰略, 1999. 5.

즉, 모든 물류기능을 화주 기업 내 수행하는 100% 인소싱형태와 100% 아웃소싱형태인 제4자 물류, 그리고 SCM관리의 일부를 외부업체로부터 아웃소싱하는 제3자 물류형태로 국내기업들은 각각 물류업무를 수행하고 있다. 이것을 좀 더 구체적으로 살펴보면 <표 1-6>과 같이 크게 비용절감형, 분사형, 네트워크형, 핵심역량자체의 아웃소싱형 등 4가지가 있다.

이들은 모두 기업이나 기관이 기존에 지니고 있거나 새롭게 시작하려는 기능이나 비즈니스에서 핵심 비즈니스로의 경영자원을 집중하고 전문성을 확립이나 비용절감등과 같이 분명한 전략적 목적을 가지고 비즈니스의 설계로부터 운영까지의 전부를 외주화 한다.

〈표 1-6〉 국내기업의 아웃소싱형태[24)]

비용 절감형	분사형		네트워크형	핵심역량자체의 아웃소싱
	이익추구형 (Profit-Center)	스핀오프형 (Spin-off)		
비용절감을 위해 중요하지 않은 기능들을 아웃소싱	사내에서는 크게 중요하지 않으나 독자적으로 전문성을 확보하고 있는 기능을 외부화하여 수익률을 제고	핵심 역량을 제외한 일정한 기술, 역량등을 분사화하여 비즈니스화 함.	핵심역량이외의 모든 기능을 아웃소싱하고 이들 공급업체와 네트워크를 형성하여 시너지효과를 제고시키는 형태로 복수의 주체가 서로의 경영자원을 공유하고 상호보완적인 형태	핵심역량을 외주화시켜 시장에 노출시킴으로써 핵심사업의 경쟁력을 더욱 높임.

대한상공회의소가 2005년 4월 100개 제조·유통기업을 대상으로 실시한 '2005년 국내 물류서비스 이용 실태조사'에 따르면 기업의 물류아웃소싱 비중은 55.6%에 달하고 있는데 이 비중은 <표 1-7>에서 보는 바와 같이 2001년 대비 21.8%나 증가한 수준이다.

〈표 1-7〉 기업의 물류영역별 아웃소싱 현황 (단위 : %)

구 분	규모별		업종별		2005년
	대기업	중소기업	제조업	도소매업	전체
전체	57.8	47.3	54.7	58.8	55.6
수(배)송	66.6	64.8	65.3	65.7	65.4
보관·재고관리	27.8	16.9	26.0	23.6	25.5
하역	38.4	35.7	38.5	35.2	37.8
포장, 유통가공	16.8	14.0	19.3	5.0	16.2
물류정보	13.4	8.6	14.4	4.8	12.3

자료제공 : 대한 상공회의소(2006)

물류의 영역별로 물류아웃소싱이 차지하는 비중을 보면 수(배)송 부문이 65.4%로 가장 높고 다음으로 하역부문이 37.8%, 보관과 재고관리가 25.5%의 순이다. 이는 경기침체로 인하여 기업들의 물류비 절감노력이 반영된 결과라고 볼 수 있으며, 앞으로도 물류의 아웃소싱 비중은 증가할 것으로 예상된다. 그 반증으로 현재 국내 물류업계는 최근 대기업의 시장참여로 인해 지각변동을 일으키고 있다. 물류업계에 최근 들어 중견그룹들을 중심으로 물류사업 강화 또는 신규진출 움직임이 활발하게 진행되고 있다. 2008년 2월 17일 금호아시아나가 대한통운을 인수했다. 이를 포함해 동부그룹, STX그룹, C&그룹, 동원그룹, 동국제강, 유진그룹 등이 물류사업 강화를 강조하고 있다. 이것은 기업들이 그만큼 물류업계에 매력을 느끼고 있다고 해석된다.

2007년 사업체 기초통계조사 : http://www.nso.go.kr

대기업들의 물류사업 진출의 가장 큰 배경은 기존 사업의 한계로 새로운 성장 에너지사업을 찾는 과정에서 최근 각광받고 있는 물류산업으로 눈을 돌리고 있기 때문이다. 일부에서는 대외적으로 매출과 외형을 확대할 수 있을 것으로 보이게 해 매력적인 사업이라는 것이 가장 큰 요인으로 지적 받고 있다. 또한 일반적으로 우리나라는 제조업 경쟁력에 비해 물류 경쟁력이 훨씬 뒤처져 있어 개선의 여지도 많다는 점을 들 수 있다. 이 밖에도 매출액 대비 물류비용이 높아 이를 줄일 경우 충분한 이익률을 만들 수 있다고 인식하고 있다.

2. 우리나라 제3자 물류의 현황과 문제점

1) 우리나라 제3자 물류의 현황

최근 한국무역협회의 국내 화주기업들의 제3자 물류 활용현황을 조사한 결과에 따르면 국내 화주기업들이 전문물류업체와 1년 이상의 장기간 계약을 통해 보관, 운송 등 직접 수행하던 물류기능의 일부 혹은 전부를 아웃소싱(제3자 물류)하는 비중이 점차 증가하고 있는 것으로 나타났다.

한국무역협회가 무작위로 추출한 회원사 723개사를 대상으로 실시한 설문조사의 결과에 따르면, 아래 그래프에서 보는 바와 같이 '08년 현재 제3자 물류를 활용하고 있다고 밝힌 업체는 전체 46.3%로 나타나, 2005년 35.6%, 2006년 38.8%, 2007년 42.2%비해 우리나라 화주기업들의 제3자물류 활용율이 점차 증가하는 추세에 있음을 알 수 있다.

비록 2007년 사업체 기초통계조사(2007년 말 현재 통계청 잠정결과)에 따르면 용달화물 등 화물자동차 운송업체수가 2006년 15만 3457개소에서 2007년 14만 9469개소로 3,900여 곳이 감소하여 2.6% 감소율을 보이고 있지만, 이는 영세한 물류기업들이 상호 통폐합에 따라 적정규모의 전문물류업체로 거듭 탈바꿈하여 안정되어가고 있는 것으로 해석된다.

참고 1 기업의 제3자 물류 활용 추이

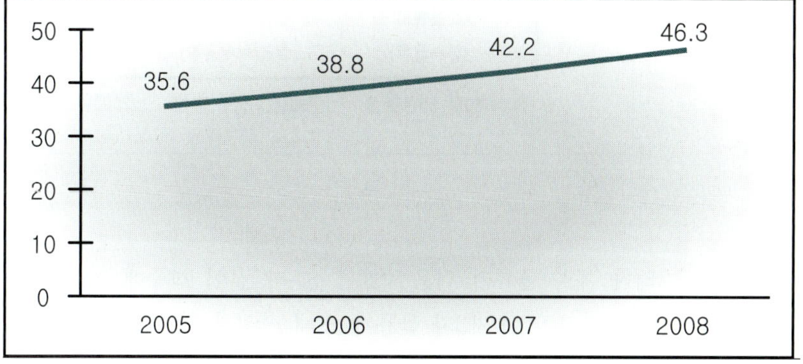

2008년 화주기업들의 3자 물류 활용률이 2007년 대비 4.1% 포인트 증가한 것은 화주기업이 3자 물류 활용시 법인세를 감면하는 제도가 신설되었고, 종합물류인증제도의 인식 확산에 따라 화주기업들의 제3자 물류서비스에 대한 인식도가 점차 증가하였기 때문으로 평가되었다. 특히, 2008년부터 국토해양부가 화주기업들의 제3자 물류를 직접적으로 유도하기 위해 5억 원을 투입하여 컨설팅비용 지원 사업을 실시한 것도 화주기업들의 제3자 물류 활용에 대한 관심을 크게 배가한데 기여한 것으로 판단된다.

2) 우리나라 제3자 물류의 문제점

우리나라 제3자 물류시장의 규모는 시장의 형성이 미흡하여 정확한 시장 규모 산정은 어려우나 잠재 시장규모는 2.5조 원 수준으로 추정된다. 그러나 현재 우리나라 물류의 진화과정을 살펴보면, [그림 1-15]에서와 같이 국내 물류산업은 3자물류의 1단계를 지나 2단계인 독립·종합물류의 단계와 3단계인 전략물류로 진입하는 사이에 위치해 있다. 자체물류조달에서 시작하여 물류자회사를 통한 물류조달방식을 지나 기존의 제3자 물류와의 주종관계에서 파트너관계로 전환을 시도하는 단계에 놓여있다.

[그림 1-15] 국내 기업의 물류변천 과정[25)]

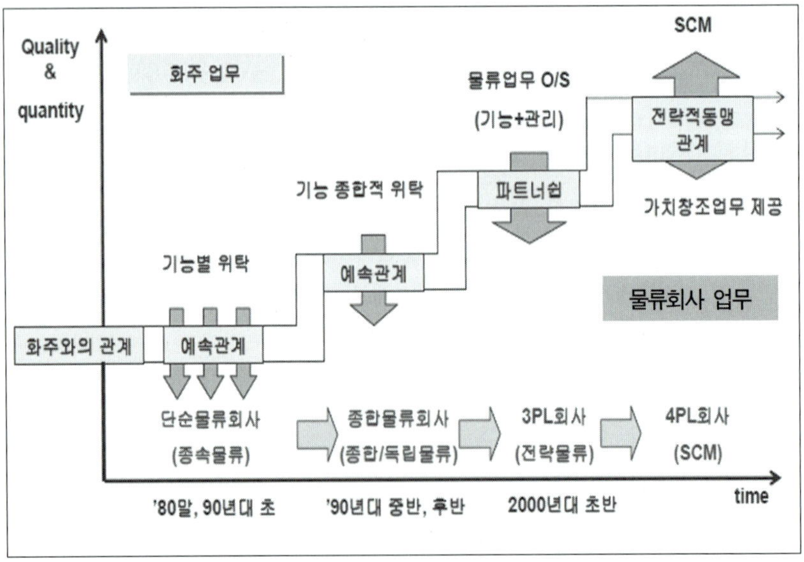

그러나 제3자물류가 다음 <표 1-8>과 같이 화주에게 매우 긍정적인 효과로 작용함에도 불구하고 국내 제3자 물류가 크게 활성화 되지 못하고 표류하고 있음이 사실이다.

〈표 1-8〉 제3자 물류의 긍정적인 효과[26]

관점	화 주
경제적	◦장비 및 설비관련 재무위험의 전가 ◦규칙적인 거래 ◦제3자 물류업체의 전문성 이용
관리적	◦핵심역량에 집중 ◦소수업체와 체인구축을 통한 관리 용이
전략적	◦경쟁우위 획득 ◦상호 정보교환을 통한 전략적 재고 배치 ◦소수업체이용을 통한 적절한 배송 ◦스케쥴로 고객서비스 충족

국내의 제3자 물류가 크게 활성화 되지 못하고 표류하는 원인은 <표 1-9>에서 보는 바와 같이 국내기업(화주)들의 인식 부족, 대형 물류서비스업체의 부재, 미흡한 정부정책 등이 주요 요인이다.

화주들의 물류 아웃소싱에 대한 마인드가 가장 낮은 분야인 택배를 예를 들어 보자. 제3자 물류업체의 입장에서 보면, 첫째 화주에게 물류에 관한 분석과 진단을 내릴 수 없다는 한계, 둘째 위임 받은 서비스를 고객에게 만족스럽게 제공하지 못한다는 한계, 셋째 컨설팅 기능을 정보기술업체와 공동으로 수행하지 못한다는 한계 등의 문제점이 있다.

제3자 물류의 한계: ▮인적, 물적 자원과 같은 기존 자산의 처리문제 ▮물류활동에 대한 직접 통제권 상실 ▮외부기업이 제공하는 서비스수준에 대한 불확실성 ▮제3자물류를 사용하는 실제비용의 적정성 여부 ▮기업 간 문화적 차이 ▮고객과의 직접접촉의 차단으로 고객의 불만사항에 즉각 대처가 불가 ▮자사 내에 물류관련 노하우 축적이 불가 ▮기업 내 정보의 외부유출 ▮정보시스템의 통합

〈표 1-9〉 화주와 제3자 물류 간 잠재적 위험[27]

관점		화 주	제3자 물류업체
잠재적 위험	경제적	·다른 파트너로 교체 시 전환비용 증대	·초기 투입되는 자본금이 부담
	관리적	·제품 및 재고에 대한 통제력 약화[28] ·정보유출 우려 ·고객서비스 품질 ·제3자 물류업체의 기회주의 우려	·화주의 거래선 변경 시 다른 신규화주 계약 곤란함 ·화주의 기회주의태도에 영향받기 쉬움
	전략적	·특정 제공자와 장기계약으로 인한 시장 이동 및 선택의 제약 ·간접적인 고객접촉으로 화주와 고객 간 서비스 갭 노출	·화주로의 병합 혹은 흡수 가능성 존재 ·화주의 자기 물류화

건설교통부와 무역협회가 수출입업체 500개사를 대상으로 조사한 '화주기업의 제3자 물류 서비스활용실태 파악을 위한 조사'의 내용을 정리한 <표 1-10>을 살펴보면 제3자 물류의 한계가 보다 선명해진다. <표 1-10>을 분석하면 첫째, 국내 기업(화주)들은 아직 제3자 물류에 대한 정보의 부족과 아래와 같은 현실적인 이유로 제3자 물류의 도입에 따른 기대 효과에 의문을 가지고 있으며 또한 제3자 물류의 한계로 작용한다. 특히, 화주기업은 <표 1-9>에서 보는 바와 같이 제3자 물류 이용시 노출될 수 있는 잠재적 위험에 대단히 민감해 있다.

〈표 1-10〉 제3자 물류의 이용실태[29]

순위	이용하지 않는 이유	점수	이용하는 경우	점수
1	현행 물류서비스에 만족	3.15	고객과 규칙적/안정적인 거래	3.83
2	제3자 물류에 대한 정보부족	2.80	문제발생시 신속한 처리능력	3.67
3	실질적 물류절감이 이루지지 않을 것 이라는 판단	2.71	전반적인 물류서비스 향상	3.63
4	외부업체에 대한 전문성의심	2.76	물류비 절감	3.62
5	외주에 대한 구조조정의 어려움	2.65	물류인력 감소	3.62
6	최고경영자의 무관심	2.67	광범위한 시장도달 가능	3.61
7	외부업체와의 호환성문제	2.65	핵심역량에 집중	3.45
8	시장변화에 적절한 대응불가	2.60	환경변화에 대한 물류환경조정	3.46
9	기업정보의 유출	2.59	투자비 감소	3.49
10	고객요구에 신속한 대응어려움	2.48		
11	적합한 외부업체 찾기 어려움	2.37		
12	직접 통제력 약화	2.37		

참고) 점수 : 5점 만점 척도

제조기업은 자신이 기존의 물류파트너와 결별하고 새로운 물류업체로의 물류파트너로 교체할 경우, 신규물류파트너로의 전환비용이 증가하고 통제력의 약화와 정보유출, 제3자 물류업체의 기회주의 발생 그리고 장기계약으로 인한 선택의 제약에 대하여 부정적인 시각을 지니고 있다.[30] 둘째, 대형 물류업체의 부재이다. 국내 물류전문업체들의 경우 대체로 영세하여 물류 서비스의 다양성 및 신뢰도가 떨어져 제3자 물류 활성화를 제약한다. 이것은 우리나라가 지리적으로 협소하여 자사물류 위주의 물류체계 등으로 대형물류 전문업체가 활동할 만한 여건이 마련되지 못했기 때문이다. 때문에 전문성을 갖춘 대형 전문 물류 업체의 부재로 기업(화주)은 물류기능을 외부에 믿고 맡기는 것에 주저하는 모습이다. 셋째, 미흡한 정부의 정책을 들 수 있다. 물류에 대하여 정부는 다양한 정책을 추진하고 있으나 구체성 및 보완대책이 아직 미진한 것으로 판단된다. 정부는 2004년 8월 동북아 물류중심추진 로드맵을 확정하고 전략적 차원에서 종합 물류업체 육성을 추진하고 있으나 다양한 정책추진에도 불구하고 아직 구체적인 세부 실행계획이 지연되고 있다.

그러나 국내기업의 물류 아웃소싱에 대한 지출비중이 증가하는데 비해 아직 물류 아웃소싱 시장이 낙후되어 있어 제3자 물류업의 발전 가능성이 큰 것으로 판단된다.

3. 우리나라 기업의 제4자 물류 활용 방안

1) 제4자 물류의 출현 배경

한국의 최초 제4자 물류 업체 : http://www.execnt.com

2008년 8월 우리나라에 제4자 물류전문업체가 처음으로 등장하였다. 제4자 물류가 등장한 데에는 무엇보다도 제3자 물류의 한계와 화주들의 다양한 물류서비스의 요구,

전자상거래의 발달 등을 들 수 있다. 이를 좀 더 부연하면 첫째, 제3자 물류는 20세기를 훌쩍 넘어버린 지금까지도 여전히 실무상 많은 허점을 노출하고 있기 때문으로 대부분 국내 제조업체들이 아직까지 해당기업의 물류관리에 충분한 서비스를 제공하지 못하고 있다. 또 아웃소싱은 비용절감에만 초점을 두고 있으므로 이를 극복하고 시스템의 연속이고도 전체적인 개선을 달성하기 위해서 [그림 1-16]에서 보는 바와 같이 제4자 물류가 필요해졌다.

[그림 1-16] 4PL의 업무내용

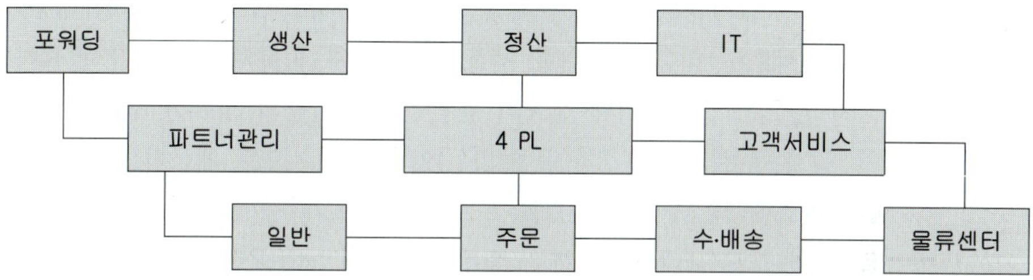

정산 : 운임지불과 운임협상 파트너 관리 : 거래 파트너 선정 및 계약, 파트너의 행정/품질/재무/법무/기타관리 주문 : 주문이행 및 처리 포워딩 : 통관 및 운송주선, 물류센터 : 창고입지 선정, 창고관리, 인력배치, 재고감소 및 사이클타임의 단축, 자산이전과 자산이용의 극대화 일반 : SCM장애 및 문제해결, Process개발 및 구축 IT : 운영시스템 가동 및 관리, 소프트웨어 선정 및 관리 생산 : 계약생산, 위탁제조, 조립/설치, 라벨링/재포장 수배송 : 혼재/선적통합, 직배송, 공동운송, 차량관리 및 운영, 반품관리 고객서비스 : A/S 및 기타 영업지원, 화물추적

많은 물류전문업체들이 기업들로부터 아웃소싱을 받고 창고·수송·배송관리업무 등의 물류서비스를 제공하고 있으나 물류정보기술의 개발과 관리, 고객서비스, 수주관리 등을 포함한 공급 연쇄상 모든 영역의 물류서비스를 커버할 수 있는 제3자 물류는 거의 없는 실정이 곧 그 한계다. 실제로 전문가들이 말하는 국내의 제3자 물류 수준은 '단순물류'와 '외주물류'를 벗어나지 못하고 있다. 세계화 시대에 화주기업들이 경비절감에만 치중하고 단기 수익증가에 관심을 기울이게 되면 고객서비스 향상이 요원해지는 것은 당연한 것으로 제3자 물류의 발전이 저하되기 시작된다.

그러므로 공급체인망관리(SCM) 개념은 물류비용을 절감하고 화주(제3자 물류업체 입장에서는 고객)를 관리해주는 한편, 양질의 서비스를 지속적으로 제공하는 것까지 포함한다. 또 기업과 공급자의 기능을 동기화하여 자재, 정보, 서비스 등의 흐름을 고객의 수요에 맞추어 공급시스템을 이용하여 중요한 경쟁우위를 확보할 수 있다.[31] 둘째, 화주들의 다양한 물류서비스의 요구다. 예를 들면, 소비자들의 다양한 요구사항에 적극 대응하기 위하여 UPS나 FedEx, AIRBORNE EXPRESS는 다음과 같이 전략을 변경하였다.

	UPS, RPS : 다양한 서비스보다는 예정시간 준수 전략(Money Back Guarantee) FedEx : same day, first overnight(익일 08:00까지)/priority overnight(익일 4:30까지)/2days (2근무일 4:30~7:30까지)/express saver(3근무일 4:30~7:30까지) AiIRBORNE : stock exchange(당일 02:00주문, 당일 08:00납품), end of runway : value added service

셋째, 전자상거래 발달은 제4자 물류 등장의 주요 배경이기도 하다. 전자상거래로 인하여 공급사슬영역이 복잡해졌음에도 불구하고 고객은 신속한 배송을 요구하므로 이에 효과적으로 대응하기 위한 제휴, 곧, 제4자 물류의 서비스가 필요하게 된 것이다. 제4자 물류는 전자상거래 성공의 관건인 시간단축의 필요한 수단이기 때문이다.

4자 물류(4PL)는 3자 물류(3PL)업체가 기본으로 제공하는 보관·하역·포장 등의 물류서비스에 SCM(공급망 관리), 프로세스 재설계 등 물류컨설팅과 같은 IT 서비스를 결합한 것이다.[32] 따라서 제4자 물류는 기존의 전문물류업체(제3자 물류)의 한계를 극복하고 공급연쇄에 대하여 탁월하고 지속적인 개선효과를 가져오는 새로운 조직형태로 기존의 전문물류업체보다 역할이나 기능이 한 단계 더 진일보한 것이다. 제4자 물류는 따라서 '제3자 물류의 완성', '완벽한 제3자 물류서비스'라는 이름으로 물류업계의 패러다임을 갈아치우고 있다. 아직 제4자 물류에 대한 인식이 보편화되지는 않았지만, 어쨌든 '변화'는 당연하다는 것이 전문가들의 진단이다.

아직까지 국내 제3자 물류 업체가 큰 수익이나 진전을 보이고 있지 않는 터에 제4자 물류에 대한 이야기는 혼란을 일으킬 소지도 있다. 그러나 전자상거래가 활성화되면서 공급사슬을 효율적으로 지원할 수 있는 전문물류업체가 곧 4자 물류이고 기존의 제3자 물류 서비스에 IT, 기술, 전략적 컨설팅을 가미한 부가가치가 높은 물류업의 하나로 인식되고 있으므로 기업은 기업대로 학계는 학계대로 꾸준한 노력을 계속하면 제4자 물류도 가시화된 형태로 굳어질 것이다.

2) 제4자 물류의 활성화 필요성

제4자 물류를 활성화해야 할 필요성은 공급사슬 전반에 걸친 통합서비스의 필요성, 제3자 물류의 문제점에 대한 대안, 그리고 정보기술발달에 따른 전자상거래의 확대 등 화주의 요구와 물류환경의 변화에 따라서 제4자 물류 자체가 가지고 있는 유용성[33]에서 찾을 수 있다.

제4자 물류의 유용성으로는 첫째, 제품품질의 개선, 제품의 효용성 재고, 고객서비스 향상, 그리고 첨단기술의 활용을 이용하여 수익이 증가한다. 고객서비스의 향상만으로도 100% 이상의 수익을 증가시킬 수 있다. 창고관리의 효율성을 높이거나 운송비용의 절감을 통해서가 아니라 공급사슬의 전 과정을 개선하는 제4자 물류에 의하여 고객에 대한 서비스를 얼마든지 향상할 수 있다. 둘째, 업무의 효율성 제고와 공정의 개선, 구매비용의 절감에 의하여 15%정도 운영비를 감소시킬 수 있다. 또한 부품의 엄선, 규모의 경제, 공급사슬기능의 포괄적인 아웃소싱에 의하여 비용을 절감할 수 있다. 공급사슬 참여자간 정보를 공유하고 기술 및 활동상의 동시성을 확보함으로써 운영비와 제품비용의 절감이 가능하다. 그러나 공급사슬 기능의 일부만을 아웃소싱할 경우 이와 같은 효과를 기대할 수 없다. 셋째, 재고감소와 주문에서 상품대금 회수까지 소요되는 기간을 단축하여 운영자본의 30%까지 절감할 수 있다. 주문기술을 활용하고 일정한 루트에 따라 SKU(stock keeping unit)의 주기적 배송으로 소비자의 상품구매를 쉽게 하고 필요한 재고량을 최소화 한다. 넷째, 고정자본 감소는 자본자산이전과 자산효율성을 증대시킴으로써 가능하다. 물적 자산을 제4자 물류가 제공함으로써 고객기업은 자신의 핵심분야 이를테면, 연구개발, 제품개발, 판매, 마케팅 분야에 주력할 수 있으며 영업수지를 개선할 수 있다.

〈표 1-11〉 일반 아웃소싱, 제3자 물류, 제4자 물류의 차이점

구 분	계약운송 / 분배	물류아웃소싱 (제3자물류)	통합된 공급사슬관리[34] 아웃소싱(제4자물류)
서비스	단일기능	복수기능(개별적)	복수기능(통합적), 복잡한 문제처리기능
관계	일시적 계약	장기적인 합의	전략적 파트너쉽/메가사이즈 계약
범위	지역적	복수 지역적	글로벌, Door to Door
경쟁우위	단편적	통합적 / 협의적	작은 부분으로 분리된 대형협력 및 니치제공
역량	대량의 자산, 프로세스의 실행	자산기반에서 정보기반으로 이동	정보/지식에 포커스, 통합된 정보기술 솔루션
효과	비용절감	비용절감, 지리적 확장, 부가적인 개선 가능성	최적화된 비용 및 서비스

위의 <표 1-11>은 일반 아웃소싱과 제3자 물류, 제4자 물류의 차이점을 나타낸 표다. 제4자 물류는 아웃소싱과 인소싱의 장점을 통합한 형태로서 화주에게 최대한의 경영성과를 획득하게 하는 조직이다.

3) 제4자 물류의 운영모델 및 사례분석

(1) 제4자 물류의 운영모델

제4자 물류를 실행하는 데에는 현재 [그림 1-17]과 같이 거래 파트너 모델, 솔루션 통합자 운영모델, 시너지 상승모델, 산업혁신자 모델 등 4개의 운용모델을 이용한다.

[그림 1-17] 제4자 물류의 운용 모델[35]

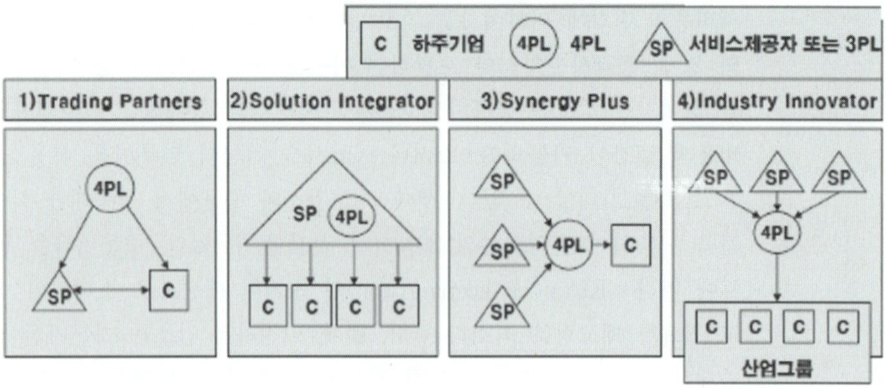

(가) 거래 파트너(Trading Partners)모델

거래 파트너 모델에서 제4물류는 자신의 업무를 보완할 수 있는 적합한 제3자 물류를 거래 파트너로 참여시켜 제3자 물류와 고객기업에게 물류서비스를 제공하는 동시에 제3자 물류가 아웃소싱업무를 제대로 수행하는가를 운용 관리하는 모델이다.

이 모델에서 제4자 물류는 실무적으로 화주와 서비스 제공자 사이를 조정하고 통제하는 역할을 수행하고 공급망 설계 및 계획, 용역을 제공하며 IT서비스를 통합하는 역할을 수행한다.

(나) 솔루션 통합자(Solution Integrator)모델

이 모델은 제4자 물류의 가장 핵심적인 모델이다. 솔루션 통합자 운영모델은 제4자 물류의 단일고객을 위해서 넓은 의미의 공급제안을 관리하고 운영한다.

이 모델에서는 자원, 역량, 서비스 제공자간 상호협력으로 통합된 공급사슬서비스를 제공[36]한다. 제4자물류가 보유하고 있는 전문기술을 포함하고, 제4자 물류회사는 다양한 서비스 공급자들에 의해 고객의 공급사슬을 통합하여 운영한다. 이 모델에서 제4자 물류는 실무적으로 복수의 서비스 프로바이더(service provider) - 3PLP, SI업체, 컨설팅 회사 - 를 통합하여 화주에게 물류서비스를 제공한다.

(다) 시너지 상승(Synergy Plus)모델

이 모델은 제4자 물류가 제3자 물류조직 내에서 운용된다. 이 모델은 제4자 물류와 제3자 물류간 업무관계에서 서로 의존하는데, 양 조직의 능력과 시장을 활용할 수 있는 공급체인 솔루션을 제공하기 위해 상호 제휴를 하게 된다. 이 모델에서는 제4자 물류와 제3자 물류가 두 기업간 파트너가 된다.

제4자 물류는 제3자 물류 공급자에게 기술, 공급사슬전략, 프로세스관리지식을 포함한 광범위한 서비스의 제공이 가능하다. 이때, 제4자 물류는 기술, 공급체인 전략, 시장개척능력, 프로그램 운용기술 등 광범위한 서비스를 제3자 물류에게 제공할 수 있다. 제4자 물류와 제3자 물류는 서로 제휴하기도 하지만 계약상 서로 구속적인 관계도 될 수 있다. 이 모델에서 제4자 물류는 실무적으로 복수의 화주들에게 서비스를 제공하는 서비스 제공자의 사령탑 역할을 수행한다.

(라) 산업 혁신자(Industry Innovator)모델

이 모델에 있어서 제4자 물류 조직은 서비스 공급자의 협력과 동기화에 의하여 다양한 기업들의 공급사슬을 관리하고 운영한다. 이 운영모델이 실현되면 상당한 이익이 발생한다. 제4자 물류 공급자가 효과적으로 적용하기 위해서는 광범위한 자원과 전문능력이 있어야 한다. 프로세스 관리기술과 전문지식은 성공의 핵심이 된다. 이 모델에서 제4자 물류는 실무적으로 복수의 서비스 제공자를 통합하여 화주들에게 물류 서비스를 제공하고, 동일 산업군은 물류특성이 유사하므로 통합 서비스 제공시 시너지를 극대화한다.

(2) 제4자 물류의 활용이 적합한 산업[37)]

04년 기준 매출액 5조원이상 산업의 집중도: http://www.pharmnews.co.kr 2009.08.21일 참조
CR3는 가장 규모가 큰 3개의 기업이 산업 내에 차지하는 매출액의 백분율이다. CR3은 산업 또는 품목시장에서 상위 3개사가 차지하는 점유율의 합계를 나타낸 것으로 통계청에서는 산업집중도 측정 지표로 CR3를 사용하고 있음.

산업의 업종이나 업태, 기업의 특성에 따라 제4자 물류의 활용효과는 다르다. 제4자 물류의 활용에 적합한 기업이나 산업은 다음 [그림 1-18]에서 보는 바와 같이 크게 4종류로 분류가 가능하다.

[그림 1-18] 제4자 물류 활용에 적합한 산업과 기업

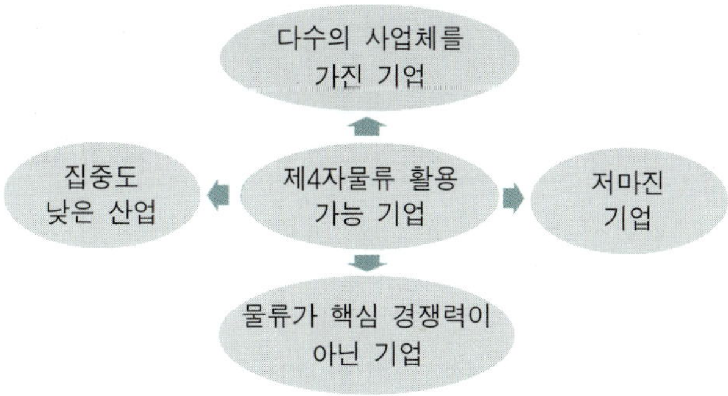

(가) 집중도가 낮은 산업

산업의 집중도가 낮다는 것은 소규모의 독립된 기업이 많이 있는 경우이다. 이들 소규모 기업들은 공급사슬운영에 있어서 규모의 경제에 의한 이익을 얻기 위해 제4자물

집중도가 낮은 산업 : 공정거래위원회가 시장경제연구원에 연구용역을 의뢰한 2004년도 시장구조 조사 자료에 따르면, 출하가 기준 연간 5조원 매출을 기록한 산업군에 의료용 의약품 제조업이 6조3천5백억원으로 20위를 차지했다. 산업집중도 지표인 CR3(상위 3사의 시장 점유율 합계)이 의료용의약품 제조업은 ▶2002년 15.6% ▶2003년 15.1% ▶2004년 15.3%로 상위 3사가 차지하는 비중이 레미콘 제조업과 플라스틱 제조업 다음으로 낮은 것으로 나타났다.

류를 도입하여 여러 참여기업의 업무를 통합한다. 여기에 해당하는 업종으로는 <표 1-12>에서 보는 바와 같이 소규모의 전자제품 제조업, 의약품산업 등이 대표적이다.

〈표 1-12〉 '04년 기준 매출액 5조원 이상 산업의 집중도

순위	산업명	출하액 (100억 원)	CR3(단위 %)		
			02'	03'	04'
1	승용차 및 기타 여객용 자동차 제조업	4960	87.0	88.6	90.7
2	원유정제처리업	4624	82.8	80.8	81.4
3	방송 및 무선통신 기기 제조업	3476	66.0	69.1	70.9
4	열간 압연 및 압출제품 제조업	3364	73.1	79.1	82.9
5	액정표시장치 제조업	2907	76.4	72.4	71.1
6	전자집적회로 제조업	2575	89.6	89.9	91.5
7	강선 건조업	2285	78.6	78.5	77.9
8	기타 자동차부품 제조업	2125	13.6	14.3	15.6
9	방송수신기 및 기타 영상, 음향기기 제조업	1934	62.7	62.0	59.6
10	합성수지 및 기타 플라스틱물질 제조업	1777	40.7	42.2	41.1
11	석유화학계 기초 화합물 제조업	1113	61.6	63.0	62.6
12	절단 가공 및 표면처리 강재 생산업	1067	33.2	32.2	33.4
13	기타 기초 유기화합물 제조업	998	29.5	31.0	32.3
14	기계장비 조립용 플라스틱제품	813	17.5	15.3	14.4
15	자동차 차체용 부품제조업	740	15.6	12.7	29.3
16	레미콘 제조업	738	9.5	10.0	10.7
17	공기조화장치 제조업	681	61.0	63.4	66.6
18	인쇄회로판 제조업	676	33.7	31.9	34.0
19	기타 가정용 전기기 제조업	661	62.8	59.5	62.5
20	의약용 약제품 제조업	635	15.6	15.1	15.3

(나) 저마진 기업

이익률이 저조한 기업들은 보다 적극적으로 경영수지개선을 위해 전력을 다한다. 제4자 물류협정으로 공급사슬을 통합하여 발생하는 비용절감효과 때문에 제4자 물류를 수용할 여지가 많다. 저마진 산업의 대표적 사례는 정유회사와 대규모의 소비자 소매점이다.

(다) 물류 서비스가 핵심 경쟁력이 아닌 기업

물류 서비스가 핵심 경쟁력이 아닌 기업으로서 대표적인 기업은 공익기업 또는 공공기업에서 새로 민영화된 기업이다. 이들 조직은 부품조달이나 유지관리 등의 물류업무를 처리하는데 아웃소싱을 선호하게 된다.

소비자 소매점 : 월마트, 맥도날드, 오도비시스템즈, 콜스(Kohl's)와 포에버21(Forever21)등 소매업체

(라) 다수의 사업체를 가진 기업

다수의 사업체를 가진 기업 그룹은 그룹내 제4자 물류 서비스를 이용함으로써 규모의 경제효과를 기할 수 있다. 이러한 기업으로는 각 사업체가 유사한 공급사슬 형태를 가

진 식품가공업체가 대표적이다.

(3) 제4자 물류의 사례분석

제4자 물류는 전 세계적으로 아직 활성화되지 않았다. 그러나 미국과 유럽을 중심으로 서서히 제4자 물류에 대한 인식이 확산되고 있으며 또 이를 적극적으로 활용하는 기업들이 증가하고 있는 것으로 보아 근시일 내에 제4자 물류가 본격화 될 것으로 예상된다.[38] 물류 서비스를 제공받는 산업이나 기업의 구조와 경영방식에 따라 제4자 물류의 활용형태는 달라질 수 있다. 제4자 물류의 성공사례는 많지 않지만 우리나라의 제4자 물류 활성화를 위한 참고자료로 다음과 같은 사례들을 제공하고자 한다.

외국사례

■ General Motors(GM)

GM이 2009년 6월1일 파산보호를 선언하였지만, GM의 직접적인 파산원인은 물류문제가 아니다. 비록 GM은 파산하였지만 GM은 파산하기 이전 높은 효율성과 수익을 가져다 준 물류전략을 보유하고 있었다.

GM은 제4자 물류 서비스를 도입하기 위해 미국의 공급사슬관리 기업인 CNF와 합작으로 Vector SCM 이라는 제4자 물류회사를 설립하였다.

Vector SCM은 전 세계 70개가 넘는 최종 조립공장에 12000여 개의 공급업체가 있고, 하루에 35,000대, 년 간 830만대의 자동차를 생산하며 한 해 물류비가 50억 달러에 달하는 GM의 방대한 물류업무를 모두 [그림 1-19]에서와 같이 제4자 물류의 활용으로 관리하였다. 이 과정에서 Vector SCM은 세계적 공급사슬 권역에서 이동되는 모든 원재료 및 완성차에 대한 통합적인 전 공정의 가시성을 GM에게 제공하였다. 그리고 원재료, 자동차, 유통, 고급차 운송, 수출입 업무 등 GM의 모든 물류경영을 책임졌다.

Vector SCM은 GM을 대신하여 물류 서비스를 제3자 물류업체에 외주를 주고 이 제3자 물류들의 물류 서비스를 통합하고 관리하였으므로 제3자 물류와는 다른 제4자 물류인 셈이다. 즉, Vector SCM은 앞에서 언급했던 제4자 물류 운용모델에서 솔루션 통합자로서의 기능을 수행했다.

[그림 1-19] Vector SCM의 제4자 물류 사례[39]

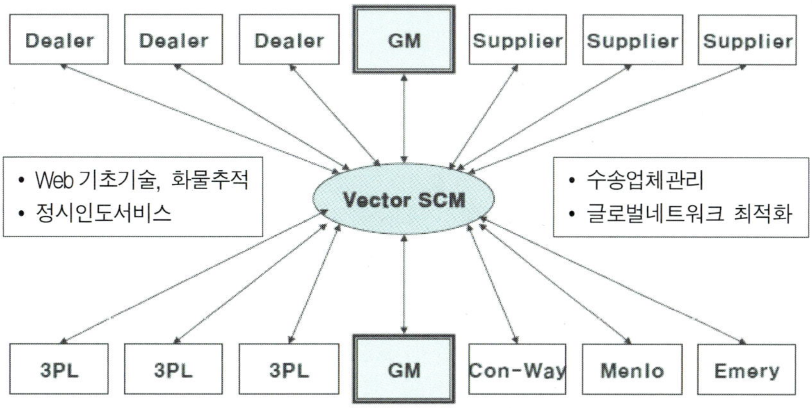

자료:前田健藏, Supply Chain 戰略,1999.5

CNF : 1999년도 매출액 규모가 50억 달러이며, 3개의 자회사(Con-Way Transportation Services, Emery Worldwide, Menlo Logistics)를 두고 있는 미국의 물류전문업체이다.

Vector SCM의 제4자 물류활용으로 인한 GM의 경제적 이익으로는 제4자 물류활용으로 800여 명의 물류부서 직원들을 감축 혹은 핵심사업에 재배치하여 IT부분에 대한 투자 절감액 약 1억 달러, 소비자 상품 인도기간을 12에서 4일 단축, 세계 모든 나라의 GM공급품과 완성차 화물추적, 재고수준 50% 감소 및 주문 사이클 단축, 운송비용의 절감, 전체 물류비 20%수준 절감하였다.

■ New Holland Logistics 사례

New Holland Logistics는 Accenture Consulting 전신인 Andersen과 Fiat가 각각 20%, 80% 지분참여로 설립된 제4자 물류 전문회사이다. New Holland Logistics에 종사하는 직원은 총 800여명으로 이들은 유럽 6개국의 물류를 계획하고, 구매, 재고관리, 물류 수배송과 A/S를 담당한다.

Fiat는 New Holland Logistics에 의하여 7년간 비용절감액이 약 $67mil(약 800억 원)에 달하며, 이 중 65%는 운영비용 절감이고 20%는 재고비용절감이며 15%는 운송비용절감이다.

New Holland Logistics 사례 : *www. sytpl. com / Samyoung Logistics Co.LTD*

국내사례

■ 제4자 물류의 한국적 모델 한솔CSN

국내에서는 제4자 물류의 틀을 일정 부분 갖춰가며 물류업계의 선두주자로 주목받는 기업들도 하나 둘 등장하고 있다. 그 대표적인 주자로 한솔CSN이다. 한솔CSN은 지난해 로지스클럽 홈페이지(www.logisclub.com)를 전면적으로 개편하여 관련 물류기업들이 전자상거래(EC)와 글로벌 SCM(연쇄공급망관리)에 적극 대처할 수 있도록 하는 통합 솔루션을 정리하였다. 무엇보다 주목할 것은 한솔CSN이 궁극적인 목표점으로 잡고 있는 제4자 물류에 대한 구체적인 내용(4PL: e-로지스틱스 기반의 각 물류 노드별 일괄 통합 관리)에 대한 내용을 담고 있는데, '토탈 로지스틱스 대응'체제를 마련한 것으로 볼 수 있다.

이러한 경향은 최근 고객기업의 물류에 대한 니즈가 단순 비용절감 차원에서 서비스 품질 및 경영자원의 축으로 전환되고 있음을 반영하는 것으로써 제4자 물류를 지향하는 물류기업들이 고객에게 물류서비스를 제공함에 있어 더욱 복잡해져 가는 공급망을 통합적으로 관리하기 위해서 고객기업에 대한 물류 컨설팅, 정보서비스, 고품질 수행능력을 마련한 것이다.

한솔CSN 외에도 (주)한진이나 CJ GLS도 제4자 물류업체로 일정 수준의 진전을 보이고 있는데, 한진그룹 산하의 한진물류연구원은 택배사업으로 이름이 높은 자사를 제3자 물류업체로서의 위상을 지키는데 그치지 않고, 전문온라인물류교육사이트(www.logischool.com)를 개설하는 등 컨설팅 능력을 갖춘 물류회사로의 변모를 꾀하고 있다.

CJ GLS 역시 전문물류업체로 각종 물류업무 수주에 단연 두각을 나타내고 있어, 자사의 견실한 오프라인 물류 인프라가 성공적인 4자 물류업체의 필수요소임을 보여준다.

■ CJ GLS[40)]

CJ GLS의 삼성물산의 택배회사였던 HTH를 인수하면서 8곳에 나뉘어 있던 물류센터를 신덕평 물류센터로 통합했다. 현재 CJ제일제당 · 웅진식품 · 한국존슨 등 국내외 대형 33개 고객사 제품의 보관 및 배송을 맡고 있다. 현재 151만 상자를 보관하고 있으며, 매일 11만 상자가 이곳을 통과한다.

피상적으로는 규모만 큰 물류창고로 보이지만, 센터 안은 최첨단 물류시설과 시스템이 집약돼 있었다. 실시간으로 재고 정보 · 출고 · 위치관리가 가능한 'RF시스템'을 비롯, 여러 거래처에 나가는 제품을 카트를 몰고 다니면서 피킹을 하는 'PCS시스템', 소량의 제품을 각 거래처별로 분배하는 'DAS' 등이 대표적이다. 그 중 VMS(visibility management system)은 국내 물류업체 중 유일하게 개발한 시스템으로, 4개의 모니터에서 배송원가 · 배송결과 등의 운영지표와 결품율 · 파손율 · 납기준수율 등의 서비스지표가 실시간으로 작동한다. 데이터는 전년대비 · 주별 · 요일별로 비교분석이 가능하며, 이상시 알람이 작동한다. 특히, 본사와 각 물류센터가 연결돼 있어 실시간 분석과 업무개선이 가능하다. 이는 본사에서 각 물류센터의 원격조정이 가능함을 의미한다.

CJ GLS는 국내에 '3자물류(3PL)'란 개념을 도입한 첫 물류기업이다. 창고와 차량 등 하드웨어적 개념으로 이뤄지던 국내 물류시장을 네트워크와 매니지먼트 · 시스템이라는 소프트웨어적 개념으로 바꿔놓은 장본인이기도 하다. 그러나 최근에 들어서 CJ GLS는 WMS(창고관리시스템), TMS(운송관리시스템) 등 공급사슬실행 솔루션인 NELS 시리즈를 출시함으로써 제3자 물류에 IT와 컨설팅이 녹아들어있는 제4자 물류로 전환을 하였다.

4) 제4자 물류의 활성화 방안

미국은 광범위한 영토로 인해 육상·해상·항공 등 다양한 형태의 물류업이 이전부터 발전해왔으나, 최근에는 전자상거래를 중심으로 기업(화주)들의 전문 물류서비스 이용이 꾸준히 증가하고 있으며 또 물류업에 대한 정부의 규제개혁으로 인하여 시장이 본격적으로 활성화되고 있다. 전통적으로 국제 물류가 발달한 유럽은 서유럽의 경우, 기업들이 높은 노동비용과 과중한 세금 등으로 물류활동을 외부 물류전문업체에 위탁하여 경영의 효율성을 높이고 있다.

우리나라도 제4자 물류업의 활성화를 유도하기 위해서는 무엇보다도 물류업체의 대형화, 전문화가 중요하며, 이를 위하여 정부는 제도를 정비하고 세제지원과 정보서비스를 확충하고 기초 인프라의 구축 등에 필요한 지원 등 실효성 있는 대책들을 조속히 추진하여야 한다. 이와 관련하여 제4자 물류의 활용사례와 그 분석 결과를 근거로 물류전문기업과 화주기업으로 나누어 국내 기업의 제4자 물류 활성화 방안을 제시하고자 한다.

(1) 전문 물류기업의 측면

전문 물류기업의 측면에서 제4자 물류의 활성화 방안을 고려하면 첫째, 물류기업들의 대형화를 이룩하여야 한다. 국내 물류기업들이 대형화 하여야 할 이유는 현재 우리나라 물류업체들이 대부분 그 규모가 영세하여 단순한 물류하청업무만을 취급하여 화주기업들로부터 진정한 물류 아웃소싱업체로의 신뢰를 얻지 못하기 때문이다. 외항화물 운송 사업을 예로 들어보자.

국토해양부는 현재 시행하고 있는 외항화물운송사업(일반 화물운송)의 등록기준을 2배로 강화하는 것을 골자로 하는 해운법 시행규칙 개정령을 2009년 8월 공포하였다. 외항화물운송 사업은 지난 19996년 8월 7일 면허제에서 등록제로 전환되었으며, 1999년 10월 8일 등록기준이 선박보유량 총톤수 3만 톤에서 5천 톤, 자본금 10억 원에서 5억 원으로 대폭 완화됐다. 그러나 이에 따라 외항 화물운송사업 등록업체 수가 1999년 33개에서 현재 181개사로 급증했지만 영세한 업체가 대부분이고, 일부는 용·대선업 위주로 운영하다 작년 말 해운업 불황으로 운임이 폭락함에 따라 용선료 지급불능이 발생하는 등 상당수가 휴업상태다. 국토해양부에 따르면 현재 보유선대 1만 톤이 되지 않거나 자본금 10억 원 미만인 등록업체는 110개사로 전체 60%가 넘으며 이 중 24개 업체가 사실상 휴·폐업 상태다. 국토해양부는 외항 화물운송사업 등록기준 강화를 통해 해운시장의 건전 육성과 등록업체의 견실화를 유도해 나간다는 것이 국토해양부의 의도이다. 그러므로 국내 물류기업들도 인수합병과 업체간 전략적 제휴를 시도하여 스스로 대형화하여야 한다. 물류업체의 대형화는 자유경쟁에 의해 업체간 인수 및 합병이 일어나는 과정에서 이루어질 수 있고 물류공동화를 추진하는 과정에서 대형화를 이룰 수 있다.

둘째, 제4자 물류 서비스 능력을 갖춘 전문 인력을 육성하여야 한다. 일반적으로 제4자 물류 공급자에게 요구되는 사항은 세계적 수준의 공급사슬 전략수립, 프로세스 재디자인, 정보기술의 통합과 인적자원관리 역량을 들 수 있다. 이러한 역량은 쉽게 보유되는 것이 아니며 많은 학습경험과 자원의 투입이 있어야 가능한 것들이다. 그러나 국내 물류전문대학원은 1곳뿐이다. 현실적으로 제3자 물류의 경우, 창고나 수송업무 등 일부 국한된 분야에 대한 전문인력은 많으나 공급사슬상 모든 물류분야의 전문지식이나 노하우를 지닌 경우는 많지 않으며 특히, 정보기술이나 물류기술에 대한 전문인력은 더욱 부족하다. 제4자 물류는 IT 및 SCM전반에 대한 변혁과 집행을 동시에 추진하기 때문에 물류 및 정보기술에 능통한 전문인력의 수요는 급격히 증대하고 있다.

셋째, IT와 물류를 접목할 수 있는 능력을 배양하여야 한다. 기존 제3자 물류가 주로 수송 및 창고 업무에 큰 비중을 두었다면 제4자 물류는 IT 및 컨설팅을 포함한 SCM통합자로서 업무를 수행하기 때문에 IT, 물류기술, 컨설팅 능력을 결합할 수 있어야 한다.

(2) 화주(貨主)기업의 측면

첫째, 물류 아웃소싱에 대한 편견을 버려야 한다. 화주기업들은 경쟁우위의 원천이 물류 서비스임을 인식하고 물류 아웃소싱의 중요성에 대하여 인식해야 한다. 화주기업들은 가능한 재고수준을 낮게 유지하고 전체적인 SCM의 원재료 조달로부터 최종 상품의 인도에 이르기까지 각 단계에서 수송, 보관, 유통비용을 절감하고 고도의 물류 시스템을 구축하여 고객서비스를 향상시킬 필요가 있다. 따라서 화주기업들은 가능한 경영지원을 핵심역량에 집중하고 물류 서비스는 제4자 물류로부터 아웃소싱하는 것이 물류비 절감과 고객 서비스의 향상과 효율성을 도모할 수 있음을 인식하여야 한다.

미국이나 유럽의 경우, 물류관리는 최고관리자가 결정하는 중요 분야로 인식하는데 비하여 국내기업들은 물류관리의 우선순위가 다른 부서보다 낮은 경우가 대부분이며, 심지어 물류전반에 책임을 지는 물류부서가 없는 경우도 상당히 많은 현실이다.

둘째, 화주기업은 기업문화 폐쇄성의 타파가 필요하다.[41] 제4자 물류 업체가 고객의 경영전략에 적합한 물류 유통시스템을 구축하기 위해서는 고객으로부터 판매예측, 조달, 생산, 수·배송 등을 포함한 다양한 정보가 필요하다. 그러나 국내 화주기업들은 기업문화의 폐쇄성으로 정보의 공개를 기피하는 경우가 많다. 따라서 제4자 물류 도입을 위해서는 기업간 신뢰성에 기반을 둔 파트너쉽이 구축되어야 한다. 셋째, 화주기업은 물류서비스 제공업체들을 통합할 수 있는 탁월한 기술능력과 이해관계를 잘 조정할 수 있는 인적자원관리가 필요하다. 이는 기업내 물류 전문인력을 양성하는 것을 포함한 전사적인 인적자원관리를 의미한다. 정보시스템과 기술은 널리 이용되고 있는 것들로써 상대적으로 단기간 내에 실행할 수 있는 것들이며 이에 따른 기술적 어려움도 극복할 수 있다. 그러나 인적자원, 즉 구성원들이 기대하는 결과에 대한 의사소통이 미흡하고 서로 간의 불신이나 개선의지의 부족에 따라 여러 가지 바람직하지 않은 형태가 나타난다. 특히, 경영진은 일단 재고관리 및 정보시스템이 구축되면 조직내건 조직간이건 인적자원의 관리는 저절로 해결될 것이라고 생각하는 경향이 있다.

그러나 조직내에 있는 개인간의 관계 관리는 가장 어려운 부분으로 구성 간의 역량이나 활동, 정보에 대한 상호 신뢰가 없다면, 정보시스템의 체계, 계약활동 등 모든 요소가 그 기능을 발휘하지 못할 것이다. 따라서 물류 서비스 제공업체들을 통합할 수 있는 기술능력 이외에도 인적자원관리가 필요하다.

넷째, 제4자 물류의 도입사례를 통한 벤치마킹이 필요하다. 외국의 제4자 물류의 성공사례를 통하여 제3자 물류업체를 이용한 물류 아웃소싱보다 제4자 물류 형태의 물류 아웃소싱 도입에 의한 이익을 창출하는 방법을 밴치마킹해야 한다.

(가) 효율적 SCM과 민첩한 SCM의 선택

효율적 공급사슬(efficient supply chain)의 목적은 자재와 서비스의 흐름을 조정하여 재고를 최소화하고 공급사슬내에 있는 제조업체와 서비스업체의 효율을 최대화하는 것이다. 민첩한 공급사슬(responsive supply chain)은 수요의 불확실성에 대비하여 재고와 생산능력의 위치를 설정함으로써 시장수요에 민첩하게 반응하도록 설계한 것이다. <표 1-13>은 제품이나 서비스에 대한 수요의 특성이 공급사슬을 선택할 때 최적의 환경을 나타낸다.

〈표 1-13〉 효율적인 공급사슬과 민첩한 공급사슬에 적합한 환경[42)]

구 분	효율적 공급사슬	민첩한 공급사슬
수요	예측이 가능, 예측 오차가 적음	예측 불가, 예측오차가 큼
경쟁우선순위	저원가, 품질 균등, 납기준수	신속한 납기, 고객화, 수량유연성, 고성능 설계품질
신제품 출시	빈번하지 않음	빈번함
공헌 이익	낮음	높음
제품 다양성	낮음	높음

효율적인 공급사슬은 식료품점의 기본식품이나 포장배달 서비스와 같이 수요예측이 매우 쉬운 환경에 잘 맞는다. 이런 공급사슬은 자재와 서비스의 효율적인 흐름에 초점을 두어서 재고를 최소화한다. 시장의 특성 때문에 제품이나 서비스의 디자인이 오래가고 신제품이 자주 나오지 않으며 다양성이 별로 없다. 이런 시장에서는 보통 가격이 주문획득에 결정적인 역할을 하기 때문에 공헌이익이 낮고 효율성이 중요해진다. 결과적으로 기업의 경쟁 우선순위가 저원가 생산, 품질균일성, 납기준수가 된다.

민첩한 공급사슬은 제품과 서비스가 다양하고 수요예측이 어려운 환경에 잘 맞는다.

고객이 주문하기 전에는 어떤 제품이나 서비스를 생산해야 할지 알 수 없다. 더구나, 수용의 수명이 매우 짧다. 민첩한 공급사슬은 반응시간을 줄이는데 초점을 두어서 재고를 쌓아 두었다가 헐값에 할인·판매하는 것을 줄이려고 한다. 이런 상황은 대량 고객화나 주문조립전략을 선택한 기업의 환경에서도 마찬가지이다. 이런 기업들은 경쟁력을 유지하기 위하여 신제품이나 서비스를 끊임없이 발표하여야 하지만 제품이나 서비스의 혁신성 때문에 높은 공헌이익을 즐길 수 있다. 민첩한 공급사슬의 경쟁우선순위는 개발속도, 신속한 납기, 고객화, 수량유연성, 고성능 설계품질 등이다. 특정시장에 초점을 두고 기업을 운영하려고 할 때에는 두 가지 공급사슬 유형을 모두 활용할 수 있다.

(나) 화주기업의 물류업체 선정절차와 방법 및 평가요소

기업의 아웃소싱 절차는 아웃소싱 중장기 목표설정, 핵심역량파악, 아웃소싱 대상분야 파악, 아웃소싱 공급업체 선정순으로 이루어진다. 그리고 아웃소싱의 대상 분야는 프로세스관점에서 조직분석, 전략적 중요도와 위험도 분석, 기술, 기능 및 프로세스의 상호 연계성 분석, 아웃소싱과 인소싱의 상호 코스트대조분석, 가치창출 정도 분석 순으로 이루어 진다. 화주기업이 물류업체를 선정하는 방법에는 공개경쟁입찰과 기존 거래업체, 수의계약, 물류자회사 선정 등 4가지 방법이 있는데 대기업은 공개입찰방식을 선호하고 중소기업은 기존 거래업체의 지속적 거래를 선호한다.

그러나 중소기업이든 대기업이든 물류업체를 선정할 때에는 계약단가, 물류업체의 시장 평판이나 명성, 서비스 수준 및 범위, 재무 안전성, 보유한 전문인력 및 지식, 정보 시스템, 기업문화의 조화 등을 고려하여야 한다. 이를 좀 더 부연하면 <표 1-14>와 같다.

〈표 1-14〉 제4자 물류업체 선정시 고려사항

평가 분야	평가 항목
물류서비스에 대한 전문지식과 경험	○ 제공하는 서비스의 범위 ○ 서비스 제공 경험 ○ 서비스의 하청여부 ○ 새로운 물류기술의 적용 ○ 업무의 특이성에 대한 올바른 이해 ○ 자사의 경영환경에 대한 이해
안정성	○ 재무상태의 안정 ○ 인적자원의 안정성(분규, 이직 등)
기존의 업무 성과	○ 요구사항의 이행정도 ○ 현재 지원하는 고객들의 만족도
파트너십의 관리를 위한 하부구조	○ 조직 내 책임자의 직위 ○ 업무협조에 필요한 접촉점의 수 ○ 자원의 할당방법(공유여부) ○ 자사의 운영부문과 연계원활성
품질에 대한 관심도	○ 품질에 대한 관심(ISO 9000 획득) ○ 비용보다는 품질이 우선하는 정도
파트너에 대한 배려	○ 고객기업의 외주만족도 평가절차 ○ 고객기업의 이익과 이미지 제고노력 ○ 총체적인 비용절감을 위한 노력 ○ 보상과 위험의 공유
유연성	○ 요구변화에 대처능력 ○ 계약조건의 유연성
기업간 호환성	○ 파트너간 비전과 전략의 일치성 ○ 정보시스템간의 호환성 ○ 올바른 조직문화와 가치의 소유 ○ 관리팀간의 호흡일치

화주기업은 제4자 물류 선정시, 물류 서비스에 대한 전문지식과 경험, 안정성, 기존 업무의 성과, 파트너십의 관리를 위한 하부구조, 품질에 대한 관심도, 파트너에 대한 배려, 유연성, 기업간 호환성 등 8가지 측면에서 신중하게 고려하여야 한다. 화주기업으로서 물류의 아웃소싱은 단순한 경비절감이나 인원감축을 위한 아웃소싱이 아닌 전략적 차원의 아웃소싱으로 핵심역량의 강화를 통한 경쟁력 강화와 자본의 생산성 향상이 가능한가를 고려해야 한다. 이와 같은 과정을 표로 나타내면 <표 1-15>와 같다.

제4자 물류 선정방법은 첫 단계인 준비 및 평가단계를 거쳐 제4자 물류기업이 선정되면 계약을 성립하고 양자가 계약서의 내용들을 성실히 이행하면 된다.

〈표 1-15〉 제4자 물류 선정 방법

단계	내용
준비 및 평가단계	①아웃소싱의 필요성 인식 ②현 시스템평가 및 요구분석 ③목표와 평가목록 특징 ④REP작성 및 발송 ⑤제안서 접수 및 평가
⇩	
선정 및 계약단계	①제안서 접수 및 평가 ②사업자 선정 ③의향서 교환 ④계약조건의 합의 ⑤계약서 합의 및 이관
⇩	
관리단계	①계약서 합의 및 이관 ②업무이관 작업 ③서비스 개시
⇩	
변화단계	①서비스평가(재계약을 위한 교섭) ②계약만기 통보 ③서비스변환관리 ④계약만기

4. 우리나라 물류산업의 전망

물류 아웃소싱업체인 3자 물류업체들의 매출액은 증가하고 있지만 순이익률은 제조업체들에 비해 여전히 낮은 것으로 나타났다.

한국무역협회 국제물류지원단이 조사해 발표한 〈2009년도 3자 물류업체 경영실태〉에 따르면, 3자 물류업체의 평균 매출액은 2007년 대비 지난해 53% 가량 늘었으며 총 매출액 중 3자 물류 매출액이 차지하는 비중도 2007년 55.2%에서 지난해 63.0%로 높아졌다. 그러나 3자 물류업체들이 국내 3PL 시장전망과 관련하여 단기적으로 5~10% 성장을, 장기적으로 20~30%의 높은 성장을 예상했음에도 불구하고 조사대상 물류업체들의 평균 수익률은 4.1%로 2007년 4.2%에 비해 떨어졌으며, 절반정도 업체들이 3% 안팎의 순이익률을 기록해 제조업 평균 수익률인 9.2%에 미치지 못했다. 이와 함께 조사대상 업체들의 58.1%가 운송·보관 등 3~4개 영역에서만 물류활동을 수행하고 있었다. 또 41.9%가 해외 물류거점을 제대로 확보하지 못하고 있는 등 화주기업들의 토털 물류 서비스 요구를 충족시키기에는 미흡한 것으로 나타났다.

물류업체들은 경영활동의 가장 큰 장애요인으로 국내 물류기업간 과다경쟁, 화주기업의 과다한 가격인하 요구, 물류비용 상승 등을 지목했으며 대정부 건의사항으로는 3자 물류 이용시 법인세 인하, 물류시설 투자 시 정책자금 지원을 요청한 기업들이 많았다. 그러므로 3자 물류 활성화를 위해 국내 물류업체들은 국내외 물류거점 확보를 통한 서비스 영역을 확대해야 하고 정부는 화주기업 위탁물류비에 대한 법인세 인하와 물류기업의 물류시설 투자에 대한 정책자금 지원이 필요하다.

그런데 최근에 들어서 대량화주의 해운업 진출시도가 활발해지고 있다.

해운법 제24조 제4항에 원유, 제철원료, 액화가스 같은 대량화물의 화주가 대량화물에 대한 해상화물운송사업을 등록신청하면 국토해양부장관은 정책자문위원회의 의견을 들어 등록여부를 결정하게 되어 있는데, 이 조항이 공정거래법에 어긋나므로 한국정부도 법을 개정하여 대량화주의 해운업 진입을 완화하겠다고 한다.

그러나 대량화주의 입장에서 자기 물건을 자기가 운송하겠다는데 할 말은 없지만, 대량화주의 해운업 진출은 신중하게 결정되어야 할 문제이다. 그 이유는 첫째, 대량화물을 제조하는 화주기업의 화물은 보통 화물이 아닌 국책 대종화물이고 또 세계적 추세인 제3자 물류를 외면하고 굳이 1자 물류 내지 2자 물류로 회귀하는 것은 현재의 물류흐름에 역행하는 것이다. 1자 물류와 2자 물류가 3자 물류에 비해 경제성이 없다는 것은 세계적으로 증명된 사실이다. 그리고 이것은 3자 물류를 지향하며 지원하는 정부의 물류정책과도 배치된다.

둘째, 대량화주가 전문적인 운송인이 되어 직접 해운업에 뛰어들었을 때 실이익에 의문이 발생한다. 기존의 전문해운기업보다 비용을 절감하여 운송비를 얼마만큼 낮출 수 있는지에 많은 의문이 생긴다. 자가화물운송업자가 전문운송업자에 비해 경쟁력이 없다는 사실은 이론적으로 이미 발표되었고 또 실제로도 증명되었다. 비능률로 인하여 문을 닫아야 했던 (주)호남탱커와 거양해운의 사례가 그것을 반증해 준다. 자신의 버스나 트럭을 가지고 자기 직원과 화물을 수송하는 자가운송인과 타사 화물과 승객을 수송하는 전문운송인과의 채산, 즉 경제성을 고려하면 대형화주의 해운업진출은 부정적인 결과를 초래할 수 있다.

셋째, 석유, 제철, 전력, 가스 산업은 국가 기간산업이며 포스코, 한국전력, 가스공사 같은 대량화주는 대량화물 시장점유율이 100%에 가까운 과점기업이다. 이들이 인더스트리얼 캐리어로서 시장에 나오면 전문해운업체들은 설 땅을 잃고 해외로 빠져나가 자취를 감출 것으로 예상된다.

넷째, 대량화주의 자가운송인들은 제품원가에 운송비를 마음대로 전가할 수 있어 최종소비자인 국민들이 이를 부담하게 될 것이다. 이것은 비능률적이며 국민경제에 크나큰 손실이 아닐 수 없다. 과거의 전문 운송기업들을 보면 알 수 있다. 더욱이 이들은 외국의 전문해운선사와 경쟁하여 불리해지면 대기업의 속성상 하루 아침에 경쟁력이 없어진 해운업을 포기하여 우리나라 해운업은 공동화 되고 말 것이다.

다섯째, 상선은 제4군이요 해운업은 국가 필수산업이라는 사실을 전쟁을 통해 누차

경험했다. 이런 해운업의 특수성을 감안하여 세계 각국들은 해운업을 꾸준히 보호 육성해 왔다. 우리의 경쟁상대 일본은 해운업체에 대한 자율상각제, 이자보급제, 계획조선, 지정입찰제 등 교묘할 정도로 정부와 화주단체 무역업체가 한통속이 되어 해운업을 지원하고 있다. 이는 해운업이 국민경제에 그만큼 중요하다는 사실을 모두가 공감하기 때문이다.

현재 우리나라의 물류산업이 큰 어려움에 처해 있지만, 우리나라 해운산업은 세계 7위를 기록할 정도로 비약적인 발전을 하였다. 일본과 유럽의 해운업체들이 우리를 부러워 할 정도로 정부 당국도 정책적인 뒷받침을 잘 해 주었기 때문이다. 예를 들어 웨이버제도, 계획조선 톤세제도, 국제선박등록제도, 선박금융제도와 같은 제도적 토양 위에서 한국해운이 성장 발전해 왔다. 이 발전의 속도와 방향이 늦어지거나 역주행해서는 안 된다.

그러므로 전문 물류기업과 대형화주기업간 발생하고 있는 대형화주기업의 물류사업의 진출에 대한 갈등을 국익차원에서 어떤 선택이 현명한 것인지 신중하게 고려되어야 할 것으로 생각된다.

제2장 국제운송의 기초

학습의 목적

국제운송의 기초로서 국제운송의 의의 및 생성과정을 살펴보고 국제운송기업의 운영시스템을 기반으로 우리나라 국제운송기업의 운송실무를 포괄적으로 습득한다.

학습의 목표

1. 기업의 글로벌화의 필요성을 이해할 수 있다.
2. 국제운송기업의 운송실무 영역을 이해할 수 있다.
3. 국제운송기업의 해상수출기업에 대한 지원내용을 이해할 수 있다.
4. 국제운송기업의 항공수출기업에 대한 지원내용을 이해할 수 있다.

제1절 국제 운송의 기초

1. 국제운송의 의의 및 생성과정

Adam Smith는 그의 저서 《*Wealth of nations*, 1776》에서 인간과 동물의 주요한 차이점을 "인간의 교환능력(交換能力)"이라고 주장하였다. 동물들 중 인간만이 유일하게 교환을 통하여 상호이익을 추구하므로 그는 인간을 교환본능을 가진 존재로 규정한 것이다.

Adam Smith
1723.6.5 ~
1790.7.17

그러나 "교환이 풍요의 진보임이 분명하고 모두에게 부(富)를 가져다주는 원인이므로 교환행위를 국내뿐만 아니라 국가간에도 활발하게 촉진시켜야 한다."는 18세기 그의 주장이 꼭 아니더라도 이미 BC 1200년경 페니키아인들은 이집트나 동지중해 연안지역들을 대상으로 오늘날 레바논의 삼목과 소나무목재, 티루스의 진홍염색포목, 시돈의 자수·금속제품·유리·소금 등을 수출하고 있었으며 반대로 이들 지역으로부터는 파피루스나 상아(象牙), 철·보석 등을 수입하는 등 현대적 의미의 무역활동을 활발하게 하고 있었다. 또 그리스시대와 로마시대에는 지중해 연안 중심의 무역뿐만 아니라 동방과의 교역으로 무역범위를 크게 확장하였다. 이 시기에 비단길을 따라 성행하던 중국과의 교역의 역사는 대단히 눈이 부시다.

그런데 이와 같이 상품을 매매하거나 교환하는 데에는 반드시 상품을 원하는 목적지까지 안전하게 운반해야 하는 운송이 존재하여야 한다. 만약 상품이 운송되지 않거나 적시에 운송이 이행되지 않으면, 매매나 교환의 시기를 놓쳐 버려 상품을 파는 자와 사는 자 모두가 커다란 손실을 입기 때문이다. 또 꼭 필요한 시기에 상품이 도착하였다고 하더라도 상품이 파손되거나 물리적 혹은 화학적 반응으로 상품이 상품으로서의 고유의 성질을 잃어버리면, 그 상품은 더 이상 상품으로서의 가치를 잃게 되어 매매나 교환을 할 수 없게 된다. 그래서 운송은 무역에서 절대적으로 중요하다.

오늘날 국제무역과 이에 수반되는 금융거래의 일반적인 목표는 한 나라에서 풍부하게 생산되는 상품을 그것이 부족한 다른 나라에 제공하는 일이다. 비록 18세기 중엽 산업혁명 이후, 많은 경제학자들이 주장했던 무역을 이용한 지역간 분업의 발생과 분업의 경제적인 효과가 무역의 기본이념인 '상호 이익의 도모'의 변질을 가져와 원료의 공급기지 및 자국상품의 소비시장 확대를 위한 식민지의 확장이라는 비극을 만들어내기도 하였지만, 분명 국제간 운송을 수반하는 무역은 그 밖의 경제정책들과 함께 작용하여 대부분 국가의 생활수준을 향상시키는 역할을 지속적으로 이룩하여왔으므로 결과적으로 인류의 문화와 문명은 그 이전의 시대보다 한층 더 진보하였음이 틀림없다. 화물을 가득 실은 배가 가고, 기차와 화물트럭이 달리고, 비행기도 가게 되면, 더불어 사람도 가고 문화도 함께 가게 된다.

1) 기업의 글로벌화의 필요성

오늘날 세계경제의 글로벌화는 국내 기업뿐만 아니라 전 세계 기업들에게 기업경영의 글로벌화를 가속화하고 있다. 생산과 유통의 글로벌화뿐만 아니라 해외조달 업무가 급증하여 국가간, 기업간 물동량의 이동이 급격히 증가하는 양상이다. 때문에 기업들은 상호 경쟁이 격화되어짐에 따라 규모의 경제실현을 위한 새로운 시장과 기술발전 및 선진기술도입이 꼭 필요하게 되었다. 이것은 기업들이 현재 정치적 혹은 제도적 변화, 기술의 혁신, 기업과 조직구조의 변화 등 기업 내적, 외적으로 급속한 환경변화를 겪고 있는 것응 의미한다. 이와 같은 기업환경의 변화 속에서 기업들은 다른 어떤 시대보다도 획기적인 사고의 전환이 요구되고 있다. 사고전환의 부재는 빠르게 변화하는 내적, 외적 환경의 변화에 적극 대응이 불가능하다.

참고로 대한 상공회의소 자료에 따르면 [그림 2-1]과 같이 대다수의 국내기업들은 글로벌화의 필요성에 대해 매우 공감하고 있는 것으로 나타났다.

글로벌화의 필요성에 관한 질문에 필요하다(매우 필요하다 : 55.4%, 다소필요하다 : 32.4%)는 응답이 압도적으로 많았으며, 불필요하다는 응답은 1.4%에 불과 하였다. 업종별로는 특히 음식료폼 및 잡화의 96.4%, IT 및 통신분야의 90.6%가 필요하다는 응답을 하여 상대적으로 다른 업종에 비하여 높게 나타났다. 이것은 기업이 규모의 경제실현을 하기 위해서라면 꼭 새로운 시장과 기술의 발전 및 선진기술도입의 필요가 불가결한 전제조건임을 시사한다.

그러나 기업의 글로벌화는 기업들에게 국제물류운송의 새로운 특별한 전략을 요구하므로 기업들은 국제물류운송분야에 대한 사고의 전환이 기업의 글로벌화 못지않게 절실히 요구된다.

대한 상공회의소, "글로벌에 대한 국내 기업의 인식조사", 2008. 10.

① 조사기간 : 2008년9월1일(월)~9일(화)
② 조사대상 : 국내 제조기업 600개사(※ 회수 502개사, 회수율 83.7%)

[그림 2-1] 국내 기업의 글로벌화의 필요성에 대한 인식

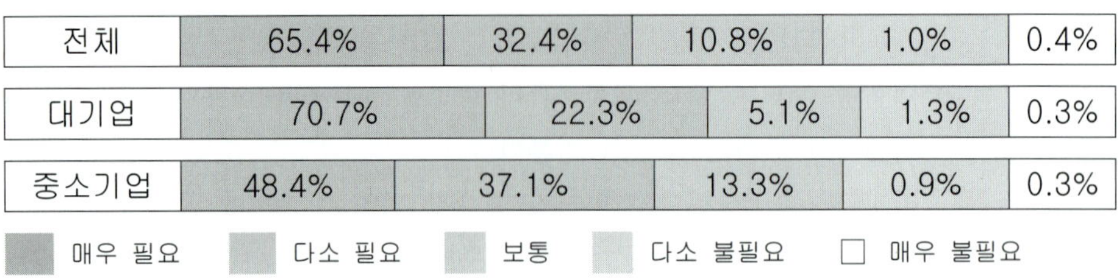

		매우 필요	다소 필요	보 통	다소 불필요	매우 불필요	합 계
IT/통신	기업수	66	41	10	0	1	118
	업종내 %	55.9	34.7	8.5	0.0	0.8	100.0
자동차/부품	기업수	41	31	9	1	0	82
	업종내 %	50.0	37.8	11.0	1.2	0.0	100.0
철강/금속	기업수	26	16	4	1	0	47
	업종내 %	55.3	34.0	8.5	2.1	0.0	100.0
섬유	기업수	19	10	6	0	0	35
	업종내 %	54.3	28.6	17.1	0.0	0.0	100.0
석유/화학	기업수	54	26	9	3	0	92
	업종내 %	58.7	28.3	9.8	3.3	0.0	100.0
음식료품/잡화	기업수	21	6	1	0	0	28
	업종내 %	75.0	21.4	3.6	0.0	0.0	100.0
일반기계	기업수	25	10	6	0	1	42
	업종내 %	59.5	23.8	14.3	0.0	2.4	100.0
기 타	기업수	26	23	9	0	0	58
	업종내 %	44.8	39.7	15.5	0.0	0.0	100.0
전 체	기업수	278	163	54	5	2	502
	업종내 %	55.4	32.4	10.8	1.0	0.4	100.0

2) 기업의 해외 신규시장 개척

한국기업들의 해외시장개척에 대한 관심은 결정적으로 내수시장의 영세성과 과포화상태 때문이다. 내수시장의 성장한계를 극복하려면 기업은 세계시장으로 나갈 수밖에 없다. 해외로 진출하는 기업이 많아질수록 수출뿐만 아니라 고용창출에도 큰 도움이 된다.

대한 상공회의소에서 조사한 자료에 의하면 한국기업들이 자신의 기업이 글로벌화에 나선이유로 제일 먼저 신규시장개척을 들었다. 한국기업들은 현재 진출한 지역에서 글로벌화에 나선 동기는 [그림 2-2]와 같다.

[그림 2-2] 국내 기업의 글로벌화의 필요성에 대한 인식[43)]

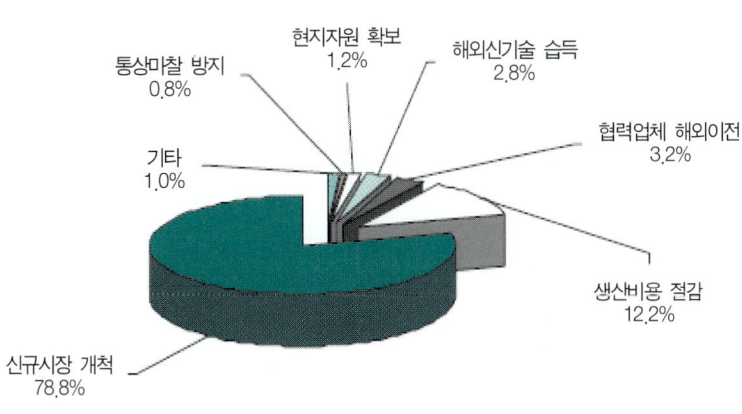

전체 응답기업의 대부분인 78.8%가 신규시장개척이라고 대답하였으며, 생산비용 절감(12.2%), 협력업체 해외이전(3.2%), 해외신기술습득(2.8%) 등으로 응답하였다. 이것은 1970년대와 80년대에 연평균 8%의 높은 성장세를 지속하던 한국경제가 외환위기 이후 경제성장률이 연평균 4%대로 하락하여 저성장형 구조로 전환되었기 때문으로 분석된다. 카드버블, 주택가격 급등과 같은 정책의 시행착오, 소득보다 빠르게 늘어나는 국민부담률 때문에 내수시장이 매우 부진한 모습을 보이고 있다. 투자도 외환위기 이후 크게 변화된 자본시장과 경영환경, 그리고 각종 규제 등에 의해서 10년 전 수준에서 정체되어 있다.

반면 수출은 대외여건의 호조로 두 자리 수의 증가세를 보이며 경제성장을 견인하고 있으나, 수출과 투자의 연결고리 또한 약화되어 성장률의 추가적인 상승을 제약하고 있다. 이처럼 내수부진이 지속되고, 고령화가 진전될 경우 한국경제의 성장능력을 나타내는 잠재성장률은 2007~2016년 중에는 연평균 4.2%로 하락할 것으로 예상된다. 성장잠재력의 약화는 선진국 진입과 소득분배의 개선, 고령사회에 대한 대비에 악영향을 준다. 한국경제가 잠재성장률 수준의 성장을 지속한다면, 1인당 GDP는 2016년이 되어야 3만 달러를 달성할 것으로 보인다.

한국경제가 소득 3만 달러를 조기 달성하고 소득불균형 및 빈곤문제, 고령인구에 대한 사회적 부담 등의 문제들을 타개기 위해서는 새로운 성장전략이 필요하다. 새로운 성장전략은 안정적이고 지속가능한 것이어야 하며, 이를 위해서는 내수와 수출의 조화로운 성장기반을 마련하는 것이 무엇보다 중요하다.

내수 부문은 집값 안정과 교육혁신, 국민부담 경감 등을 통한 소비 활성화, 그리고 안정적 경기운용과 노사상생, 규제완화 등을 통한 투자 확대를 통해 가능하다. 향후 10년간 소비와 설비투자가 각각 연평균 6%, 7.2%의 증가세를 유지할 경우, 잠재성장률은 6%대로 높아질 전망이다.

수출을 위해서는 지속적으로 개방 확대가 필요하다. 부족한 천연자원과 협소한 내수시장의 한계를 극복하기 위해서는 개방이 필수이다. 한미 FTA 체결을 필두로 현재 진행 중인 EU, 캐나다, 인도, 아세안 등과의 협상을 성공적으로 완료하여 미국과 아시아, 유럽을 연결하는 허브 국가로 발전해야 할 것이다. 개방 확대에 따른 사회갈등 및 경제 불안정성 확대를 방지함으로써 개방의 성장기여도를 제고하는 것도 병행해야 한다.

2. 국제물류운송인의 운영 체계

국제물류운송인의 주요 업무 내용은 <참고 2>에서 보는 바와 같이 6가지 업무를 이행한다.

참고 2 **국제물류운송인의 주요 업무 내용**

FORWARDING	OFFER SHEET/ CONTRACT/ INVOICE/ PACKING LIST/ B/L 발급/ ANY CERTI/ 은행 NEGO/ 원산지증명(C/O)/ ETC/ SHIPPING NOTICE/ L/C OPEN (수입 시)	
통 관	- 통관 및 환급 - 관세 및 감면 등등의 정보제공	관세사 / 보험사 JOINT SERVICE
해상적화보험	L/C 및 부보조건에 따라 보험가입	
운 송	FCL/LCL/BULK 가장 효과적인 운송수단 선택 운송	
포 장	선적화물의 특성을 고려함과 선적방법을 고려하여 저렴하고 완벽한 포장. 진공포장 / WOODEN 포장 / SKID / etc	
하 역	부두하역 (자선/ 본선하역) / HEAVY CRANE 취급	

그 중 통관 업무와 적화보험계약 업무는 국제물류운송인이 독립적으로 이행할 수 없으므로 관세사와 보험회사와의 업무협약을 통하여 이행한다.

1) 우리나라 국제 운송기업의 운송 영역

우리나라 국제 운송기업의 운송실무는 크게 3가지 해상 수출기업 지원, 항공 수출기업 지원, 제3국간 거래 지원, 기타 로지스틱스 지원 등으로 구성되어 있다.

(1) 해상 수출기업 지원

우리나라 국제 운송기업은 전 세계 지역에 네트워크를 구축하고 <표 2-1>에서 보는 바와 같이 콘테이너화물, 벌크화물, 각종 프로젝트화물, 해외이주화물 등 다양한 형태의 화물수송과 첨단 IT기술의 활용으로 화주의 요구에 부합하는 해상화물의 일괄 운송을 화주에게 제공한다.

〈표 2-1〉 국제 운송기업의 해상 수출기업 지원내용

Project & Bulk Cargo 지원		
House hold Goods 지원		FCL Cargo 지원
B.W.T 지원	Outsourcing 지원	LCL Cargo 지원

▮ FCL(full container load) 지원 : 화주의 만적화물을 컨테이너에 선적하여 화주가 원하는 전 세계에 해상운송을 자신의 책임 아래에 화주에게 제공한다.

▮ LCL(less than container load) 지원 : LCL화물의 경우에는 혼재작업(consolidation service)의 지원으로 화주의 소량화물도 특화된 혼재화물 서비스를 통하여 전 세계 어느 곳이든 안전하고 정확하게 해상운송을 책임진다.

- 프로젝트화물과 벌크화물(project & bulk cargo) 지원 : 특수한 장비와 처리를 필요로 하는 초중량, 장척화물 등의 프로젝트, 벌크화물의 해상운송을 가능하게 한다.
- 이삿짐(household goods)지원 : 전 세계 어느 지역이라도 전체 일괄 서비스(room to room)를 제공한다.
- B.W.T(bonded warehouse transaction) 지원 : 국내외 기업의 상품을 보세창고에 보관한 후, 고객의 국내 및 주변국가 거래처에 화물을 인도하는 보세창고 인수도 거래 종합지원을 의미한다. 화주의 요청에 따라 화물의 보관, 서류발급, 재고관리, 제3국 운송 서비스 등을 제공한다.
- 수출 · 입 기업을 위한 아웃소싱 : 국내의 기업들과 제휴한 물류부문, 즉 선복수배, 시황분석 등을 전담하여 물류 아웃소싱 업무를 화주에게 제공한다.

(2) 항공수출업 지원

국내외 화주로부터 의뢰받은 각종 수출입화물에 대해 다양한 항공운송지원과 수출입 절차에 따른 각종 서류작성 및 통관대행 업무를 통한 일괄수송을 제공한다. 또한 전 세계 모든 지역에 걸친 운송 서비스를 제공하기 위하여 국제 운송기업은 해외 포워더와 파트너 관계를 맺고 원활한 수출화물 선적을 위하여 항공사와 계약을 맺고 있다. 국제 운송 기업의 항공기를 이용한 수출·입 기업의 지원은 <표 2-2>에서 보는 바와 같다.

〈표 2-2〉 국제 운송기업의 항공 수출기업 지원내용

서류작성 및 통관 대행 Special Cargo 취급(Express or Economic 지원)		
Picking & Packing / Sorting & Labeling		Door to Door 지원
창고보관지원	보세운송지원	Project LCL Cargo 취급

- 서류작성 및 수출입 통관 대행 : 화주에게 편의를 제공하고자 선적서류 작성 및 수출입 통관을 대행하는 일괄서비스를 제공한다.
- Picking And Packing : 화주가 원하는 장소에서 화물을 픽업하여 화물의 특성에 맞게 포장하여 선적할 준비를 한다.
- Sorting And Labelling 작업 : 화물의 안전성을 위해 화물의 특성에 맞게 화물을 분류하고 라벨 작업을 한다.
- Express Or Economic 지원 : 화물의 긴급성과 요구견적에 따라 서비스를 차별화하여 다양한 화주의 욕구를 충족시킨다.

- 항공 Door To Door 지원 : 해외 파트너와 계약을 맺고 화물을 전 세계 어느 곳이든 화주가 원하는 장소까지 신속하고 정확하게 배송한다.
- Project Cargo 취급 : 중량화물, 반도체장비, 선박부품 등의 프로젝트 화물을 안전하고 신속하게 운송한다.
- Special Cargo 취급 : 일반화물 이외에 전시화물, 위험물, 생동물, 부패물 등의 특수화물을 신속하게 처리한다.
- 창고보관 : 창고를 이용, 보관, 재고관리, 수송업무를 대행하여 화주의 재고비용을 경감해 주는 한편, 선적시기 및 화물 인도시기를 화주의 요청에 맞춰 탄력적으로 조절한다.
- 보세운송 : 화물의 보관 및 화주의 지정 보세창고까지 화물을 운송한다.

(3) 기타 로지스틱 지원

화주와의 물류 커뮤니티를 구성하여 보관, 운송, 통관, 보험, 결제 등의 업무를 시스템상에서 일괄처리하고 관련서류를 인터넷상에 제공함으로써 화주에게 효율성과 경제성을 제공한다.

- 의뢰관리 : 물류센터 의뢰, 수·배송 의뢰, 화물예약(booking)의뢰, 수입화물 의뢰 등 인터넷상에서 화주가 직접 의뢰하고, 또한 의뢰한 화물에 대한 진행현황을 실시간으로 확인 가능하다.
- 선박 및 항공 스케줄 조회 : 최적의 선박 및 항공스케줄을 제공한다.
- 화물추적 정보 : 화물의 위치와 이동상황을 실시간으로 제공한다.
- 다양한 물류자료 및 정보 : 화주가 필요로 하는 물류관련 다양한 자료들을 제공한다.

(4) 제3국간 거래 지원

국제 무역환경의 변화로 제3국간 무역거래가 점점 증가하는 추세에 있다. 실 수출자와 수입자, 중개수출입업자들에게 정확한 선적일자의 확인과 원활한 정보교환 및 신속한 문제해결, SWITCH B/L을 발행한다.

제 2 절 국제 운송기업의 운송실무

1. 국제 운송기업의 운송실무 절차

화주에 대한 수출입물류지원은 국제 운송기업이 주체가 되어 통관, 선적, 내륙운송 등 적절한 운송업체들을 통합 연결하여 일괄(one-stop) 제공한다. 이를 위하여 국제 운송기업들은 항구 또는 공항인근을 콘솔거점으로 활용하면서 특정한 국가차원이 아닌 특정한 항구 또는 특정한 도시로의 물량을 최대한 콘솔(consolidation)함으로써 물량에 따른 콘솔효과를 최대화하고, 운임협상력을 높힘으로써 화주기업들이 가장 효율적이고 저렴한 운송비용을 부담하게 한다.

1) 수출 · 입 물류의 지원 체계

국제무역에 있어서 국제 운송기업은 단순히 제품의 수송과 배송만을 전담하지 않는다. [그림 2-3]에서 보는 바와 같이 화주업체의 제품을 운송하여 지정된 물류센터에 장치한 다음 보관 및 콘솔작업을 병행한다.

[그림 2-3] 국제 운송기업의 운송실무 내용[44)]

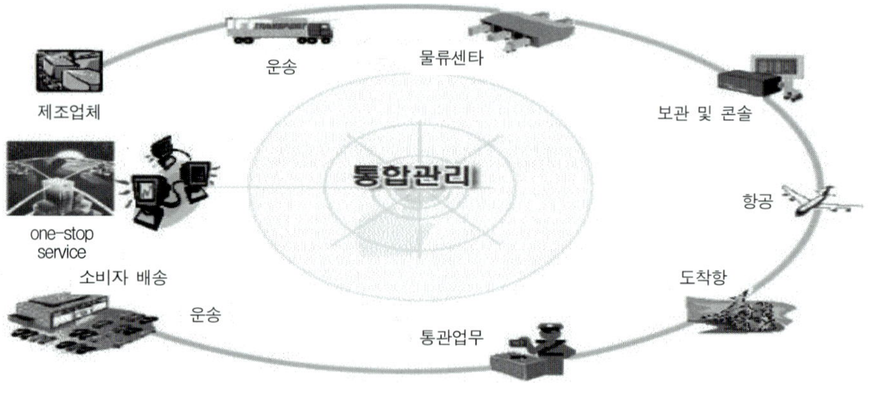

또 수출·입 통관절차를 이행하고 항공기나 화물선에 선적하는 업무도 전담한다. 그리고 제품을 수·배송을 하여 최종 소비자에게 안전하게 인도한다.

이때 발생하는 주요업무 내용으로는 무역 및 운송관련 상담/ 화물선적지 관련 지역

정보 제공/ 화물선적 준비시 진행사항 정보제공/ 화물 선적시 화물선적 및 도착 일정표 제공/ EDI 서비스/ 서류운송대행/ 사고처리 및 사후관리/ 통관대행 및 내륙운송일괄 제공/ 화물운송 완료 통보(수출 · 입국)/ 사후 고객관리 및 운송자료 제공 등이 있다.

2) 수출 · 입 물류 이동

국제 운송기업은 [그림 2-4]에서 보는 바와 같이 화주업체의 제품을 장치장에 입고한 다음 수출 통관절차를 이행하고 항공기나 화물선에 선적하여 운송계약서에 명시된 수화인에게 제품을 안전하게 인도한다.

[그림 2-4] 국제운송 기업의 수출 · 입 실무 내용45)

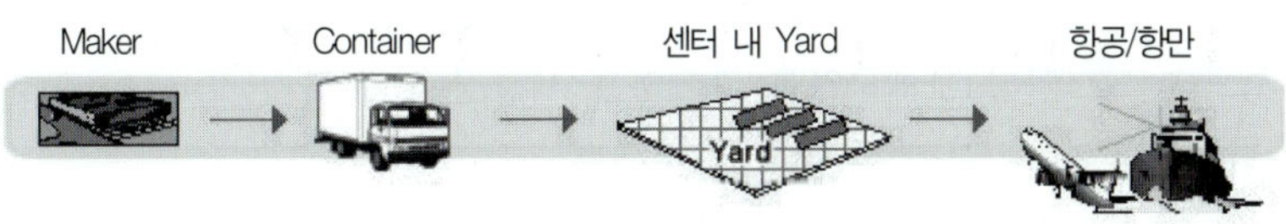

※ Yard 기능 : Container 적입, 반출 및 일시 대기 장소

수입은 반대방향으로 이행한다. 이때 발생하는 주요 업무내용으로는 화물인수 및 보세탕고 반입/ 선적(또는 기적)예약 및 관련 서류 준비/ EDI서비스/ 선적(또는 기적)전 계획 통보 및 서류발송 대행/ 통관 및 기타관련 업무 제공/ 도착지 화물 운송 및 이상유무 확인/ 사고처리 및 사후관리/ 사후 운송정보 제공 등이 있다.

3) 특수화물 운송

특수화물 운송으로서 항공·해상 복합운송을 제공하고 통관 및 탁송 일괄운송업무를 제공하기도 한다. 그리고 전시화물 운송과 프로젝트 카고 운송, 부정기 선박 및 운송기회를 제공한다.

2. 국제 운송기업의 운송실무 내용

국제 운송기업의 운송실무 내용 중 해외이사와 귀국이사에 관한 내용은 본 교재에서 언급을 하지 않기로 한다.

1) 통관대행

물품의 국가간 이동과 관련하여 각종 법령상의 규제사항을 확인, 집행하는 제도를 통관제도라고 한다. 그리고 이를 위임받아 집행하는 것이 통관대행이다. 통관은 관세법의 통관법적 성격으로 관세법에서 규정한 절차를 이행하여 물품의 수출, 수입 또는 반송하는 것을 말한다. 따라서 통관의 대상은 물품의 수출, 수입 또는 반송을 말한다.

수입신고 요건

▮ 신고인 : 관세사, 관세사법인, 통관취급법인, 수입화주

▮ 신고세관 : 출항전 신고 또는 입항전 신고는 수입물품을 적재한 선박 등의 입항예정지를 관할하는 세관장(부산의 경우 부산세관장), 보세구역 도착전 신고는 수입물품이 도착할 보세구역을 관할하는 세관장, 보세구역 장치후 신고는 수입물품이 장치된 보세구역을 관할하는 세관장

▮ 신고자료의 전송 및 결과통보

수입신고를 하고자 하는 자는 신고자료를 통관시스템에서 인정한 관세청 사서함으로 전송한 후 해당 구비서류를 제출하여야 함.

전자서류에 의한 수입신고를 하는 경우에는 구비서류 제출 생략가능.

▮ 구비서류 : 수입신고서, 수입승인서(수입승인물품에 한함), 송품장, 가격신고서, 선하증권(B/L) 부본 또는 항공화물운송장(AWB) 부본, 포장명세서, 원산지증명서(해당물품에 한함), 법 제226조(허가, 승인 등의 증명 및 확인) 규정에 의하여 세관장 확인물품 및 확인방법 지정고시 중 신고수리전 구비서류 그런데 위의 구비서류는 수입화주 원본대조필한 사본(FAX, COPY)을 제출할 수 있으며, 구비서류 중 수입신고 수리 전까지 제출할 수 없는 부득이한 사유가 있는 경우 기한을 정하여 신고수리후에 제출할 수 있다.

2) 화물보관

해외이민, 유학, 파견근무로 인하여 이사화물 및 수출·입 화물을 장기간 보관해야 하는 경우가 발생할 경우 국제 운송기업은 장기 보관업무를 제공하고 있다.

보관가능 물품

▮ 공산품 : 내수판매를 위해 각종 공산품의 경우(의류, 가방, 신발, 모자, 원단, 및 생활용품 일체)

▮ 사무집기 : 사무실 이전, 부서축소, 당장 필요치 않는 각종 집기류 및 문서를 보관 하는 경우(집기, 비품, 문서, 서적류, 이벤트용품, 레저용품 등)

▌이삿짐 : 이사 및 집수리, 원격지 근무, 재건축, 재개발, 리모델링, 유학, 이민 등으로 생활용품을 보관해야 할 경우(해외이민 및 주재원,재개발 리모델링 집수리, 재건축 등으로 장기간 보관을 해야 하는 경우)

▌기계공구류 : 공장이전 및 가게이전으로 인하여 보관이 필요한 경우, 주방기기, 미용기구, 의료용품 등 보관이 필요한 경우

▌수출입품 : 수출입 상품 통관 후 출하시기 조정으로 보관이 필요한 경우 내수용 원자재, 실온보관가능, 농수산물 등

3) 해상운송 · 항공운송 및 기타운송

국제 운송기업들은 해상운송 및 항공운송 뿐만 아니라 복합운송과 육상운송도 실행하고 있다. 그러나 이 부분의 내용은 제2부에서 다시 자세하게 반복이 되므로 여기에서는 설명을 생략하기로 한다.

제 3 절 INCOTERMS 2010

1. INCOTERMS 2010의 개관

1) INCOTERMS 2010의 제정 배경 및 목적

✦ICC ; International Chamber of Commerce

✦INCOTERMS ; International commercial terms ; (The international rules for the interpretation of trade terms)을 의미

✦UNCITRAL ; United Nations Commission on International Trade Law.

무역거래는 법률, 제도, 관습 등이 서로 다른 국가의 당사자들 간에 이뤄지므로 항상 매매계약 조건을 둘러싼 분쟁의 가능성을 내포하고 있다. 이러한 무역분쟁이나 각종 오해를 예방하고 불확실성을 최소화하기 위하여 국제상업회의소(ICC)가 제정한 표준규칙이 무역거래정형조건(Incoterms)이다.

국제상업회의소에서 무역거래정형조건을 제정한 목적은 외국과의 무역거래에서 일반적으로 사용하고 있는 무역용어의 해석에 관한 국제규칙을 제공하기 위함이고자 하는데 있다. 각국의 무역거래 당사자들에게 무역용어의 해석에 관한 국제규칙을 제공함으로써 무역거래계약에 있어서 발생할 수 있는 화물거래의 일시 및 장소, 위험이전, 소유권이전, 운송계약 및 운임지급, 보험계약 및 보험료지급, 통관절차 및 관세지급, 기타 경비부담에 대한 분쟁을 사진에 예방하기 위한 목적으로 제정되었다. 사실, 물품매매계약을 체결하는 수출자와 수입자들은 서로 언어가 다르고 또 무역상관습이 다르기 때문에 자주 무역거래의 내용에 대한 잘못 이해나 갈등, 오해 등으로 막대한 비용과 시간을 낭비하기도 한다. 이런 문제를 해결하기 위하여 국제상업회의소는 무역용어의 해석에

✦CISG : United Nations Convention on Contracts for the International Sale of Goods.

관한 국제규칙들을 제정하였다.

우리에게 잘 알려진 INCOTERMS 1936을 1936년에 처음 제정하였으며, 그 후 1953년과 1967년, 1980년, 1990년, 2000년 5차례에 걸친 수정과 개정을 반복하면서 가장 최근의 국제무역관습들을 반영하여 INCOTERMS 2010을 7번째 발표하였다. 물론, 국제물품매매계약에 관한 국제규칙으로 국제상거래법위원회(UNCITRAL)가 1980년 4월 비엔나에서 채택한 "국제물품매매계약에 관한 유엔협약"(CISG)이 있다. 한국도 2004년 2월 17일 "국제물품매매계약에 관한 국제연합협약" 가입서를 국제연합 사무총장에게 기탁함으로써 2004년 2월 현재 미국, 중국, 독일 등 62개국(일본과 영국은 제외)이 가입한 협약이 2005년 3월 1일부터 한국에 대하여 발효되었다.

그러나 영국과 일본을 포함한 지구상의 많은 나라들이 아직 CISG에 가입하지 않고 있어 "국제물품매매계약에 관한 국제연합협약"이 세계적인 통일법으로서의 역할을 하기에는 많이 부족하다. 때문에 무역실무상 계약의 성립과 효력은 협약에 의하고, 계약의 유효성은 여전히 법정지(法廷地)의 국제사법에 따라 결정되는 매매계약의 준거법에 의존하므로 준거법의 분열현상이 발생할 개연성이 커지고, 결과 준거법의 적용범위의 획정이라든가 적응 등 까다로운 문제가 제기될 가능성이 커진다. 또한 협약이 규율하지 않는 채권의 소멸시효, 이자율 및 통화의 문제 등도 결국 준거법에 의해 보충되어야 한다. 이런 이유로 현재 각국의 무역거래는 여전히 국제 상관습에 크게 의존하고 있음이 사실이다.

상품의 종류나 거래의 장소 또는 거래당사자의 직업을 불문하고 세계적으로 널리 사용되고 적용되는 매매관습이 있다. 바로 무역거래조건에 관한 관습이 이에 해당한다. INCOTERMS 2010은 매매된 상품의 운송과정을 중심으로 물품매매계약 당사자들의 권리와 의무를 명확하게 제시하고 강조하였다. 그리고 매매하는 물품의 범위를 과거의 유형의 상품뿐만 아니라 컴퓨터 소프트웨어와 같은 무형의 상품까지 확대하여 포함하고 적용하였다. ICC에 의해 항상 강조되어진 INCOTERMS 2010은 오직 물품매매계약 과정에 있는 수출자와 수입자들 간의 관계만을 명확한 시각으로 다루고 있다. INCOTERMS 2010이 법적인 효력을 발휘하기 위해서는 반드시 계약서 상에 준거문언으로 기재되어야 한다.

2) 개정 INCOTERMS 2010의 주요 내용

INCOTERMS 2010은 당사자들의 이해를 보다 쉽도록 무역용어들을 4가지 서로 다른 유형으로 분류하였다.

첫 번째 유형은 오직 상품을 제조하기만 하는 수출자에 의해 붙여진 유형으로 E-terms인 EX works조건이다. EX works 조건에서 수출자는 자신의 공장이나 건물 안에서 직접 수입자에게 상품을 매매한다. 두 번째 유형은 수입자가 지명한 운송인에게 수출자가 상품을 인도하는 것으로 F-terms인 FCA, FAS and FOB 등이 있다. 세 번째 그룹은 C-terms인 CFR, CIF, CPT, CIP 들로 매도인인 수출자가 운송계약을 체결하지만, 선적 및 출항 후 발생하는 물품의 멸실이나 훼손 그리고 추가비용들에 대해서 수출자가 부담하지 않는다. 네 번째 유형은 DAT, DAP, DDP 등과 같은 D-terms들로 매도인인 수출자가 물품을 바이어의 국가까지 운송하는데 따른 모든 위험과 비용을 부담하는 조건이다.

✦E그룹 departure
✦F 그룹 main carriage unpaid
✦C그룹 main carriage paid
✦D그룹 arrive

	모든 운송형태가 가능한 조건	내륙수운/해상운송에만 가능한 조건
Group E- 출발지조건	EXW Ex Works	
Group F-주 운임미지급조건	FCA Free Carrier	FAS Free Alongside Ship FOB Free On Board
Group C- 주운임지급조건	CPT Carriage Paid To CIP Carriage & Insurance Paid To	CFR Cost & Freight CIF Cost, Insurance & Freight
Group D- 도착지조건	DDP Delivery Duty Paid DAT Delivered at Terminal DAP Delivered at Place	

(1) EXW(Ex Works...named place 공장 인도조건)

(가) 해상

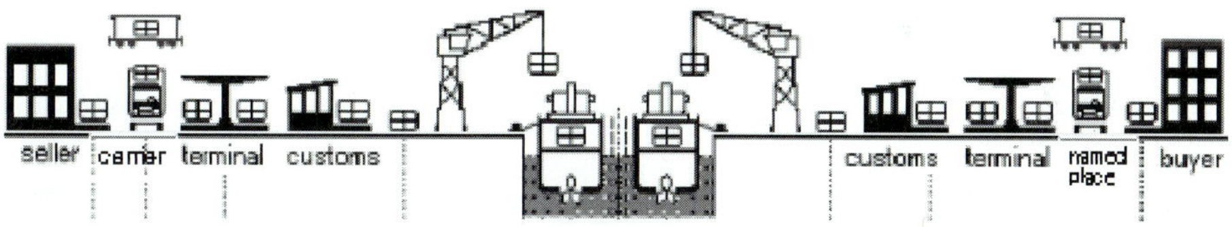

D
R
E

D: documents, R: risks, E: expenses
서류들과 위험, 비용부담이 이 지점에서 수입자에게 이전된다.

(나) 항공

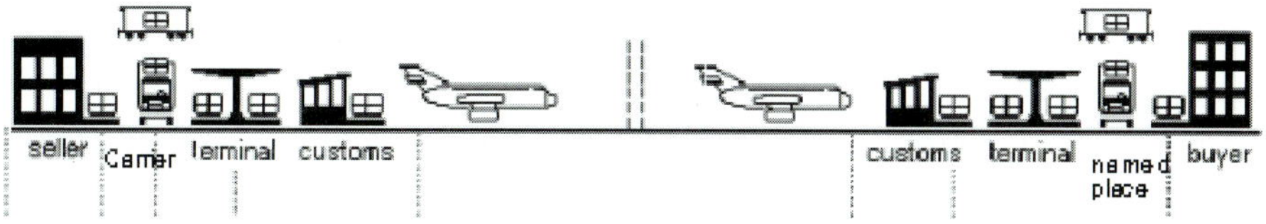

☞운송인(carrier) ; 운송계약에서 철도, 도로, 항공, 해상, 내수로 또는 이들의 복합방식에 의하여 운송을 이행하거나 또는 그 이행을 주선할 것을 약정하는 모든 자를 의미한다. 매수인이 물품을 수령할 운송인 이외의 자를 지정한 경우에는, 매도인은 물품이 그러한 자에게 인도되는 때에 물품인도 의무는 이행된 것으로 간주된다.

D
R
E

D: documents, R: risks, E: expenses
서류들과 위험, 비용부담이 이 지점에서 수입자에게 이전된다.

(다) 철도운송

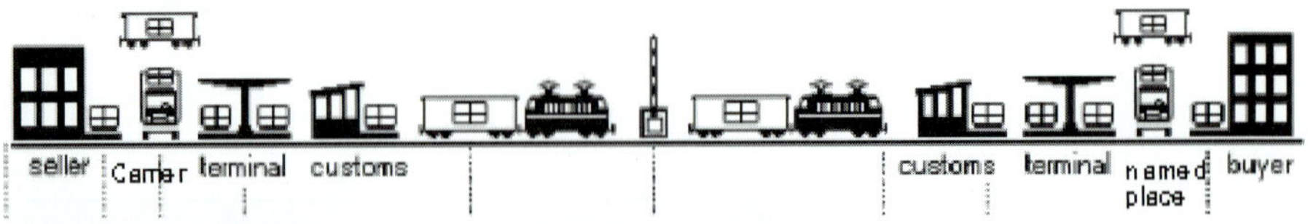

D
R
E

D: documents, R: risks, E: expenses
서류들과 위험, 비용부담이 이 지점에서 수입자에게 이전된다.

(라) 도로운송

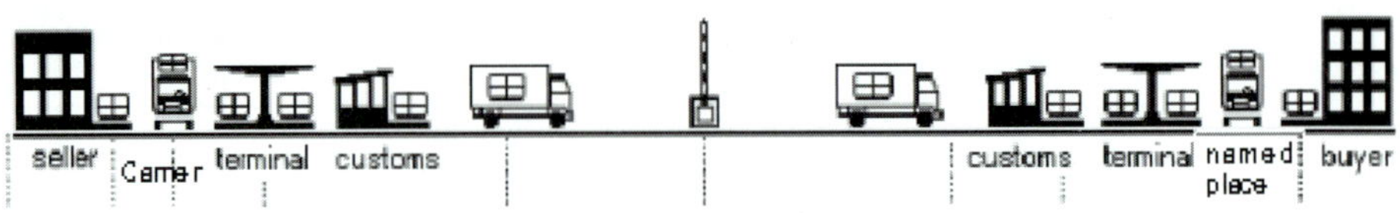

D
R
E

D: documents, R: risks, E: expenses
서류들과 위험, 비용부담이 이 지점에서 수입자에게 이전된다.

shipper(화주): 물품교부, 운송계약을 체결하는 자가 상이할 때도 공통사용

EXW조건에서의 당사자 의무

수출자의 의무	수입자의 의무
계약내용과 일치하는 상업송장, 포장명세서, 품질,수량 등에 관한 검사증명서 또는 이와 동등한 전자통신문을 제공	수출자의 구내에서 물품을 수령한 사실을 입증하는 물품수령증(buyer's receipt)을 제공
수입자의 요청과 비용 및 위험부담으로 영사송장(consular invoice), 원산지 증명서등 수출, 수입 또는 제3국으로의 통과에 필요한 서류를 취득할 수 있도록 협조	자신의 위험과 비용부담으로 수출승인과 통관절차, 운송계약을 체결

수출상의 영업장내에서 물품을 수입상에게 인도하는 조건이다. 이 조건은 해상운송, 육상운송, 항공운송 등 모든 운송수단에 적용이 가능한 조건으로 물품의 인도가 정해진 시기에 수출상의 정해진 영업장 구내에서 수입상의 임의처분하에 인도한 때에 완료된다. 이때 물품의 소유권도 수입상에게 이전되고 동시에 물품에 대한 위험부담과 비용부담도 같이 이전되므로 수출상에게는 물품에 대한 위험부담이나 비용부담, 기타 여러 가지 관련의무의 부담이 가장 가볍다. 따라서 비용부담의 한계는 위험부담의 분기점과 같다.

실무적으로 수출자가 출발시 물품의 적재에 대한 책임을 지나 그러한 적재의 위험과 모든 비용의 부담을 수입자가 원하는 경우, 매매계약서에 이와 같은 취지의 명시적인 문언을 추가함으로써 수출자는 이를 명확히 하여야 한다. 즉, 수출자는 자신의 비용과 위험으로 물품을 적재할 것을 합의하는 한, 운송인인도조건인 'FCA 조건'을 사용해야 한다. 이 조건은 수출국의 법규에 따라 수입상이 직간접으로 수출행정 절차를 밟을 수 없을 경우 이용할 수 없다.

EX는 'free'의 의미를 가지고 있으며 W는 'works'의 약어로 'factory', 'warehouse' 등 화주(매도인)가 물건을 만들어서 보관하고 있는 장소를 말한다. 따라서 창고나 인도장소 이름을 정확히 지정해서 명시하여야 한다. 예를 들면 삼성의 수원 제5 보세창고에서 인도하는 경우는 다음 예와 같이 된다. (예 : EXW SAMSUNG'S WAREHOUSE #5, SUWON, KOREA, INCOTERMS 2000) 무역에서 흔히 쓰이는 Ex loco, Ex Factory, Ex Mill, Ex Mine, Ex Plantation, Ex Store도 역시 같은 조건이다.

수출자 창고나 공장건물 안 밖을 불문하고 LCL 또는 FCL 적재 중 사고발생시 수입자 책임이다. 수출자는 책임이 없다. 즉, 수출자는 화물을 계정(tally)후 인수증을 받고 적재의무를 운송인에게 넘기는 것으로 계약의 의무가 완성된다. 물품이 수출자의 운송용구에서 하역되지 않은 채로 수입자의 처분하에 놓이는 경우에도 수출자는 인도의무를 다한 것이다. FCL로 컨테이너수출을 하는 경우, 적재의무(stuffing)는 수입자의 의무가 된다. 따라서 관행과 같이 수출자(화주)가 적재를 하는 경우, EXW 조건은 적당한 무역조건이 아니며 또한 'EXW loaded'라고 명기해서도 절대 안 된다. 이런 경우는 FCA조건을 쓰는 것이 적합하다. 'EXW loaded'라고 명기하면 화물을 싣는 선적비용만 부담하는 것인지, 위험책임까지 부담하는 것인지가 불명확해지므로 사고발생시 책임소재를 서로 전가하는 분쟁이 발생할 여지가 있기 때문이다.

수출관련 서류비용은 매수인 부담하고 운송자(포워더)는 물인수증(cargo receipt)을 교부하거나 받고 물품 인수 또는 인도한다. EXW의 경우, 실무적으로는 국내 도매가격으로 계약하는 것이 관행으로 되어 있다.

(2) FCA(Free Carrier...named place ; 운송인 인도조건)

통관 · 적재 · 하역 의무
• FAS : 수출통관 의무: 매도인
• FCA : 인도가 매도인 건물에서 발생: 매도인의 적재책임, 여타장소: 매도인의 면책

수출상은 수출통관까지 마친 후 지정된 지점에서 수입상이 지정한 운송인의 관리 하에 물품을 인도함으로써 물품인도의무를 끝낸다. 매도인의 영업장 구내에서 물품을 인도할 때는 매도인이 적재책임을 지고, 다른 모든 장소에서 인도할 때는 매도인이 양하책임을 지지 않는다. 이 조건은 복합운송을 포함한 모든 운송방식에 사용할 수 있다. 이 약관은 어떠한 운송형태에도 이용할 수 있다. 비용부담의 분기점은 위험부담의 분기점과 같다. 적재시 발생할 수 있는 사고위험과 비용부담과 수출통관은 수출상이 진다. 그러나 하역사고는 수입자가 부담한다. [표기방법 : FCA+지정장소 ; 항공운송(FCA 000 Airport), 해상운송(FCA 000 Container Terminal), 철도운송(FCA 000 Station), 도

로운송(FCA 000 Cargo Terminal), 복합운송(FCA 000 Warehouse)]

(가) 해상

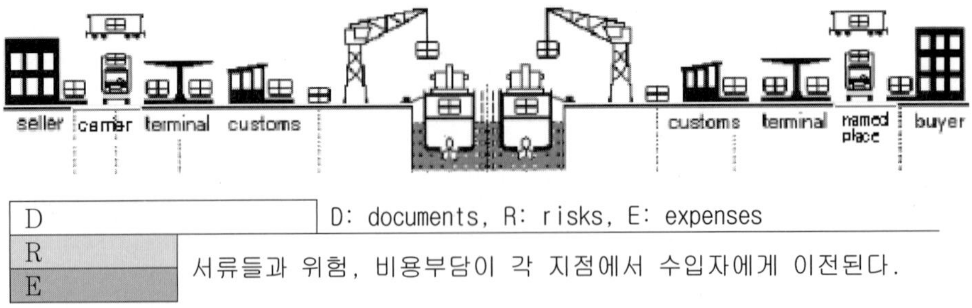

(나) 항공

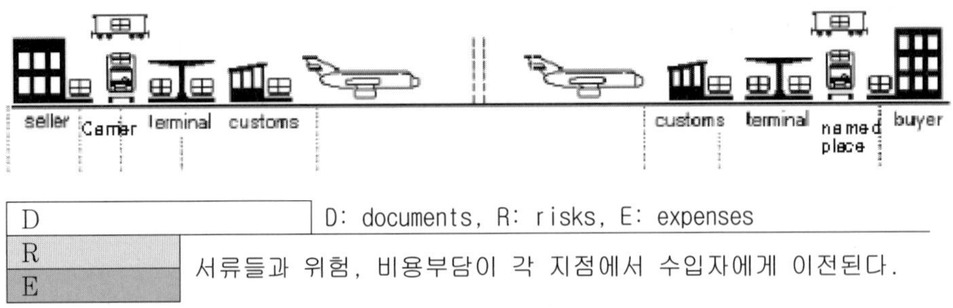

(다) 철도운송

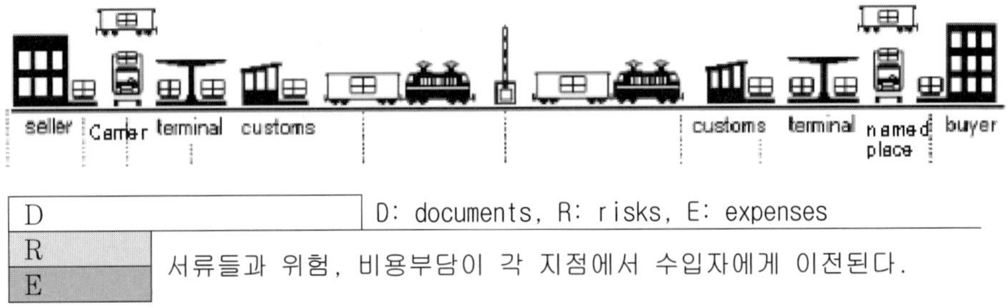

(라) 도로운송

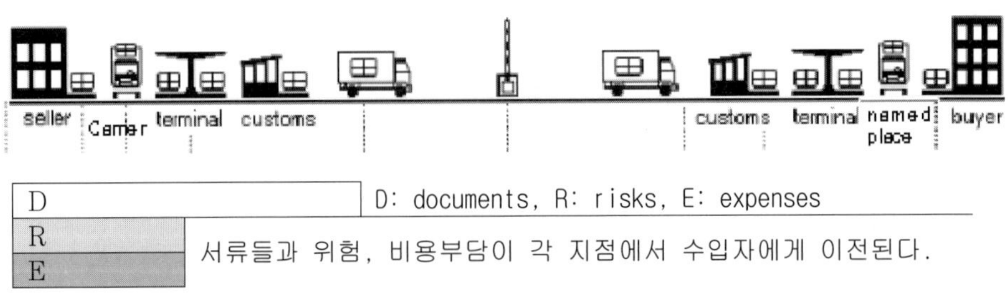

✦CFS : container freight station
✦CY : container yard
✦THC : terminal handling charge
✦W / F : wharfage
✦C / T : container tax

FCA 조건에서 당사자의 의무

수출자의 의무	수입자의 의무
수출자의 부담으로 수출허가와 수출통관 이행 및 컨테이너 세, 각 종 부과금 지급	운송인지정 및 운송방식, 인도기일, 인도장소 통지
계약내용과 일치하는 상업송장, 수출허가서, 운송인에게 물품을 인도하였음을 증명하는 인도증거서류 제공	수출자에게 운송계약을 요청하지 않았으면 인도장소로부터 운송을 위한 운송계약체결
수입자의 요청과 비용 및 위험부담으로 운송계약 체결 후 운송서류제공	

✦FCL : full container load lot
✦LCL : less than a container load lot

FCA조건은 장소의 정확한 지정과 특히 수입상이 지정한 장소가 중요하다. 수출자가 인수증을 받고 화물을 인도했을지라도 수입자가 지정한 장소 이전의 위치에서 인수 시 사고가 발생하면 수입상이 비용위험의 책임을 안 진다.

'FOB Pusan'과 비교해서 'FCA Pusan Port'(반드시 항이라고 밝혀야 한다. FCA Pusan은 부산의 어떤 역이나 창고일 수도 있기 때문이다.)는 수출자가 작업을 통제할 수 없는 선측에서의 본선선적시 문제까지 책임지지 않아도 된다. 'FCA Pusan CY' 또는 CFS 라고 명기된 경우, 'Pusan CY' 또는 CFS에서 수입상이 지정한 운송인에게 화물을 인도하는 것으로 무역 계약상의 수출상의 의무는 자사의 통제하에 완수되는 것이다. 그러므로 THC, W/F, C/T 모두 수출상이 부담하고 그 위험부담도 책임을 지는 것이다. 수출상은 수출통관비용 외에 수입자의 요청과 비용부담으로 선적에 관해서는 B/L을 발행한다.

(3) FAS(Free Alongside Ship ...named port of shipment; 선측 인도조건)

선측인도조건으로서 수출자는 화물을 수입자가 지정한 선박의 선측에서 화물을 인도하여야 한다. 이는 매수인이 그 지점으로부터 물품에 대한 모든 비용과 멸실 또는 손상의 위험을 부담하여야 한다는 것을 의미한다.

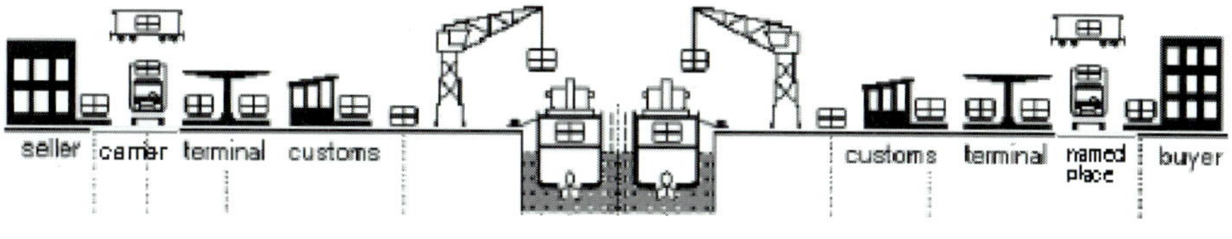

D	D: documents, R: risks, E: expenses
R	서류들과 위험, 비용부담이 각 지점에서 수입자에게 이전된다.
E	

FAS 조건에서 당사자의 의무

수출자의 의무	수입자의 의무
계약내용과 일치하는 상업송장, 포장명세서, 품질, 수량 등에 관한 검사증명서, 무고장 부두수령증 또는 이와 동등한 전자통신문을 제공	자신의 위험과 비용부담으로 수입허가과 통관절차, 운송계약을 체결이행
자신의 위험과 비용부담으로 수출허가, 기타 공적인 승인취득, 수출통관절차 이행	자신의 비용부담으로 목적항까지 운송계약을 체결하고 수출자에게 선박명, 적재장소, 시기을 통보
수입자의 요청과 비용 및 위험부담으로 영사송장, 원산지 증명서 등 수입 또는 제3국으로의 통과에 필요한 서류와 유통성 선하증권, 비유통성 해상화물운송장, 등의 서류를 취득할 수 있도록 협조	수출자에게 통지불이행, 지정선박의 입항지연이나 물품수령불이행이 발생할 경우 합의한 인도기일로부터 발생하는 모든 비용과 위험을 부담

그러므로 부선을 사용하는 작업일 경우 부선의 사용료는 당연히 수출자가 부담하여야 하며 선측까지 화물을 운반하기 전에 부선에서 사고가 발생하면 사고비용 책임을 수출상이 져야한다.

그러나 당사자들이 매수인이 물품의 수출통관을 이행할 것을 원하는 경우에는 매매계약상에 이러한 취지의 명시적인 문언을 추가함으로써 이를 명확히 하여야 한다. 이 조건은 선측인도조건이므로 물품의 해상운송 또는 내수로운송의 경우에만 사용한다. 특히 원맥, 원목, 원사 등 선적비용이 많이 드는 대량의 덩어리 화물(bulk cargo)에 자주 쓰인다. 수출상은 지정된 선적항의 부두 위 또는 본선의 현측에서 물품을 인계한다.[거래조건 표기의 예 : FAS+지정 선적항 ; FAS Pusan]

FOB Pusan Stowed & Trimmed으로 계약할 경우, 상당히 신중한 계약 조건인 듯 보이지만 분쟁을 해결해야 하는 사고 관련 당사자들이나 ICC 입장에서 보면 대단히 모호한 계약이다. 비용만 부담한다는 것인지 사고 시 위험까지 부담한다는 것인지 분명히 표기하고 있지 않기 때문이다. 따라서 ICC는 이것 역시 사용하지 말 것을 권하고 있다.

(4) FOB(Free On Board...named port of shipment ; 본선 인도조건)

물품이 지정된 선적항에서 본선에 안전하게 적재한 때에 매도인이 매수인에게 인도하는 것을 뜻한다.

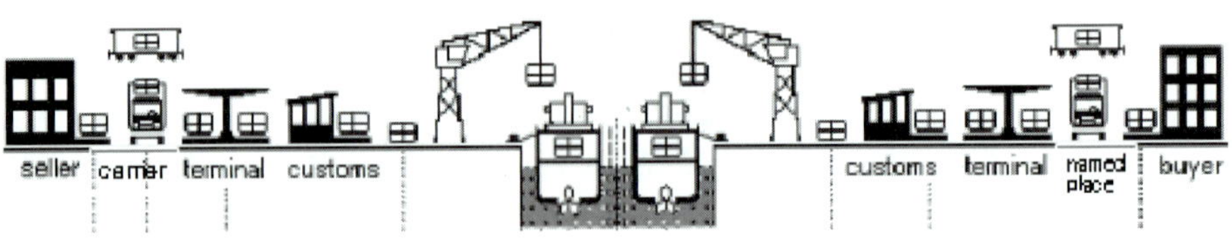

D	D: documents, R: risks, E: expenses
R	서류들과 위험, 비용부담이 각 지점에서 수입자에게 이전된다.
E	

운송, 운임 계약은 수입상이 체결하고 이에 따른 비용은 수입상이 부담한다. 단, 수출상이 운송계약을 위임하는 경우, 당사자 간의 합의가 있으면 각 계약의 개별조건이 우선한다.

FOB 조건에서 당사자의 의무

수출자의 의무	수입자의 의무
계약내용과 일치하는 상업송장 및 제반 서류 제공	본선적재비가 운송비에 포함된 경우 적재비용, 도착항의 양륙비 지급
자신의 비용부담으로 수출허가, 통관, 컨테이너세, 기타 부과금 납부	자신의 비용부담으로 목적항까지 운송계약을 체결하고 수출자에게 선박명, 적재장소, 시기를 통보
수입자의 요청과 비용 및 위험부담으로 영사송장, 원산지 증명서등 수입 또는 제3국으로의 통과에 필요한 서류와 유통성 선하증권, 비유통성 해상화물운송장, 등의 서류를 취득할 수 있도록 협조	수출자에게 통지불이행, 지정선박의 입항지연이나 물품수령불이행이 발생할 경우, 합의한 인도기일로부터 발생하는 모든 비용과 위험을 부담

이는 수입자가 그 지점으로부터 물품에 대한 모든 비용과 멸실 또는 손상의 위험을 부담하여야 한다는 것을 의미하며 수출상의 책임이 물품을 본선갑판에 적재하는 것과 동시에 면제된다. 본선인도조건은 매도인이 물품의 수출통관을 이행할 것을 요구하고 있으며 이 조건은 해상 또는 내수로 운송에만 사용할 수 있다. FOB조건은 수입상이 선박을 수배하여 수출상에게 지정해 줌이 원칙이나 실무상 수입상을 대신하여 수출상이 배를 수배하기도 한다. 저렴한 해상운임, 빠른 항해일정, 적시에 출항하는 배를 쉽게 수배하는 쪽이 누구냐에 따라 실제 업무가 이루어진다.

■ FOB 뒤에 구체적 장소를 함께 석어야 명확한 조건이 된다. 물품의 소유권은 선적이 완료됨과 동시에 수입상에 귀속된다. 운송, 운임 계약은 수입상이 체결하고 이에 따른 비용은 수입상이 부담한다. 단, 수출상이 운송계약을 위임하는 경우, 당사자간 합의가 있으면 각 계약의 개별조건이 우선한다.

(5) CFR(Cost and Freight ;...named port of destination 운임포함조건)

위험과 비용의 이전 : 매도인의 인도의무가 완수될 때 매수인에게 이전되는 것이 원칙이지만 매수인의 매도수령 불이행의 경우, 인도전에 이전이 가능하다. 단, 이때 물품은 계약의 내용을 정히 충족되어야 한다.

이 조건은 FOB의 변형조건으로 FOB조건에 운임만을 추가한 것이다. 따라서 물품이 선적항에서 본선에 안전하게 적재한 이후 물품의 손상이나 멸실에 대한 위험부담이 수출상에서 수입상으로 이전된다. 선적을 마칠 때까지 발생하는 모든 비용과 지정된 목적항까지 물품을 운송하는 데 소요되는 운임을 수출상이 부담한다. 그러나 화물의 정상적으로 인도된 후 운송과정에서 발생하는 비용과 운송 중 사고는 수입상이 책임을 지며 도착지에서의 화물의 하역비용은 수입자가 부담한다(정기선인 경우는 포함).

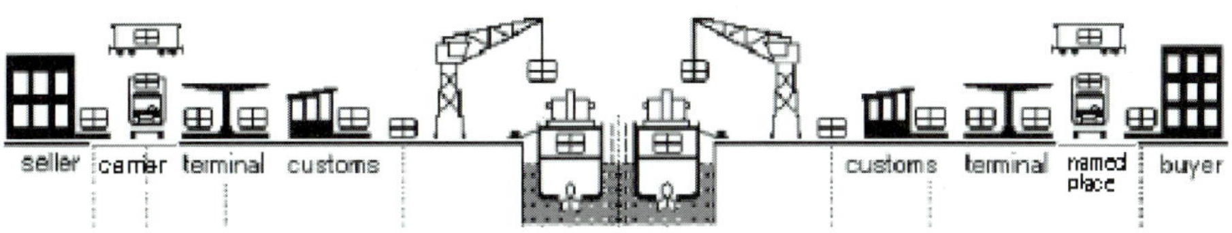

D documents
R risks
E expenses (정기선의 경우)

서류들과 위험, 비용부담이 각 지점에서 수입자에게 이전된다.

선적장소의 선택권 : 매수인은 인도장소의 정확한 지점을 지정할 의무가 있다. 만약 그 의무를 불이행할 경우에도 매수인은 매도인에게 그 지점을 선택할 권리를 부여할 수 있다.

CFR 조건에서 당사자의 의무

수출자의 의무	①수출자의 부담으로 목적항까지 물품의 운송계약체결 ②계약내용과 일치하는 물품을 선적항의 본선 갑판상(on board)에서 인도 ③계약내용과 일치하는 상업송장 및 목적항까지의 무사고 운송서류(유통성 선하증권, 해상화물운송장, 내수로 운송서류 등)을 지체없이 제공하고 모든 서류는 당사자 간 합의로 전자통신문으로 대체가능 ④자신의 비용부담으로 수출허가, 통관, 컨테이너세, 기타 부과금 납부
수입자의 의무	①목적항에서 양륙비가 운임에 포함되어있지 아니할 경우에는 양륙비를 지급 ②매도인에 대한 통지불이행으로 인하여 발생하는 모든 위험과 추가적인 비용을 지급 ③상업송장, 운송서류 및 보험서류가 도착하면 이를 승낙하고 도착항에서 물품을 수령

수출자는 선적을 마칠 때까지의 모든 비용과 지정된 목적항까지 물품을 운반하는데 필요한 비용 및 운임을 지급하여야 하지만 인도시기 이후에 발생하는 사건에 기인하는 모든 추가적인 비용뿐만 아니라 물품의 멸실 또는 손상의 위험은 수출자로부터 수입자에게 이전된다. 운임포함인도 조건은 수출자가 물품의 수출통관을 이행하여야 하며 이때, 운임에는 도착지에서의 하역비용은 포함되지 않는다. 이 조건은 해상 및 내수로 운송에서만 사용할 수 있다. 당사자들이 본선의 난간을 교차하여 물품을 인도할 의도가 없는 경우에는 운송비지급인도(CPT)조건을 사용하여야 한다. RO-RO선이나 컨테이너선처럼 본선의 난간이 비용이나 위험의 분기점이 될 수 없는 경우 CFR 조건보다 CPT 조건을 사용하는 게 맞다.[거래조건 표기의 예 ; CFR+지정 목적항 ; CFR New York]

(6) CIF(Cost, Insurance and Freight ...named port of destination; 운임보험료 포함조건)

FOB 조건에서 수출자가 운임(단 도착지 하역료는 수입자가 담), 보험료를 추가 부담하는 조건이다. 그러나 이때 수출자는 담보가 최소인 보험으로 부보하는 것이 통례이므로 수입자가 보다 더 큰 담보조건으로 보호를 받고자 원할 때에는 수출자와 이에 상당하는 명시적인 합의를 하거나 또는 수입자 스스로 별도의 보험약정을 체결하여야 할 필요가 있다. 물론 운송계약에서 따로 보험료를 수입자가 부담하기로 한 경우는 수입자가 부담한다. 이 경우 사고시 보험이익의 수혜는 수출항의 본선적재 이전에 발생한 사고보험이익은 수출상이, 그 이후는 수입상이 받는다.

이 조건은 해상 및 내수로 운송에 만 사용될 수 있다.

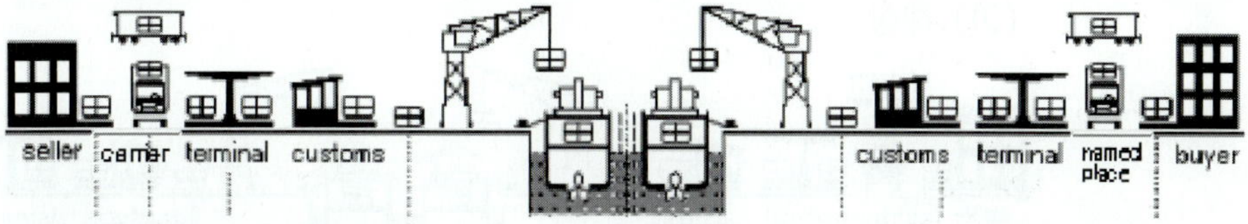

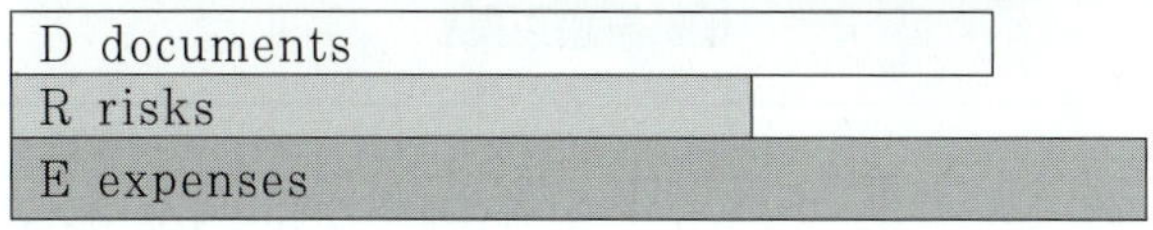

서류들과 위험, 비용부담이 각 지점에서 수입자에게 이전된다.

CIF 조건에서 당사자의 의무

수입자의 의무	①목적항에서 양륙비가 운임에 미포함된 경우, 양륙비를 지급 ②매도인에 대한 통지불이행으로 발생하는 모든 위험과 추가적인 비용을 지급 ③상업송장, 운송서류 및 보험서류가 도착하면 이를 승낙하고 도착항에서 물품을 수령
수출자의 의무	①수출자의 부담으로 목적항까지 물품의 운송계약체결 ②계약내용과 일치하는 물품을 선적항의 본선 갑판상(on board)에서 인도 ③계약내용과 일치하는 상업송장 및 목적항까지의 무사고 운송서류(유통성 선하증권, 해상화물운송장, 내수로운송서류 등)을 빨리 제공하고 모든 서류는 합의로 전자통신문으로 대체가능 ④자신의 비용부담으로 수출허가, 통관, 컨테이너세, 기타 부과금 납부 ⑤자신의 비용부담으로 최소담보조건으로 물품대금의 110%한도 까지 계약상의 통화단위로 부보(전쟁, 동맹파업, 소요 및 폭동위험에도 부보) ⑥선적항에서 물품의 본선적재비(loading costs) 부담하고 단, 정기선의 경우 목적항에서 양륙비가 운임에 포함되어 있으면 이것도 지급

CIF조건은 CFR가격에 해상보험료를 더한 것으로 보험가입 의무와 보험료를 수출상이 진다는 것 외에는 CFR 조건과 동일하다. RO-RO선이나 컨테이너선의 경우 CIP 조건을 사용하는 게 좋다. CIF&C는 CIF 가격에 중개상에 제공되는 수수료(commission)를 포함하는 가격조건으로 외국의 대리점을 중개로 하는 위탁판매 거래에 쓰여 진다. 'CIF Landed'는 CIF 가격에 수입항에서 양륙비가 포함된 가격이다.

(7) CPT(Carriage Paid To ; 운임지급인도조건)

원칙적으로 CFR과 같은 조건으로서 FCA가격에 수입지의 지정 목적항까지의 운임이 더해진 조건이다. 이는 매도인이 스스로 지정한 운송인에게 물품을 인도하되, 다만 지정된 목적지까지 물품을 운반하는데 필요한 운송비를 추가로 지급하여야 한다는 것을 뜻한다. 물품이 그렇게 인도된 이후에 발생하는 모든 위험과 기타 모든 비용을 매수인이 부담하여야 한다. 합의된 목적지까지의 운송을 위하여 후속되는 운송인이 사용되는 경우에는, 위험은 물품이 최초의 운송인에게 인도되었을 때에 이전된다. 이 조건은 매도인이 물품의 수출통관을 이행하여야 하며 복합운송을 포함하여 운송방식에 관계없이 사용될 수 있다.

(가) 해상

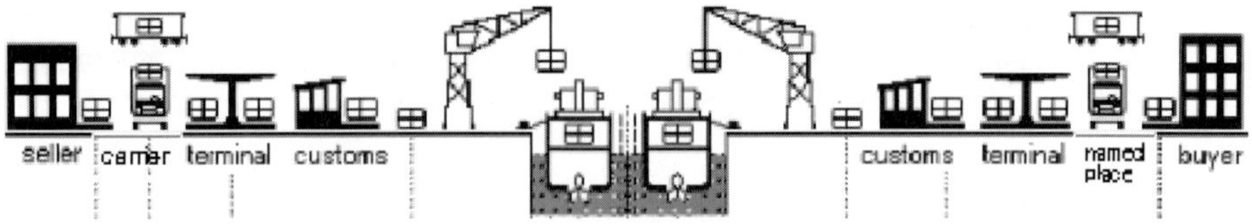

D documents	
R risks	서류들과 위험, 비용부담이 각 지점에서 수입자에게 이전된다.
E expenses	

(나) 항공

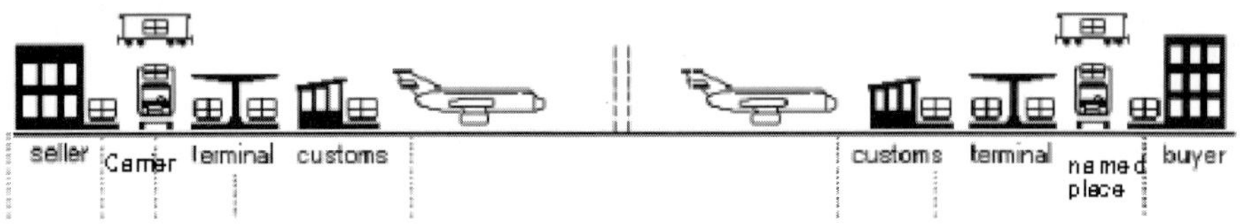

D documents	
R risks	서류들과 위험, 비용부담이 각 지점에서 수입자에게 이전된다.
E expenses	

(다) 철도운송

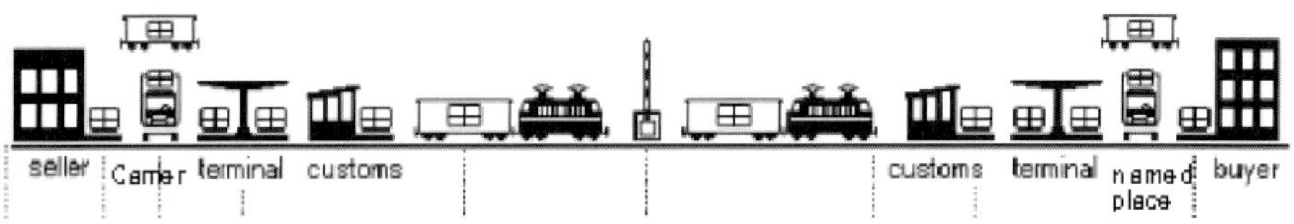

D documents	
R risks	서류들과 위험, 비용부담이 각 지점에서 수입자에게 이전된다.
E expenses	

(라) 도로운송

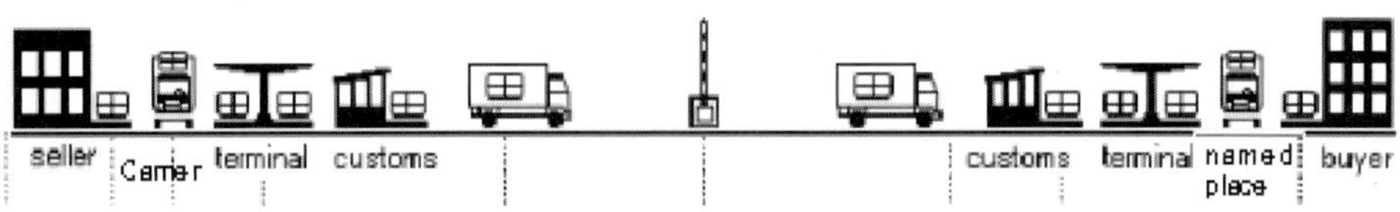

D documents	
R risks	서류들과 위험, 비용부담이 각 지점에서 수입자에게 이전된다.
E expenses	

CPT 조건에서 당사자의 의무

수입자의 의무	①목적항에서 양륙비가 운임에 포함되어있지 아니할 경우에는 양륙비를 지급 ②매도인에 대한 통지불이행으로 인하여 발생하는 모든 위험과 추가적인 비용을 지급 ③상업송장 및 운송서류가 도착하면 이를 승낙하고 도착항에서 물품을 수령
수출자의 의무	①수출자의 부담으로 목적항까지 물품의 운송계약체결 ②계약내용과 일치하는 물품을 운송인이나 최초 운송인에게 인도 ③계약내용과 일치하는 상업송장 및 목적항까지의 무사고 운송서류(유통성 선하증권, 해상화물운송장, 내수로운송서류 등)을 지체없이 제공하고 모든 서류는 당사자 간 합의로 전자통신문으로 대체가능 ④자신의 비용부담으로 수출허가, 통관, 컨테이너세, 기타 부과금 납부 ⑤선적항에서 물품의 본선적재비(loading costs) 부담하고 단, 정기선의 경우 목적항에서 양륙비가 운임에 포함되어 있으면 이것도 지급

이 조건은 Carriage Paid To (…지정장소)의 의미이므로 CPT조건은 복합운송을 포함하여 어떠한 운송형태에도 사용할 수 있다. 복합운송의 경우 최초의 운송인에게 물품이 인도된 시점에서 수입상에게로 위험부담이 이전된다. 이 조건은 지정도착지까지의 운송비지급가격조건으로 운송인에게 물품을 인도하는 것이므로 수출자의 계약이행이 완료되는 시점이 FCA조건과 같으나 운송인은 수출자가 지정하고 운송비도 수출자가 부담한다. 화물이 인도될 때까지의 모든 비용, 선적비, 도착지에서의 하역비 포함 모든 운송비용(수출 통관비용 포함)은 매도인이 부담하여야 하나 단 운송계약에서 따로 매도인(수출자)이 부담하기도 되어 있지 않은 한 도착지 하차비용은 수입자가 부담한다.

(8) CIP(Carriage and Insurance Paid ; 운임보험료지급인도조건)

수출자는 자신이 지정한 운송인에게 운송료 및 모든 운송비용을 지불하고, 보험에 가입하여 운송 중 물품의 멸실과 손상위험을 보상할 보험상품에 부보한 후, 물품을 인도하면 계약의 의무가 완료된다.

(가) 해상

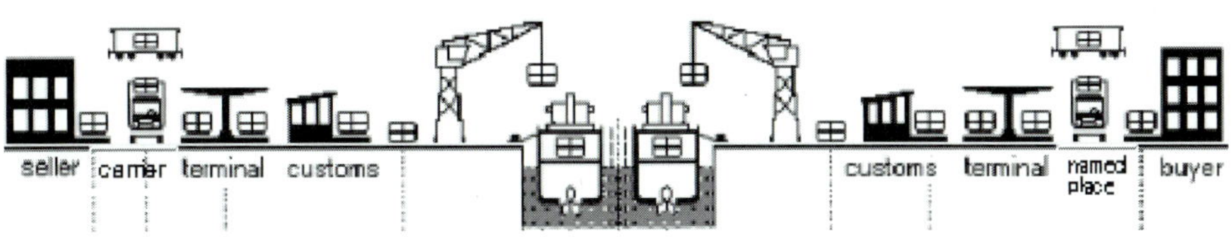

D documents	
R risks	서류들과 위험, 비용부담이 각 지점에서 수입자에게 이전된다.
E expenses	

(나) 항공

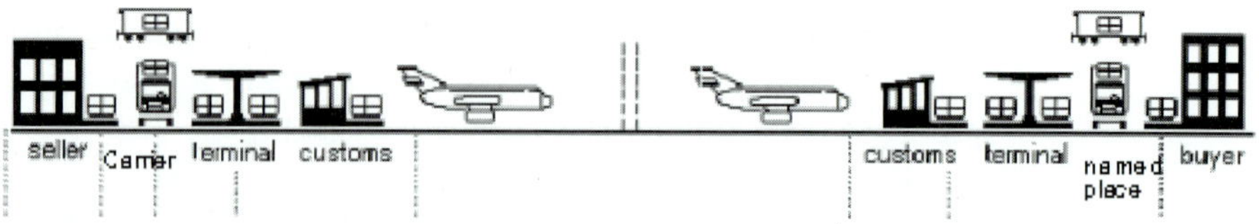

D documents	
R risks	서류들과 위험, 비용부담이 각 지점에서 수입자에게 이전된다.
E expenses	

(다) 철도운송

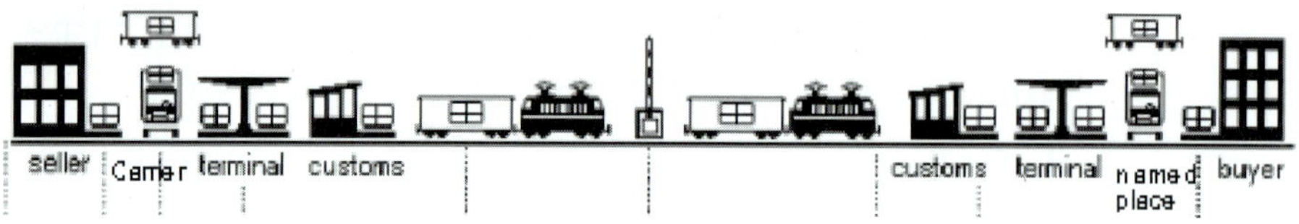

D documents	
R risks	서류들과 위험, 비용부담이 각 지점에서 수입자에게 이전된다.
E expenses	

(라) 도로운송

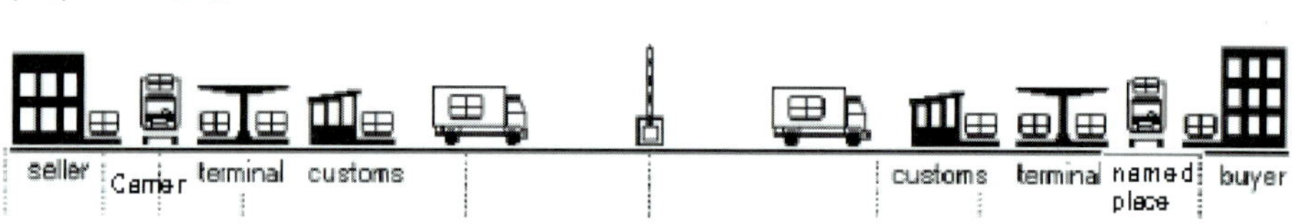

D documents	
R risks	서류들과 위험, 비용부담이 각 지점에서 수입자에게 이전된다.
E expenses	

CIP 조건에서 당사자의 의무

수입자의 의무	①목적항에서 양륙비가 운임에 포함되어있지 아니할 경우에는 양륙비를 지급 ②매도인에 대한 통지불이행으로 인하여 발생하는 모든 위험과 추가적인 비용을 지급 ③물품이 운송인에게 인도되고 상업송장 및 운송서류가 도착하면 이를 승낙하고 도착항에서 물품을 수령
수출자의 의무	①수출자의 부담으로 목적항까지 물품의 운송계약체결 ②계약내용과 일치하는 물품을 운송인이나 최초 운송인에게 인도 ③계약내용과 일치하는 상업송장(commercial invoice) 및 목적항까지의 무사고 운송서류(유통성 선하증권, 해상화물운송장, 내수로운송서류 등)을 지체없이 제공하고 모든 서류는 당사자 간 합의로 전자통신문으로 대체가능 ④자신의 비용부담으로 수출허가, 통관, 컨테이너세, 기타 부과금 납부 ⑤자신의 비용부담으로 최소담보조건으로 물품대금의 110%한도 까지 계약상의 통화단위로 부보(전쟁, 동맹파업, 소요 및 폭동위험에도 부보) ⑥선적항에서 물품의 본선적재비(loading costs) 부담하고 단, 정기선의 경우 목적항에서 양륙비가 운임에 포함되어 있으면 이것도 지급

이때 수출자는 단지 최소 담보조건으로 보험을 부보해도 되기 때문에 수입자는 이를 주지할 필요가 있고, 만약 수입자가 확장담보를 원하면 수출자와 명시적으로 합의를 하거나 수입자 자신이 추가로 보험수배를 해야 한다. 수출통관의 의무는 수출자에게 있다. 이 조건은 원칙적으로 CIF와 같은 조건으로서 CPT와 유사하다. 수출상이 수입상을 위하여 적화보험의 보험가입 의무와 보험료를 부담한다는 것이 다르다.

CIP와 CFR, CIF, CPT를 포함하는 C조건의 특징은 결제방법이 일반적으로 화환신용장을 사용한다. 화환신용장하에서 수출자는 은행에 합의된 선적서류를 제시함으로써 대금을 결제받는다. 그런데 화환신용장하에 대금결제가 이루어진 순간이후 또는 물품을 선적 및 발송한 후 추가위험이나 추가비용을 수출자가 부담하여야 하는 것은 화환신용장의 본래 목적에 상충된다. 따라서 선적 및 발송 이후 발생되는 사건으로부터 초래되는 추가비용은 수입자가 부담하여야 한다. 만약 수출자가 관세, 조세 및 기타 수수료의 지급을 포함하는 운송계약을 제공해야 하는 경우에는 물론 그러한 비용을 매도인이 부담하여야 한다. 만약 합의된 도착지에 도달하기 위해 중간장소에서 물품의 환적을 수반하는 다수의 운송계약을 체결하는 것이 관례인 경우, 수출자는 물품이 어떤 운송용구로부터 다른 운송용구로 환적될 때 발생하는 여하한 비용을 포함하여 모든 비용을 지불하여야 하나 만약 운송인이 예상치 못한 장애물(예를 들어 얼음, 혼잡, 노동분규, 전쟁 또는 전쟁에 준하는 작전)을 피하기 위하여 환적가능문구를 명시하고, 이에 따라 운송인이 마땅한 권리의 행사로 환적을 했을 경우 그로부터 발생하는 추가비용은 수입자가 부담한다. 이는 매도인의 통상적인 의무가 운송계약을 체결하는 것으로 제한되기 때문이다. 또한 정기선에 의한 운송을 하는 경우는 통상 정기선운임에 하역비가 포함되므로 하역비는 수출자의 부담이 된다.

(9) DDP(Delivered Duty Paid ; 관세지급인도조건)

관세지급인도 조건은 매도인이 물품을 수입통관 하고, 지정된 목적지에 도착하는 모든 운송수단으로부터 양화하지 아니한 상태로 매수인에게 인도하는 조건이다.

(가) 해상

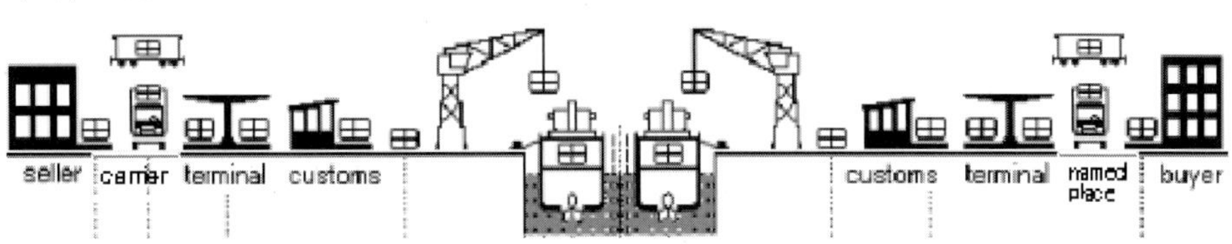

D documents

R risks

E expenses 서류들과 위험, 비용부담이 각 지점에서 수입자에게 이전된다.

(나) 항공

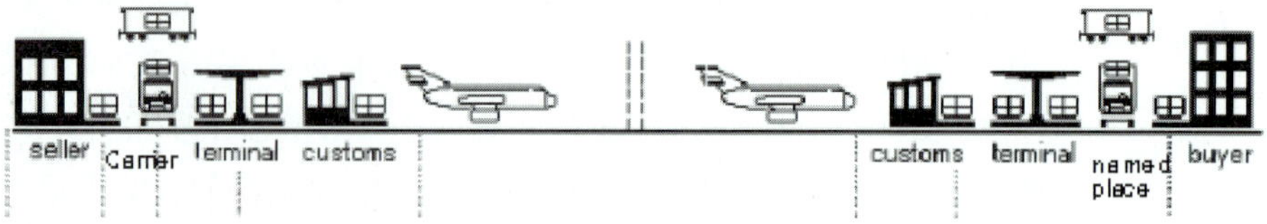

D documents

R risks

E expenses 서류들과 위험, 비용부담이 각 지점에서 수입자에게 이전된다.

(다) 철도운송

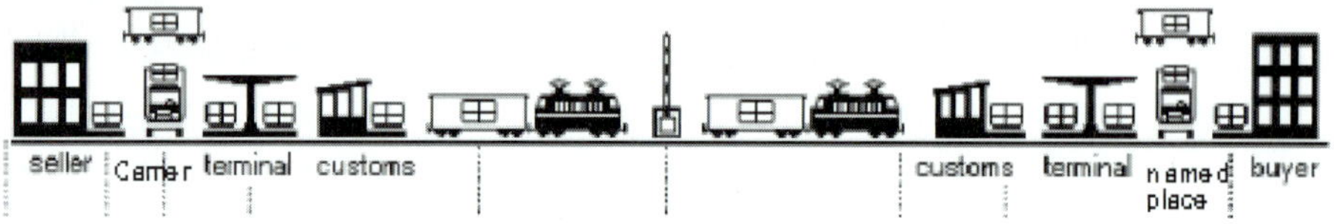

D documents

R risks

E expenses 서류들과 위험, 비용부담이 각 지점에서 수입자에게 이전된다.

(라) 도로운송

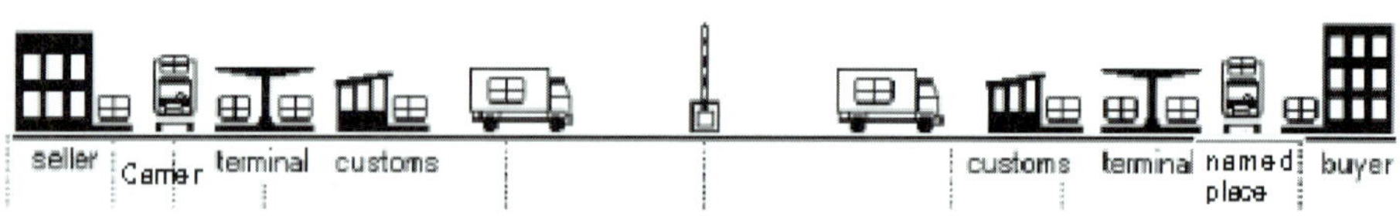

D documents

R risks

E expenses 서류들과 위험, 비용부담이 각 지점에서 수입자에게 이전된다.

DDP 조건에서 당사자의 의무

수출자의 의무	①계약내용과 일치하는 물품을 최종목적지에서 수입자의 임의처분하에 인도 ②계약내용과 일치하는 상업송장(commercial invoice) 및 수입자가 지정된 목적지에서 물품을 수령할 수 있는 인도지시서(delivery order) 또는 유통성 선하증권, 해상화물송장, 복합운송서류 제공한다. 이 때, 모든 서류는 당사자 간 합의로 전자통신문으로 대체가능 ③자신의 비용부담으로 수출허가, 수출통관, 수입지에서 수입통관 수입허가, 조세, 관세 등을 지급 ④국경에서 최종목적지까지의 반입운송비(on-carriage)를 지급
수입자의 의무	①목적지에서 자신의 임의처분 하에 인도된 물품을 수령하고 운송수단으로부터 물품을 양하 ②물품을 인도 받으면 지체업이 약정대금지불

매도인은 적용 가능한 경우 목적지의 국가에서의 수입을 위한 모든 관세를 포함하여 목적지까지 물품을 운반하는데 수반되는 모든 비용과 위험을 부담하여야 한다. 공장인도조건이 매도인에 대한 최소의무를 나타내는 반면에, 관세지급인도 조건은 최대의무를 나타낸다. 이 조건은 매도인이 직접 또는 간접적으로 수입허가를 취득할 수 없는 경우에 사용되어서는 아니 된다. 그러나 당사자들이 물품의 수입 시에 지급되는 비용의 일부(예컨대 부가가치세)를 매도인의 의무사항에서 제외할 것을 원하는 경우에는, 매매계약상에 이러한 취지의 명시적인 문언을 추가함으로써 이를 명확하게 하여야 한다. 당사자가 매수인이 수입에 따른 모든 위험과 비용을 부담할 것을 원하는 경우에는, 관세미지급 조건을 사용하여야 한다. 이 조건은 운송방식에 관계없이 사용될 수 있다.

이 조건은 가능한 한 도착지를 정확하게 기재하여야 한다. 만약 도착지가 명확하지 않으면 수출상 임의로, 수입상이 원하는 곳이 아닌 곳에 화물을 하차하여도 책임을 물을 수 없게 되므로, 예를 들면 DDP Smith's Warehouse 2, Chicago, Incoterms 2000. 처럼 정확한 상품의 하차지점을 명시해야 한다.

(10) DAT(Delivered at Terminal ; 도착 터미널 인도조건)

물품이 도착운송수단으로부터 양화된 상태로 지정목적항이나 지정목적지의 지정터미널에서 매수인의 처분하에 놓이는 때에 매도인이 인도하는 것을 말한다. 즉, DAT에서는 (종래의 DEQ 규칙과 같이) 도착차량에서 양회된 상태로 매수인의 처분하에 놓인 때 매도인은 의무를 다하게 된다. DAT에서 지정터미널은 항구일 수도 있으므로 DAT는 Incoterms 2000의 DEQ가 사용가능하던 경우에 안전하게 사용될 수 있다.

(가) 해상

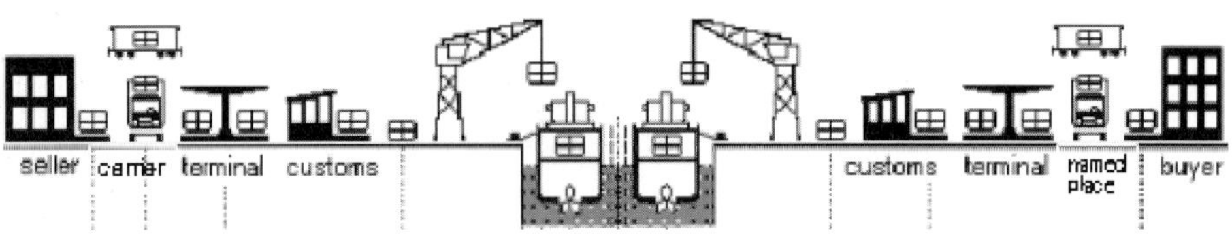

D documents
R risks
E expenses 서류들과 위험, 비용부담이 각 지점에서 수입자에게 이전된다.

(나) 항공

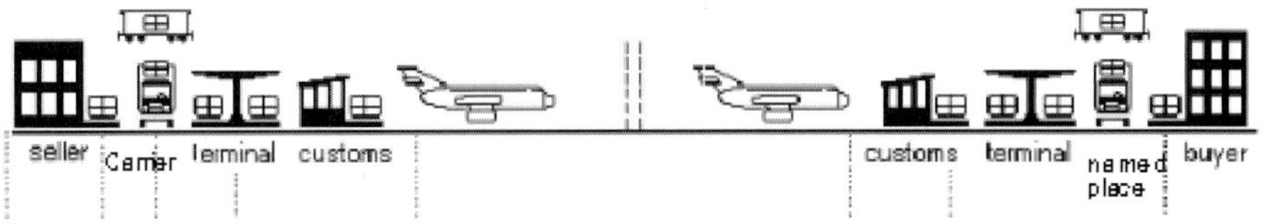

D documents
R risks
E expenses 서류들과 위험, 비용부담이 각 지점에서 수입자에게 이전된다.

(다) 철도운송

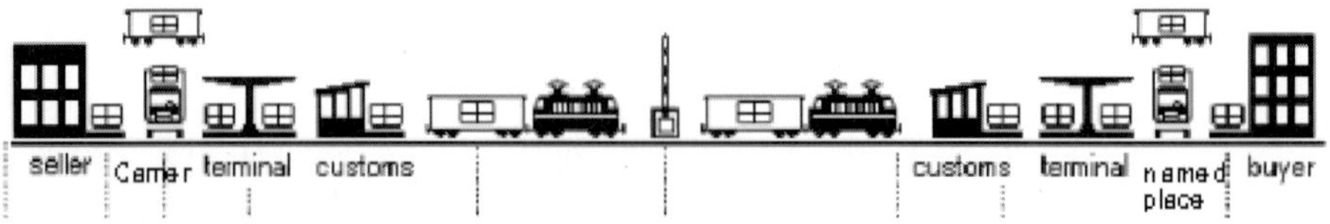

D documents
R risks
E expenses 서류들과 위험, 비용부담이 각 지점에서 수입자에게 이전된다.

(라) 도로운송

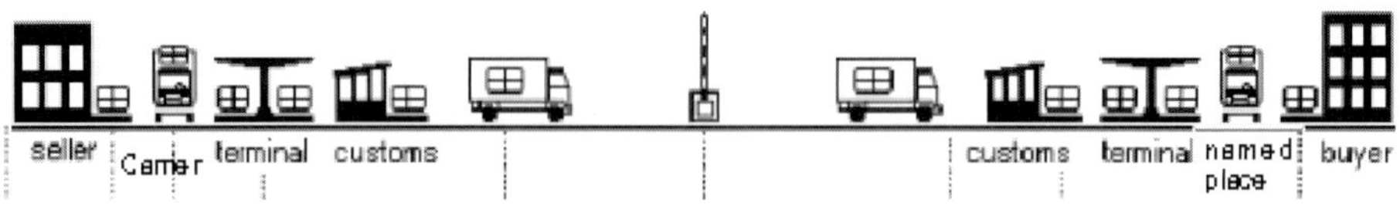

D documents
R risks
E expenses 서류들과 위험, 비용부담이 각 지점에서 수입자에게 이전된다.

(11) DAP(Delivered at Place ; 도착 장소 인도조건)

물품이 지정목적지에서 도착운송수단에 실린 채 양화준비된 상태로 매수인의 처분하에 놓이는 때에 매도인이 인도한 것을 말한다. 매도인은 그러한 지정장소까지 물품을 운송하는 데 수반하는 모든 위험을 부담한다. 즉, DAP에서는 (종래의 DAF, DES, DDU와 같이) 마찬가지로 매수인의 처분하에 놓인 때이지만 양화할 준비가 된 때에 인도가 일어난다.

(가) 해상

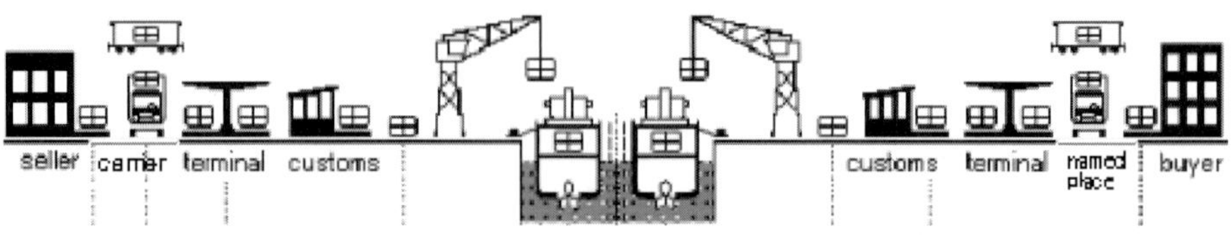

D documents
R risks
E expenses 서류들과 위험, 비용부담이 각 지점에서 수입자에게 이전된다.

(나) 항공

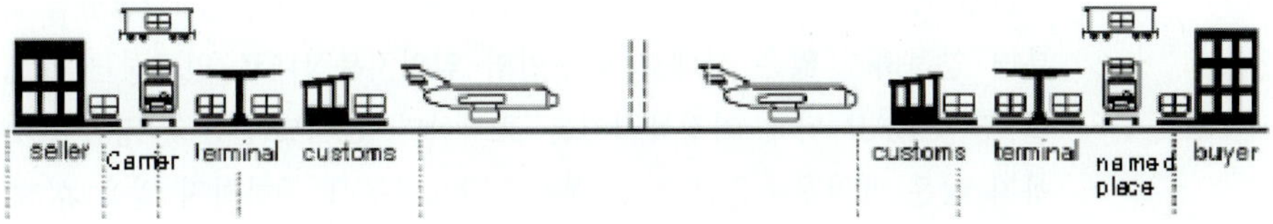

D documents
R risks
E expenses 서류들과 위험, 비용부담이 각 지점에서 수입자에게 이전된다.

(다) 철도운송

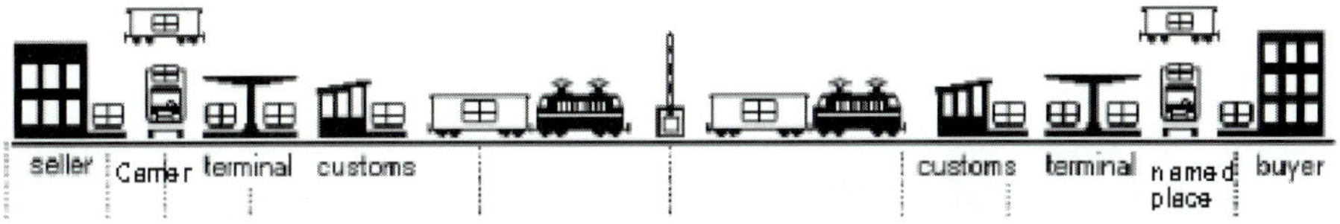

D documents
R risks
E expenses 서류들과 위험, 비용부담이 각 지점에서 수입자에게 이전된다.

(라) 도로운송

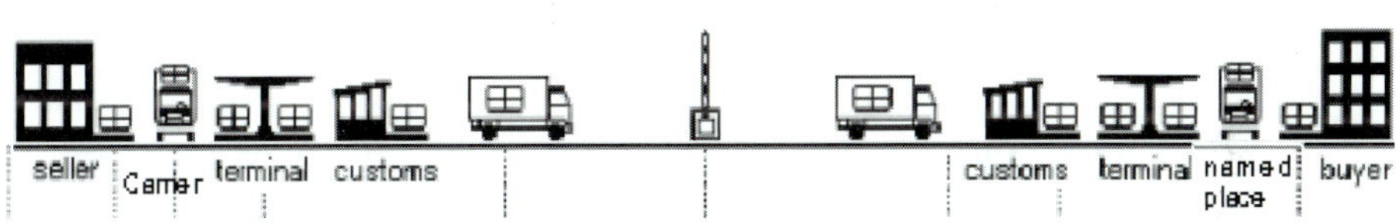

D documents
R risks
E expenses 서류들과 위험, 비용부담이 각 지점에서 수입자에게 이전된다.

3) 개정 INCOTERMS 2010의 내용분석

'INCOTERMS 2000 규칙'보다 조건이 축소되었다.

'INCOTERMS 2010 규칙'에서 가장 두드러진 변화는 DAF, DES, DEQ, DDU의 네 가지 조건이 삭제되고 그 대신 DAT(터미널인도)와 DAP(목적지인도)의 두 가지 조건이 새로 도입된 점이다.

DAT는 지정 목적항 또는 지정 목적지에 있는 지정터미널에서 도착된 운송수단으로부터 일단 양하한 물품을 수입통관을 하지 않고 매수인의 임의처분상태로 인도하는 조건이다. 이 조건을 사용할 경우 DAT 뒤에 목적항 또는 목적지의 지정터미널을 표시한다.

DAP조건은 지정목적지에서 수입통관을 필하지 않은 계약물품을 도착된 운송수단으로부터 양하하지 않은 상태로 매수인의 임의처분상태로 인도하는 것으로 이 조건을 사용할 경우 DAP 뒤에 지정목적지를 표시한다. DAP조건은 지정목적지에서 수입통관을 필하지 않은 계약물품을 도착된 운송수단으로부터 양하하지 않은 상태로 매수인의 임의처분상태로 인도하는 것으로 이 조건을 사용할 경우 DAP 뒤에 지정목적지를 표시한다.

DAP조건과 DAT조건의 주된 차이점은 인도조건이다. 즉, DAP조건의 경우 매도인은 지정장소에서 도착된 운송수단으로부터 양하하지 않은 상태로 매수인의 임의처분상태로 물품을 인도하면 되는데 이때 도착된 운송수단은 선박, 지정목적지는 항구가 될 수 있다. 한편 DAT에서는 지정 터미널에서 물품이 일단 선박이나 기타 운송수단으로부터 양하된 후 매수인의 임의처분상태로 물품이 인도되는데 이때 지정 터미널은 항구에 있을 수 있다.

(1) 정형거래조건의 구분 변경

'INCOTERMS 2000 규칙'은 전체 13가지 거래조건을 실무적으로 이해하기 쉽게 각기 공통점을 기준으로 E그룹, F그룹, C그룹, D그룹의 네 가지 그룹으로 분류했지만, 'INCOTERMS 2010 규칙'은 현대의 상거래 현실을 반영해 전체 11개 거래조건을 운송수단에 따라 ① 모든 단수 또는 복수의 운송수단에 적합한 규칙(즉, 복합운송조건; EXW, FCA, CPT, CIP, DAT, DAP 및 DDP)과 ② 해상 및 내수로 운송을 위한 규칙(즉, 해상운송조건'FAS, FOB, CFR 및 CIF)으로 구분하고 있다.

(2) FOB, CFR 및 CIF조건에서의 위험과 비용부담의 분기점 변경

FOB, CFR 및 CIF조건에서의 위험과 비용부담의 분기점으로 Incoterms 2000까지는 본선의 난간(ship's rail)을 규정하고 있었으나, Incoterms 2010에서는 물품이 본선상에 '적재된' 때로 규정하고 있다. 이것은 현대 상거래의 현실을 반영한 것으로 이러한 변경을 통해 위험이 가상의 수직선을 통과할 때 위험이 가상의 수직선을 통과할 때 이전된다는 시대에 뒤떨어진 관념을 피할 수 있게 됐다.

(3) 기타 중요한 변경 요인

(가) 국내거래에 대한 적용 공식화

Incoterms는 전통적으로 물품이 국경을 통과하는 국제매매계약에 사용돼 왔으나 상인들이 순수한 국내매매계약에도 사용하고 있는 현실을 반영, Incoterms 2010에서는 국내 매매계약에도 사용될 수 있음을 공식적으로 인정하고 있다.

(나) 사용지침(guidance note)의 도입

Incoterms 2010에서는 Incoterms 사용자들이 특정거래에서 적절한 조건을 선택해 사용하는데 도움을 주고자 각 조건의 앞 부분에 '사용지침'을 두고 있다. 사용지침은 각각의 Incoterms 규칙에 대해 언제 사용돼야 하고, 언제 위험이 이전되며, 또 비용은 매매당사자 사이에 어떻게 배분되는지 등 기본적인 사항을 설명하고 있다.

(다) 전자통신에 종이서류와 동일한 효력 부여

Incoterms 2010에서는 당사자들이 합의하거나 관습적인 경우 전자통신수단에 서면통신과 동일한 효력을 부여하고 있다.

(라) 2009년 협회적하약관에 관한 규정 반영

Incoterms 2010은 지난해 새롭게 시행된 협회적하약관(Institute Cargo Clauses : ICC)의 개정된 약관의 내용을 반영했다. 또 운송 및 보험계약을 다루고 있는 A3/B3조에서 보험에 관한 정보제공의무를 규정하고 있다.

(마) 보안에 관련된 규정 도입

9.11테러 이후 물품의 이동에 있어 보안에 대한 관심이 높아짐에 따라 몇몇 규칙에서 매매당사자 사이에 보안에 관련된 의무를 할당하고 있다. 예컨대 EXW조건에서 매도인은 매수인의 요청과 위험 및 비용부담으로 자기가 가지고 있는 물품의 안전확인(security clearance)을 위해 필요한 정보를 제공해야 한다.

(바) 터미널취급수수료의 취급에 관련된 규정 추가

CPT, CIP, CFR, CIF, DAT 및 DDP조건에서 터미널취급수수료(THC)를 매매당사자들에게 명확히 할당함으로써 이와 관련된 분쟁을 회피할 수 있도록 하고 있다.

(사) 연속매매(string sales)와 관련된 규정 도입

제조물(manufactured goods)의 매매와 달리 상품(commodities)의 매매에서는 종종 적하가 운송되는 도중에 여러 차례 전매되기도 한다. 이러한 경우 중간에 판매한 매도인은 물품이 이미 첫번째 매도인에 의해 선적돼 있기 때문에 물품을 '선적'하지는 않는다. 따라서 연속매매의 경우 중간에 있는 매도인은 매수인에 대한 자기의 의무를 물품을 선적하는 것이 아니라 선적된 물품을 '조달'함으로써 이행한다. 이를 명확히 하기 위해 Incoterms 2010에서는 관련 규칙에서 매도인은 물품을 선적하거나 또는 그 대신 '선적된 물품을 조달할'수 있는 것으로 규정하고 있다.

ICC가 이러한 방향선회를 시의적절하다고 본 것은 다음 두 가지의 변화 때문이다. 먼저 거래당사자들은 순수한 국내매매계약에서도 Incoterms 규칙을 통상적으로 사용한다. 또다른 이유는 국내거래에서 종래의 통일상법전(Uniform Commercial Code: UCC)의 선적조건과 인도조건 대신에 INCOTERMS 규칙을 사용하고자 하는 미국의 강한 의지 때문이다.

2010년 Incoterms는 2011년 1월1일부터 시행하였다. 따라서 2011년 1월 이후 매매계약에서 2000년 Incoterms를 계속 사용하고자 하는 당사자들은 매매계약에 'Incoterms 2000'을 명시해야 한다. 최신판 Incoterms를 적용하고자 하는 경우에도 당분간 분쟁을 피할 수 있도록 매매계약에 단순히 'Incoterms'가 아닌 'Incoterms 2010'과 같이 명확히 해 두어야 한다. 2010년 Incoterms를 적용하는 경우에는 이상에서 살펴본 개정내용을 이해하고 그에 따라 적절한 조건을 선택해 사용함과 동시에 관련 서류도 개정된 내용을 반영 ·정비할 필요가 있다.

2. INCOTERMS 2010의 한계

INCOTERMS 2010은 무역거래 당사자간의 참고규칙일뿐 강제규칙이 아니므로 거래당사자가 준거규칙으로 채택할 것을 합의한 경우에만 유효하며, 만약 당사자들 간의 특약이 있을 경우에는 특약이 우선 적용된다. 그럼에도 적화보험에서 INCOTERMS 2010이 중요한 이유는 적화보험자체가 무역과 밀접한 관계가 있다는데 있다. 무역거래에서 수출·입자간의 권리와 책임소재 유무에 대한 명확한 판단이 존재해야 보험금의 수취권리와 실제 피보험이익을 가지고 있는 당사자들을 명확하게 구분시킬 수 있기 때문이다. 즉, 적화보험역시 무역거래의 한 축으로 국제거래상 인정되는 규정 및 법규정을 따라야하며 그 기준을 'INCOTERMS 2010'에 두고 있기 때문이다.

1) 계약물품의 소유권이전에 관한 규정의 부재

INCOTERMS 2010에는 위험, 비용부담의 분기점과 점유권의 이 규정을 두고 있지만 소유권의 이전에는 명시적인 언급이 없다. 그러나 이와 관련하여 영국물품매매법 제20조 및 미국통일매매법 제22조에서는 위험은 소유권에 수반하여 이전한다는 이론[15]을 택하고 있다. 이들 조항은 위험과 분리하여 이전될 수 있다. 결국, 영·미법은 모두 별도의 합의가 없는 한, 위험은 소유권에 수반하여 이전된다고 추정할 수 있다(risk prima facie with property).[16] 따라서 INCOTERMS의 소유권이전은 위험의 이전방향과 동일하다고 추정한다.

2) 계약불이행에 관한 책임범위의 부재

CISG협약 제79조에서는 각 당사자는 합리적으로 예견치 못하고 피할 수 없는 자기의 통제범위를 벗어난 장애로 인하여 계약상의 의무를 이행할 수 없는 경우 면책되도록 규정하고 있다. 그리고 ICC국제매매모델계약은 제2부 제13조에서 불가항력, 구제 및 면책의 조항에 관하여 CISG협약보다는 신축적으로 규정하고 있다.

INCOTERMS의 A5, B5 및 A6, B6항은 위험의 이전과 비용의 분담시기를 다루고 있다. A5와 B5항에 따르면 만일 수입자가 합의한 대로의 물품인도・인수의무를 이행치 않거나 F조건하에서 자신이 운송인을 지정해야 할 때 수출자에게 적절한 통지를 하지 않을 경우, 물품이 인도되기 이전에도 위험은 수입자측에 이전될 수 있다. 이 경우 그로 인한 비용은 수입자가 부담토록 규정하고 있다(B6항). 그러나 이러한 수입자의 계약위반과는 별도로 INCOTERMS는 그 위반에 수반하는 결과를 다루고 있지 않아 결국 수출자는 준거법이나 계약조건에 의존할 수밖에 없다. 예를 들어 수입자가 약정기간내에 대금지급을 못하면 수출자에게 연체이자를 추가 지급해야 한다. 그리고 수출자가 약정기간내에 계약물품을 인도하지 못할 경우에는 지체배상금을 지급해야 한다. 그 손해배상금은 지연기간에 대한 물품가격의 일정률로 산정・부과한다. 만일 인도물품이 매매계약상의 조건과 불일치한다면 수출자는 적합품으로 대체, 보수하거나 물품대금을 상환해야 한다.

3) 불가항력규정에 대한 부재

INCOTERMS 2010상의 계약당사자는 상대방의 이익을 위하여 운송계약체결, 수출입통관과 같은 의무를 부담하기도 하고, INCOTERMS 외의 매매계약 혹은 준거법에 따라 면책된다면 불이행에 대한 책임을 면하게 되거나 의무로부터 벗어날 수 있다. 그러나 INCOTERMS상에는 CISG협약이나 ICC국제매매모델계약과 같이 불가항력에 관한 명시적인 규정이 없다. 결국 계약당사자는 기대치 못한 수출입금지 사태로 인하여 물품의 수출입을 할 수 없다면 매매계약상의 의무는 정지된다. 나아가 그러한 금지의 상태가 장기간 지속된다면 이행에 관한 의무로부터 면책될 수도 있다. ICC모델계약 제3조 제4항에서는 6개월 이상 그러한 상태가 지속될 때 서면통지로 계약을 해제할 수 있다는 규정을 두고 있다.

4) 변형 INCOTERMS 해석기준 불비

"EXW loaded", "FOB stowed and trimmed", "CIF Landed, CIF weights" 등의 조건을 사용할 경우 매도인이 그 기능과 비용만을 부담한다는 것인지 또는 비용과 위험을 모두 부담하는지에 대한 규정이 없다. 그리고 EXW조건에서의 매수인의 운송차량에 물품을 적재할 매도인의 추가의무, CIF, CIP조건에서 매수인의 추가보험(중복보험)의 필요성, DEQ조건에서 매도인은 양하후의 비용을 지급해야 할 추가의무에 대해서 INCOTERMS상에는 불분명하다. 아울러 정기선조건(liner terms)과 운송취급수수료

(transport handling charge) 등의 표현에 관해서도 구체적인 정의가 없다. 따라서 계약당사자는 계약에서 이를 분명히 할 필요가 있다. 예를 들어 "FCA Bremen Incoterms 2000, THC for seller's account" 혹은 "FCA Bremen Incoterms 2000, 50% of THC for seller's account"로 계약서에 규정한다.

참고문헌 및 자료

1) 물류정책기본법(2009.12.10시행), 제2조1항 : '물류(물유)'란 재화가 공급자로부터 조달·생산되어 수요자에게 전달되거나 소비자로부터 회수되어 폐기될 때까지 이루어지는 운송·보관·하역(荷役) 등과 이에 부가되어 가치를 창출하는 가공·조립·분류·수리·포장·상표부착·판매·정보통신 등을 말한다.

2) 한호영 외, 《물류관리론》, 법영사, 1999, p. 36.
Arch. W. Shaw교수는 경영활동을 생산활동, 유통활동으로 구분하고 다시 유통활동을 수요창출활동과 물적공급활동의 두 가지 활동으로 대변하면서 물류를 유통활동의 구성요소로 인식하고 물류활동의 중요성을 강조하였다.

3) "Logistics"를 '물류'라고 이름 붙인 것은 일본에서 도입된 것이며, 미국에서는 '병참'이라는 군사용어로 시작되었다. 즉, 로지스틱스란 본래 군사용어로서 군사작전을 수행하기 위해 필요한 군대의 수송, 무기·탄약·식료·피복 등 군수품의 배급과 보급에 관한 병참시스템을 가리키는 말이다. 이를 기업부문에 접목하여 Business Logistics라 구별하기도 하였는데, 현재는 Logistics라는 용어가 일반적으로 사용된다.

4) 임성민, 《국제운송론》, 삼영사, 2007, P.22.
이덕훈, 《국제 경영학》, 한남출판사, 1996, p.324.

5) 윤현덕 · 박재원, 《물류관리론》, 법영사, 1999, p.5.

6) 건설교통부의 화물유통촉진법 제정, 1991; 해운산업연구원 연수 교재, 《종합화물유통, 1990》 등을 예로 들 수 있다.

7) 삼양식품의 스낵류를 빙그레에서 위탁판매 및 공동 수배송함.
OB맥주와 크라운맥주, 롯데칠성음료와 코카콜라의 공동으로 공병회수함(공동회수물류시스템구축)

8) 대형 마트나 농협, 등은 결제조건과 납품가격 문제, 리베이트문제로 대리점이 거래하기에는 역부족하므로 지점 혹은 영업소에서 직접 공급계약을 체결하고 제품을 공급함.

9) MA.McGinnis, SK Bolic, and CM. Kochunny, *Trends in logistics Thought : An Empirical Study*, Journal of Business Logistics, Vol.15, No.2, 1994, p.273.

10) 파트너십(partnership)이란 상호합의한 일정기간동안 편익과 부담을 함께 공유하는 물류채널내의 두 주체간의 관계를 의미함.

11) 제휴(alliance)란 특정 목적과 편익을 달성하기 위한 물류채널내의 독립적인 두 주체간의 계약적인 관계를 의미함.

12) 계약물류(contract logistics)는 화주(shipper)와 단일 혹은 복수의 제3자(third-party)간에 일정기간동안 일정비용으로 일정서비스를 상호합의하에 수행하는 과정을 의미함. 이러한 계약물류로의 방향전환은 화물자동차운송산업에 대한 규제완화가 그 중요한 배경으로 지적되고 있으며, 서비스 제공자와 이용자간의 정보교환을 신속하게 하는 정보통신기술의 발전도 중요한 역할을 하였음

13) 전략적 파트너십(strategic partnership)은 참여주체들이 중장기적인 상호편익을 추구하는 물류채널관계의 한 형태를 의미함.

14) Peters, M. J. Lied, R. c., and Randall. H. I., "The use of Third-Party Logistics Services by European Industry", *Transport Logistics*, Vol. I., No. 3, 1998.
유럽기업이 제3자 물류서비스를 이용하는 주요 편익은 물류비용 절감(56%), 유연성성의 향상(55%), 운영효율성 개선(53%), 핵심사업에 집중(51%), 고객서비스 개선(49%) 등으로 조사됨.

15) 오세영, '로지스틱스 전문업의 동향과 성장전망', 동덕여자대학교 산업연구소, 2002.

16) 프레이트포워더, 컨설턴트회사 또는 정보처리회사 따위를 모체로 하는 자산비보유형(non-asset)사업자도 존재한다. 이들은 제3자의 물류시스템제안에 있으므로 수송, 보관을 담당할 필요는 없으며 화물수송용 차량과 선박, 창고 등을 임차하여 쓸 수 있다는 사고방식에서 출발한다.

17) 정종석, "물류산업 고도화를 위한 제3자물류의 발전방안", 산업연구원, 1998, p. 27 내용을 재구성함.

18) www. sytpl.com

19) 송계의, 《물류경영론》, 문영사, 2000, p.285.

20) 한용락, 《한국의 제3자물류의 문제점과 발전방안에 관한 연구》, 건국대학교 사회과학대학원 석사논문, 2006, p. 8.
1991년 "Council of Logistics Management"는 처음 이 용어를 로지스틱스로 바꾸고 그 정의를 고객의 요구에 부합한 목적으로 발생지점에서 소비지점까지 재화, 용역 및 관련 정보의 효율적이고 효과적인 흐름 및 저장을 계획, 실행 및 통제하는 과정이다고 정의함으로써 물류관리(Physical Distribution Management)에 대한 정의를 수정하였다.

21) 자료 ; 인터넷물류신문, logistics 21, 2001.

22) 오세조, 《손에 잡히는 유통》, 중앙경제출판사, 2001, p.168.(재구성)

23) www. sytpl.com
해양수산개발원 해운물류연구실, 《21세기 글로벌 해운물류》, 두남, p.459.

24) 이광현, 《아웃소싱》, 한국능률협회, 1998, p.26. (재구성함)

25) www. sytpl. com / Samyoung Logistics Co.LTD

26) Georgia Institute of Technology, FedEx and Cal Gemini, "Third-Party Logistics Study Results and Findings of the 2003 Fight Annual Study", www.us.capgemini.com., 2009.9

구 분	물류비 절감	고정자산 운영비용절감	평균주유/배송기간	재고감소	현금회수 기간(일)
북미	9%	16%	9.8 / 7.9	8%	25.6일→18.3%
서유럽	7%	5%	4.7 / 2.0	13%	N / A

27) L. M Ellarm and M. C. Cooper, "Supply Chain Management, Partnerships, and the Shipper Third Party Relationships", *The International Journal of logistics Management*, Vol, No. 3, 1990, pp. 4~7. 정리

28) Sink, H. I., and Langely Jr. C., "A managerial Framework for the Aquisition of Third-Party Logistics Services", Journal of Business Review, Vol. 18, No. 2, 1977.

29) 〈화주기업의 제3자 물류 서비스 활용실태 파악을 위한 조사〉, 건설교통부,무역협회 공동조사 (수출입업체 500개사), 2007.27~9.28.,

30) 이신규, 〈국내 무역기업의 제3자물류 활성화 방안〉, 관세학회지 제6권 제2호, 2005, pp.212~213.

31) 한국 과학기술원, 《생산관리-전략과 분석》, 석정, 2000, p.481.

32) 제4자 물류(4PL, forth party logistics)는 Accenture(구 Anderson) 컨설팅에서 처음 사용한 용어로서 이 이외에도 LLP(lead logistics provider), General Contractor 등으로 사용된다. 한편 Accenture 컨설팅은 제4자 물류와 유사한 개념으로서 TEM(transportation event management) Provider로 지칭하였다. 그동안 제3자 물류는 고객수요를 충족시키기 위하여 컨설팅기업, 기술회사 및 다른 물류기업과 인수합병 또는 전략적 제휴를 추진해왔으나 정보기술과 웹기술의 발달로 공급사슬관리기업(SCEMs, supply chain event management companies)의 하부조직으로 TEM기업이 등장하였다고 주장하였다.

33) 이충열, 〈제4자물류의 유용성 도입〉, 한국 물류학회지 제11권 제1호, 한국물류학회, 2001., pp.79~81 정리.

34) 손현덕 외 1인, 《핵심경영전략 40가지》, 매일경제신문사, 1998, p.229.
공급사슬관리를 추진하기 위해서는 실질적 통합을 이룰 동반자를 찾는 일이 필요하다. 무슨 일을 할 것인가 보다 누구와 함께 일을 할 것이냐가 더 중요하다.

35) Dow n. Baunight, "Fourth Party Logistics-Breakthrough Performance in Supply Chain Outsourcing", Http://www. accentur.com (Anderson Consulting Logistics Work Shop자료 참조(2000. 1)

36) Fisher, MarshallI., "What is the right Supply Chain for Your Product?", *Harvard Business Review*, (March-April 1997), pp.105~106.
경쟁우선순위 강화에 사용되는 두 가지 설계유형으로 효율적 공급사슬(efficient supply chain)과 민첩한 공급사슬(responsive supply chain)이 있다.

37) 이충열, 〈제4자물류의 유용성과 도입〉, 한국물류학회지 제11권 제1호, pp. 74~89.

38) John Gattorna, *Strategy Supply Chain Aligment : Best Practice in Supply Chain Management*, Go werPub Co, 1998, pp.444-445.
전진호, 〈전자무역에서의 제4자물류활성화 방안〉, 숭실대학교 국제통상대학원, 2006. p.43.

호주 A정유회사의 제4자물류 도입으로 인한 공급사슬 비용 절감

총 절감	본사부문	해외운송	국내운송	제4자물류 영업이익
29%	0.6%	23%	2.4%	3%

39) 백종설, 〈제3자물류와 제4자물류의 정립〉, 한국 로지스틱학회, 2002, p. 120.

40) 김명수, 〈국내 기업의 제4자물류 효율적 도입방안에 관한 연구〉, 동아대학교 동북아국제대학원 석사논문, 2005, p. 43.

41) 윤현덕 · 박재원, 《물류관리론》, 법영사, 1999, p.18.

42) 이정선, 〈물류전문업체의 물류서비스 중요도에 대한 연구〉, 중앙대학교 국제경영대학원 박사논문, 2002, p. 23.

43) 대한 상공회의소, 〈글로벌에 대한 국내 기업의 인식조사〉, 2008.10, p.6.

44) 대한 상공회의소, 〈글로벌에 대한 국내 기업의 인식조사〉, 2008.10, p.6.

45) 대한 상공회의소, 〈글로벌에 대한 국내 기업의 인식조사〉, 2008.10, p.6.

제 2 부

국 제 운 송

2

제 3 장 수출포장 및 선적 전 활동
제1절 수출포장
제2절 선적준비 및 수출・입 운송

제 4 장 육상운송
제1절 수출・입화물의 육상운송
제2절 육로운송에 관한 국제조약

제 5 장 해상운송
제1절 항만
제2절 해상운송
제3절 해상운송계약

제 6 장 항공운송
제1절 항공운송의 기초
제2절 항공화물운송계약

제 7 장 복합운송
제1절 복합운송의 기초
제2절 복합운송인과 프레이트 포워더

3

제3장 수출포장 및 선적 전 활동

학습의 목적

국제운송 기업의 선적 전 활동으로 수출포장과 관련된 다양한 개념을 이해하고 단계별 세부적인 절차와 이와 병행하여 국제운송인의 준비사항과 유의해야 할 점 등을 포괄적으로 습득한다.

학습의 목표

1. 수출포장의 기능과 종류를 이해할 수 있다.
2. 수출포장시 반드시 고려해야 할 사항을 이해할 수 있다.
3. 수출포장의 전 과정을 이해할 수 있다.
4. 선박스케쥴 확인방법 및 포장명세서 작성방법을 이해할 수 있다.
5. 국제물류운송계약 절차를 이해할 수 있다.
6. 무역서류를 스스로 작성할 수 있다.
7. 국제운송과 관련된 국제협약을 이해할 수 있다.

제1절 수출포장

1. 수출포장의 평가

포장은 적절한 재료나 용기로 물품을 싸는 일 또는 짐을 꾸리는 일이다. 오늘날의 산업사회・소비사회에서는 상품의 다종・다양함과 유통경로의 차이로 상품의 특성과 상품가치의 유지에 따른 포장의 개념은 그 의미와 범위가 매우 확장되고 있다.

한국공업규격(KS ; Korean Industrial Standards)은 물품의 수송・보관・취급 또는 사용 등에 있어서 그 가치 및 상태를 보호하기 위하여 적절한 재료・용기 등을 물품에 시장(施裝)하는 기술 및 시장한 상태를 포장이라 규정하고 있다.

일본의 공업규격(JIS ; Japanese Industrial Standards)은 포장을 물품을 수송, 보관함에 있어서 가치 및 상태를 보호하기 위하여 적절한 재료 또는 용기를 물품에 시공하는 기술 및 그 시공한 상태로 정의한다.

신협회적화약관에 근거하여 포장을 정의하면 수출포장이라 함은 "수출상품에 발생하는 멸실이나, 손해 또는 비용이 불충분한 포장이나 부적합한 포장을 그 원인으로 발생하지 않도록 상품의 고유특성과 운송구간, 운송기간 등을 고려하여 운송전 원형 그대로의 상태를 운송종료 후까지 상품이 안전하게 유지할 수 있도록 하게 하는 다분히 인위적이고 계획적인 행위"를 말한다.

결국 포장은 화물운송 중 제품의 파손 또는 부식되는 것을 미연에 방지하고, 목적국 의 특성에 따라 하역, 도로, 보관, 기상조건 등을 고려하여 설계된 포장방법으로써 선적업무 및 효율적인 이동이 가능하도록 포장하는 것을 포장이라고 한다. 포장은 물품의 유통과정(수송, 배송, 보관, 판매)에 있어서 물품을 보호하기 위하여 적합한 재료 및 용기를 사용하여 물품을 포장하는 방법 및 그 상태를 말하며, 오랫동안 상품의 품질을 유지시켜주고 생산자가 소비자에게 제품을 손쉽게 전달할 수 있게 해주는 매개역할을 한다.

1) 수출포장의 기능

수출포장은 크게 개장(個裝)・내장(内裝)・외장(外裝)의 3종류로 분류된다. 이 용어가 낯설면 개별포장, 내부포장, 외부포장으로 이해하여도 무방하다.

개장이란 물건을 직접 싸는 포장이고, 내장은 개장한 것을 상자 등의 용기에 넣는 포장이며, 외장은 수송을 위한 포장이다. 사탕을 예로 들면, 1알씩 싼 비닐은 개장,

이것을 여러 개 담은 봉지가 내장, 수송을 위해 이 사탕봉지를 담은 상자가 외장이다.

포장은 <표 3-1>에서 보는 바와 같이 일반적으로 제품의 보호성과 편리성, 판매촉진성을 추구한다.

〈표 3-1〉 포장의 일반적인 지향성

보호성	제품의 생산에서 폐기에 이르기까지 비, 충격, 곤충, 미생물 등으로부터 내용 물을 보호해 주는 기능.
편리성	내용물의 보호와 함께 수송, 보관, 사용 및 폐기에 이르기까지 취급의 편리성 제공.
판매촉진성	판매자에게 PR하고 싶은 내용을 손쉽게 전달할 수 있는 수단이며 구매자에 갖고 싶은 정보를 올바르게 제공 해주는 전달자의 역할

그러나 포장기능은 개장·내장의 소비자포장(consumer package), 외장의 수송포장(transit package)에 따라 요구되는 기능이 달라진다.

개장은 사용자에게 건네지는 최소단위의 포장으로서 정보표시에, 내장은 개장의 보호에, 외장은 수출목적에 각각 중점을 둔다. 즉, 개장(unitary packing)은 상품의 최소 소매단위를 하나하나 개별적으로 포장하는 것이고, 내장(interior packing)은 개장된 상품을 일정한 양으로 묶어 다시 포장하는 것이며 외장(outer packing)은 운송 중 화물의 변질, 파손, 도난, 멸실 등을 방지하고 하역에 편리하도록 몇 개의 내장을 목재나 골판지 등으로 된 상자에 다시 포장하는 것이다. 따라서 포장은 <표 3-2>에서와 같이 사용재료와 포장기법, 포장단위에 따라서 달라진다. 포장은 상품이 마지막 소비자에게 건네지고 소비되기까지 필요한 보호기능 및 생산성, 기계적응성, 편리성, 보온성, 방습성, 방청성, 안전 위생성, 폐분성, 판매촉진성 등을 고려하여야 하므로 포장시 상품의 성질과 유통환경에 따라 다양한 기능과 저렴한 비용이 요구된다.

〈표 3-2〉 포장의 성격결정 요인

최종목적	사용재료	포장기법	포장단위
소비자 포장 수송 포장	목재포장 금속포장 유리포장 플라스틱포장 종이포장	방수포장 방습포장 방청포장 완충포장	낱포장 속포장 겉포장 Unit Load Container

■ 포장의 구비조건 ; ① 모든 유통과정에서 내용물의 보호 또는 품질보존이 적절할 것. ② 포장재료 또는 포장용기가 내용물 및 인체에 안전할 것. ③ 상품의 포장단위가 유통과정에 적절하고 매매 등 취급상 편리할 것. ④ 내용물의 식별, 표시, 해설방법이 적절할 것. ⑤ 내용물 이외 남은 공간용적이 필요 이상으로 크지 않을 것. ⑥ 포장비가 내용물의 원가대비 적절할 것. ⑦ 자원의 재이용 및 폐기물 처리가 적절할 것.

2) 수출포장의 종류

포장은 사용면에서 보면 크게 수송포장과 소비자포장으로 분류된다.

소비자포장은 마지막 소비자에게 물품이 건네질 때의 포장으로 소비자의 마음을 끌기 쉽고, 보는 순간 그 상품이 무엇인가, 품질 및 편리성은 어떠한가 하는 내용을 전달하는 기능이 필요하다. 그러므로 알맞은 크기・형태・디자인 등으로 소비자의 구매욕을 자극하는 역할이 중시된다.

수송포장은 수송・하역・보관 때에 내용품을 보호하는 데 중점을 두는 포장이며, 나아가서 화물・컨테이너・트럭・창고와의 사이에서 일관된 팰릿시스템(pallet system)에 의한 토털포장도 뜻한다. 운송·물류분야에서 포장이라 함은 대부분 바로 수송포장을 의미한다. 그러나 수출포장은 상품이 국제간 상품매매계약에 따라 국가간 운송을 거쳐 현지시장에서 판매되므로 상품의 특성과 유통경로에 따라 차이가 발생할 수 있지만 수송포장, 소비자포장 모두가 중요하다. 수출포장은 수출상품의 내용에 따라 다음과 같이 그 종류가 다르다.

▮ 산업・건설장비 및 각종 기계류 ▮ Plant 구조물 및 각종 원자재・부자재 ▮ 내수 및 수출상품(완제품, 반제품, 부품Knock-Down, Parts, End Items) ▮ 반도체장비, 기기, 시험장비, 검사장비, 공・기구, 컴퓨터 주변기기 ▮ 금형(Mold). 자동차 부품, 완성차

시험용차량 ▮ 각종 전시회 미술품, 모형품, 도자기, 악기, 고품, 가구 등 ▮ 시험실용품, 위험품, 위생용품.

일반적인 수출상품의 포장은 다음 아래와 같다.

(1) 판재밀폐형 목상자 - Wooden Box(Closed)

각종 산업용 STEEL STRUCTURE(철구조물), PIPE류, STEEL TANK, 기타 철재류 수출 및 내수제품, 철판이나 적은 단위 포장이 되어있어 콘테이너로 선적할 경우에 사용하며 포장비를 절감하기 위해서 포장한다. 장척물로서 외부로부터의 충격이나 습기 및 해수에 별로 변질될 우려가 없는 상품.

(2) 합판밀폐형 목상자 - Plywood Box(Closed)

방수, 방청, 방충 등을 요하는 물품포장, BULK 운송용 포장, 각종 구조물, 건설기자재 산업기계류 및 제품포장, 컨테이너 적재운반, 진공포장을 필요로 하는 상품에 적합.

(3) 판재개방형 목상자 - Wooden Box(Open)

방수, 방청, 방충 등을 요하거나 도난을 방지하여야 할 물품포장, BULK 운송용 포

장, 각종 구조물, 건설기자재, 산업기계류 및 제품포장.

(4) SKID, Pallet(Bundle &Wrapping Type)

각종 산업용 STEEL STRUCTURE(철구조물), PIPE류, STEEL TANK, 기타 철재류 수출 및 내수제품, 철판이나 적은 단위 포장이 되어있어 콘테이너로 선적할 경우에 사용하며 포장비를 절감하기 위해서 포장한다. 장척물로서 외부로부터의 충격이나 습기 및 해수에 별로 변질될 우려가 없는 상품.

(5) 진공포장

BOX내 모든 공간(진공팩)으로 진공상태 및 질소주입으로 기계의 원천적 부식요소를 차단한다. 나머지 잔류수분 등은 특수 방습제 삽입으로 모든 진공상태의 수분을 차단, 기계용도에 따라 방청제 투입가능.

이 밖에도 다음 아래와 같은 포장의 종류들이 있다.

- Steelcase(개방형,Carton Pad밀폐형) / Steel Wire
- 특수포장 - 완충포장. 진공포장. 방습포장. 방수포장 외
- 종이상자 - 골판지, 골판지+목재, 골판지+Steel
- 위험물포장.
- 방역(열처리)을 필요로 하는 수입국을 위한 - 비침엽수포장

1.진공포장(AL진공)

2.일반 BOX(OPEN)

3.합판 밀폐형 BOX

밸브 합판 BOX

탱크 OPEN BOX

AL(진공포장)

파이프 OPEN 포장

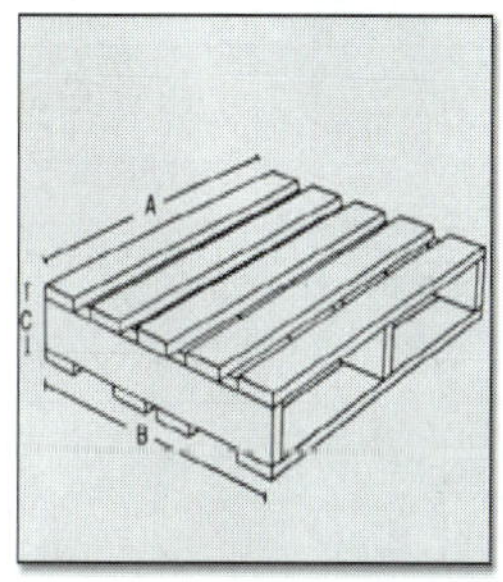

넓이(A)	m/m
길이(B)	m/m
높이(C)	m/m
무게	k/g
파렛트(재질, 기타)의 상태	

A; 뚜껑,
B: 옆판,
C: 앞판
D: 바닥판

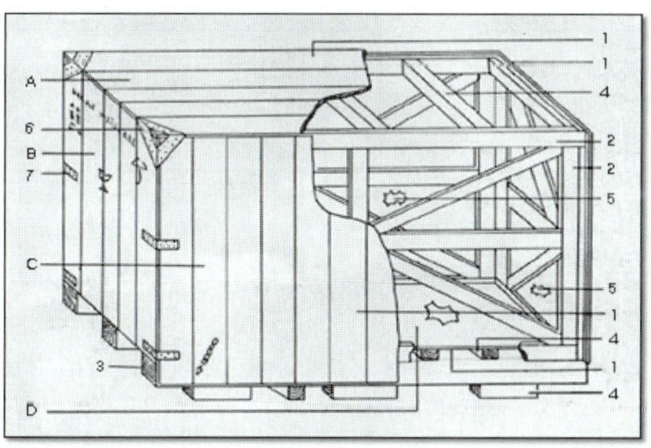

1	판 재 150*15mm
2	중간각재 90*245mm
3	큰 각 재 90*90mm
4	각 재 90*60mm
5	방수지(비닐코팅지)
6	우 금(보강철물)
7	각 금(보강철물)
* 자재는 변경될 수 있음	

■ 포장용기에 따른 분류

1. 나무상자	보통나무상자	스키드 나무상자	틀상자
	덧데기합판상자	철선묶음상자	바깥틀상자
2. 종이포장	외포장용 골판지	외포장용 화이버	철제상자
3. 간이포장	PALLET	SKID ASS'Y	BUNDLE
4. 기타포장	CONTAINER	기타포장	

■ 중량물 포장용기의 적용범위

구 분	적 용 범 위	형태	조립	적 용 대 상
개 방	방수불요, 국부보호			
스키드상자	·내용물중량 : 1,500Kg이하 ·치수 600x150x150 이하	밀폐	못	방수, 방습이 필요할 때 / 내용물의 탈락을 방지
		개방		방수불요, 국부보호
틀상자 판재 틀상자 합판 (중량물 포장용)	·내용물중량 500~60,000Kg 이하 ·치수 :1500x500x500 이하	밀폐	못, 볼트	방수, 방습이 필요할 때 / 내용물의 탈락을 방지
		개방		방수불요, 국부보호
철선묶음 상자	·내용물 중량 : 225Kg 이하 ·포장부피 : 1.113 M3 이하	밀폐	스테플 . 철선	
		개방		
덧대기합판 상자	·내용물 중량 : 454Kg 이하	합판 밀폐	못,스테플	
요하반	·내용물 중량 : 500~60,000Kg 이하		못, 볼트	포장물을 직접로프로 들어올리기 부적당한 것
바깥틀상자	·내용물 중량 : 15,000Kg 이하 ·치수 : 800x330x330이하	밀폐 · 개방	못	내용물이 길이 방향으로 강성이 있고, 용기의 강도에 도움을 줄 때.
보통나무 상자	·내용물중량 : 200Kg 이하 ·포장부피 : 1 M3 이하	밀폐	못	방수,방습이 필요할 때 내용물의 탈락을 방지

3) 수출포장시 고려사항

제품을 수출포장할 때에는 항상 포장의 경제성과 합리성, 준법성을 기준으로 포장의 방법을 결정하여야 한다. 이를 위하여 먼저 포장의 목적을 파악한 다음 포장할 제품의 특성을 파악하고 기후/기상 변화와 운송방법의 검토가 선행되어야 한다.

〈표 3-3 〉 수출포장 시 고려사항

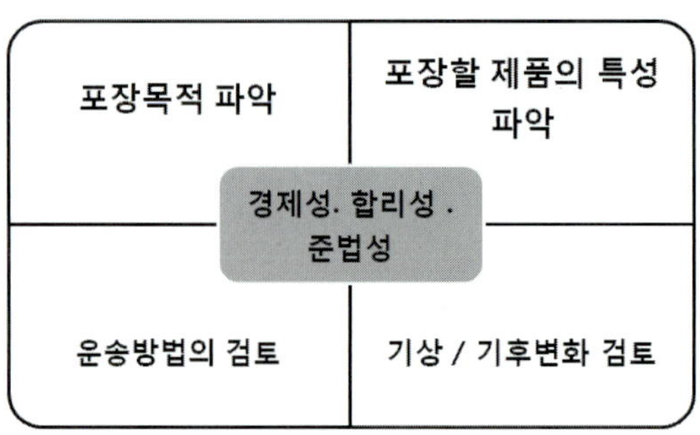

▌ 포장목적 파악

제일 먼저 제품의 포장목적이 무엇인지 아래의 7가지 중에서 검토되어야 한다.

① 보호·보관을 위하여(장기/단기) ② 내청성 정도 전자기적 특성 ③ 제품의 기능 : 동력원, 구조적, 제어적 ④ 광고/선전을 위하여 ⑤ 수출선적을 위하여 ⑥ 물류의 효율성을 제고키 위하여 ⑦ 판매단위 확보를 위하여

▌ 포장할 제품의 특성 파악

포장할 제품의 특성을 파악하기 위해서는 다음 6가지 중에서 선택한다.

① 제품의 특성(내충격성, 내수/내습성) ② 국내유통을 위하여 ③ 품질제고를 위하여(이미지 개선) ④ 역할소모성, 장식적, 매개적 역할 외 ⑤ 제품의 형상, 재질, 수량 및 중량 ⑥ 제품의 가격

▌ 운송방법의 검토

운송방법의 결정은 다음 5가지 환경 하에서 검토되어야 한다.

① 운송조건 : Container, Bulk ② 운송수단 : Air, Ship, Truck, Train etc. ③ 운송거리 ④ Loading/Unloading 조건 및 방법 ⑤ 출발지, 경유지, 도착지

▌ 기상 / 기후 변화 검토

기상/기후 변화는 다음 5가지 환경하에서 검토되어야 한다.

① 건기/습기 구분 ② 온도 및 습도 ③ 강수량 ④ 풍향 및 풍속 ⑤ 기타 특이사항

▌ 경제성 / 합리성 / 준법성

포장의 경제성과 합리성, 준법성은 다음 5가지 환경에서 검토가 가능하다.

① 제품가격대비 User측의 포장비 ② 수입자 혹은 수출자의 지정 또는 선호하는 포장 Type 유무 ③ 포장 전 각종 검사 유무(SGS, 위험물검사 외) ④ 운송시 수량, 중량 및 크기의 제한 유무 ⑤ 포장자재에 대한 사용규제 여부.

개장(unitary packing)과 내장(interior packing)은 Trade Mark나 Brand, 제조자, 제품의 성분, 용량 등이 표시되고 적절하게 디자인된 제조자 고유의 포장재가 사용되므로 문제되지 않는다.

외장(outer packing)은 물품의 성질, 운송수단 및 거리 등을 고려하여 골판지, 송판, 철강재, 방수재, 충격방지재 등 적합한 포장재가 사용되어야 하므로 어떠한 소재를 선택할 것인가를 계약시 정해 두어야 한다. 물품의 성질, 운송수단과 거리, 환적여부, 포장비와 운임, 기후조건, 당사국의 포장규정이나 상관습 등을 감안하여 포장재와 포장단위를 약정하되, 과대포장(over packing)되지 않도록 유의하여야 한다.

2. 수출포장의 과정

1) 수출포장의 체계 및 종류

수출포장은 보통 아래와 같이 포장설계에서 출고에 이르기까지 9단계로 이루어진다.

▼ 1. 포장설계	KS 및 CLIENT 사양에 따른 포장 SPEC결정
▼ 2. 전처리	출고 전 제품의 최종 점검.(청정. 방청)
▼ 3. 개별포장	물품의 보호를 하기위한 기본 포장
▼ 4. 내포장	외부의 충격이나 환경으로부터 보호하기 위한 포장
INNER PACKAGING	방청포장, 진공포장, 완충포장, 방진포장 등
▼ 5. 외포장	제품의 운송, 하역, 선적을 위한 포장
OUTER PACKAGING	목재, 합판 또는 다른 소재를 이용한 BOX제작 제함 → 하조 → 전처리 →고정 →조립
▼ 6. MARKING	SHIPPING, SUB, CARE &CAUTION MARK
▼ 7. PACKING LIST	PROFORMA PACKING LIST
▼ 8. INSPECTION	BUYER 또는 검정기관 INSPECTION
▲ 9. 출고	선적을 위한 TRUCKING / CONTAINER 출고

(1) 내 포장

내포장의 예와 적용범위는 아래와 같다.

<table>
<tr><th>내 포장의 예</th><th>적 용 범 위</th></tr>
<tr><td></td><td>특성
- 방수성, 방습성.
- 독립기포구조 이므로 보온, 보냉성
- 뛰어난 복원력을 가진 완충재.
용도
- 포장완충제 : 전기, 전자정밀기기, 도자기, 유리, 공예품, 가구, 건재용 등</td></tr>
<tr><td></td><td>특성 : 탁월한 완충성, 깨지기 쉬운 물품을 충격, 진동 및 마찰로부터 보호.
용도
포장완충제 : 전기, 전자정밀기기, 도자기, 유리, 공예품, 가구, 건재용 등</td></tr>
</table>

EPS 	EPS - Expandable Polystyrene 특성 : 희고 가벼우며, 내수성, 단열성, 방음성, 완충성 등이 우수.
Stretch film 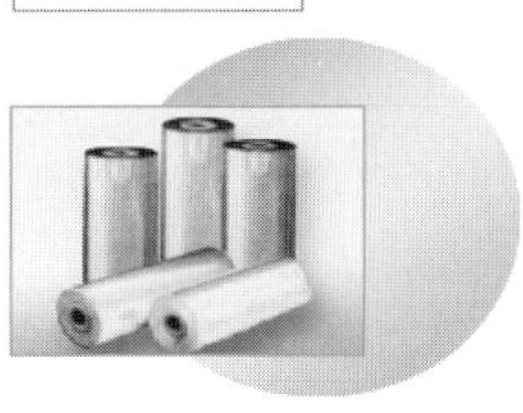	특성 : ① 3-Layer Film으로 뛰어난 신장율로 원가절감효과 ② 규일한 두께와 탁월한 필름강도로 외부손 최대한 방지. ③ 단면점착, 뛰어난 수축력으로 화물의 변색 및 흐트러짐을 안정화. 용도 : ① 포장 : 약품, 전시물, 가전제품 등 ② 운송 파렛 적재제품 수송, 콘테이너 적재 포장 ③ 보호 : 기계, 섬유, 제지 등 저장품 이물질 차단, 습기 및 탈색방지, OA 및 가전제품 등의 방진효과
Wrap 	특성 : ①투명성과 광택성이 우수하여 상품가치를 올려줌. ② 물품확인이 용이. ③ 습기/탈색을 방지. 용도 - 포장 : 약품, 전시물, 가전제품 등 - 운송 : 파렛 적재제품 수송, 콘테이너 적재포장.
Air bag 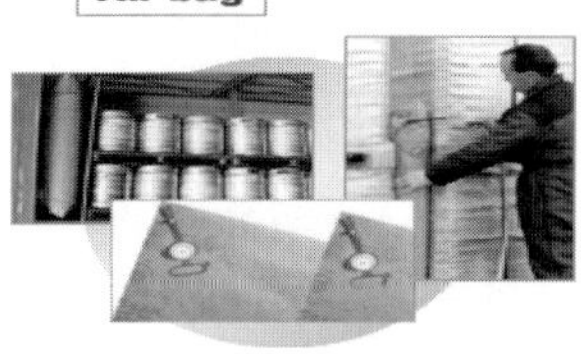	- 화물보호를 위한 공기주입식 완충패드 - Air bag은 화물의 고정작업을 진행하기에는 너무 좁고 까다로운 공간을 채우는 가장 좋고 간편한 방법 - 적재된 화물의 빈공간에 빈 Air bag을 끼워 넣은 후 에어백이 팽창하여 빈 공간을 채울 때까지 압축공기를 주입.
Aluminum bags 	특성 - 정전기 방지 및 차폐기능 - 외부에서 형성된 습기나 수분의 투습 차단 효과 - 부품의 산화 또는 부식현상으로부터의 보호효과
SILICA-GEL 	Silica Gel : 광대한 표면적(1g에 300-400㎡ 즉 100평 이상이나 되는 표면적)에 따른 자연적인 흡착현상과 응축현상으로 물과 알콜, 하이드로카본, 기타 화학물을 흡수하는 흡착능력이 아주 뛰어남. 특성 ①특성에 따라 A-TYPE, B-TYPE, AB-TYPE 등으로 나누어짐 ②화학적 변화/용해성이 없고, 부식되지 않고 물에 잘 녹지 않음 ③입자가 투명하며 단단한 구형으로, 무색/무취로 인체에 무해 ④수분/기체를 흡수하는 흡착력이 탁월하며, 흡습 후에도 변화 없음 ⑤산업용으로 활용 시 내수성이 크며, 물과 접촉 시 파쇄율이 적고 안전성이 뛰어남. 용도 -건조저장, 보관, 방습포장 -수출용품, 화학약품, 의약품, 가죽제품 등

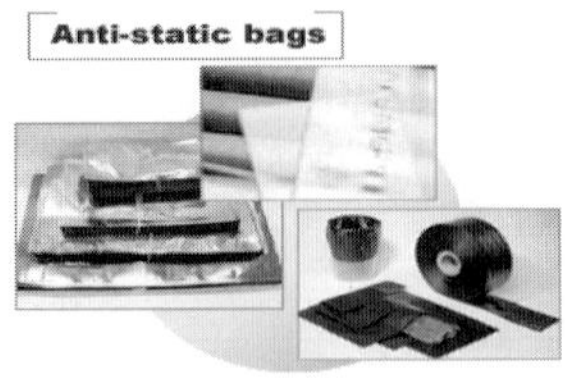	특성 - 정전기 방지 및 차폐기능 - PE의 재질로 마찰 정전기의 발생은 물론 - 외부의 정전기로부터 내부의 제품을 안전하게 보호하며 - 부품의 포장, 운반, 보관 등에 널리 사용.
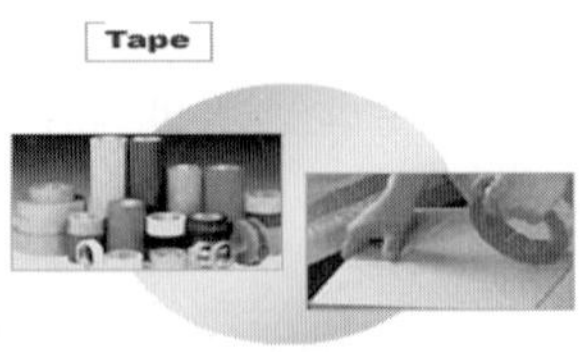	일반포장, 특수포장 등 모든 포장 마무리
VCI - Volatile Corrosion inhibitor 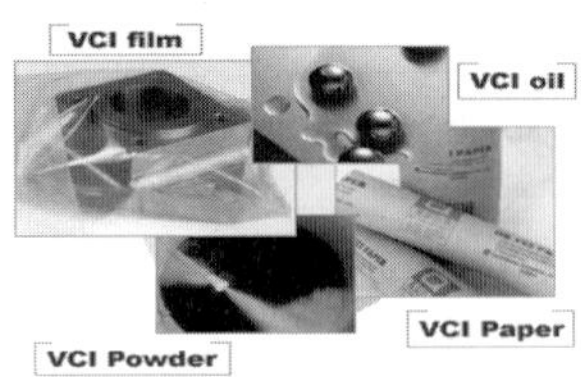 <u>기화성 방청 Paper :</u> 초기 방청성능(약 6개월) 우수, Sheet type으로 절단가공용이, Box나 단품의 기계부품/ 코일제품 등에 사용 <u>VCI Powder :</u> 환경오염이 심한 방청유의 적용이 곤란하고 장기보관이 필요한 분야, 각종 Plant, Vessel 등의 방청에 적용(도포 타입)	VCI - Volatile Corrosion inhibitor <u>기화성 방청 Film</u> : 기화성 방청필름은 부식억제 인자로 코팅된 필름 속으로 VCI의 발포성 화동 및 접촉성 부식업체를 통하여 금속을 보호. 대상 금속을 시트 백 박스 등으로 싸서 보관하는데 이는 VCI가 기화되어 모든 금속표면에 응결됨에 따라 부식을 방지할 수 있게 되며 모든 노출된 부분과 후미진 곳 까지 도달하여 금속을 최대한 5년까지 보호. 일반 PE 필름에 기화성 방청제를 첨가 방청성능을 부여하여 방청유나 그리스 도포없이 포장한번으로 제품을 방청 오염으로 부터 보호. <u>기화성 방청 Film 용도</u> 자동차, 중공업, 부품 수출포장업체 등 모든 곳에 적용. 현재 광폭 또는 BOX 타입으로 방청에 사용. 비닐물성과 같은 방습성, 인장성, 열가공성, 투명도 및 광폭제품에 따른 작업성 편의 등으로 인해 자동차 KD Parts나 대형산업설비, 기계 및 부품수출포장등에 폭넓게 적용
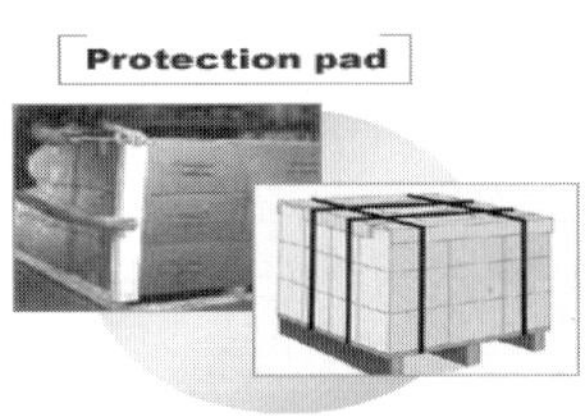	특성 : - 적재 효율성 - 철 및 P.P밴드 결속시 상품의 손상방지 및 밴딩 횟수를 줄임. - 연신율 부족으로 인한 이탈을 방지. - 모서리 일부의 충격을 흡수하여 밴딩시 힘을 분산. - WRAPPING시 모서리 찢어짐 및 상품의 이탈, PALLET 다단 적재 시 무너짐을 방지. - 카튼박스 안 모서리에 넣어 적압 강도를 높여 찌그러짐 방지 및 완충효과를 얻음. - 목재 사용을 줄임으로서 해체가 용이. - 포장 부분의 원가절감 및 생산성을 향상.

(2) 외 포장

(가) 골판지

골판지는 골심으로 골을 만든 다음 그 위에 판지를 접착시킨 것을 말한다. 이때 골(flute)을 일본은 단(段)으로 여겨 단보루(段 board)라 부르고 미국은 골의 구겨진 상태에 따라 골케이티드 보드(corrugated board)라 한다. 따라서 골판지 상자란 상품보호 포장용으로 골판지로 제작한 상자를 뜻한다. 골판지 상자를 제작할 때에는 다음 아래와 같은 내용들을 고려하여야 한다.

고려사항	내 용	비 고
골판지 종류선택	내용물의 중량과 치수에서 사용될 골판지 상자종류	외부 포장용 골판지 상자
압축 강도	운송, 보관에서의 적재 시 하단 상자의 내용물에 영향이 없는 강도 계산	파열강도, 압축강도
충격흡수	운송 상, 하차 시 충격에 견딤	
치수결정	(길이) x (니비) x (높이) 의 비율이 5:3:4가 이상적임	KS A1002 참조
중량결정	사람 무게의 40%정도(20~30Kg)	상하차시 무게고려
원가계산	골판지m2당 가격에 상자가공비 (인쇄. 접합. 다이커터 등 및 운송비를 포함)	
	KS A 1502 / KS A 1531 참조	

1. 수분은 골판지를 절단한 후 30~60분이 경과했을 때의 수분으로 한다.

2. 포장제한은 KS A 1003 A-1형을 기준으로 한다.

품목별 종류 KS A 1502. KS A 1531

종 류		기호	파열강도(kg f/cm2)(KPa) 수 출 용		수분 (%)	포장제한	
			건 상	습 상		최대총무게 (Kg)	최대내적치 (L.W.H 합)
양면 골판지	1종	S-1	12(16) 이상	1.8(4.8) 이상	10.5 +- 2.5	10	100
	2종	S-2	16(20) 이상	2.4(6.0) 이상		20	140
	3종	S-3	20(26) 이상	3.0(7.8) 이상		30	175
	4종	S-4	26 이상	3.9 이상		40	200
이중 양면 골판지	1종	D-1	14(18) 이상	2.1(5.4) 이상		20	140
	2종	D-2	18(26)이상	2.7(7.8) 이상		30	175
	3종	D-3	26(35) 이상	3.9(10.5) 이상		40	200
	4종	D-4	35(42) 이상	5.2(12.6) 이상		50	250
양면 골판지	1종	CS-1	양면골판지 1종			20	140
	2종	CS-2	양면골판지 2종			30	175
	3종	CS-3	양면골판지 3종			40	200
	4종	CS-4	양면골판지 4종			50	250

이중 양면 골판지	1종	CD-1	이중양면골판지 1종	30	175
	2종	CD-2	이중양면골판지 2종	40	200
	3종	CD-3	이중양면골판지 3종	50	250
	4종	CD-4	이중양면골판지 4종		

참고 3 골판지 상자 형태

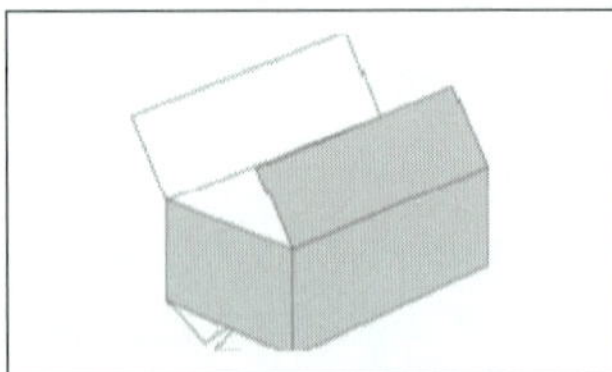
A TYPE

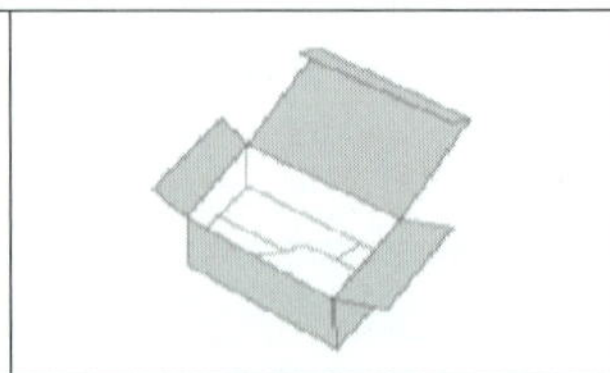
B TYPE

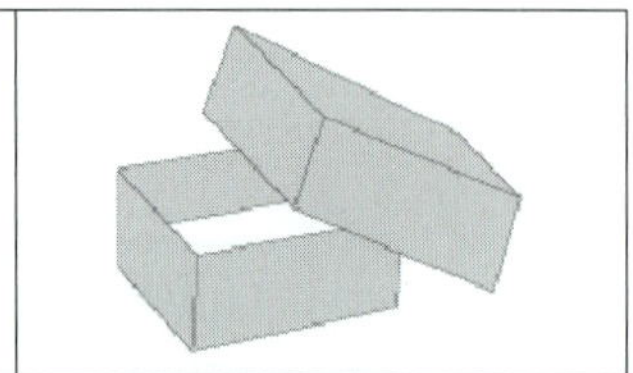
C TYPE

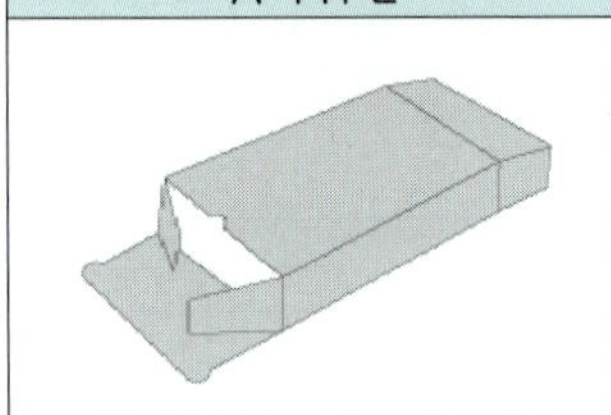
D TYPE

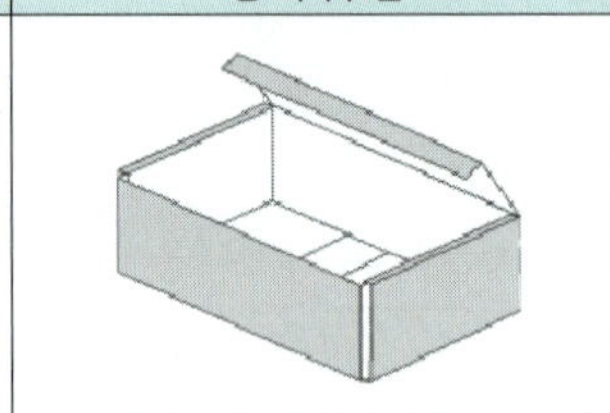
BW TYPE

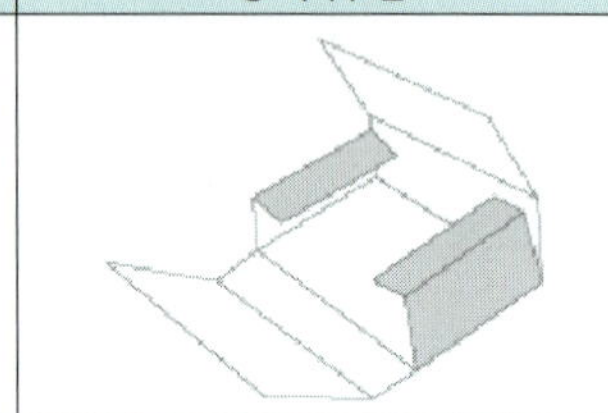
M TYPE

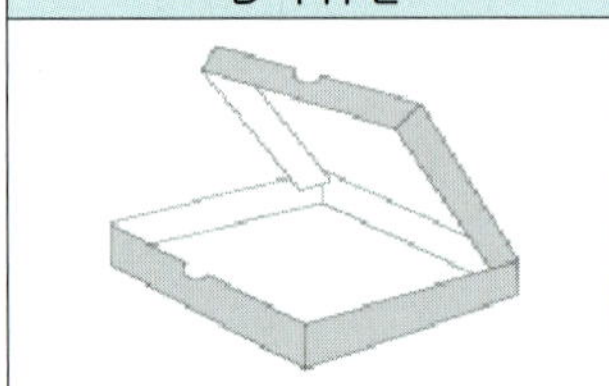
P TYPE

R TYPE

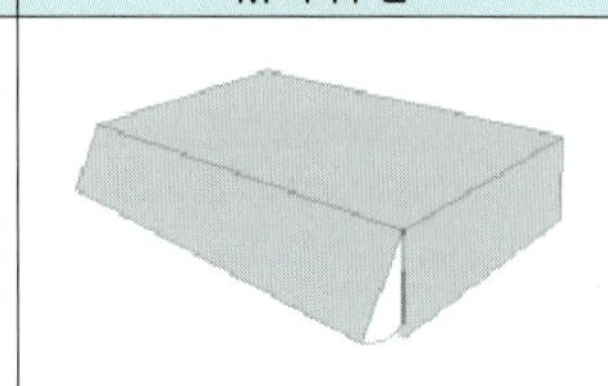
W TYPE

(나) 목 재

목재는 침엽수와 활엽수로 구분되는데 수출포장용으로 쓰이는 것은 침엽수이다. 침엽수는 미송과 오레곤파인이라는 파인(pine)종류와 낙엽송, 스프러스(spruce), 시더(cedar) 등이 있으며 건축구조용으로 사용되며 토목, 가구, 실내장식, 포장재 등 산업용으로 많이 쓰인다.

포장용 목재종류	미송, 뉴송, 칠레송, 소송, 스프러스, 아비톤(남양재), 포플라
제재목구분	판재 : 목재의 넓이가 두께의 3배 이상 되는 제재목 각재 : 목재의 넓이와 두께가 같은 것.
포장용 목재규격	일반 해상화물 항공화물 포장 시 사용되는 규격

제적계산 방법 (mm) =길이(mm)×폭(mm) ×두께(mm)÷ 3240000 = (才)	목재 1 사이(재) = 사방 1치와 길이12자(尺) 1尺 = 30.3㎝(1자) / 12尺 = 3.636m(12자) / 1치 = 3.03㎝ 1사이 = 사방 1치와 길이(尺) 제적계산 방법(자) : 尺(길이) × 치 ÷ 12 = 사이(才) 예) 7자 × 3.0치 × 2.0치÷ 12 = 3.5 사이(才) 모든 자수는 12尺 기준이므로 12로 나눔.

(다) 합판

통상 목재를 얇게 절삭한 단판에 접착제를 도부하고 홀수매가 되도록 적층하되 인접 단판간의 목리(섬유방향)가 서로 직교하도록 구성하여 제조한 1매의 판상제품이며 다음과 같은 장점을 지니고 있다.

- 절삭, 휨가공, 접합 등의 작업이 용이하다.
- 무게에 비해 강도적 성질이 우수하다.
- 건조한 목재를 사용하므로 전기절연성이 우수하다.
- 목재가 지니는 옹이, 입피(入皮), 부후, 이상재 등의 결점을 제거 또는 분산시킬 수 있으므로 물리적 및 강도적 성질이 우수한 재료로 제조할 수 있다.

단판을 서로 직교시켜 합판을 제조하게 됨으로써 목재의 3방향에 따른 치수 및 강도 이방성을 개선할 수 있다.

참고 4 판의 종류 및 치수와 두께

Ordinary Plywood	Thickness	2.7mm,4.8mm,7.5mm,11.5mm, 22mm
	Size	4 x 8 ft (1220mm x 2440 mm) 3 x 6 ft (915mm x 1830mm)
Oriented Strand Board	Thickness	6.3mm, 7.9mm, 11.1mm
	Size	4 x 8 ft (1220mm x 2440 mm)
Medium Density Fiber Board	Thickness	3,6,9,12,15,18,20,22,25 mm
	Size	4 x 8 ft (1220mm x 2440 mm)
미송합판 - 포장용	Thickness	7.5mm, 8.5mm, 9mm, 11.5mm
	Size	4 x 8 ft (1220mm x 2440 mm)
Phenolic Film Faced Plywood(태고 합판)	Thickness	11.5mm
	Size	4 x 8 ft (1220mm x 2440 mm)
Block Board (코아 합판)	Thickness	15mm, 18mm, 22mm
	Size	4 x 8 ft (1220mm x 2440 mm)
Finger Jointed Edge Glued Panel (집성목)	Thickness	18mm, 24mm, 30mm
	Size	3 x 7 ft (915mm x 2135 mm)

2) 목재 방역 / 열처리

최근에는 수출용포장 및 화물수송에 사용되는 목재포장재로 인한 병충해 유입가능성에 대해 국제적 인식이 확산됨에 따라 수입되는 목재포장재에 대해 식물위생증명서를 첨부하거나 정해진 소독처리를 실시하고 이를 증명하는 서류를 첨부할 것을 요구하는 국가들이 늘어나고 있다. 즉, 전 세계적으로 침엽수와 비침엽의 생목재로 제작된 목재포장재에서 발생하는 병해충의 유입 및 확산의 위험을 감소시키기 위하여 국제기준(ISPM No. 15:국제교역에서 사용되는 목재포장재 규제지침)의 요건을 만족시키도록 요구하는 추세에 있다.

국가 식물보호기관(NPPO)은 미가공 목재포장재와 관련된 병해충위험을 관리하기 위하여 요건을 정할 수 있으나 목재포장재는 원산지를 모를 수 있고 따라서 식물위생상태가 알려져 있지 않기 때문에 대부분의 중요한 병해충을 제거하고 그 외의 많은 병해충으로 인한 위험을 상당히 줄일 수 있는 세계적으로 승인된 조치로 광범위하게 규제를 하고 있다.

NPPO : National Plant Protection Organization

우리나라는 2002년 중국정부가 한국산 침엽수 목재 포장재에 대한 검역을 강화하면서부터 열처리를 하지 않고는 수출이 불가능한 상황이 되게 되었다. 현재, 세계 대부분의 국가들이 국제기준의 요건을 요구하고 있으며 중국도 2006년 부터 비침엽수 목재포장재에 대해서도 열처리를 할 것으로 알려져서 이제는 미가공 목재포장재에 대해서는 열처리가 필수조건이 되었다.

(1) 열처리 검사

수출포장의 열처리 순서는 <표 3-4>와 같다.

〈표 3-4〉 수출 목재포장재 열처리 순서

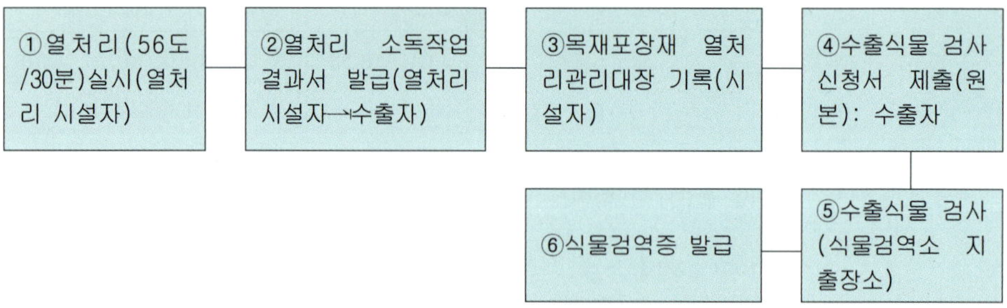

- 열처리 시설자가 지정된 열처리 시설에서 열처리 실시
- 열처리 시설자가 열처리 소독작업 결과서
  (식검고시 2002-1호별지 제4서식)에 목재 중심부온도 자동 기록표를 첨부하여 처리건별로 관할지역 식물검역소 지출장소에 제출(지출장 소장은 열처리 표지 확인서 발부)
- 열처리 시설자는 열처리 건별 품목별(파렛트, 나무상자, 판재 등)처리 수량, 공급 수량, 재고량을 관리대장에 기록하고 포장재에 열처리 표지
- 식물검역소 지출장소에서는 열처리시설자별, 품목별(파렛트, 나무상자, 판재 등)로 목재 포장재 열처리 관리대장을 비치하고 처리수량, 공급량, 재고량을 기록
- 열처리 시설자는 수출식물검사 신청서식물방역법 시행규칙(별지 제4호서식)에 열처리 소독작업결과서 사본과 원자재 소요량 확인서(판재, 각재 등으로 나무상자) 등을 만든 경우를 첨부하여 식물검역소 지출장소에 신청
- 식물 검역관은 수출검사신청서 수량과 목재포장재 열처리 관리대장과 대조/확인 검사

▌열처리 관리대장에 재고정리
▌수출식물 검사신청자가 직접 위생증 원본 수령(FAX 등 불가)

목재포장재 검역을 시행하는 국가들의 소독방법은 <표 3-5>와 같다.

〈표 3-5〉 목재포장재 검역을 시행하는 국가들의 소독방법(1)

구 분	<소독방법> 1가지 선택		<증명방법> 1가지 선택			비 고
	열처리	MB 훈증	소독처리 마크	식물위생 증명서	소독증명서	
중 국	○			○		※식물위생 증명서: 국립식물검역소에서 발급 ※소독증명서 : 소독처리업체에서 발급
미 국	○	○	○	○		
캐나다	○	○	○			
호 주	○	○	○	○	○	
뉴질랜드	○	○	○	○	○	
인 도	○	○	○	○		
브라질	○	○		○		
칠 레	○	○	○			
엘살바도르	○	○	○			
러시아				○		
핀란드	○			○		
필리핀	○	○	○			
터 키	○	○	○			
남아프리카공화국	○	○	○			
나이지리아	○	○	○	○		
콜롬비아	○	○	○			
코스타리카	○	○		○		

(2) 열처리 절차

(가) 열처리 소독작업 결과서 접수

열처리 소독작업 결과서(식검고시 제2002-1호 별지 제4호서식)는 목재 중심부 온도 자동기록표를 첨부하여 열처리 건별로 접수한다. 열처리 품목별 수량확인 방법은 열처리 건별로 품목별(파레트, 나무상자, 판재, 각재 등) 수량을 확인하되 파레트 등 완제품은 개단위로 하고, 반제품(단순조립으로 완제품 제작 가능)일 경우에는 완제품 조립 예정 개단위로, 각재, 판재 등 원자재일 경우에는 전체 단위수량(m³ 또는 재 등)으로 기재한다.

(나) 열처리 표지 확인서 발부

수출용 목재포장재 열처리 규정 제7조에 의거 열처리 건별로 열처리 표지확인서를 발부하여 목재포장재에 열처리 표지토록 한다.

(다) 목재포장재 열처리 관리대장 정리

지출장소장은 관할구역의 열처리 시설자별로 품목별(파레트, 나무상자, 판재, 각재 등)로 목재포장재 열처리 관리대장(이하 "관리대장"이라 한다.)(서식1)을 비치하고 처리수량에 대한 수출업체별 공급량(수출량)과 재고량을 기록 유지한다.

(라) 수출식물 검사신청서 접수 및 처리

목재포장재에 대한 검사는 수출입업자 또는 열처리 시설자 등으로부터 검사신청서를 받는다. 검사신청서를 접수할 때에는 당해 목재포장재에 대한 열처리 시설자가 처리한 열처리 소독작업 결과서 사본과 원자재 소요량 확인서(판재, 각재 등을 사용하여 나무상자 등을 만든 경우)(서식2)를 첨부토록 하고 민원접수증을 교부한다.

(마) 목재포장재 검사

▌ 열처리 시설이 관할구역내에 소재하는 경우

식물방역관은 수출검사신청서 수량과 열처리 소독작업 결과서(사본)을 관리대장과 대조하여 확인한다. 관리대장을 확인한 결과, 열처리 시설자의 목재포장재 열처리 재고량이 검사신청 수량과 같거나 많은 경우에는 합격 처리한다. 합격 처리한 식물방역관은 관리대장(열처리 식물상태별 수량 확인 방법 등)을 정리하여 재고량을 기록한다. 특히, 파레트, 나무상자 등 완제품과 단순조립으로 완제품이 제작가능한 반제품(와이어통 등)은 개단위로 공급량과 재고량을 정리 확인한다. 판재, 각재 등 원자재의 경우는 원자재 소요량 확인서를 근거로 하여 재고량을 정리한다.

▌ 열처리시설이 관할구역을 달리하는 경우

지출장소장은 당해 포장재를 열처리한 시설지역의 관할 지출장소장에게 열처리 여부를 붙임 서식 3에 의해 FAX 또는 E-mail 등으로 확인 의뢰하고 확인 결과에 의거 처리한다. 목재포장재 열처리 확인을 요구받은 지출장 소장은 비치하고 있는 당해 열처리시설자의 관리대장을 확인하여 결과를 FAX 등으로 통보하고 합격수량을 관리대장에 기록한다.

(바) 분할신청할 때 등의 조치사항

지출장 소장은 1회 열처리한 전체 수량을 일시에 수출하지 아니하고 분할하여 수출하는 경우에는 열처리 시설관리자로 하여금 열처리되지 아니 한 제품과 구별이 되도록 적재토록 한다.

(사) 열처리시설 확인 점검

지출장 소장은 관내 검사확인된 열처리 시설에 대하여 열처리규정 제8조에 의거

시설상태, 열처리 표지의 적절성, 관리대장과 재고량, 처리한 제품과 처리되지 아니한 제품이 분리적재, 열처리표지 여부 등을 확인토록 한다.

(아) 검사결과 처리

관리대장에 의한 서류확인 결과 이상이 없는 경우 합격 처리한다.

(자) 기타사항

이 요령에 규정되지 아니한 사항은 수입식물검역처리 세부요령과 열처리 규정 등 식물검역관련 규정을 준용한다.

목재포장재 열처리 시 주의사항

■ 열처리시설

열처리시설이 열처리시설 요건에 적합해야 한다. 열처리시설이 파손 또는 변경되었을 경우 관할구역 식물검역소에 통보한다. 온도센서는 목재중심부 온도측정이 가능해야 하며, 열처리시설내 가장 저온을 나타내는 부위까지 측정이 가능해야 한나. 측성된 목재중심부 온도는 자동으로 기록되고, 기록된 내용이 출력이 가능하며, 기록지의 표시방법(처리일자 및 시간, 온도, 눈금 등)이 적절하여 판독이 가능해야 한다.

■ 목재포장재 열처리

온도센서는 열처리시실내의 가징 저온을 나타내는 부위(지면에시 10-20㎝지점 등)에서 측정하되 열처리되는 목재포장재 중 가장 두꺼운 목재의 중심부온도를 측정해야하며, 온도센서설치시 온도센서의 굵기에 맞도록 천공을 하고 외부공기가 직접 온도센서에 전달되지 않도록 실리콘 등으로 밀봉하여 처리해야 한다. 고내 목재포장재의 균일한 열처리를 위해서 반드시 열처리시설 고내의 온도가 균일하도록 송풍기(순환장치)를 작동해야한다. 각재, 판재 등 원자재 또는 반제품 등을 열처리할 경우에는 각각의 목재 사이에 열기가 충분히 공급될 수 있도록 간목(사이목)을 사용하여 열기가 균일하게 처리될 수 있도록 하여야 한다. 열처리시설 지면에시 높이 20㎝ 정도의 받침목을 설치하어 그 위에 열처리 대상 목재를 적재하여 열처리를 실시하고, 시설내의 열처리 취약부위까지 열처리 될 수 있도록 한다. 열처리는 목재중심부 온도가 56℃ 이상에서 30분 이상 처리하되 중심부 온도 56℃에 도달되는 시간이 충분하게 되도록 한다. 규정된 열처리를 하고 열풍기를 중단한 상태에서 열처리실개방은 일정한 시간이 경과된 후에 개방하여 잠열을 충분히 이용하도록 한다.

■ 열처리된 목재포장재의 관리

열처리한 목재포장재에는 규정된 소독처리마크를 표시해야 한다. 소독처리마크는 지정된 소독처리 업체에서 열처리시설자의 책임 하에 사용한다. 열처리 된 목재포장재의 보관 및 관리는 열처리가 안 된 것과 구분하여 격리 보관하여야 하며, 병해충의 재감염을 막기 위한 조치(비닐이나 천막 등으로 피복 등)를 취하여야 한다. 그리고 열처리된 목재포장재를 수출업체 등에 공급할 경우 그 내역을 기록 보관한다.

■ 목재포장재 열처리 내역 기록관리

목재포장재 열처리 작업일지를 기록 및 보관하여야 한다. 매 열처리 건별로 기록·관리하여야 하며 목재포장재의 열처리작업일지(목재중심부 자동온도 기록표 포함)는 보관하여 지정된 시설에서 열처리한 근거자료를 남겨두어야 한다.

■ 기타 사항

열처리된 목재포장재를 수출업체에 공급한 경우, 공급업체에서 수출하기 전 까지 병해충에 재감염 되지 않게 철저히 관리되도록 해야 한다. 열처리한 목재포장재의 관리부실로 병해충의 재감염 우려가 있을 경우에는 다시 열처리소독을 하여야 한다.

Republic of Korea
Ministry of Agriculture and Forestry
National Plant Quarantine Service

PHYTOSANITARY CERTIFICATE

Jungbu R.O. Plant Quarantine Service No : 20-03001639

TO : The Plant Protection Organization of China

DESCRIPTION OF CONSIGNMENT

Name and address of exporter : MIRIM E&F CORP.
3/F. HANIL-BLDG. 170-3. SAMSUNG-DONG. KANGNAM-GU. SEOUL. KOREA

Declared name and address of consignee : TRANS-LINK SHANGHAI
ROOM 2112. BLDG.. B. 21 FLOOR. FAR EAST INT'L PLAZA. NO.299. XIANXIA ROAD. SHANGHAI 200051.P.R.CHINA

Number and description of packages :
Distinguishing marks : NIL
Place of origin : Republic of Korea
Declared means of conveyance : Ship Cargo
Declared point of entry : SHANGHAI. CHINA
Name of produce and quantity declared :
WOODEN BOX. 1 pcs

Botanical name of plants :

This is to certify that the plants, plant products or other regulated articles described herein have been inspected and/or tested according to appropriate offical procedures and are considered to be free from the quarantine pests specified by the importing contracting party and to conform with the current phytosanitary requirements of the importing contracting party, including those for regulated non-quarantine pests.

ADDITIONAL DECLARATION

The wood packing material in this shipment has been heat treated at designated facilities by NPQS to achieve a minimum wood core temperature of 56℃ for more than 30 minutes

DISINFESTATION AND/OR DISINFECTION TREATMENT

Date : Dec. 10. 2002 - Dec. 11. 2002 Treatment : HEAT TREATMENT
Chemical(active ingredient) : NIL Duration and temperature : 00:30 . 56℃
Concentration : NIL Additional information : NIL

MINISTRY OF AGRICULTURE & FORESTRY N-P-Q-S ☆KOREA☆

Place of issue : Jungbu Regional Office, Korea
Name of authorized officer : KEUNGUNG LEE
Date : Feb. 17. 2003 (Signature)

No financial liability with respect to this certificate shall attach to the National Plant Quarantine Service or to any of its officers or representatives.

3) 운 송

수출포장에서는 포장만큼 운송도 중요하다. 그 이유는 포장하고자 하는 제품의 규격과 중량이 포장을 한 후, 발생하는 운송과정에 적합해야 하기 때문이다. 그러므로 운송수단으로 이용되는 화물차의 규격이나 허용중량을 인식하여야 한다.

■ Truck 규격

차 종	적재중량 (kg)	총 적재 부피(CBM)	Wooden Box 적재부피(CBM)	적재함 길이 (길이x폭)
8 ton	8,000 kg	46 CBM	36 CBM	8m × 2.3m
11 ton	11,000 kg	52 CBM	40 CBM	9m × 2.3m
15 ton	15,000 kg	57 CBM	45 CBM	10m × 2.3m
18 ton	18,000 kg	57 CBM	45 CBM	10m × 2.3m
트레일러	25,000 kg	69 CBM	53 CBM	12m × 2.3m

■ Container 규격

컨테이너는 물적유통(physical distribution)부문의 포장, 하역, 보관 등 모든 과정에서 육, 해, 공로상의 세 가지 원칙인 경제성, 신속성, 안전성을 최대로 충족시키고 화물운송 도중 화물의 이적없이 일괄수송을 실현시킨 운송도구를 말한다.

	(mm)	LENGTH	WIDTH	HEIGHTH
20 FT DRY CARGO	EXTERIOR	6090	2430	2580
	INTERIOR	5890	2350	2370
	DOOR OPEN		2330	2290
	CAPACITY	33 CBM		
40 FT DRY CARGO	(mm)	LENGTH	WIDTH	HEIGHTH
	EXTERIOR	12190	2430	2580
	INTERIOR	12050	2340	2370
	DOOR OPEN		2340	2270
	CAPACITY	67.4 CBM		
40 FT DRY HIGHCUBE	(mm)	LENGTH	WIDTH	HEIGHTH
	EXTERIOR	12180	2430	2890
	INTERIOR	12020	2340	2670
	DOOR OPEN		2330	2570
	CAPACITY	76 CBM		
45 FT DRY CARGO	(mm)	LENGTH	WIDTH	HEIGHTH
	EXTERIOR	13170	2430	2890
	INTERIOR	13580	2340	2680
	DOOR OPEN		2340	2570
	CAPACITY	85.6 CBM		

	(mm)	LENGTH	WIDTH	HEIGHTH
45 FT OPEN TOP	EXTERIOR	12190	2430	2590
	INTERIOR	12050	2330	2260
	DOOR OPEN		2280	2310
	CAPACITY	64 CBM		
40 FT FLAT LAG	(mm)	LENGTH	WIDTH	HEIGHTH
	EXTERIOR	12190	2430	2580
	INTERIOR	11860	2390	1960
	DOOR OPEN		2110	1960
	CAPACITY	57.4 CBM		
40 FT REEFER CARGO	(mm)	LENGTH	WIDTH	HEIGHTH
	EXTERIOR	12190	2430	2580
	INTERIOR	11320	2280	2180
	DOOR OPEN		2280	2110
	CAPACITY	56 CBM		
40 FT REEFER CARGO HIGH CUBE	(mm)	LENGTH	WIDTH	HEIGHTH
	EXTERIOR	12190	2430	2890
	INTERIOR	11580	2280	2510
	DOOR OPEN		2260	2450
	CAPACITY	66 CBM		

■ 컨테이너 종류

항만, 화물, 물류하면 떠오르는 단어가 '컨테이너'다. 철로 만든 직육면체의 이 상자는 표면이 골판지 모양을 하고 있어 볼품은 없지만 쓰임새는 다양하기만 하다. 우선 길거리에서 가장 흔히 접하는 게 드라이(Dry) 컨테이너로 20피트짜리와 40피트, 45피트, 그리고 높이가 조금 높은 하이큐빅 등 4가지 종류가 있다.

다음으로는 드라이 컨테이너와 비슷하지만 오픈탑(Open Top) 컨테이너가 있는데 윗 부분이 개방돼 있어 주로 기계류나 철강제품 등을 싣는 데 이용된다. 또 아예 옆 벽면과 천장이 통째로 개방된 컨테이너도 있다. 플랫랙(Flat Rack) 컨테이너로 트럭이나 중장비, 목재류 등을 싣는 데 활용되고 있다.

냉동컨테이너(Reefer)는 과일이나 냉동식품 등을 주로 운반하는데 대형 컨테이너선은 물론 일반 야적장도 냉동컨테이너를 쌓기 위해 별도의 전력 공급장치를 갖추고 있다.

▌냉동 컨테이너의 장점

1. 중고 냉동 컨테이너는 가격이 저렴하며 효능은 뛰어나 경제성이 우수함.

2. 현장 이동이 용이하고 어느 곳이든 설치가능.
3. 냉동, 냉장 온도 설정 범위가 넓다. (-29 ℃ ~ + 25 ℃ 까지 설정 유지가능)
4. 보냉 효과가 일반 조립식 판넬에 비해 매우 우수하다.
5. 전면(全面)우레탄 발포 작업으로 에너지 절감, 기계의 수명을 연장한다.
6. 최첨단의 자동온도센서(sensor)가 부착되어 있어 항상 일정한 온도유지.
7. 냉동 컨테이너 재질은 부식에 강한 Corten Steel사용 견고함.
8. ISO 국제 컨테이너 규격에 맞게 제작함으로써 육로운송에 적합.
9. 바닥은 특수 알루미늄 재질의 레일형식으로 제작되어 견고함.
10. 한국기후 조건에는 사용하기에 아주 적합함.
11. 냉동창고 대용이나 물류창고 등의 용도로 쓰기에 적합함.

▮ 냉동 컨테이너의 구조

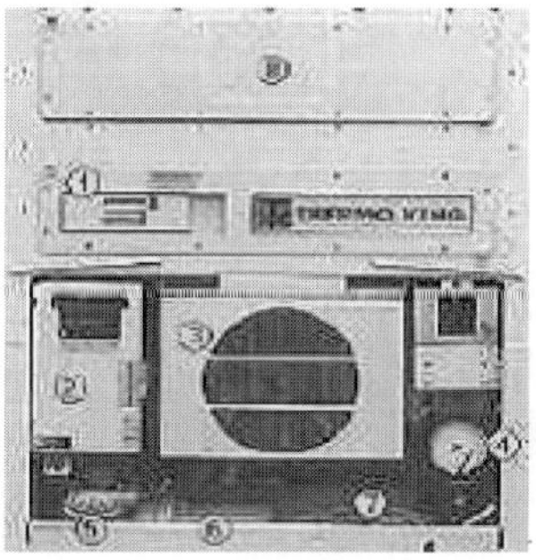

Front View of a General OOCL Reefer Container (built prior to 1998)

1. Fresh Air Exchange System (Ventilation)
2. Unit Control Box (Microprocessor)
3. Condenser Fan
4. 31-Day Recording Thermometer (Partlow Recorder)
5. Compressor
6. Drive Motor
7. Power Cord Storage
8. TRANSFRESH Security Enclosure Location (CA box)

액체화물을 넣는 탱크(Tank) 컨테이너는 일반 탱크로리를 직사각형 형태의 쇠기둥이 상하좌우에서 고정하고 있는 모양이다. 이 밖에 측면 이용도를 높이는 개방식과 통풍을 필요로 하는 통기(Ventilated)형 등이 있다.

모양과 용도도 각양각색이지만 그 가격도 천차만별이다. 일반 드라이 컨테이너 1개가 20피트 기준으로 200만원 안팎이라면 냉동기를 장착한 냉동컨테이너는 개당 1천200만원을 넘는다.

컨테이너는 하나하나가 보유 선사들의 중요한 재산이기 때문에 뒷면에 주민번호같이 신분을 알아볼 수 있는 표시가 돼 있지만 잃어버리는 경우도 잦아 선사들은 분실 위험지역으로 가는 컨테이너의 경우 가장 낡은 것을 사용한다고 한다.

현재 2010년 말 현재 국내 유통되는 컨테이너는 한진해운이 40만개의 컨테이너를 보유하고 있으며, 부산항에 기항하는 선사가 70여개 사에 달하는 점을 감안할 때 적어도 수백만 개의 컨테이너가 국내 항만과 내륙 야적장에 쌓여 있다는 계산이 나오지만 정확한 통계는 없다.

드라이 컨테이너(Dry Container)

냉동 컨테이너(Reefer Container)

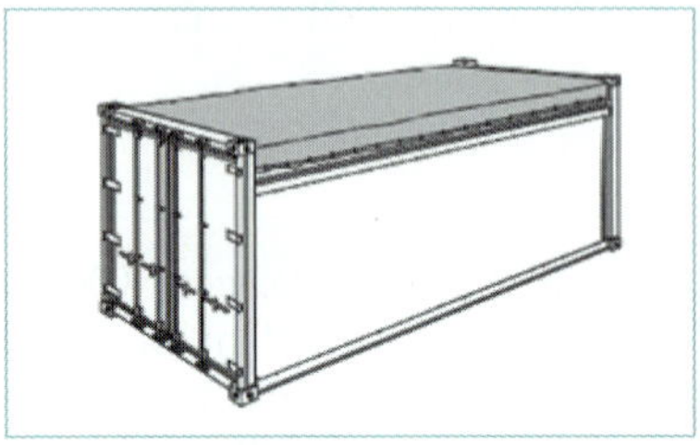

오픈 탑 컨테이너(Open top Container)

플랫트 랙 컨테이너(Flat Rack Container)

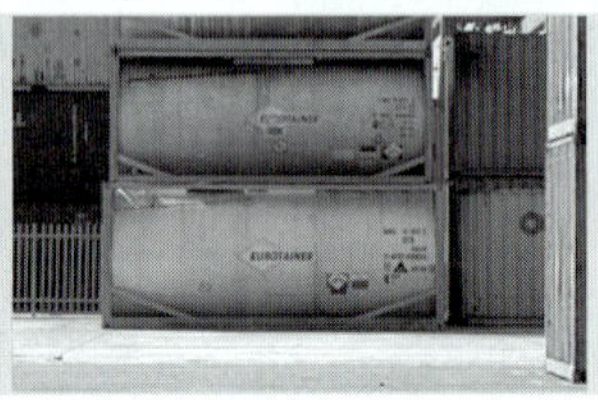

4) 화인(Shipping Mark)

포장은 수출입상품이 운송도중 멸실이나 손실, 변형이 일어나지 않도록 내용물을 보호하여 상품의 본래가치를 유지하도록 하기 위한 상품에 부과되는 작업을 말한다. 포장은 견고성과 포장비용 자체의 절감 그리고 운임절감 등과 같이 경제성을 감안하여 포장조건을 거래당사자간 합의에 의하여 결정하는데, 그에 적합한 포장을 해야 할 의무를 수출상이 부담한다. 따라서 수출자는 수출상품의 포장시, 운송종료후 수입자에게 인도한 상품이 선적전 상품과 상태가 동일해지도록 포장에 최선을 다하여야 한다. 만일, 운송도중 상품에 클레임이 발생하고, 그 원인이 포장불량인한 것으로 판명되면 이에 대한 책임은 전적으로 수출상에게 있으므로 보험회사나 운송회사가 책임을 지지 않는다.

여기서 수입자가 도착항에서 통관이 용이하도록 포장에 기재된 표시를 화인(shipping marks)이라고 한다. 신용장에서는 하인의 표시를 규정하는 예가 거의 없으나, 상업송장·운송서류·보험서류 및 기타 서류에는 예외가 없이 기재된다. 간혹 각 서류상의 표시가 일치하지 않는 예가 있으므로 주의를 요하는 사항이다. 서류 상호간의 불일치는 하자로 간주되므로 각별히 주의하여 검사하여야 한다. 실제로 호치민 국영창고에서 컨테이너 DEVANNING시, 부정확한 'Shipping Mark'표기로 인해 실제로 화물을 분류하는 과정에서 많은 시간이 낭비되고, 물건을 잘못 출고하거나 하는 일들을 문제로 많은 항의가 들어오고 있는 실정이다. 추후에는 마크가 없거나, 확실치 못한 쉬핑마크가 표기된 화물이 발견시, 해당 컨테이너의 모든 디베닝 작업 과정이 중단될 수 있다고 한다.

화인은 포장화물의 외부포장에 기입하는 수입업자명이나 주소, 대조번호, 목적지, 상자번호 등의 표식들이다. 화인을 하는 목적은 국제운송의 경우, 화물을 혼재하는 경우가 많기 때문에 화인이 없거나 불명확할 때에는 다른 화물과 혼동이 되어 양화착오 또는 화물의 인도착오가 발생할 수 있으므로 상품의 하역, 운송, 보관 등에 있어서 관계당사자들이 화물을 용이하게 구별할 수 있도록 하는데 있다. 즉, 사람들의 신분확인증과 비슷한 기능을 가진 화인과 그 숫자들은 사람들의 신분확인증과 비슷한 방식으로 화물들을 구분한다.

한 컨테이너에 A사의 제품만을 수출하는 FCL 형태의 수출은 굳이 포장겉면에 어떤 표식이 없어도 누구의 제품이라는 것을 알 수가 있고, 내부분 컨테이너채로 운송되어지기에 별도의 표식이 없어도 큰 문제가 없다. 그러나 LCL 화물의 경우, 동일한 포장이 같이 실릴지 모르는 콘솔컨테이너(여러 화주의 화물을 모아서 하나의 컨테이너로 채워 운송되어지는 것) 화물을 선적하면서 어떠한 표식이 없다고 한다면, 화물이 수입국에 도착하여 수입자에게 적출될 때 적출과정에 분류자체도 힘들고 분실의 위험도 있을 수 있다. 컨테이너에서 여러 화주의 화물을 적출할 때에는 선화증권이나 패킹리스트 등을 이용하여 분류를 하게 된다. 그러나 어떠한 표식도 없는 제품에 대해서는 누구의 화물인지 빨리 파악이 되면 다행이겠지만, 그렇지 못한다면 수입업자에게도 상당한 시간과 금전적 피해가 돌아갈 수 있다. 따라서 LCL 수출화물들은 반드시 화인(shipping mark)를 해야 한다. 물론 화인을 하는 것이 강제사항은 아니지만 되도록이면 해야 한다. LCL 수입시에 화인이 없다면 내 화물을 찾기가 어려운 것과 동일하다.

주수출포장 위의 마크와 숫자들은 선적서류에 기재된 마크와 숫자들로 구성되어야 한다. 또한 통관을 할 때에도 문제를 발생시켜 클레임의 원인이 되기도 하므로 무역화물은 1개 포장당 두 곳 이상에 상당한 크기로 선명한 방수 잉크를 사용하여 지워지지 않도록 한다. 화인은 대부분의 경우, 화물의 분류를 원활히 수행하고 화물의 운송 및 보관시 필요한 화물취급상의 지시, 주의를 포장에 표시하기 위하여 매수인이 매도인에게 요구하는 경우가 많다.

> "packing of the products shall be made in the manner usually effected by the seller in its export of such kind of the products. Shipping marks shall be as follows......"

반드시 표시해야 하는 화인 ; 주화인(Main Mark), 도착항표시(Port Mark), 상자번호(Case Number), 원산지 표시 Origin Mark)

따라서 계약당사자간 화인에 대한 약정이 있는 경우에는 합의한 내용에 따른다. 그러나 무역업체별로 화인을 정하게 되면 국제거래상 혼란이 야기될 수 있으므로 국제적으로 표준화인을 정하여 놓고 사용하고 있다. 참고로 화인은 모두 대문자로 표기하는 것이 국제적인 관습이다. 수출화인의 구성은 기본화인, 정보화인, 취급주의 화인으로 구성되어 있다. 특히, 도착항표시(port mark)와 상자번호(case number)가 없는 화물을 보통 무화인화물(NM; no mark cargo)이라 하는데, 무화인화물의 경우 화물의 불도착 등으로 화주에게 커다란 손해를 주는 경우가 허다하므로 주의하여야 하며 화인의 내용이나 형태는 통상 'Sales Note'나 'Purchase Note'에 표시한다.

(1) 기본화인

다른 화물과 식별하기 위한 표기로서 수입업자의 이름 머리글자, 대조번호, 목적지, 포장번호 등의 표식으로 구성되며 반드시 표시하여야 한다. [그림 3-1]이 화인표기의 예이다.

[그림 3-1] 화인표기 예

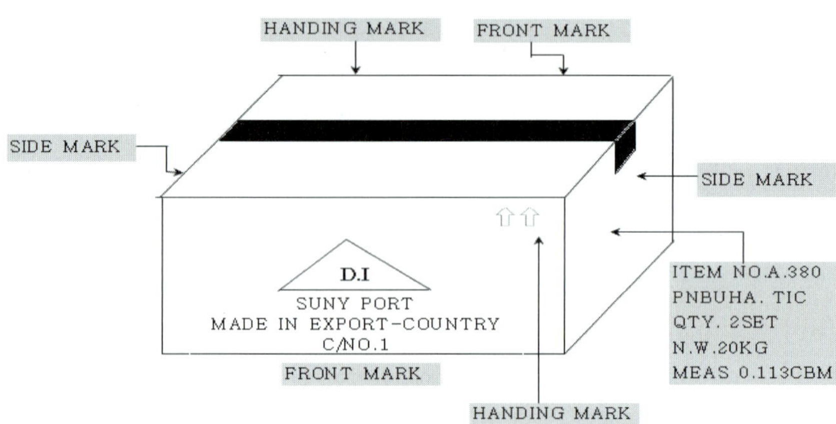

(가) 전면화인(Lead Marks)

- 주화인(Main marks) : 주화인은 특정한 기호이며 수입업자의 화인으로 수입업자의 주소, 성명을 문자로 기입하지 않고, 쉽게 알 수 있도록 도형 속에 수출업자나 수입업자의 머리문자를 표기하는 것이 일반적이며, 표식위치는 중앙이다.
- 목적지화인(Destination mark) : 목적지화인은 화물의 목적항 또는 목적지를 표시하는 것이다. 해당 국가명도 기재가능하다. 목적지와 도착항이 다른 경우에는 경유지도 표시한다. 복합운송의 경우 최종목적지만 표시한다. 복수항로의 경우 New

York via Seattle 등으로 표시한다. 또 화물의 목적지가 스위스 취리히이고 환적의 장소가 네덜란드 임스테르담일 경우, VIA ROTTERDAM, NETHERLANDS 라고 표시한다.

▮ 화물번호 화인(Case mark) : 화물번호 화인은 화물의 개수를 표시하는 기호다. 송장, 적화목록, 기타 운송서류와 대조하여 식별, 확인을 위한 상자의 일련번호로 총 10개 화물중 첫 번째 화물인 경우에는 C/NO 1/10 혹은 C/NO 1OF 50으로 표시한다.

▮ 정보화인(Information mark) : 원산지, 신용장에 관한 사항을 표시하는 것이다. 수입업자가 요구하는 경우에만 정보화인을 표시한다. 정보화인은 기본화인 보다 작은 문자를 사용하여 기본화인과 구별한다. 원산지표식은 상품의 원산지를 표시하며, 일반적으로 화물번호 하단에 표시한다. 신용장표식은 신용장의 내용과 관련한 사항을 표시하며, 일반적으로 신용장의 번호 등이 표시된다.

(나) 측면화인(Side Marks)

▮ 부화인(Counter marks) : 부화인은 대조번호의 화인이라고도 하며 주화인만으로 다른 화물과의 구별이 어려울 때, 생산자 또는 공급자의 약자를 표시한다. 주화인의 보조로서 화물의 등급을 표기해야 하는 경우나 Lot의 화물 중 구별할 필요가 있을 경우 또는 생산자나 공급자의 약호를 붙여야 하는 경우에 표시한다. 품목숫자(item number)는 규정된 방식으로 화물을 점검하는데 매우 중요하다.

- 중량표시(Weight Mark) : 순중량(Net Weight)과 총중량(Gross Weight)표시
- 원산지표시(Origin Mark) : 생산국을 외장의 맨 아래에 표시
- 기타의 표시 : 수입자의 요청에 따라 주문표시(Order No.), 지시표시(Attention Mark), 물품의 등급(Grade) 또는 품질표시 (Quality Mark)

☞ www.schedulebank.com.

1. shipping main mark - 흑색 유성잉크로 전후면 인쇄한다.[1]
2. shipping care mark - 양측면에 적색 유성인크로 인쇄하되 화주의 요구에 따라 적절히 한다.

(다) 취급주의 화인(Caution mark)

화물의 특성에 따라 운송, 하역, 보관상의 주의사항을 외장의 측면에 표시한 것이다.

참고 5 운송, 하역, 보관상의 주의사항을 외장의 측면에 표시

1. SHPPING MARK (SIDE PANEL 2면 표시)	.MAIN MARK - LOGO .DESTINATION .V.I.A .PORT NAME .PKG NO. (CASE NO) .COUNTRY OF ORIGIN	EXAMPLE] INTECH NEW YORK, U.S.A Q'TY : 1 OF 3 MADE IN KOREA
2. SUB MARK	.P/O NO. .OR L/C NOO .NET WEIGHT OR .GROSS WEIGHT .SIZE : MEASUREMENT	EXAMPLE] P/O NO : IN001-3456 G/WEIGHT : 3,500 KGS SIZE : 2200 X 1800 X 1950 mm

3. CARE & CAUTION MARK	물품 취급 표시(CAUTION MARK)는 양질의 방수잉크 또는 붉은색 유성 페인트로 END PANEL &SIDE PANEL 표기. 1. FRAGILE 2. KEEP DRY 3. THIS SIDE UP 4. USE NO HOOK 5. SLING HERE 6. HEAVY WEIGHT THIS END 7. DO NOT DROP 8 CENTER OF BALANCE 
4. COLOR MARK	제품별 식별이 용이하도록 BOX 상단 모서리에 PART별 지정된 색깔을 삼각형 형태로 선명히 표시. 삼각형의 치수는 서로 직각이며 -변의 길이 20CM이상

제2절 선적준비 및 수출·입 운송

1. 선적준비

현행의 수출통관제도는 종전에 비해 무척 간소화 되었다. 상업송장과 포장명세서의 사본만으로 간단하게 수출통관이 가능하다.

수출통관절차에는 2가지 방법이 있다. 첫째는 제조장직통관으로 제조장 소재지의 세관에 수출신고를 한 후 신고일로부터 30일내에 선적하는 방법이다. 이 방법은 미리 수출신고를 하였다가 적당한 시기에 수출물품을 항만으로 운송하여 곧바로 선적시키는 방법이다. 둘째는 공·항만통관으로 제조장에서 수출물품을 항만(공항)을 관할하는 세관의 관할구역내 창고나 CY로 옮긴 후 세관에 신고하고 30일내에 선적시키면 된다.

위 두 가지 방법 모두 장·단점이 있으나 복잡한 공·항만에서 수출신고와 선적스케줄을 동시에 맞추는 것보다는 내륙지에서 미리 수출신고를 완료한 다음 선적스케줄에 맞추어 운송, 선적하는 것이 바람직하다. 최근의 관세행정이 공장소재지를 관할하는 관할세관 중심으로 추진되고 있으므로 수출통관후 사후에 발생되는 관세의 환급을 위한 사후 면장정정, 소요량작성 등의 업무를 위해서 공장소재지 세관에서 수출통관을 하는 것이 여러모로 유리하다.

1) 선적 스케줄(shipping schedule) 확인

수출자는 수출물품의 확보가 종료되면 선박회사에 선적스케줄을 요청하여 수입자와 계약한 선적 스케줄에 맞춰 수출물품의 선적예약을 한다. 실무적으로 한국내 존재하는 모든 선박회사들은 인터넷상에서 전용 홈페이지를 운영하고 있으므로 수출자는 인터넷상에서 선적스케줄을 확인할 수 있다. 그리고 운임견적과 선복요청 모두가 가능하므로 편리하게 선적업무를 수행한다. 그러므로 국제운송인은 수출자가 선적스케줄을 확인시 선적항의 선적화물접수마감시간(closing time), 출발예정일자(ETD : estimated time of departure), 도착예정일자(ETA : estimated time of arrival), 직항 및 환적항, 기항여부 등에 관한 정보를 제공하여야 한다.

(1) 수출의 경우

수출의 경우 선박(항공)회사는 수출자가 선(기)적을 요청할 경우 다음과 같이 처리한다.

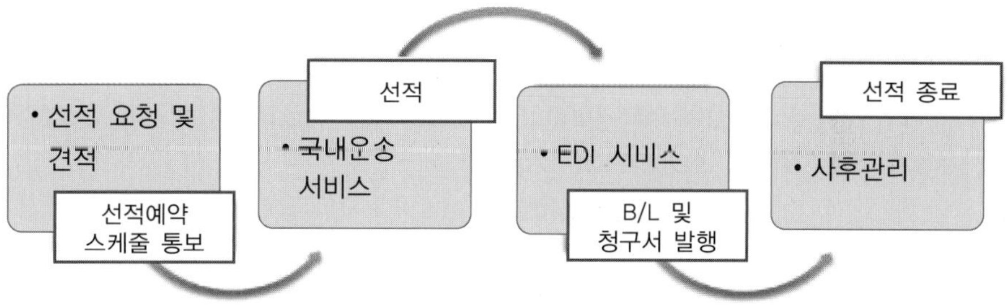

① 화물 선적 요청접수 : 수출자가 전화, fax, e-mail 또는 국제운송기업의 영업담당자와의 무역 및 운송관련상담을 통하여 선적을 요청한다.

② 선적예약 및 스케줄 통보 : 영업담당자는 선박회사는 수출자의 요구에 따라 스케줄을 확인한 후 선복을 예약하여 수출자에게 선적가능 여부와 스케줄을 통보한다.

③ 국내운송 : 수출자의 화물운송 요청이 있을 시 수출자의 화물을 안전하고 신속하게 운송하고 정확한 화물입고 및 도착을 통보한다.

④ 선적 : 예정된 스케줄에 따라 수출자의 화물을 선적하여 출항한다.

⑤ B/L 및 청구서 발행 ; 수출자에게 관련운임을 확인한 후 운송형태 및 서류상의 이상유무를 확인하여 B/L을 발행하며, 수출자에게 인도한다.

⑥ 사후 관리 : 선적후 진행상황을 수출자와 수입자에게 통보하고, 수출자의 요청시 PROOF OF DELIVERY를 파트너에게 요청하여 확인한 후 수출자에게 통보하여 선적업무를 종료한다.

(2) 수입의 경우

수입의 경우 선박(항공)회사는 수입자가 선(기)적을 요청할 경우 다음과 같이 처리한다.

① 화물선적 요청접수 ; 수입자가 전화, fax, e-mail 또는 국제운송기업의 영업담당자와의 무역 및 운송관련상담을 통하여 선적을 요청한다.

② 선박 BOOKING 및 선적 ; 선박회사는 각 지역 해외 파트너로부터 선적서류를 접수하여 입항예정일을 확인한다.

☞ 컨테이너 내 적부불량으로 인한 손해는 운송인 면책임

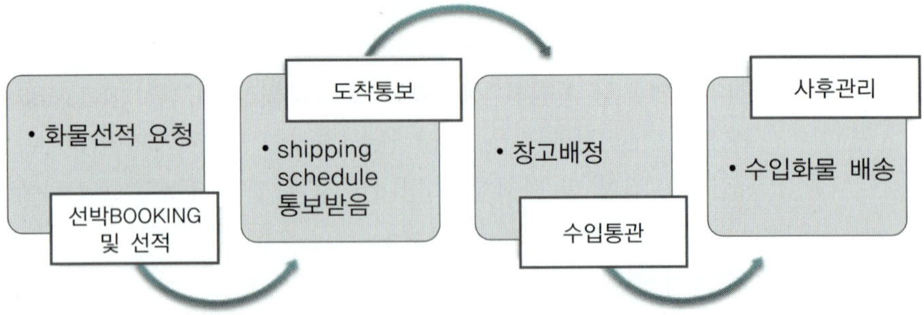

③ SHIPPING SCHEDULE 통보 ; 선박회사는 접수받은 선적서류를 확인하여 ETD, ETA, SHIPMENT STATUS를 수입자에게 통보한다.

④ 도착통보 및 창고배정 ; 파트너에게 접수된 서류를 받아 수입자에게 통보하고, 수입자와 창고배정유무를 확인하고 지정된 창고에 배정되도록 선사에 요청하며, SYSTEM의 전산화로 신속한 운임내역서를 발급한다.

⑤ 수입·통관·배송 업무 ; 선박회사는 수입자의 요청시에는 화물도착에서 통관, 원하는 날짜에 배달 운송하는 DOOR TO DOOR SERVICE로 가장 빠르고 경제적인 물류 서비스를 제공한다.

⑥ 사후 관리 ; 원활한 통관 및 출고를 위해 지속적인 CHECK를 하고, 결과를 수입자에게 통보하여 수입운송 업무를 종료한다.

2) 컨테이너 적입

화물량의 규모에 따라 단위 컨테이너를 자신의 화물만을 적입시키는 전용으로 사용할 것인지 아니면 수량이 소규모이기 때문에 동일 목적지로 가는 타인의 화물과 혼용할 것인지는 전적으로 수출자의 선택사항이며 이 부분에 대해서도 선적 협의단계에서 결정한다. 일반적으로 단위 컨테이너를 자신의 화물만을 적입시키는 전용으로 사용할 경우 우리는 이를 FCL(full container load)화물이라 하고 화물이 소규모이기 때문에 동일 목적지로 가는 타인의 화물과 혼용할 경우를 LCL(less than a container load)화물이라고 한다.

그러나 FCL화물과 LCL화물은 컨테이너 적입 경로 및 방법이 사뭇 다르다. 또한 화물을 컨테이너에 적입(stuffing)하여 컨테이너 전용선에 선적 운송될 경우에는 (L/C 상에 컨테이너 운송이 명시되어 있을 경우 또는 그렇지 않더라도 해당 항로를 취항하는 선박이 컨테이너 전용선밖에 없을 시) 화주와 선박회사 중 누가 적입작업을 하느냐에 따라 책임의 성격이 달라진다. 따라서 국제운송인은 다음 아래의 내용을 잘 숙지하여 이로 인한 분쟁이 발생하지 않도록 해야 한다.

(1) FCL 화물

수출자가 FCL화물을 선박회사에 의뢰할 경우, 실무적으로 선박회사는 빈 컨테이너를 수출자의 회사나 화물이 있는 장소에 배정한다.[2] 수출자에게 빈 컨테이너를 제공한 후, 선박회사는 수출자로부터 제공한 컨테이너가 항해하는데 전혀 하자가 없는 완전한 컨테이너라는 것을 확인하는 기기인수도증(CIR : container interchange receipt)[3]을 징구한다. 이것은 항해도중 컨테이너에 빗물이나 해수가 침투하여 화물이 손상을 입게 될 경우, 보상하지 않겠다는 간접표현이고 그 증거로서 수출자가 사인한 CIR를 증거로 제출하겠다는 의사표현이다. 따라서 수출자는 선적기일에 맞춰 도착한 빈 컨테이너가 크랙이 존재하여 빛이나 빗물, 해수가 침입할 가능성이 없는지 신중하게 조사하여야 한다. 만약 수출자가 선박회사가 제공한 컨테이너가 정상임을 기기인수도증에 사인한 후 화물을 적입한 다음, 선적과 항해 중 컨테이너에 빗물이나 해수가 침입하여 화물이 손상을 입었다면 보험회사도 화주에게 보상하지 않기 때문이다.[4]

컨테이너 안에 화물을 적입하는 작업은 적부(stowage)에 관한 전문지식과 경험을 요하는 전문분야이다. 따라서 그 작업에 신중을 기하여 운송도중 예상되는 충격이나 외력으로 인해 내부가 붕괴된다거나 화물의 동요 등으로 인해 손상이 발생하지 않도록 유의하여야 한다.

운송인은 화주로부터 컨테이너 내에 화물이 적재되어 있는 상태를 그림으로 표시한 컨테이너 적부도(CLP : container load plan)를 제출 받아야 한다. 그리고 화주의 컨테이너 적입이 끝나면 화주에게 선박회사의 봉인을 제공하여 컨테이너를 선박회사의 봉인으로 봉인한 후 인도받아 선적항까지 운송해 가도록 한다. 적입된 컨테이너(loaded container)를 선박회사측의 육상운송회사에게 인계할 시에도 이상의 유무를 상호 확인하고 기기인수도서를 작성한다.

컨테이너 적입작업이 끝난 화물은 선적항의 ODCY(off-dock container yard)로 운송된 후 통관을 마치고 선박에 선적된다. 그러나 만약 수출자의 공장이나 창고가 관세법상 자가보세구역으로 지정되어 있다면, 컨테이너는 봉인(sealing)[5]된 채 선적항의 ODCY 혹은 부두로 보세운송이 가능하다.

(2) LCL화물

LCL 화물의 인수도와 관련, 수출지에서의 절차는 재래선화물의 경우와 동일하다. 화물을 선박회사가 지정하는 창고(CFS : container freight station)까지 운송하여 선박회사에게 인도한다. CFS에서 동일 목적지로 가는 타화물과 함께 선박회사에 의해 컨테이너에 합적된다. 이때, 작성되는 서류로는 화물의 수량, 품목 그리고 상태를 기재한 인수도서(Convention note)가 있다. LCL화물이 LCL화물로 운송될 경우, 화물의 손상이 컨테이너의 이상이나 적입 기술상의 문제로 기인되었을 시에는 선박회사의 책임사항이 된다.

LCL / LCL

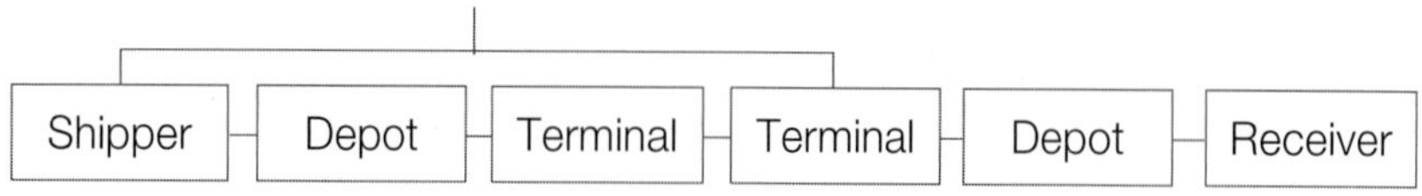

FCL화물이 LCL화물로 운송될 경우, 수출자는 화물의 컨테이너 적입에 관한 책임이 있고 선박회사는 컨테이너 하역에 관한 책임이 있다.

FCL / LCL

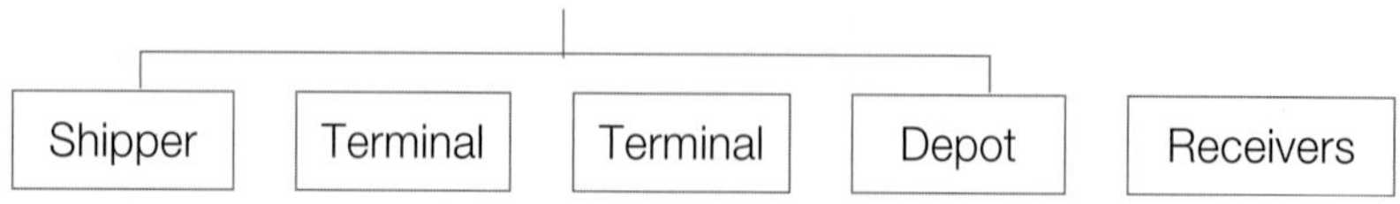

LCL에서 FCL로 운송할 경우, 운송인은 포장에 대한 책임이 있고 수출자는 컨테이너의 포장해제에 관한 책임이 있다.

LCL / FCL

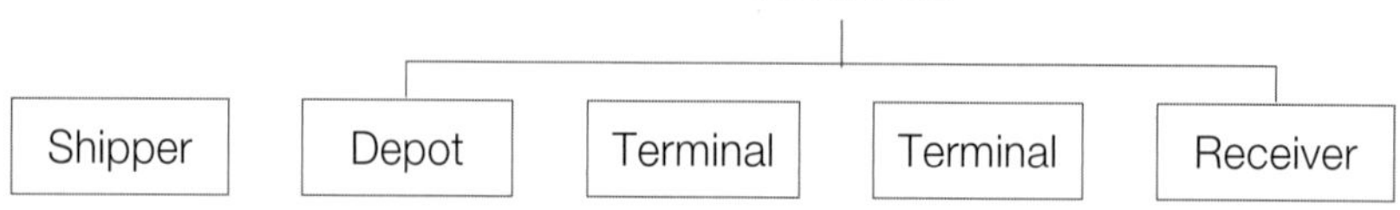

컨테이너에 의한 해상운송의 경우, 종종 송화인이 직접 화물을 컨테이너에 적입하여 봉인한 다음 운송인에게 이를 인도하여 선적한다. 이러한 경우 운송인은 선화증권에 송화인으로부터 통지받은 화물의 명세를 기재할 때, 운송물의 중량, 용적, 개수 또는 기호를 일일이 확인하기 어려움에 따라 "송화인이 적입하고 수량을 셈(shipper's load & count)" 혹은 "……이 들어 있다고 함(said to contain ……) "이라는 문구, 즉 부지약관[6](unknown clause)을 기재한다. 부지약관은 선화증권에 운송물의 내용, 개수, 중량, 품질, 수량, 품명, 치수, 가치, 용적, 품질, 가격, 기호, 종류, 포장의 종별 등에 관하여 명시한 기재사항은 송화인이 신고한 것에 두고 있으며, 운송인은 그러한 정확성에 대하여 책임을 지지 않고, 송화인은 신고한 명세가 정확하다는 것을 운송인에게 담보하여야 하며, 그러한 부정확으로부터 발생하는 일체의 손실, 손해, 비용, 책임, 벌금에 대하여 운송인에게 보상하여야 함을 삽입한 약관이다. 이와 같은 부지약관은 운송인이 선화증권의 소지인 등에 대하여 선화증권의 문언성에 의한 책임을 면하기 위한 것이다. 이에 따라 실무상 유효하게 부지약관이 이용된다. 즉, 운송품의 포장을 한번 개봉하면 다시 포장하기 어려운 경우, 운송을 개봉하게 되면 그 품질 및 가격에 영향을 줄 수 있는 경우, 운송품의 내용을 확인하는데 필요 이상의 시간을 할애하게 되어 운송에 지장을 초래할 염려가 있는 경우, 운송물을 개봉했을 때 운송물의 멸실, 훼손은 물론 선박이나 기타 운송조건에 중대한 위험이나 운송에 지장을 초래할 염려가 있는 경우, 송하인이 자신의 창고에서 컨테이너에 내용물을 적입하고 세관의 검사를 받은 후 봉인한 상태로 운송인에게 인도되어 세관의 지시나 허락이 없이 컨테이너의 봉인을 뜯고 그 내용물을 확인할 수 없는 경우를 들 수 있다. 그런데 선화증권의 소지인인 수입자가 운송물을 인도받아 확인할 때, 운송물의 내용이 선화증권의 기재내용과 상이한 경우 수입자는 이와 같은 부지약관의 효력을 다투면서 운송인을 상대로 소송을 제기하는 경우가 발생한다.

현행 한국의 상법 제853조 제2항에는 "선화증권의 기재사항 중 운송물의 중량, 용적, 개수 또는 기호가 운송인이 실제로 수령한 운송물을 정확하게 표시하고 있지 아니하다고 의심할 만한 상당한 이유가 있는 때, 또는 이를 확인할 적당한 방법이 없는 때에는 그 기재를 생략할 수 있다"고 규정되어 있다. 이것은 헤이그규칙(1924) 제3조 제3항과 함부르크규칙(1978) 제16조 제1항을 도입한 것이며, 특별한 사정이 있는 경우에 한하여 부지약관의 효력을 인정하고 있는 것으로 해석된다. 이 조항은 미국 해상운송법 제3조 제3항 단서[미국법전 46장 제1303조 제(3)(c)항(1976)]에도 같은 취지로 규정되어 있다. 부지약관에 관한 상법의 규정은 두 가지 해석상 문제가 있다.

하나는 부지약관의 허용범위에 운송물의 내부상태가 포함되는지 여부이고, 다른 하나는 부지약관의 효력이 인정되는 정당한 사유가 무엇인가이다. 전자의 경우는 수량상의 차이와 내부상태상의 차이로 구분할 수 있다. 그러나 위와 같이 수량상의 차이나 내부상태의 차이로 구분을 하는 경우, 운송계약 또는 선화증권에 S.L.C. (shipper's load count)이라는 부지약관을 포함한다는 합의의 취지가 기재되었다고 하더라도, 이는 송화인이 그 책임하에 컨테이너에 적입하는 운송물의 수량, 용적, 적입방법 등을 결정하므로 그와 같은 적입방법 등의 잘못으로 인하여 운송물에 하자가 발생하였을 때에는 운송인은 그에 대한 책임을 지지 아니한다는 것으로 해석하여야 한다. 따라서 운송인이 송화인이 적입한 컨테이너를 인도받은 후, 그의 지배하에 이를 운송 또는 보관하는 기간 동안, 위 운송물의 적입방법 등과는 무관한 다른 사유로 운송물에 변질이나 변색과 같은 내부상태의 하자나 수량상의 차이가 발생한 경우까지 운송인이 그에 대한 책임을 면한다는 취지는 아니라고 할 것이다.

3) 포장명세서

선적된 상품의 포장내용을 표시하고 있는 서류를 가리킨다. 상품의 매매계약서에서 매도자와 매수자가 포장방법을 합의하는 것이 일반적이다.

포장명세서는 매도인이 작성하는데, 상업송장과는 달리 보통 유색의 종이, 특히 연한 푸른색의 용지를 많이 사용하며, 여기에는 선적화물의 포장단위별 명세와 단위별 총중량, 순중량 등이 기재된다. 따라서 매수인은 포장을 뜯지 않고서도 포장명세서만을 보고 그 포장물의 명세를 확인할 수 있다. 이 외에도 선적화물의 포장단위별 수량, 단위별 순중량과 총중량, 총수량과 하인이 기재되며 포장방법도 표시되는 경우가 있다.

실제상품에 하인과 단위별 수량 등이 기재된 포장명세서가 있어야 통관이 용이하므로 신용장에서 포장명세서를 요구하는 경우가 대부분이며, 요구하지 않는 경우에도 수출자가 은행에 송부를 요청하는 예가 많다.

포장명세서에는 중량 외에도 각 상자의 용적도 표시되어 있어 선박회사와 운송계약을 체결할 때 일차적인 기준이 된다. 또한 포장명세서는 특히 통관할 때 필요한 서류로서 세관에서 화물을 검사할 때 전량을 검사하지 않고 몇 개의 포장만을 발췌하여 그 포장의 내용과 포장명세서의 기록사항을 대조·검사한다.

포장명세서의 작성

견본

PACKING LIST

Seller	Invoice No. & date
HONG KIL DONG CO., LTD 45, Namdaemun-Ro 4Ga, Jung-gu Seoul, 100-743 Korea TEL:(82-2)316-3302/ FAX : (82-2)779-8889	HKD04-07 29. APR. 2002 **L/C No. & date (or contract No.& date)** HSB3305509497B1 20. MAR. 2002
For Account & Risk of Messrs AL EARA EST. FOR TRADING P.O.BOX 280 772, RIYADH 11392 SAUDI ARABIA TEL :4481781, FAX : 4477765	**Remarks** * WE CERTFY THAT THE GOODS ARE NEITHER OF ISRAELI ORIGIN NOR DO THEY CONTAIN ANY ISRAELI MATERIALS. * ORIGIN : THE REPUBLIC OF KOREA
Notify Party SAME AS ABOVE	
Port of loading BUSAN PORT, KOREA / **Final destination** RIYADH VIA DAMMAM PORT SAUDI ARABIA	
Carrier mv.AL ABDALI V-C187W / **Sailing on or about** 30. APRIL. 2002	

Marks & Numbers of PKGS	Description of Goods	Quantity	Net Weight	Gross Weight	Measurement
LUIS SALMUN SACEL	**100% POLYESTER WOVEN FABRIC**				
SINGLE GGT PD	1. SINGLE GEORGETTE PLAIN DYED	14,500MTS	10,200KG	12,240KG	40CBM
COL NO.# :	2. KOSHIBO PLAIN DYED	5,418MTS	3,900KG	4,680KG	18CBM
C/T NO.# : 1-24	3. HI-MULTI CHIFFON GEORGETTE PLAIN DYED				
QTY :		12,596MTS	8,860KG	10,630KG	36CBM
MADE IN KOREA	4. DOBBY GEORGETTE PLAIN DYED	7,700MTS	5,410KG	6,492KG	20CBM
	TOTAL	40,214MTS	28,370KG	34,042KG	114CBM

Sworn before us that the foregoing to be true and correct.

Signed by
HONG KIL DONG CO., LTD

PRESIDENT HONG KIL DONG

① Shipper / Exporter ; 수출업자 명을 기재한다.
② For Account &Risk of Messrs.(consignee) ; 선화증권과 물품을 인도받는 자의 이름과 주소를 기재한다.
③ Notify Party ; 상품의 운송시 알려야 할 당사자들을 기재한다.
④ Port of loading ; 선적항의 이름을 기재한다.
⑤ Final destination ; 상품의 최종목적지 명칭을 기재한다.
⑥ Carrier ; 운송업자의 명을 기재한다.
⑦ Sailing on or about ; 선적기일을 기재한다.(제시된 기간의 전후 5일을 포함하여 9일간)
⑧ NO. &date of invoice ; 상업송장의 번호와 발행일자를 기재한다.
⑨ Remark ; 포장명세서에 대한 조건을 기재한다.
⑩ Marks and number of PKGS ; 포장종류에 따른 화물의 개수를 기재
⑪ Description of Goods ; L/C NO.별, model NO.별, 규격별, 품질별로 정확히 기재한다. (L/C상에 포장방법을 요구하면 그 내용을 꼭 포장명세서에 기재)
⑫ Quantity ; 각 포장 단위별로 구분하여 수량을 기재한다.
⑬ Net-Weight ; 각 포장 단위별로 구분하여 순중량을 기재한다. 순중량은 매매계약 시 Unit당 기준량에 의해서 계약이 체결되고, 사전에 계산해서 기재한다.
⑭ Gross-Weight ; 순중량에 외부중량을 포함해서 계산이 되며, 포장한 후 실제로 달아서 기재한다.
⑮ Measurement ; B/L에 기재된 것과 동일하게 기재한다.

2. 수출·입 운송

1) 수출·입 운송의 의의

국제무역을 수행하는 과정에서 발생하는 대부분의 문제들은 국제거래 양 당사자들이 서로 다른 환경의 시공간 차이에 의하여 발생한다. 이를테면 국제거래 당사자들이 물리적으로 원거리에 위치해 있음에 따라 수출물품들은 장기간에 걸친 운송으로 인하여 경제적인 손실위험에 더 많이 노출되기도 하고 또 상품의 소비효용을 감소시키기도 하며, 운송비용의 증가로 가격경쟁에서 불리해지기도 한다. 이런 이유로 국제 무역거래자들은 국제무역거래를 이행하는 과정에서 발생하는 수출자와 수입자 사이에 존재하는 시공간장애를 극복하고자 끊임없이 노력해왔다. 그 중 하나가 국제운송수단의 지속적인 발전이다. 운송이 상품의 장소적 이전과 공간적 거리의 극복기능이 있기 때문에 국제운송수단인 항공기나 선박들은 진화에 진화를 거듭하여 오늘날 경제성과 신속성, 그리고 안전성과 정확성 측면에서 놀라운 발전을 이룩하여 왔다.

수·출입운송은 이처럼 수출물품을 최초 그것이 위치해 있는 장소 혹은 국가에서 물품매매계약서상 지정된 장소 혹은 국가로의 이동을 의미하고, 이 과정에서 상품의 형태나 성질이 물리적 또는 화학적으로 변화되지 않아야만 운송이 효율적으로

이루어졌다고 할 수 있다. 이와 같은 운송에 관한 정의는 운송계약서상에 잘 구현되어 있다. 운송계약이 체결되면 운송인은 운송에 필요한 인원 및 장비를 동원하여 운송과정에서 발생하는 일체의 작업을 담당하고 제조건을 준수하며 성실하게 상품의 운송임무를 수행하여야 한다. 또한 도착지에서 운송인은 수화인에게 상품을 정확하게 인도하여야 한다.

2) 수출 · 입 운송의 종류 및 특성

수출입운송의 종류와 특징을 언급하기 전에 우리는 운송과 유사한 다른 용어와 비교하여 운송의 개념을 명확하게 해둘 필요가 있다.

운송과 유사한 다른 용어로는 수송, 운수, 운반 등이 있다. 그러나 운송이 재화의 이동을 서비스의 공급측면에서 해석한 개념인 반면에 수송은 상법상 운송의 동의어이며, 운수는 행정상, 법률상 운송과 동의어로 사용한다. 그리고 운반이라 함은 한정된 범위에서의 운송의 개념이고 배송은 상거래 성립후 고객이 지정하는 수화인에게 화물을 발송 및 배달하는 것을 의미한다.

(1) 육상운송

(가) 도로운송

기동성과 신속성이 뛰어나다. 근거리 소량운송에 적합하고 'Door to Door' 와 같은 일관수송이 가능하며 다양한 화물특성에 대응이 용이하다. 배차의 유연성도 다른 운송수단과 비교하여 뛰어나다. 그러나 대량운송에 부적합하고 장거리시 운임이 상승하며 교통사고, 교통체증, 공해 등을 유발한다. 도로중량 제한 및 도로파손을 부작용으로 한다.

(나) 철도운송

중 · 장거리 대량/중량물 운송에 적합하다. 운송수단의 특성상 높은 안전성과 전천후 수송이 가능하고 출발과 도착시간이 타 운송수단과 비교하여 비교적 정확한 편으로 높은 정시성을 보인다. 낮은 운임으로 경제성이 높다. 그러나 도로운송처럼 'Door to Door'와 같은 일관수송 불가능하고, 근거리 운송시에는 운임이 비싸다. 또 다른 운송수단과 연계하는 환적작업이 필요하며 배차의 탄력성이 낮다. 긴급한 운송에는 특히 부적합하다.

(2) 해상운송

바다를 항해하는 선박에 의하여 재화를 장소적으로 이동시키는 것을 말한다. 부존자원이 적어 원료의 해외의존도가 높은 한국의 경우 해상운송은 제품의 생산에 필요한 원자재 및 반제품의 공급을 원활하게 하고 해상운송과 관련된 산업인 해상보험업, 조선공업, 하역업 등의 노동수요 창출 및 재화축적에 막강한 영향력을 행사한다.

운송수단인 선박의 대형화로 대량운송과 원거리운송이 가능하다. 타 운송수단과 비교하여 운송비가 저렴하고 운송로가 자유롭고 무한정하다. 국제성이 뛰어나 각국의 항만에 다국적 선박의 출입 및 국제해운시장에서의 각국 상선의 경쟁이 치열하다.

(3) 항공운송

항공운송에 적합한 품목으로는 <표 3-6>의 품목들이다.

〈표 3-6〉 항공운송에 적합한 품목

긴급 수요 품목	납기 임박 화물, 계절 유행 상품, 투기 상품
장기운송 시 가치상실 품목	신문, 잡지, 필름, 원고, 긴급서류 등, 생선, 식료품, 생화, 동물, 방사선 물질
부가가치가 높은 품목	전자기기, 정밀광학기기, 컴퓨터기기, 통신기기, 반도체, 귀금속 미술품
물류관리/마케팅전략 품목	과잉재고에 의한 가격하락 방지, 경쟁상품보다 신속한 서비스 체제 확립
타 운송수단의 악세 품목	벽지운송, 해상 또는 육상운송의 정지

항공운송은 항공기의 항복(航復)에 여객과 화물을 탑재하고 국내외 공항에서 공로로 다른 공항까지 운항하는 최근대식 운송시스템이다. 운임은 타 운송수단과 비교하여 비싸지만 긴급하거나 고부가가치의 물품을 신속하게 운송할 때 이용한다.

한국의 경우 1997년 IMF 이후 지속적인 산업구조의 조정으로 고가품에 속하는 상품섬유율의 증가와 유행에 민감한 상품의 신속한 유통, 국제적 분업화의 가속화, 화물전용기의 정기적 취항, 화물전용 터미널의 건설 등으로 인하여 항공운송이 꾸준하게 성장하고 있다. 항공운송은 타 운송단과 비교시 상품의 운송이 정시에 신속하게 이루어지고 안전성이 뛰어나다. 최근에는 민간의 특사우편(courier)이 활발해지면서 소량화물(견본 등)의 운송에 편리하였던 국제택배운송 무역에서도 그 이용이 확대추세에 있다.

(4) 복합운송

국제복합운송이란 수출입화물을 단일 운송계약에 의거하여 최소한 2개 이상의 이종(異種)운송수단에 의해 송하인의 문전에서 수하인의 문전까지, 즉 ‘door to door’로 국제간 일관해서 운송하는 것이다. 주로 ‘multimodal transport’ 혹은 ‘combined transport'라고 불린다.

복합운송의 개념은 바르샤바조약(국제항공운송 통일규칙에 관한 조약, 1929)에서 출발하여, 1956년 4월 해륙복합운송용 컨테이너가 개발되면서 실질적 개념으로 발전하였다. 이 운송방식은 수출시 화물을 단순히 해상운송이나 항공운송으로 보냄으로써 "port to port" 구간의 운송서비스만 선사나 항공사로부터 받고 나머지는 수출자가 알아서 또 다른 운송서비스 주체들에게 서비스를 의뢰하는 것이 아니라, 한 사람에게 맡겨 자사의 창고에서 화물의 포장부터 시작하여 거래처의 공장 혹은 창고까지 물류의 전 구간을 커버하여 운송토록 하는 방식이다. 따라서 택배운송이 가능하고 하나의 운송계약, 운임, 일관운송 책임으로 운송되며, 컨테이너의 보급으로 환적이 용이해졌다.

복합운송의 요건으로는 단일운송계약, 단일책임주체, 단일운임, 운송수단의 다양성을 들 수 있다. 단일운송계약은 운송에 대한 전책임이 송하인과 계약을 체결한 복합운송인에게 집중되므로 단일책임주체가 실제 운송을 실행하는 주체와 관계없이 복합운송인 이 전체운송에 대한 책임을 진다. 또한 전 운송구간에 대한 단일운임이 적용되고 각각 다른 법적규제를 받는, 여러 운송수단에 의해 상품의 운송이 이행된다.

현재 무역거래에서 이용하는 운송수단은 다양하다. 따라서 국제거래 당사자들은 화물의 종류, 운송의 안정성, 운임, 운송구간 등 모든 여건을 고려한 다음, 운송수단별 특성을 면밀하게 반영하여 최적의 운송수단을 선택하여야 한다.

3) 국제운송계약과 국제협약

국제물품운송계약은 어느 한 나라에서 다른 나라로의 물품의 물리적인 운송을 위하여 체결되는 운송계약으로서 상품의 소유권이전을 수반한다.7)

일반적으로 운송계약(contract of carriage)은 매도인 또는 매수인이 운송인과 물품의 운송에 관한 예약(booking)을 함으로써 그 효력이 발생한다. 그러나 운송계약의 조건은 물품을 운송인에게 인도하고 운송인이 그 물품의 인수를 증명하는 서류, 즉 선화증권, 용선계약서 및 화물수탁증 등을 발급한 때에 확정되는 것이다.

국제거래에 있어 운송계약이 차지하는 중요성은 운송기간 중에는 매매계약의 목적물인 물품이 운송인 및 그의 대리인 등의 수중에 있게 되어, 매도인과 매수인은 그 어느 누구도 운송기간 중에는 물품에 대한 직접적인 통제를 할 수 없다는 사실에서 찾을 수 있다. 특히 해상운송은 수 주일 이상 지속되는 수도 있으며, 이러한 운송기간 동안 물품은 해상고유의 위험(perils of the sea) 등에 영향을 받을 수도 있다. 그러므로 물품운송은 매도인이나 매수인 또는 송화인(shipper)이나 수화인(consignee)에 대하여 어떤 책임이 있으며, 그들은 또한 운송인에 대하여 어떤 계약적 권리를 갖게 되는지를 이해하는 것은 매우 중요하다고 할 것이다. 여기서 운송인(carrier)이란 운임을 받고 여객 또는 물품의 운송에 종사하는 개인이나 조직을 의미한다.

한편, 국제운송계약에 따른 국제물품운송의 관례는 국제협약의 제정에 의하여 발전하여 왔다. 국제운송계약과 관련된 국제협약의 내용은 주로 운송인의 책임에 관한 것이다. 그러나 국제운송은 국제운송의 특성상 독점성이 강한 분야이므로 운송인은 물품의 운송도중 발생하는 멸실이나 손실 등에 대하여 면책을 주장할 수 있다. 특히 국제적 통일조약의 영향이 확대되고 세계 각국의 국내법의 효력이 축소되는 현실에서 운송인의 일방적인 운송계약상의 전횡을 막기 위하여 운송인의 책임, 권리 및 면책을 규제하는 국제적 통일조약이 필요하다. 현행 국제운송을 규제하는 주요 국제운송법규를 정리하면 <표 3-7>과 같다.

헤이그규칙(Hague Rules)은 19세기 후반기에 해운업이 대기업화 됨에 따라 해상물품운송상의 면책약관을 중심으로 선주(船主)와 하주(荷主)의 이해대립이 격화되어, 여러 나라의 입법과 판례는 크게 상치되었다. 이런 이해대립을 조정하기 위하여 국제법협회가 헤이그에서 채용하였다. 이듬해 약간 수정되었으나, 1924년의 브뤼셀 외교회의에서 그 내용이 거의 그대로 "선화증권에 관한 규칙의 통일을 위한 조약(브뤼셀소약)"으로 채용되었다.

〈표 3-7〉 국제운송을 규제하는 주요 국제운송법규

해상운송	육상운송
1924, 선화증권통일조약 1968, 개정 선화증권통일조약 1978, UN해상화물운송조약 1990, 해상화물운송장에 관한 통일조약 1990, 전자식 선화증권에 관한 조약	1975, 국제도로 화물운송조약 1985, 개정 국제철도 화물운송조약
	항공운송
	1929, 국제항공운송통일조약 1955, 개정 국제항공운송조약
	복합운송
	1980, UN 국제복합운송조약 1991, 복합운송증권통일규칙

헤이그 규칙에서는 ① 면책의 한도에 관하여 선주에게 면책을 인정하는 사항과 그것을 금지하는 사항으로 나누었고, ② 운송인의 과실책임주의를 채용하였으며, ③ 선화증권의 문언성(文言性)을 부정하고 단순히 일단의 증거력을 인정하는 데 그친 것 등, 선주와 하주의 이해조정에 대하여 배려하였다. 또한, 브뤼셀조약은 영국·미국 등 여러 나라의 국내법제에 채용되고 있다.

헤이그 비스비 규칙(Hagure Visby Rules)은 1924년 헤이그 규칙이 채택된 이래 상당한 세월이 지남으로써, 그 사이에 국제해상물건의 운송은 눈부시게 발전하였고, 그와 동시에 헤이그 규칙은 국제해상물건 운송에 완전히 정착(定着)되었다. 그러나 다른 한편 컨테이너 운송의 출현, 인플레이션으로 인한 통화(通貨) 가치의 큰 변동 등으로, 헤이그 규칙의 일부는 시대의 요청에 부응하지 못하게 되었다. 이와 같은 사정으로 1968년 2월 23일에 헤이그 규칙의 일부를 개정하는 규칙이 성립되었는데 이를 헤이그-비스비 규칙이라고 한다. 정식의 명칭은 "선화증권의 국제 통일협약에 관한 개정 의정서"(Protocol to Amend the International Convention for the Unification of Certain Rules of Law relating to Bills of Laiding)이다.

함부르크 규칙(Hamburg Rules)은 1967년에 개최된 유엔무역개발회의(United Nations Conference on Trade and Development, UNCTAD) 해운위원회(Committee on Shipping) 제2차 회의에서 개발(開發) 도상국(途上國)들에 의하 여 선화증권 협약의 개정문제가 처음으로 제기되었다. 이에 따라 운크다드가 유엔의 국제무역법위원회(United Nations Commission on Internatioal Trade Law, UNCITRAL)에 권고함으로써 운시트랄의 주관 아래 개정작업이 추진되어, 1978년 함부르크에서 개최된 유엔주최의 전권(全權)대표회의에서 채택된 "1978년 유엔 해상 물건 운송협약"(United Nations Convention on the Carriage of Goods by Sea, 1978)의 공식적인 약칭(略稱)이다. 이 함부르크 규칙은 새로운 협약의 제정형식을 취하고 있으나, 실질적으로는 운송인과 화주간의 위험의 분배(allocation of risks)에 관한 헤이그-비스비 규칙을 일부 변경(變更)한 개정 협약이다. 헤이그 규칙에 비하여 이 협약의 특징은 항해과실(航海過失)에 대한 운송인의 면책(免責)이 폐지되는 등, 운송인의 책임이 엄격화되고 확대되었다는 점이다.

국제간에 철도편으로 물품을 운송하는 경우에는 CIM으로 알려진 "국제철도물건운송조약"(Convention internationale concernant le transport des marchandises par chemin de fer: International Convention concerning the Carriage of Goods by Rail)이 적용되는 것이 보통이다. 이 CIM의 모체는 이미 1893년부터 존재해 왔으며, 수시로 새로운 수요를 반영하여 개정되어 왔는데, 현행 조약은 1970년의 추가의정서(additional protocol, 1970)를 포함한 CIM이다.

국제도로물품운송조약은 1956년 스위스의 쥬네브에서 서명되어 독일, 프랑스, 영국 등 유럽 16개국이 가맹하고 있는 조약으로 트럭에 의한 국제화물의 도로운송을 규정하고 있는 것으로 국제철도물품운송조약(CIM)과 함께 국제간의 화물의 육상운송을 행할 때의 운송책임과 계약관계를 명기하고 있다.

국제항공운송조약(Convention for the Unification of Certain Rules relation to International Carriage by Air)은 공식적으로 1928년 왈소에서 성립한 국제항공운송에 관한 규칙의 통일에 관한 조약을 말한다. 항공운송인의 책임에 관한 국제조약으로서 1924년 항공화물증권통일조약과 함께 오늘의 세계법을 형성하고 있다. 이 조약은 항공운송의 발전과 시대의 변천에 따라 1955년 헤이그 의정서와 1971년 과테말라 의정서에 의하여 개정되고 또 용기계약에 관한 관계조약이 성립되고 있다.

국제복합운송조약(UN Convention of International Multimodal Transportation)은 1980년 5월 UN에서 제정된 국제복합운송에 관한 조약으로 30개국 정부의 비준이 완료일 12개월 후에 발효되나, 선진국의 반대가 커서 아직까지 발효되지 않았다. 본 조약이 발효될 경우 본 조약은 복합운송인이 운송할 물품의 수탁지 또는 인도지가 조약 가입국이면 이 조약이 강제적으로 적용된다(조약 2조, 3조).다만 해상운송에 대한 헤이그 규칙 및 항공운송에 관한 왈소조약 등의 관계에서는 양 당사자가 헤이그 규칙 또는 왈소조약 가입국이면 이들 조약이 본 조약에 우선해서 적용될 수 있다(조약 38조).

복합운송증권 통일규칙(Uniform Rules for a Combined Transport Document)은 국제상업회의소(ICC)가 복합운송증권의 양식, 기재사항, 복합운송조건, 증권발행에 따른 복합운송인의 책임 등에 관해서 규정한 임의규칙으로서 운송책임에 대해서는 Network Liability System을 채택하고 있다. 개별증권에 UCC Brochure No.289, 1975년에 의거한다는 취지의 준거문언을 삽입하는 것에 의해 이 규칙을 적용할 수 있다.

4

제4장 육상운송

학습의 목적

수출・입운송절차 중 내륙운송의 각각의 운송형태에 따라 다르게 적용되는 운송관련 법규를 중심으로 도로운송, 철도운송, 연안 해상운송 등 각각의 운송절차에 대한 지식을 포괄적으로 습득한다.

학습의 목표

1. 도로운송, 철도운송, 연안 해상운송 등에 관한 전반적인 기초내용을 이해할 수 있다.
2. FCL / LCL 화물의 내륙운송(수출)과 FCL / LCL 화물의 내륙운송(수입)절차를 이해할 수 있다.
3. 국제육상운송인의 책임체계에 관한 국제규칙과 책임원칙, 입증책임, 운송인의 면책, 운송인의 책임범위를 구분하여 이해할 수 있다.
4. 육상운송계약시 고려사항으로 운송장, 운임의 청구와 유치권, 포장, 운송물의 수탁거절, 운송인의 손해배상을 이해할 수 있다.

제1절 수출 · 입 화물의 육상운송

1. 육상운송의 기초

우리가 경인지역에서 수출예정인 화물컨테이너를 부산항까지 보내야 할 경우 보통 세 가지 방법 중 한 가지를 선택한다. 현재 한국내 수출입자가 가장 많이 이용하는 도로와 철도를 이용할 수도 있으며 '89년부터 생긴 인천과 부산간의 연안 해상운송 방법을 선택할 수 있다. 그러나 통계상 경인지역에서 부산항까지 육상운송을 하는 비율은 전체의 약 90%를 차지하고 있으며 철도운송이 약 9%, 연안해송이 1% 정도 차지하고 있다. 육상운송의 다양한 방식으로는 [그림 4-1]에서와 같이 공로운송, 철도운송, 내륙수운 등이 있다.

[그림 4-1] 육상운송의 다양한 방식

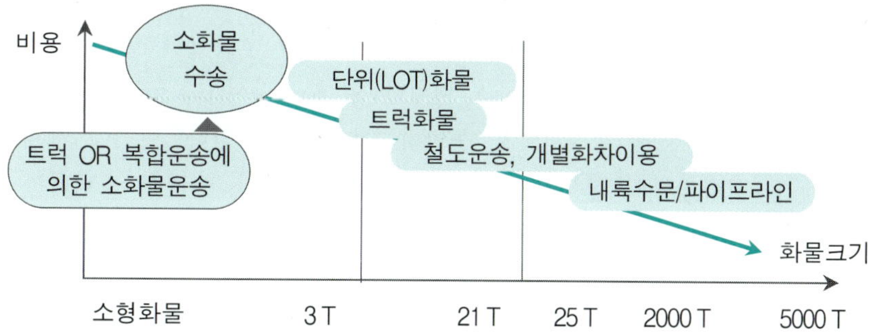

1) 도로운송

도로운송 혹은 육상운송을 실무적인 측면에서 보면, 컨테이너 육상운송료가 수출입시 부담해야 하는 물류요금 중 해상운임 다음으로 가장 큰 비중을 차지한다. 따라서 수출입자는 도로정체 및 컨테이너차량에 대한 과적단속 등과 경제적 부담을 감안할 때 컨테이너 육상운송에 대한 정확한 이해를 할 필요가 있다. 컨테이너를 육상운송하기 위해서는 기본적으로 구동장치인 트랙터와 컨테이너를 적재하는 부분으로서 차축, 차륜, 제동장치를 보유하고 있는 트레일러가 필요하다. 국제적으로 보면 컨테이너 육상운송방식은 세미트레일러방식(semi-trailer combination), 풀트레일러방식(full-trailer combination), 더블바텀방식(double bottom trailer combination)의 세 가지로 구분된다.

참고 6 컨테이너 육상 운송 방식

[Semi-Trailer Combination]

[Full-Trailer Combination]

[Double Bottom Trailer Combination]

이들의 차이점은 트레일러 단독으로 화물의 무게를 지탱하느냐 트렉터와 함께 화물의 무게, 즉 하중을 부담하느냐에 따라 구분된다. 풀트레일러의 경우 트렉터가 단순히 트레일러를 견인하는 역할을 할 뿐이라서 그 구조가 간단하고 자체브레이크가 없기 때문에 경량화물을 운반하는데 주로 쓰인다. 반면에 세미트레일러는 트레일러와 적화중량의 일부가 트렉터에 직접 작용한다. 따라서 트렉터는 지지력과 견인력을 가져야 하므로 뒷바퀴는 보통 더블로 하고 연결키를 설치하여 트레일러와의 상대운동 연결 분리를 수월하게 한다.

그러나 현재 한국(건설교통부, 경찰청)은 도로의 보전과 통행의 위험을 방지하여 교통소통의 원활화를 도모하기 위해 컨테이너 화물차량 및 일반화물차량을 대상으로 과적차량 단속을 시행하고 있다. 단속대상은 고속도로, 국도, 지방도 등의 도로를 운행하는 차량 중 총중량 40톤, 축중 10톤을 초과하거나 적재적량을 초과하는 화물을 적재한 차량으로서 중량측정계의 오차를 감안 10%의 허용치를 두어 총중량 44톤 또는 축중 11톤 이상시 고발조치한다.[8)] 과적단속으로 적발당할 경우 도로법 및 도로교통법의 관련규정에 의해 총 238만원의 벌금이 부과될 수 있는데, 과적운송을 지시하거나 요구한 수출입화주도 그 대상에 포함된다. 따라서 과적을 피하고 운송효율을 최대화하기 위하여 20피트 컨테이너의 경우 내품중량 17.5톤, 40피트 컨테이너의 경우 내품중량 20톤이 넘지 않도록 화물적입계획을 세우는 것이 안전하며 사전에 운송업체와 협의하는 것이 바람직하다.

참고 7 **트레일러 종류 및 쓰임 비교**

트레일러 종류	쓰임	비고
	적재대부분을 평평하고, 적재함 문짝이 없이 제작한 트레일러로써, 컨테이너뿐만 아니라 다양한 장척화물 및 중량화물 운송에 이용됨	<평판 트레일러>
	컨테이너를 전문적으로 운송하기 위하여 제작된 트레일러로써, 차체무게를 최대한 줄일 수 있는 구조로 되어 있음(일잔적으로 평판트레일러에 비해 1톤 정도 경량화)	<컨테이너 트레일러> 20/40/45 피트용, 컨테이너야드 운송전용 등 다양하게 제작 활용됨
	화물의 높이가 높은 화물을 운송하기 위하여 적재대를 지면쪽으로 최대한 낮추어 제작한 트레일러로써, 중장비 및 기계설비 등을 안전하게 운송하는데 이용되며 높이에 따라 저상, 중저상으로 구분	<저상 트레일러>

<기타 득수트레일러>

○덤프 트레일러 : 트레일러의 적재함을 덤프식으로 제작하여 적재한 화물을 트레일러 앞부분에 설치된 유압잭을 이용하여 들어올려 하역하도록 한 트레일러.

○탱크트레일러 : 적재함을 탱크형식으로 하여 유류, 시멘트, 곡물 등 다양한 특수화물운송용도로 제작되며 차량의 회전율 및 가동율 향상을 위해 이용

컨테이너 육상운송요금은 신고요금제도로 컨테이너운송사업자가 요금조정을 국토부에 신고하고 국토해양부는 이를 접수하여 요금표를 공포한다.

컨테이너 육상운송료는 현재 전국을 150개의 행정구역별로 나누어 놓고 컨테이너 물동량이 많은 5개 지역(부산, 인천, 울산, 마산, 광양)을 기점으로 요금을 정하는 체제로 구성되어 있다. 모든 요금은 기본적으로 왕복운임을 적용함을 원칙으로 하고 있다. 이는 운송업체로 보아 컨테이너를 운송한 후 돌아올 때의 빈차운행에 대한 대가를 화주가 지불해야 한다는 논리에서 나온 것이다. 각 기점에서 목적지 행정구역까지를 20피트와 40피트 컨테이너로 나누어 적용하고 있는데, 20피트 요금은 40피트의 90%를 적용한다.

서울1지역: 은평구, 마포구, 종로구, 중구, 용산구, 서대문구, 노원구, 도봉구, 강북구, 성북구, 동대문구, 중랑구, 성동구, 광진구

서울2지역: 강서구, 양천구, 영등포구, 동작구, 관악구, 구로구, 금천구, 강남구, 서초구, 송파구, 강동구

〈표 4-1〉 부산 CY ~경인지역 간 DOOR (편도 운임) (단위 : 원)

행 선 지	40 FT	20 FT	행 선 지	40 FT	20 FT
서 울 1	590,000	531,000	파 주 시	747,000	672,000
서 울 2	579,000	521,000	의정부시	677,000	609,000
인천광역시 (영종도)	747,000	672,000	양 주 시	797,000	717,000
			동두천시	797,000	717,000
과 천 시	579,000	521,000	하 남 시	681,000	613,000
안 산 시	579,000	521,000	화 성 시	576,000	518,000
시 흥 시	579,000	521,000	오 산 시	576,000	518,000
원 주 시	713,000	642,000	평 택 시	579,000	521,000
안 양 시	576,000	521,000	안 성 시	579,000	521,000
군 포 시	576,000	518,000	남양주시	681,000	618,000
의 왕 시	576,000	518,000	구 리 시	681,000	613,000
부 천 시	598,000	538,000	이 천 시	681,000	613,000
인천광역시	598,000	538,000	여 주 군	681,000	613,000
수 원 시	576,000	518,000	광 주 시	586,000	617,000
성 남 시	579,000	521,000	춘천시	905,000	815,000
용 인 시	579,000	521,000	고양시	677,000	609,000
김 포 시	598,000	538,000	인천(강화군)	747,000	672,000

출처 : 국토해양부, 컨테이너육상운송요율, 2009년 09월~ 현재 시행

한편, 각 5개 기점과 경인지역간은 운송업체로 보아 컨테이너 물동량이 많아 공차 운행의 부담이 덜하므로 편도운임을 적용한다. 물론 모든 경인지역이 편도운임의 대상은 아니고 "수입화물의 경우는 선사가 서울지역의 내륙컨테이너기지 혹은 CY의 존재를 인정하고 공컨테이너를 장치할 경우에, 그리고 수출화물은 서울지역 내륙 컨테이너기지 또는 CY에 장치된 공컨테이너를 사용했을 경우에" 부산지역 CY와 이들 지역간은 편도운임을 적용한다.

컨테이너내 적입되는 화물의 중량에 따른 요금의 구분도 있는데, 컨테이너 자체중량을 제외한 내장화물의 중량이 10톤 이하인 경량 컨테이너 2개를 동일장소에서 적재운송(컴바인운송)할 경우 40피트 컨테이너 운임의 108%를 적용하고 있다.

선사가 서울지역의 내륙 컨테이너 기지(container depot)설치를 인정하고 공컨테이너를 장치할 경우(수입화물)와 서울지역 내륙 컨테이너 기지에 설치된 공컨테이너를 사용했을 경우(수출화물), 부산 CY에서 경인지역간 운임은 편도운임을 적용한다. 단, 20FT 운임의 경우 내품중량이 10톤 이하인 경량컨테이너는 아래 운임을 적용한다.

부산CY - 서울지역 DOOR	434,000원	수원시, 의왕시, 용인시, 오산시, 평택시, 송탄시, 안성시, 안산시, 군포시, 안양시, 과천시, 성남시, 광명시, 시흥시, 화성시 지역

선사가 서울지역의 내륙 컨테이너 기지 설치를 인정하고 서울지역 CD 및 CY와 부산, 울산, 마산, 광양 CY간 공컨테이너 운송운임을 부담하지 않는 경우에는 화주에게 왕복운임을 적용한다.

서울1지역: 은평구, 마포구, 종로구, 중구, 용산구, 서대문구, 노원구, 도봉구, 강북구, 성북구, 동대문구, 중랑구, 성동구, 광진구

서울2지역: 강서구, 양천구, 영등포구, 동작구, 관악구, 구로구, 금천구, 강남구, 서초구, 송파구, 강동구

〈표 4-2〉 인천기점 왕복운임 (단위 : 원)

행선지	40FT	20FT	행선지	40FT	20FT	
서울 1	209,000	188,000	서울 2	204,000	184,000	일부지역 왕복 운임 기재 생략
안산시	190,000	171,000	수원시	280,000	252,000	
김포시	204,000	184,000	구리시	319,000	287,000	
오산시	348,000	313,000	안성시	396,000	356,000	
원주시	519,000	467,000	춘천시	507,000	456,000	
삼척시	643,000	579,000	태백시	643,000	579,000	
충주시	604,000	544,000	아산시	444,000	400,000	
서산시	560,000	504,000	공주시	467,000	420,000	
군산시	632,000	569,000	익산시	632,000	569,000	
전주시	632,000	569,000	여수시	803,000	723,000	
구미시	658,000	592,000	대구광역	712,000	641,000	
경주시	740,000	666,000	울산광역	752,000	677,000	
부산광역	1,038000	934,000				

출처 : 국토해양부, 컨테이너육상운송요율, 2009년 09월~ 현재 시행

그러나 단위화물의 계약운임은 화물운송(적재)의 채산성만을 고려해야 하는 것이 아니라 귀로상황(공차운행 경우 많음)도 고려한 운송원가를 기준으로 책정되어야 한다. 가는 길이나 오는 길에서 화물차는 매우 자주 다른 종류의 화물들을 싣게 된다. 만일 화물 의뢰시점부터 운송완료시점까지의 기간이 상대적으로 길면, 기다리면서 또 다른 화물을 화물차에 적재할 기회가 많아지므로 화물차의 적재율을 높일 수 있다.

〈표 4-3〉 부산기점 왕복운임 (단위 : 원)

행선지	40FT	20FT	행선지	40FT	20FT	
울 산	274,000	247,000	진주시	368,000	331,000	일부지역 왕복 운임 기재 생략
통영시	395,000	356,000	거제시	488,000	439,000	
진해시	244,000	220,000	양 산	167,000	150,000	
경주시	326,000	293,000	대구광역	459,000	413,000	
구미시	521,000	469,000	포항시	404,000	364,000	
안동시	567,000	510,000	광양시	493,000	444,000	
여수시	541,000	487,000	광주광역	627,000	564,000	
목포시	690,000	621,000				

출처 : 국토해양부, 컨테이너 육상운송요율, 2009년 09월~ 현재시행

(1) 도로(공로)운송 절차

[그림 4-2] 도로(공로) 운송 절차

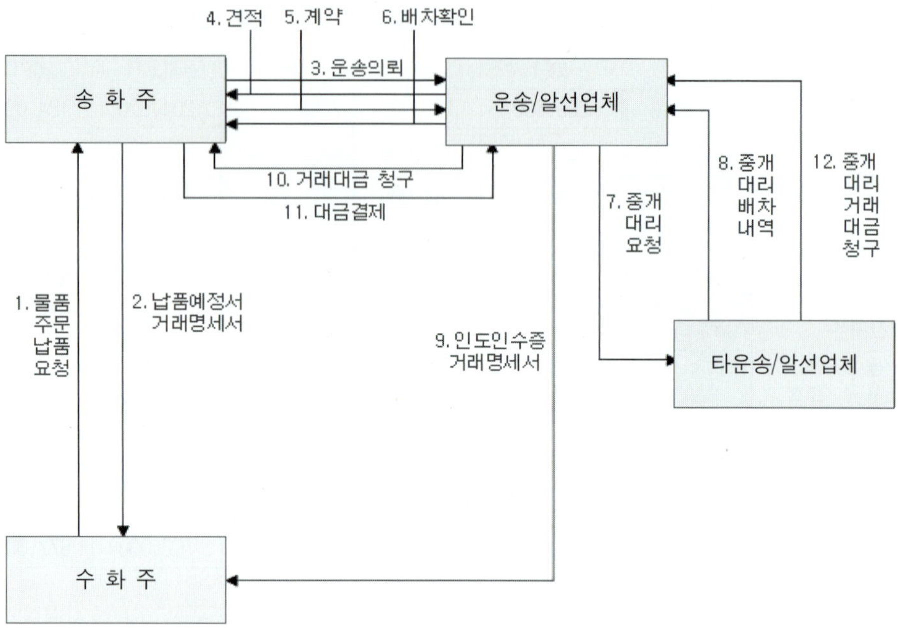

(가) 운임계산의 원칙

도로운송운임에는 부가가치세가 포함되어 있지 않으며 운송화물에 대한 보험료도 반영되어 있지 않다. 그러나 도로운송운임에는 도로 통행료가 포함되어 있으며 모든 운임 및 요금은 천원 미만을 반올림하여 적용한다. 단, 부가가치세는 제외한다.

(나) 운임의 적용방법

20FT 컨테이너 운임은 40FT 컨테이너 운임의 90%를 적용하고, 45FT컨테이너 운임은 40FT 컨테이너 운임의 112.5%를 적용한다. 20FT 컨테이너 운임의 경우 컨테이너 자체중량을 제외한 내장화물의 중량이 10톤 이하인 경량 컨테이너 2개를 동일 장소에서 적재운송(Combine 운송)할 경우, 40FT 컨테이너 운임의 108%를 적용한다. 단, 냉동컨테이너는 제외한다.

도로운송 관련법규(도로법 등)에 의한 도로통행 제한 높이 또는 길이의 초과로 발생되는 '제한차량 운행허가' 수수료는 별도 가산 적용한다. 본 운임에 표시되지 않은 지역의 운임은 최근거리 상위지역 및 하위지역의 평균운임을 적용한다.

(다) 운임적용의 예외 및 운송제한

도로통행에 제한을 받는 활대품, 장척물 적재 컨테이너와 Tank 컨테이너 할증운임은 상호 협의하여 결정하고 도로 통행 제한규정의 총중량 및 축중량을 초과하는 중량품은 운송할 수 없다.

(라) 할증

- 냉동 컨테이너 할증 : 냉동 컨테이너 운임은 해당지역 요율의 30% 할증율을 가산 적용한다.
- 험로 할증 : 험로 및 통행에 제한을 받는 지역에 대하여는 해당지역 운임에 30% 이상의 할증률을 가산한다.
- 위험물 할증 : 위험물이 적재된 컨테이너를 수송할 때에는 해당지역 운임에 위험물의 종류에 따라 다음의 할증률을 가산한다. (위험물,유독물 : 50%, 화약류 : 200%, 방사성물질 : 300%)
- 휴일 및 심야 할증 : 화주의 요청에 따라 공휴일 및 심야에 운행할 때에는 해당지역 운임의 20%를 추가 할증 적용한다.
- 트랙터 및 샤시의 사용료 : 트랙터 대기료는 Door 도착후 40FT의 경우 3시간, 20FT의 경우 2시긴까지 무료이고 이를 초과시는 매 시간당 40FT 및 20FT 공히 추가요금을 추가계산한다. 샤시(Chassis) 임대료는 매일 대당 40FT의 경우, 20FT의 경우 추가요금을 추가 계산한다.
- 밥테일 운임 : 밥테일(Bobtail) 운임은 해당지역 운임의 40FT의 경우 43%, 20FT의 경우 45%를 적용한다.
- 배차 취소료 : 배차 취소료는 해당지역 운임의 75%를 적용한다.

(마) 기타사항

도로운송운임에서 정하지 않은 사항은 법령을 위반하지 않은 범위내에서 당사자간의 합의에 따르는 것을 원칙으로 한다. 행정구역 개편에 따라 통합된 시, 군은 통합 이전의 시, 군 운임을 합한 평균운임을 적용한다.

(2) 도로(공로)운송 계약

운송업자와 화주 사이의 계약은 다음과 같이 진행된다.

첫째, 합의운임이 포함된 1년 이상의 계약서형태는 계약기간내에서의 각 운송은 운송에 관련된 필요한 사항(적재량, 도착지, 협약번호 등)이 명시되어 있는 '운송의뢰서'에 의해 성립한다.

둘째, 운송업자와 주문자(화주)간에 '운송의뢰'를 위해 필요한 기재사항들을 명시한 입회계약서 형태에서는 이들 계약서의 조항들에 따라 운송조건이 정해지며, 공공질서에 맞지 않을 경우는 예외가 된다. 그러나 사례조항이 없는 경우는 모든 국내 영업용 화물운송에 적용되는 일반계약규정을 적용한다. 단 특수한 경우(유조차, 분리불가능 화물 등)에 대한 표준계약서가 있을 경우에는 예외이다. 법령에 의해 정해진 이러한 계약들은 국가교통위원회에 의해 만들어진다.

우리나라의 경우 화물자동차 운송업체와 화주간의 운송계약은 화물운송장에 의해 이루어진다. 화물운송장의 주요내용은 다음과 같다.

- 송하인(화주)과 수하인의 주소, 성명(또는 상호) 및 전화번호
- 화물의 품명, 품질, 수량, 중량(또는 용적) 및 포장종류
- 운송구간 및 취급장 성명
- 화물수탁일시 및 수송일시(운송기간)
- 운임 및 지불방법
- 기타 사항

화물운송계약은 화물자동차 운송주선업체와 화주간에 이루어지기도 하는데, 이 경우 화물자동차 운송주선업체가 화물운송장외에, 화물자동차운송업체에 화물위수탁증을 교부하도록 하고 있다. 화물위수탁증의 내용은 다음과 같다.

- 위탁자(화물자동차 운송주선업체) 및 수탁자(화물자동차 운송업체)의 성명, 주소, 사업자등록번호 등
- 운임
- 출발지 및 도착지
- 화주의 성명, 사업자 또는 주민등록번호, 주소
- 화물의 내역(종류, 무게, 부피, 화물도착일시, 화물수령인 운임지불방법)

(3) 화물의 분실사고시 운송인의 책임

만일 화주가 표준계약서에 제시되어 있는 책임한도를 높이기 원한다면, '화물가치 신고'를 해야 한다. 이러한 경우, 운송자가 운송에 동의했을 때 책임한도는 신고된 가치만큼 된다. 우리나라의 경우 화물운송시 발생한 사고의 배상수준은 피해발생금액 수준의 배상을 원칙으로 하되 양자의 합의에 의해 결정된다.

운송자의 책임한도는 약서에 명시되어 있는 경우에는 계약상의 한도에서 배상이 진행되며 화물의 가치를 산정하여 명시한 경우에는 화물의 가치한도내에서 배상이 이루어진다. 그러나 보통 표준계역서의 한도로는 3톤 미만 발송화물은 킬로그램 당 23€, 수화물 킬로그램 당 750€ 보상하고 3톤 이상 발송화물은 킬로그램 당 14€과 톤 당 2300€를 보상한다. 국제운송 계약한도는 8.33 DTS/kg 이다.

2) 철도운송

철도운송은 대량화물을 중·장거리 이상 운송하는데 큰 장점을 지니고 있다. 현재 수출입화물 중 주로 이용하고 있는 품목으로는 무연탄과 양회(전체의 약 64% 점유)가 있으나 최근 도로체증과 수출입화물에 대한 과적단속의 강화로 인해 컨테이너 육상운송의 대체수단으로 점차 부각되고 있다. 철도운송을 이용하는 대량의 컨테이너화물의 경우 철도운송이 분명 도로운송보다 운송원가가 낮으나, 공로운송과는 달리 화주공장

이나 창고에서 항만까지 직접 연결되지 못하고 철도터미널을 거쳐야 함으로 운송의 즉시성(卽時性)이 상대적으로 낮은 편이다. 현재 컨테이너 철도운송은 수도권의 의왕 ICD(제7장 2절(3) 참조)와 부산진역간에 가장 활발하게 이루어지고 있다.

(1) 철도운송의 원리

철도운송은 화물이 화차에 상·하차되는 것을 전제로 하고 다음의 경우가 가능하다.

- 연결터미널(ITE)에서 출발, 철도망에 연결되어 회사 창고까지 통과
- 항공화물터미널
- 컨테이너 환승 전문터미널
- 크레인 선적(SNCF의 FERDOM 서비스)또는 화물차 자체 선적(컨베이어 도로)전문 터미널

그러나 반송자나 수취인이 연결터미널 시설을 가지고 있지 않을 때, [그림 4-3]에서와 같이 화물차를 통한 첫 번째 또는 세 번째 운송과정이 필요하다.

[그림 4-3] 철도운송이 원리

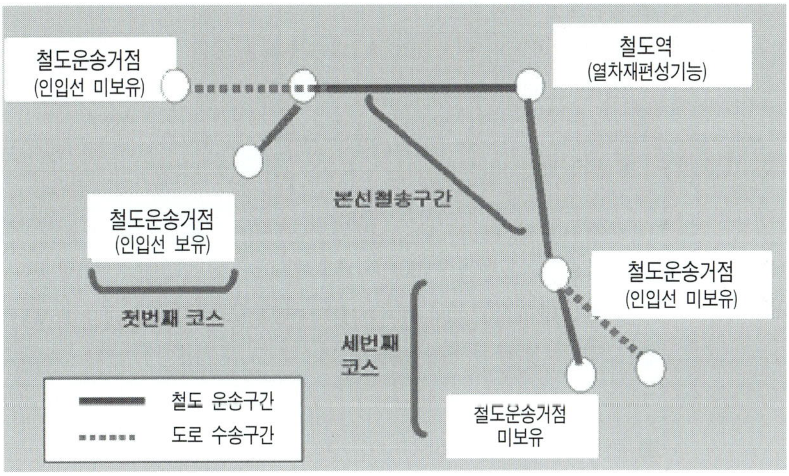

(2) 철도화물 운송계약

철도는 수송완결성이 취약한 운송수단임으로 "door-to-door" 서비스가 가능한 공로에 비해 경쟁력이 취약한 것은 사실이다. 그러나 최근 철도연계 화물터미널에서의 환적기술의 발달과 운송화물의 컨테이너화로 프랑스, 독일을 중심으로 철도화물운송도 고속화, 다빈도 서비스 제공 등 서비스 다양화 전략을 통한 시장확대의 노력이 진행되고 있다. 철도운송계약은 일정기간 및 범위를 정하는 상업운송계약 또는 수시계약 형태로 체결된다.

▌ 열차단위 운송
계획운송 : 열차 편차 도착 스케줄에 의한 계획운송
협의운송 : 수화인에게 도착 날짜와 시간 고지
수시운송 : 정해진 일정 없이 수시운송

▌ 화차단위(isolated wagon)운송
특급운송 : 1일 또는 2일 이내 도착 / 빠른 운송 : 3일 이내 도착
일반운송 : 6일 이내 도착(휴일 제외)

(3) 철도운송요금

2007년 11월 21일부로 건설교통부가 철도화물 운임 및 요금에 대한 상한신고제를 폐지하고 자율신고제로 전환함으로써 한국철도공사가 화물운임·요금을 자율적으로 결정한다. 그러나 한국철도공사는 아직까지 철도화물운송에 관한 운송요율을 공개하고 있지 않다. 그러나 일반적으로 화물운임계산방식은 일반화물과 컨테이너화물로 구분되어 있다. 단, 운임계산거리가 100km에 미달할 경우 운임최저거리인 100km를 적용하며 공컨테이너 운임은 영컨테이너 임률의 74%를 적용한다.

■ 일반화물 운임계산
◎ 임률(단가) × 수송거리 × 수송톤수 = 운임
◎ 임률(단가) : 42.50원(1톤, 1km 수송)
◎ 수송톤수 : 화차 1량당 수송톤수(화차 1량은 50t ~55t)
※ 운임계산 방법(예)

[제천→서울 간(170km), 화차 1량(50t 기준) 수송시 운임계산]
42.50원 × 170km × 50t = 361,250 ≒ 361,300원 (100원 단위 단수처리)

[제천→부산 간(325km), 화차 1량(50t), 수송시 운임계산]
42.50 × 325 × 50 = 690,625 ≒ 690,600원

■ 컨테이너 운임계산
◎ - 임률 × 수송거리 = 운임
◎ - 임률 : 20피트 - 449원, 40피트 - 741원, 45피트 - 876원
◎ - 공컨테이너 : 규격별 영컨테이너 운임의 74% 적용
※ 운임계산 방법

20피트	영차 : 449원 × 325km ≒ 145,900원	제천→부산간(325km), 20피트· 40피트, 영·공 컨테이너 수송 시
	공차 : 145,900원의 74% ≒ 108,000원	
40피트	영차 : 741원 × 325km ≒ 240,800원	
	공차 : 240,800원의 74% ≒ 178,200원	

■ 운임 할인

◎ 왕복수송 : 20% 할인

◎ 운송구간 및 화차종류가 같고 인도일로부터 2일 이내 탁송할 경우 복편운임

◎ 원거리 할인 : 1% ~ 2% 할인

수송거리 300km~399km : 1% 할인
수송거리 400km 이상 : 2% 할인

◎ 계약수송 할인 :□ % 할인 (연간 30,000t 이상, 할인율 계약시 적용)
월별 수송량 명시 (품명, 수송구간, 연간 계약수송량, 월별 수송예정량)

◎ 수입증대 기여한 화주 할인
코레일 연간 매출액의 1% 이상 화물운임·요금을 납부한 화주 중 전년실적 보다 5% 이상 증가한 고객에게 할인을 시행하며, 할인율은 상황에 따라 결정한다.

아래 도표는 의왕ICD(오봉역)을 기점으로 산정한 철도운임표이다.

(2008년 3월 기준) (단위: 원)

구분	오봉↔부산진역	오봉↔BCTOC	오봉↔신선대/감만터미널	오봉↔광양항
45′FULL	277,400	278,100	282,100	248,400
40′FULL	234,900	235,500	238,900	210,300
20′FULL	167,300	167,700	170,100	159,100
45′EMPTY	241,500	242,100	245,600	229,700
40′EMPTY	204,500	205,000	208,000	194,500
20′EMPTY	123,800	124,100	125,900	117,700

(4) 철도운송 절차

철도운송은 운송수단 중 가장 단순한 운송과정을 지니고 있다. 즉, 화물을 보내는 송화주와 화물을 받는 수화주 사이에서 철도역이 존재한다. 철도역도 화물을 보내는 출발역과 화물이 도착하는 도착역으로 구분된다. 그러나 철도운송은 "point to point"가 고객의 최종 목적지가 아닌 거점이기 때문에 제2의 수송수단을 이용해서 다시 고객의 최종도착지로 운반해야 하는 번거로움이 존재한다. 대량화물과 벌크화물 운송에 용이하며, 운임이 비교적 저렴한 편이다.

[그림 4-4] 철도운송 절차

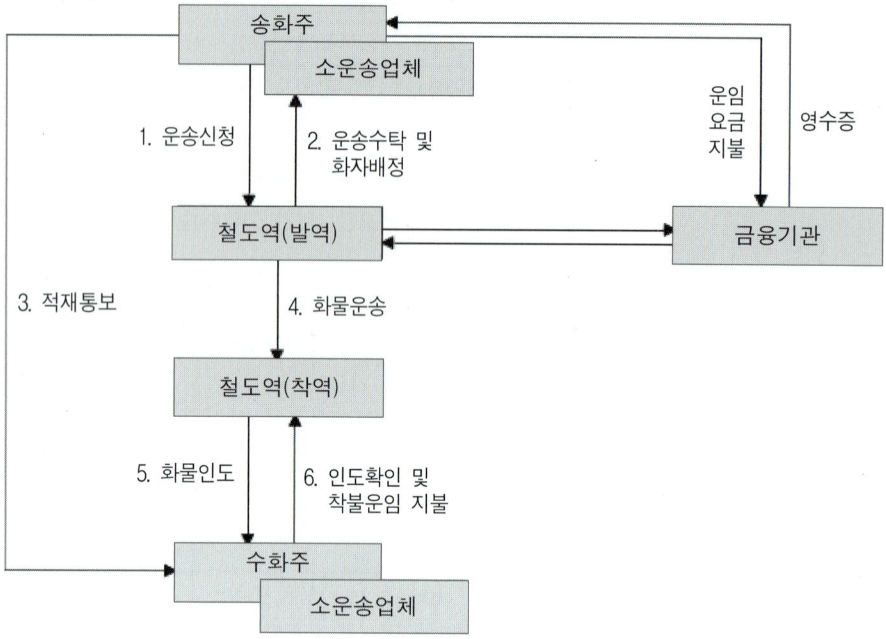

3) 연안 해상운송

연안 해상운송은 전체 수송분담률은 17%에 달하나, 수송비용은 1% 밖에 되지 않는 가장 효율적인 운송수단이며 환경적인 측면에서도 1t·1km(1t 분량의 화물을 1km 이동) 당 이산화탄소 배출량이 철도와 도로는 각각 28g, 98g이지만, 해운은 15g으로 그린교통수단으로 손색이 없다.

연안 해상운송[9]은 수도권과 부산간 철도, 도로수송의 대안으로 이루어지고 있다. 컨테이너 연안 해상운송은 '89년 8월부터 (주)한진에 의해 부산/인천 항로간 서비스가 시작된 이래 군산/부산, '97년 여천/부산, 목포/부산간 항로가 개설되어 전국 5개 주요 항만간에 현재 컨테이너 선박이 운항 중에 있다. 공로나 철도에 의해 부산항으로 컨테이너 운송시 부산시에 컨테이너세(20피트당 2만원)를 납부해야 함에 비해 연안해상운송은 면제되는 장점이 있다. 부산/인천 간 연안해상운송의 운송단계는 타 운송수단에 비해 복잡한 절차를 거치게 된다.

■ 상행의 경우

부산항 하역 → (ODCY 일시장치) → (셔틀(shuttle)운송) → 부산항 BCTOC65번선석/일반부두(35 선석)/감천항한진부두 → 연안해송 → 인천항(제4부두)하역 → (ODCY 경유) → 화주문전

■ 하행의 경우

화주공장(창고) → 인천항 On-Dock CY조작 → 부두 내 이송. 하역(선적) → 연안해상운송 → 하역(양화) → 셔틀 → 컨테이너부두

연안 해상운송 구간의 소요시간은 출항 1시간, 항해 27시간, 인천입항 1시간 30분, 인천하역 5시간을 거쳐 인천항에 약 3~5일간 체류하며 이어 내륙수송을 거쳐 하주 문전으로 이송된다. 연안해상운송은 해상운송, 하역, 셔틀운송 등 복잡한 유통과정을 거치므로 전체 운송시간이 과다하게 소요되며, 운송원가의 상승요인이 많아 도로운송에 비해 월등한 가격경쟁력을 갖추었다고는 할 수 없다.

그러나 선적시간이 급하지 않은 수출화물이나 원자재 수급에 시간적 여유가 있는 수입화물의 운송에 연안 해상운송을 적극 활용할 경우, 도로운송에 비해 다소 저렴한 운임으로 화물의 운송이 가능하고 TEU당 20,000원의 컨테이너세를 절감할 수 있어 무역업체들의 적극적인 활용이 바람직하다. 또한 장차 부산항, 인천항 등에 연안해상운송 전용부두가 완공될 경우 대형선박의 투입에 따른 규모의 운송이 가능해지고 접안, 하역 등 터미널 기능의 개선과 더불어 운송소요시간이 크게 단축될 것으로 보여 도로 및 철도운송에 비해 화주들의 운송비 부담이 많이 경감될 것으로 전망된다.

2. 수출·입 화물의 내륙운송 절차

수출화물이 확보되면 수출자는 수출화물을 내륙운송수단인 도로나, 철도, 연안 해상운송 중 최적의 수단을 이용하여 선적지까지 운송을 한다. 그런데 수출화물은 수출화물의 통관여부에 따라 생산공장이나 보관창고에서 'Door'통관 후 선적지로 바로 운송하는 경우와 통관되지 않은 상태에서 선적지 보세창고로 이동한 다음 통관후, 선적하는 경우가 있다. FCL은 전자의 경우이고 LCL은 후자의 경우로 세관이 지정한 컨테이너 집하장(CFS)에서 통관한다.

1) FCL / LCL 화물의 내륙운송(수출)

FCL 화물은 화주가 운송을 위탁한 화물의 부피가 커 하나의 콘테이너에 충분히 적재할 수 있는 것으로 보통 한명의 송화인과 한명의 수화인이 존재한다. 이때, 화주는 화물을 스스로 적입(stuffing)하여 세관에 수출수속을 거친 후 세관의 검사후에 봉인(seal)을 채우게 된다.

[그림 4-5]의 수출컨테이너 흐름도[10]는 해외 바이어의 주문에 대응하여, 국내 수출업자가 통관 및 선적에 이르는 과정이다. 즉, 주문을 접수한 수출업자(수출업체)는 상품을 컨테이너에 적재(FCL, LCL)하고, 통관을 통해 공로운송을 실시하게 된다. 이때의 화물은 통관을 거친 화물과 통관을 거치지 않은 모든 화물이 포함된다.

[그림 4-5] FCL / LCL 화물의 내륙 운송(수출)

☞
ODCY(Off Dock Container Yard) 컨테이너 장치장으로서 부두에서 떨어진 곳에 위치(부산34개)

✦FCL화물의 경우에 해당됨. LCL화물은 Off Dock CFS을 거쳐 운송되어짐

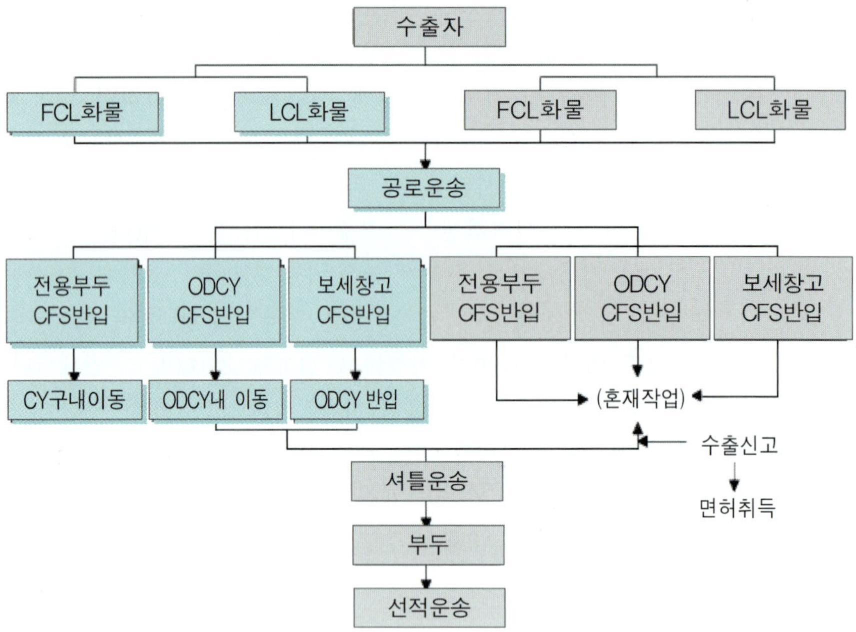

단, 통관이 완료된 컨테이너 화물의 경우는 공로운송을 통해 ODCY나 보세창고를 거쳐, 선적의 과정을 거치나, 미통관화물의 경우는 ODCY 또는 보세창고에 보관되어 있다가 통관완료후에 작업이 개시된다. 위 과정을 거쳐 통관이 완료된 화물 중 FCL 화물은 CY로 반입되어 셔틀운송을 통해 선적되고, LCL화물의 경우는 필요에 따라 혼재작업을 거친 후 선적되는 경우가 있다.

(1) 선적예약

수출자는 일반적으로 화물이 출고되기 전 또는 수출신고를 전후해서 선사에 선적예약을 한다. 이 과정에서 선적예약 화물이 FCL이 아닌 LCL인 경우에는 운임의 할인혜택을 받기 위해서 포워더를 이용하기도 한다.

수출자는 선적예약을 하기 전에, 수출지역이나 수하주의 요청 또는 화물의 특성상 필요한 제반서류(예 : 원산지증명서) 등을 준비한다. 선적예약시 보통 선적담당자들은 상업송장이나 팩킹리스트만을 선사에 보내어 예약을 하는 경우가 많으나 선사들 입장에서는 선적지시서에 반드시 기입해야 할 수출품목, 중량, 수출면장번호 등에 대해 화주들에게 일일이 확인절차를 다시 밟아야 하는 번거로움이 발생하고 유선상의 확인작업 중에서 착오가 발생할 수도 있으므로 상업송장이나 포장리스트만으로 하는 선적예약은 바람직하지 못하다. 더구나 운송계약의 성립이 청약과 승낙에 의해 이루어지는

만큼 단순히 상업송장이나 팩킹리스트만을 선사에 보내어 예약을 하는 것은 정상적인 청약절차로 보기 어려우므로 선사 소정양식인 선적의뢰서(S/R : shipping request)에 해당사항을 기입하여 팩스로 송부한 후 접수 여부를 확인하는 것이 바람직하다. 선적의뢰서 양식은 선사마다 또는 포워더마다 서로 상이한 양식을 사용하고 있으며, 일부 대기업의 경우에는 독자적인 양식을 사용하고 있는 경우도 있다. 일단 예약된 사항을 변경하는 경우에는, 선박이 입항하기 전에 변경사항을 서면이나 구두로 선사에 통지하여야 한다. 특히, 양하항을 변경하고자 할 때에는 FCL의 경우 선적을 위하여 하역업자에게 화물이 이송되기 전에 선사에게 변경사항을 전달하여야 한다.

(2) 선적의뢰

처음 수출에 나서는 무역업체들은 선사들에게 화물선적을 의뢰하는 과정 중에 예기치 않은 실수를 빚어 어려움을 겪는 경우가 더러 있다. 선적과정 중에서 수출업체가 반드시 지켜야 할 사항을 이행하지 않아 입게 되는 피해는 수출업체에게 귀착될 수 있기 때문에 수출업체들이 그러한 잘못을 범하지 않도록 주의를 기울여야 한다. 또한 수출업체들이 포워딩업체를 통해 선적을 의뢰하더라도 중요한 사항에 대해서는 선사들과 사전협의와 확인절차를 밟아 문제가 발생하지 않도록 관심을 가져야 한다.

수출화물 통관절차가 EDI처리 방식에 의해 이루어진 후 선사들이 적화목록을 직접 작성해야 하기 때문에 선사들은 수출화물에 대해 정확한 정보를 제공받기를 바라고 있다. 이에 따라 선사들은 수출업체들이 귀찮더라도 선사들이 요구하는 양식에 따라 선적지시서를 정확히 작성해주는 것이 좋다. 특히 선사는 선적지시서 작성시 수출면장번호를 반드시 기입해줄 것을 요청하므로 수출면장 사본을 선사에게 제출하는 것이 바람직하다. 수출업체가 선적예약사항을 변경해야 할 경우에는 선박이 입항하기 전에 변경사항을 서면이나 구두로 선사에 통지해야 한다. 특히 양하항을 변경하고자 할 때에는 FCL화물의 경우 선적을 위해 하역업체에게 화물이 이송되기 전에 선사에게 변경사항을 통보해주어야 한다.

(3) 선적

자신의 화물을 정확히 선적하기 위해선 화물수취시간(closing time)의 준수가 필요하다. 컨테이너 수출화물을 육로운송이나 철도운송에 의해 선적항의 CY나 컨테이너 터미널에 반입하는 경우 마감시간을 지키도록 유의해야 한다. 현재 선사들은 CY반입 마감시간을 선박출항 하루 전이나 선박입항후 10시간내로 규정하고 있기 때문에 시간 내 화물반입이 이루어지지 않으면 예약된 선박에 선적하지 못하는 경우를 맞게 된다. 특히 수출자가 선사에게 내륙운송 서비스까지 직접 의뢰한 경우 선사들이 자기책임 아래 운송계약업체를 통해 적기에 수송 서비스를 해주지만 소위 '자가운송'을 이용할 경우 선사들이 책임이 없기 때문에 수출자 스스로가 클로징 타임을 지키도록 신경을 써야 한다.

선화증권(B/L) 수령시 담당자가 반드시 수령하고 B/L기재내용을 확인해보야 한다. 수출자가 B/L 기재내용을 제대로 하지 않아 B/L을 수령한 다음에 추후에 문제가 발생할 경우 그 피해는 결국 수출자에게 귀착된다. 선사들은 수출업체가 도착항이나 컨테이너 번호 등과 중요한 내용을 확인하지 않고 B/L을 수령한 다음 화물이 다른 항으로 보내지거나 화물이 분실돼 입게 되는 피해에 대해 하주들에게 책임을 묻게 되므로 선화증권의 수령시 담당자가 기재내용을 반드시 확인해주는 것이 좋다. 이러한 과정 중에서 잘못된 기재내용이 있으면 선사에게 바로 알리고 변경통보 내용은 반드시 서면에 남겨 둘 필요가 있다.

(4) 선적지 변경

수출신고 수리후 선적지를 변경할 때 신고필증상 단순히 목적지를 변경하는 방식으로 선적지를 정정기재해서는 안 된다. "수출신고 수리후 선적지변경에 따른 통관지침"에는 선적지 일부변경의 경우 당초 신고필증에 관련된 내용을 모두 정정하는 한편 변경된 선적지의 선적분에 대해서는 별도로 세관에 수출신고를 해야 한다고 규정하고 있다. 예를 들어 A사가 피혁제품 100C/T을 부산항에서 선적하기 위해 서울세관에서 수출신고를 마쳤는데 20C/T에 대해 인천공항을 통해 긴급히 수출해야 할 사유가 발생할 경우, 서울세관에 신고수리가 된 필증은 부산항 선적분만을 뜻 하므로 인천공항 선적분을 제외한 80C/T으로 당해 신고필증상 포장개수와 수량 및 중량, 가격을 정정해야 한다. 또 김포공항 선적분(20C/T)에 대해서는 별도로 세관에 수출신고를 해야 한다. 이 경우는 수출신고필증의 분할절차와 동일하므로 분할내역 및 사유서 이외에 별도 첨부서류는 제출하지 않아도 된다.

선적지를 전부 변경할 경우 수출신고수량 등 내역의 변경없이 적재항만 변경되는 때에는 정정신고만으로 가능하며 별도의 첨부서류는 필요 없다. 그러나 수출신고내역과 적재항이 구분하기 곤란할 정도로 복잡하게 변경되는 경우에는 당초의 수출신고를 취하하고 변경된 내용으로 각기 수출신고를 해야 한다.

2) FCL / LCL 화물의 내륙운송(수입)

LCL화물은 한 화주의 화물의 부피가 적어 하나의 컨테이너에 적입할 수 없는 것으로 동일한 목적지 까지 가는 서로 다른 화주의 화물을 CFS에서 집하(集荷)하여 하나의 콘테이너에 적입하는 것이다. 이때, LCL화물은 여러 화주의 화물을 세관이 검사한 후에 봉인을 채우게 된다.

수입화물의 경우, 전용부두에 도착하면, ODCY나 CFS를 거치지 않고, 바로 직반출되어 검역과정을 거쳐 철도운송 또는 공로운송을 통해 경인ICD로 운송되는 경우가 있으며, 전용부두로 반입된 화물인 경우, FCL화물은 ODCY 또는 CFS를 거쳐 검역과정이 이루어지고, LCL화물인 경우 보세운송을 통해 검역이 이루어져 경인 ICD로 반입되기도 한다. 연안운송일 경우는 인천항을 거쳐 통관신고가 이루어지고, 통관신고완료후 최종화주에게 배달된다.[11)]

[그림 4-6] FCL / LCL 화물의 내륙 운송(수입)

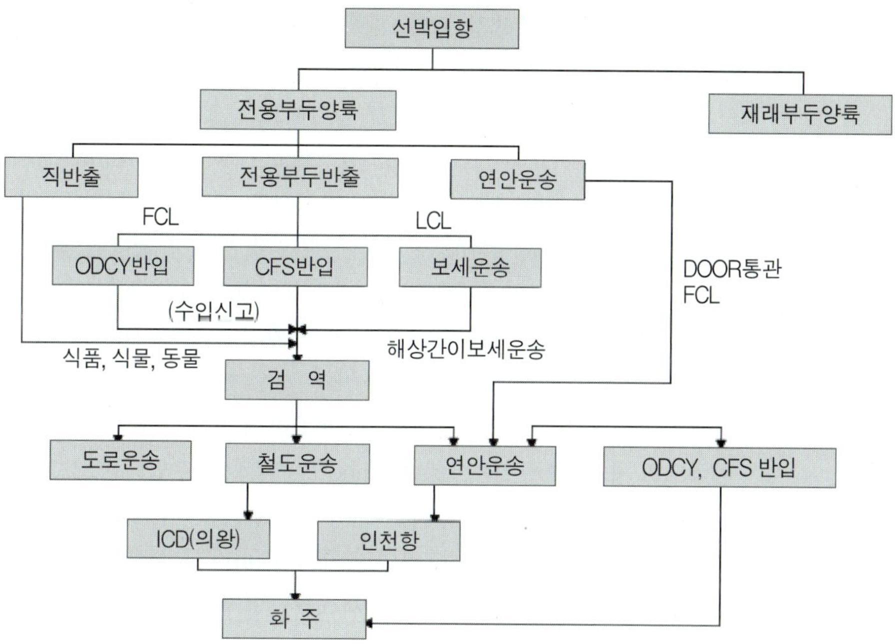

CIF조건으로 수출계약을 체결했을 경우, 완제품의 조달이 완료되면 납기일내에 현지에 도착할 수 있는 선박을 수배해야 한다. 선박수배를 위해서는 출항일 전후에 선적항에 기항하는 선박 스케줄을 확인해야 하는데, 그 기본적인 방법으로는 국내에 기항하는 모든 선사의 입출항 스케줄이 게재되는 운송전문 주간지인 《Korea Shipping Gazette》, 《Korea Shippers Journal》 등을 찾아보면 된다. 혹은 해당 항로에 취항하는 선사의 인터넷 홈페이지 방문, 선사 직접방문이나 전화상담 등을 통할 수 있다.

무역조건이 FOB라면 수출지의 운송인(선사 또는 포워더)은 이미 신용장(L/C)이 개설될 시점에 선박이 지정(nomination)된 사실을 통보받아서 알고 있는 경우가 많다. 선박이 지명된 사실을 안 운송인은 먼저 수출자에게 연락하여 화물의 제조완료 시점 등 여러 가지를 문의할 것이다. 만약 수출자는 운송인에게 연락이 오지 않아 적기선적에 차질이 우려될 경우에는 지체없이 이들에게 먼저 연락을 하여 선적협의를 해야 한다. 그 이유는 FOB조건이라도 화물을 선적항에 도착시켜 적기에 선적되도록 하는 것은 수출자의 책임이기 때문이다. FOB조건이라고 해서 모두 다 L/C에 운송인을 지명하는 것은 아니며 때로는 수출자가 바이어를 대신해서 운송인을 선정해야 하는 경우도 있고, L/C에 명시하지는 않았지만 별도로 Fax나 Telex로 바이어가 지정하는 운송인을 이용하도록 요청하는 경우(shipping instruction)도 많다.

선박 스케줄 확인시에는 첫째, 선박의 입출항 일자, 운송기일, 직항 혹은 환적항 기항 여부, 둘째, 선박의 출항예정 시간(ETD : estimated time of departure)과 도착예정일자(ETA : estimated time of arrival), 셋째, 해당 선적항의 화물수취마감시간을 반드시 체크해 볼 필요가 있다. 차후 선사에 화물을 맡기고 난 후 B/L을 받았다고 해서 선적업무를 종료하였다고 생각해선 안 되며, 자신의 화물이 갑판에 적재되어 실제로 출항되었는지의 여부를 끝까지 확인해보는 것이 좋다. 선박 운항스케줄 광고를 보면 반드시 "schedules are subject to change with or without notice"라고 되어 있어 사전통지 없이 운항 스케줄의 변경 가능성을 예고하고 있다. 따라서 스케줄을 확정한 뒤라도 다시 한번 예정대로 출항하게 되는지 반드시 재확인 해 보아야 한다.

선박 스케줄에는 수출항로(outbound schedule)와 수입항로(inbound schedule)가 있다. 그런데 같은 수출이라도 우리나라를 기점으로 해서 유럽으로 나가는 것은 서쪽으로 가는 것이기 때문에(미국을 경유해서 가는 것은 예외) 서향(west bound), 반대로 유럽에서 수입하는 것은 동향(east bound)라고 한다. 이에 비해 한국을 기점으로 해서 미국으로 수출되는 것은 'east bound', 미국에서 수입되는 것은 'west bound'라고 한다. 앞에서도 잠시 언급하였지만 선박 스케쥴 확인시 선박의 입출항일과 시간, 운송기일(transit time : T/T)은 얼마인지, 'CY Cargo'인 경우는 화물수취 마감시간이 언제인지를 정확히 알아두고 관할세관과 CY담당자 및 전화번호까지도 별도로 메모해 두어야 한다. 선박의 출항예정시간(ETD)과 도착예정일자(ETA)는 항상 가변적이므로 선적되어 선박이 출항한 후에도 예정대로 운송되었는지 마지막까지 확인해야 함을 잊어서는 안 된다.

3) 컨테이너 화물의 운송형태

오늘날 컨테이너 화물의 운송형태는 다음과 같이 크게 9가지로 분류된다.

Door to Door 방식은 화주의 운송의뢰한 화물이 FCL이란 조건하에 이루어지는 것으로 수출자가 공장이나 창고에서 책임지고 화물을 적입하고 세관에 수출수속을 한후 봉인을 채운 콘테이너를 선사가 검사후 수령하여 책임을 지고 화물을 수입자의 공장이나 창고까지 운송하는 방식이다.

Door to CY 방식은 화주가 운송을 의뢰한 화물이 FCL이란 조건하에 이루어지는 것으로 선사는 수출자가 공장이나 창고에서 화물을 적입하고 세관에 수출수속을 한 후 봉인을 채운 콘테이너를 수취하여 목적항의 CY까지 책임지고 운송하며 수입자에게 콘테이너를 인계하는 방식이다.

Door to CFS 방식은 선사가 화주의 공장이나 창고에서 화주가 화물을 적입하고 세관에 수출수속을 한 후 봉인을 채운 콘테이너(FCL화물)를 수취하여 목적항의 CFS까지 책임지고 운송하여 하역한 후 서로 다른 수입자에게 인계하는 방식이다. 이는 한명의 송화인이 둘 또는 둘 이상의 수입자의 화물을 한 콘테이너에 혼적한 경우 사용한다.

CY to Door 방식은 선사가 발항지의 CY에서 수출자가 화물을 적입하고 세관에 수출수속을 한 후 봉인을 채운 콘테이너(FCL화물)를 수취하여 책임지고 목적항 수화인의 공장이나 창고까지 운송하는 방식이다. 이 조건하에서 선사는 화주의 공장이나 창고에서 CY까지의 운송은 책임지지 않는다.

CY to CY 방식은 선사는 발항지의 CY에서 수출자가 화물을 적입하고 세관에 수출수속을 한 후 봉인을 채운 콘테이너(FCL화물)를 수취하여 책임지고 목적항의 CY까지 운송하여 수화인에게 인계하는 방식이다. 이 조건하에서 발항지의 수출자는 화물을 발항지의 CY까지 운송하고 목적항의 수입자는 목적항의 CY에서 화물을 수취하게 된다.

CY to CFS 방식은 선사는 발항지의 CY에서 수출자가 화물을 적입하고 세관에 수출수속을 한 후 봉인을 채운 콘테이너(FCL화물)을 수취하여 목적항의 CFS까지 운송하여 하역을 한 후 둘 또는 둘 이상의 수입자에게 화물을 인계하는 방식이다. 이는 하나의 수출자가 둘 또는 둘 이상의 수입자의 화물을 한 콘테이너에 적입한 경우에 사용된다.

CFS to Door 방식은 선사는 발항지의 CFS에서 둘 또는 둘 이상의 수출자의 화물을 한 콘테이너에 혼적하여 세관검사후 봉인을 채운 컨테이너 화물을 하나의 수입자의 공장이나 창고까지 인계하는 방식이다.

CFS to CY 방식은 선사는 발항지의 CFS에서 둘 또는 둘 이상의 수출자의 화물을 한 콘테이너에 혼적하여 세관검사후 봉인을 채운 컨테이너 화물을 목적항의 CY까지 책임지고 운송하여 수입자에게 인계하는 방식이다.

CFS to CFS 방식은 선사는 발항지의 CFS에서 둘 또는 둘 이상의 수출자의 화물을 한 콘테이너에 혼적하여 세관검사후 봉인을 채운 컨테이너 화물을 목적항의 CFS까지 책임지고 운송하여 하역을 한 후 둘 또는 둘 이상의 수입자에게 인계하는 방식이다.

4) ICD(Inland Container/Clearance Depot)

ICD란 내륙컨테이너 통관기지의 약어로서 항만 혹은 공항이 아닌 내륙에 위치하여 배후지역에서 운송된 여러 종류의 화물을 일시적 저장 및 취급에 대한 서비스를 제공하는 지역을 말한다. 컨테이너의 급속한 보급 및 복합운송의 발달에 따라 일반적으로 컨테이너화물이 주 취급대상이 되며 이 경우 내륙컨테이너기지 또는 내륙항만이라고도 한다.

ICD는 [그림 4-7]에서 보는 바와 같이 크게 8가지 기능을 한다.

[그림 4-7] ICD의 기능

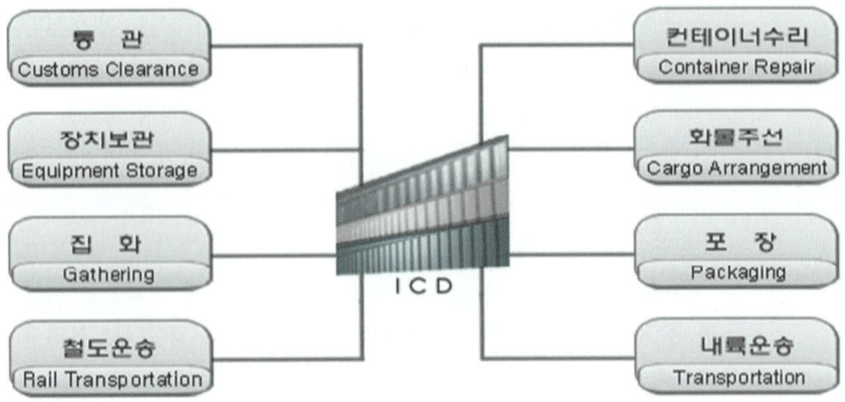

철도 및 도로 등 내륙운송수단에 의해 통관되지 않은 상태로 이송된 화물을 고정설비를 통하여 일시적으로 저장하거나 취급에 대한 서비스를 제공하고, 세관의 통제하에 수출 및 연계수송을 위한 일시적인 장치(藏置) · 창고보관 · 재수출 · 일시 상륙 등의 기능을 담당하며, 이를 위해 세관을 비롯하여 선사 · 운송회사 · 은행 · 포장회사 등이 입주하는 것이 일반적이다. ICD는 컨테이너의 내륙수송에 있어서 주운송(trunk load transport)과 지역운송(local distribution)을 구분할 수 있게 하여 컨테이너 수송의 대량화와 신속화가 가능하게 하는 기반을 제공하는데 특징이 있다. 한국의 경우 경인지역에 철도수송을 위주로 한 의왕ICD가 가동 중에 있으며, 부산경남지역에 부산항과 연계하여 양산ICD가 있다.

(1) 수출통관 방법

수출화주는 공장에서 컨테이너 적입작업을 완료하고 ICD에 컨테이너를 반입시킨 후 화주 또는 관세사를 통하여 수출통관을 할 수 있다.

(2) 수입통관 방법

① 화물도착전 선사에 ICD로 배정 요청하고 ② 화물도착후 보세운송 관련서류를 운송사에게 전달한다. ③ 운송사에서 ICD까지 화물을 보세운송하고 ④ ICD에서 화주 및 통관사를 통하여 수입통관한다. ⑤ 통관완료후 운송사에서 공장 및 창고까지 컨테이너 상태로 운송한다.

ICD 이용시 장점으로는 세관, 식품검사소, 식물검역소, 관세사, 은행 등 통관관련 기관이 ICD에 전부 상주하고 있어 수출입통관 절차를 일괄처리할 수 있어 편리하다.

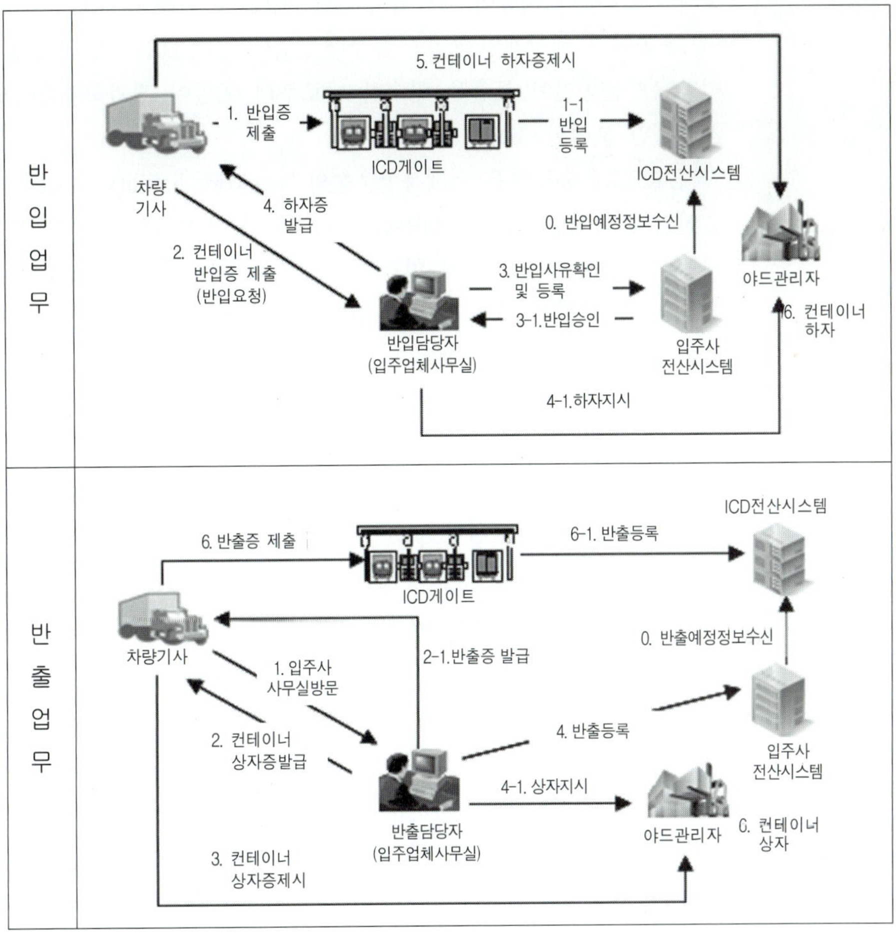

제 2 절 육로운송에 관한 국제조약

1. 육로운송에 관한 국제조약

국제간 육로로 화물을 운송할 때 적용되는 국제운송조약은 철도운송조약과 도로운송조약이 있다. 이들 조약의 내용은 주로 운송인의 책임에 관하여 규정하고 있다.

국제도로운송조약(CMR : convention relative au contrat de transport international de marchandise par route[12)])은 1956년에 제네바에서 서명 제정된 조약으로 국제도로운송을 위하여 양 당사자 중 어느 한 당사자가 이 조약의 당사자인 경우에 본 조약이 적용된다. 운송경로의 일부가 해상운송이 포함되어 있는 경우라 할지라도 선상에서 육로차량으로부터 물품이 적출되지 않을 때에는 전 운송구간은 국제도로운송으로 간주하며, 운송인의 배상책임한도는 총중량 1kg당 8.33SDR이다. 약정된 운송완료일로부터 30일 또는 운송인이 물품을 인수한 날로부터 60일이 경과하였음에도 불구하고 인도되지 않았다면 분실된 것으로 간주한다.

국제도로운송조약은 국제복합운송의 "network liability system"을 채택하고 있다. 운송인의 손해배상책임은 CMR에 의한 자동차 운송인의 책임의 일반원칙은 이른바 엄격책임주의(strict liability)에 입각한다. 즉, 자동차운송인은 조약상의 면책사유 이외의 사유로 인한 화물의 전부 또는 일부의 멸실, 훼손 또는 인도지연에 대하여 책임을 진다. 다만 운송인의 손해배상책임은 운송인의 고의나 중대한 과실의 경우를 제외하고는 화물 1kg당 50금프랑으로 제한된다. 그리고 중과실의 경우의 운송인의 책임은 정상적인 책임한도액의 2배로 제한된다. 한편, 인도지연의 경우 실손해에 관한 증명이 없으면 특정운송기간의 10분의 1의 지연에 대해 운임의 10분의 1을 운송인이 반환하여야 하는데, 그 한도액은 총운임의 4분의 1이며, 지연으로 인한 실손해가 증명된 때에는 그 손해액이 배상금액이며, 그것은 해당 운임의 2배를 초과하지 못한다.

국제철도운송조약(International Convention Concerning the Carriage of Goods by Rail,1970)은 1970년에 제정, 1975년 1월 1일부터 발효되어, 국제철도화물운송의 준거법으로서 철도운송계약의 체결, 속도, 철도구간, 운임지급 등 이행에 관한 사항, 운송인의 책임, 타당사자와의 관계, 재판관할권 등에 대하여 규정하고 있다. 국제간에 철도편으로 물품을 운송하는 경우에는 CIM으로 알려진 국제철도물건운송조약(convention internationale concernant le transport des marchandises par chemin de fer, international convention concerning the carriage of goods by rail)이 적용되는 것이 보통이다. 이 CIM의 모체는 이미 1893년부터 존재해 왔으며, 수시로 새로운 수요를 반영하여 개정되어 왔는데, 현행조약은 1970년의 추가의정서(additional protocol, 1970)를 포함한 CIM이다. 국제철도운송조약에서 인정하는 운송서류는 철도화물수탁서(railway consignment note)이며, 철도운송인의 책임한도액은 다음과 같다.

- 운송인의 고의적인 악행(wilful misconduct)이나 심한 태만(gross negligence)의 경우를 제외하고는 kg당 50 gold france의 한도로 손해배상책임을 지는 무과실책임주의로 무과실에 대한 거증책임은 운송인이 짐
- 소송제기기간 1년(사기/고의적 악행의 경우는 2년)
- 운송기간 종료일로부터 30일 경과시는 그 물품은 분실된 것으로 간주[13)]

즉, CIM은 (철도)화물수탁서(consignment note)에 의거해 적어도 둘 이상의 체약국간에 철도편으로 운송되는 국제화물운송에 적용되는데 CIM조약에 의한 철도운송인의 책임원칙도 대체로 CMR 조약의 경우와 같다. 즉, 운송인은 화물의 손해에 대하여 매

우 포괄적인 책임을 진다. 그러나 화주의 고의, 화물의 숨은 하자나 불가항력 곧 운송인이 피할 수 없었고, 또한 그 결과를 방지할 수 없었던 사정으로 인하여 발생한 화물의 멸실 · 훼손 또는 인도지연에 대하여는 면책된다. 다만, 그 멸실이나 손상이 이들 면책사유로 인하여 발생하였다는 거증책임은 운송인에게 있다. 그리고 이 밖에도 운송인이 면책되는 몇 가지 사유가 있는데, 이들 사유로 인한 손해에 대해 운송인이 면책되기 위해서는 그러한 특별한 사유의 하나 또는 둘 이상으로 인하여 손해가 생길 수 있다는 사실을 운송인이 입증하여야 한다.

2. 국제육상운송인의 책임체계

1) 국제규칙

도로운송을 규율하는 국제규칙은 영국의 도로운송의 취약성 때문에 다른 운송규칙보다 비교적 늦게 태동하였다. 그러나 도로운송은 범세계적인 국제무역에서는 이용도가 낮았으나 인접국가(특히 유럽제국)간의 교역에서는 그 장점 때문에 많은 수출입상들이 이용하였다. 현대에 이르러 운송형태의 대혁명이라 불리는 복합운송체계의 완성도 운송체계의 마지막에 도로운송이 개입되어 있었기에 가능하였다고 추측된다. 현실적으로 수출상 또는 수입상의 창고에 철로가 부설되어 있는 경우를 제외하고는 모두 도로운송을 이용한 door-to-door service에 의존하고 있기 때문이다.[14)]

이처럼 효율성 측면에서는 탁월한 경제성을 갖춘 육상운송은 지역의 한계성, 즉 자국간 무역에 이용되거나 소수의 인접국의 교역에 이용되었기에 국제분쟁의 발생요인도 적었으며 그로 인해 국제규칙의 제정이 늦어지게 된 것이다. 1950년대에 이르러 유럽국가를 중심으로 도로운송을 규율하는 국제규칙의 필요성이 제기되었고, 1956년 5월 19일에 Geneva에서 9개의 유럽국가(오스트리아, 프랑스, 룩셈부르크, 폴란드, 스웨덴, 스위스, 서독, 네덜란드, 유고슬라비아)들은 국제육상운송에 관한 조약, 즉 CMR을 체결하기에 이르렀다.

CMR은 UN의 유럽경제위원회의 국내운송위원회 산하 기관인 법적문제의 집행국(Working Party on Legal Questions)에 의해 주로 입안되었으며, 그 내용은 국제사법통일기구 및 철도운송에 관한 국제협약(CIM)에 기초하고 있다. 당시에 도로운송과 철도운송은 보완적인 관계라기보다는 경쟁적 관계에 있었지만 양자를 결합시켜 조화를 이루어야 할 필요를 인식하게 되었고 그 결과 가능한 한 책임의 범위나 그 밖의 규칙이 동일해야 되겠다는 인식 아래 CIM이 CMR의 기초가 될 수 있었다.

그러나 영국에서는 1965년에 도로화물운송법(The Carriage of Goods by Road Act 1965)이 제정되었고, 동법이 CMR의 내용을 흡수·통합하여 법률적인 효력이 발생되었으므로 국제육로운송은 실질적으로 도로화물운송법(1965)의 규율을 받고 있는 것이

다.[15]

국제육로운송이라 함은 일정국가의 어느 지점으로부터 다른 국가의 어느 지점 까지 육로로 운송되는 경우를 말하며, 양 당사자 중 어느 한 당사자가 이 협약(CMR)의 당사자인 경우에는 본 조약이 적용된다. 그러나 육상운송수단에 화물을 적재하여 항공, 해상 및 내륙수로에 운송될 동안에도 본 협약이 적용된다. 그러나 만약 화물의 멸실, 손상, 지연이 육상운송인의 책임이 아니고 다른 형태의 운송인의 과실에 기인한 것으로 판명되면 도로운송인의 책임은 다른 운송수단에 적용되는 협약에 따른다.[16]

철도운송의 발전은 컨테이너화(Containerization)를 가능케 했을 뿐만 아니라 운송시스템을 현대화하는데 크게 기여하였다. 즉, 철도운송을 통해서 대륙간의 직접운송이 가능해졌으며 해상운송, 육상운송 또는 항공운송과 결합된 운송형태로의 발전을 가능케 하였다. 물론 근대에 이르러 육상운송의 총아로 대두된 도로운송에 비해 수송량은 감소하고 있지만 도로운송과 결합하여 Door-to-Door Service를 시현하는 연결 수송체계로써의 철도운송은 그 중요성이 점차 증대하고 있다.

철도화물의 국제운송은 1961년 2월에 체결된 철도운송에 관한 국제협약(CIM)에 의해 규율된다. 본 협약이 영국에서는 1972년 철도운송법(The Carriage by Railway Act 1972)에 의해서 법률적인 효력이 발생했지만, 1983년 체결된 국제운송협약(The International Transport Conventions Act 1983)에 의해서 그 효력이 상실되었다.

본 국제운송협약에서는 CIM을 1980년 5월 9일 Berne에서 서명된 철도운송에 관한 협약(The Convention Concerning International Carriage by Rail: COTIF)의 일부분으로서 효력이 발생하도록 규정하고 있다.[17] 다시 말하면 CIM이 COTIF에 국제철도화물운송에 관한 통일규칙으로 덧붙여진 것이며, 1983년의 국제운송법과 COTIF는 영국이 관련되어 있는 한은 1985년 5월 1일부터 효력이 발생되었다.[18] 이 밖에도 아직 발효되지 못하고 있는 UN국제물품복합운송조약(UNs Convention on International Multimodal Transport of Goods)과 UN복합운송조약 대용으로 통용되고 있는 UNCTAD/ICC통일규칙이 있으나 국제복합운송을 규율하는 국제규칙으로서 여기서는 논외로 한다.

2) 책임원칙과 입증책임

(1) 책임원칙

운송인의 책임원칙은 모두 로마법상의 레셉툼 책임에 근거하여 출발하였다. 도로운송을 규율하는 CMR이나 CIM, 도로운송법(The Carriage of Goods by Road Act 1965) 역시 책임원칙의 근거는 해상운송인의 책임원칙에서 출발하였다고 추론하는 것이 타당하다. 해상운송인의 책임에 관한 변천추이와 마찬가지로 육상운송인의 무과실책임주의에서 불가항력 등 운송인이 지배할 수 없는 원인으로 발생한 멸실, 훼손이 면책되기 시작하여, 육상운송인의 면책범위도 확장되게 되었다. 현재 육상운송을 규율하는 국제규칙은 일부 유럽국가에서 채택하는 것으로 전 세계적으로 적용하는 데는 한계가 있다. 그러나 1980년 제정된 UN국제복합운송조약이 아직 발효되지 않고 있으므로 CMR, CIM 및 영국의 도로운송법(1965)이 육상운송을 법규로써 원용될 수밖에 없는 것이다.

CMR과 CIM의 책임원칙은 양 규칙이 육상운송을 규율하는 것이기 때문에 유사한 것으로 판단된다. 즉, CMR의 내용에 의하면 "운송인은 인도지연 뿐만 아니라 운송인이 상품을 점유하고 있는 기간내에 발생하는 손상 및 화물의 전손과 분손에 대하여 책임을 부담한다"라고 규정되어 있다.[19] 상기조항에서 보듯이 도로운송인의 책임규정은 무과실책임주의를 채택하고 있다.

그러나 CMR상의 책임원칙은 절대책임주의를 채택하고 있으나 예외조항을 두어 도로운송인의 면책을 허용함으로써 절대책임주의와 면책조항을 동시에 규정하고 있는 것이다.

CIM에서도 CMR과 마찬가지로 무과실책임제도를 채택하고 있다. CIM 제35조 1항에 의하면 "철도화물탁송장[20]과 함께 운송품을 수령한 철도운송인은 화물이 인도될 때까지 전운송기간동안 책임을 부담한다"고 규정되어 있다. 따라서 CMR에서와 마찬가지로 무과실책임주의를 채택함으로써 절대책임주의와 면책조항을 규정하고 있다.

동일한 운송계약에 의해서 연계운송이 이루어질 때에도 이들도 최초의 육상운송인과 같이 무과실책임원칙을 적용하고 있다. CMR과 CIM에서는 연계운송인이 동일한 운송계약에 의해서 운송하는 경우 동일한 운송계약의 당사자로 간주했으며 연계수송이 개시된 다음부터의 모든 책임을 그들에게도 부과하고 있는 것이다.[21] 이처럼 연계운송인들도 동일한 책임을 부과하는 것은 유럽국가들의 철도 또는 도로가 전 유럽국가에 연결되어 있다고 할지라도 일정한 시점에서 다른 국가의 운송인과 최초의 운송인이 자신들의 계약에 의해 연계운송이 가능하도록 하여 육상운송의 효율화를 제고시키고자 한다. 물론 이런 경우에는 동일한 철도 또는 도로화물 탁송장하에서 연계운송이 이루어질 경우에 해당된다.

또한 양 규칙에서는 그 사용인의 책임에 관해서도 규약하고 있는데, CMR의 제3조에서는 도로운송인의 대리인 또는 종사자 및 운송을 수행하기 위하여 도로 운송인이 다른 자의 서비스를 이용할 경우 서비스 제공자의 행위나 누락에 대해서도 도로운송인이 책임을 부담하도록 규정하고 있으며, CIM에 의하면 철도운송인은 그 사용인과 운송을 수행하기 위하여 고용된 어떤 다른 사람의 행위에도 책임을 부담하도록 규정하여 무과실책임주의의 범위를 운송인에게만 한정하지 않고 그 범위를 확장시키고 있다.[22]

(2) 입증책임

CMR하에서 송화인과 수화인은 운송 중 또는 운송이 완료된 시점에서 운송이 계약과 서로 다르게 또는 계약을 위반하여 이루어졌을 경우에는 운송인에게 손해배상청구를 해야만 한다. 이 경우 운송인의 계약위반을 입증하는 당사자는 화주이다.

제17조 1항에서는 운송인이 운송물을 인수하여 목적지에서 인도할 때까지 화물의 분손 또는 전손 및 손상에 대하여 책임을 부과하도록 되어 있다. 이는 운송을 위해 도로운송인이 운송물을 인수한 시점부터 인도지에서 운송물을 인도할 때까지의 화물의 멸실, 훼손 및 인도지연에 대하여 책임을 부담한다는 것이다. 그러나 이러한 책임은 인도지시에서의 화물의 상태를 점검하고 적법한 절차를 취해서 이의신청을 하고 운송인의 계약위반을 하주가 입증해야만 한다.[23)]

화물이 목적지에 도착하면 수하인은 운송인과 함께 화물의 상태를 점검해야 하고, 운송물의 멸실, 훼손이 명백한 경우에는 인도시에, 명백하지 않은 경우에는 일요일과 공휴일을 제외하고 7일 이내에 멸실이나 훼손에 대한 일반적 표시를 한 유보(reservation)를 발송해야만 한다. 이러한 유보를 규정된 기일내에 이행치 않으면 수하인은 도로화물탁송장에 기재된 상태로 화물을 인수한 것으로 추정된다.

그러나 수하인이 상품수령시 상품이 명백하게 멸실, 훼손되었거나 인수한 후 7일 이내에 계약위반 사실이 발견된 경우에는 공인된 검사기관의 검사가 동시에 이루어져서 입증에서 우위를 확보해야만 한다. 만약에 이러한 공동검사를 기피하거나 편의를 제공치 않으면 이를 위반한 당사자가 불리한 위치에 놓이게 된다.[24)]

또한 멸실과 훼손 또는 인도지연이 하주의 불법적인 행위, 태만, 운송인측의 불법행위나 태만의 결과라기보다는 하주의 지시, 운송물의 고유의 하자나 운송인이 피할 수 없는 또는 방지할 수 없는 상황에 의해서 야기된 경우에 운송인은 면책되도록 하고 있는데, 이러한 원인으로 인하여 사고시에 운송인이 면책의 권익을 향유하기 위해서는 운송인이 이의 사실을 입증해야만 한다.[25)]

그러나 제17조 4항에 명시된 면책약관의 경우에는 운송인이 면책약관에 해당된다는 주장을 하게 되면 면책에 해당하는 것으로 추정한다. 다만 상기조항에 해당되지 않는다는 것을 주장하여 손해배상을 청구하기 위해서는 청구인(하주)이 이를 입증해야 하도록 규정함으로써 입증책임의 단순화는 고려되지 않았다. 만약 개방된 운송수단을 사용했을 경우 화물이 비정상적으로 부족하거나 포장물이 유실되었다면 위의 추정에는 해당되지 아니한다.[26)]

또한 특수장비를 갖춘 운송수단을 이용하여 운송하는 경우나 생 동물 등을 운송하는 경우에 운송인에게 부과된 모든 조치를 취하였거나 송하인의 특별지시에 따랐다는 것을 입증하지 못하면 운송물의 멸실, 훼손에 대하여 운송인이 책임을 지도록 함으로써 절대적인 면책을 향유할 수 없도록 하였으며 이 경우 입증책임은 도로운송인에게 부과하였다.

CIM하의 입증책임도 CMR하의 입증책임과 같은 맥락을 유지하고 있다. CIM과 CMR은 유럽의 도로와 철도운송을 규율하기 위해서 제정되었으므로, 주체가 동일하고 입법경향 또한 동일하다. 따라서 입증책임의 주체에 대해서도 CMR과 동일한 골격을 유지하고 있다.

CIM의 제37조에 의하면 화물의 멸실, 훼손 또는 운송기간 초과가 제36조 2항에 명시된 원인들 중 하나에 기인하였다는 것에 대한 입증책임은 철도운송인에게 부과하였으며 제36조 3항에 규정된 면책조항에서도 철도운송인의 책임을 묻기 위해서는 청구권자인 하주가 입증책임을 부담함으로써 CMR과 동일한 입증원칙을 취하고 있다.

(3) 배상책임

육상운송인에게는 해상운송인이나 항공운송인과 동일한 의미의 책임제한은 인정되지 않고 도착지 시가를 기준으로 손해를 배상하게 되어 있다(상법 제137조). 다만 화폐나 유가증권, 귀금속 등 고가물에 대하여 운송을 위탁받을 당시에 종류와 가액을 고지받지 못한 경우에는 책임을 면한다(상법 제136조).

위와 같이 육상운송인은 법률에 의하여 스스로의 책임을 제한할 수 있는 권리가 없기 때문에, 책임을 제한하려면 스스로 운송계약서 또는 운송약관에 책임제한에 관한 규정을 두어야 한다. 택배회사들은 이전부터 스스로의 책임을 제한하는 내용의 약관을 작성하여 사용하고 있으며, 공정거래위원회는 택배회사 표준약관까지 제정한 바 있다.

만일 화주가 표준계약서에 제시되어 있는 책임한도의 상향조정을 원한다면, 화물의 가액을 신고하여야 한다. 이러한 경우, 운송자가 운송에 동의했을 때 책임한도는 신고한 가액이 된다. 우리나라의 경우 화물운송시 발생한 사고의 배상수준은 피해 발생금액 수준의 배상을 원칙으로 하되 양자의 합의에 의해 결정된다.

운송자의 책임한도는 계약서에 명시되어 있는 경우에는 계약상의 한도에서 배상이 진행되며 화물의 가치를 산정하여 명시한 경우에는 화물의 가치한도내에서 배상이 이루어진다.

그러나 보통 표준계역서의 한도로는 3톤 미만 발송화물은 킬로그램 당 23€, 수화물 킬로그램 당 750€ 보상하고 3톤 이상 발송화물은 킬로그램 당 14€과 톤 당 2300€ 보상한다. 국제운송 계약한도는 8.33 DTS/kg이다.

3) 운송인의 면책

(1) 화주의 태만과 불법행위, 지시에 의한 사고

CMR 제17조 2항과 CIM 제36조 2항에 의하면 운송인의 과실에 의한 것이 아니고 하주의 태만과 불법행위, 하주의 지시에 의한 사고시에는 운송인이 면책되도록 규정하고 있다.

육상운송은 육상화물탁송장에 의하여 상품을 운송하는 계약이다. 따라서 송하인은 계약된 시간에, 계약된 장소에서 운송물을 운송인에게 인도해야 하며 인도기일내에 도착된 운송물은 계약대로 수하인이 인수해야만 한다. 이처럼 송하인과 수하인이 자신들의 의무를 태만하거나 고의로 이행치 않거나 고의적으로 계약을 위반하는 행위로 인한 운송물의 멸실, 훼손, 인도지연에 대하여 운송인은 면책된다.

더욱이 화물을 운송할 때 송하인이 지시대로 화물을 보관, 적부, 하역했음에도 불구하고 멸실, 손상 및 인도지연이 발생했을 때도 운송인은 면책되는 것이다. 운송물의 취급시 주의사항에 대해서는 송화인이 가장 잘 아는 것으로 간주되어야 하고, 이의 지시대로 이행했음에도 불구하고 사고가 발생시는 송화인이 책임을 부담하는 것은 당연하다. 해상운송에서도 부지약관(unknown clause)이 규정되어 있으므로 대부분의 운송에서 이러한 취지의 면책조항이 규정되어 있는 것은 당연한 것이다. 그러나 이러한 사고가 운송인의 불법적인 행위, 태만에 귀책되는 경우에는 운송인이 책임을 부담해야만 한다.

(2) 불가항력과 운송물의 고유하자로 인한 사고

불가항력과 운송물의 고유하자로 인한 사고는 도로, 철도운송인에게 면책되며 입증책임은 운송인이 부담하게 된다.[27] 불가항력이란 운송인이 운송 중에 사고를 피할 수 없는 상황이거나 사고를 방지할 수 없는 상황으로 해상운송에서 규율하고 있는 천재지변에 의한 화물의 멸실, 훼손, 인도지연 등이 해당된다. 또한 운송인 또는 사용인이 운송 중에 최대한의 주의를 기울였음에도 피하거나 예방할 수 없는 상황이란 이성적인 판단을 기울여 최대한의 주의의무를 기울였음에도 불구하고 사고를 방지할 수 없었던 상황을 의미하는 것으로, 해상운송인의 항해과실 면책이 구체적인데 반해 이는 포괄적이며 추상적인 개념이라 할 수 있다. 이는 운송인에게 이러한 객관적인 사실을 입증토록 하게 함으로써 절대책임주의에서 벗어나지 않으려는 입법경향을 보여주는 것이다.

운송물의 고유의 하자로 인한 사고 또한 면책되고 있는데, 고유한 하자란 운송물의 자연적 성질을 의미하는 것으로 통상적인 운송방법과 적정한 주의의무를 다하였다 할지라도 사고를 피할 수 없는 경우를 의미하는 것이다. 이처럼 운송물의 자연적인 성질에서 비롯된 손해 또한 입증책임을 운송인에게 부과하여, 화주입장에서는 운송인의 책임범위가 확장되는 것과 같은 반사적 이익을 얻을 수 있는 것이다.

그러나 CMR에서는 운송수단의 결함이나 운송수단을 임차한 운송수단의 종사자, 운송인의 종사자 또는 대리인의 불법적인 행위와 태만으로 인한 사고는 면책될 수 없도록 규정하고 있다.[28] 이는 선박을 이용한 해상운송의 경우에 감항성 확보에 해당되는 것이며 비록 운송인이 아닐지라도 그 사용인 또는 대리인의 불법적인 행위나 태만도 운송인의 책임을 지도록 함으로써 절대책임주의를 견지하고 있다.

(3) 면책사항

CMR과 CIM에서는 절대책임주의를 채택한 것으로 보이나 CMR 제17조 4항과 CIM 제36조 3항에서 면책조항을 규정하여 운송인의 책임범위를 축소시켜 주고 있다.

양 규칙에서는 면책조항의 하나 또는 그 이상의 특별위험으로부터 발생되는 멸실, 훼손은 면책되도록 규정함으로써 인도지연에 관한 면책은 인정하지 않고 있다. 이러한 면책조항은 CMR이 6개 위험[18조 4항(a)~(f)] 으로 구성되어 있으며 CIM은 9개 위험[36조 3항(a)~(i)]으로 구성되어 있다. 이들 면책조항이 (가), (나)의 면책과 다른 점은 (가), (나)에 해당되는 면책의 경우에 입증책임을 운송인이 부담하지만, 이들의 경우에 면책사유에 해당된다는 것을 운송인이 주장하므로 해서 면책으로 추정받는 효과를 갖는다. 다만 이를 운송인이 책임지도록 하기 위해서는 하주가 면책조항에 해당되지 않는다는 사실을 입증해야만 한다.

(가) 개방된 운송수단의 사용

도로 또는 철도화물탁송자에 명시되거나 명시적으로 합의되어 개발된 운송수단(open unsheeted vehicles, open wagon)을 사용했을 경우에 이러한 운송수단의 사용으로 인해서 운송물이 멸실 또는 훼손되었을 경우에는 운송인은 면책된다. 다만 화물탁송장에 기재되었거나 운송인과 송하인 사이에 명시적으로 합의된 경우에만 해당되도록 함으로써 운송인의 사정에 따라 이러한 류의 운송수단의 사용을 배제하고 있다.

(나) 포장의 하자

송하인은 운송물의 운송을 의뢰할 때에 그 화물의 속성에 알맞은 포장을 해야만 한다. 그 화물의 속성이 깨지기 쉬운 경우에는 충격방지 장치를 함으로써 안전한 운송을 할 수 있도록 포장을 해야만 한다. 대부분의 수출계약서의 포장(packing)란에 수입자와 수출자가 합의하여 포장방법을 기술하게 되는데 이러한 관행은 수출입당사자가 당해 화물의 속성을 가장 잘 알고 있으므로 양자의 합의로 운송물의 포장을 하고 있다.

따라서 운송물의 포장의 적합성을 운송인이 알 수도 알 필요도 없는 것이다. 더욱이 운송인은 그 운송물의 내용을 포장을 해체함으로써 파악할 수밖에 없으므로 이에 대해 면책되는 것은 당연한 것이다. 다만 운송인 또는 그 사용인이 적정한 주의의무를 기울여 운송한 경우에는 멸실 또는 훼손이 발생하지 않을 수 있었다는 개연성에 대해서는 하주가 입증해야만 한다.

(다) 송하인 또는 수하인에 의한 운송물의 하자

송하인이나 수하인이 직접 운송물을 취급하여 비롯된 멸실과 훼손 또한 운송인이 면책되도록 규정되어 있다. CMR 제17조 4항(c)에 의하면 "송하인, 수하인 또는 이들을 대리하는 자에 의한 운송물이 취급, 적재, 적부 또는 양하로 인한 멸실, 훼손은 면책된다"라고 규정되어 있으며, CIM 제36조 3항(c)에 의하면 "적용할 수 있는 규정하에서 또는 송하인과 철도운송인의 합의와 철도화물탁송장에 명시된 경우 그리고 수하인과 철도운송인의 합의하에 송하인 또는 수하인에 의한 적부와 양하로 인한 멸실, 훼손은 면책된다"라고 규정되어 있다.

상기 규정에 의하면 CIM에서는 계약에 의한 적부, 양하시를 구체적으로 규율하고 있는 반면 CMR에서는 계약에 관한 구체적인 내용이 결여된 채 취급, 적재, 적부 또는 양하로만 규정되어 있음을 알 수 있다. 그러나 계약에 의하여 운송물을 적부, 양하할 경우나 계약에 의한 취급이 명시되지 아니한 경우라 할지라도 운송인과 송하인 또는 수하인의 묵시적 또는 명시적 합의에 의한 역할 분담으로 간주하여 송하인 또는 수하인이 이로 인한 멸실, 훼손에 대하여 책임을 지는 것이 타당하다.

결과적으로 운송인의 책임하에 화물의 적부, 양하가 이루어지는 경우는 운송인이 책임을 부담하여, 송하인 또는 수하인이 적부, 양하를 책임지는 경우에는 이로 인한 운송사고 또한 이들의 책임인 것이다.

(라) 운송물의 자연적인 성질

운송물의 파손, 부식 부패, 누손, 통상적인 손모 또는 좀벌레나 기생충에 의한 전손, 분손 등 운송물의 고유한 성질로 인한 손해는 운송인에게 면책된다.[29] 다만 CIM에서는 통상적인 소모나 좀벌레 또는 기생충에 의한 손해에 관한 면책은 규정되지 않았으나 이를 포함하는 것으로 간주하는 것이 타당하다. 모든 운송물에 자연적인 성질에 대부분 좀벌레, 기생충에 의한 손해를 포함하고 있기 때문에 CMR과 CIM의 내용을 동일시해도 무리가 없을 것이다.

그러나 열, 추위, 온도의 변화 또는 무더운 공기 등으로부터 화물을 보호하기 위하여 특별한 장비를 갖춘 운송기구를 이용하여 운송이 이루어진다면 이러한 손해에 대해서 운송인은 면책을 누릴 수 없다. 다만 운송인이 선택, 수선유지 및 특수장비를 사용하는 상황에서 운송인에게 부과되는 모든 조치를 취하였거나 운송인에게 부과된 어떠한 특별지시와도 일치했다고 입증하면 면책될 수 있다.[30]

■ 생동물의 운반

살아있는 생동물을 운송하는 경우에 운송인이 면책되도록 규정하고 있는 것은 CMR과 CIM에 공통된 점이다. 다만 살아있는 동물을 운송할 경우 운송인은 운송인에게 정상적으로 부과된 모든 조치를 취했다는 것과 어떠한 특별지시와도 일치했다는 것을 입증할 경우에만 면책이 되도록 규정하고 있다.[31] 여기서 정상적으로 부과된 모든 조치와 특별지시라는 것은 생동물을 운송하는 경우 장기간 운송이 이루어지기 때문에 필요한 먹이의 급식, 일정한 환기, 오물처리 등에 관해서 운송의뢰인이 운송인에게 지시한 것을 의미하는 것이다.

■ 기타 면책조항

운송의뢰인은 운송의뢰시에 포장의 개수나 포장의 마크를 충분하고 적절히 해야 할 의무가 있다. 그래서 이러한 의무를 이행하지 않아 사고가 발생할 경우는 운송인이 면책된다[CMR 제17조 4항(e)]. 또한 운송인이 운송을 수락할 것인지의 여부를 판단하는데 중요한 화물에 대한 설명이 부정확한 경우와 인수한 운송물에 대하여 운송인이 지켜야 할 주의사항에 대하여 운송의뢰인이 실수한 경우에도 운송인은 이로 인해 사고가 발생했으면 면책된다[CIM 제36조 3항(g)].

철도운송에서는 생동물을 운송하는 경우에 송하인이 고용한 종사자가 운송인과 함께 운송에 참여해야만 한다. 그러나 국제관세표(international tariff)에서 허락하거나 또는 운송에 참여한 철도운송인이 송하인의 요구에 의하여 허락했을 시는 종사자가 필요 없다. 이러한 경우 계약서에 반대조항이 없다면, 철도운송인은 종사자가 피하고자 했었을 어떠한 위험으로부터 멸실, 훼손에 대하여 책임지지 않는다. 이러한 취지의 면책조항이 CIM 제36조 3항(i)에도 명시되어있다.

4) 운송인의 책임범위

(1) 책임기간

CMR에 의하면 "도로운송인은 운송물을 인수하여 인도할 때까지의 기간에 발생한 운송물의 전손, 분손과 손상, 그리고 인도지연에 책임을 부담한다"라고 규정되어 있으며 이러한 취지의 규정은 CIM에서도 동일하게 규정되어 있다.[32]

따라서 운송인은 운송을 위하여 운송물을 수령한 시점부터 수하인에게 적법하게 인도한 때까지만 멸실 및 훼손에 대하여 책임을 부담하는 것이다.

운송물의 수령이란 운송인이나 그 사용인이 운송물의 점유를 획득하는 것을 뜻한다. 일반적으로 도로운송의 경우에는 트레일러가 송하인의 창고에서 직접 적부 또는 탑재하기 때문에 운송물이 안전하게 적부 또는 탑재된 시점부터 운송인의 점유하에 있게 되는 것이다. 그러나 컨테이너를 이용한 복합운송하에서는 LCL화물의 경우에 혼적을 위해서 운송인의 점유하에 있게 된 때부터 수령으로 간주하여 혼적을 위한 적부시 사고가 발생하면 운송인이 책임을 지는 것이 타당하다.

또한 운송물의 인도란 운송물이 수하인이나 그 대리인의 지배하로 점유권이 이전되는 것을 말한다. 인도에 의하여 운송인은 운송물의 운송을 위한 점유를 수하인의 동의하에 포기하고 수하인이 운송물의 점유를 획득하게 된다. 인도의 경우도 컨테이너를 이용한 복합운송인 경우 LCL화물의 경우 화주에게 운송물을 분할 양도하는 시점이 인도시점으로 점유권은 수하인에게 이전되며, FCL의 경우 컨테이너를 계약상 정해진 장소(주로 수하인 창고)에 안전하게 하역함으로써 인도의무를 다하였다고 할 수 있다.

그러나 운송물의 멸실 및 훼손의 시기가 운송인의 책임기간내에 발생한 것인지 또는 그 기간외에 발생한 것인지의 여부에 대한 논란이 제기될 수도 있다. 이는 어떤 형태의 운송에서도 발생할 수 있는 문제이나, 이런 경우에는 각 사고에 대한 사실의 문제로써 사고의 발생과 그 기간과의 인과관계가 고려되는 것이 합리적이다.

철도운송의 경우에도 도로운송의 경우와 같다. 다만 철도운송의 경우 "door to door" 서비스가 불가능하기 때문에 LCL화물은 송하인의 동의아래 운송물을 수령한 때부터 목적지에서 수하인의 동의 아래 운송물을 인도할 때까지가 책임기간이 되는 것이며, FCL의 경우에는 수하인의 동의 아래 운송물이 인도된 때까지 door to door 서비스를 위해서 도로운송인에게 인도된 때까지가 책임부담의 시기이다.

그러나 계약에 의하여 철도운송이 송하인의 구내(premises)로부터 컨테이너를 수령하여 수하인의 구내까지 인도하기로 하였다면 그 기간이 운송인의 책임기간이 되는 것이며, 수하인의 구내에서 운송계약이 만료되는 것으로 간주된다.[33]

(2) 책임한도

CMR에서는 보상책임의 한도를 규정하면서 운송을 위하여 운송물을 수령한 장소에서 당시의 상품가격에 의하여 보상토록 규정하였다 이는 보상가액의 산정기준을 명확히 함으로써 상품보상가의 문제점을 배제하려 한 것이다. 따라서 손해배상산정의 尺度는 인도장소에서의 최종판매가격이 아니라 수령시, 수령장소에서의 가격인 것이다. 이러한 운송물의 가격은 상품의 판매가에 따라서 확정되어야 하며, 판매가가 없는 경우에는 현재시장가에 의해서, 시장가나 판매가가 없는 경우에는 동종 및 동품질 상품의 정상가에 의해서 확정되어야 한다. 이처럼 확정된 가격은 총중량기준 kg당 25금프랑(gold franc)을 초과할 수 없도록 규정하였다.[34] 그러나 이러한 책임한도는 송하인이 정상적인 가격을 신고하였거나, 정상적인 가격보다 높은 가격을 지불하지 않았을 때에 적용되는 것일 뿐만 아니라 운송인의 악행으로 인하여 멸실, 훼손이 발생치 않았을 때 적용된다.[35]

상품의 운송과 관련되어 발생한 운송비용, 관세 또는 다른 비용은 전손의 경우에 전부, 분손의 경우에는 발생한 손해의 비율에 따라 지불되어야 하며 더 이상의 훼손은 지불되지 않도록 규정되어 있다. 또한 인도지연의 경우에 청구권자(수하인)가 그 손해가 인도지연에 의한 것임을 입증하면 운송인은 운송비용을 초과하지 않는 범위내에서 훼손에 대하여 보상하여야 한다. 이로 인한 배상은 운송물이 수하인에게 인도된 시점으로부터 21일 이내에 운송인에게 문서로 부보할 경우에 가능하다.[36]

이상에서와 같은 책임한도는 원칙적인 범위일 뿐 특별한 과정을 거쳐 보상금액이 한도를 상회할 수 있다. 즉, 송하인은 운송인과 합의된 할증료의 지불을 받기 위해서는 도로 화물탁송장에 25금프랑/kg 초과하는 상품가격을 신고해야만 한다. 이런 경우 신고된 금액은 그 한도로 대체될 수가 있는 것이다. 또한 송하인은 운송인과 합의된 할증료를 지불받기 위해서는 도로화물탁송자에 화물의 멸실, 훼손의 경우 또는 합의된 기간한도를 초과하는 경우에 인도로 인한 특별한 이익의 금액을 정해야만 한다.

CMR에서는 책임한도와 더불어 손해배상을 청구할 수 있는 기간한도를 규정하고 있다. 인도지연의 경우에 합의된 기간한도의 유효기간을 지나고 30일 이내에 도착하지 않거나, 합의된 기간한도가 없는 경우에는 운송인이 운송물을 수령한 후 60일 이내에 인도되지 않으면 운송물이 멸실되었다는 결정적 증거가 된다. 따라서 손해배상청구권자는 그 운송물을 멸실로 간주할 수 있다.[37] 아울러 CMR하에서 운송계약으로부터 발생된 계약불이행에 대하여 이의를 제기할 수 있는 기간은 1년으로 되어 있다. 그럼에도 불구하고 운송인의 악행이 있는 경우나 법원법에 의해서 또는 재판에 계류 중이어서 악행과 동등하다고 인정되는 과실이 있는 경우에는 이 기간한도는 3년으로 연장되어 진다. 기간한도의 시기는 분손, 훼손 또는 인도지연의 경우에는 인도일이며, 전손의 경우에는 합의된 기간한도의 유효기간 후 30일로부터이며 합의된 기간한도가 정해지지 않은 경우에는 운송인이 운송물을 수령한 날로부터 60일, 그리고 기타 다른 경우에는 계약이 이루어진 후 3개월의 기간이 만료된 시점으로부터이다.[38]

이처럼 CMR에서는 정상적인 기간한도를 1년으로 규정하고 있지만 이 기간은 너무 짧아 운송인에게 하주 또는 하주의 대리인이 서면 배상청구를 하는 경우에 연장되는 것이다. 기간한도가 연장되는 목적은 운송인으로 하여금 손해배상청구가 정당한지 여부를 결정할 수 있도록 하기 위한 것이다. 이러한 연장은 운송인이 서면통지에 의해서 손해배상청구를 기각하는 일자로부터 시작된다.

철도운송에 있어서의 배상책임원칙은 도로운송과 비슷하나 책임한도액에서는 2배의 차이가 있다. CIM에 의하면 손해배상시에 적용하고 가격원칙은 동일하나 책임한도액은 총중량기준 1kg당 17SDR[39]을 초과할 수 없도록 규정하였다. 그러나 운송인의 악행과 상당한 과실이 존재하는 경우에는 정상적인 한도의 2배까지 책임한도가 증가하도록 되어 있다. 운송인에 대한 손해배상청구를 위한 기간한도도 CMR과 마찬가지로 1년으로 규정되어 있으나 운송인의 악행 또는 사기에 의한 경우는 2년으로 연장된다.

이 밖에 대부분의 경우 CMR과 CIM이 동일한 원칙하에 적용되지만 CMR에서는 규정되지 않은 감량, 즉 운송 중의 감량에 대해서 CIM에서는 규정되어 있다. 운송품의 성질상 운송 중에 감량이 발생할 경우에는 일정한 범위의 감량을 인정하고 있다. 액체상태나 축축한 상태로 운송을 위탁받은 경우에는 2%, 건제품덩어리는 1%의 감량이 허용되며 이 한도를 초과하여 감량이 이루어진 경우에는 운송인이 책임을 부담하여야 한다. 이러한 관습은 해상운송을 통한 무역계약에서 유래된 것으로 보이며 "More or Less Clause"에 해당된다.

또한 CIM 제43조에는 운송기간을 초과하는 경우에 보상한도를 명시하고 있다. 멸실 및 훼손이 운송기간의 초과로부터 발생한 경우에 철도운송인은 운송비의 4배를 초과하지 않는 범위내에서 보상하도록 함으로써 CMR에서의 운송비 범위보다 보상한도를 확대하였다.

3. 육상운송계약시 고려사항

1) 운송장

송화인은 상법 제126조(화물명세서)에 의하여 운송인의 청구에 의하여 화물명세서를 교부하여야 한다. 화물명세서에는 다음의 사항을 기재하고 송하인이 기명날인 또는 서명하여야 한다.

- 운송물의 종류, 중량 또는 용적, 포장의 종별, 개수와 기호
- 도착지
- 수하인과 운송인의 성명 또는 상호, 영업소 또는 주소
- 운임과 그 선급 또는 착급의 구별
- 화물명세서의 작성지와 작성년월일

만약 송하인이 화물명세서에 허위 또는 부정확한 기재를 한 때에는 상법 127조에 의하여 운송인에 대하여 이로 인한 손해를 배상할 책임이 있으니 유의하여야 한다. 그러나 육상운송자에 따라 다음과 같은 내용의 추가 기재사항을 요구할 수 있으니 지시에 따라 작성하여야 한다.

- 송하인(고객)의 주소, 이름(또는 상호) 및 전화번호
- 수하인의 주소, 이름(또는 상호) 및 전화번호
- 운송물의 종류(품명), 수량 및 가액
- 운송물의 인도예정 장소 및 인도예정일(특정 일시에 수하인이 사용할 운송물의 경우에는 그 사용목적, 특정 일시 및 인도예정일시를 기재함)
- 운송상의 특별한 주의사항(훼손, 변질, 부패 등 운송물의 특성구분과 기타 필요한 사항을 기재함)
- 운송장의 작성연월일

2) 운임의 청구와 유치권

운송물이 포장 당 50만원을 초과하거나 운송상 특별한 주의를 요하는 것일 때에는 운송자가 별도의 할증요금을 청구한다. 그리고 화주의 책임이 있는 사유로 운송물을 반송하거나, 도착지 주소지가 변경되는 경우, 운송자는 별도의 추가요금을 청구할 수 있다.

3) 포 장

화주는 운송물을 그 성질, 중량, 용적 등에 따라 운송에 적합하도록 포장하여야 한

다. 운송물의 포장이 운송에 적합하지 아니한 때에는 화주에게 필요한 포장을 하도록 운송인이 청구하거나, 화주의 승낙을 얻어 운송 중 발생할 수 있는 충격량을 고려하여 포장을 한다. 다만 이 과정에서 추가적인 포장비용이 발생할 경우에는 운송자가 화주에게 추가요금을 청구할 수 있다.

4) 운송물의 수탁거절

운송인은 다음의 경우에 운송물의 수탁을 거절할 수 있다.

- 고객이 운송장에 필요한 사항을 기재하지 아니한 경우
- 고객이 청구나 승낙을 거절하여 운송에 적합한 포장이 되지 않은 경우
- 고객이 확인을 거절하거나 운송물의 종류와 수량이 운송장에 기재된 것과 다른 경우
- 운송물의 인도예정일(시)에 따른 운송이 불가능한 경우
- 운송물이 화약류, 인화물질 등 위험한 물건인 경우
- 운송물이 밀수품, 군수품, 부정임산물 등 위법한 물건인 경우
- 운송물이 현금, 카드, 어음, 수표, 유가증권 등 현금화가 가능한 물건인 경우
- 운송물이 재생 불가능한 계약서, 원고, 서류 등인 경우
- 운송물이 살아있는 동물, 동물사체 등인 경우
- 운송이 법령, 사회질서 기타 선량한 풍속에 반하는 경우
- 운송이 천재, 지변 기타 불가항력적인 사유로 불가능한 경우

5) 운송인의 손해배상

화주가 운송장에 운송물의 가액을 기재한 경우에는 운송인의 손해배상은 다음과 같다.

- 전부 또는 일부 멸실된 때: 운송장에 기재된 운송물의 가액을 기준으로 산정한 손해액의 지급
- 훼손된 때 :
  가) 수선이 가능한 경우: 수선해 줌
  나) 수선이 불가능한 경우: 제1호에 의함
- 연착되고 일부 멸실 및 훼손되지 않은 때
  가) 일반적인 경우: 인도예정일을 초과한 일수에 운송장에 기재한 운임액(이하 '운송장기재운임액'이라 함)의 50%를 곱한 금액
  (초과일수×운송장기재운임액×50%)의 지급. 다만, 운송장 기재 운임의 200%를 한도로 함
  나) 특정 일시에 사용할 운송물의 경우: 운송장 기재운임액의 200%지급
- 연착되고 일부 멸실 또는 훼손된 때: 위의 내용을 선택적 적용

화주가 운송장에 운송물의 가액을 기재하지 않은 경우에는 운송인의 손해배상은 다음과 같다. 이 경우 손해배상한도액은 50만원으로 하되, 운송물의 가액에 따라 할증요금을 지급하는 경우의 손해배상한도액은 각 운송가액 구간별 운송물의 최고가액으로 한다.

- 전부 멸실된 때: 인도예정일의 인도예정장소에서의 운송물 가액을 기준으로 산정한 손해액의 지급
- 일부 멸실된 때: 인도일의 인도장소에서의 운송물 가액을 기준으로 산정한 손해액의 지급
- 훼손된 때
  가) 수선이 가능한 경우: 수선해 줌
  나) 수선이 불가능한 경우: 제2호에 의함
- 연착되고 일부 멸실 및 훼손되지 않은 때: 위의 내용을 선택적 적용
- 연착되고 일부 멸실 또는 훼손된 때: 위의 내용을 선택적 적용하되 '인도일'을 '인도 예정일'로 함

4. 육상운송과 보험

육상운송인은 "적재물배상책임보험"에 의무적으로 가입하여야 한다.

적재물배상책임보험은 화물운송주선사업자가 운송업자 또는 운송가맹사업자에게 의뢰하여 운송 또는 운송부수업무로 인한 적재물사고로 피해가 발생한 경우, 이에 따른 손해를 배상하는 보험이다. 이때, 피해자의 손해배상청구에 따른 법률상의 손해배상금을 보상하며, 소송업무대행과 그에 따른 제반 법률비용을 보상한도액 내에서 추가로 보상한다.

적재물 배상책임보험은 일반화물자동차 운송사업자의 최저등록제도가 시행(차량 5대 → 차량 1대로 변경, 1대 차량 운송사업자 가능)됨에 따라 영세운송사업자의 난립 및 손해배상이행능력 부재로 인한 소비자피해 증가를 방지하기 위한 피해구제제도 도입의 필요성에 의하여 고안되었다. 그리고 소규모 운송사업자의 안정적 경영활동의 보장장치가 필요하여 2005년 1월 화물자동차운수사업법 개정에 의하여 적재물 배상책임보험의 보험가입이 의무화되었다.

적재물배상책임보험은 자동차운송주선업자와 화주간 운송계약을 중개, 대리하거나 운송업자가 운송업자가 행하는 운송을 이용하여 자기의 명의와 계산으로 화물을 운송하는 도중 발생하는 배상책임을 담보하는 의무가입보험이다. 따라서 적재물 배상책임보험의 주요 가입자는 화물운송사업자, 화물운송주선사업자, 운송가맹사업자 등이다.

가입대상	대상요건	보상한도액 (1사고 당)	공제금액 (자기부담금)
화물자동차 운송사업자	최대적재량 5톤 이상 총중량 10톤 이상	차량 당 2천만 원 이상	20만원, 30만원, 50만원, 100만원 중 선택
화물자동차 운송주선사업자	국내운송주선사업자 (이사화물주선제외)	사업자당 2천만 원 이상	
화물자동차 운송가맹사업자	운송사업자 + 운송주선사업자	사업자당 2천만 원 이상/ 차량 당 2천만 원 이상	

그런데 화물주선사업자의 가입이 의무화돼 있는 현행 적재물 배상책임보험제도는 과실책임주의 원칙을 벗어난 부당한 제도로 비칠 수 있다.

적재물 배상책임보험은 주선사업자 및 화물운송업자와 지입차량이 이중·삼중으로 가입하는 보험제도인데다 운영의 형태상 무과실 주선사업자까지 보험가입을 의무화해 강제하는 것은 법률의 횡포에 의한 경제적 부담을 가중시킴은 물론, 편향적 해석에 의한 무보장·무혜택 등의 요소가 잠재돼 있기 때문이다. 즉, 주선사업자는 타인의 수요에 응해 유상으로 화물운송계약을 중개 대리해 타인 소유의 화물차량을 이용해 화물을 운송하는 것으로, 주선사업자의 운송책임 범위는 화물을 차량에 상차후 목적지에 도착, 하차하기 전까지이며, 이 과정에서 발생할 수 있는 사고로 인한 손해는 화물자동차 5톤 이상 적재물 배상책임보험에 의해 담보되기 때문이다. 또 화물의 반출 및 상차작업(작업원·지게차·크렌 등)은 송화주, 하차 및 반입 하차작업은 수화주의 책임영역임에도 주선사업자들을 배상책임보험 적용범주에 포함시킨 것은 책임한계를 벗어났다.

1) 적재물 배상책임보험의 일반조항

적재물 배상책임보험은 수탁 화물가액내에서 피보험자가 피해자에게 지급한 법률상의 손해배상금을 보상해 주는 보험이다. 적재물 배상책임보험상의 손해배상책임에 대한 법적근거는 화물자동차운수사업법 제8조(운송사업자의 책임), 같은 법 제24조(준용규정), 같은 법 제24조의6(준용규정) 및 상법 제115조(손해배상책임), 같은 법 제135조(손해배상책임)에 그 근거를 두고 있다.

(가) 자동차공제약관에서의 보상의 범위

법률상의 손해배상금은 손해배상 합의금 및 법정 판결금이 기준이다. 사고처리비용으로는 잔존물의 복구비용, 피해복구 비용, 손해방지 경감비용, 대위권 보존비용, 방어비용(소송비용 등, 공탁보증 보험료 등)이 있다.

- 잔존물의 수송비용
- 피보험자가 미리 보험자의 동의를 받아 지급한 소송비용
- 증권상 보상한도액내의 금액에 대한 공탁보증보험료
- 보험사에 대한 협력비용

(나) 상법상 손해배상액(상법 제137조)

운송물이 전부 멸실 또는 연착된 경우의 손해배상액은 인도한 날의 도착지의 가격에 의한다. 운송물이 일부멸실 또는 훼손된 경우의 손해배상액은 인도한 날의 도착지 가격에 의한다. 운송물의 멸실, 훼손 또는 연착이 운송인의 고의나 중대한 과실로 인

한 때에는 운송인은 모든 손해를 배상하여야 한다. 운송물의 멸실 또는 훼손으로 인하여 지급을 요하지 아니하는 운임 기타 비용은 전항의 배상액에서 공제하여야 한다.

2) 적재물 배상책임보험의 위험담보

(1) 화물운송 위험담보

운송사업자가 국내에서 보험기간 중에 운송의 목적으로 수탁받은 화물(수탁화물)을 증권에 기재된 화물자동차로 운송하는 기간(운송기간) 동안에 생긴 우연한 사고로 인하여 수탁화물에 대한 법률상의 배상책임을 부담함으로써 입는 손해를 담보한다.

- 운송기간 : 발송지에서 수탁화물의 상차, 도착지의 하차작업을 포함한 수탁화물을 운송하는 기간 (단, 반입, 반출, 환적 및 기계를 이용한 상차·하차는 운송기간에 포함하지 않음)
- 의무가입한도 : 차량 당 2천만 원 이상 (공제금액 20만원)

(2) 화물주선 위험담보

운송주선업자가 국내에서 보험기간 중에 자기의 명의로 운송계약을 체결하거나 중개 또는 대리를 의뢰받은 수탁화물에 대하여 화주로부터 수탁받은 시점부터 수하인에게 인도하기까지의 과정에 생긴 우연한 사고를 담보한다.

- 운송 중 사고에 대하여 주선업자가 가입한 보험사에서 보상한 후 해당 운송사업자에 대하여 구상권 행사
- 운송주선사업자 단위 가입 및 연간 매출액을 기초로 보험료 산출
- 의무가입한도 : 사업자당 2천만 원 이상(공제금액 20만원)

3) 적재물 배상책임보험의 보상내용

(1) 특별약관의 보상내용

① 구간운송특별약관 : 적재물 보험이 연간 보험인데 비해 사전에 정한 구간을 운송하는 동안의 위험만을 담보한다.

② 화물운송부수업무담보 특별약관 : 화물운송에 관한 부수업무를 수행하는 동안 발생한 사고로 인하여 수탁화물에 입힌 재산손해를 담보한다.

③ 수탁화물 확장담보 특별약관(I), (II): 보통약관에서 제외되는 수탁화물 중 일부 품목을 확장하여 담보한다.

④ 냉동냉장장치담보 특별약관 : 냉동/냉장장치를 이용한 화물운송시 설비고장 등으로 인한 배상책임을 담보한다.

(가) 주요 보상 하지 않는 손해

- 고의, 계약상 가중책임
- 전쟁, 사변, 폭동, 노동쟁의 관련 손해
- 천재지변, 공해 및 오염사고 관련 손해
- 수탁화물의 하자, 자연소모 또는 성질에 기인한 손해
- 피보험자의 대리인이나 근로자 또는 그의 가족, 친족이 행하거나 가담한 도난이나 강도로 생긴 손해
- 냉동냉장 장치 또는 설비의 고장이나 전기공급의 중단에 의한 온도변화로 수탁화물에 생긴 손해
- 차량의 덮개 또는 수탁화물의 포장의 불완전으로 생긴 손해
- 담보차량의 충돌이 수반되지 아니한 경우 수탁화물간 또는 차체와의 충돌, 접촉으로 생긴 손해
- 적재정량을 뚜렷이 초과하여 적재함으로써 생긴 손해
- 배달착오, 분실, 감량으로 생긴 손해에 대한 배상책임
- 기계류 또는 이와 유사한 재물의 해체 또는 설치 중에 생긴 손해
- 수탁화물이 수하인에게 인도된 후 14일을 초과하여 발견된 손해
- 이사화물

따라서 화주들이 화물운송 수단을 결정하기 위해서는 다음과 같은 사항들을 충분히 검토하여 정확성과 합리성, 운송금액의 적정성을 확보하는게 중요하다.

▮ 운송의뢰 할 화물의 종류

일반화물(박스류, 제품류, 컨테이너, 종이류, 원단, 철, 나무), 냉동·냉장화물, 고가 장비류, 농수산물 및 살아있는 동식물 등 화물의 특성에 맞는 운송수단을 선택하는게 중요하다.

▮ 화물의 중량, 용적, 및 규격

화물운송에 있어서는 운송할 물품의 중량과 용적, 규격 등이 차량선택의 필수요소이며, 이는 작업조건(지게차 상하차, 기계작업, 수작업 등)의 결정사항이다. 운송수단의 선택과 적재능력의 적합성을 사전에 고려해야만 화주와 차주와의 분쟁의 소지를 사전에 예방할 수 있다.

▮ 운송정보(상차지, 하차지 및 경유지)

화물운송 의뢰를 위해서는 화물의 상차지, 하차지 및 경유지 정보를 시, 군, 구, 읍, 면, 동 단위로 정확히 파악하여 의뢰하는게 중요하다.

▮ 상차시점과 하차해야 할 시점

정확히 화물의 상차준비가 완료되는 시간과, 운송목적지에서 하차가 가능한 시점을 파악하는게 중요하다. 일반적으로 원거리 지방운송의 경우 오전상차의 경우, 당일하차가 가능하며, 오후상차의 경우에는 가급적 다음날 오전하차를 하시는게 편리하다.

■ 운임지불 조건 및 기타

화물운송에서 운임의 지급시점은 화물이 수화인에게 인도되는 시점에서 지급되어야 하는게 정상적이지만, 회사의 업무처리 상황에 따라, 지급여건이 달라질 수 있다. 그러므로 선불이냐, 착불이냐, 후불이냐에 따라 운송조건도 달라질 수 있다. 기타, 의뢰인은 상차지와 하차지의 작업조건 및 진입상태 등에 따라 화물운송에 있어 여러 가지 예측할 수 있는 요구사항을 의뢰할 수있다.

그러므로 위에서 언급한 사항들을 검토하여, 화물운송 수단을 결정하기 위한 효율적인 운송수단을 확보하는 게 중요하다.

(나) 주요 보상하는 손해

- 피보험자가 피해자에게 지급한 법률상 손해배상금
- 사고발생후 피보험자가 손해의 방지 또는 경감을 위하여 지급한 필요 또는 유익하였던 비용
- 제3자로부터 손해배상을 받을 수 있을 경우 그 권리의 보전 또는 행사를 위하여 필요한 절차를 진행하는데 지급한 필요 또는 유익한 비용
- 피보험자가 피해자에게 지급한 법률상 손해배상금
- 피보험자가 미리 회사의 동의를 받아 지급한 소송비용, 변호사 비용, 중재, 화해 또는 조정에 관한 비용
- 증권상 보상한도액 내의 금액에 대한 공탁보증보험료
- 제외 수탁화물 : 원고, 설계서, 모형, 증서, 서류, 사진, 편지, 미술품, 골동품류, 살아있는 동물, 귀금속류, 화폐, 어음, 수표, 채권, 유가증권, 시계, 담배, 모피류, 계란류, 유리제품 등(제외 수탁화물의 경우, <수탁화물 확장담보특약>을 첨부하면 담보 가능하다.)

<table>
<tr><th>구분</th><th>도로 운송업자 배상책임보험</th><th colspan="2">적재물 배상책임보험</th></tr>
<tr><td>가입대상</td><td>화물운송사업자(지입차주포함)</td><td colspan="2">운송사업자 및 운송주선 사업자</td></tr>
<tr><td>가입요건</td><td>차량톤수 구분없이 임의가입</td><td colspan="2">5톤 이상 차량 및 주선사업자 의무가입</td></tr>
<tr><td rowspan="2">보상하는 손해</td><td rowspan="2">피보험자가 운송의 목적으로 수탁받은 화물을 화물자동차로 운송하는 동안에 생긴 우연한 사고로 인한 수탁화물에 대한 법률상 손해배상 책임을 부담함으로써 입은 손해</td><td>운송위험담보</td><td>좌동</td></tr>
<tr><td>운송주선 위험담보</td><td>의뢰받은 수탁화물에 대하여 화주로부터 수탁받은 시점부터 인도하기까지의 운송과정 중에 생긴 우연한 사고로 인한 수탁화물에 대한 법률상 손해배상 책임</td></tr>
<tr><td>보상한도</td><td>5백만 원-10억 원(1사고 당)</td><td colspan="2">최저 2천만 원 이상(1사고 당)</td></tr>
<tr><td>연간 보상한도</td><td>연간 총 보상한도액 결정</td><td colspan="2">연간보상한도액 미적용</td></tr>
<tr><td>자기부담금</td><td>사고 당 20만원-100만원</td><td colspan="2">사고 당 20만원</td></tr>
</table>

운송지연 손해	-운송지연에 대한 명확한 약관조항 없음 / -실무상 사고로 인한 지연이라도 특별손해로 보아 면책처리 / -화물지연에 대하여 클레임 제기 경우가 많지 않음(국내운송) / -운송지연으로 인한 가치하락, 시 장 상실부담보 / -인도 또는 배달착오로 생긴 손해 부담보	- 약관규정 및 실무처리 : 좌동 - 보상요구 및 특별손해면책과 관련한 분쟁 확대 - 특별손해(가치하락, 시장상실) 부담보
적정적량 관련	과적인 경우 면책이나 사고원인이 아니면 비례보상(입증책임은 보험사)	과적(110%, 도로교통법상)인 경우 면책이나, 사고원인이 과적이 아니면 비례보상(입증책임 피보험자)
담보제외 수탁물	금, 은 등 보석류와 그 제품, 화폐, 유가증권, 인지, 시계, 모피류, 금그림류, 골동품, 주류, 담배, 계란, 유리와 그 제품, 도자기, 화장품, 의약품, 가축류	원고, 설계서, 모형, 증서, 서류, 사진, 편지, 미술품, 골동품, 살아있는 동물, 귀금속류, 화폐, 어음, 수표, 채권, 유가증권류, 인지, 시계, 담배, 모피류, 유리제품, 계란류 ※ 수탁화물의 의미의 명확화

제5장 해상운송

학습의 목적

수출입 운송절차 중 해상운송에 적용되는 운송관련 법규를 중심으로 해상운송의 계약 및 운송절차, 사후관리 등 각각의 운송단계에 대한 지식을 포괄적으로 습득한다.

학습의 목표

1. 항만과 항만의 시설 및 선박과 관련된 사전 기초지식을 이해할 수 있다.
2. 해상운송과 관련되어 있는 해운동맹, 편의치적제도, 선급제도 등을 이해할 수 있다.
3. 해상운송계약 중 개품운송계약, 용선운송계약, 기간용선계약, 나용선계약 등을 이해할 수 있다.
4. 해상운임의 종류 및 산정기준과 지급시기를 이해할 수 있다.
5. 선화증권의 기능과 성질, 선화증권의 종류와 기재사항, 선화증권의 유의 사항 등을 이해할 수 있다.
6. 해상운송과 관련된 국제법규를 이해할 수 있다.

제1절 항 만

1. 항만(港灣)의 기초 및 입지

항만은 육상과 해상활동이 연결되는 지리적인 결절지로, 자연지형 또는 인공 축조물 등으로 풍랑을 방지하여 선박이 안전하게 정박하고 여객과 화물을 싣고 내릴 수 있는 시설이 갖추어진 해수면의 일부이다.

항만을 표현하는 용어로는 'Harbour'와 'Port'가 있지만 이 두 용어가 가지는 의미의 영역은 <표 5-1>에서와 같이 다르다.

〈표 5-1〉 Harbour와 Port의 비교

Harbour	Port
Port 보다 넓은 개념(全港域) 해륙운송의 접속지 선적과 양륙이 가능한 시설이 있으며 산업활동이 실행되어지는 수역	접안시설을 중심으로 좁은 부두지역

항만은 인간이 바다로 진출하게 되면서 문명화에 중요한 역할을 해왔다. 현대의 대도시들 중에는 바다와 가까운 점을 이용해서 성장한 도시들이 많다. 정확하지는 않으나 페니키아에서는 BC 13세기경 시돈과 티레에 인공항을 건설했다고 알려져 있다. 고대의 유명한 항만으로는 파로 섬에 건설된 알렉산드리아항이 있다. 그 밖에 아테네의 피레에프, 로마의 오스티아, 그리스의 로도스항 등이 중요한 항만으로 제국의 번영에 큰 기여를 했나. 당시 대부분의 항만들은 자연항이었으며 부분적으로 인공물을 설치하기도 했다. 키프로스항에는 방파제를 축조한 흔적이 남아 있으며, 이 기술이 일부 기록으로 전해져 온다. 당시에는 항만축조의 재료가 대부분 자연석이었으나 화산회를 이용해 보다 견고한 방파제를 축조하기도 했다. 고대의 항만들은 대부분 하천의 하구에 있었고, 준설작업을 지속적으로 하지 않았기 때문에 토사의 퇴적으로 인해 항만기능이 마비되는 경우도 적지 않았다. 이런 항만으로는 에게해 연안의 에페소스·프리에네·밀레토스항이 있다.

항만의 규모는 12세기 중엽까지 크게 확대되지 않았다. 선박도 소규모이고 물자의 지역간 교역량이 많지 않아 자연항의 규모만으로도 항만의 기능을 충분히 할 수 있었기 때문이었다. 18세기 산업혁명 이후 각국의 교역량의 급격한 증가하면서 증기선·유조선·컨테이너선 등을 수용하기 위한 인공적인 시설이 필요해지면서 항만의 중요성이

[그림 5-1] 세계 20대 항만

더욱 커졌다. 현재 세계 20대 항만은 [그림 5-1]과 같다.

싱가포르항은 세계적인 환적항이다. 2007년 2,794만TEU를 처리한 싱가포르항은 2006년 대비 12.5% 성장률을 기록하며, 3년 연속 세계 1위를 고수했다. 국내수출입 물량이 거의 없음에도 불구하고 이러한 실적을 나타내고 있다는 것은 '세계적인 환적 항만'으로서 싱가포르의 입지를 엿볼 수 있다.

싱가포르항의 강점은 기간항로상에 입지하고 있어 북미, 유럽, 아시아 역내 항로의 경유지 역할을 하고 있으며, 동남아시아의 대표적인 환적항만으로 이는 처리화물의 70% 이상을 차지한다. 또 세계 200여개의 선사, 123개국 600개 항만에 연결된 편리한 환적 시스템도 구비하고 있으며 효율적인 항만운영도 강점이다.

중국 상하이항은 2007년 2,615만TEU를 처리하며 2006년 대비 20.4%의 성장률을 기록함으로써 홍콩항을 제치고 세계 2위로 부상했다. 신항격인 양산항으로의 물량이동에도 불구하고 일본과 동남아 등 연근해 서비스 선사들이 집중적으로 이용함에 따라 이 같은 실적을 기록하였다.

홍콩항은 2007년 2,398만TEU를 처리하며, 2006년과 비교해 1.5% 성장률을 기록했다. 홍콩항의 부진은 중국 항만 등 인근 항만의 급부상에 따른 영향을 많이 받고 있는 것으로 분석된다. 특히 홍콩항은 최근 대규모 개발이 진행되고 있는 남중국 항만들과의 경쟁에서 치명타를 입고 있다. 선전항이 홍콩보다 크게 저렴할 뿐더러 최근에는 남중국 항만들의 물류시설이 상당히 업그레이드되고 있기 때문이다. 최근 급성장하고 있는 선전항이 주강삼각주의 생산지역과 가깝다는 사실은 트럭운송비나 하역비용, 창고사용료 등에서 홍콩항 이용에 상당한 영향을 미치고 있다. 그럼에도 홍콩항은 현재 경쟁력있는 항만으로 명성을 유지하고 있으며 관세를 부과하지 않는 항만이라는 장점도 가지고 있다. 홍콩은 지리적으로도 중국의 지역 허브가 아닌 아시아 전체의 허브가 될 수 있는 입지도 가지고 있다.

중국의 선전항은 2007년 2,019만TEU를 처리해, 2006년 대비 14.2%의 성장률을 기록했다. 세계 4위를 고수하며 홍콩항과의 격차를 지속적으로 줄이고 있다. 그럼에도 인근 광저우항의 급부상과 서부 대개발에 따른 물동량 정체에 대한 우려도 상존하고 있다. 선전항은 옌티엔, 서커우, 츠완 3개 항만으로 이뤄져 있으며, 동관, 주하이 등과 함께 광둥성의 핵심 항만으로 성장하고 있다.

선전에서 새로 시작된 서비스들은 코스콘(Coscon), 양밍, K라인의 3,000TEU급 7척으로 이뤄진 동지중해 익스프레스 서비스(EMX)와 하파그로이드와 완하이의 중국-홍해 서비스, ZIM과 양밍 마린, 옌타이 인터내셔널 마린이 각각 개시한 아시아 역내서비스, ZIM의 극동-지중해 익스프레스 서비스, MSC의 남중국-동지중해-중동서비스 등이다.

부산항은 2007년 1,326만TEU를 처리하며, 2006년과 비교해 10.1%의 성장률을 기록했다. 그럼에도 작년 한해 부산항은 2006년 3.1%, 2006년 1.7%의 부진한 물동량 증가세에서 벗어나서 높은 성장세를 이어갈 수 있는 발판을 마련한 것으로 평가된다. 또 당초 목표치인 1,264만TEU를 5% 정도 초과 달성해 세계 5위 컨테이너 항만의 자리를 지켰다.

부산항 호조세는 컨테이너세 폐지에 따른 물량추가 유입 등으로 전년대비 9.4% 증가했고, 특히 환적화물은 2007년 4월 환적거점을 부산항으로 이전한 MSC의 물량 급증 등 대중국 환적화물(11.6%)이 증가한데 힘입었다.

2007년에 1,080만TEU를 처리한 네덜란드의 로테르담항은 2006년 대비 11.5%의 성장률을 기록했다. 로테르담은 유럽에서 가장 먼저 컨테이너 1천만시대를 열었으며, 명실상부한 유럽의 허브항만이다. 로테르담항은 동-중-서유럽으로 연결되는 도로와 철도, 라인강 운하로 반경 500km가 방사선으로 연결돼 유럽으로 들어오는 물동량의 60%, 나가는 물량의 30%를 처리하고 있다. 운영상의 특징으로 2004년 1월1일부터 항만운영주체가 기존 로테르담시 소속의 RMPM(Rotterdam Municipal Port Mangement)에서 좀 더 독립직인 역할수행을 위해 정부공사인 로테르담항만청(Port of Rotterdam)으로 변경됐다. 컨테이너터미널은 대부분 유럽 최대의 컨테이너 터미널 운영사 중의 하나인 ECT BV에 운영되고 있다.

아랍에미리트의 두바이항은 2007년 1,070만TEU를 처리, 2006년과 비교해 20%의 성장률을 기록했다. 두바이항의 항만당국인 DP월드는 피크 기간 중 고객의 요구에 부응하기 위해 14기의 메가 컨테이너크레인을 2005년에 제벨알리터미널에 도입했고, 2006년에 6기의 컨테이너 크레인을 추가로 도입해 총 45기에 이른다. 호르므즈해협 입구라고 하는 지리적 이점을 살려 사우디아라비아, 아랍에미리트 및 바레인 지역을 아우르는 중심항 전략을 채택해 선박 및 화물유치에 주력하고 있다. DP월드는 중동지역의 중심항으로의 도약을 위한 적극적인 선박 및 화물유치를 도모하고 있고 제다항, 에디오피아의 지부티항, 인도의 코친, 루마니아 콘스탄차항만 등의 해외항만운영에도 적극

진출하고 있다.

2006년 대비 약 5%의 성장률을 기록한 대만의 가오슝항은 2007년 1,026만TEU를 처리해 사상 처음으로 1천만 TEU시대를 열었다. 로테르담과 두바이 두 항만의 물동량 증가에 밀려 세계 8위항으로 추락한 가오슝은 향후 집중개발 대상항만이며, 아시아-태평양 중심항만전략(APROC)을 수립 시행 중이다. 아시아-태평양 중심항만 전략은 대만을 해상과 항공운송, 재정, 통신, 정보센터분야의 중심으로 육성하겠다는 것으로 가오슝이 핵심지역이다.

함부르크항은 2007년 990만TEU를 처리해 2006년 대비 11.7%의 성장률을 기록했다. 함부르크항은 '유럽의 공장'으로 성장하고 있는 폴란드, 러시아, 발트 3국, 체코, 벨로루시, 슬로바키아 등과 인접하고 있다. 함부르크항의 운영은 민간기구인 함부르크 항만청에 위임하고 있고 컨테이너터미널의 실질적인 운영은 HHLA, Eurogate, Unikai 등 전문 터미널 운영업체들이 담당하고 있다. 지금까지 함부르크항 성장의 견인차는 유럽항만 가운데 가장 많은 아시아 국가의 수출입 화물 처리량이다. 아시아와 유럽을 잇는 25개의 정기항로가 함부르크항만을 거치며, 전체 컨테이너화물 처리량 중 중국의 비중이 24.2%로 성장세가 날로 가속화되고 있다.

칭다오항은 2007년 946만TEU를 처리해 2006년 대비 23%의 성장률을 기록하며 중국 3위 컨테이너 항만의 입지를 유지하고 있다. 칭다오항의 컨테이너처리 실적은 작년 12월중 900만TEU를 돌파했으며, LA항을 추월해 세계 10위 항만으로 부상했다. 세계 10대 컨테이너 항만에 칭다오항이 들어옴으로써 이 중 중국이 4개 항만을 차지하게 됐다. 이와 같은 물량증가는 내륙지역에서의 환적화물 유치 촉진을 위한 노력의 결과로 분석된다. 지난해 산둥성 지방 내륙지역으로부터 환적화물 처리실적은 1억1,000만톤으로 총 취급물량의 39%에 달한다.

중국 상하이항 인근의 닝보항은 2007년 935만TEU를 처리해 2006년 대비 32%의 높은 성장률을 기록했다. 30%대의 급성장을 보인 것은 국제항로의 증가와 항만효율의 향상에 따른 것으로 분석된다. 닝보항은 양쯔강 델타지역(상하이, 닝보, 황저우)에 속해 있으며, 항저우만의 남쪽에 위치한 항만으로 닝보, 전하이, 베이룬, 당셰 및 촨산의 5개 구역으로 구성되어 있다. 양쯔강 입구에서 떨어져 있어 토사의 영향을 받지 않아 수심이 18m 이상 유지되고 있다. 닝보항은 상하이항과 겹치는 배후권역을 가지고 있으며, 상하이항의 잠재적인 경쟁항만으로 부상하고 있다. 닝보항 개발과 병행해 인주, 명주, 망춘공단 등 배후에 3개 공단을 조성하고 3개 고속도로와 닝보공항 등 산업기반을 동시에 확충하고 있다.

광저우항은 중국 광동성과 주강 삼각주 지역을 배후지로 하는 중국 남부의 핵심 항만이다. 델타삼각주지역에서 급성장하는 컨테이너 시설들을 보유하고 번영하고 있는 도시인 선진, 주하이, 동관, 종산, 포산, 장먼에 둘러싸여 있다. 델타삼각주에서 가장 최고봉에 이른 광저우 항만은 각기 다른 목적의 선석 570개를 운영하는 기간항만을 4

개 운영하고 있다.

미국의 LA항은 2007년 840만TEU를 처리해 2006년 대비 1.36%의 마이너스 성장률을 기록했다. 마이너스 성장은 세계 주요 20대 항만 중 유일하며, 최근 발생한 서브프라임 사태 등 미국 내의 경기불황과 관련이 있어 보인다. LA항의 항만위원회는 2009년 1월부터 컨테이너 당 15달러의 사회간접 자본세를 부과키로 결정했다. LA항의 이 같은 조치는 지난해 12월에 결정해 올해 1월부터 발효되는 TEU당 35달러의 '청정트럭컨테이너세'에 이어 부과되는 것. '청정트럭컨테이너세'는 트럭에 의해 운반되는 컨테이너에 적용되지만, '사회간접자본세'는 LA항에 출입하는 모든 컨테이너에 적용된다.

2007년 817만TEU를 처리한 벨기에의 앤트워프항은 2006년 대비 16.5%의 성장률을 기록했다. 이러한 성장은 Deurganck에서 2006년보다 89%가 상승해 150만TEU를 처리한데서 비롯됐고, 또 중국, 브라질, 말레이시아, 미국 등과의 교역확대도 주요인으로 꼽힌다. 운영사인 앤트워프 항만공사는 부두, 안벽, 수로의 준설뿐만 아니라 자체 창고 및 하역시설 등을 운영하고 있다. 스케르트강 하구에 건설된 이 항은 북대서양으로부터 앤트워프항까지의 진입에 시간이 소요되기는 하지만 첨단의 항만시설과 잘 발달된 내륙연계 교통망으로 유럽의 중심항으로 부상하고 있다.

미국의 롱비치항은 2007년 730만TEU를 처리했다. 이는 2006년 대비 0.3%의 성장률을 기록한 수치로 미국 전체 항만이 서브프라임 사태로 인한 경기침체로 물동량 증가세가 주춤하고 있다. 수출컨테이너는 22%가 증가한 150만TEU, 공컨테이너는 10.8%가 증가한 2백만TEU를 나타냈지만, 수입컨테이너는 370만TEU를 나타내 0.4% 감소했다. 수출부분에서 원자재에 대한 아시아권의 수요 증대로 하반기 수출이 급증했으며, 6월부터 11월까지 6개월간 연속으로 30% 이상의 성장세를 보였다. 아시아 국가와의 교역의 전체 항만물동량의 90%를 점유하고 있으며, 주요 교역국가로는 중국·홍콩, 일본, 한국, 대만 등이다.

말레이시아의 포트클랑은 2007년 712만TEU를 처리해 2006년 대비 12.5%의 성장률을 기록했다. 컨테이너 물동량 중 서항이 60.5%, 북항은 39.5%를 차지하고 있다. 세부적으로 서항의 컨테이너처리실적은 18% 증가한 431만TEU이고, 북항은 5% 증가한 281만TEU이다. 유럽항로와 아시아항로를 연결하는 지리적 특성을 살려 환적화물 유치 등에 주력하고 있다.

2006년 11월부터 통과화물 유치를 위해 자유무역지대를 운영중이며, 포트클랑 항만공사가 항만의 개발을 포함한 관리를 담당하고 있다. CMA CGM, 차이나쉬핑, 노라시아와 완하이가 지역적 허브로 포트클랑을 이용하고 있다.

톈진항은 2007년 710만TEU를 처리해 2006년 대비 19%의 성장률을 기록했다. 이러한 성장세는 최근 개발된 빈하이신구 덕분이다. 중국 정부는 빈하이신구를 북중국의 국제물류센터로 만들 계획을 가지고 있다. 또 항로준설을 통해 25만 DWT 선박이 접안할 수 있도록 공사 중이며, 2007년부터 2010년까지 450억위앤을 항만인플라 건설에 투입하고 있다.

텐진항은 베이징으로부터 고속도로로 2시간 거리에 있는 베이징의 관문항으로서 전국 4개의 직할도시의 하나인 북부지역 최대의 인공항이다. 텐진항은 크게 해아강 내 위치한 항만지역, 북강지역, 남강지역, 벌크 물류센터 4개 지역으로 구분된다.

말레이시아의 탄중 펠레파스항은 2007년 550만TEU를 처리해 2006년 대비 14.5% 성장률을 기록했다. 이런 증가세의 주요 이유는 아시아-유럽 교역량의 급증 때문이다. 싱가포르와 40마일 정도 밖에 떨어져 있지 않아 항만요율이 저렴하다. 말라카 해협에 있어 유럽, 태평양, 아시아, 호주 항로 등 주요 항로에 위치하고 있다. 부가가치 물류 활동을 위해 자유상업지역 및 자유산업지구를 항만지역을 포함해 운영 중에 있다.

독일 남부의 브레멘항은 2007년 491만TEU를 처리하며, 2006년 대비 10.4% 성장률을 기록했다. 자유무역도시로서의 유구한 역사를 자랑하는 이 항만은 2002년 1월부터 항만경쟁력 강화를 위해 정부관리체제에서 민간체제로 전환했다. 독일 뿐만 아니라 유럽 주요 지역에 대한 물류허브로서의 역할을 수행한다. 이 항은 크게는 브레멘과 브레머하펜으로 구성되며, 컨테이너터미널은 주로 브레머하펜 지역에 위치해 있는데, 이는 외해와 바로 연계되는 장점이 있기 때문이다.

미국 동부에 위치한 뉴욕항의 2007년도 컨테이너 처리실적은 아직 공표되지 않고 있지만, 2007년 1월부터 9월까지 물량이 304만TEU로 집계돼 이를 추정시 2006년 506만TEU에서 크게 감소한 약 4백만TEU 정도가 될 것으로 예상된다. 이는 미국 여타 항만과 같이 미국내 경기불안 때문인 것으로 분석된다.

뉴욕항은 미국 동부지역의 최대 항만으로 유럽교역의 관문항이다. 운영상의 특징으로 미국 뉴욕·뉴저지 양주에 걸친 항만지역을 하나의 항만으로 운영하기 위해 구성된 뉴욕·뉴저지 항만공사가 항만의 관리주체이다.

■ 항만의 입지

항만 기능의 1차적인 목적은 선박보호에 있다. 토목기술이 발달하지 않던 시대에는 천연항의 조건을 지닌 지역이 항만으로서 최적지였다. 그러나 물동량의 증가에 따라 해운업이 성장하고, 또한 축항기술이 발달되면서 항만기능은 선박의 정박보다는 화물의 신속한 유통면에서 중요시되었다. 이에 따라 자연적인 조건보다 항만의 소비지 또는 생산지 등 배후 세력권의 크기 여부가 항만 입지의 중요요인이 되었다. 따라서 현대의 항만입지는 자연발생적으로 이루어지기보다는 국가경제운용의 전체적인 틀 속에서 계획적으로 입지선정이 이루어진다.

항만입지를 결정하는 데 있어서 자연조건과 함께 사회적·경제적 조건 및 국가의 장기적인 지역개발 방향 등이 중요하다. 항만이 갖추어야 할 자연조건으로는 수심이 깊고 묘박(錨泊) 면적이 충분할 것, 지형과 지질이 항만의 형성에 적합하고 항만구조물 및 육상시설을 축조할 수 있을 것, 파랑·조석 등에 대비한 외곽시설을 만들기에 양호할 것, 토사에 의한 항만 매몰의 염려가 없을 것, 안개·바람 등의 기상조건이 좋을 것 등이다.

사회적·경제적 조건으로는 출입선박 및 화물의 내용, 후배지의 경제 및 시장 규모가 발전 가능할 것, 도시산업이 발전하고 용수·에너지 등의 확보가 용이할 것, 철도·도로 육상교통수단과 쉽게 연결될 수 있을 것, 인접항과의 관계에서 선박의 기항이 유리할 것, 도시계획과의 관계가 원만할 것, 항만공사용 재료와 인접해 있을 것 등이다. 따라서 항만입지를 선정할 때에는 <표 5-2>에서 언급한 내용들이 신중하게 검토되어야 한다.

〈표 5-2〉 항만입지 선정시 검토사항

경제 사회적 요건	◎항만 건설 후 향후 20년간의 화물량 추세를 예측 가능 ◎인구현황과 추세 / 생활수준 / 교육수준 / 공업용수 / 전력 / 공장적지 여부 / 장래전망 / 철도, 도로의 배후교통 / 배후권의 도시계획과 토지이용계획 / 취급화물량/ 화물의 배후도시 / 입출항 선박
기술적 요건	◎파랑, 조류, 조위(潮位), 표사(漂沙), 하천 등을 고려하여 항만의 안전도, 항행의 지장여부, 안벽높이, 운영방법, 매립원인, 수심, 지질, 구조물 위치, 부지조성, 구조물형태

항만이 갖추어야 할 자연조건으로는 수심이 깊고 묘박(錨泊) 면적이 충분할 것, 지형과 지질이 항만의 형성에 적합하고 항만 구조물 및 육상시설을 축조할 수 있을 것, 파랑·조석 등에 대비한 외곽시설을 만들기에 양호할 것, 토사에 의한 항만 매몰의 염려가 없을 것, 안개·바람 등의 기상조건이 좋을 것 등이다.

사회적·경제적 조건으로는 출입선박 및 화물의 내용, 후배지의 경제 및 시장규모가 발전 가능할 것, 도시산업이 발전하고 용수·에너지의 확보가 용이할 것, 철도·도로 육상교통수단과 쉽게 연결될 수 있을 것, 인접항과의 관계에서 선박의 기항이 유리할 것, 도시계획과의 관계가 원만할 것, 항만공사용 재료와 인접해 있을 것 등이다.

항만기능과 직접 관계가 있는 해상조건은 바람과 파랑, 조석간만의 차이다. 바람은 항풍·계절풍·태풍 등이 있으며, 이 중 항풍은 항구에서 가장 자주 발생하는 바람이다. 파랑은 해수면에서의 대기혼란으로 인한 바람이나 기압변화에 의해 발생되며, 진동파와 이동파가 있다. 파랑은 외해상에서는 위력이 나타나지 않으나 일단 해안에 도달하여 구조물에 작용하면 거대한 힘을 발휘한다. 이 파력은 상상 이상으로 위력적인 것이어서 영국의 경우 2,600t의 콘크리트 괴가 무너진 경우도 있다. 조석은 해수면이 천체의 인력에 의해 비교적 규칙적으로 오르내리는 현상으로, 이를 반영한 기준수면을 바탕으로 항만시설을 축조한다. 이 기준수면은 대개 최저조위시의 수면과 비슷하다. 이상조위는 천체 이외의 힘에 의해 나타나는 것으로, 저기압이나 바람 등 기상요인에 의한 것과 지진활동 등에 의한 것으로 구별된다. 국제항으로 개발되는 새만금 신항만은 세계경제의 중심을 지향하는 중국과 경쟁에서 새만금이 우위를 점하기 위해 국제공항과 함께 가장 필수적인 SOC다.

2. 항만의 분류

운송의 결절지인 항만은 지역간 물자의 이동이 활발해지면서 그 기능과 형태가 발달했다. 현대의 항만은 유람선과 소형어선 등을 수용하는 소규모의 항으로부터 항내 면적이 수천ha에 달하는 상업항까지 매우 다양하다.

항만은 입지·성인·기능·구조 등을 지표로 하여 분류된다. 입지위치로 볼 때 항만은 하구항·연안항·하항·호수항·운하항 등으로 분류된다. 하구항은 내륙과 해양을 연결하는 결절지인 하천 하구에 위치함으로써 역사적으로 가장 먼저 발달한 입지 유형이다. 그러나 하천으로부터 토사가 운반·퇴적되고, 파랑과 조류에 의해 하구가 폐쇄되는 경우가 발생하여 항만 기능이 마비되기도 한다. 연안항은 일반 해안지역에 있는 항만으로 수심이 깊을 경우 대형선박의 출입이 유리하다. 하항은 큰 하천의 강 중류에 입지한 항으로서 대형선박이 출현하기 전에 형성되었다. 그러나 신속한 이동을 필요로 하는 여객과 화물의 증가추세 속에서 선박이 대형화되고 육상운송에 비해 속력이 떨어짐에 따라 상대적으로 우위성을 잃게 되었다. 그 밖에 주기적인 준설의 필요성, 항로, 표지설치, 유지비의 과다 등으로 인해 하항의 항만기능은 더욱 저하되고 있다. 호수항은 내륙호 연안에 있어 호안간의 수송기능을 담당하는 항만으로, 오대호 연안의 시카고·밀워키 등이 대표적이다. 운하항은 운하 통과중인 선박의 일시적인 계류 등을 위해 입구에 축조된 항구이다.

형성요인에 따라 천연항과 인공항으로 분류된다. 기능상으로는 상항·공업항·어항·군항·항공항·피난항 등으로 분류되고, 이 중 상항은 다시 중계항·접속항·선적항·수출항·수입항 등으로 구분된다. 그러나 실제 항구에서는 이 기능들이 혼재하는 경우가 대부분이다. 항구의 구조상으로는 개구항과 폐구항으로 분류된다. 개구항은 항외와 항내 사이에 수문이 없는 반면, 폐구항은 조석간만의 차가 큰 해안에서 선박이 정박할 수 있는 수심을 유지하기 위해 내해와 외해 사이에 수문 또는 갑문을 설치하는 경우이다. 무역관계에서 볼 때는 개항과 불개항으로 분류된다. 개항은 외국인의 무역이 허용된 항으로서 이 중 자유항은 수입·수출되는 제품 및 원자재에 대해 관세법의 적용을 받지 않는 항만이다.

〈표 5-3〉 항만의 분류

생성 요인상	천연항(Natural Harbor) : 목포항, 원산항 등 인공항(Artificial Harbor) : 부산항, 군산항 등
지형상	연안항(Coastal Harbor) : 대부분의 항 하구항(Estuary Harbor) : 군산항, 신의주항 호항(Lake Harbor) : 미국 바포르항 등 하천항(River Harbor) : 런던항, 함부르크 항
사용 목적상	상항(Commercial Harbor) : 무역 및 상거래 하는 항 공업항(Industrial Harbor) : 공업원자재, 제품의 수출입 항 어항(Fishery Harbor) : 어선이 출입 정박하는 항 피난항(Refuge Harbor) : 악천후 시 피난 가능한 항 검역항(Quraantine Harbor) : 검역을 목적으로 하는 항

이 이외에도 항만의 발전에 따른 항만의 분류가 다음과 같이 가능하다.

▌ 제1세대 항만(1960년 이전)

- 단순 하역과 보관을 통한 해상운송과 육상운송을 연결시켜주는 장소
- 항만에 대한 투자는 대부분 접안시설의 건설에 집중

▌ 제2세대 항만(1960년~1980년 이전)

- 항만기능 및 활동영역이 확대되어 항만구역 내에서 재포장과 분재가 가능
- 배후지역의 생신시설과 연계되는 서비스가 이루어 짐

▌ 제3세대 항만(1980년대)

- 세계교역이 확대되고 컨테이너선박의 발전과 복합운송의 발달로 항만을 생산 및 물류의 연결점(Node)으로 인식
- 종래의 서비스 기능에 고객의 욕구를 충족하기 위하여 종합물류 및 분배기능을 추가

▌ 제4세대 항만(1990년대 말 이후)

- 세계 주요항만이 상업주의적 물류중심항만(Hub Port)으로서 위치를 차지하기 위하여 환적화물 유치를 통한 부가가치 창출에 적극적이며, 공공성이 희박한 상업적인 항만
- 다양한 고객의 욕구에 만족할 수 있도록 항만이 종합물류기지로 정착하고 있으며, 특히 정보화, 전산화 및 자동화를 통하여 경쟁력을 향상시키고 세계 주요항만과 연계하여 국제물류 거점확보를 위한 마케팅전략을 수립하고 있는 현재의 중심항만

〈표 5-4〉 UNCTAD의 거점항만 구분

구 분	dedicated hub-port	hub and load-center port	direct call port	feedered port
지역적 특성	1) 간선항로에 위치 2) 대형 모선 입출항 가능	1) 간선항로에 위치	1) 간선항로에 위치 2) 대형 모선 입출항 가능	1) 지선 항로에 위치 2) 소형 피더선 입출항
화물 특성	자국화물 소량	1) 다양한 수요의 화물을 처리 2) 항만 배후권 물동량도 다량	주로 항만 자체 배후권 물동량을 처리, 환적 물동량은 거의 없음	피더선 입출항에 의해 배후권 화물을 처리
사 례	싱가포르, Algeciras	로테르담	대부분의 항만	

자료 : UNCTAD, Development & Improvement of Ports - The Establishment of Transshipment Facilities in Developing Countries. TD/B/C, 4/AC.7/10., 1990, August 20.

3. 항만의 시설

1) 항만의 부두시설

항만시설은 항만구역, 인접지역, 임항지역, 어항구역내에 설치된 항로·정박지 등의 수역시설, 발파제·수문 등의 외곽시설, 안벽·잔교·물량장 등의 계류시설, 교량·철도·도로 등의 임항교통시설, 항해표지 등의 항해보조시설, 화물 분배·보관 시설, 여객시설, 후생시설, 하역기계 등을 포함한다.

[그림 5-2] 인천항 전경

항만계획에 있어서 시설의 규모와 형태는 항만의 기능과 항세 및 자연조건 등에 의해 결정된다. 그 중 방파제·안벽·돌핀 등의 항만구조물은 일단 모의실험을 통해 파랑·유속·바람·조위 등에 의한 장기간의 변화현상을 확인한 후에 축조된다.

(1) 방파제

방파제는 외해에서 들어온 파랑 에너지를 소산 또는 반사시켜 항내에 침입하는 것을 방지함으로써 선박의 출입과 하역을 원활히하고 안정되게 정박시키며, 항내시설을 보전하고자 하는 구조물이다. 외부는 거석이나 콘크리트 블록으로 막고, 내부는 자갈이나 쇄석으로 채우는데, 구조상 돌이나 콘크리트 구조물로 설치되는 일반방파제와 특수방파제가 있다.

특수방파제 중 부양방파제는 케송이나 부체를 해면에 연속적으로 뜨게 해서 파력을 소모시키는 방법으로, 전시 중에 임시방파제를 가설할 때 많이 사용된다. 그 밖에 방법으로 수중에 잠수체를 설치하여 파랑을 막는 잠수방파제가 있다. 이 중 기포방파제는 수중에 설치한 공기관을 통해서 관 윗 부분의 작은 구멍을 통해 기포를 분출시켜 파력을 소모시키는 방법이다. 선박 등의 통행에 의해 생성되는 침입파 방지에 적합하여 독(dock)의 입구 등에 설치된다. 이때 파력 소모효과는 기포의 양에 비례한다.

(2) 부두 및 계류 시설

부두는 선박이 접안해서 화물을 적하하고 여객이 승강하는 장소로, 돌핀·부표 등과 함께 항만의 결절기능을 원활히 하기 위한 시설물이다. 부두의 수면은 정온수면이어야 하며, 횡풍이 강하지 않고 선박의 출입이 편리해야 한다. 또한 수심유지가 용이한 곳이어야 하며, 부두 주변 육상에는 충분한 용지가 있고 후배지와의 교통이 편리한 곳이어야 한다.

선박이 대형화되고 화물이 컨테이너로 수송되면서 부두가 갖추어야 할 항만시설이 더욱 많아지고 있다. 해운의 현대화가 대량화물의 운송시간을 단축하는데 의의를 두었고, 이에 따른 선박의 대형화로 접안하는데 필요한 수역인 버어스(berth)가 오히려 넓어졌기 때문이다. 부두는 이용주체에 따라 공공에 이용되는 공공부두와 특정 기업체에 의해 전용되는 전용부두로 구별되고, 취급화물에 따라 석탄·철강·컨테이너·여객 등만을 취급하는 전용부두와 일반 잡화를 취급하는 일반부두로 구분된다.

(가) 부두(Wharf 또는 Terminal)

좁은 의미의 부두는 화물의 하역과 여객의 승하선을 위한 안벽, 잔교, 부잔교 등 여러 가지 구조물의 총칭이며 넓은 의미로는 부두의 전체면적을 뜻한다. 그리고 임해철도. 창고 및 장치장, 각종의 하역설비 등이 상설된 부수지역 전부를 통틀어 부두라고 한다. 항구의 환경, 구조, 설비 여하에 따라 Quay, Pier, Dock, Wharf, Terminal 등으로 부른다.

잔교(pier)는 해상에서 배를 계선하여 육지와 연락하고 하역하기 위한 시설물이다. 이 중 고정잔교의 구조는 하부를 말뚝구조로 하고 위에 상판을 깔았 다. 잔교는 연약지반에 적합하고 지진 내구력이 크며, 수심이 높아질 때도 여유를 두어 건설할 수 있다. 또한 조류에 대한 방해도 적고, 배가 접안하기 용이하며 반사파가 적어 선박의 동요를 줄일 수 있는 이점이 있다. 반면 배의 충격에 강하지 않고 상재되는 하중에 제한이 있다. 또한 부력(양압력) 등이 크게 작용하며 공사비가 비교적 많이 든다.

대형선박과 부두 사이에 일시로 놓는 다리도 잔교에 속한다. 이 **부잔교**(Floating Landing Stage)는 철주(鐵舟)를 띄워서 육안(陸岸)과 연락되기 때문에 조위의 승강과 같이 상하이동 된다. 보통 간만의 차가 커서 고정된 안벽이나 잔교, 물량장 등으로 육안과 고저차이가 발생하여 하역이 불가능한 곳에 이용된다. 한편 지질이 연약하고 경사해안에서 수심이 불충분한 경우, 부두의 기능을 위해 잔교부두가 설치되기도 한다.

부두시설은 안벽·잔교·부잔교·물량장 등의 접안시설과 화물의 분류 및 운반을 위한 철도·도로·창고·상옥·하역기계·검사소 등의 육상시설로 구성된다. 선박의 계류를 위해서는 접안시설 외에 시버스·돌핀 등이 설치되기도 한다. 시버스는 원유 등의 하역을 위해 항외에 돌핀이나 부표 등을 설치하고, 이것과 육상 사이에 파이프라인을 설치한 계류시설이다. 부두와 계류시설은 다양한 공법으로 축조된다.

(나) 안벽(Quay)

화물의 하역 및 여객의 승하선이 직접 이루어지는 해저에서 수직으로 축조된 구조물이다. 선박이 접안할 수 있는 부속물과 당해 선박의 충분한 길이(Berth:선석)를 가진 일종의 벽과 그 부속물들이 여기에 속한다. 안벽의 부속물에는 다음과 같은 것들이 있다.

- 방충재(Fender) : 선박의 안벽접촉시 충격 완화 (목재 또는 고무재)
- 계선주(Mooing Post) : 선박의 계선줄을 매어두기 위하여 안벽에 견고하게 설치한 짧은 기둥 [비트(Bitt) : 한개만 독립되어 설치된 계선주,

볼라드(Bollard) : 두 개의 Bitt가 함께 설치된 계선주]

▮ 캡스탄(Capstan) : 선박의 입출항시 선박의 계선줄을 기계로 감아올리는 장치(선박의 선수 부분, 선거(船渠)의 갑문 또는 안벽에 설치)

안벽은 계선안의 일종으로, 배가 닿는 쪽을 벽면으로 하고 그 뒤쪽에 채운 흙의 측압에 견디도록 만든 일종의 옹벽구조이다.

돌핀은 육안에서 떨어진 곳에 주상체를 설치하여 여기에 계선하도록 시설한 것으로 선박은 계선부표에 계류된다. 이 부표는 닻에 비해 선박의 점유면적이 적어 묘박지 정리에 유용하다. 또한 닻을 사용하기가 부적당한 지질 또는 깊은 수심을 가진 항에 설치된다. 돌핀은 구조가 간단하므로 공사비가 저렴하고 정비에 용이한 이점은 있으나 일반 잡화부두로는 부적당하다. 주로 석유·석탄·곡류 등의 대형화물을 하역할 때 하역장으로 이용된다. 특히 유조선 등 흘수가 큰 선박의 접안에는 육안으로부터 상당히 떨어진 연안의 깊은 곳에 설치한 돌핀에 계선하고, 대형부표를 계류시설로 사용하는 경우가 많다. 이때 돌핀은 한 선좌에 2~4기를 1조로 이용하나 그외에 계류선주를 설치하여 선박의 로프를 걸치는 계류 돌핀을 2~4기 설치한다.

(3) 에이프런(Apron)

선박이 접안하는 안벽에 접한 야드부분이다. 켄트리크레인으로 컨테이너의 적화 또는 양화작업을 할 수 있는 일정한 폭을 가지고 안벽과 평행되게 뻗어 있는 하역작업 공간을 의미한다.

(4) 화물장치장(Cargo Stacking Area)

(가) 마샬링 야드(Marshalling Yard : MY)

최근에는 CY와 MY를 별도로 구분하지 않고 CY라고 한다. 일반적으로 Apron에 인접하다. 접안선박이 입항하기 전에 접안선박의 적부계획(stowage plan)에 따라 작업순서대로 컨테이너를 쌓아두는 장치장 역할을 한다. 그리고 양하된 컨테이너를 일시적으로 보관한 후 화주의 인도요구에 즉시 응할 수 있도록 임시장치 해두는 일정한 공간이다.

(나) 컨테이너 야드(Container Yard : CY)

컨테이너의 인수도 및 보관을 행하는 장치장이다. 넓은 의미로는 Marshalling Yard, Apron, 샤시/트랙터 장치장 및 냉동장치장 등을 포함한다. 일반적으로 CY는 공 컨테이너 및 풀 컨테이너의 보관과 인수도 작업이 행해지는 구획된 공간을 지칭한다. 그러나 Marshalling Yard와 인수도 장소(CY)와는 절대적인 구분기준은 없다. 각 부지의 주된 기능을 중심으로 구분하는 것이 일반적인 통례이다.

(다) 위험물 컨테이너 장치장(Dangerous Goods Container Yard)

컨테이너 부두내에서 관계법령에 따라 별도의 위험물 장치장을 마련하여 운영한다. 위험물은 사람 또는 재산 등에 손해를 가져올 우려가 있는 물건을 말한다. 개항의 항계 안에서 폭발, 화재 및 오염 등을 사전에 봉쇄하여 항만교통의 안전을 유지하기 위하여 컨테이너부두내의 일정지역을 별도 설정하여 특수 소화장비 등을 비치한 장치장이다.

(5) 창고(Warehouse)

창고는 화물을 보관하는 장소를 총칭하며, 부두의 취급화물에 따라 다음과 같이 시설과 용도가 다르다.

- 사일로 창고(Silo Warehouse) : 곡물 전용부두에 설치되어 곡물과 같은 살화물(撒貨物)을 장치할 목적으로 만들어진 특수 창고
- 상옥(上屋, Transit Shed) : 일반 화물선 부두에 설치되어 운송작업과 보관작업 사이에 화물의 입고 및 출고과정인 화물의 분리, 정리 및 포장작업 등의 중간작업을 하는 장소로서 1층 또는 여러 층으로 건조되어 있음
- 컨테이너화물 조작장(Container Freight Station : CFS) : 터미널 내부나 부두밖에 설치되어 화물의 컨테이너에 적입 및 인출하는 작업이 이루어 지는 곳이다. 단일화주의 화물이 컨테이너 1개에 채워지지 않는 소량화물(LCL화물 : less than a container loaded cargo)을 CFS에서 적입(stuffing or vanning)하거나 인출(unstuffing or devanning) 함

참고 8　박거식 부두

간만의 차가 클 경우 항의 입구에 수문 또는 갑문을 만들어서 항내수위를 일정하게 유지하는 시설이다. 조차가 4~5m 이상일 경우 설치된다. 수문식 박거에서는 선박의 출입은 만조시에 내외의 수위가 동일하게 되었을 때인 짧은 시간에만 행해진다. 갑문식의 경우 문이 이중으로 설치됨에 따라 상시 선박의 출입이 가능하나 수문식에 비해 공사비가 훨씬 비싸다. 또한 갑문장치 때문에 길고 넓은 부지가 필요하다.

2) 항만의 화물하역 시설

화물의 적재·적하 방법은 화물의 종류, 항의 시설 및 관행에 따라 결정된다.

장비명 및 처리능력		장비명 및 처리능력	
 Gantry Crane	30~35 VAN/시간	 Reach Stacker	Full Container 5단 적재
 Transfer Crane	30 ~ 35 VAN/시간	 Empty Handler	Empty Container 최대 7단 장착
 Yard Tractor	Yard Chassis 19대		

하역기계로는 선박의 마스트 또는 특별히 조립된 포스트의 밑부분에 최대 45°까지 기울일 수 있는 장치를 하여 로프를 이용해서 하역하는 기계인 마스트크레인이 있다.

부두 크레인으로는 고정식과 이동식이 있다. 고정식은 대개 물량장에 설치되고, 용량은 1.5~150t이다. 이동식 크레인은 2~5t의 용량을 운반할 수 있으며, 궤도상을 주행하는 것과 도로를 주행하는 것이 있다.

석탄·석유·광석·곡물 등 대량화물의 적하는 다양한 방법으로 이루어진다. 석탄과 광석의 경우 기관차를 이용하여 탄차를 안벽에 난든 고가도에 끌어올려 된치 비닥을 열어 슈트로 선내에 적재하는 고가도식, 엘리베이터식, 카 댐퍼식 등이 있다. 곡물은 펌프를 이용하는 경우와 체인 컨베이어를 이용하는 경우가 있다. 펌프를 이용하는 경우 곡물을 공기와 함께 빨아 들여서 사이크론 켈렉터로 공기를 분리시켜 버킷 엘리베이터, 벨트 컨베이어 등을 병용하여 사일로(silo)에 보내는 방법이다. 체인 컨베이어는 凹형 강편을 연결하여 곡물을 퍼올려 수송하는 장치이다. 석유의 하역은 해중의 수심이 깊은 곳에 만든 계류시설에 선박을 계류하고 육지의 저유(貯油) 탱크까지 수송관을 통해서 펌프로 압송하는 방법을 쓰고 있다. 일부 항구에는 수송된 석유를 저장하기 위해 대규모 저장 탱크가 건설되기도 한다. 이 저장 탱크는 인화물이므로 다른 항만지구에서 멀리 떨어진 곳에 축조된다.

1960년대부터 해운에서의 컨테이너 사용은 하역방법에 많은 변화를 가져왔다. 컨테이너 하역은 전용 하역 크레인을 사용하는 경우와 부두에 설치된 이동 갠트리 크레인을 사용하는 경우가 있다. 컨테이너의 이동에는 장력이 큰 포크 리프트와 스트래들 캐리어가 사용된다. 컨테이너 적재방법에는 로 리프트 온 앤드 오프(ro lift on/off) 방식, 롤 온 앤드 오프(roll on/off) 방식, 라크(lark) 방식이 있다. 이 중 롤 온 앤드 오프 방식은 원래 자동차나 철도화차를 수송하는 페리선에서 사용하던 수평하역 방식으로, 컨테이너선의 선미부나 선축에 설치되어 있는 개구부를 통해 트랙터나 포크 리프트 등에 의해 적화(積貨)가 이루어지는 방법이다. 선박에 따라서는 2층 이상의 갑판에 이 방법을 적용하게 한 것도 있다. 이 방법은 공간이 3~5배나 필요해 많이 적재할 수 없는 단점이 있으나 근거리 수송의 하역시간 단축을 통해 하역비를 절감하는 장점이 있어, 주로 피더 서비스에 많이 이용된다.

3) 항만의 선박수리 시설

선박의 고장·파손·수리·도장을 하기 위해 항내나 항부근에 선박을 수상에 노출시키는 설비가 있으며, 이것에는 선가(ship way)·건선거(dry dock)·부독 등이 있다. 선가는 바다로 통한 경사면에 레일을 부설하고 선박을 선대 위에 올려서 수상으로 인양하는 구조이다. 구조가 간단하고 건조비도 싸며, 채광을 충분히 할 수 있는 이점은 있으나 선박이 불균형해지기 쉬워 선체에 무리한 힘이 가해질 수 있다. 건선거는 선박이 출입할 수 있도록 육지를 도량형으로 판 것이며, 입구에 갑문과 급배수 장치를 하여 그 속에 선박이 들어가면 문을 닫고 물을 빼 선박을 수리하는 시설이다. 건선거실은 배의 최대깊이에 1~2m 이상, 너비 양측에 최소 1~3m 이상의 여유를 두어야 한다. 배는 그 밑에 1~2m의 반목을 놓고 그 위에 얹히도록 한다. 손상된 배는 최대 흘수보다 깊이 가라앉아 독에 들어오는 경우가 있으므로 최대 흘수보다 2m 이상 깊게 한다. 독의 밑은 수평으로 하며, 부력, 토압, 물의 무게, 배의 무게 등을 고려하여 설계한다. 측벽은 중력 옹벽식으로 하며, 지주를 세워 선체를 지지한다.

부독은 가운데가 비어 있는 부유체로 밑바닥과 측벽으로 구성된다. 이것을 물에 넣어 침하하면 배를 그 위에 얹어 펌프로 물을 퍼올리면 배가 독과 함께 떠오르고, 이때 지주로서 선체를 지지하면 수선이 가능하다. 수선이 끝나면 독에 다시 물을 넣고, 지주를 분리하면 배는 독으로부터 떨어져 떠오른다. 부독은 강철판이나 철근 콘크리트를 사용해 만들고, U형 독, 자기상거식 독, L형·빗형 독 등이 있다. U형 독은 가장 일반적인 독으로 체인으로 일정한 장소에 고정되어 사용된다. 자기상거식 독은 부독이 많은 블록으로 나누어져 있어 선박의 크기에 따라 블록을 결합하여 사용하는 독이다. 또한 독의 일부가 파손되면 남은 부분으로 독을 다시 만들 수 있는 장점이 있으나, 독의 종방향으로의 인장력이 약해 선박에 무리한 힘을 줄 수 있다.

4) 항만의 항로표지 시설

항만에는 선박항해의 안정성과 효율성을 높이기 위해 목표물과 신호장치 등이 설치되어 있다. 이러한 항로표지로 항만의 위치, 암초·모래톱 등의 위치를 알리기도 하며, 항행중 선박에 대한 진로 및 위치 정보를 제공하는 역할을 한다. 항로표지의 유형으로는 광파·음파·전파 표지 등이 있다. 광파표지는 눈으로 식별되는 것으로 주간에만 보이는 입표·부표 등의 주간표지와, 야간에만 보이는 등대·등표·등부표·등주·등선 등의 야간표지가 있다. 음파표지는 안개·스모그·눈·비 등으로 시계가 좋지 않을 때 청각에 의해 식별할 수 있게 한 것으로, 다이어폰·기적·사이렌·종·공부표 등이 이에 속한다. 전파표지는 기상조건에 관계없이 주야로 사용되며, 정밀도도 높아 원양선박에 유용한 항로표지이다. 이에는 원양항로를 항해하는 선박에게 원양표지(라디오 비콘, 로란, 콘솔)와 연안을 항해하는 선박에 대한 항구 및 안전수로를 알리는 연안표지(대형등대, 데카)·항만수로표지(야표, 주표, 안개신호) 등이 있다.

■ 광파표지

종 류		내 용
등대	 유인등대  무인등대	항해하는 선박이 육지나 배의 위치를 확인하고자 할 때/항만의 소재, 항의 입구 등을 알리기 위하여 연안의 육지에 설치된 등화를 갖춘 탑 모양의 구조물을 등대라 한다.
등주		동일한 목적으로 사용되지만 기둥모양의 단순한 형태를 갖춘 부동 등을 발하는 것을 등주라 한다
등표		암초나 수심이 얕은 곳 등에 설치하여 주변을 항해하는 선박에게 장애물 및 항로의 소재 등을 알리기 위하여 사용하는 구조물로서 등화가 있으면 등표라고 하고 등화가 없으면 입표라고 한다.
조사등		암초나 방파제 끝의 돌출부분 등을 조사(照 射)하여 주변을 항해하는 선박에게 장애물의 소재를 알리기 위해 설치한 투광기를 갖춘 구조물
도등		선박의 통항이 곤란한 좁은 수로, 항구, 만 입구 등에서 선박에게 안전한 항로를 알림/항로 연장선상의 육지에 고저차가 있도록 설치한 2기의 탑 모양의 구조물로서 등화를 발하는 항로표지를 도등이라 한다

지향등		선박의 통항이 곤란한 좁은 수로, 항만, 만입구 등에서 선박에게 안전한 항로를 알림/항로 연장선상의 육지에 설치한 것/녹광, 백광, 적광, 지향등용 등기를 갖춘 탑 모양의 구조물로서 백광구역이 안전항로이다.
등부표		항해하는 선박에게 암초나 수심이 얕은 곳의소재를 알리거나 또는 항로의 경계를 알리기 위하여 해상의 고정위치에 뛰워놓은 구조물로서 등화가 설치된 것을 등부표, 등화가 없는 것을 부표라 한다.

■ 전파표지

종 류		내 용
위성항법 보정기준국 (DGPS	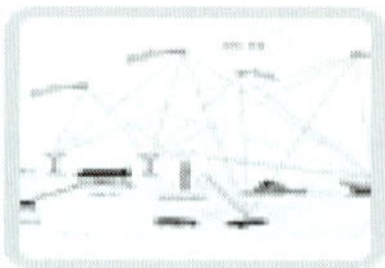	Differential Global Positioning System 의 약자로서 24개(21개, 예비3)의 위성을 이용한 위성항법장치(GPS)의 측위오차를 정밀하게 보정하여 중파 283~325kHz로 Radio Beacon신호(A2, A)와 함께 MSK로 변조된 G1D전파를 발사하는 시설로서, 정도는 약 10m이내이고 유효거리는 약 100M 정도이다.
레이더비컨 (Radar Beacon)		레이콘은 무지향성 전파를 24시간 발사하여 선박에서 사용중인 레이더(Radar)의 화면상에 모르스 휘선을 나타내어 배의 위치를 알 수 있도록 하는 장치이다. 농무시나 기상 악화 시 선박의 안전 운항에 기여함.
로란국 (LORAN국)		LORAN(Long Range Navigation)이란 쌍곡선 항법을 이용하여 선박의 위치를 측정할 수 있는 장거리 무선항법장치로서 Loran-A와 Loran-C가 있다.
무선표지국		중파무선표지국(Radio Beacon): 선박이 무선방향탐지기(RDF)로 송신국의 방위 측정이 가능하도록 정해진 시각에 전파(285kHz~325kHz)를 발사하는 시설을 말하며, 무지향성식 및 지향성식 표지국이 있다. - 마이크로파 무선표지국(Microwave Beacon)
데카국 (DECCA국)	선박이 데카수신기로 선위를 측정토록 70~130kHz의 장파(지속파)를 발사하는 시설 / 1주국과 주국으로부터 80~110km 떨어진 2 또는 3종국으로 1체인을 구성하며 전파의 위상차를 비교하여 시간차를 측정하는 쌍곡선항법장치이여, 유효거리는 주간 550M, 야간300M정도이다.	

■ 음파표지

종 류		내 용
에어사이렌 (Air Siren)		공기압축기로 만든 공기에 의하여 사이렌을 울린다. 통상 안개가 많은 해역에 설치된 등대에 병설되어 있으며 안개가 발생하면 그것을 검출하고 자동적으로 음향을 발하여, 선박에 무신호소의 위치를 알리는 것이다.
사이렌(Motor Siren)		전동기에 의하여 사이렌 취명
다이아폰 (Diaphon)		압축공기에 의해서 발음체인 피스톤을 왕복시켜 취명
다이아프렘혼(Diaphon Horn)		전자력에 의해 발음판을 진동시켜 취명
무종 (Fog Bell)		가스의 압력 또는 기계장치로 타종하는 것

■ 형상표지

종 류		내 용
입표		암초, 천초, 노출암등의 위치를 표시하기 위하여 설치하는 경계표이다. 해중에 고립되어 설치되므로 파랑 및 풍압, 조류등에 견딜 수 있도록 위치의 선정과 설계를 견고히 하여야 한다. 특히 암초, 기타 위험을 피할 목적으로 쓰이는 것을 피험표라고 한다.
부표		고정표지를 설치할 수 없는 비교적 항행이 곤란한 해상에 정치되며 유도표지로서 역할도 한다. 부표에 등을 단 것을 등부표라 한다.
도표	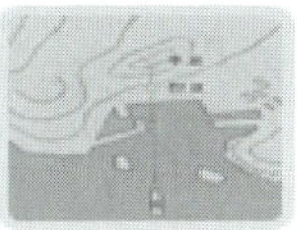	통항 곤란한 수도나 좁은 항만의 입구 등의 항로를 표시하는 것으로 항로연장선상에 앞, 뒤 2개 또는 그 이상의 육표로 형성되거나 방향표로서 선박의 항행을 유도한다.

4. 한국의 항만

한국은 3면이 해양에 접하고 있으며 인접국가와의 교역, 해양조건 등에 있어서 항만발달에 편리한 입지조건을 갖추고 있다. 해안선 길이는 남한 1만 2,789㎞(육지부

5,560㎞, 도서부 7,229㎞), 북한 4,068㎞(육지부 2,973㎞, 도서부 1,095㎞) 등 총 1만 6,857㎞로서, 해안선 전역에는 2,001개의 항구가 분포한다(1990. 12 현재).

항만의 입지조건은 각 해안선마다 상이하다. 동해안은 수심이 깊고, 간만의 차가 적어 유리하나 해안선의 굴곡이 단조롭고, 사빈해안이 많으며, 태백산맥에 접해 있어 내륙 후배지의 형성이 미약, 대규모 항만 건설에 상대적으로 불리하다. 서해안은 동해안에 비해 굴곡이 심하고 내륙 후배지에 넓은 평야가 형성되어 있다. 반면에 수심이 얕아 100m 미만의 천해이며, 지질은 연약한 점토질이 깊은 곳까지 퇴적되어 있고, 조석의 차가 커 인천의 약 8.6m를 중심으로 남쪽으로 갈수록 감소되어 군산에서는 약 6.2m이다. 다도해를 이루고 있는 남해안은 리아스식 해안을 형성하여 항만의 입지조건에 유리하다. 수심도 비교적 깊고 간만의 차이가 약 1.28m로 작아 부산항과 같은 양항이 건설되었다. 이와 같은 각 해안의 상이한 입지조건에 맞추어서 서해안의 경우 하역작업과 조선 등을 위해 인천항과 같은 갑문식 항만이 구축되며, 남해안은 도서를 이용한 자연항으로, 동해안은 방파제 등 인공적인 외곽시설로 파랑을 막고 표사 퇴적을 방지하는 시설을 갖춘 항만으로 조성되고 있다.

한국의 해양활동은 오래 전부터 지정학적인 위치 때문에 대륙과 해양세력의 압력에 의해 성쇠가 이루어졌다. 삼국시대 신라와 백제는 고구려에 의해 중국과의 육로가 차단되자 서해 횡단항로를 개척하는 것이 불가피했고, 따라서 서해와 남해에 접한 연안에 소규모 항만이 형성되기 시작했다. 통일신라시대는 중국과의 관계가 이전의 단순한 정치적인 관계를 넘어 무역관계로 되면서, 장보고에 의해 청해진(828~846, 지금의 완도군 완도읍 장좌리 일대)이 해상교역을 위한 항만기능을 했다. 고려·조선 시대에 들어와서는 중국과의 관계가 육로를 통해 이루어짐에 따라 항구는 크게 성장하지 못했다. 이때 중국과 연결된 주요항로로는 중국의 산둥[山東]반도에 이르는 등주항로와 인천·흑산도를 거쳐 양쯔강[揚子江] 입구에 이르는 명주항로가 있었다. 일본과의 교역은 부산포·염포 등지를 중심으로 이루어졌다. 이 시대의 해상활동은 미약했던 반면, 조곡의 수송을 위한 수운이 활발해 조창을 중심으로 하항이 많이 형성되었다.

한국에서 근대적인 의미의 항만은 1876년 강화도조약의 체결과 함께 부산(1876)·원산(1880)·인천(1883)항이 개항되면서부터 형성되었고, 그 밖에 남포·목포·군산 등에도 물자의 흐름이 증가하게 되었다. 일제강점기에 일본 제국주의의 대외팽창과 함께 해운업이 발달하면서 일본과 연락이 편리한 부산항을 중심으로 한 남해안의 항만들이 성장했고, 1930년대 이후에는 일본과 중국대륙을 가장 단거리로 연결하는 청진·나진·웅기 등 동해 북부지역의 항만이 성장했다. 8·15해방 이후 항만이 구체적으로 성장하기 시작한 것은 1962년부터이다. 경제개발5개년계획의 실시와 더불어 제반산업에 대한 외자도입과 차관에 의한 개발이 활발해지면서 외국과의 물자유통 증가, 대형선박의 도입, 국내 조선업의 발달 등으로 항만이 경제에서 중요한 역할을 하기 시작했다. 무역물자의 수출입항으로 부산항과 인천항이 급성장했다. 1970년대 들어 수출입 물동량이 증가하고, 유조선 등 선박의 대형화, 화물의 컨테이너화가 보편적인 추세가 되면서 항만건설이 본격화되었고, 1976년에는 해운항만청이 발족되면서 항만 운영·건설 등이 체계적이면서 본격적으로 이루어졌다.

현재 남한의 항만은 기능상 상항·공업항·어항 등으로 구분된다. 주요상항으로는 부산항·인천항이 대표적 무역항이며, 그 밖에 일반상항으로는 군산·목포·완도·제주·울산·묵호·삼척항 등이 있다. 공업항은 북평·울산·포항·목포·창원·여천·광양·평택항 등으로, 이들 항만은 철강·조선·기계·전자·화학·비철금속 등의 중화학 임해공업단지에서 사용되는 원자재와 생산품의 해상운송을 지원하기 위해 건설되었다. 항만법상으로 지정하여 운영하고 있는 항만의 수는 48개항으로 항만의 관리체계상으로는 무역항·연안항으로 분류된다. 그 가운데 해운항만청장이 관리·운영하는 무역항이 27개이고, 시도지사가 운영하는 연안항이 부산남항 등 21개이다. 그 밖의 지방항은 지정항 이외의 항만으로 지방관서에서 관리한다. 개항질서법상 외국선박이 자유롭게 입출항할 수 있는 항구로는 22개항과 5개의 지정항이 있다.

최근에는 새만금지역에 신항만 건설계획이 확정되었다. 군산지역의 신항만 건설은 인근의 군산항이 금강하굿둑의 수문 폐쇄로 상류 60㎞까지 영향을 미치면 밀물과 썰물이 막히면서 퇴사 누적으로 수심이 7~8m밖에 되지 않아 대형선박의 입출항이 사실상 불가능해 수십 년 전부터 그 필요성이 대두했다.

이 항만은 신항만건설촉진법 등에 따라 총 2조5천여억 원의 국고와 민간자본이 투입돼 2030년까지 18선석으로 건설된다. 연간 1천700여만t의 하역능력과 관광, 항만물류지기, 휴식 및 문화공간이 어우러진 물류중심항만으로 개발된다.

1단계로 2만~3만t급 화물선이 동시에 4선석을 접안할 수 있는 항만으로 개발돼 2011년 우선 개항하고 2단계는 8만t급의 크루즈여객선 1선석을 포함해 14선석이 동시에 접안하게 된다. 이는 부산 신항이 3선석, 광양항 4선석, 평택항 4선석, 목포 신항 3선석, 대산항 · 울산항 1선석 등 전국 항만의 착공 당시 선석수와 비교해도 절대 뒤지시 않는 규모다. 특히 신항만은 중국과 거리가 가깝고 20~45m의 깊은 수심을 유지해 대형선박의 입출항이 자유롭고 거리단축에 따른 물류비가 대폭 절감돼 부산이나 전남, 충남 등지의 대 중국 물동량을 흡수할 것으로 기대된다.

새만금 신항만은 중국의 신흥 경제중심지로 부상한 청도항과 부산항까지의 거리(900㎞)보다 가까운 580㎞에 불과하고 수심도 청도항(11~16m)보다 깊어 최적의 입지조건을 갖춤으로써 세계 물류의 집합소가 될 전망이다. 또 계획대로 신항만이 내년에 착공되면 2030년까지 매년 1천250억원의 예산이 투입되면 지역경제에도 큰 보탬이 될 것으로 보인다.

5. 무역의 자유지대

1) 자유지대(Free Zone)의 발달

세계 각국은 역사적 발달정도와 설치지역의 입지조건, 경제상황 및 설치목적 등에 따라 약간씩 다른 형태로 자유지대를 약 500여 개소를 설치 운영하고 있다.

오늘날 자유지대(free zone)는 자유무역지대(free trade zone), 외국무역지대(foreign trade zone), 수출자유지역(free export zone) 및 그 밖의 여러 가지 명칭으로 불리어지고 있지만 원래 유럽에서 발달한 자유항이라는 개념에서 시작되었다.

자유항의 기원은 고대 페키니아시대까지 거슬러 올라간다. 그러나 근대적 의미의 자유항은 1547년 이탈리아 플로렌스 지방의 주권자인 메디치로부터 자유무역항이라는 특권이 리보르노항에 주어진 것이 효시이다. 유럽의 자유항은 이탈리아의 리보르노 및 제노아와 독일의 함부르크항 등이 있다.

미국은 이들을 혼합하여 외국무역지대라는 제도로 자유항을 발전시켰으며, 1936년 1월에 뉴욕항에 최초로 설치하였고, 이어서 앨러바마주 모빌항, 뉴올리언즈항, 샌프란시스코항, 로스엔젤레스항, 시애틀항 등 1949년까지 6개 외국무역지대를 설치하였다.

일본은 제2차 세계대전 승전국인 미국의 행정지도 및 권고에 따라 1960년 2월 오끼나와현의 나하항에 자유항을 설치하였고, 대만에서도 카오슝에 수출가공구(export processing zone)라는 특수한 자유항구를 설치하였다. 그리는 현재는 선진국 뿐만 아니라, 중국, 필리핀, 남미, 아프리카국가들까지 자유무역지대를 설치·운영하고 있다.

(1) 자유무역지대의 국가경제 상 효과

자유무역지대의 국가 경제적 측면에서의 경제적 효과로는 교역증대의 유발과 위탁판매촉진, 제조가공의 발전, 고용증대 및 기술의 향상 등과 같은 직접적인 효과와 금융업 및 보험업의 활성화, 창고업의 융성, 해운업 및 항만 하역업의 발달, 지역개발효과 등과 같은 간접적인 효과를 유발한다.

그러나 한편으로는 국제질서상의 불안요인이 되기도 하고 자유지대 건설을 위한 과중한 경제부담과 과다한 외자의존현의 경제구조 그리고 밀수 등에 의한 국민경제의 침식 등이 발생하기도 하므로 여기에 대한 신중한 대응책을 마련하여야 한다.

(2) 주요국가의 자유지대 형태

(가) 독일 함부르크의 자유항

함부르크의 자유항은 하역, 장치, 보관, 분류, 재포장, 표시부착, 라벨링 및 전시가 가능하다. 그리고 가공 및 제조는 원칙적으로 재수출되는 것에 한하여 용인되나 현실적으로는 60% 이상이 국내의 상품공급에 이용되고 있다. 자유항내에서는 소비판매 및 면세소비를 원칙적으로 인정하지 않으나 출입하는 선박과 화물은 통관절차 없이 관세가 면제되며 자유로운 출입을 허용한다. 선박의 건조, 개조, 수리, 장비의 탑재 등도 허용되고, 부가가치세가 면제되나 독일내로 반출될 때는 관세가 부과된다.

(나) 홍콩의 자유항

상품의 하역, 검사, 보관, 분류, 소제, 조립, 제조, 분배, 전시, 샘플링, 포장, 검인, 상표부착, 경매 및 운임수취인 지불를 허가한다. 대부분의 상품에 대한 관세가 면제되고 있으나, 알콜음료류, 담배류, 하이드로카본오일, 세척품, 의약품 등 5개 품목에 대해서는 수입관세를 부과한다.

(다) 싱가포르의 자유무역지대

수출관세는 부과하지 않고 있으며, 제한된 품목의 수입에 대해서만 조세수입 및 국내 산업보호 목적에서 관세를 부과하고 있다. 관세청에서 관세업무를 담당하고 있으며, 관세율은 종량 및 종가세로 책정한다. 자유무역지대 설치는 항만내 또는 항만주변과 공항에 실치되어 통과시류 없이 저장, 가공, 재수출이 가능하다. 국제해상 활동을 촉진하기 위해 싱가포르내 일정선박을 보유등록하고 관련지출이 있는 해운회사에게는 세제혜택을 주는 국제해운회사 승인제도가 있다.

(라) 한국의 자유무역지역

한국은 고대 통일신라시대 장보고 대사에 의해 청해진을 중심으로 중계무역활동이 이루어지고 있었던 것을 자유항의 기원으로 인식하고 있다.

한국의 자유항 설치 논의는 1962년 제주 등이 거론되었으나 실현을 보지 못하고, 1970년 마산수출자유지역이 첫 번째로 설치되었고, 1973년 이리수출자유지역이 설치되어 운영 중이다. 2000년 1월 "수출자유지역설치법"이 "자유무역지역의 지정에 관한 법률"로 대체되어 기존의 수출자유지역이 자유무역지역으로 변경되었다. 1999년 12월 국제물류기지육성을 위한 "관세자유지역의 지정 및 운영에 관한 법률"을 제정하였다.

2) 관세자유지역제도

우리나라는 지난 1999년 12월에 '관세자유지역의 지정 및 운영에 관한 법률(이하 관세자유 지역 법)'을 제정하여 처음 도입한 관세자유지역이라 함은 [그림 5-3]에서와 같이 일종의 자유무역 지대로서 국가의 관세선 외측에 위치한 제한된 구역으로 통관절차의 간소화, 관세 및 세세공과금 등의 면제특전을 부여한다. 따라서 화물의 반·출입 및 중계 등을 자유롭게 수행할 수 있는 법적·지리적 경제활동특구를 의미하므로 반입화물의 개장, 상표부착, 혼합, 가공, 조립, 전시 판매, 재수출 등의 다양한 기능을 부여하고 있다.

[그림 5-3] 관세자유지역 운영 개념도

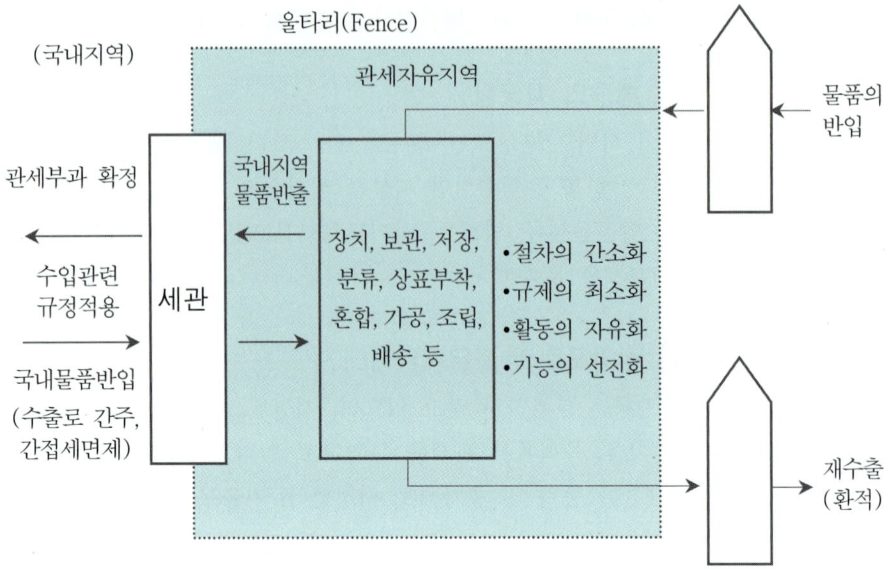

우리나라가 관세자유지역을 설치한 이유는 우리나라의 항만과 공항의 기능을 다각화하고 물류개선을 그 목적으로 하고 있다. 즉, 관세자유지역 내 외국기업들을 유치하여 <표 5-5>의 경제적 효과를 파생하는데 그 목적이 있다.

〈표 5-5〉 관세자유지역 제도 도입에 따른 경제적 기대효과

투자유치 확대	항만·공항의 물류기능 강화로 국내외 글로벌 기업 유치
물류기업 활성화	물류기업 성장, 경쟁력 강화 및 매출 증대
환적화물 유치확대	행정절차 감소, 물류서비스 확대 등으로 환적화물 증가
부대·지원산업발전	해운·항공, 무역, 금융, 보험 등 물류 부대·지원산업발전
부가가치 제고	환적·수출입 화물 증가, 물류서비스 강화로 부가가치제고
고 용 창 출	투자 확대, 물류 및 부대·지원 산업의 발전으로 고용증대

관세자유지역내 입주가 가능한 기업은 물류업(운송, 하역, 포장, 전시, 상표부착, 판매, 가공, 환적 등)이고 관세자유지역 안에서 운송, 하역, 보관, 전시, 판매, 가공, 보수 등의 사업을 행하고자 하는 등록업체와 등록업체의 사업을 지원하는 은행, 보험, 통관업 등의 업체, 국가 또는 공공기관 등이다.

관세자유지역 안에서는 제세금이 면제되고 외국에서 관세자유지역에 반입된 물품으로 기계, 기구, 설비, 장비, 원재료, 부분품, 건축자재 등 사업목적 달성에 필요한 모든

물품은 관세 등의 부과없이 사용이 가능하다. 또 국내에서 관세자유지역으로 반입된 수출물품 등에 대해 반입시점에서 수출로 간주하여 간접세의 면제 또는 환급 및 부가가치세 영세율 적용되고 관세자유지역 안에서 등록업체간 공급하는 물품 및 용역에 대해 부가세 면제를 허용한다. 이 밖에도 관세자유지역 외국인투자업체에 대하여 조세특례제한법상의 법인세 등의 감면 등 세제상 지원과 국유재산에 대한 임대료 감면지원하고 자유지역내 자유로운 영업활동을 보장하고 화물관리의무가 폐지된다. 그래서 지역내 입주업체간 이동하는 물품 등에 대한 세관관리를 생략하되, 관세자유지역을 통과하는 경우에만 실시하고 가공·환적·보수·포장·분배·유통 등 물류업에 관련된 모든 작업을 허용하되, 반입물품에 대한 사용신고 및 작업결과 보고절차는 생략하고 업체가 자율적으로 제고기록 관리하며, 세관은 기록이행 여부만 확인한다. 또 관세자유지역에 반입되어 사용되는 원재료 등에 대한 개별법상의 수입요건 구비여부에 대한 세관장 확인을 생략한다.

그러나 여기서 문제점은 우리나라의 현행 관세자유지역 제도가 국내 물류기업에게 상대적으로 불리하게 되어있는 점이다. 관세자유지역법은 외국인 투자기업에 대해서만 조세면제 또는 감면 등의 혜택을 부여하도록 규정하고 있어 경영노하우나 두사여력 등의 측면에서 경쟁력이 취약한 국내 물류기업들은 관세자유지역내에서도 경쟁력강화를 기대하기 어렵기 때문이다. 이에 따라 현재의 조세체계를 감안할 경우 국내기업들이 동일한 세전수익을 거둔다하더라도 세후수익은 외국투자기업의 65% 선에 그치는 것으로 분식되며, 이는 투자니 가격인하의 여력을 그만큼 약화시켜 결과적으로 국내기업의 경쟁력을 떨어뜨리는 요인으로 작용할 가능성이 큰 것으로 우려된다.

〈표 5-6〉 관세자유지역 지정현황

부산		광양		인천	
지정지역	예정지역	지정지역	예정지역	지정지역	예정지역
·신선대부두 ·김천 서편부두 일부 -한진컨테이너부두 -구 제일제당부지	·용당부지(신선대컨테이너부두쪽) ·선기조합부지(감천서편) ·대선조선매립지(감천서편)	·1단계 및 2-1단계 컨테이너부두	·동측 항만관련부지 ·2-2단계 컨테이너부두 ·부두 인접도로	·인천 내항(제1부두~제8부두)	·4부두 인접 배후부지 ·남항 삼성PSA 컨테이너 부두 1단계
▷총 1,277천㎡ (387천평)	▷총 897천㎡ (272천평)	▷총 1,388천㎡ (420천평)	▷총 1,007천㎡ (305천평)	▷총 1,700천㎡ (514천평)	▷총 584천㎡ (176천평)

주 : 부산항 관세자유지역의 경우 대상지역이 두 곳으로 분리.

3) 자유무역지역제도

관세법·대외무역법 등 관계 법률에 대한 특례와 지원을 통하여 자유로운 제조·물류·유통 및 무역활동 등을 보장하기 위한 지역으로서 "자유무역지역의 지정 및 운영에 관한 법률" 제4조의 규정에 의하여 지정된 지역을 말한다.

자유무역지역의 설립목적은 자유로운 제조·물류·유통 및 무역활동 등이 보장되는 자유무역지역을 지정·운영함으로써 외국인 투자의 유치, 무역의 진흥, 국제물류의 원활화 및 지역개발 등을 촉진하여 국민경제의 발전에 이바지함을 목적으로 한다.

자유무역지역을 효율적으로 관리운영하기 위하여 그 기능 및 특성에 따라 생산시설지구, 물류시설지구, 지원시설지구로 나누어 운영한다. 자유무역지역에 입주가 가능한 기업은 자유무역지역법 제 10조 및 동법시행령 제7조에 규정에 의하여 다음과 같다.

- 수출을 주목적으로 하거나 외국인 투자기업으로서 제조업종
- 수출입거래를 주목적으로 하는 도매업종
- 물품의 하역 · 운송 · 보관 · 전시 등 물류업종
- 복합물류관련사업(국제운송주선, 국제선박거래, 포장 · 보수 · 가공 또는 조립하는 사업 등)
- 국제물류관련사업(선박의 수리 · 정비 및 조립업 등)
- 물류시설관련 개발업 및 임대업
- 입주기업체의 사업지원업종
- 공공기관 및 국가기관 등

관세자유지역과 자유무역지역의 차이점은 <표 5-7>과 같다.

〈표 5-7〉 관세자유지역과 자유무역지역의 차이점

구 분	관세자유지역	자유무역지역
입주업종	▪물류업중심(하역, 운송, 보관, 전시, 판매, 단순가공) ▪국제운송주선, 국제선박 거래 ▪입주허가 : 세관장	▪제조업중심의 외국투자기업 ▪제조물류업 중 대통령영이 정하는 업종 ▪입주허가:지식경제부장관 허가
관세유보/물품의 사후관리	자율관리	물품확인 등 사후관리
반출입관리	세관관리	관리소장·세관장 이중관리
내국물품반입 시 간접세	환급 및 면제	과세
직접세 지원	면제	면제

6. 선 박

1) 선박의 대형화 및 고속화

컨테이너선의 대형화는 1960년대 후반의 1세대 선박을 시작으로 하여 Panamax급, Post Panamax급으로 발전하였으며, 1990년대 후반부터는 Super Post Panamax급으로 대형화되고 있다.

☞파나마운하는 그 특성상 도크의 크기가 정해져있고 그 도크의 크기에 맞추진 것이 바로 파나막스급 선박인 것이다.

〈표 5-8〉 컨테이너선의 대형화 단계[40]

구 분		I 세대	II 세대	III 세대	IV세대	V 세대	VI세대	VII세대	VIII세대
발전방향		본격화	대형/고속화	에너지 절약화	거 대 화		초거대화		
명 칭		피더형	핸디형	준파나막스	파나막스	포스트 파나막스	슈퍼포스트파나막스		울트라막스
시 기		60년대후반	70년대	70년대말~80년대초	80년대 후반	90년대 전반	90년대 후반	90년대 말	21세기 초
선형(TEU)		700~1,500	1,800~2,300	2,000~2,500	2,500~1,400	4,300~5,400	6,000~6,670	7,000~8,700	10,000~13,000
대표 선박	건조선사	NYK	MOL	Safmarine	APL	Hapan~Lloyd	Maersk	Maersk	-
	건조연도	1968년	1973년	1979년	1988년	1991년	1996년	1997년	(2005년)
	선 명	Haonemaru	뉴저지호	S.A. Waterpark	Levenkusen E.	P. Truman	Regina M.	Souverin M.	-
선박 제원	적재능력(TEU)	752	1,887	2,464	4,340	4,626	6,418	6,600	(13,000)
	선장-Lpp(m)	187.0	263.3	247.4	260.8	281.6	302.3	331.5	(365.0)
	선장-Los(m)	200.0	280.0	258.5	275.2	294.0	318.2	247.0	(380.0)
	선 폭(m)	26.0	32.2	32.2	39.4	32.25	42.8	42.8	(55.0)
	선장깊이(m)	15.5	19.6	24.1	23.6	21.4	24.1	24.1	(30.0)
	최대흘수(m)	10.5	11.5	13.2	12.5	13.5	14.0	14.5	(15.0)
	톤(GT)	16,240	37,799	52,615	50,206	53,800	81,488	91,560	(150,000)
적재 규모	선창내(단)	6	7~9	8	8	8	9	9	(10)
	갑 판(난)	2	2~3	3	4	5	6	6	(7)
	선창횡적수(개)	7	9	10	11	12	14	14	(18)
	갑판회적수(개)	9	12	13	13	16	17	17	(22)
추진	주기관(마력)	27,800	69,600	34,840	59,960	49,640	74,640	74,555	(140,000)
	항해속도(노트)	22.6	26.0	19.5	24.2	24.5	25.0	26.4	-
	추진축수(개)	1	1	1	1	1	1	1	(2)

컨테이너선의 대형화가 해운에 미치는 영향은 첫째가 자본비용의 절감이다. 선형별 컨테이너선의 소요되는 자본비용은 <표 5-9>와 같다.

〈표 5-9〉 대형화 컨테이너선의 자본 비용 비교

선형(TEU)	선조가격(백만 달러)	slot당 비용(천 달러)
4,000	45	11.25
6,000	63	10.50
8,000	82	10.20
10,000	94	9.40

〈표 5-10〉 대형 컨테이너 선박의 제원 비교[41]

선 종	TEU	DWT(톤)	길이(m)	선폭(m)	흘수(m)
P&O Nedlloyd Southampton	6,674	87,900	300	42.8	14.0
Sovereign Mearsk(1)	6,600	98,000	347	42.8	14.5
Suez-Max ship	11,989	157,935	400	50.0	17.0
Malacca-Max container ship	18,154	242,800	400	66.0	21.0
15,000TEU container ship	15,000	220,000	400	66.0	15.0

☛주) 1만TEU 급선박에 twin -screw system을 적용할 경우 신조가격은 10~15% 증가 하여 최소한 1억400만 달러가 됨. 자료 : Drewry Shipping Consultants (2001.)

둘째, 운용비용의 절감이다.

선박의 대형화 단계별 운영비용절감의 효과는 <표 5-11>과 같다.

〈표 5-11〉 컨테이너선의 대형화 단계[42]

분석기관	분석대상 선형(TEU급)	운항비용 절감효과
Drewry Shipping Consultants	4,000, 6,000, 10,000	○ 1만 TEU급이 4,000TEU급과 6,000TEU급에 비해 각각 37.4%와 26.4% 절감
Clarkson research	1,000, 2,000, 4,000, 6,000	○ 2,000TEU급이 1,000TEU급에 비해 20% 절감 ○ 4,000TEU급이 2,000TEU급에 비해 7% 절감 ○ 6,000TEU급이 4,000TEU급에 비해 4% 절감
Norbridge	6,000 이상	○ 중국/미서안항로에서 시장점유율 40% 이상(선박가동률 90%) 확보해야 규모의 경제효과 달성
Cargo System	4,000, 6,000, 8,000	○ 8,000TEU급이 6,000TEU급과 4,000TEU급에 비해 각각 7%와 14% 절감
한국 A중공업	5,600, 6,200, 7,400, 9,000, 12,000	○ 12,000TEU급이 6,000TEU급에 비해 20% 절감
한국 B선사	4,024, 5,600, 9,000	○ 9,000TEU급이 2,024TEU급과 5,600TEU급에 비해 각각 18%와 7% 절감

그렇다면 컨테이너선은 무한대로 커질 것인가? 일단 우리나라 대형 조선사들은 1만5000TEU급 컨테이너선 건조기술은 확보한 상태다. 그러나 그 이상 선박이 커지면 선박 자체보다 인프라문제 때문에 오히려 운송효율성이 떨어질 수 있다.

우선 항로여건이 걸림돌이다. 초대형 컨테이너선이 동서 기간항로에 투입될 것으로 가정할 경우 수에즈운하와 말라카해협, 파나마운하의 통항한계를 넘을 수 없다. 수에즈운하의 경우 1만2000TEU에서 1만3000TEU까지, 말라카 해협은 1만5000TEU까지, 그리고 파나마 운하는 확장되더라도 1만2000TEU급 컨테이너선밖에 운항할 수 없다. 초대형 컨테이너선의 운항에 따른 경제적인 여건을 논외로 한다면, 향후 최대 컨테이너 선형은 1만5000TEU가 한계가 될 수밖에 없다.

선사의 경우 동서 기간항로 사이의 화물 불균형 문제도 남아 있어 자칫 극초 대형 선박을 투입할 경우 소석률이 낮아져 운임 하락을 초래할 우려가 있다. 화주 입장에서도 선사가 기항 가능한 항만을 중심으로 서비스 체제를 개편하는 경우 스케줄을 맞추는 데 어려움이 있을 수 있어 선박의 크기가 무한정 커질 수는 없다. 또 컨테이너선의 대형화는 운항비용의 절감을 가져오지만 운항비용 절감효과는 hub & spoke 운항체제에 따른 추가적인 환적비용, 마케팅비용, 판매 및 마케팅 요원, 내륙운송비용의 증가에 의해 상당 부문 상쇄될 가능성이 높다. 10,000 TEU급을 초과하는 선박의 경우 25knt의 서비스 속도를 유지하기 위해서는 트윈엔진(twin engine)을 장착할 경우에는 선박건조 및 부대비용 상승이 운항 중 발생하는 규모의 경제 효과를 크게 감소시킬 것이다. 그리고 적재율(load factor)과 관련하여 증대된 선복에 상응하는 화물의 확보가 이루어 지지 못할 경우 기술적인 문제는 해결되었으나, 경제성의 측면에서 한계가 있는 것으로 판단된다.

2) 선박의 대형화가 항만에 미치는 영향

선박의 대형화는 선박의 흘수를 증가시켜 첫째, 수심이 깊은 항만에 대한 수요를 증가시킬 것이다. 둘째, 대형선박의 항만에서의 체항시간의 단축에 대한 요구가 많아져 대형 하역장비에 대한 수요가 증가할 것이다. 셋째, 주요 중심항만 위주의 기항전략이 수정됨으로써 중심항만과 기타항만의 격차가 심화되어 중심항만 체제로의 개편이 이루어질 것이다.

그러므로 미래의 항만은 첫째, 대형선박의 수심이 깊은 항만의 선호에 따라 수심이 깊은 항만을 확보하여야 한다. 둘째, 항만의 하역시스템을 개선하여 초대형 갠트리 크레인을 도입하고 하역장비의 고속화와 대용량화를 달성하여야 한다. 또 배후시설 및 연계운송체제를 확립하여야 한다. 셋째, 각국의 항만간 중심항만의 선점경쟁이 치열할 것으로 예상되므로 대규모 항만 개발을 위한 투자를 증가시켜 시설 및 장비의 대형화와 효율화를 유도하여 중심항만체제를 조기에 달성하여야 한다.

(1) 수심

수심은 12,000~15,000TEU급 이상의 초대형 컨테이너선이 기항하는 매가허브포트(mega-hub port)가 되기 위해서는 다음과 같은 물리적 조건을 갖추어야 한다.

- 12,000~15,000TEU급 초대형선의 선박 만재흘수(15~16m)를 110%로 고려해 설계해야 함.
- 7,000TEU급 이상 선박의 경우 흘수는 선박건조 기술적으로 선장과 선폭에 따라 달라짐.

〈표 5-12〉 개발 중인 초대형 컨테이너선 기항가능 항만43)

항 만	터미널	수 심 (m)	부두길이 (m)	크레인 설비			
				크레인수	최대양력 (MT)	길이(m)	Lift Ht. (m)
광 양 (한국)	3~1 단계	16~17	1,400	12	-	22~23 row	-
Yantian (중국)	3 단계	16	1,400	18	-	60	-
요코하마 (일본)	C 1,2	16	1,400	5	65	65	40
롱비치 (미국)	T	16	1,500	16	65	61	-
암스테르담 (네덜란드)	Ceres paragon	16	1,050	9	65	61	-
알헤시라스 (스페인)	Mulle Del Navio	16	1,456	3	65	59	36
브레머하벤 (독일)	Wihelm Kaisen	16	2,300	4	65	63	33
Salalah (dhaks)	Salalah	16	1,236	2	65	63.5	33

(2) 하역장비

현재 운항중인 선폭 35m 전후의 3,000TEU 컨테이너선은 13열, 선폭 40m 전후의 5,000TEU급은 14열(crow)을 각각 수용할 수 있는 안벽 크레인을 필요로 한다. 선폭 60m 이상인 대형 컨테이너선이 기항하는 터미널의 경우에는 선폭과 갑판에 적재된 컨테이너의 열(crow)수를 고려하여 원활한 양적하 작업이 가능하도록 대형 컨테이너 크레인이 설치되어야 한다.

〈표 5-13〉 컨테이너 크레인 제원

크레인 기종	outreach (m)	처리가능 열수(Row)
Standard Panamax	36~44	14~16
Post Panamax	44~48	16~18
Super Panamax	50~52	18~20
Ultra Post Panamax	54~56	20~22

3) 국제적 항만운영회사의 동북아 진출현황

전 세계에서 가장 역동적으로 성장하고 있는 동북아 물류네트워크는 다양한 수요 및 공급측 요인으로 인하여 세계적인 경제협력의 중심축으로 등장하고 있다. 그리고 이와 병행하여 세계최대의 해운업체인 머스크는 초대형선 발주도 적극적으로 추진, 2006

년 1만 1,000 TEU급 초대형 컨테이너선을 정식으로 운항하기 시작하여 전 세계 초대형선의 경쟁을 주도하고 있다. 기존 정기선시장의 주력선대인 6,000TEU급 이후 속속 등장하고 있는 VLCS(very large container ships)와 ULCS(ultra large container ships)의 한계에 대한 관심이 갈수록 높아지고 있다. VLCS를 넘는 10,000TEU급 이상의 컨테이너선 시대를 연 Maersk해운의 경우, 향후 5년 이내에 기존의 대부분의 간선항로에 취항한 선박들의 주력 기종이 될 것으로 예상된다.

〈표 5-14〉 국제적 항만운영회사의 동북아 진출현황(2006)

구분	국가	항만	터미널	선석길이 (m)	연간처리능력 (백만TEU)
APM TML	타이완	Kaohsiung	Piers 76/77 Piers 118/110	675 640	1.00 0.80
	일본	Kobe Yokohama	RC4/5 MCI	700 750	0.46 1.10
	중국	다렌	DCT	1,461	1.50
HPH	홍콩	Hong Kong	Termimal 4,5,6 Termimal 8 east	3,292 1,088	14.50 1.50
	중국	상하이	상하이CT 상하이 Pudong CT	2,081 900	1.70 1.80
		Yantian	YICT	2,350	3.00
		Xiamen	XICT	640	0.60
		Hutchison Delta Ports		2,611	1.20
		Ningho	Ningbi Brilun CT	900	1.20
	한국	Busan	Hutchison Busan CT Hutchison Gamman	1,447 350	1.20 0.30
		Gwangyang	HKCT	2,550	2.01
P&O Port	러시아	보스토니치	VICS	672	0.40
	중국	칭다오 Shekou	칭다오 Qianwan CT Shwkou CT	766 650	1.00 0.80
PSA Corp.	싱가폴	Tanjung, Pagar, Keppel, Brani, Oasir, Panjang		8,228 2,145	16.50 5.00
	중국	다렌	다렌 CT 다렌 Dagang	1,461 555	1.50 0.30
		Fuzhou	Fuzhou Qingzhou	519	0.40
		Guangzhou	Guangzhou CT	1,299	1.40
	한국	Inchon	CT	900	1.13
CSX World TML	중국	텐진 Xiamen	CSX Orient T. Xianyu CT	640	1.00
	러시아	보스토니치	VICS	672	3.38
	한국	Busan	Newport	3,200	2.70

제 2 절 해상운송

1. 해상운송의 개관

해상운송(carriage by sea, shipping, ocean shipping, ocean transportation, marine transportation)은 해상에서 선박을 이용하여 인간 및 재화의 장소적, 공간적 이전을 목적으로 하는 해상서비스를 의미한다. 즉, 선박이라는 고정적 생산설비를 이용하여 선박의 장소적 이동에 따라 해운서비스를 생산하고, 이 운송서비스를 수요자에게 제공하여 그 반대급부로써 운임을 획득하는 상행위이다.

해상운송은 육상운송이나 항공운송과 비교하여 대량운송, 원거리수송, 자유로운 운송로, 저렴한 운송비, 국제성, 느린 속력이라는 특성을 가지고 있기 때문에 <표 5-15>와 같은 장단점을 지니게 된다.

〈표 5-15〉 해상운송의 장단점

장 점	단 점
대량수송 용이	항만시설에 하역기 등의 설치 필요
장거리 수송에 적합	기후에 민감
저렴한 운송비	운송시간의 장기화
부피/중량이 큰 화물의 운송가능	타 운송수단에 비해 높은 위험도 존재

해상운송은 화물운송의 주선, 해운중개, 해운대리점, 선박 대여 및 관리 등의 업무가 포함된다. 이와 같은 해상운송은 위험성이 높고 속도가 느리다는 단점이 있으나 화물의 대량운송이 가능하고, 운송비가 저렴하여 원거리 수송에 유용하고, 운송로 이용이 자유롭다는 점과 국제적 운송이라는 특징을 지니고 있다.

해상운송은 원거리, 대량수송으로 운임이 다른 운송수단보다 저렴하다는 특성이외에도 선박만 있으면 세계 모든 나라의 영해와 항구를 거의 자유롭게 입·출항할 수 있기 때문에 국제적 경쟁산업이며 국가 전략산업이다. 오늘날의 해상운송은 조선기술의 발달, 전자 및 정보통신의 발달 등 계속적인 기술혁신에 의하여 선박운송의 안정성이 크게 높아졌으며 선박의 대형화, 고속화, 전용선화, 컨테이너선화가 크게 진전되었다.

1) 해상운송의 4대 요소

해상운송의 4대 요소로는 첫째, 선박(ship)이 존재하여야 한다. 선박은 상법상 상행위와 기타 영리를 목적으로 항해에 이용되는 구조물로, 해상운송에서는 상선만을 대상으로 한다. 상선은 운송목적물에 따라 여객선, 화물선, 화객 혼용선으로 분류한다.

둘째, 선원(mariner)이 존재하여야 한다. 선장은 선박의 총지휘자로서, 선내에서는 사법, 행정에 대한 일체의 권한을 갖는다. 즉, 해원의 징계권, 위험물의 처분권 및 조치권을 갖는다. 해원은 항해사, 기관사, 사무원 등의 고급 해원과 갑판원, 수부, 조리사, 화부 등의 하급 해원으로 구분된다.

셋째, 항로(route of navigation)가 존재하여야 한다. 선박이 항해하는 통로를 말한다. 항해의 안전을 위한 등대, 부표, 신호 등의 항로표시와 항내나 위험한 수역을 운행하는 선박을 안내하는 도선사(pilot) 등이 필요하다.

넷째, 항만(port)이 존재하여야 한다. 해상운송에서는 상항만을 가리키며, 상항은 개항, 불개항, 자유항으로 나뉜다.

개 항	외국과 무역을 할 수 있는 항구로서 관세를 징수한다.
불개항	외국과의 무역을 허용하지 않고, 국내 통상만을 인정하는 항구이다.
자유항	외국과의 무역을 자유롭게 할 수 있으며, 수출입상품에 대하여 관세를 징수하지 않는 항구다.

2) 해상운송의 형태

해상운송은 정기선운송과 부정기선운송 형태로 나뉜다. 그러나 경우에 따라서 양자를 겸하는 경우도 있다.

정기선운송은 주요 항만간에 정기항로를 개설하고, 정기적으로 운항하는 선박에 의하여 화물을 운송하는 방법이다. 정기선에 의한 운송은 대부분 불특정 다수의 화부로부터 개별품목 운송계약으로 의뢰받은 화물을 모아, 동일 방향으로 가는 정기선에 일괄 적재하여 운송한다.

정기선은(Liner) 정해진 기항항 사이를 정해진 운항일정(schedule)에 따라 항해하여 주로 완제품이나 반제품 등의 일반화물(general cargo)을 운송하는 것이다. 이 정기선을 운항하는 해운업자를 정기선사(Line:linee shipping company)라고 부른다. 정기선은 다음과 같이 분류된다.

- 컨테이너선 : 풀컨테이너선과 세미컨테이너선으로 구분되며 풀컨테이너선(full container)은 선박내에 컨테이너를 하역할 수 있는 장비가 없는 반면, 세미 컨테이너선(semi container)은 선박내에 크레인(20~30톤)이 설치되어 있다.
- 재래화물선(conventional ship) : 컨테이너선과 대칭되는 개념으로 컨테이너를 운송할 수 있는 선박구조를 갖추지 못한 배를 말한다.
- 다목적선(multi-purpose ship) : 일반화물선과 벌크선의 기능을 함께 구비한 선박을 말한다. 정기항로와 부정기항로에 모두 투입 가능하다.

부정기선(tramper)은 화물이 있을 때 또는 화주의 요구가 있을 때만 화주와 용선계약을 체결하고 화물이나 항로에 따라 배선하는 운송형태로서, 정해진 항로를 정기적(규칙적)으로 운항하는 정기선과 달리 일정한 항로나 화주를 한정하지 않고 화물의 수송수요에 따라 화주가 원하는 시기와 항로에 선복을 제공하는 형태의 운송서비스이다. 당초 해운업의 초기는 부정기선 형태였으나 국제간의 무역이 크게 늘어나고 조선기술의 발달로 점차 정기선 서비스가 발달되고 있는 추세이다.

부정기선 화물은 대체로 원유, 철광석, 석탄, 곡물, 시멘트 등 저가대량화물로 구성되며, 선박은 화물수요에 따라 수시로 항로를 변경하기 때문에 부정기선 시장은 Global Market을 형성하게 되어 특정 업체의 시장점유율이 높지 않아 정기선과 달리 동맹을 만들 수 없다.

부정기선의 운항주체는 일반 해운회사가 선박을 보유하여 운항하는 일반운송인(common carrier)과 화주 자신이 선박을 소유하여 자기화물을 직접 운송하는 자가운송인(private/industrial carrier)의 두 가지 형태이다.

부정기선 운송은 주로 용선계약에 의하여 이루어진다. 용선운송에는 정기용선, 항해용선, 나용선 등이 있다. 정기용선은 일정한 항로를 정기적으로 운항하는 상선이며, 개품운송계약과 일부용선계약이 있다. 항해용선은 특정 항만간의 1항해 또는 수회에 걸쳐 선박을 대절하는 용선계약이다. 그리고 나용선은 선주로부터 선박만 대절하고 선박운항에 필요한 물자와 선원, 제 비용은 모두 용선자가 부담하는 것을 말한다.

정기선과 부정기선의 특성은 <표 5-16>에서 보는 바와 같다.

〈표 5-16〉 정기선과 부정기선 비교

구 분	정기선 운송	부정기선 운송
운항 형태	규칙성. 반복성	불규칙성
운 송 인	보통운송인(COMMON CARRIER) 공중운송인(PUBLIC CARRIER)	계약운송인(CONTRACT CARRIER) 전용운송인(PRIVATE CARRIER)
화물의 성격	이종화물	동종화물
화물의 가치	고 가	저 가
운 송 계 약	선화증권(BILL OF LADING)	용선계약서(CHARTER PARTY)
운 임	동일운임(동일품목/상이한 화주) 운임률(TARIFF)적용/운임동맹	선박의 수요와 공급에 의해 결정
서 비 스	화주의 요구에 따라 조정	선주.용선자 간 합의 결정
선 박	고가. 구조복잡(컨테이너선)	저가. 구조단순(벌크선)
조 직	대형조직(본사 및 해외점소)	소형조직
화물의 집화	영업부 직원	중 개 인

(1) 정기선운송

☞
정기선의 속도 :18~30knot
부정기선의 속도 : 12~18 knot

정기선은 운항일정(sailing schedule) 및 운임요율표(freight tariff)가 공시되기 때문에 화물의 양과 관계없이 고정된 항로를 규칙적으로 운항하며, 다수화주의 소량화물 및 컨테이너 화물, 여객, 우편물 등을 운영대상으로 하는 특징을 지니고 있다. 대체로 정기선의 운임은 고액이며, 운송계약형태는 개품운송계약으로 해운동맹이 결성되어 있는 것이 일반적이다. 정기선은 운송해야 할 화물이 있든 없든 항해일정에 따라 규칙적으로 운항해야 하므로 많은 선박이 필요하고 경영조직규모도 거대하며 위험도가 높은 사업이다. 현재 국제무역량의 증대와 컨테이너 출현과 발달로 해상운송의 대부분을 차지하고 있다. 그러므로 대부분의 컨테이너선을 정기선으로 보아도 무방하다.

■ 정기선 운송의 특징

- 특정의 항로 일정이 정해져서 정기적으로 발착하고 일정한 동형선이 배선되므로, 화물이 많든 적든 적화품이 있든 없든 반드시 취항한다.
- 운송화물의 대상은 주로 소량의 일반화물이다.
- 정기선의 운임은 미리 운임표(tariff)에 의하여 공시된다.
- 정기선운임은 liner terms로서 선적, 양륙의 하역비를 선주가 부담한다.

(가) 동남아항로

동남아항로는 한국-동남아시장간 물동량뿐 아니라 중국 및 일본발 동남아항로 서비스가 증가하고 있어 그 이용이 늘어나고 있다.

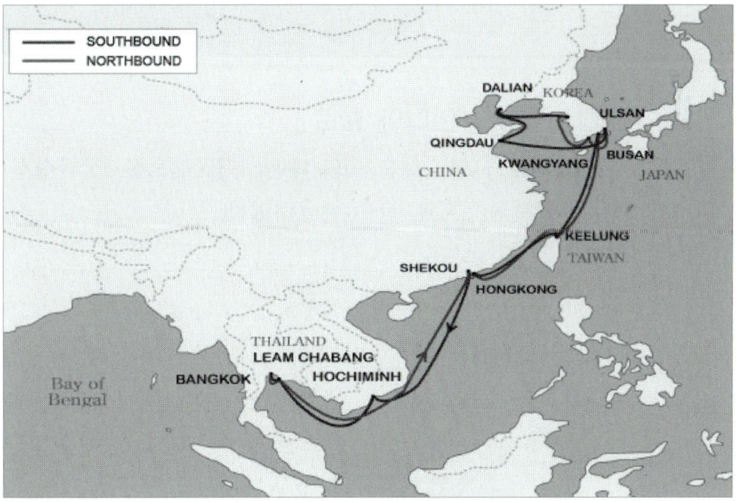

특히 한국의 선사는 국내선 물량취급만을 하지 않고 지속적으로 시장의 볼륨이 확대되는 중국이나 일본쪽으로 눈을 돌려 중국 및 일본발 서비스에서 급신장을 이루고 있다. 그리고 이와 같은 추세는 지속될 것으로 전망이 되며 중국 및 일본시장의 물량이 증가되고 있으므로 이 항로의 물량도 호조세를 지속할 것으로 예상된다. 1992년 2

월, 아시아지역내 선사들이 아시아역내협의협정(intra asia discussion agreement : IADA)을 결성하여 항로의 안정화를 도모하고 있다.

(나) 한 · 일 항로

한 · 일항로는 일반적으로 수출화물에 비해 수입화물이 상대적으로 적다. 더욱이 최근에는 원/엔환율 하락으로 수입물량에 비해 수출물량이 크게 감소하여 수출물량 대비 수입물량의 비율이 45 : 55에서 35 : 65까지 감소하였다. 한국근해수송협의회에서는 한 · 일항로에 취항한 선사들의 채산성악화를 방지하기 위하여 1997년 7월부터 운임풀 협정(pooling agreement)과 중립감시기구제도(neutral system)을 도입하여 시행하고 있다.

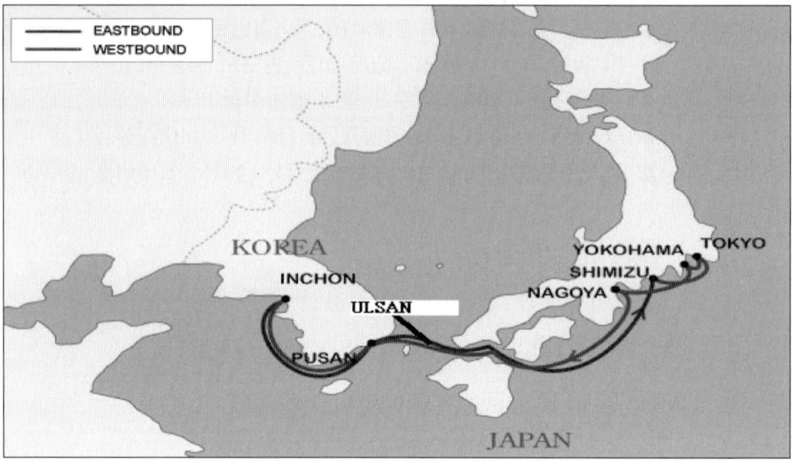

(다) 중동 / 인디아 항로

2009년 11월 한진해운, 고려해운, STX팬오션, 장금상선 등 국적선사 4개사가 인도/중동항로를 공동으로 신규 개설하였다.

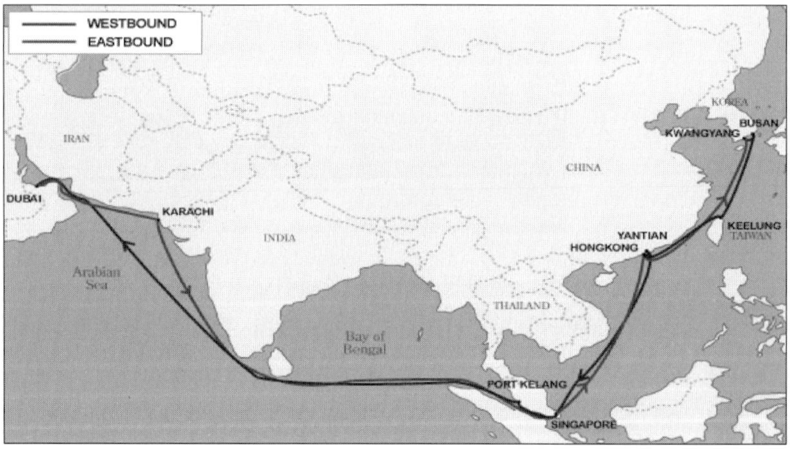

물론 기존에 운영하던 중동-인디아 서비스인 FIM(Far East India Middle East service)노선이 있지만 이 노선을 폐지하고, 인도와 중동지역에 각각 1개씩 새로운 서비스를 확대한 것이다.

FIX(Far East India Express)로 명명된 인디아 노선은 한-인도 CEPA(포괄적 경제동반자협정)협정에 따라 물동량 증가가 예상되는 인디아시장을 선점하기 위한 것으로, 한진해운 2척, 고려해운(KMTC) 2척, STX 1척의 총 5척의 2500TEU급 선박을 운용한다.

FMX(Far East Middle East Express)로 명명된 중동노선은 신흥시장인 중동지역을 효과적으로 공략하기 위해 개설했으며, 한진해운 4척, STX 1척, 장금상선(Sinokor) 1척의 총 6척의 4000TEU급 선박을 투입, 공동운항 형태로 운용한다.

(라) 유럽항로

우리나라의 기존 아시아-유럽의 운항구간 AEX(Asia-Europe Express)는 보통 부산→카오슝(대만)→홍콩→싱가포르→로테르담(네델란드)→함부르크(독일)→템스포트(영국)→르하브르(프랑스)→싱가포르→홍콩→카오슝→광양→부산 순으로 항로가 설정되어 있다.

그런데 인천항만공사(IPA)가 2013년 개장하는 인천 신항시대를 대비하기 위하여 2011년부터 '원양항로' 개설 선사에 최장 3년 동안의 항만시설 이용료 전액을 면제해주기로 했다. 이것은 기존의 인천항이 아시아 중심의 기항구도를 다변화하고 부산·광양항과 같은 국내 대표 수출입항만들의 물량 일부를 유치하기 위한 것으로 풀이된다. IPA의 이와 같은 결정으로 인천~미국 또는 인천~유럽 항로를 개설하는 선사에게 개설시점부터 2013년 말로 예정된 신항 개장까지 3년간의 접안료, 입항료 등 항비를 전액 면제하기로 했다. 이들 항로에 4500TEU 규모의 선박 1척이 취항할 경우 연간 7억8000만원의 항만시설 사용료를 감면받을 것으로 예상된다. 이 밖에도 우리나라에서 유럽을 가기 위한 방법으로 다음과 같은 노선도 있다.

한국-미서부해안 (뱅쿠버/시애틀)-유럽	소요기간 14~17일 정도로 운임은 두바이경로보다 20% 이상 높지만 약 3~4일이 덜 소요되고, 선박 및 항공편의 운항회수가 가장 많고 신뢰도가 높아 가장 많이 이용되는 운송경로
한국-두바이-유럽	소요기간 21일 정도로 요율이 가장 낮지만 가장 오래 걸리는 운송경로

(마) 북미 동안 / 북미 서안 항로

최근 5년간 아시아와 대서양에서 북미해안으로 운항하는 전해상(all-water)서비스가 현저히 증가하고 있다. 전통적으로 아시아-북미동안(ECNA) 항로는 파나마운하를 이용하여 왔다. 그러나 1980년대 들어서 미국 철도산업의 규제완화의 신호탄인

'Steggers Act'의 통과, 이중적재화차(double-stack-railcar)와 같은 고효율의 기술이 도입되면서 미동안(USWC)을 경유한 복합운송이 선호되었다. 그 증거로 1995년에는 아시아에서 미국으로 운송되는 수출품의 90%가 로스앤젤리스와 롱비치, 시애틀, 타코마 등의 항만을 경유한 해상운송서비스 루트였다. 이는 미국경제의 상당부분이 서해안의 항만들과 효율적인 철도운송망에 의존하고 있었음을 의미하는 것이다.

그러나 21세기에 접어들어서 조금씩 변화가 일어났다. 전해상 운송서비스가 활성화되면서 지금은 아시아발 미국행 화물의 약 25%가 전해상 운송서비스에 의해 운송되고 있다. 이는 2004년의 22%에서도 더 증가한 수치다. 아시아-북미동안 운송물량의 급속한 증가는 <표 5-17>에서 분명히 드러나 있다. <표 5-17>은 CI지가 최근 발표한 '2006-2008 정기선 서비스에서 미래의 수요공급'이라는 자료에 근거한 것이다.

〈표 5-17〉 태평양항로 컨테이너 물동량(2006년/2008년)

	구 분	2005	2006	2007	2008
아시아~북미서안	동향화물 (TEU)	10149284	11123615	11980134	12782803
	증감율(%)	-	9.6	7.7	6.7
아시아~북미동안	동향화물 (TEU)	2650716	3082783	3579111	4101661
	증감율(%)	-	16.3	16.1	14.6

따라서 향후 아시아에서 북미 동안으로 운송되는 화물은 기존의 파나마운하보다 수에즈운하를 통한 운송이 활성화 할 것으로 예상된다. 이는 부분적으로 파나마운하가 미화 50억 달러를 투자해 추진하는 파나마운하당국(ACP:panama canal authority)의 확장프로그램이 완성되기 이전에 처리능력이 포화상태에 이를 것이라는 전망에 근거하고 있다. 물론 수에즈운하를 이용한 서비스는 운항일수가 길다는 단점이 있다. 때문에 모든 아시아국가와 중국의 모든 지역에서도 좋은 선택이 되지는 못할 것이라는 지적도 있다.

그러나 펜듈럼(pendulum)서비스가 최근 몇 년간 약간 동쪽으로 이동했음에도 불구하고 이 서비스는 홍콩과 수에즈 운하 서비스의 범주 안에 들어가는 남중국의 항만들에 기항하고 있다. 이들 선박은 미동안이나 미중서부지역을 종착지로 운항하고 있으며 극동지역에도 드나들고 있다. 따라서 원양선사들은 극동-중동-미동안을 연계하는 수에즈운하를 선호하게 될 것이라는 예측은 당연하다. 이 밖에도 수에즈운하가 향후 아시아와 북미동안을 연결하는 허브역할을 하게 할 것이라는 점에 대한 증거는 다음과 같다.

① 원양선사와 화주입장에서 그들의 미서안 항만에 대한 의존도를 줄여야한다는 니즈 발생, ② 국제 컨테이너운송물량 증가율을 수용하기에 철도 수용능력(선로, 야드)의 한계, ③ 컨테이너 리포지셔닝 물류의 개선과 코스트다운 요구. 실제 미서안 항만들을 경유해 철도를 이용하는 것보다 해상으로 직접 아시아까지 공 컨테이너를 운송하는 비용이 더 저렴, ④ 초과된 마켓에서 보다 많은 선박과 자본집약적 자산을 분산을 수용할 수 있는 기회확보. 아시아-미서안 항로에는 5척의 선박이 필요한데 반해, 파나마운하를 이용할 경우 8척, 수에즈 운하를 이용하면 10척의 선박의 운용 가능, ⑤ 미동안 항만들에서 컨테이너처리 물동량의 확장, ⑥ 미동안 항만들과 터미널들에서 보다 많은 아시아화물의 다이렉트 처리와 관리욕구가 생겨남, ⑦ 아시아-캐리비언, 중남미항로의 급격한 성장도 한 몫, ⑧ 원양선사들이 인도와 중동, 지중해지역을 중간항만으로 이용할 수 있다. 따라서 상선들이 그들의 고객에게 항로선택의 폭을 다양화 가능

(2) 부정기선 운송

부정기선이란 운송수요자의 요구에 따라 수시로 어느 곳이나 운항하는 선박으로 단일화주의 단일화물을 항해용선계약(voyage charter)으로 전부 용선하여 운송하는 선박을 의미한다. 즉, 부정기선 운송은 정해진 항로를 정기적 혹은 규칙적으로 운항하는 정기선과는 달리, 일정한 항로나 화주를 한정하거나 제한하지 않고 무역 운송화물이 있을 때마다, 선복의 수요가 있을 때마다 또는 화주가 요구하는 시기와 항로에 따라서 화물을 운송한다.

<수에즈운하>

<파나마운하>

부정기선 중에서 화물의 특수한 성질 또는 형태에 따라 특수한 시설을 갖추고 있는 선박이 특수 전용선이며 일반적으로 용선계약(charter)으로 운송된다. 주로 부정기선은 벌크화물, 즉 광석. 곡물. 원당. 원면. 원목. 비료 등을 주로 운송대상으로 한다.

부정기선의 특수 전용선에는 원유・중유・휘발유 등을 수송하는 유조선, 생선・과일・야채 등을 수송하는 냉동선, 목재전용선, 자동차수송 전용선, 곡물을 운반하는 전용선 등이 있다. 탱커에는 중유 및 원유를 주로 수송하는 'clean tanker', 항구내에 계류되어 육상설치 탱커대신에 사용되는 탱커 등이 있다.

- 운 임 : 선적당시의 수요공급에 의하여 운임 결정/ 낮은 요율을 적용/운임변동폭이 심함.
- 운송계약형태 : 용선계약(charter party)
- 정기선 운송과 상호보완적 기능

부정기선 운송계약 및 용선방법은 다음과 같다. 부정기선 운송계약 형태는 정기선의 개품운송계약과는 달리 통상 화주가 필요로 하는 선박에 대해 매항차당선적지와 양하지, 운송시기와 운임조건을 감안하여 용선계약서(C/P:charter party)를 작성하여 임대차계약을 하는 형태이다.

부정기선의 용선방법(계약)은 정기(기간)용선, 항해용선, 나용선(선박임대차)의 세 가지로 나눌 수 있으나, 이 중 수출입화주가 주로 이용하는 것은 항해용선(계약)이다. 최근 들어 원료의 대량구매를 주로 하는 한전, 포철 등의 대화주와 선박회사간에는 일년단위 혹은 그 이상의 장기용선계약(long term charter)을 통해 원료의 안정적 수급을 꾀하고 있다.

(가) 항해용선계약

항해용선계약(trip/voyage chater party)은 선주와 용선자가 단일항해 운송을 약정하는 것으로 항로, 화물, 기일 등은 이들 당사자간의 약정에 의해 결정된다. 이 경우는 선주가 선박의 의장 및 항해에 대한 모든 책임과 비용을 부담하고 운임은 운송물 수량에 의하든가 또는 사용선복에 의하여 결정된다. 운송계약의 주요 내용은 화물의 종류, 수량, 운송시기, 선적항, 하역항, 운임(부적운임:dead fright,유치권), 하역비 부담(FIO,FO,FI), 정박기간(running laydays, weather working days, customary quick despatch), 조출료(despatch), 체선료(demurrage), 불가항력 및 면책사항 등이다.

(나) 정기용선계약(기간용선)

정기용선계약(time charter party)은 일정기간 동안 선복의 전부 또는 일부를 용선하는 계약으로 정기선사는 급격하게 증가한 수요를 충족시키고자 할 때, 용선자는 다시 제3자에게 정기용선 또는 항해용선을 주어 운임의 차액을 얻으려는 상업목적으로, 그리고 화주는 일정기간 연속해서 대량의 화물운송이 필요할 때 용선을 한다.

정기용선계약의 주요내용은 선박의 명세(description of the vessel), 인도지 및 반석지(delivery and redelivery point), 감항능력담보(seaworthiness of vessel), 선박 및 연료 소모량(vessel's speed and consumption), 기타비용(payment of hire, off-hire clause, arbitration and lien, general exception) 등이다.

(다) 나용선 계약(선박임대차)

나용선계약(bare boat charter, demise charter)은 선박 자체만을 임차하고 선원, 항

세, 수선비, 항해비용, 선체보험료 등 항해에 필요한 일체의 인적, 물적 요소를 용선자가 부담하는 선박의 임대차 계약으로서 운송계약은 아니다.

3) 해운동맹(Shipping Conference)

정기항로에 취항하고 있는 정기선사들이 상호 과다경쟁을 피하기 위하여 선사 상호간 운임협정 등을 맺고 경쟁을 억제하는 동시에 외부로부터 가입범위를 제한하고 시장을 독점하여 스스로의 이익을 최대한 도모하려고 여러 사항을 협정하는 동맹을 해운동맹이라고 한다. 운임동맹이라고도 하며 국제카르텔이다. 해운동맹은 내부규제로서 운임협정・배선수(配船數)협정・적취비율(積取比率)협정 및 운임 풀계산을 실시하고, 대외규제수단으로서 화주가 동맹선을 계속 이용하면 운임 일부를 반환하는 운임반환제도, 동맹선에 단독으로 선적계약한 하주에 대한 운임을 할인하는 계약운임제도(2중운임제), 동맹항로로 끼어들어온 비동맹선을 저율운임으로 배제하는 투쟁선의 배선 등을 하고 있다.

전 세계에 설립되어 있는 주요 해운동맹은 <표 5-18>과 같다.

〈표 5-18〉 주요 해운 동맹(한국 국적 선사 소속)

유럽-아시아(구주) 운임 동맹 Far East Freight Conference	FEFC	APL, M/S, OOCL, P&O, H/L, HMM, 동진선박, 아주, 우주
아시아-유럽 운임 동맹 Asia Westbound Rate Areement	AWRA	APL, CMA-CGM, HMM, MOL, Hafag-Lioyd
북미 운임 안정화 협정 Transpacific Stabilization Agreement	TSA	한진해운, 현대상선
태평양항로 서향 안정화 협정 Westbound Transpacific Stabilization Agreement	WTSA	APL, Coscon, Evergreen, HJSC, HMM 외 13개사
아시아 역내항로 운임 협의체 Intra-Asia Discussion Agreement	IADA	동남아, 흥아, 한진, 현대 등
황해 정기 선사 협의회 Yellowsea Liners Committee	YLC	남성, 동영, 한진, STX Pan Ocean 등
한국 근해 수송 협의회 Korea Nearsea Freight Conference	KNFC	고려, 금양, 남성, 동남아, 동영, 신성 등
아시아-호주 협의 협정 Asia Australian Discussion Agreement	AADA	OOCL, P&O, 동보상선, 동아선박, 범주, 소양, 우성, 우주
중동 취항 선사 단체 Informal Rate Agreement	IRA	P&O, APL, 한진, 현대, M/S, MOL, NYK, OOCL
뉴월드 얼라이언스 New World Alliance	NWA	현대, APL, MOL

해운동맹에는 유럽을 기점으로 신규가입을 크게 제한하는 폐쇄동맹과 미국을 기점으로 미국 독점금지법에 의해 신규가입을 원칙상 인정하나 운임환불제도며 투쟁선을 실시할 수 없는 개방동맹이 있다. 개방동맹에서는 동맹선의 탈퇴 또는 비동맹선이 계속 끼어들어 임률표(賃率表)가 유지되지 못하는 상황이 일어난다.

1960년대 중엽부터 선진국 사이의 정기선은 거의 컨테이너선화되었으나 컨테이너선 수송에는 거액 설비투자가 필요하므로, 주요한 정기선회사는 선박·시설을 공동이용하는 전세용선계약방식 및 기업연합으로 공동소유·운항·이용하는 컨소시엄을 결성해 대항하여 그 독점적 지위를 유지하였다. 그러나 컨테이너선은 해륙일괄수송체제의 구성부분에 지나지 않으므로 해운동맹의 규제력은 약화되었다. 선진국 해운기업은 해운자유 원칙을 들어 세계해운을 지배해 왔지만, 그 체제에 변화가 일고 있다.

유럽연합(EU)이 2008년 10월부터 오랜 관행인 해운 카르텔(담합)을 없애고 경쟁시스템을 도입할 예정이다. 이에 따라 기존에 카르텔형태로 유지돼 온 해운동맹이 사라지고 관련 업계의 치열한 경쟁이 불가피할 전망이다. EU는 그간 과도한 경쟁으로 인한 부실경영과 저질선박을 이용한 덤핑운항을 막기 위하여 정기선 해운동맹에 대해 카르텔을 용인했으나, 해운 서비스 가격 인하와 질 향상을 위해 해운동맹을 폐지하기로 결정했으며 호주와 일본 등 주요 국가들도 해운동맹에 경쟁법을 적용하는 문제를 긍정적으로 검토하고 있음을 밝혀, 해운동맹 폐지 움직임은 국제적으로 빠르게 확산될 것으로 보인다.

최대 화주국가 중 하나인 미국이 '신(新) 해운법' 발의를 앞둔 가운데, 대표적 해운동맹으로 꼽히는 구주운임동맹(FEFC)에 이어 태평양노선안정화협의체(TSA)가 해체수순을 밟게 될 것이라는 목소리가 높다.

미국도 2010년에 민주당 소속 하원의원인 James Oberstar 의원은 최근 동맹 및 협의체 형식내에서 각 해운사들의 협상, 토론 등을 금지한다는 내용을 골자로 한 '2010 신 해운법'을 발의했다. 신 해운법이 제정되면 북미항로를 운항하는 15개 선사들로 구성된 태평양노선안정화협의체(TSA)는 사실상 그 역할을 잃게 돼, 결국 해체수순에 접어들게 된다. 한진해운이 의장으로 활동중인 TSA는 한진해운과 현대상선을 비롯해, 세계 최대선사인 머스크라인, 중국 코스코, 일본 NYK 등이 소속돼있다.

최대 화주국가로 부상한 미국이 북미항로에 선박을 투입하는 선사들 간의 협의를 금지하는 법을 발의한 데는 컨테이너 시황이 호전되면서 컨테이너 부족현상이 나타난 것이 배경으로 꼽힌다. 해운업계에서는 세계 최대선사인 머스크라인 등 대형선사들의 입김이 일부 작용했다는 추측도 제기되고 있다. 머스크라인은 일찍이 TSA를 탈퇴했으나 금융위기 이후 해운업이 난항을 겪자 지난 2009년 재가입한 바 있다.

이처럼 FEFC에 이어 TSA까지 해체될 경우, 컨테이너 선사들의 선단운용이 어려워져 수급조절에 난항을 겪을 것이라는 우려가 높다. 현재 선사들은 과거 FEFC, ELLA(유럽정기선사무협회)를 대체할 또 다른 채널(WLD, World Liner Data Limited)

을 만드는 방안을 적극 추진 중이다. 이 채널이 완성되면 현재 ELLA가 발표하는 데이터를 포함, 광대한 범위의 컨테이너 운임, 물량 데이터를 제공하게 될 것으로 전망된다.

세계하주포럼(GSF)은 주기적으로 담합이 아닌 경쟁만이 시장 효율성을 높이고 고객에 대한 맞춤형 서비스를 제공할 수 있다고 지적하면서 선사들이 운임·부대비, 서비스 조건 등에 대한 반시장적인 공동행위를 할 수 있도록 허용하는 독점금지 면제혜택이 반드시 철폐돼야 한다고 강조한다. 한국도 아시아항로와 관계되는 호주와 일본도 경쟁법 적용을 검토하는 만큼, 해운동맹의 폐지 여부에 관한 본격적인 검토가 필요할 것으로 사료된다.

4) 편의치적제도(Flag of Convenience)

편의치적(Flag of Convenience) 제도를 한 마디로 정의하기는 어렵다. 이 단어는 아직 국제법상의 법률용어로 정착되지 못한 상태이기 때문이다. 그러나 일반적으로 소유선박을 다른 나라 국적으로 등록하여 자국의 국기를 게양하게 하는 것을 의미한다.

편의치적제도는 주로 그리스, 미국, 일본, 홍콩, 노르웨이 선주들에 의해 이용되고 있다. 대표적 편의치적국은 리베리아, 파나마, 키프러스, 바하마, 버뮤다 등이다. 그 개념이 모호한 만큼 치적국의 분류도 분명하지 않다. 어떤 국가는 제도도입 후 문제점 발생으로 이를 철회하거나 실패한 경우도 있다. 예를 들면 온드라스, 코스타리카 등이 이에 해당된다.

국가별로 여러 가지 유형의 편의치적제도가 존재하지만 공통된 특징은 다음 6가지로 대별된다. 첫째, 치적국은 자국인이 아닌 사람에 의한 선박의 소유 및 관리를 허용하고 둘째, 선박의 치적이 누구에게나 개방돼 있으며 해외 영사관을 통한 치적 가능하며 셋째, 해당선박에 대한 소득세가 면제되거나 저렴하고 넷째, 선박등록에 따른 수수료 등 부과금 수입이 치적국 경제 및 국제수지 개선에 크게 기여하고 다섯째, 외국인 선원의 승선이 허용되며 여섯째, 치적국은 선사에 대하여 통제력을 행사할 수 있는 능력이나 행정기구가 결여되어 있는 등이다.

편의치적을 이용하는 선주에게 있어 가장 중요한 이점은 선원비 및 기타 경비의 절감이다. 임금부담이 적은 외국선원의 고용이 가능할 뿐 아니라 선박수리 등에 있어 비싼 자국내 시설을 이용하지 않아도 되기 때문이다. 이외에도 정부의 간섭이나 통제 회피 등 경제 외적 이익도 무시할 수 없으며 보통 최초의 등록비, 연차 갱신료 및 약간의 공식 증명료만을 부담하게 될 뿐 소득세나 영업세 등의 면제효과도 크다.

예를 들면 파나마와 같은 경우 선박회사가 파나마 등에 편의치적을 하면 우선 재무상태, 거래내역 등을 보고하지 않아도 되고 기항지도 제약받지 않는다. 또한 고임금의 자국선원을 승선시키지 않아도 되고 등록세와 매년 징수하는 소액의 톤(t)세 외에 선주의 소득에 대해 조세를 일절 징수하지 않는다. 금융기관이 선박에 대한 유치권(채권을 변제받을 때까지 선박을 유치할 수 있는 권리)을 행사하기 편해, 국제금융시장에서 선박의 건조 또는 구입자금을 쉽게 조달할 수 있다. 그리고 선박의 운항 및 안전기준 등을 규제하지 않아 비용절감이 가능하다는 등의 많은 장점을 누릴 수 있다.

편의치적제도를 채택한 국가도 비용절감을 노린 많은 선주들이 해당 국가를 국적지로 선택하기 때문에 라이베리아, 온두라스, 코스타리카, 레바논, 키프로스, 소말리아, 오만 등처럼 외국선대를 끌어들여 앉아서 수입을 올릴 수 있다.

한국의 국제선박등록 현황은 2000년을 기준으로 국적 외항선대는 국적취득 조건부 나용선을 포함해 총 425척 1천185만톤(GT)에 이른다. 국적선사의 실질 지배선대는 814척, 2천498만DWT로 세계 8위에 해당하는 규모다. 광탄선은 40척으로 전체 29.6%를 차지하며 컨테이너선 125척 20.5%, 벌크선 66척 11.6%, 원유운반선 9척, 10.9%로 집계됐다. 고부가가치 선박인 LNG선과 LPG선은 14.7%, 자동차전용선은 4.3%로 낮은 수준이다. 지난 1997년 외환위기 이후 선대가 증가추세에서 감소추세로 돌아섰으며 1980년대는 연평균 3.6%, 1991년부터 1997년까지는 4.5%씩 증가했지만 1997년부터 지난해까지 연평균 1.9%씩 감소했다.

우리나라의 편의치적선 비율은 현재 총 지배선대의 72%에 이른다. 이는 전세계 평균 61.8% 보다 높으며 선박보유 상위 10대 국가의 평균 64.9% 보다도 높다. 주요 편의치적국으로는 파나마며 일부는 라이베리아, 몰타, 사이프러스, 세인트 빈센트 등에 치적되고 있다. 선종별로는 탱크선의 편의치적 비중이 84.4%로 가장 높고 다음으로는 컨테이너선 77.4%, 벌크선 67.6%, 일반화물선 55.5% 순으로 나타났다. 탱크선의 경우 총 국적선 100척, 편의치적선 87척이며 벌크선은 국적선 78척 치적선 118척에 이른다. 일반화물선은 국적선 150척 치적선 149척, 컨테이너선은 국적선 39척 편의치적선 70척, 여객선은 국적선 16척 편의치적선 7척으로 각각 집계됐다.

그러나 편의치적제도가 선주에게 유리한 만큼 문제점도 많다. 다른 나라에 치적한 선주로서는 자국정부로부터의 재정 및 금융지원을 받을 수 없을 뿐 아니라 외국에서의 문제발생시 자국정부의 외교적 도움을 받기 어렵다는 불이익이 따른다. 또한 편의치적선은 선박과 등록국간에 연계(효과적 관할권 행사나 규제)가 결여되어 있다는 문제점을 내포하고 있으며 승선원에 대한 국제수준 이하의 대우가 국제운수노련(ITF)이나 국제노동기구(ILO)의 성토대상이 되고 있어 이에 따른 항만에서의 차별대우 등 불이익을 당할 가능성이 높다. 비록 편의치적선제도가 국제 해상노동시장을 단일화시킬 수 있는 계기를 마련하고 또한 해운의 국제경쟁력을 향상시키는 촉진제 역할을 했으나 편의치적선 승선 선원들에 대한 수준 이하의 대우에 따른 국제운수노련(ITF)의 반발 등 적지 않은 문제를 야기시키고 있는 것도 사실이다.

편의치적제도의 대안으로 역외등록제도가 있다. 역외등록제도(offshore register)는 선주 또는 선박운항회사가 소속된 국가의 자치령을 지정하여 선박을 등록하도록 하고 당해 선박에 대해서는 자국국기를 게양하도록 하지만 외국인 선원의 고용을 허용하고 조세부담을 경감시킨 제도다. 그러나 선박의 안전 등에 관한 국제조약은 대부분 자국적 선박과 동일하게 적용하는 것이므로 편의치적제도의 개량종이라 할 수 있다.

요즘 세계 주요 선박보유국은 자국 편의치적선의 국적회복(flagging back) 및 해외선박의 자국유치(flagging in)를 위해 많은 노력을 기울이고 있다. 한국도 마찬가지이다. 그 교두보로 선택한 곳이 제주도로 2002년 4월 제주선박등록특구 제도(이하 제주등록제)를 발효시켰다. 제주등록제는 조세제도를 정비하였다. 국적선이나 국적취득조건부나용선(국적취득을 조건으로 용선한 외국선박)의 등기를 제주시나 서귀포시로 이전하면 등록세와 법인세를 제외한 재산세, 취득세, 공동시설세, 지방교육세, 농어촌특별세 등을 면제해 준다. 이는 제주도를 '동북아의 파나마'로 탈바꿈시키기 위한 노력이기도 하며 또한 국적선 확충은 운임절감 등 수출에서의 편의는 물론이고, 물류 인프라 확충·제도정비·인력양성 등에 목적이 있다.[44)]

5) 선급제도(Ship's Classification)

선박의 정상적인 항해가능 여부를 감항성 또는 내항성(seaworthness)이라는 용어로 표현한다. 즉, 선체 및 기관에 이상이 없고 선장 이하 선원에 결원이 없으며 연료, 청수 등 항해준비를 갖춘 상태를 감항성이 있다고 한다.

선박의 감항성 유무는 선주, 화주, 보험회사 등 모든 이해당사자에게 주요 관심사항이다. 그러나 감항성의 기준이 객관적으로 명백하지 못해 항상 분쟁의 소지가 있다. 여기에 감항성의 객관적·전문적 판단을 위해 선급제도가 탄생하였고 이를 담당할 선급협회(Classification of Societies)가 있다.

선급제도는 보험자들에 의해 보험의 인수 여부 및 보험료 결정을 위해 1760년에 'Green Book'이라는 선박등록부를 작성한데서 유래하였다. 뒤이어 선주들도 자신들의 이익보호를 위해 선급제도를 별도로 실시해 오다가 1834년에 양 선급이 통합의 로이즈 선급(Lloyd's Register)이 탄생한 것이다.

전 세계 45개 선급 중 로이즈 선급 등 11개 주요 선급이 상호 협력, 선급제도를 발전시키기 위해 1968년에 국제 선급협회(International Association of Classification Societies ; IACS)를 창설하였으며, 현재 정회원국은 영국, 노르웨이, 이태리, 일본, 중국, 폴란드, 한국 등이다.

우리나라도 독자적인 선급제도의 필요성을 느껴 1960년 한국선급협회(KR : Korea Register)를 창설하였고 중국과 함께 IACS의 정회원이 되어 선진해운 및 조선국임을 대내외로 인정받고 있다. 그리고 1989년 11월 3일부터 영국 적하보험 선급 약관(classification clause)에 등재하여 1990년 1월 1일부터 발효되어 보험요율 최우대 적용 및 한국선급협회의 선급선의 국제경쟁력 제고 등의 효과를 기대할 수 있게 되었다.

선박이 특정선급을 얻기 위해서는 선급검사관(surveyor)의 엄격한 감독하에 동 선급규칙에 맞춰 건조된다. 선박의 선급이 +100A1이라면 동 선박은 로이즈 검사관의 감독하에 건조되었음을 의미한다. 또 선급을 계속 유지하려면 매년 일반검사(survey)를 받고 4년마다 정밀검사(special survey)를 받아야 한다.

그러나 최근에는 해외 선급인증기관[해외 선급인증기관인 DNV(노르웨이) GL(독일) BV(프랑스) LR(영국) NK(일본) ABS(미국) CCS(중국) RINA(이탈리아) RS(러시아) CR(대만)] 등의 제조원가의 5~10%를 차지하는 과도한 선급인증 비용 인하와 불합리한 선급제도에 대한 문제점이 재기되고 있다. 선급인증은 선박의 성능과 안전성을 인정받기 위한 것으로, 선박을 발주하는 선주가 일방적으로 정하거나 운항지역의 안정규정에 따라 지정받게 돼 있어 조선기자재 업계로서는 선택권이 없기 때문이다. 즉, 제품을 만들고도 선급인증을 받지 못하면 납품할 수 없는 구조이기 때문이다. 또 선급인증기관들이 선박건조량이 급감하면서 선급인증 수익이 줄어들자 채산성을 맞추려고 최근 3~4년간 선급인증 비용을 매년 10~20% 인상하고 추가 검사항목을 요구하고 있기 때문이기도 하다. 제도적으로도 기본검사와 정기검사 기준이 명확하지 않아 이중검사가 발생하고, 인증서 발급에도 6개월~1년이나 걸리는 데다 전담인력을 채용하면 인건비도 많이 소요되는 현 선급제도를 개선할 필요가 있는 것으로 생각된다.

2. 선 박

1) 선박과 인간생활

우리는 이 땅에 살고 있는 모든 다른 생명체들과 마찬가지로 바다에서 왔다. 그래서 우리 몸의 기본단위인 세포들이 생존할 수 있는 조건들은 매우 제한되어 있고, 그런 조건들은 삶이 시작된 뒤 그다지 바뀌지 않았다. 실제로 포유류의 혈액성분은 바닷물의 성분과 아주 비슷하다. 사람을 '걸어 다니는 한 자루 바닷물'(a walking sack of sea water)이라고 말하는 것은 바로 그런 사정 때문이다. 바다가 우리 고향이므로, 우리는 당연히 바다에 대해서 짙은 향수를 품고 있다. 먼 바다에서 불어오는 소금기 밴 바람을 마주하고 끝없이 밀려오는 파도를 바라보면서, 가슴 속 깊은 곳에서 솟구치는 정체 모를 그리움을 느끼지 않는 사람은 없다.

☞ 이것은 소리 없는 아우성. 저 푸른 해원(海原)을 향하여 흔드는 영원한 노스탈지어의 손수건.

그런데 우리가 먼 바다로 나가려면 우리는 우리의 몸을 물 위에 뜨도록 하는 장비를 마련해야 한다. 그런 장비로 처음 쓰인 것은 아마도 통나무였을 것이다. 통나무를 써서 물 위에 뜬 것은 엄청난 상상력과 용기를 필요로 하는 모험이었고, 문명의 발전에서 중요한 이정표로 꼽힐 만큼 큰 지적 성취였다. 이어 그런 통나무들을 여럿 묶어서 물에 띄운다는 생각이 나왔고, 인류문명의 발전에서 중요한 역할을 한 뗏목이 발명되었다. 차츰 뗏목을 만드는 물건들이 다양해졌는데, 갈대는 특히 중요한 재료였다. 지금도 호수지역에 사는 사람들은 갈대 뗏목들을 이용한다.

뗏목은 아주 훌륭한 장비였으므로, 세계 여러 곳에서 바다를 항해하는 수단으로 쓰였다. 그런 뗏목들 가운데 잘 알려진 항해용 뗏목은 남아메리카의 태평양 연안에서 쓰인 '발사'(balsa)다. '발사'는 원래 열대에서 나는 가볍고 튼튼한 나무인데, 뒤에는 그 나무로 만든 뗏목을 가리키게 되었다. 하수용골(下垂龍骨; centerboard)을 갖추고 돛까지 달아서, '발사'는 뛰어난 항해능력을 지녔다. 이 점은 1947년의 '콘-티키호'(kon-tiki)가 극적으로 증명했다. '콘-티키호'는 노르웨이 탐험가 토르 하이에르달(thor heyderdahl; 1915 - 2002)이 발사 재목들과 고대인들이 이용할 수 있었던 다른 재료들만을 써서 만든 뗏목이었는데, 나라를 빼앗기고 도망했다는 남아메리카 신화 속의 왕에게서 이름을 땄다. 하이에르달은 네 명의 노르웨이 과학자들과 함께 그 뗏목을 타고 페루 해안을 떠나 101일 만에 4,300마일 떨어진 폴리네시아의 무인도에 닿았다. 고대인들이 이용할 수 있었던 재료들만으로 만들어진 뗏목이 태평양의 거센 폭풍우들을 이겨낸 것이었다.

[그림 5-4] 원시 배의 형태

이프리카 파피루스 선

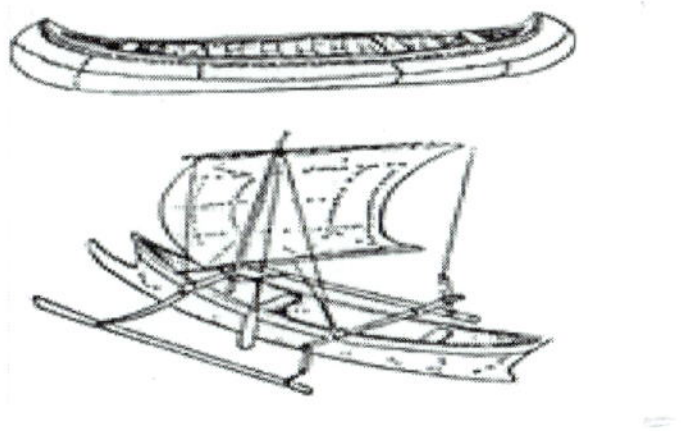
통나무배 카누

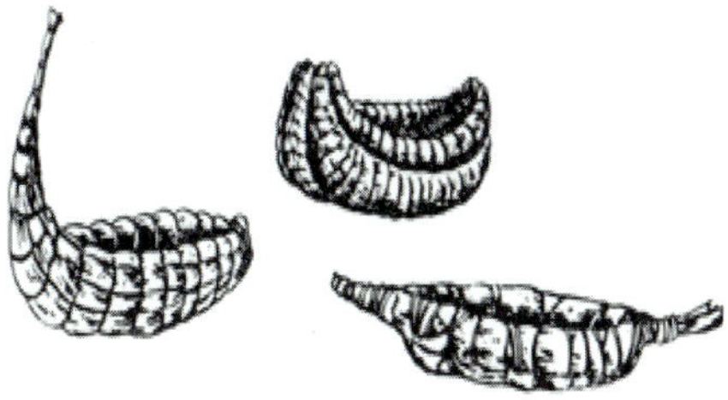
뗏목배 발사선

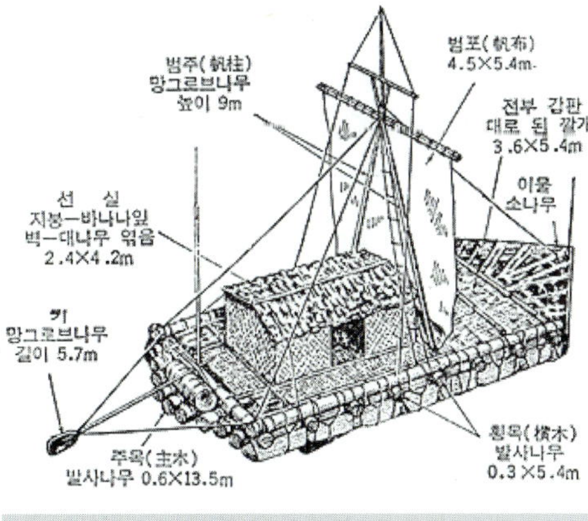

원시발사선 콘티키호

그러나 아무리 크고 잘 만들어졌다 하더라도, 엄격하게 정의하면, 뗏목을 배(ship)라고 부를 수는 없다. 어떤 장비가 배라는 이름으로 불리려면, 그것은 배수(displacement of water)에 의해서 떠야 한다. 뗏목처럼 그저 자신의 가벼움(inherent buoyancy)만으로 뜨면, 그것은 부유체(float)라 불린다.

배가 발명되자, 인류문명의 영역은 단숨에 크게 확장되었다. 배를 만드는 기술이 발전해서, 바다를 물길로 이용할 수 있게 되자, 인류문명은 단숨에 높이 도약을 한 것이다. 특히 돛배는 많은 화물을 싣고서 멀리 갈 수 있었고, 덕분에 인류사회는 보다 넓은 영역을 품에 안을 수 있게 되었다. 이제 바다는 사람과 문명에게 장애가 아니라 편리한 길이 되었다.

[그림 5-5] 고대 배의 형태

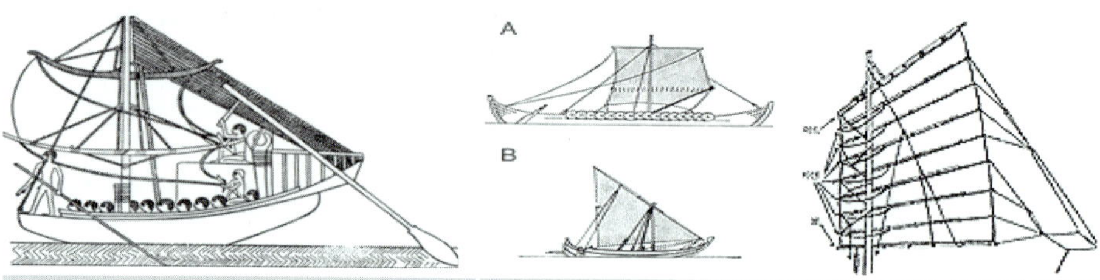

돛을 올린 이집트 목선(2500BC)	A:바이킹선(사각범) B:지중해의 삼각범	동서양의 돛

돛은 인류역사에서 가장 위대하고 중요한 발명들 가운데 하나다. 그것의 역사적 중요성은 쉽게 헤아리기 어려울 만큼 크다. 돛의 효용이 워낙 컸으므로, 고대 사람들은 돛을 경이감으로 바라보곤 했다.

“이탈리아를 이집트에 그렇게도 가깝게 만들어서, 갈레리우스가 메시나 해협을 떠난 지 꼭 이레 만에 알렉산드리아에 닿았고, 카디즈를 오스티아에서 이레 여정 안에 놓았고, 스페인의 가까운 해안은 나흘 여정 안에 놓은 이 식물보다 더 큰 기적이 어디 있겠는가.” 이것은 1세기 로마 학자 플리니우스의 《박물지》에서 아마(亞麻) 항목에 나온 글이다.

돛이 그렇게 중요한 발명이었으므로, 그것은 차츰 원래의 뜻을 넘어 항해에 관한 것들을 가리키게 되었다. 영어에서 ‘sail’은 돛만이 아니라 돛배, 배, 항해 및 항정(航程)을 뜻하기도 한다. 중국어에서도 ‘帆’은 돛만이 아니라 돛배도 가리킨다.

그러나 돛이 그렇게 경이롭고 중요한 발명이었지만, 20세기에 들어서자, 돛은 배의 추진수단으로서의 역할을 거의 다 잃었다. 증기기관의 효능이 워낙 뛰어났기 때문이다. 요즈음은 돛은 운동경기나 훈련을 목적으로 만들어진 배들에 쓰인다.

[그림 5-6] 중세시대 배의 형태

바스코 다 가마의 가므리엘호

메이플라워 11호

☛李白(黃鶴樓送孟浩然之廣陵)

故人西辭黃鶴樓
烟花三月下揚州
孤帆遠影碧空盡
惟見長江天際流

오랜 친구는 서쪽 황학루를 작별하고 꽃들이 연기처럼 핀 삼월에 양주로 내려가네.
외로운 돛배 먼 그림자는 푸른 하늘로 스러지고 긴 강이 하늘 끝으로 흐르는 것만 보이네.

돛배는 적어도 6천 년 동안 가장 중요하고 멋진 교통수단이었다. 자연히, 돛배를 이용한 수송과 교역이 인류문명의 발전에 한 공헌은 헤아리기 어려울 만큼 컸다.

인류문명의 발전에 특히 큰 운동량을 준 것은 15세기 이후 세계를 하나의 교역권으로 묶은 유럽의 원양선들이었다. 그들의 영향은 놀랄 만큼 커서, 15세기 초엽 포르투갈이 해외진출을 시작한 뒤 채 다섯 세기가 지나지 않아, 지구 위의 모든 사회들을 하나의 거대한 질서 속으로 받아들인 '지구제국'이 출현했다.

작은 기독교 국가인 포르투갈이 해외로 진출하게 된 사정은 복잡했다. 가장 중요한 요인은 종교적인 것이었지만 동양의 향료시장과 직접 거래할 길을 찾으려는 욕심도 컸다. 그리고 아직 알려지지 않은 세계를 탐험하고자 하는 과학적 갈증도 있었다. 이런 여러 가지 요인들이 어우러져, 1415년 포르투갈은 모로코 북안의 탄지어(tangier)와 세유터(ceuter)를 공략했고, 그 사건으로 타오르기 시작한 탐험의 열정은 당시로선 상당히 규모가 큰 탐험대들의 활약으로 이어졌다. 이런 움직임에서 두드러진 지도력을 보인 사람은 '항해자'라는 이름을 얻은 앙리케(henrique) 왕자였다.

마침내 1488년 바르톨루메이우 디아스(bartolomeu dias)가 이끈 탐험대는 아프리카 남단 희망봉을 돌아서 인도양 해안에 닿았고, 해안이 북동쪽으로 뻗어나갔다는 사실을 확인했다. 이런 발견은 무척 큰 뜻을 지녔으니, 이제 인도로 가는 뱃길이 열린 셈이었다. 디아스의 발견에 힘입어, 바스코 다 가마는 인도항로를 개척했다. 1497년 7월 바스코 다 가마는 네 척의 배로 이루어진 탐험대를 이끌고서 리스본을 떠나 이듬해 5월에 인도 남서부 해안의 칼리컷(calicut)에 닿았다. 그는 거기서 동양의 귀중한 상품들을 싣고 귀로에 올라 1499년 9월에 리스본에 닿았다. 그의 인도항로 개척은 역사적으로 중요한 뜻을 지닌 사건이었다. 이제 유럽과 아시아는 경제적으로 직접 연결된 것이었

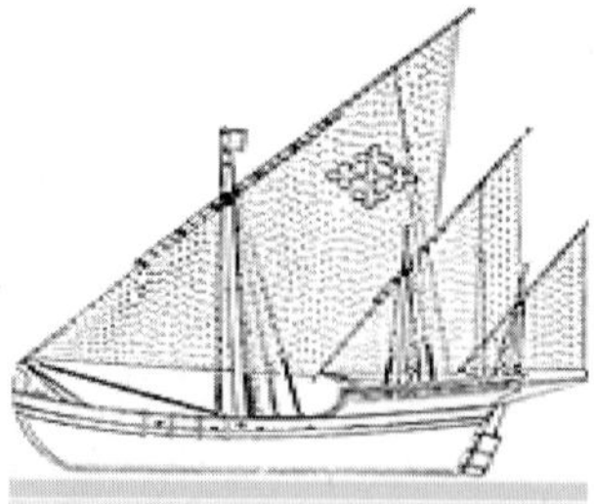
카라벨선

다. 이전에는 동서양의 교역은 많은 중개상들을 거쳐서 이루어졌다. '비단의 길'을 통해 동쪽과 서쪽으로 흐른 상품들이 모두 많은 중개상들을 거쳤다는 사실과 비겨보면 이 점이 잘 드러난다.

당시의 원양항해는 무척 힘들고 위험한 일이었다. 비슷한 시기에 이루어진 콜럼버스의 첫 항해가 무척 힘들었다는 사실은 잘 알려졌다. 바스코 다 가마의 인도항해는 그것보다 훨씬 힘들었으니, 그가 인도에 갔다 오는 데는 꼬박 두 해가 걸렸다. 그렇게 힘든 항해엔 당연히 빠르고 튼튼한 배가 필요했다. 그런 필요에 부응해서 나온 배가 '카라벨'(caravel)이었다. 유럽의 해외진출을 주도했던 포르투갈과 스페인 사람들은 대부분 카라벨을 이용했다.

카라벨의 어원이 '작은 배'라는 뜻을 지닌 스페인 말이었다는 사실에서 드러나듯, 그것은 비교적 작은 배였다. 전형적인 카라벨은 길이가 75피트에 적재량이 50 내지 60톤이었다. 돛대는 둘 또는 셋이었고, 삼각돛들을 달았는데(lateen-rigged), 후기엔 순풍을 만났을 경우에 사각형 돛을 달기 위해 네 번 째 돛대를 갖춘 배도 나왔다. 배 뒤쪽에 탑(sterncastle)이 두 개 있었고 앞쪽에 탑(forecastle) 한 개가 있었다. 카라벨은 가볍고 빨랐으며, 특히 역풍 속에서 앞으로 나아가는 데 아주 뛰어났다.

포르투갈 사람들이 15세기 초엽에 아프리카 서해안을 따라 남진할 때 발명되었다고 전해지는 이 배는 성능이 뛰어나서 높은 명성을 얻었고 그 뒤로 17세 기까지 원양항해에 널리 이용되었다. 콜럼버스의 역사적 항해에 참가한 세 척의 배 가운데 두 척이 카라벨이었다. 인류역사에서 카라벨만큼 중요한 역할을 했던 배는 드물었고, 그래서 그 작은 돛배는 불멸의 명성을 얻었다.

그러나 유럽의 해외진출이 있기 거의 한 세기 전에, 중국의 대함대가 인도양으로 진출한 사건은 그리 널리 알려지지 않았다. 정화(鄭和)의 '남해대원정(南海大遠征)'이라 불리는 해외 진출이 바로 그것이다. 명(明) 성조(成祖)의 환관이었던 정화(1371~1435)는 1405년부터 1433년까지 27년 동안 엄청난 규모의 대함대를 이끌고 일곱 차례나 동남 아시아와 인도를 거쳐 페르시아까지 항해했다. 그의 함대의 분견대는 아프리카 동해안 케냐의 말린디(malindi)까지 갔었다. 정화가 이끈 함대는 승무원이 27,000명 안팎에 대형 선박들만도 60여 척이었으니, 당시로선 정말로 보기 힘든 대함대였다. 1492년 콜럼버스의 첫 항해에선 배 3척에 승무원 120명이 탔고, 1497년 바스코 다 가마의 인도항해에선 배 4척에 170명이 탔고, 1519년 마젤란의 세계 일주에선 배 5척에 265명이 탔다는 사실을 생각하면, 정화의 함대가 얼마나 웅장했나 짐작할 수 있다. 그런 원양항해는 물론 배를 짓고 조종하는 기술들이 발전하지 않고서는 나올 수 없다. 실제로 당시 중국은 배와 관련된 기술에서 가장 앞선 나라였다. 중국의 선장들은 유럽의 선장들보다 적어도 한 세기 앞서 나침반을 항해에 이용하였고, 종범(fore-and-aft sail)과 선미재 키(stem-post rudder)와 같은 먼 바다를 항해하는 데 필수적인 기술들도 중국에서 먼저 나왔다. 그리고 중국의 전통적 돛배인 정크는 여러모로 뛰어난 배였다.

그러나 정화의 대원정은 일회성 사건으로 끝났고 역사에 별다른 영향을 미치지 않았다. 정화의 함대와는 비교가 되지 않게 작았던 콜럼버스나 바스코 다 가마의 함대가 역사에 결정적 영향을 미친 것과는 아픈 대조를 이룬다.

정화의 대원정이 그렇게 불모의 사업으로 끝난 까닭은 근본적으로 경제적 바탕이 없었다는 사실이었다. 명은 민간인들의 대외무역을 금지하고, 무역을 정부들 사이의 조공무역에 국한시켰다. 그리고 해금령(海禁令)을 내려, 바닷가 사람들이 바다로 나가는 것을 엄격히 통제했다. 이런 환경에서 나왔으므로, 정화의 대원정은 주로 정치적 목적을 지녔었고, 민간인들에 의한 교역이라는 경제적 바탕이 없었다. 명(明)이 북쪽 변경을 침범하는 몽골족을 막는 데 힘을 쏟게 되자, 정화의 대원정은 갑작스럽게 끝났고, 다른 해외원정으로 이루어지지 않았다. 그리고 민간인의 해외교역이 금지된 터라, 그 뒤를 민간무역이 이을 수도 없었다.

15세기에 카라벨을 타고 포르투갈과 스페인 사람들이 먼 대륙으로 진출하기 시작한 이래, 돛배는 꾸준히 발전했다. 배의 몸집도 점점 커졌고, 선형도 개량되어 아주 빠른 배들이 나왔다. 특히 19세기 동양과의 무역에 쓰인 '클리퍼'(clipper)는 빠르기로 이름났고, 차 무역에 쓰였던 '커티사크호'(cutty sark)는 지금까지 명성이 높다.

살롯 던더스호(1801년)

플라잉클라우드호(1851)

커터사크호(1861년)

그러나 19세기 중엽부터 배의 역사에서 또 하나의 중요한 혁명이 일어났다. 이 혁명은 두 개의 요소로 이루어졌으니, 하나는 바람의 힘을 이용하는 돛이 기계적 동력을 이용하는 증기기관으로 바뀐 것이고, 다른 하나는 선체를 만드는 재료가 나무에서 쇠로 바뀐 것이었다.

증기의 힘으로 배를 추진한다는 구상은 이미 1690년에 나왔다. 효율적인 증기기관인 토머스 뉴코먼(thomas newcomen)의 기관이 1725년에 발명되었고, 제임스 와트(james watt)의 현대적 기관이 1765년에 발명되었다는 사실을 생각하면, 이런 구상은 사람의 근육이나 바람에 의존하지 않는 배를 사람들이 얼마나 열망해 왔나 우리에게 일깨워 준다. 마침내 1775년에 프랑스의 발명가 자크 페리에(jacques c. perier)가 센

강에서 조그만 배를 증기의 힘으로 움직이는 데 성공했다. 이어 1802년엔 윌리엄 사이밍튼(william symington)이 외륜선(外輪船) '샬롯 던더스호'(charlotte dundas)를 제작해서 영국의 운하에 취항시켰다.

미국의 로버트 풀튼(robert fulton)은 이 배를 직접 타 보고 1807년에 그것을 본따 '클레르몽호'(clermont)를 지어서 허드슨강에 취항시켰다. 폴턴의 배는 실용적이었을 뿐 아니라 경제성도 있어서, 증기선의 발전에 큰 운동량을 주었다.

클레몽호(1807년)

호버크래프트

컨테이너선

나무로 만든 돛배들이 쇠로 만든 증기선들로 바뀌는 과정에 큰 운동량을 더한 것은 1869년의 수에즈운하 개통이었다. 수에즈운하를 이용하게 되자, 저탄소(貯炭所)들 사이의 거리가 크게 줄어들었고, 자연이, 증기선들은 전에 석탄을 실었던 선실에 화물을 실을 수 있게 되어, 경제성이 크게 나아졌다. 1914년의 파나마운하 개통은 증기선의 이점을 더욱 크게 만들었다. 이어 제1차 세계대전은 이미 쇠락한 돛배의 운명에 결정적 타격을 주었다. 전쟁에서 많은 돛배가 상실되었지만, 이미 돛배의 경제성이 떨어진 터라, 그 자리를 증기선들이 메웠다. 1949년 클리퍼들이 오스트레일리아의 곡물을 유럽으로 실어 나른 것을 끝으로, 돛배는 실용에서 물러나 실습선이나 유람선으로만 쓰였다.

20세기에 들어서자, 무역은 빠르게 늘어났고, 해운도 따라서 발전했다. 아울러 과학과 기술이 빠르게 발전해서, 이전엔 생각하기 어려웠던 배도 만들 수 있게 되었다. 자연히, 다양한 수요에 맞추어 다양한 배가 생겨났다. 크고 빠르고 안락한 대형 여객선, 지면효과(ground effect)를 이용한 배(hovercraft), 대량운송 화물을 위한 살물선(bulk-carrier), 자동차수송을 위한 ro-ro(roll-on roll-off), 원유수송을 위한 대형 원유수송선(vlcc; very large crude carrier), 천연가스 수송선(lng carrier)과 같은 전문성을 지닌 배들이 속속 등장했다.

배를 추진하는 기술도 발전되었고 다양해졌다. 종래의 증기기관에 디젤기관이 더해졌고 핵연료에서 추진력을 얻는 배도 나왔다. 기관의 형태도 종래의 왕복기관에 큰 출력을 얻는 데 적합한 터빈이 더해졌다. 게다가 두 차례의 세계대전과 냉전은 군함의 빠른 발전을 불렀다. 그래서 군사적 목적에 쓰이는, 여러 가지 특수한 배들이 나왔다. 이런 군함의 건조와 운용에 쓰이는 기술은 차츰 상업적으로 운용되는 배에도 널리 쓰이게 되었다.

이처럼 배는 빠르게 발전했고 여러 모로 다양해졌다. 그런 변화에서 가장 두드러진 특질은 화물을 다루는 일에 맞춰 배가 진화해 왔다는 것이다. 그리고 그런 진화에서 마침내 화물하역의 효율이 극대화 된 컨테이너선이 나왔다.

1937년 허드슨강을 두고 뉴욕과 마주 보는 뉴저지주의 조그만 항구인 호보켄(hoboken)의 부두에 맬컴먹린(malcolm mclean)이라는 운송업자가 화물자동차에 면화 뭉치들을 싣고 와서 하역을 기다리고 있었다. 자신의 차 속에서 종일 앉아 차례가 오기를 기다리면서, 그는 물건을 그물에 실어서 선창에 적재하는 것이 얼마나 더딘 일인가 실감했다. 그리고 트레일러를 통째로 배에 실을 수 있다면, 무척 효율적일 것이라고 생각했다. 수송의 역사에서 혁명을 일으킨 '컨테이너화'(containerization)가 싹을 틔운 순간이었다. 그러나 먹린은 자신의 아이디어를 이내 실현하려고 덤비지 않았다. 그는 꾸준히 자신의 화물운송 사업을 확장하면서 자산을 늘렸다. 그리고 1955년 때가 무르익었고 자본도 충분히 모았다고 여겨지자, 화물운송 사업을 팔고서 그 대금으로 컨테이너선 사업을 시작했다.

1956년 4월 마침내 먹린이 만든 첫 컨테이너선 '아이디얼 익스'(ideal x)가 뉴저지주 뉴어크(newark)를 떠나 목적항인 텍사스주 휴스턴으로 향했다. 그 배는 중고 유조선을 개조한 것이었는데, 길이가 9미터인 컨테이너 58개를 싣고 있었다. 갑판에 실린 컨테이너들이 파도에 씻겨 나갈 위험도 컸고, 낡은 배가 대서양의 폭풍우에 가라앉을 위험도 작지 않아서, 모두 걱정스럽게 그 배의 항해를 지켜보았다. 다행히, 그 배는 무사히 처녀 항해를 마쳤고, 해운의 역사는 새로운 장을 쓰게 되었다. 하역이 간단해서 배가 부두에 머무는 시간이 아주 짧고 적은 선원들로도 배를 운전할 수 있으므로, 컨테이너선은 경제적이고, 자연히, 운임이 적게 든다. 그래서 지금 세계의 화물교역은 90% 이상이 특별히 설계된 컨테이너선에 실린 컨테이너들로 이루어진다. 이런 혁명적 변화를 주도한 먹린은 해운분야의 '세기의 사람'(man of the century)으로 꼽혔고 그의 발명은 '종이 백 이후로 포장에서의 가장 큰 진보'(the greatest advance in packaging since the paper bag)이라고 평가받았다.

☞ (ulysses)
… vile it were for some three suns to store and hoard myself, and this grey spirit yearning in desire to follow knowledge like a sinking star, beyond the utmost bound of human thought.;
비루한 짓이었다, 세 해 동안 간직하고 아낀 것은, 내 몸을 그리고 사람 생각의 가장 먼 영역 너머로 떨어지는 별처럼 지식을 찾아가려는 욕망으로 그리움에 젖은 이 잿빛 넋을.

20세기에 들어서면서 비행기가 워낙 빠르게 발전했고 항공운송산업이 크게 성장하여 교통수단으로서의 배의 위치는 거꾸로 낮아졌다.

그러나 배와 비행기가 전혀 다른 존재들이 아니다. 어떤 의미에 있어서 비행기는 배의 다른 모습이다. 배가 원래 물이 들어찬 공간에서 사람이 활동할 수 있도록 한 '사람 몸의 연장'(extension of human body)이었듯이, 비행기는 공기만이 있는 공간에서 사람이 활동할 수 있도록 한 '사람 몸의 연장'이다. 당연히, 배와 비행기 사이엔 비슷한 점들이 많다. 이름부터 비슷하다. 풍선(風船)이나 비행선(飛行船)이란 명칭에서 알 수 있듯이, 사람들은 처음부터 비행기를 '하늘을 나는 배'로 보았다.

이제 우리는 막 시작된 3천년 기에서 인류문명의 가장 중요한 과제로 여겨지는 우주탐사를 본격적으로 하고 있다. 처음 통나무배를 만들어서 깊은 물속으로 저어나간 사람의 상상력과 용기가 바로 '나는 기계'를 실제로 만들어 우주로 나가고 있다. 먼 우주공간은 바다나 공중과는 전혀 다른 공간이다. 그것은 삶이 발붙일 곳을 좀처럼 허락하지 않는 아주 혹독한 환경이다. 그런 환경을 탐사하는 우주선엔 지금보다 더 큰 상상력과 지혜와 용기가 필요하다.

2) 선박의 특성 및 기능

배는 일반적으로 사람이나 화물을 싣고, 물에 떠서 물 위로 이동할 수 있는 구조물이다. 자동차 등의 육상 교통수단과 비행기 등의 항공 교통수단과의 차이를 이야기 할 때 몇 가지 특징이 있다.

첫째, 배는 물 위, 그것도 바다 위의 열악한 환경에서 다닌다는 점이다. 불균일한 화물분포와 불규칙한 파도 등으로 인해 선체 각 부분에서 불균일한 동적 힘을 받게 되어 변형이 일어나며, 파랑에 의한 충격이나 추진장치에 의한 진동 또한 크게 나타난다. 따라서 이러한 큰 외력을 이길 수 있는 강도와 탄성이 요구된다. 또한 염분으로 인해 부식이 잘 일어나고, 장비가 자주 고장을 일으킬 수 있다.

둘째, 크기가 크고 수리가 어려우면서도 수명이 길다는 점이다. 초대형 유조선의 경우 길이가 380m, 폭이 68m, 깊이 34m로서, 축구장 3개가 넉넉히 들어가는 면적에 15층 아파트 높이에 조타실 높이까지 더하면 20층이 훨씬 넘는 높이가 된다. 대부분의 배는 20년 이상을 사용하면서도 주기관을 비롯하여 대부분의 장비와 배관 등을 교체할 수가 없다.

셋째, 대부분의 대형선박은 육상 건축물과 마찬가지로 주문생산에 의해 만들어지며 시제품을 만들 수 없다는 점이다. 자동차나 비행기와는 달리, 배는 화물의 종류, 항로 및 항구, 선주나 화주의 취향 등에 따라 모두 다른 모양과 성능을 가지게 되므로, 동일 선주가 동일 항로에 투입하기 위해 만드는 경우 외에는 동일 모델이 없다고 보아야 할 것이다. 더구나 워낙 크고 비싼 제품이기에 시제품을 통한 성능 확인이 불가능하며, 주기관 등 주요 부품에 대해서는 성능이 미흡하다 하더라도 교체가 불가능하다고 볼 수 있다. 이제, 배가 가지고 있는 독특한 기능들을 설명하고, 이러한 기능을 가지기 위한 장비들을 설명한 후, 배의 특성과 크기를 나타내는 치수와 톤수에 대해 설명하고자 한다. 또한 배 한척에 대해 일반적인 구조와 각종 설비들을 어떻게 배치하였는가를 상세히 설명하고자 한다.

(1) 선박의 기능

(가) 부양의 기능(FLOATATION CAPABILITY)

배는 물 위에 떠서 다니는 구조물로써, 자체의 무게와 짐의 무게를 견디고 물에 뜨는 기능을 가지고 있어야 한다. 배가 크면 클수록 많은 짐을 실을 수 있기는 하나, 배가 커짐에 따라 구조물이 더욱 튼튼해져야 하고, 추진에 필요한 연료도 많이 싣고 다녀야 한다. 또한 항구의 크기와 항로의 특성에 따라 배의 크기는 제한을 받는다. 배의 용도에 따라 크기를 정하는 것이 필요하다.

(나) 추진 기능(PROPULSION PERFORMANCE)

배는 물에 뜬 상태에서 스스로의 힘으로 원하는 방향으로 갈 수 있어야 한다. 바지선과 같이 특별한 배는 자체의 추진기능이 없어 다른 배가 끌어주어야 하지만 대부분이 자체의 힘으로 움직이게 된다. 같은 크기의 배라 하더라도, 물에 잠긴 배 껍데기 부분의 외형을 잘 만들어야 물에 대한 저항이 적고 추진성능을 좋게 할 수 있다. 비록 물에 대한 저항보다는 적으나 배는 바람에 대한 저항도 생기는데, 이를 줄이기 위해서는 물 위에 드러난 부분의 모양도 잘 만들어야 한다. 또한 추진력을 일으키는 추진기관을 적절하게 정하고, 프로펠러도 배와 추진기관에 잘 어울리게 만드는 것이 필요하다.

(다) 구조강도 기능(STRUCTURAL STRENGTH)

배는 튼튼한 그릇으로서의 역할을 해야 한다. 선체는 물이 새지 않아야 하고, 배에 실린 장비와 화물들을 튼튼하게 받쳐주어야 한다. 배가 움직일 때에는 추진기관 등에서 생기는 진동이 있고, 배에 실리는 각종 장비와 화물의 무게 그리고 파도에 의한 불균일한 힘이 가해지므로, 배는 튼튼하게 만들어져야 한다. 그러나 배를 튼튼하게 만든다고 지나치게 두껍게 하면, 무게가 늘어나서 그만큼 짐을 못 싣고 추진성능도 나빠지므로, 가능한 한 적절한 강도를 유지하도록 해야 한다.

(라) 복원 기능(STABILITY)

배는 물 위에 떠서 쓰러지지 말고 안전하여야 한다. 물 위에 떠 있는 모든 물체는 한 쪽으로 기울어지더라도 곧바로 원래의 중립 상태로 돌아가는 복원성이라는 특성이 있다. 그러나 배는 그릇 같이 윗 부분이 열려 있으므로 너무 많이 기울어지면 배에 물이 차거나, 복원성을 상실하여 뒤집혀서 가라앉게 되어 있다. 따라서 배가 크게 기울지 않노록 충분한 복원성을 확보하여야 한다. 그러나 기울어지는 것을 방지하기 위하여 지나치게 큰 복원성을 가질 경우 마치 오뚝이처럼 배가 너

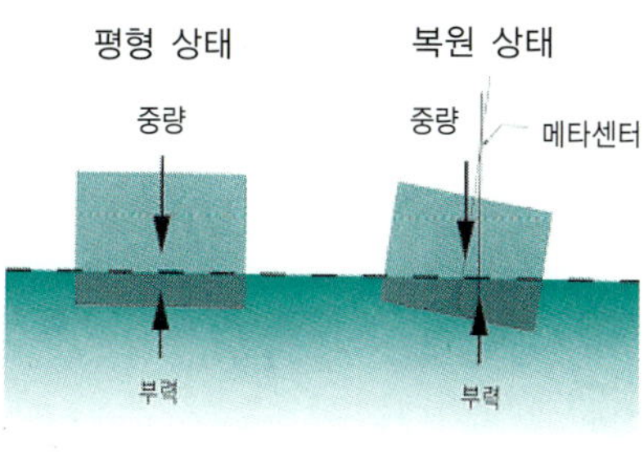

무 흔들려서 도리어 화물에 손상을 주거나 타고 있는 사람이 심한 멀미를 하게 되므로, 이 또한 적절한 크기의 복원기능만을 주어야 한다.

(마) 내항 기능(SEAKEEPING QUALITY)

배는 파도 중에서도 그 움직임이 안정되어야 한다. 배가 다니는 바다는 물론 강과 호수까지도 항상 크고 작은 파도가 있는데, 배가 파도 중에 움직일 때 상하운동이나 좌우운동 등이 없을 수는 없으나, 가능한 한 그 움직임이 작아야 큰 파도 중에서도 항해가 가능하고, 원하는 방향으로 빨리 움직일 수 있다.

(바) 조종 기능(MANEUVERABILITY)

배는 원하는 방향으로 조종하여 나아갈 수 있도록 해야 한다. 이를 위해서는 적당한 크기의 방향타를 설치하는 것이 가장 중요하지만, 물 속에 잠긴 배의 모양도 조종성능에 많은 영향을 미치게 되므로 배의 설계시 조종성능도 함께 고려되어야 한다. 배도 자동차와 마찬가지로 프로펠러가 정지 중에는 옆으로 갈 수 없으므로, 항구에서의 접안 등의 경우에는 다른 배가 옆에서 밀어주어 원하는 방향으로 조종하게 된다. 특별한 용도의 배에서는 방향을 자유자재로 바꿀 수 있는 추진장치가 사용되기도 하고, 배 앞뒤에 좌우 방향으로만 작용하는 보조 추진장치가 설치되기도 한다.

3) 선박의 치수

(1) 깊이(depth:d)

선체 중앙에 있어서 상갑판 현측 상면에서 기선까지의 수직거리를 선박의 깊이라 한다.

(2) 흘수(draft)

선체가 수중에 잠겨있는 부분의 깊이를 뜻한다. 선저로부터 수면까지의 연직거리를 말하는데, 필요에 따라 선수흘수, 선미흘수, 평균흘수 등으로 구별하여 부르기도 한다. 모든 배에는 흘수표(draft mark)를 표시해야 하는데, 선수 및 선미의 외부양측면에 선저로부터 최대흘수 이상에 이르기까지 표시한다.

[그림 5-7] 선박의 치수

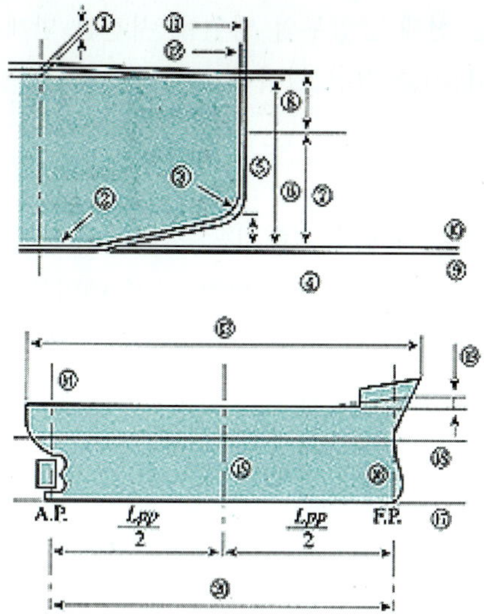

1. 캠버
2. 용골
3. 빌지부 반지름
4. 선저 기울기
5. 형깊이
6. 계획만재흘수
7. 최대흘수
8. 건현
9. 선저
10. 기선
11. 최대폭
12. 형폭
13. 전장
14. 선미수선
15. 선체 중앙
16. 선수수선
17. 기선
18. 만재흘수선
19. 현호
20. 수선간장

(3) 만재흘수선(load line)

선박에 화물을 선적할 때 더 이상 실을 수 없는 최대한도의 흘수를 만재흘수라고 하고, 그때의 흘수선을 만재흘수선이라고 한다.

선박은 항해의 안전유지상 항해시기와 해역에 따라 적재중량을 조정할 필요가 있으며 이를 위해 "만재흘수선국제조약"에 의한 만재흘수선을 정해 선측에 표시하도록 되어 있는데, 이것을 만재흘수선 표시라고 한다. 만재흘수선을 세계적으로 적용하기 위해

[그림 5-8] 선박의 만재 흘수선 표

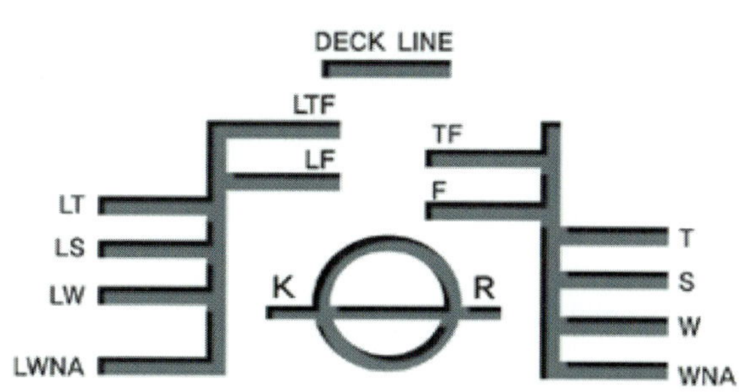

LT : 열대목재 만재흘수선
T : 열대 만재흘수선
LS : 하기 목재 만재흘수선
S : 하기 만재흘수선
LW : 동기 목재 만재흘수선
W : 동기 만재흘수선

LTF : 열대 담수 목재 만재흘수선
TF : 열대 담수 만재흘수선
LF : 하기 담수 목재 만재흘수선
LWNA : 동기 북대서양 목재 만재흘수선
WNA : 동기 북대서양 만재흘수선

지 지역으로 구분하고, 각 지역에 대해 하기계절과 동기계절 또는 열대로 정하고 있전 세계의 항로를 ① 계절 동기(冬期)대, ② 열대, ③ 계절열대, ④ 하기(夏期)대의 4가 다. 모든 배에는 선체 중앙부의 양현에 지정된 만재흘수선을 나타내기 위해 만재흘수 선표(load line disc)를 그려 넣어야 한다.

(4) 건현(freeboard)

배가 안전하게 항해하기 위해서는 지나칠 정도로 많이 수중에 잠겨서는 항해를 감당할 수 없다. 따라서 선박은 상당한 양의 예비부력을 가져야 한다. 선박의 예비부력은 선체가 물에 잠기지 않는 부분의 높이로 표시되며, 이것을 건현이라 한다. 즉, 건현은 선체중앙부 건현갑판의 현측 상면으로부터 만재흘수선까지의 연직거리를 말한다.

(5) 트림(trim)

선박의 종방향의 경사로서 선수흘수와 선미흘수의 차이를 말한다. 선미흘수가 선수흘수보다 클 때를 선미트림이 졌다고 말하고, 선수흘수가 선미흘수보다 클 때를 선수트림이 졌다고 말한다.

(6) 전장(length over all: loa)

선체에 고정적으로 부속되고 있는 모든 돌출물을 포함한 선수 맨 앞으로부터 선미 맨 뒤까지의 수평거리를 말한다. 배를 조종할 때, 특히 항구에서 배를 안벽에 정박시킬 때 이 길이가 고려된다.

(7) 수선간장(length between perpendiculars : lbp 또는 lpp)

계획 만재흘수선상에 있어서 선수수선으로부터 선미수선까지의 수평거리를 말한다. 일반적으로 선수수선은 선수재 전면이 만재흘수선과 만나는 위치를 말하며 선미수선은 선미에 있는 타주(타를 지지하는 기둥) 후면의 위치를 말한다.

(8) 수선장(length on load waterline: lwl)

계획 만재흘수선상의 선수 전단에서 선미 후단까지의 수평거리를 말한다.

(9) 등록장(registered length)

상갑판의 선수재 전면으로부터 선미재 후면까지의 수평거리를 말하며, 선박국적증서 및 선박원부에 기재된다.

(10) 전폭(extreme breadth: bext)

선체의 폭이 가장 넓은 위치에서, 좌현 외판의 바깥면에서 우현 외판의 바깥면까지의 수평거리를 말한다.

(11) 형폭(molded breadth: bmld)

선체의 폭이 가장 넓은 위치에서, 좌현 늑골 바깥면에서 우현 늑골의 바깥면까지의 수평거리를 말한다. 즉, 위에서 설명한 전폭에 비해 외판의 두께 만큼 작아진 폭이다.

4) 속력과 무게단위

(1) 속력

〈표 5-19〉 속력의 분류

노트(knot)	rpm(revolution per minute)	해리(nautical mile)
선박이 1시간 동안 1해리를 항해하는 속력의 단위로 1,852m/h 또는 0.5144m/s 이다.	1분간 돌아가는 횟수를 나타내는 회전수의 단위이다.	항해 시 사용되는 길이의 단위로써 지구 적도상에서 경도 1' 변화에 대응되는 해면상 호의 평균 길이이다. 국제단위계(si)와 함께 잠정적으로 사용이 허용된 단위이며, 1해리는 1,852m에 해당된다.

(2) 무게

선박의 무게를 표현하는 데에는 오래 전부터 톤수(tonnage)가 사용되었다. 선박에 사용되는 톤은 중량의 단위뿐만 아니라 용적의 단위로도 사용되고 있다. 배에서 사용되는 톤수로는 중량을 나타내는 배수톤수, 배의 용적을 나타내는 총톤수와 순톤수, 배가 적재할 수 있는 화물의 중량을 나타내는 재화중량톤수와 경하배수톤수, 선박의 종류별 가공공수에 대한 상대적 지표인 표준화물선 환산톤수의 6가지가 주로 사용되고 있다.

군함에는 배수톤수가 주로 사용되고 있다. 상선에 있어서 선복량과 건조량이 같은 통계목적으로는 일반적으로 총톤수가 많이 사용되고 있고, 일반 화물선·유조선과 같이 화물을 주로 운송하는 선박은 재화능력을 나타내는 재화중량톤수가 많이 사용되고 있으며, 객선과 같이 적재능력이 적은 선박은 총톤수가 많이 사용되고 있다.

(가) 배수톤수(displacement tonnage)

배가 정수 중에 떠서 평형을 유지할 때, 배가 밀어낸 물의 중량을 배수중량이라고 하는데, 이는 수선 밑 배의 용적과 물의 비중과의 곱과 같다. 이 배수중량을 톤으로 나타낸 값을 배수톤수라 한다.

(나) 총톤수(gross tonnage: gt 또는 g/t)

(1GT = 100 ft3 , or 2.83m3)

용적을 나타내는 톤수로써 선각(船殼)으로 둘러싸여진 선체 총 용적으로부터 상갑판 상부에 있는 추진, 항해, 안전, 위생에 관계되는 공간을 뺀 용적이다.

(다) 순톤수(net tonnage: nt 또는 n/t)

직접 영업행위에 사용되는 면적, 즉 화물과 여객의 수송에 제공되는 용적을 말한다. 즉, 총 톤수에서 선원실, 해도실, 기관실, 밸러스트탱크 등 선박운항에 이용되는 부분을 제외한 순적량을 톤수로 환산한 수치이다. 보통 총톤수의 약 65% 정도에 해당된다. 순톤수는 직접 상행위를 하는 용적이므로 항세, 톤세, 운하통과료, 등대 사용료, 항만시설 사용료의 기준이 된다.

(라) 재화중량톤수(deadweight tonnage: dwt)

선박이 적재할 수 있는 화물의 중량을 말하며, 여기에는 화물 외에 여객, 선원 및 그 소지품, 연료, 음료수, 밸러스트, 식량, 선용품 등의 일체가 포함되므로 실제 수송할 수 있는 화물의 톤수는 배수톤수로부터 화물 외의 각종 중량을 뺀 무게가 된다.

(마) 경하배수톤수(light displacment tonnage : lwt)

선박 자체와 기계류, 제반 기구 및 여러 가지 부속품의 무게, 즉 경하상태에 있는 선박의 무게를 말한다. 이 경하배수량은 선박을 해체하기 위하여 매각하는 경우 지급되는 선가의 기본단위가 된다. 짐을 만재하였을 때의 배수톤수와 이 경하배수톤수의 차이가 재화중량톤수이다.

(바) 표준화물선 환산톤수(compensated gross tonnage: cgt)

조선소간 혹은 국제간의 선박 건조량을 비교하기 위해 각종 선박의 건조량을 표준화물선에 대한 값으로 환산한 톤수이다. 총 톤수 1만톤의 일반화물선에 있어서 1톤당 건조에 소요되는 가공공수를 1.0으로 하여 선종과 크기 등에 따라 상대적 계수를 정하고, 여기에 총톤수를 곱함으로써 실질적 건조량을 나타낼 수 있는 톤수이다.

컨테이너선 10,00g/t 1척과 여객선 10,00g/t 1척은 종전의 g/t 개념으로는 동일하나, 실제 건조원가와 부가가치 면에서 여객선이 컨테이너선보다 월등히 높다고 볼 수 있다. 따라서 cgt 개념을 적용하면, 10,000g/t 컨테이너는 환산계수가 1.2이므로 12,000cgt가 되며, 10,000g/t 여객선은 환산계수가 3.0이므로 30,000cgt가 되어 견적과 통계의 상호비교를 위한 기준이 된다.

5) 선박의 종류

선박은 사용목적에 따라 상선, 군함, 어선 및 특수작업선으로 크게 구분할 수 있다. 상선은 여객 또는 화물을 운반하여 운임수입을 얻는 것을 목적으로 하는 선박을 말하며, 이것을 다시 화물선, 화객선, 여객선으로 구분한다.

(1) 화물선

화물선은 화물의 운송을 목적으로 하는 선박으로 거주설비를 간소화 하고 선창을 크게 하여 하역설비에 중점을 두어 일시에 대량의 화물을 안전하고 신속하게 운반할 수 있도록 설계되어 있다. 또한, 화물선은 운송화물의 종류에 따라 크게는 원유와 석유화학물 등을 운송하는 유조선과 철광석·곡물 등을 운송하는 건화물선과 두 가지 화물을 동시에 운송할 수 있는 겸용선으로 분류할 수 있다.

유조선 종류에는 원유를 운송하는 원유운반선(crude oil tanker), 정유한 석유제품을 운송하는 정유운반선(product carrier), 특정 화학제품을 운송하는 화학제품운반선(chemical tanker), 가스류를 액화시켜 운송하는 가스운반선(gas carrier) 등이 있다. 가스운반선은 lpg(liquefied propane gas), 에틸렌, 액화 암모니아 등을 주로 운송하는 배이다. lng(liquid natural gas)를 운반하는 배는 특별히 전용선으로 만들게 된다.

건화물선 종류에는 곡물이나 광석 등의 비포장된 건화물을 운송하는 산적화물선(bulk carrier), 여러 가지 물품을 함께 운송할 수 있는 일반화물선(general cargo carrier), 적하역 작업을 보다 편리하고 신속하게 하기 위하여 화물을 컨테이너에 넣어 운송하는 컨테이너선(container ship), 각종 건화물과 컨테이너를 함께 운송할 수 있는 다목적 운반선(multi purpose cargo carrier) 외에 차량운반선(pure car carrier), 냉동선(reefer vessel) 등 각종 특별한 목적의 배들이 있다.

(가) 원유운반선

원유운반선은 천연의 가공하지 않은 원유를 용기에 넣지 않은 상태로 배에 직접 실어서 수송하는 배이다.

이제까지 유조선의 선체구조는 화물창 벽이 곧 선체 외판이 되는 단일 구조였으나, 1983년부터 발효된 '선박으로부터의 해양오염을 방지하기 위한 국제협약'에 따라 화물탱크의 보호적 배치가 취해지면서 바닥과 외판의 구조가 변하게 되었다. 또한 1989년 알래스카 연안에서 발생한 초대형 유조선 엑슨발데즈 호의 좌초사고에 의한 다량의 기름 유출 이후, 1990년 미국 연안을 항해하는 유조선에 대해 이중선체화를 의무화시키는 법안이 제정되었고, 국제해사기구(imo)에서도 새로 짓는 유조선의 경우 이중선체구조 방식을 의무화하였다.

유조선은 제2차 세계대전 당시만 해도 1만 6,000톤 정도의 원유를 싣는 선박이 가장 컸으나, 그 후 점점 커져 1968년 30만톤급 유조선 vlcc(very large crude oil carrier)가 등장하였고, 이제는 45만톤급 유조선 ulcc(ultra large crude oil carrier)가 등장하였다. ulcc의 경우 전장 380m, 형폭 68m, 깊이 34m 나 된다.

유조선을 비롯하여 대부분의 화물선에서는 조타실과 거주구, 기관실이 모두 배 뒤쪽에 있다. 전방과 중앙부에는 화물 탱크들을 배치하고, 이 화물구역의 최전방과 최후방에는 안전상 코퍼댐(cofferdam)을 설치하거나 빈공간을 만들어 다른 구역과 격리시킨다. 선수부에는 창고, 밸러스트 탱크 등을 배치하고, 선체 중앙부에는 전용 밸러스트 탱크를 배치하여 만재시 선체의 굽힘모멘트를 감소시키고, 공선 항해시는 이 탱크에 바닷물을 채워 필요한 흘수(吃水)를 얻으며, 또한 선체의 굽힘모멘트를 줄인다.

화물구역은 보통 종격벽(縱隔壁)에 의해서 3열로 나누어져 중앙의 센터 탱크열과 좌우의 윙 탱크열로 구분되고, 이들 탱크열은 다시 몇 개의 횡격벽(橫隔壁)에 의해 구획되어 각각 독립된 센터 탱크들과 윙 탱크들이 된다. 화물용 펌프는 대개 2~4개를 가지며, 이들은 총 합계능력이 만재 화물유를 20시간 내외에 하역할 수 있는 대형 펌프들이다.

유조선은 수송화물의 청결도에 따라 원유나 중유를 수송하는 더티 탱커(dirty tanker)와 가솔린, 경유 등을 수송하는 클린 탱커(clean tanker)로 구분하기도 한다. 또한 유조선은 운항해역에 따라 내항 유조선과 외항 유조선으로 분류하기도 한다. 내항 유조선은 정제유 및 화공약품의 연안수송에 사용되는 수백 톤급의 작은 것이 많고, 외항 유조선은 원산지에서 소비지로 수송되는 원유, 정제유 등을 대량으로 실어 나르는 것으로써 그 크기는 수천 톤급에서 수십만 톤급에 이른다.

(나) 가스운반선

액화 암모니아, LPG, 에틸렌 등을 운송하는 가스운반선은 가스를 비등점 이하의 온도로 낮춰서 액화하여 운송하는 배이다. 암모니아의 비등점은 -33℃, LNG의 비등점은 -42℃, 에틸렌의 비등점은 -104℃이므로, 이보다 낮은 온도를 유지하기 위해 여러 가지 배려가 필요하다. 이러한 가스를 보관하는 탱크는 저온에 강한 니켈강을 쓰게 되며 완벽하게 용접해야 하고, 큰 냉동기와 보온설비도 필요하다.

LPG선은 석유가스를 액화시키는 방법에 따라 저온식 LNG선과 가압식 LPG선이 있다. 가압식은 선체에 설치된 압력용기에 상온의 가압된 액화 석유가스를 수송하는 것으로 연안수송에 이용되며, 수천 톤 이하의 소형선에 이용된다. 저온식은 대기압과 거의 같은 압력에서 냉각시켜 수송하는 것으로 대량수송에 적합한 방식이다. 오늘날 6만 톤 정도의 수송능력을 가진 저온식 LNG선이 많이 취항하고 있으며, 대형화 되고 있다.

(다) LNG 운반선

LNG선은 천연으로 생산되는 비석유계 천연가스를 액화한 것을 운반하는 배이다. LNG는 메탄 성분이 90% 이상을 차지하며, 메탄은 비등점이 −162℃이기 때문에 냉각하여 액화한 메탄을 운반한다. 액화가스를 배 안에 설비된 초(超)저온 탱크 안에 저장해야하므로, 탱크 주위를 두꺼운 방열재로 보호해 주어야 한다. 따라서 LNG선은 만들기가 어려운 선박 중의 하나이다.

LNG선에서 액화가스를 저장하는 화물창의 종류에 따라 모스(mmoss) 형식과 멤브레인(membrane) 형식이 있는데, 모스 형식은 직경 40m 가량의 둥근 공 모양의 탱크를 두꺼운 알루미늄으로 별도로 만들어 배 위에 설치하는 형태이다. 멤브레인 형식은 별도의 탱크를 만드는 것이 아니고, 화물창 벽에 보온을 잘한 후 그 보온 표면에 특수한 금속판을 붙이는 것이다. 다음의 그림은 모스 형식과 멤브레인 형식의 LNG 운반선을 비교하고 있다.

[그림 5-10] LNG운반선의 형식

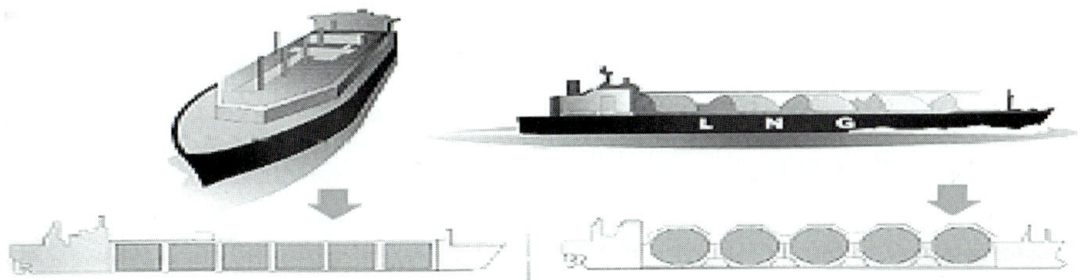

모스형식LNG운반선 | 멤브레인(membrane)형식 LNG운반선

탱크를 알루미늄 등 특수 소재로 만드는 것은 극저온 상태에서는 일반 금속의 취성(깨어지는 성질)이 크게 증가하므로 이를 피하기 위한 것이다. 탱크가 선체와 연결되는 지지대나 배관에도 큰 온도차로 인한 수축과 팽창이 우려되므로 잘 만들어야 하며, 이로 인한 균열과 파손도 충분히 고려되어야 한다.

산직화물선은 화물을 포장하지 않은 채 그대로 싣고 수송하는 화물선이다. 기름을 싣는 배를 산적 액체화물선이라고 부르기도 하나 이는 일반적으로 유조선이라 부르고, 대부분의 경우 산적화물선이라 하면 곡물과 광석 등을 싣는 건화물선 만을 산적화물선이라 부르고 있다. 보통의 배에서는 하층의 화물이 짓눌리지 않도록 중갑판으로 사이를 막지만 벌크 화물선에는 칸막이가 없고 땅딸막한 형태를 한 것이 특징이며, 따라서 그만큼 배의 가격도 싸다. 또한 원료운반이 주요 임무이기 때문에 수송비를 낮추기 위해 경제속력으로 항행하며, 선체가 점차 대형화 되고 있다.

대부분의 산적화물선은 곡물, 광석 또는 석탄 등의 화물을 함께 취급한다. 예를 들어 곡물의 경우 연중 일정한 화물이 나오지 않고 수확시기에 따라 변동될 수밖에 없으므로 전용선을 가질 수 없다. 따라서 한 종류의 특정화물에 한하지 않고 다양한 산적화물의 물동량에 맞추어 운송한다. 화물의 특성에 따라 싣고 내리는 장치 등을 특별히 설치해야 한다. 그러나 광석의 경우 비중이 크므로 화물의 중심이 낮아져서 동요주기가 짧게 되기 때문에 배의 형상과 강도면에서 특수한 구조로 건조하는 경우도 있으므로 전용선을 두기도 한다.

또한 공선항해의 비율을 낮추기 위해 편도는 원유, 나머지 편도는 광석을 운반하는 광석·원유겸용선(ore/oil carrier) 등의 겸용선도 있다. 한 예로는 쿠웨이트에서 석유를 유럽으로 운반하고, 배를 아프리카로 회항시켜 철광석을 싣고 한국으로 운반하는 경우와 같은 것이다. 철광석, 석탄, 곡물 등의 산적화물과 원유를 실을 수 있는 다목적 겸용선으로 광석·산적·원유겸용선(ore/bulk/oil carrier, obo선)이나 자동차와 각종 산적화물을 함께 실을 수 있는 자동차·산적겸용선(car/bulk carrier)이 출현하기도 하였다.

(라) 컨테이너선

컨테이너선은 주어진 선박의 갑판 아래와 갑판 위에 컨테이너를 적재하여 수송하는 배이다.

1960년대 후반부터 대규모로 발전한 수송방식으로서 당초에는 주로 미국의 시랜드사(sealand)와 매트손 내비게이션사에 의하여 개발되었는데, 해상수송의 혁명이라고까지 불리고 있다. 하역시간을 단축하고 하역비용을 절감하기 위하여 잡화 또는 소포를 넣은 규격용기, 즉 컨테이너를 수송할 수 있도록 한 배이다.

5,600 TEU급 컨테이너선

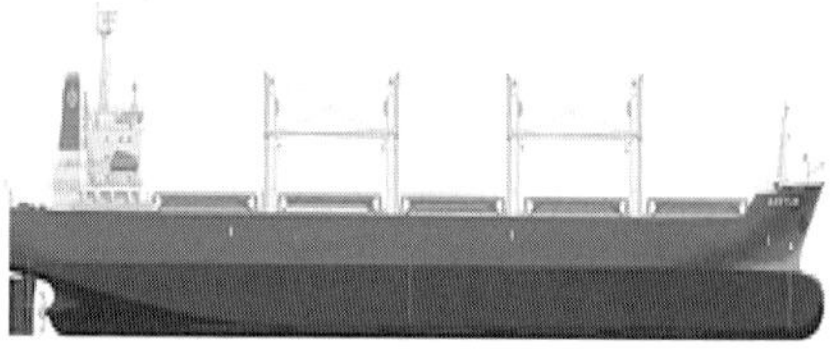

52,000톤급 산적화물선

컨테이너선의 종류로는 컨테이너를 전문으로 수송하는 특수한 구조의 풀컨테이너선과 선창의 일부를 컨테이너 전용으로 만든 세미 컨테이너선의 두 종류가 있다. 컨테이너를 싣는 방법에 따라서 적재한 차량이 선박의 측면 또는 선미에 설치한 현문을 통해서 선내로 들어와 짐을 부리는 롤온 롤오프(roll-on roll-off) 방식의 선박과 컨테이너를 선박 또는 안벽에 장치한 기중기로 들어서 배에 싣는 리프트온 리프트오프(lift-on lift-off) 방식의 선박으로 나뉜다.

롤온 롤오프 방식의 배에서는 최상갑판을 포함한 전선창이 다층 갑판으로 이루어져 트레일러나 컨테이너를 실을 수 있는 스페이스로 이용되고 있다. 컨테이너는 트레일러나 포크 리프트에 의해 육상과 해상을 연결하는 램프를 통하여 수평으로 하역된다. 이 선박의 결점은 재래정기선 보다 많은 공간을 필요로 한다는 것이다. 그러나 근거리 운송에서는 하역시간의 단축이나 하역비의 절감으로 이러한 결점을 상쇄할 수 있어 오래 전부터 많이 사용되고 있는 방식이다.

리프트온 리프트오프 방식의 배에는 컨테이너가 전후좌우로 움직이지 못하도록 컨테이너의 네 귀퉁이에 수직으로 레일이 장치되어 컨테이너가 그 안에 격납되도록 설계된다. 또한 갑판상에도 컨테이너를 적재할 수 있는 구조로 건조된다. 이러한 구조의 배에는 자체 크레인이 없으므로 육상의 크레인이 적하역을 하게 된다.

컨테이너선의 크기를 나타내는 단위로 TEU를 쓰는데, TEU(twenty-foot equivalent unit)란 길이 20피트짜리 컨테이너 박스를 뜻한다. FEU(forty-foot equivalent unit)는 길이 40피트짜리 컨테이너 박스를 말한다.

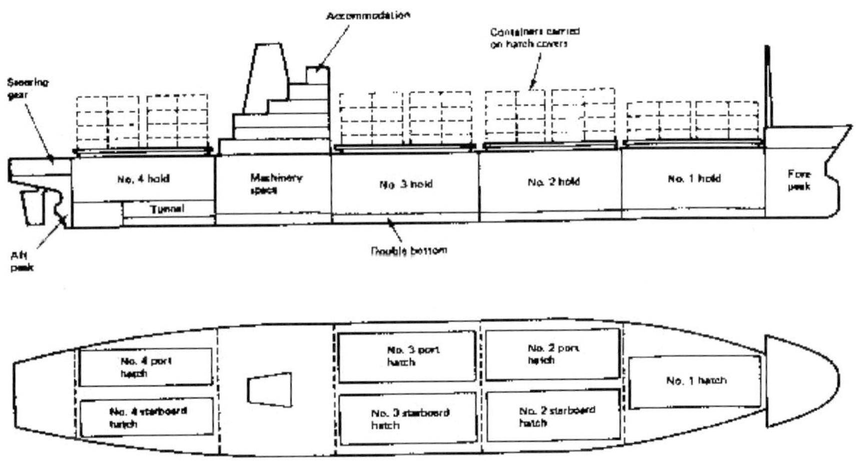

■ 컨테이너 운송의 특징

- 문전운송(Door to Door) 가능
- 안전운송(damage to proof) 가능
- 일관운송(continuity) 가능 : 육상, 해상, 항공 등 개폐없이 동일한 형태로 계속 운항 가능
- 비용절감(cost saving) 가능
- 혼재운송(consolidation) 가능

(마) 여객선

여객선은 정기항로 여객선과 일반 관광선이 있다. 여객의 안전과 안락한 분위기 조성을 위하여 여러 가지 설비를 갖추고 있으며, 만일에 대비하여 구명설비도 완비되어 있다. 특히 여객이 이용하는 시설과 공간을 흘수선 보다 위에 두기 때문에 상부구조가 대단히 크다. 여객선의 설계 및 건조에는 높은 수준의 조선기술이 요구된다. 일반적으로 여객만을 수송하는 객선, 여객과 화물의 수송을 함께하는 화객선, 여객과 객차를 함께 수송하는 카페리가 있다.

본 교재는 사람이 아닌 상품의 운송에 관한 내용이 전반에 걸쳐 기술하고 있으므로 여객선에 관한 더 자세한 내용은 생략하기로 한다.

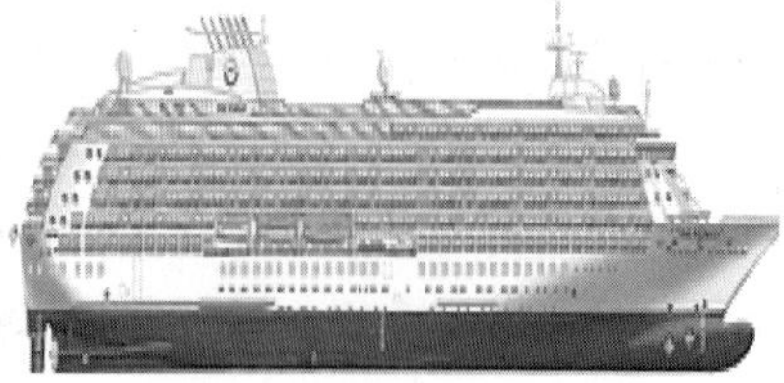

4만톤급 유람선(노르웨이)

대형카페리선

(바) 군함

군함은 크게 수상함과 잠수함으로 나눌 수 있다. 잠수함도 그렇지만 특히 수상함은 다양한 임무에 적합하도록 무기와 장비, 인원, 연료 등을 탑재해야 하기 때문에 크기가 다르게 건조된다. 수상함에서 소형함은 항구 또는 기지에 대기하면서 항만방어, 기습공격 등 짧은 기간동안 제한된 작전을 수행하기 위해 만들어진 함정으로 연안 경비함과 고속정 등을 들 수 있다. 중형함은 선단호위, 해역 및 연안초계 등 연안작전과 제한된 대양작전을 하기 위해 내항성과 항속성을 고려하여 만들어진 함정으로 호위함과 초계함 등을 들 수 있다. 대형함은 복합적인 작전능력과 함께 지휘통제 능력을 보유하고, 대양에서 장기간 작전이 가능토록 내해성과 항속성, 복합전 수행능력을 고려하여 만들어진 함정으로 구축함, 순양함, 항공모함 등을 들 수 있다.

본 교재는 사람이 아닌 상품의 운송에 관한 내용이 전반에 걸쳐 기술하고 있으므로 여객선에 관한 더 자세한 내용은 생략하기로 한다.

(사) 어선

어선의 종류는 포획대상물에 따라 분류하거나 어업방법에 따라 분류할 수 있다. 그러나 대상물이 무엇이냐에 따라 어장이 미리 결정되고 그에 따라 어선의 크기와 규모 등이 정해지므로 대상물과 어업방법을 결합시켜 고등어 건착망 어선, 멸치 권현망 어선, 조기 안강망 어선, 명태 트롤 어선, 남태평양 다랑어 주낙 어선 등과 같이 분류하기도 한다. 한편 용도에 따라 독항선, 공모선, 망선으로 구분하기도 한다. 일반적으로 어선은 상선에 비하면 소형이면서도 외양에 장기 체류하면서 능률적으로 어로작업을 수행해야 하므로 내항성이 좋아야 하며, 크기나 모양은 수행하는 어업의 종류에 맞아야 한다.

본 교재는 사람이 아닌 상품의 운송에 관한 내용이 전반에 걸쳐 기술하고 있으므로 여객선에 관한 더 자세한 내용은 생략하기로 한다.

(아) 특수 작업선

특수작업선에는 해상의 각종 작업에 종사하는 예인선, 준설선, 소방선, 해난구조선, 쇄빙선, 쇄암선, 설표선, 케이블선, 기중기선, 해양조사선 등의 작업선(作業船)과 각종의 특수물자를 나르는 차량운반선, 급수선, 급유선, 오물선, 거룻배, 흙운반선 등의 운반선(運搬船) 그리고 해상의 순찰업무에 종사하는 순시선(巡視船), 경비선, 등대순시선, 세관감시선 등의 단속선(團束船), 배와 육지와의 교통에 종사하는 통선(通船) 외에 파일럿선, 검역선, 진료선, 항해연습선, 탐험선 등이 있다.

본 교재는 사람이 아닌 상품의 운송에 관한 내용이 전반에 걸쳐 기술하고 있으므로 여객선에 관한 더 자세한 내용은 생략하기로 한다.

미국 연안경비대의 쇄병선

덕트 프로펠러와 선수 스러스터를 장착한 예인선

바지선을 끌고 가는 예인선

항구 내에서 대형선을 접안시키고 있는 예인선

작업중인 FPSO

대우조선에서 건조한 극지용 FPSO

준설선

요트

6) 선박의 구조

선박은 일정량의 화물을 선적하고서 파도가 치는 바다를 안전하게 항해할 수 있도록 화물의 특성에 적합한 구조를 가지고 있다. 여기서는 우리나라 선종의 대부분을 차지하고 있는 Bulk Carrier의 구조에 대해서만 간략하게 설명하기로 한다.

배는 크게 아래와 같이 화물구역(cargo space), 거주구역(accommodation), 그리고 기관구역(engine space)으로 나누어진다.

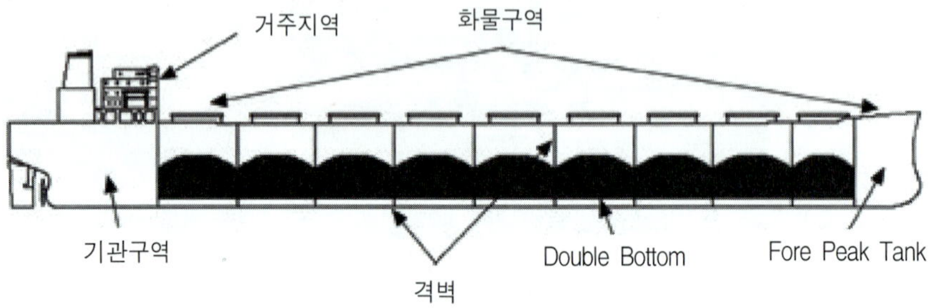

(1) 화물구역(Cargo Space)

화물구역은 선박의 80% 이상을 차지하고 있으며, 화물창(Cargo Hold)과 Water Ballast Tank로 나눌 수 있다.

(가) 화물창(Cargo Hold)

순수하게 화물을 적재하는 공간으로서, 각 화물창 사이에는 격벽(Bulkhead)이라는 칸막이가 설치되어 있어 여러 개의 화물창으로 분리되어 있다.

- 격벽(Bulkhead) : 격벽은 첫째로 충돌 또는 기타 요인으로 인하여 선내 어느 한 곳에 침수가 되더라도 타 Cargo Hold로의 확산방지 및 선박의 최소 부력을 확보하여 인명 및 재산을 보호하는데 있다. 영화 <Titanic>의 경우, 빙산과 충돌 후 여객실에 물이 침수하기 시작하였으나 침수한 물의 확산을 방지할 수 있는 격벽이 없었기 때문에 다른 곳으로 계속 침수가 이어져 마침내 바닷속으로 가라앉을 것이다. 둘째로 영업상 전 선박에 동종의 화물이 아닌 다종의 화물선적시 각 Hold간 칸막이 역할을 함으로써 이종화물의 혼합을 방지하고 다종의 화물을 효율적으로 선적할 수 있게 해준다.
- 늑골(Side Shell Frame) : 화물의 고임을 방지하기 위하여 수직으로 설치되어 있으며, 파도 또는 화물 등으로 인하여 Side Shell이 변형이 되지 않도록 인간의 갈비뼈와 같은 역할을 한다.

(나) Water Ballast Tank

Water Ballast Tank는 다시 Double Bottom, Hopper Tank, Topside Tank, Fore Peak Tank, Aft Peak Tank로 세분화할 수 있다.

- Double Bottom Tank (이중저) : Cargo Hold 하부에 바닥이 이중구조로 되어 있어 항만 이/접안중 또는 연안에서 암초 등 부딪쳐 손상을 당하여 침수되더라도 일정한 거리를 두고 내부에 또 다른 바닥이 있어서 침수의 확산을 방지하고 화물을 보호하도록 되어 있다. 또한 중량이 무거운 화물을 선적시 그 무게를 지탱하는 받침판의 역할도 겸하고 있으며, 평소에는 공선항해시 물을 채워 일정한 깊이로 배를 가라앉혀 안정성을 확보하는 역할을 한다.
- Hopper Tank : Double Bottom 양측에 약 40~60°로 경사지게 설치된 구조로서 곡물 또는 Coal 하역시 측면에 있는 화물이 자연스럽게 경사판을 미끄러져 내려 가운데로 모으는 역할을 한다.
- Topside Tank : 곡물을 위에서 쏟아 부으면 바닥과 약 30~40°의 각도를 형성하여 볼록한 산모양을 이루는데 착안하여 만들어졌다. Topside Tank가 없는 선박에서 경사를 고르지 않고 운항할 경우 파도 등에 의하여 화물이 한쪽으로 쏠리어 배를 전복시킬 위험이 있다. 그래서 곡물 또는 가루화물 선적시 화물의 좌우 유동성을 방지하고 안전하게 수송하기 위하여 Topside Tank를 설치하고 있으며, Container선이나 Tanker에는 없는 구조이다.
- Fore Peak Tank : 배의 가장 앞쪽에 있는 Ballast Tank로 자동차의 범퍼와 같이 선박이 정면으로 충돌하여 손상을 당하더라도 충돌시의 충격흡수 및 외판손상으로 침수되더라도 화물을 보호할 수 있도록 충분한 공간을 두고 있다. 또한, 공선항해시 배의 뒤쪽(선미)에 있는 기관실은 각종 기계들이 가득차 있어 무거우므로 물 속에 많이 가라 앉는 반면에 앞쪽(선수)에는 아무 것도 실려있지 않으므로 매우 가벼워져 신수가 물위로 나오게 된다. 이와 같은 경우 초등학교 때 배운 지렛대 원리를 생각하면 간단히 이해할 수 있듯이, 선수가 약간의 파도만 쳐도 쉽게 해면과 부딪쳐 그 충격으로 선체가 손상을 입을 수도 있다. 그러므로 공선운항시 이곳에 물을 채워 일정한 깊이만큼 배를 물속에 가라앉히어 운항을 할 수 있도록 만든 공간이기도 하다.
- Aft. Peak Tank : 배의 가장 뒤쪽에 있는 공간으로서 Fore Peak Tank와 유사한 기능을 한다.

(2) 기관구역(Engine Space)

Bulk Carrier의 경우 통상 전체 공간이용의 효율성을 기하기 위하여 배의 뒤쪽에 설치되어 있으며, 배가 화물을 싣고 일정한 속도로 파도를 헤치고 앞으로 나아갈 수 있도록 동력을 만들어 내는 곳이다. 이 속에는 실제 프로펠러를 움직여주는 Main Engine과 선박내 전기를 만들어 공급하는 발전기 및 선원들이 생활을 도와주는 보조 기계들이 설치되어 있다.

(3) 거주구역(Accommodation)

선원들이 식사, T.V시청, 음악감상 등 휴식 및 Recreation을 하는 일상 생활공간으로서 우리가 생활하는 집과 같은 역할을 한다. 거주구내에는 개인침실, 식당, 샤워실, Recreation Room, 탁구장 겸 체육관 등이 있으며, 대형 Container 선박이나 LNG 등에는 사우나실, Elevator가 설치되어 있는 배들도 있다.

제 3 절 해상운송 계약

1. 해상운송계약

수출자는 해외에 거래선이 확보되고 상품의 매매계약의 체결과 신용장 등이 개설되면 계약에 의거 상품을 확보하고 계약서에 명시된 기일내에 상품을 선적을 하여야 한다. 그런데 수출자는 상품의 선적을 위해 선박회사와 접촉하기 전 기본적으로 다음 아래와 같은 내용들을 이해해야 한다.

〈표 5-20〉 해상운송계약의 형태

■ 매매조건과 선적의무

통상 화물을 운송할 선박을 수배하는 자는 해당 선박회사에 운임을 지급하는 화주이다. 상품의 매매조건이 수출자 입장에서 견지할 때 CIF(또는 CFR)조건일 경우 수출자가, 수입자의 입장에서 FOB조건일 경우에는 수입자가 화물을 운송할 선박을 수배하여야 한다. 물론 수출자와 수입자의 거래관계, 상황에 따라 상대의 요청에 의해 선박수배를 주선해 주는 경우도 실무적으로 빈번하다.

■ 선적선박

운송선박은 매매계약서에 명시된 상품의 수량·종류에 따라 달라진다. 즉, 일반 완제품, 기계류 등과 같이 포장된 개품(個品)은 일반 잡화선(general cargo carrier) 또는 컨테이너 전용선에 선적되며, 쌀, 옥수수, 밀 등의 곡물이나 광석, 석탄 등의 이른바 벌크 화물(bulk cargo)은 곡물, 광석류 운반 전용선에 선적한다.

■ 운송항로

한국을 중심으로 현재 형성되어 있는 항로(또는 노선)는 한·일항로, 동남아항로, 북미항로, 호주항로, 중동항로, 구주항로 등이 있으며, 이들 항로에는 일정한 주기를 유지하며 계속적으로 취항하는 정기선과 화물에 따라 그때그때 원하는 곳까지 화물을 운송하는 부정기선(tramper)이 있다.

■ 운임부과기준

운임은 통상 해당물의 중량과 용적을 비교하여 많이 산출되는 톤수를 운임의 기준으로 설정한다. 이를 통상 'revenue ton'이라고 한다. 주요 정기항로에 취항하고 있는 선박회사, 특히 운임동맹가맹 선사들은 운임률(tariff)을 갖고 있어, 운임의 적용기준과 화물별 운임률은 관련 선박회사에 문의하면 정확히 알 수 있다. 운임은 기본요금과 제할증료(CAF, BAF) 및 취급수수료(THC), 제공과금으로 구성되므로 하주가 지불하는 총운임은 제부과요금을 합산하여 산출해야 한다.

■ 선박회사와의 의사 개진

정기선이 취항하지 않는 지역으로 화물을 보내고자 할 때에는 일반 잡화의 경우보다 충분한 사전기간을 두고 선박회사와 운송에 관한 의사를 개진하여야 한다. 정기선의 경우는 지역에 따라 다르나 선적일자(L/C상의 shipment date) 기준 약 2주전에만 접촉하여도 무방하지만, 부정기선 편으로 선적운송을 해야 할 경우는 가급적 1~2개월 전부터 선박을 물색하기 시작하여야 한다. 물론 어느 경우나 하주입장에서는 충분한 시간을 갖고 임하면 그만큼 유리한 입장에서 선박을 물색할 수 있으므로 상황이 허락하는 한 선박회사의 운송에 관한 의사개진은 빨리 시작하여야 한다.

■ 운송계약의 형태

일반잡화를 운송하는 정기선의 경우는 별도로 운송계약서를 작성하는 것이 아니고 선박회사에서 정형화된 양식인 선화증권(bill of lading : B/L)을 발급함으로써 운송계약에 갈음한다. 동 증권에는 화물의 행선지, 선적지, 명세(용적, 중량. 마크 등), 운임지불

관계(선불 또는 도착지 후불), 선적일자, 발급일자 등이 기재되며, 뒷면에는 운송과 관련한 당사자간의 권리의무 관계를 기술한 약관이 인쇄되어 있다. 약관의 내용은 이해당사자간 책임과 의무를 명기하여 분쟁이 발생할 경우 기준이 되므로 화주는 동 내용을 정확히 숙지할 필요가 있다.

부정기선 화물, 즉 곡물·광석·석탄 등의 화물을 운송할 때에는 용선계약서(charter party)가 작성되며, 이에 의거 선화증권이 별도로 발급된다. 용선계약서는 정기선의 경우와 달리 일방적으로 인쇄된 양식을 사용하는 것이 아니고 당사자간에 충분한 합의를 거쳐 계약서가 작성된다. 특히 계약서를 작성할 때 유의하여야 할 점은 계약 시 화물수량의 표시, 선적일시, 하역일시, 체선관계 등 상당히 전문적인 지식이나 경험을 필요로 하는데, 초심자에게는 직접 계약에 임하는 것이 바람직하지 못하다. 그러므로 관련 해운회사의 조언을 받거나 아니면 용선중개인(chartering broker) 또는 변호사의 협조를 받는 것이 좋다.

1) 개품운송계약 (Affreightment in a General Ship)

정기선 선주와 화주간 체결되는 운송계약이다. 이 계약에서는 먼저 정기선의 일정표가 공표되면 화주는 광고에 의해 선박의 명세, 목적항, 기항지, 출항 일자 및 화물의 운송조건 등을 알 수 있게 된다. 대체로 화주들은 그와 같은 광고를 통해 파악한 정보를 통해서 화물의 탁송(託送)을 의뢰하게 되는데 재래선의 경우에는 화물을 실제로 부두로 가지고 가서 선적하였을 때 비로소 그 운송계약은 성립된다. 컨테이너선의 경우에는 반드시 부두가 아니더라도 운송인이나 그 사용인이 운송물을 수령하였을 때 계약이 성립된다.

그러나 뒷날의 분규를 피하기 위해서 먼저 '선적 예약서'에 의한 확약을 받아 둔다. 특수한 선복, 예컨대 고가품의 보관실, 냉장실 등 본선의 선족공간이 적은 것은 미리미리 확보해 두어야 한다. 이와 같은 선적예약이 완료된 뒤 수출검사 및 통관절차를 거쳐 수출허가를 받은 다음, 필요에 따라 검량 및 검수를 받고 검량검수 증명서를 발급받아 선박회사에 제출하게 되면, 선사는 본선 앞으로 보내는 선적지시서(shipping oder)를 화주에게 발급한다. 선적지시서와 함께 화물을 선사가 지정한 창고까지 운반하여, 선사나 그 대리점에 인계하고, 선적지시서를 1등 항해사에게 제출하고 선적을 대기한다. 화물이 선적되면 본선수령증(mate's receipt)에 1등 항해사가 서명을 하는데 이로써 본선의 운송책임이 비로소 발생하게 된다. 이 본선수령증을 운임과 함께 선사에 제출하면, 선사는 그와 상환으로 선화증권을 발급한다.

(1) 정기선에 의한 개품수출 운송절차

☞
S/R:
shipping request
S/O:
shipping order
M/R:
mate's receipt
B/L:
bill of lading
D/O:
delivery order

[그림 5-9] 정기선에 의한 개품운송절차

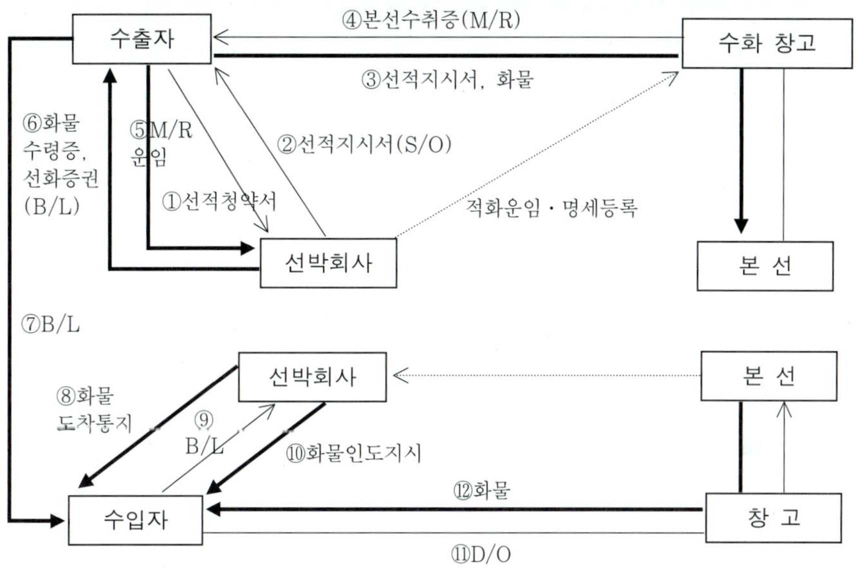

(가) 선적요청

수출자는 선사와 전화, FAX, E- MAIL 또는 방문을 통하여 무역 및 운송관련상담 후 선적을 요청한다. 수출자는 송화인(shipper: 수출상), 수화인(consignee:수입상), 선적항(port of loading), 양하항(port of discharge), 화물의 명세(particular 또는 description of cargo) 등 B/L상에 표기되어야 할 주요 운송정보를 기재하여 해당화물의 송장 및 팩킹리스트와 함께 선박회사에 정식으로 선적요청서(S/R)를 제출한다. 이는 운송에 관한 일종의 청약행위이며 S/R상에 기재된 제반 정보의 정확성에 대해서 화주 자신이 이를 보증하여야 하며 만일 사실과 다른 부실기재나 허위가 존재하면 화주자신이 그로 인한 손해를 보상한다. 컨테이너화물은 화물의 인수지(place of receipt)와 인도지(place of delivery)가 추가로 기재되어야 한다.

(나) 선적예약 및 스케줄 통보

선사는 수출자의 요구에 따라 선박의 스케줄을 확인한 후 선적가능 여부와 스케줄을 통보한다.

(다) 국내운송

수출자의 화물운송 요청이 있을 시 수출자의 화물을 안전하고 신속하게 운송한 후 정확한 화물입고 및 도착을 통보한다. 이때 화물의 포장상태는 운송에 적합할 정도로 견고하여야 한다. 해상운송은 선박 자체가 항해를 하는 동안 태풍과 파도 등의 외력에 의해 계속적으로 동요하므로 예상되는 외력을 충분히 감내할 수 있을 정도로 포장되지 않으면 안 된다. 그렇지 못할 경우 해당 화물은 포장불량으로 내품이 손상될 수 있으며 이 경우 선박회사는 면책될 수 있다.

포장 및 출고 준비는 선박회사와 합의된 시간내에 지정부두나 창고에 입고시킬 수 있도록 여유를 갖고 준비하여야 한다. 선박에는 합의에 의한 선적공간이 확보되어 있으므로 이를 수출자의 잘못으로 사용치 못했을 시 손해를 배상하여야 한다. 부적운임(dead freight)에 대한 산출근거는 명시되어 있지 않으나 화물을 싣지 않음으로써 절약된 부분(예컨대 하역비 등)만을 공제한 운임전액을 손해액으로 산정하는 것이 보통이다. 화물의 출고준비가 끝나면(컨테이너에 화주자신이 직접 적입하였을 때는 세관검사를 필하고 봉인이 된 상태) 선박회사가 지정한 부두나 창고까지 운송을 한다.

(라) 출고 및 육상 운송

컨테이너 안에 화물을 적입하는 작업은 재래선의 경우 본선의 선창 내에 화물을 적재하는 작업에 해당한다.

화물의 출고준비가 끝나면(컨테이너에 하주자신이 직접 적입하였을 때는 세관검사를 필하고 봉인이 된 상태) 선박회사가 지정한 부두나 창고까지 운송을 한다. 컨테이너 화물의 경우는 화주자신이 육상운송을 하는 경우보다 화주의 창고와 부두구간의 내륙운송도 선박회사가 인수하는 경우가 많다. 이 경우의 운송은 항구에 있는 보세구역(bonded area)까지 연결되므로 일반 육상운송업자가 취급할 수 있는 것이 아니고 보세화물 운송면허를 취득한 자라야만 가능하다.

(마) 화물인도 및 입고

컨테이너화물인 경우 선박회사측에 화물을 인도하는 장소는 컨테이너선이 접안할 부두에 위치해 있는 컨테이너 전용야드(CY)이다. 화주가 수배한 트럭과 화물이 야드안으로 들어가는 시점, 즉 정문을 통과하는 순간이 화물에 대한 관리책임이 화주로부터 선박회사로 이전되는 순간이다. 선박회사는 정문통과시점에서 컨테이너의 외관을 검사하고 봉인이 이상 없으면 정상품을 인수했음을 기재한 부두수취증(dock receipt, D/R)을 발행화주에게 교부한다. 이 서류는 화주가 선박회사측에 화물을 인도하였음을 증명하는 것으로 선적과 관련하여 가장 중요한 서류 중의 하나이다. 만일 정문통과시 컨테이너 외관에 손상이 있거나 봉인이 훼손되거나 변경되었음이 발견되면 해당 화물은 일단 수취를 보류하고 별도의 검사 및 세관수속을 거친후 인수 또는 반려한다.[45)] 컨테이너에 적입되지 않은 일반화물은 선박회사에서 지정한 창고에 입고될 시점에 유사한 과정을 거치게 되어 있다.

(바) 선적

예정된 스케줄에 따라 수출자의 화물이 선적되어 출발한다.

LCL 화물의 경우, LCL화물의 인수도와 관련 수출지에서의 절차는 재래선화물의 경우와 동일하다. 화물을 선박회사가 지정하는 창고(CFS 창고)까지 운송하여 선박회사에게 인도한다. 이때, 작성하는 서류로는 화물의 수량, 품목 그리고 상태를 기재한 인수도서(convention note)가 있다. 이곳에서 동일 목적지로 가는 타화물과 함께 선박회사에 의해 컨테이너에 합적된다. 화물의 손상이 컨테이너의 이상이나 적입 기술상의 문제일 경우에는 선박회사의 책임사항이 된다.

FCL화물의 경우, 예약내용에 의거 선박회사에서는 화물을 적입할 수 있는 빈 컨테이너(empty container)를 하주가 지정한 창고로 보내 준다. 이를 실무에서는 Spotting' 또는 'Positioning'이라고 한다. 이 컨테이너는 운송화물에 대한 창고 내지는 대형 포장재에 해당하므로 이를 인수시 이상이 없는지를 잘 조사한 후 기기인수도서(EIR)를 작성, 양 당사자가 서명한다.

화물의 적입작업은 적부(stowage)에 관한 전문지식과 경험을 요하는 전문분야인 바그 작업에 신중을 기하여 운송도중 예상되는 충격이나 외력으로 인해 내부가 붕괴된다거나 화물의 동요 등으로 인해 손상이 발생하지 않도록 유의하여야 한다(컨테이너내 적부불량으로 인한 손해는 운송인 면책임). 이 경우 하주는 컨테이너 내에 화물이 적재되어 있는 상태를 그림으로 표시한 'Container Load Plan'(CLP라 함)을 작성하여 선박회사 및 목적지의 수하인에게 송부한다. 적립이 끝나면 선박회사에서 'Spotting'시 함께 보내준 선박회사의 봉인으로 봉인한 후 선박회사에게 통보하여 선적항까지 운송해 가도록 한다. 적입된 컨테이너를 선박회사측의 육상운송회사에게 인계할 시에도 이상유무를 상호 확인하고 기기인수도서를 작성한다.

(사) EDI SERVICE

선적서류 및 수출신고필증에 의거 전산밍(KT-NET)을 통하여 세관에 전송한다.

(아) B/L 및 청구서 발행

수출자에게 관련운임을 확인후 운송형태 및 서류상의 이상유무를 확인하여 B/L을 발행하며, 수출자에게 인도한다. 선박회사는 선적지에서 화물을 수출자로부터 인수한 시점부터 이를 목적항에서 수입자에게 인도하는 순간까지 화물을 안전하게 관리하여야 할 책임이 있다. 따라서 화물에 대한 인수도서는 선박회사의 책임을 논하는데 있어서 가장 중요한 서류라고 할 수 있다. 재래선 화물의 경우는 본선수취증(mate's receipt, M/R)이, 그리고 컨테이너의 경우는 부두수취증(dock receipt, D/R)이 발행된다.

그러나 실무에서는 이러한 서류들은 화주들에게는 실제 별로 이용되고 있지 않다. 이론상으로는 이러한 수취증을 선박회사에 제시하여 그와 상환으로 B/L을 발급받도록 오늘날 해상 거래에서 사용하고 있는 용선 계약은 기본형으로 항해용선 계약, 정기용선 계약 및 나용선 계약이 있고, 변형으로 재용선 계약이 있다.
이러한 용선 계약은 모두 영국법을 중심으로 되어 있다.

되어 있으나 선박회사에서는 이러한 서류들에 의존하지 않고 자체 시스템을 통하여 수취 및 그 상태를 확인할 수 있을 뿐만 아니라 화주들도 후일 'Claim'을 제기할 때에도 'Clean B/L'과 목적항에서 인수시 화물에 이상이 있었음을 입증하는 서류만 있으면 족하므로 실무에서는 단지 선박회사의 내부서류 정도로 사용되고 있다.

화물이 선박회사측에 인도되고 나면 선박회사는 화물이 이상이 없이 인수되었다는 사실과 화주가 요청한대로 운송하여 지정된 자에게 인수시와 유사한 상태로 인도할 것을 약속하는 내용의 선화증권을 화주에게 발급한다. 인도를 받을 상대는 선화증권 소지인이며 관련법규 및 B/L약관에 의거 선화증권 소지인 이외의 사람은 화물의 인도를 청구할 수 없다. 화물을 목적지에서 화주에게 인도할 때 손상이 있다거나 운송품의 일부 또는 전부를 인도할 수 없을 경우에는 선화증권에 표시되어 있는 화물의 인도청구권이 실제 파괴된 것이므로 운송인에 대해서 손해배상을 요구할 수 있는 것이다. 선화증권은 통상 3통(original, duplicate, triplicate)이 발행되는데 그 효력은 동일하다. 선화증권은 법적으로 화물 그 자체를 나타내는 이른바 유가증권이며 물품대금을 수취하는데 있어서 반드시 있어야 할 중요한 선적서류 중의 하나이다.

(자)사후관리 SERVICE

선적후 진행상황을 수출자에게 통보후 선적업무 종료한다.

(2) 정기선의 운송계약서

컨테이너 화물을 포함한 정기선의 운송계약서는 별도로 존재하지 않는다. 선화증권(B/L)이 정기선의 운송계약서를 가름한다. 선화증권에 관한 내용은 별도의 장에서 설명하기로 한다.

2) 용선운송계약(contract by charter party)

선박을 소유하지 않은 수출자가 선박회사로부터 선박의 전부 또는 일부를 빌리는 것을 내용으로 하는 계약을 가리킨다. 주로 대량화물을 부정기선으로 운송하는 경우에 선박회사와 용선자가 체결하는 계약으로, 'charter party'의 머리글자를 따서 C/P라고도 한다. 따라서 용선운송계약의 주된 대상은 1회의 적화가 다량인 석탄, 광석, 원목, 곡물과 같은 벌크화물을 운송하는 부정기선이 대부분이다.

용선계약에는 선복 전부를 빌리는 전체용선(whole charter)계약과 일부만을 빌리는 일부용선(partial charter)계약이 있으며, 계약선박에 따라서 전체용선에는 선로용선 혹은 항해용선(voyage charter)계약과 기간용선 혹은 정기용선(time charter)계약, 나용선(bareboat charter)계약 등으로 나뉜다.

정기용선은 기간을 정하여 용선하는 것이고, 항로용선은 부산에서 시애틀까지의 항로에 대하여 용선하는 것을 말한다.

나용선은 선박만을 빌려 선원·장비와 소모품 일체를 책임지는 용선을 가리킨다. 용선기간을 중심으로 구별한다면 나용선계약은 임대차에 의한 정기용선계약이며, 정기용선계약은 비임대차에 의한 정기용선계약이라 할 수 있다. 선박을 의장시키지 아니한 상태로서 선박을 임대차한 경우를 영미법에서 말하는 베어보트 차터, 즉 나용선이라 한다. 이와 달리 의장된 선박을 임대차한 경우를 의장선박의 임대차라 한다.

선박임대차는 선박소유자가 용선자에게 선박의 점유권을 이전하는 것을 성립요건으로 하기 때문에 점유이전이 없이 선박의 이용권만 인정하는 정기용선계약과는 그 계약내용을 달리하면 법적 성질도 달리한다. 이 원칙은 영국의 법원 1877년 'Omoa Coal Iron Co.v.Huntley' 사건의 판결에서 확정된 것이다.

(1) 항해용선계약(voyage charter)

항해용선계약은 일정한 항로에 한하는 계약으로, 원칙적으로 1회의 항해를 단위로 한다. 이 계약에서 선주는 화주에게 운임조건만을 수취하고 그 외의 항해비용 일체를 부담한다. 항해용선계약은 운임결정방식에 따라 다시 항차용선계약과 목돈용선계약, 일부용선계약으로 나뉜다. 항차용선계약은 실제 선적량으로 운임을 결정하는 것으로 중량용선계약이라고도 하며, 목돈용선계약은 일정한 선복에 대해 운임을 정하는 것으로 선복용선계약이라고도 한다. 일부용선계약은 일당 운임을 결정하는 것을 말한다.

(가) 항해용선계약에서의 주요 조건

(ⅰ) 하역비 부담조건 : 선박내 하역인부를 선주와 화주 중에 누가 부담할 것이냐에 따라 다음과 같이 분류된다.

Berth Terms(Liner Terms) : 적화시 및 양하시 모두 선주부담한다. 특히 정기선에 의한 개품운송계약에 많이 이용.
FIO(Free In and Out) : 신직 및 양하시 모두 화주부담한다. 용선계약에 많이 이용
FI(Free In) : 적화시 화주부담, 양하시 선주부담.
FO(Free Out) : 적하시 선주부담, 양하시 화주부담.
FIOST(Free In, Free Out, Stowed, Trimmed) : FIO+Stowage/Trimming Charge 선적. 양륙. 본선내 적부. 선창내 화물정리비 모두 화주 부담

(ⅱ) 정박기간(laydays ; laytime)의 표시 : 화주가 용선한 선박에 계약물품을 적재 또는 양륙하기 위하여 그 선박을 선적항 또는 양륙항에 정박할 수 있는 기간을 정박기간이라고 한다.

시간초과시 : 체선료 지급
약정기일 이전 하역완료시 : 선주가 화주에게 조출료(dispatch money; 체선료의 1/2)지급

(iii) 정박기간 약정방법

- **관습적 조속하역(customary quick dispatch ; CQD)** : unfixed laydays의 일종으로 가능한 한 빨리 적·양하역을 하는 조건이다. 불가항력에 의한 하역불능은 정박기간에서 공제하고 일요일·공휴일을 非하역일로 간주하느냐와 야간하역은 특약이 없는 한 그 항구의 관습을 따른다.
- **Running Laydays** : 하역개시일로부터 종료시까지의 경과일수를 계산하는 방법으로 어떠한 원인에도 관계없이 하역개시 이후 종료시까지의 일수를 모두 정박기간에 계산하는 방법이다. 일요일, 공휴일에 대해서도 이것을 제외한다는 특약이 없는 한 정박기간에 포함 '1일 몇 톤' 등과 같이 1일 책임 하역수량을 표시한다.
- **호천하역일(Weather Working Days ; WWD)** : 하역가능한 좋은 일기상태의 날만 정박기간에 산입한다. 기후가 하역가능한 상태인가 하는 것은 선장과 화주와의 협의에 의하여 정한다.
- **일요일과 공휴일의 처리방법**

  "Sundays and holidays expected" (SHEX) - 不算入

  "Sundays and holidays expected unless used" - 算入

(나) 항해용선계약서

항해용선계약은 선박소유자가 용선자에게 선박을 항차동안 사용하게 하고 그 대가로 선박소유자는 용선자로부터 용선료를 지급받기로 하는 계약이다. 항해용선자가 자신의 화물을 싣는 경우에는 그 자신이 화주가 되어 더 이상의 용선관계는 없게 된다.

그런데 항해용선자가 자신의 선복을 이용하여 자신이 선박소유자의 입장에서 다른 용선자와 다시 용선계약을 체결하게 되는 경우가 있다. 이때 항해용선자는 해상기업의 주체가 된다. 이를 기업형 항해용선이라고 한다. 일반적인 경우는 전자의 경우이다. 즉, 화주로서의 항해용선자를 보통은 용선자라고 한다. 이 경우 용선자는 개품운송계약의 송하인에 해당하게 된다. 항해용선계약의 당사자는 선박소유자와 용선자이다. 선박소유자에는 나용선자, 정기용선자, 그리고 재용선자(운송인으로서의 항해용선자)가 포함된다. 여기의 용선자는 화주로서의 용선자로서 개품운송계약의 송하인에 해당한다.

선박소유자와 항해용선자와의 관계는 당사자 사이의 약정에 의하여 권리의무가 정하여 진다. 항해용선에 사용되는 용선계약서는 주로 Gencon이다. 당사자 사이의 약정이 없는 경우에는 우리 상법의 운송계약 규정이 적용된다. 항해용선자가 다시 운송인이 되는 경우에 선박소유자와 제1항해용선자 사이에 어떠한 규정이 적용되는가는 의문이나, 이들도 항해용선계약이므로 선박소유자는 제1항해용선자에 대하여 조출료 지급의무, 감항능력 담보의무를 각각 부담한다고 본다.

여기에서 제시하고 있는 항해용선표준계약서는 항해용선계약의 보통거래약관인 발트국제해운동맹의 젠콘(Baltic and International Maritime Council Uniform General Charter, GENCON) 1994년판을 바탕으로 하여 작성된 것이며, 코드명칭도 KORGEN이다. 따라서 이들 규정은 부합계약이므로 작성자에게 불리하게 해석하는 것이 원칙이다.

이 항해용선표준 약관은 GENCON 1994과 그 내용이 대동소이하다. 제19조(준거법),

(b) 하역장치

하역장치가 없는 선박이 아닌 경우, 또는 15번 난의 기재에 따라 선박의 하역장치를 사용하지 않기로 당사자간에 합의된 경우가 아니라면, 선박소유자는 선적/양륙의 전기간에 걸쳐 선박하역장치를 무상으로 사용하게 하고, 하역장치의 조종에 필요한 충분한 동력을 무상으로 공급하여야 한다. 이들 장비는 모두 양호하고 정상적인 작동상태에 있어야 한다. 하역인부의 과실이 없는 한 선박의 하역장치의 고장이나 동력의 고갈로 초과된 시간은 정박시간이나 체선료시간에 산입되지 아니한다. 다만 이 경우에는 이 용선계약에 따라 당시에 필요하였던 화물의 선적/양륙용 기중기/권양기의 총 숫자에 비례하여 계산한다. 선박소유자는 청구가 있는 경우 선원 중에서 선박의 하역장치를 운전할 기중기/권양기의 조종사를 무상으로 지명하여야 한다. 다만 그 지역의 법규가 이를 금지하는 경우에는 그러하지 아니하다. 위 단서의 경우 연안국 노무자는 용선자의 책임하에 선임한다. 기중기 조종사 / 권양기 조종사는 용선자의 위험부담과 책임으로 하며, 하역인부는 용선자의 사용인으로 보나 선장의 지휘에 따라 작업을 수행한다.

(c) 하역인부에 의한 선박손상

하역인부에 의한 선박의 손상(통상적인 자연 마손을 넘어서는 경우)에 대하여는 용선자가 책임을 진다. 이러한 선박손상이 발생하는 경우 선장은 가능한 한 조속히 용선자나 그 대리인 그리고 하역인부에게 이를 통지하여야 하며, 이를 해태하는 경우에는 용선자에게 책임이 없다. 선장은 하역인부의 책임승인자인서를 확보하도록 노력하여야 한다. 용선자는 항해종료 이전에 하역인부에 의한 선박 손상을 수선할 의무가 있다. 그러나 선박의 손상이 선박의 감항능력이나 선급에 영향을 미치는 경우에는 그 손상이 발생 또는 발견된 항구에서 출항하기 이전에 이를 수선하여야 한다. 그 밖에 발생된 모든 부가비용은 용선자가 부담하며, 선박수선에 소요된 시간에 대하여는 체선료율에 따라 용선자가 선박소유자에게 지급하여야 한다.

선적과 양륙 그리고 이에 수반하는 법률관계에 관한 규정이다. 선적과 양륙은 용선자의 책임과 비용부담으로 한다. 선박에 장착된 하역장치와 그 운용에 필요한 동력과 조종사는 선박소유자가 무상으로 제공하는 것이 원칙이다. 하역인부에 의한 선박손상에 대하여는 용선자가 책임을 부담하며, 원칙적으로 항해종료 이전에 수선을 완료해야 한다.

제6조 정박기간

(a) 선적과 양륙의 별도 정박기간

화물은, 기상조건이 허용되는 한, 16번 난에 기재된 연속일수/시간 이내에 적재하여야 한다. 일요일과 공휴일은 선적작업이 없으면 산입되지 아니하며, 선적작업이 있는 경우에는 그 시간을 산입한다. 화물은, 기상조건이 허용되는 한, 16번 난에 기재된 연속일수/시간 이내에 양륙하여야 한다. 일요일과 공휴일은 양륙작업이 없으면 산입되지 아니하며, 양륙작업이 있는 경우에는 그 시간을 산입한다.

(b) 선적과 양륙의 통산 정박기간

화물은, 기상조건이 허용되는 한, 16번 난에 기재된 연속일수/시간 이내에 적재 및 양륙하여야 한다. 일요일과 공휴일은 적재양륙작업이 없으면 산입되지 아니하며, 적재양륙작업이 있는 경우에는 그 시간을 산입한다.

(c) 정박기간의 개시(선적 및 양륙)

선적 및 양륙의 정박기간은 선적양륙준비완료통지를 12시 또는 그 이전에 행한 경우에는 13시에 개시하며, 그 통지를 12시 이후 업무시간 이내에 행한 경우에는 그 다음 작업일 6시에 개시한다. 선적항에서는 선적준비의 완료를 17번 난에 기재된 송하인, 또는 그 기재가 없는 경우에는 용선자에게, 또는 18번 난에 기재된 이들의 대리인에게 통지하여야 한다. 양륙항에서는 양륙준비의 완료를 수하인에게, 또는 이를 알지 못하는 경우에는 용선자나 19번 난에 기재된 이들의 대리인에게 통지하여야 한다.

선박이 선적/양륙항의 내외에 도달하였으나 선적/양륙에 필요한 선석을 확보할 수 없는 경우에도, 검역통과 여부나 세관통관 여부와 상관없이, 도착후 바로 통상적인 업무시간내에 선적/양륙 준비의 완료를 통지할 수 있다. 이 경우 선박이 선석에서 선적/양륙준비가 모든 면에서 완료된 것과 똑같이 정박기간이나 체선료 기간이 산정된다. 다만 이 경우 선박이 사실상 모든 면에서 선적/양륙 준비가 완료되었다는 선장의 보증이 있어야 한다. 선박이 대기장소로부터 선적/양륙선석으로 이동하는 데에 소요된 시간은 정박기간에 산입되지 아니한다. 정박기간이 개시되기 이전에 용선자에 의하여 사용된 시간도 산입한다.

만약 검사후에 선박이 선적 또는 양륙작업을 위하여 모든 면에서 준비가 완료되지 아니한 점이 발견되면 그 때부터 선박이 선적/양륙준비가 완료될 때까지의 시간은 정박기간에 산입하지 아니한다. 이 조항은 참고로 16번 난의 합의에 따라 (a)(b) 또는 (c)의 두 가지 중 하나를 선택해야 한다.

선적·양륙을 위한 정박기간과 그 기산(起算)에 관한 규정이다. 선적기간과 양륙기간은 이를 각각 따로 정하는 방법과 통산하여 한꺼번에 정하는 방법이 있다. 정박기간의 개시는 선적(양륙)준비 완료통지가 오전에 있는 경우에는 당일 오후 1시, 동 통지가 오후에 있는 경우에는 익일 오전 6시에 각각 기산한다. 또 정박기간 개시 이전 용선자에 의하여 사용된 시간도 정박기간에 산입된다. 계약서 16번 난에는 (a)(b) 와 (c) 두 가지 중 하나만 선택적으로 기재한다.

제7조 체선료

선적항과 양륙항에 있어서의 체선료는, 20번 난에 기재된 요율과 20번 난에 기재된 방법으로, 용선자가 일당 또는 1일의 부분적 비례에 따라 지급한다. 체선료의 지급기일은 매일매일 도래하는 것으로 하고, 선박소유자의 청구서를 받는 즉시 지급하여야 한다.

위의 규정에 따라 체선료가 지급되지 아니하는 경우 선박소유자는 96연속시간 이내에 이행지체를 해결하도록 용선자에게 서면으로 통지하여야 한다. 체선료가 이러한 시한이 종료되기까지 지급되지 아니하고 선박이 선적항에 있는 경우 선박소유자는 언제나 용선계약을 해제하고 그로 인한 손해의 배상을 청구할 수 있다.

체선료는 일수(日數)단위 뿐만 아니라 그 이하의 부분적 비례(pro rata for any part of a day)에 따라 계산하며, 선박소유자의 청구서를 받는 즉시 지급하여야 한다. 이를 해태하는 경우 선박소유자는 용선자에게 최고 후 용선계약을 해제하고 손해배상을 청구할 수 있다.

제8조 유치권 조항

선박소유자는 용선료, 공적운임(空積運賃), 체선료, 손해배상금액, 그 밖에 이 용선계약에 따라 지급받을 기타 금액과 이를 확보하기 위한 구상비용을 위하여 화물 및 화물과 관련하여 지급될 운임부대비용 위에 유치권을 가진다.

선박소유자가 가지는 용선료 등의 채권을 담보하기 위하여 화물과 운임부대비용에 대한 유치권을 규정한 것이다.

제9조 계약해제 조항

(a) 선박이 [선석에 있거나 없거나를 막론하고] 21번 난에 기재된 계약해제일자까지 선적준비가 완료되지 아니한 경우 용선자는 이 용선계약을 해제할 수 있다.

(b) 상당한 주의를 다함에도 불구하고 계약해제일자까지 선박의 선적준비가 완료되지 못할 것으로 예상되는 경우 선박소유자는 이를 용선자에게 지체없이 통지하여야 한다. 이 경우 선박소유자는 선박의 선적준비완료 가능일자를 명시하고, 용선자가 용선계약의 해제권을 행사할 것인지, 또는 새로운 계약해제일자를 합의할 것인지의 여부를 문의하여야 한다. 이러한 선택권에 관하여는 선박소유자의 통지수령 후 연속 48시간 이내에 용선자가 통보하여야 한다. 용선자가 계약해제권을 행사하지 않을 경우 이 용선계약은 선박소유자가 용선자에게 통지한 새로운 선적준비 완료일자로부터 7일째를 새 계약해제일로 잡기로 변경된 것으로 본다. 이 조항 (b)항의 규정은 1회에 한하여 적용되며, 선박이 더 이상 지체되는 경우 용선자는 이 조항 (a)항의 규정에 따라 용선계약을 해제할 수 있다.

선박의 선적준비가 완료되지 아니하는 경우 용선자의 계약해제권 행사에 관한 요건과 절차를 규정한 것이다. 제1차적으로 용선자는 용선계약서에 기재된 계약해제일자에 해제권을 행사할 수 있으며, 당사자간에 새로운 선적준비완료일자를 합의한 경우에는 그 일자로부터 7일째가 제2차적 계약해제일이 된다. 제2차적 계약해제일은 확정적이며, 더 이상 연장할 수 없다.

제10조 선화증권

선화증권은, 이 용선계약과 상치되지 않는 한, 콘젠빌 선화증권 양식 1994년판(Congenbill Bills of Lading form, Edition 1994)에 따라 선장에게 제시하고 선장의 서명을 받아야 한다. 또한 선박소유자의 대리인도 그 권한이 서면에 의하여 선박소유자로부터 대리인에게 수여된 경우에는 선화증권을 제시받고 이에 서명할 수 있으며, 이 경우 그 서면의 사본을 용선자에게 제출하여야 한다. 용선자는 선화증권상의 용어나 내용이 이 용선계약에 의한 선박소유자의 부담을 초과하는 책임을 선박소유자에게 부과하거나 초래하는 경우 제시된 선화증권의 서명으로 인하여 야기될 수 있는 결과 또는 책임에 대하여 선박소유자의 초과부담을 보상해 주어야 한다.

사용되는 선화증권은 콘젠빌선화증권양식 1994년판(Congen-bill Bill of Lading form, Edition 1994)이며, 선장 기타 선박소유자의 대리인이 서명제시 하여야 한다. 선박소유자는 선화증권의 기재여하에 불구하고 용선계약상의 책임 이상을 부담하지 아니하며, 이 초과부담에 대하여는 용선자가 선박소유자에게 보상해 주어야 한다. 항해용선한 선박에 선적된 운송물에 관하여 운송인이 선화증권을 발행한 경우에도 선박소유자와 용선자 사이의 용선계약에 영향을 미치지 않는다는 것이 미국의 판례법원칙이다. 따라서 선화증권을 용선계약의 일부로 하고자 하는 경우에는 용선계약이나 선화증권에 선화증권편입조항(incorporation clause)이 기재되어야 한다.

제11조 쌍방책임충돌조항

용선선박이 다른 선박의 과실 및 용선선박의 항해 또는 관리에 있어서 선장, 해원, 도선사 또는 선박 소유자의 사용인의 행위, 과실 또는 부주의의 결과로서, 다른 선박과 충돌한 경우에, 이 용선계약에 따라서 운송되는 화물의 소유자는 용선선박 소유자가 다른 선박(비적재선) 또는 그 선박 소유자에 대하여 배상하여야 할 모든 손해 또는 채무를 보상하여야 한다. 그러한 손해 또는 채무는 용선 선박상의 화물소유자의 멸실 또는 훼손 또는 일체의 청구를 표시하고, 다른 선박(비적재선) 또는 그 선박의 소유자로부터 위 화물소유자에게 지급하였거나 지급하게 될 금액과, 그리고 다른 선박(비적재선) 또는 그 선박의 소유자가 적재선인 용선선박 또는 용선선박의 소유자에 대한 손해배상 청구액의 일부로서 상계, 공제 또는 회수할 수 있었던 범위의 것으로 한다.

이 조항은 미국에서는 물적 손해에 대하여 공동불법행위자가 연대책임을 부담하기 때문에 필요하다. 예컨대, 갑선박과 을선박이 각각 AB화주의 운송물을 적재한 경우에, 항해과실에 의한 사고에서, 갑선박은 A에 대하여, 을선박은 B에 대하여, 각각 면책된다. 그러나 A의 을선박에 대한 손해배상청구권은 여전히 남아있다. 그러므로 A는 을선박의 소유자에게 손해배상청구를 할 것이고, B는 갑선박의 소유자에게 손해배상청구를 할 것이다. 이러한 경우 각각의 화주는 자신의 선박소유자에게 청구된 손해배상을 배상하도록 약정하는 것이다. 우리나라는 상법 제845조 내지 제847조에서 물적 손해는 분할책임으로 규정하고 있으므로 이러한 문제는 발생하지 않고, 이 조항은 필요 없다. 그러나 미국법정에서 문제가 생기거나 국제적 요소가 가미되는 경우에 대비하여 이 조항을 존치시킬 필요가 있다.

제12조 공동해손 및 뉴 제이슨 조항(New Jason Clause)

공동해손은, 22번 난에 달리 합의되어 있지 않은 한, 1994년 요크 앤트워프 규칙(York-Antwerp Rules 1994)과 그 이후의 수정규칙에 따라 런던에서 정산한다. 화물의 소유자는 공동해손 비용이 선박소유자의 사용인의 부주의나 과실에 기인한 경우에도 공동해손 비용에 대한 화물측의 분담액을 지급하여야 한다(제2조 참조). 공동해손이 미합중국의 법령과 관행에 따라 정산되는 경우에는 아래의 조항을 적용한다: 선박의 항해개시 이전이거나 또는 이후이거나, 선박소유자가 그의 과실에 기인한 것인지의 여부를 불문하고, 이유가 무엇이든지 간에, 법률이나 계약 또는 기타에 의하여, 그 자체 또는 결과에 대한 손해배상책임을 부담하지 아니하는 사고, 위험, 손해, 해난이 발생한 경우에, 화물의 송하인이나 수하인 또는 소유자는 공동해손 성질로 발생 또는 부담하게 된 손실, 손해 또는 비용에 대한 지급에 있어서 공동해손 선박소유자와 함께 분담하여야 하며, 운송물과 관련하여 해난구조료와 특별비용을 지급하여야 한다.

구조선이 선박소유자의 소유 또는 관리하에 있는 경우에도 구조료는 그 구조선이 타인소유인 경우와 똑같이 완전히 지급하여야 한다. 화물, 선적의뢰인, 수하인 또는 화물의 소유자는 청구가 있는 경우, 화물의 분담금과 그 구조료 및 특별비용에 대해 선박소유자에 대한 예상분담액을 보전하기에 충분한 것으로 선박소유자나 대리인이 생각하는 예탁금을 화물인도 전에 예치하여야 한다. 공동해손 정산장소는 당사자간의 특약이 없는 한 요크앤트워프규칙에 따라 런던으로 한다.

> 사고장소가 미국 영해인 경우에 대비하여 미국법의 적용과 뉴 제이슨조항(New Jason Clause)을 규정하였다. 뉴 제이슨조항은 선박소유자가 미국해상물건운송법 기타 법령에 의하여 면책되는 한 설사 선박소유자에게 과실이 있더라도 화주는 공동해손을 분담하여야 한다는 내용이다. 우리법상으로도 사고의 원인에 관계없이 공동해손이 성립하므로 그 효력에는 문제가 없다.

제13조 조세 및 부과금 조항

(a) 선박에 대한 것 - 관습상 선박에 부과되는 모든 부과금, 비용, 그리고 세금은 선박소유자가 지급한다. 다만 그 금액은 사정(査定)할 수 있다.

(b) 화물에 대한 것 - 관습상 화물에 부과되는 모든 부과금, 비용, 관세 및 세금은 용선자가 지급한다. 다만 그 금액은 사정할 수 있다.

(c) 용선료에 대한 것 - 23번 난에서 달리 합의되지 않는 한 용선료에 부과된 세금은 용선자의 계산으로 한다.

> 조세와 부과금에 대한 선박소유자와 용선자의 책임을 규정한 것이다.

제14조 대리인

모든 경우에 선박소유자는 선적항과 양륙항에서 각각 그 대리인을 지정하여야 한다.

> 선적항과 양륙항별로 선박소유자의 대리인 지정의무를 규정한 것이다.

제15조 중개료

취득한 용선료, 공적운임(空積運賃) 및 체선료에 대하여 24번 난에 기재된 중개수수료는 24번 난에 기재된 당사자에게 지급하여야 한다. 중개행위가 주효하지 아니하는 경우 그 책임이 있는 당사자는 중개인의 비용과 노고에 대한 보상금으로 예정용선료에 대한 중개료의 3분의 1을 지급하여야 한다. 여러 항해에 관한 경우에는 그 보상금은 합의에 의하여야 한다.

> 항해용선계약의 중개수수료에 관한 규정이다.

제16조 일반파업 조항

(a) 선박이 최종항으로부터 항행할 준비가 되어 있거나, 선적항으로 항해 중 어느 때이거나, 선박이 선적항에 도착한 이후에 화물 또는 그 일부의 선적을 사실상 방해하거나 영향을 미치는 파업이나 직장폐쇄가 일어난 경우, 선장 또는 선박소유자는 용선자에게 파업이나 직장폐쇄가 없는 경우와 똑같이 정박기간을 계산하겠다는 합의의 표명을 하도록 요구할 수 있다. 용선자가 24시간 이내에 서면으로(전보도 가능) 합의표명을 하지 않는 경우 선박소유자는 이 용선계약을 해제할 수 있다. 화물의 일부가 이미 선적되었다면 선박소유자는 이를 가지고 항행하여야 하며(용선료는 선적된 화물량에 대

하여만 지급된다) 선박소유자의 책임하에 항해도중 다른 화물을 완재할 수 있다.

(b) 선박이 양륙항 내외에 도착시 또는 도착후 화물의 양륙에 사실상 지장을 주거나 영향을 미치는 파업이나 직장폐쇄가 발생하고 48시간 이내에 해결되지 아니하는 경우, 용선자는 파업이나 직장폐쇄가 종료될 때까지 체선료의 반액을 지급하고, 그 파업이나 직장폐쇄가 끝나기까지 선박을 계속하여 대기시킬 수 있고, 양륙기간의 만료후에는 파업이나 직장폐쇄가 끝나고 양하작업이 완료될 때까지 체선료의 전액을 지급하기로 하거나, 또는 용선자는 선박이 파업이나 직장폐쇄로 인한 억류위험 없이 확실히 양륙될 수 있는 안전항구로 이동할 것을 선박에 지시할 수 있다. 이러한 지시는 양륙에 영향을 미치는 파업이나 직장폐쇄에 관하여 선장이나 선박소유자가 용선자에게 통지한 후 48시간 이내에 하여야 한다. 이동 후의 대체항구에서의 화물인도에는 이 용선계약과 선화증권상의 모든 규정이 적용되며, 선박은 본래의 목적항에서 양륙된 것과 동일한 용선료를 수령한다. 다만 대체항까지의 거리가 100해리를 초과하는 경우, 대체항에서 인도한 화물량에 따라 용선료는 비례적으로 증액한다.

(c) 위에서 규정한 의무를 제외하고, 용선자나 선박소유자는 화물의 선적이나 양륙에 사실상 지장이 되거나 영향을 미치는 파업이나 직장폐쇄의 결과에 대하여 아무런 책임도 지지 아니한다.

선적항과 양륙항에서의 파업시 선박소유자와 용선자의 권리의무에 관한 규정이다. 선적항 파업의 경우에 선박소유자는 용선자에게 정상적인 정박기간계산을 요구할 수 있으며, 계약을 해제할 수도 있다. 양륙항 파업시 용선자는 체선료의 반액을 지급하고 파업종료 시까지 선박을 대기시킬 수 있으며, 다른 안전항구를 양륙항으로 지정할 수도 있다.

제17조 전쟁위험(Voywar 1993)

(1) 이 조항에서 쓰인 용어의 정의는 다음과 같다:

(a) 선박소유자에는 선박소유자, 나용선자, 관리선주, 선박의 경영책임을 지고 있는 관리인 기타 운영자, 및 선장을 포함한다.

(b) 전쟁위험에는 어떠한 사람, 군중, 폭력주의자, 또는 정치집단이나 국가정부에 의한 전쟁(실전이거나 전쟁위협적이거나 간에), 전투행위, 내란, 적대행위, 혁명, 반란, 소요, 전쟁유사움직임, 폭약부설(실제적이거나 보도가 있거나 간에), 해적행위, 테러행위, 적대행위나 악의적 손괴행위, 봉쇄(모든 선박의 봉쇄 또는 기국이나 소유관계 또는 화물이나 선원 또는 기타 기준에 따른 선박의 선별적 봉쇄이던지 간에)로서 선장 그리고/또는 선박소유자의 합리적 판단에 따라 선박, 화물, 선원 또는 선박에 승선한 기타 사람에게 위험할 수 있거나, 위험의 개연성이 있거나, 위험하게 될 수 있는 것들이 포함된다.

(2) 선박에 선적이 개시되기 이전에 선장 그리고/또는 선박소유자의 합리적인 판단에 의하여 운송계약 또는 그 일부의 이행이 선박, 그 화물, 선원, 또는 기타 승선한 사람을 전쟁위험에 노출시킬 수 있거나, 노출시킬 개연성이 있는 경우, 선박소유자는 이 운송계약의 해제를 용선자에게 통지하거나, 또는 선박, 그 화물, 선원, 또는 기타 승선한 사람을 전쟁위험에 노출시킬 수 있거나, 노출시킬 개연성이 있는 운송계약부분의 이행을 거절할 수 있다. 다만 이 경우, 이 운송계약에 선적이나 양륙이 일단의 항구구역범위 내에서 이루어지도록 규정되어 있고, 용선자가 지정한 항구내에서는 선박, 그

화물, 선원 또는 기타 승선한 사람을 전쟁위험에 노출시킬 수 있거나, 노출시킬 개연성이 있는 경우, 선박소유자는 먼저 용선자에게 선적이나 양륙구역범위 내의 다른 안전항구를 지정하도록 요구하여야 하며, 용선자가 이러한 요구를 받은 후 48시간내에 안전항구를 지정하지 아니하는 경우에만 이 운송계약을 해제할 수 있다.

(3) 선박소유자는, 화물의 선적개시후 또는 그 이후 화물양륙이 완료되기 이전의 어떠한 항해단계에 있어서나, 선장 그리고/또는 선박소유자의 합리적 판단에 따라 선박, 그 화물(또는 그 일부), 선원 또는 기타 승선한 사람(또는 그 수가 단수이거나 복수이거나)을 전쟁위험에 노출시킬 수 있거나, 노출시킬 개연성이 있는 경우, 어떠한 항해를 위하여서든지 간에 화물의 선적을 계속하거나, 어떠한 항해 또는 그 일부를 막론하고 이를 개시 또는 계속하거나, 어떠한 운하나 수로를 통과하거나, 어떠한 항구나 장소든지를 막론하고 그 곳으로 항해하거나 그 곳에 머무르도록 요구를 받아서는 아니된다. 위의 경우 선박소유자는 용선자에게 화물 또는 그 일부의 양륙을 위하여 안전항구를 지정하여 줄 것을 요구할 수 있고, 이 요구를 받은 후 48시간 이내에 용선자가 안전항구를 지정하지 아니하는 경우 선박소유자는 안전항구(선적항 포함)를 임의로 선택하여 화물을 양륙하고, 운송계약의 이행을 완료할 수 있다. 선박소유자는 이러한 양륙의 부가비용을 용선자로부터 보상받을 수 있으며, 양륙이 선적항 아닌 항구에서 이루어 지는 경우 화물이 양륙항까지 운송된 것과 똑같이 용선료의 전액을 수령할 수 있다. 추가항해거리가 100마일을 초과하는 경우 선박소유자는 정상적이고 관습적인 항로상의 거리에 대한 추가거리에 비례하여 약정된 용선료와 동률의 추가 용선료를 수령할 권리가 있다. 이러한 비용과 용선료에 대하여 선박소유자는 화물 위에 유치권을 가진다.

(4) 계약상의 성질에 부합하는 항해에 정상적으로 그리고 관습적으로 이용되는 항로(운하 또는 수로 포함)이기는 하나 화물의 선적개시 이후 어떠한 항해단계에서라도 선장 그리고/또는 선박소유자의 합리적인 판단에 의하여 선박, 그 화물, 선원 또는 기타 승선한 사람을 전쟁위험에 노출시킬 수 있거나, 노출시킬 개연성이 있는 항로와 양륙항에 이르는 더욱 먼 거리의 항로가 있는 경우, 선박소유자는 용선자에게 후자의 항로를 선택하겠다는 통지를 하여야 한다. 이 경우, 총 추가거리가 100마일을 초과하는 때에는, 선박소유자는 정상적이고 관습적인 항로상의 거리에 대한 추가거리에 비례하여 약정된 용선료와 동율의 추가 용선료를 수령할 권리가 있다.

(5) 선박은 다음의 권리를 가진다 :

(a) 출발, 도착, 항로, 호송항해, 기항항, 항해중지, 목적항, 화물양륙, 인도 그 밖의 무엇에 관한 것이든지 간에 항해선박의 기국정부, 선박소유자가 준수하여야 할 법을 제정한 다른 정부, 기타 필요로 되는 다른 정부, 또는 명령이나 지시를 준수하도록 강제할 권한을 가지고 운용되는 조직체나 집단이 내린 모든 명령, 지시, 권고, 또는 조언을 준수하는 것;

(b) 전쟁위험보험의 조건에 따른 권한을 가진 전쟁위험인수인의 명령, 지시 또는 권고에 따르는 것;

(c) UN안전보장이사회의 결의 조항, 유럽공동체(European Community)의 지령, 기타 동일한 법규발포권을 가진 초국가적 조직체의 유효한 명령 및 이들 국제기구의 법규를 시행하기 위하여 선박소유자가 준수하게 할 국내법을 준수하고, 이들 법규의 시행책임이 있는 기관의 명령과 지시를 준수하는 것;

(d) 선박이 밀수품 운반선으로서 밀수의 책임을 지게 되는 어떠한 화물이나 그 일부를 다른 어떠한 항구에서나 양륙하는 것;

(e) 선원이나 그 일부의 교체 또는 승선한 기타 사람을 억류, 감금 기타 제재해야 할 필요가 있다고 확신할 만한 사유가 있는 경우 어떠한 항구에나 기항하는 것;

(f) 화물이 이 조항의 어느 규정에 따라 선박소유자에 의하여 선적되지 않았거나 양륙된 경우, 선박소유자를 위하여 다른 화물을 선적하고, 이를 뒷방향이거나 앞방향이거나 또는 통상 내지 관습적인 항로의 역방향이거나를 막론하고, 다른 어떤 항구로든지 간에 운송하는 것.

(6) 이 조항 (2)항 내지 (5)항의 규정에 따라 어떠한 조취를 취하였거나 취하지 아니하였거나 간에 이는 이로(離路)로 보지 아니하고 운송계약의 적절한 이행으로 본다.

> 전쟁위험에 직면하여 용선계약의 이행과 관련된 당사자간의 법률관계를 규정한 조항이다. 전쟁위험의 유무에 관한 판단은 선박소유자 선장이 하며, 전쟁위험이 있는 경우 선박소유자는 용선계약의 해제, 계약이행의 부분거절, 안전항구 지정요구를 할 수 있다. 선박소유자는 전쟁위험이 있는 항로의 이용을 거절하고 안전항로와 안전항구를 임의로 선택할 수 있으며, 이로 인한 추가비용을 용선자에게 청구할 수 있다. 이 경우에는 이로(離路)로 보지 아니한다. 이 조항은 선박이 준수하여야 할 여러 가지 법규를 열거하고 있다. 전쟁위험에 직면하여 용선계약의 이행과 관련된 당사자간의 법률관계를 규정한 조항이다. 전쟁위험의 유무에 관한 판단은 선박소유자 선장이 하며, 전쟁위험이 있는 경우 선박소유자는 용선계약의 해제, 계약이행의 부분거절, 안전항구 지정요구를 할 수 있다. 선박소유자는 전쟁위험이 있는 항로의 이용을 거절하고 안전항로와 안전항구를 임의로 선택할 수 있으며, 이로 인한 추가비용을 용선자에게 청구할 수 있다. 이 경우에는 이로(離路)로 보지 아니한다. 이 조항은 선박이 준수하여야 할 여러가지 법규를 열거하고 있다.

제18조 일반결빙 조항

선적항

(a) 선박이 최종항으로부터 항행할 준비가 되어 있는 때, 항해도중의 어느 때, 또는 선박의 선적항 도착시 또는 선박이 선적항 도착후 결빙이 시작된 경우에 선장은 선박의 동결을 우려하여 화물없이 출항할 권리가 있다. 이 경우 이 용선계약은 무효가 된다.

(b) 선적 중 선장이 선박의 동결을 우려하여 출항이 적당한 것으로 판단하는 경우에는 선적된 화물만 가지고 발항할 수 있으며, 이 경우, 선박소유자의 이익을 위하여, 어느 항구에서나 그리고 양륙항을 포함하여 어느 항구로 향하는 화물이든지 간에, 이를 선박에 채워 선적할 수 있는 선택권을 가진다. 이 용선계약에 의하여 선적된 일부 화물은 선박의 비용으로 목적지에 운송되지만 대가로 운임을 수령한다. 다만, 추가비용은 용선자에게 부담시키지 않고, 운임은 인도된 수량에 따라 정하여지고 (총액운임제인 경우에는 비례하여) 모든 다른 조건은 이 용선계약에 따른다.

(c) 선적항이 1개 이상이고, 그 1개 또는 그 이상의 항구가 결빙으로 폐쇄된 경우 선장이나 선박소유자는 사용중인 항구에서 화물의 일부를 선적하고 (b)항에 따라 다른 항구에서 선박소유자의 계산으로 화물을 채워 싣든지 또는 용선자가 상용중인 항구에서 화물전량 선적에 합의하지 않는 경우에는 이 용선계약을 무효로 선언할 권리를 가진다.

양륙항

(a) 결빙으로 인하여 선박이 양륙항에 도달할 수 없는 경우 용선자는 항해재개시까

지 선박을 대기시키고 체선료를 지급하거나, 또는 결빙으로 인한 지체의 위험이 없이 안전하게 양륙할 수 있고, 즉각 접근이 가능한 안전항구로 회항할 것을 지시할 수 있는 선택권을 가진다. 이러한 지시는 선장이나 선박소유자가 목적항 도달불능을 용선자에게 통지한 때로부터 48시간 이내에 하여야 한다.

(b) 양륙도중 선장이 선박의 동결을 우려하여 출항이 적당한 것으로 판단하는 경우 선장은 선적되어 있는 화물을 가지고 발항하여 안전양륙이 가능한 최근접항구로 회항할 수 있다.

(c) 안전항구에서 화물을 인도하는 경우 선화증권상의 모든 규정이 그대로 적용되며, 선박은 본래의 목적항에서 양륙이 이루어진 것과 똑 같이 용선료를 수령한다. 다만 대체항구까지의 거리가 100해리를 초과하는 경우에는 대체항구에서의 화물인도에 대한 용선료를 거리비율에 따라 증액하여야 한다.

선적항 · 양륙항의 결빙에 대비한 규정이다. 선적항의 결빙으로 선박이 선적이전에 출항하는 경우에는 용선계약이 무효가 되며, 화물의 일부만 선적후 출항하는 경우, 선박소유자는 다른 화물을 추가 선적할 수 있고, 이 경우의 운임은 인도된 화물의 수량에 따라 결정한다. 양륙항 결빙시 용선자는 체선료를 지급하고 선박을 대기시키거나 안전항구로 회항할 것을 지시할 수 있다. 화물의 양륙도중 결빙이 되는 경우 선장은 선적된 화물을 가지고 최근접안전항구로 발항할 수 있다.

第19조 준거법

이 계약의 준거법은 한국법으로 한다.

이 용선계약의 준거법을 한국법으로 명시한 규정이며, 이는 국내용선뿐만 아니라 국제용선의 경우에도 적용된다. 그러나 국제용선계약에 있어서는 당사자간의 합의가 있으면 다른 나라의 법률을 준거법으로 지정할 수도 있다.

第20조 중재/재판관할

(a) 이 계약으로부터 또는 이 계약과 관련하여 또는 이 계약의 불이행으로 말미암아 당사자간에 발생하는 모든 분쟁, 논쟁 또는 의견차이는 대한민국 서울에서 대한상사중재원의 중재규칙 및 대한민국법에 따라 중재에 의하여 최종적으로 해결한다. 중재인(들)에 의하여 내려지는 판정은 최종적인 것으로 당사자 쌍방에 대하여 구속력을 가진다.

(b) 이 계약으로부터 발생되는 모든 분쟁의 본안에 관한 제1심 재판의 관할은 서울중앙지방법원의 전속관할로 하기로 한다.

참고 : (a)항 및 (b)항은 선택적임. 두 조항 중에 적용되지 않는 조항은 삭제할 것. 모두 삭제되지 않은 경우에는 (a)항을 적용함.

용선계약상의 분쟁해결은 당사자간의 합의에 따라 중재 또는 본안소송을 모두 이용할 수 있으므로 양자 (a)(b)중 한 가지를 선택하고, 나머지를 삭제하여야 한다. 그러나 양자 모두가 삭제되지 아니한 경우에는 대한상사중재원의 중재에 의하는 것으로 본다.

표준 항해용선 계약서(앞면 1)

<table>
<tr><td rowspan="2">1. 선박중개인</td><td>이 표준항해용선계약서는 Baltic and International Maritime Council Uniform General Charter, GENCON 1994를 모델로 하여 작성한 것임.</td></tr>
<tr><td>2. 장소 및 일자</td></tr>
<tr><td>3. 선박소유자/영업소(1조)</td><td>4. 용선자/영업소(1조)</td></tr>
<tr><td>5. 선박명(1조)</td><td>6. 총톤수/순톤수(1조)</td></tr>
<tr><td>7. 재화중량톤수(DWT) 하계만재흘수선 미터-톤 (개략)(1조)</td><td rowspan="2">8. 선박의 현재위치(1조)</td></tr>
<tr><td>9. 선적준비예정일(1조)</td></tr>
<tr><td>10. 선적항 또는 장소(1조)</td><td>11. 양륙항 또는 장소(1조)</td></tr>
<tr><td colspan="2">12. 화물(1조) 만약 합의하였다면, 선박소유자의 선택권이 있는 수량과 여유분이라고 기재하고, 화물의 중량과 용적의 최대한 적재가 합의되지 않았다면 "부분화물"이라고 기재</td></tr>
<tr><td>13. 용선료(선지급 또는 착지급 기재)(4조)</td><td>14. 용선료의 지급(통화, 지급방법, 수령인, 은행계좌 기재)(4조)</td></tr>
</table>

표준 항해용선 계약서(앞면 2)

<table>
<tr><td>15. 선박의 화물처리장치사용여부(5조)</td><td rowspan="4">16. 정박기간 (선적과 양륙의 별도정박기간 합의시 a)와 b)기재, 선적과 양륙의 통산정박기간 합의시 c)만 기재)(6조)

(a) 선적기간

(b) 양륙기간

(c) 선적 · 양륙의 통산정박기간</td></tr>
<tr><td>17. 선적의뢰인/ 영업소(6조)</td></tr>
<tr><td>18. 대리인(선적)(6조)</td></tr>
<tr><td>19. 대리인(양륙)(6조)</td></tr>
<tr><td rowspan="2">20. 체선료 및 지급방법(선적 및 양륙)(7조)</td><td>21. 계약해제일자(9조)</td></tr>
<tr><td>22. 공동해손정산장소(12조)</td></tr>
<tr><td>23. 용선료세금(선박소유자계산 기재)(13조c)</td><td rowspan="2">24. 중개수수료 및 수령인(15조)</td></tr>
<tr><td rowspan="2">25. 준거법(19조) 및 중재/재판관할(20조)
준거법 한국법

중재/재판관할 a)와 b)중 하나를 삭제
a) 대한민국서울 : 대한상사중재원
b) 대한민국서울 : 서울중앙지방법원</td></tr>
<tr><td>26. 합의된 특약조항</td></tr>
<tr><td colspan="2">이 계약은 제1부와 제2부로 구성되는 이 용선계약서에 규정된 조건에 따라 이행할 것을 상호 합의한다. 규정조건이 상충되는 경우에는 그 상충의 범위 내에서 용선계약서 제1부의 규정이 제2부 규정에 우선하는 것으로 한다.</td></tr>
<tr><td>서명(선박소유자)</td><td>서명(용선자)</td></tr>
</table>

석탄용 항해용선 표준계약서(뒷면)

본 석탄용항해용선표준계약서(KORCOAL 2006)는 Americanized Welsh Coal Charter(약칭 AMWELSH93)를 참고하여 작성한 것으로 석탄 및 광탄선의 용선에 이용할 수 있는 표준 용선계약서이다. 이 용선계약서에는 일반 항해용선계약에 필요한 조항으로써 선적항. 양륙항, 선적 및 양륙기간, 운임 등의 내용을 포함하고 있는 외에 운송물과 지역의 특수성을 반영한 중량조항, 결빙(얼음)조항 등이 포함되어 있다. 그리고 통상적인 계약조항인 쌍방과실충돌조항, 뉴 제이슨 조항, 전쟁조항 등도 규정하고 있다. 이하에서는 계약조항의 내용과 간략한 취지를 서술한다.

본 석탄용항해용선표준계약서는 AMWELSH93과 그 내용이 대동소이하다. 본 계약서의 제32와 제33조는 AMWELSH93의 제32조를 대체하는 것이다. 따라서, 만일 본 계약서의 영문본을 만들고자 한다면 AMWELSH93에서 제32조를 삭제하고 본 해설의 제32조와 제33조에 기재된 영문조항을 추가하면 될 것이다.

본 문

이 용선계약서는 0000년00월00일에 기국의 톤의 선박의 소유자와 어느 용선자 간에 체결된 것이다.

1. 선적항/ 양륙항

상게 선박은 견고하며, 항해에 적합하게 시설을 갖추고, 적절한 속력을 낼 수 있으며, 로 향하고 상시 부양하여야 한다. 그리고 용선자로부터 관습적인 방법에 의하여, 용선자가 지시하는 안전한 선석에서 2240 파운드(Ibs)/1,000킬로그램을 1톤으로 하는 석탄 톤(선박소유자의 선택에 따른 %의 증감)* 의 완전한 석탄화물을 제공하여야 한다. 또는 선박이 안전하게 도착할 수 있는 가까운 곳에서, 선하증권의 운송물의 수량으로써 2240파운드/1,000킬로그램을 1톤으로 하는 톤당 US$의 비율로 운임을 받는 것을 조건으로, 용선자가 지시하는 대로 선박이 항시 부양하여, 운송물을 안전하게 인도할 수 있는 곳에서 운송물을 인도한다.

* 계약 체결 시 적절하게 삭제할 수 있음.

2. 운임지급

운임은 과 같이 지급되어야 한다.

3. 통지 및 선적항지정

선장은 용선자에게 (전신주소 " ", 텔렉스 번호 , 팩스번호) 및 선박의 선적준비기일, 선적에 요구되는 대략적인 운송물의 양을 일 내에 통지하여야 한다. 이 예정일에 변경이 있는 때에는 선장이 이를 안 경우에는 어떤 형태의 전신수단에 의하여 용선자에게 연락하여야 한다. 용선자는 선장으로부터 일전의 통지를 받은 때에는 사전(조기)에 통지하지 않는 한, 바로 최초의 유일한 선적항을 통지하여야 한다.

4. 양륙항 지정

선장은 선박이 도착하기 96시간 전에 최초의 또는 유일한 양륙항의 지정을 받기 위하여 전신의 형태에 의하여 용선자에게 의뢰하여야 한다. 그리고 용선자는 선장의 신청서를 수령한 때로부터 48시간 이내에 선장에게 양륙항을 통지하여야 한다.

5. 정박기간/해제

선적을 위한 정박기간은 월 일 08:00시 이전에는 개시되지 않는다. 선박의 준비완료 통지가 월 일 17:00시 이전에 제6조에 따라서 행하여지지 않았다면, 용선자는 상게 통지가 있은 후 1시간 이내에 이 용선계약을 해제할 선택권을 갖는다. 그 취소일자는 용선자가 제3조에 규정된 선적항의 지정통지를 하지 못한 때에는 그 날만큼 연장되어야 한다. 그러나, 이는 선박소유자의 지연손해에 따른 청구권을 침해하는 것은 아니다. 만약 선박소유자가 그의 주의의무를 다하였음에도 불구하고, 선박이 그 (용선계약) 해제일자까지 선적준비완료통지를 제공하지 못할 경우에는 그리고 선박소유자가 합리적이며 확실하게 선박의 선적 준비일을 지정할 수 있는 경우에는, 선박소유자는 선박이 선적항 또는 선적지를 향하여 출항하기로 예정된 날의 가장 가까운 7일 내에 용선자에게 이 용선계약을 해제할 것인지 여부를 고지하도록 요구할 수 있다.

용선자가 용선계약을 해제하지 않기로 선택하거나 또는 7일 이내에 또는 해제일자까지 어느 쪽이 먼저 발생하든지 간에 용선계약의 해제여부를 회신하지 못한 경우에는 선박소유자가 통지하였던 선적준비완료예정일의 7일 후의 날이 새로운 해제일자가 된다. 선박이 다시 지체된 경우에는 선박소유자는 이 조항에 따라서 용선자의 추가적인 회답을 요구할 권리를 갖는다.

6. 기간 계산

(a) 최초의 또는 단일한 항구에서 선박의 선적 및 양륙준비완료통지는 금요일 오전 08:00시와 오후 17:00시 사이에 그리고 토요일 오전 08:00시와 12:00시 사이에 용선자에게 서면으로 행하여져야 한다. 만약 선박의 선적 또는 양륙이 보다 일찍 시작되지 않은 경우에는, 정박시간은 선적준비완료통지가 있은 지 12시간 이후 에 개시한다. 그러한 준비완료통지는 만약 선적 또는 양륙 선석(berth)이 이용가능하다면, 선박이 그러한 선석에 도착하여모든 면에서 화물의 선적 또는 양륙준비가 완료된 때에 제공되어야 한다. 다만, 선석이 선박의 도착 시에 이용이 불가능한 경우에는, 선장은 항계 내에 있는 대기용 선석 또는 정박지(lay berth or anchorage)로부터 이러한 통지를 할 수 있다.

(b) 만약 선박이 최초의 선적 또는 양륙정박지 또는 선석을 이용할 수 없는 관계로 제한된 항구에 입항하는 것이 금지된 경우, 또는 용선자의 지시나 어느 권한 있는 행정관청의 지시로 그렇게 된 경우 및 당해 선박이 물리적으로 모든 면에서 선적 또는 양륙준비가 되어 있음을 선장이 보증한 경우에는, 선장은 검역허가가 있는지 여부를 묻지 않고 또는 세관이 입항절차를 완료하였는지 여부를 묻지 않고, 요청이 있는 경우에는 항계 밖에 있는 통상적인 정박지로부터 무선으로 통지를 제공할 수 있다. 만약 선박이 항계 내에 입항 한 후에 준비완료가 되지 않은 것으로 판명된 경우에는 그 판명된 때로부터 상실기간은 선박이 준비완료가 될 때까지 정박기간 또는 체선기간으로 계산되어서는 아니 된다.

(c) 일단 선적 또는 양륙 선석이 이용가능하게 된 때에는 정박기간 또는 체선기간은 선박이 선석에 들어갈 때까지 중단된다. 그리고 이동비용은 선박소유자의 계산으로 한다.

(d) 연속된 항구- 두 번째 혹은 차후의 연이은 선적항 또는 양륙항에서의 정박기간 또는 체선기간은 제 (a)호에서 규정한 바에 따라 선박이 선적 선석 또는 양륙 선석에 도착한 때부터 또는 이용이 불가능한 경우에는 항계의 안 또는 밖에 도착한 때부터 계산이 재개된다.

7. 정박기간

(a) 선박은 1일당 1000킬로그램을 1톤으로 하는 평균 톤의 비율로, 1일 미만은 시간에 대한 비율로, 연속 24시간을 1일로 하여 일(러닝데이) 이내에, 일기가 허용되는 한 일요일 및 공휴일을 제외하고/포함하는 조건으로* 선적하고, 1일 당 1000킬로그램을 1톤으로 하는 평균 톤의 비율로 1일 이내에 또는 연속 24시간을 1일로 하여, 일기가 허용되는 한, 일요일 및 공휴일을 제외하고/포함하는* 조건으로 양륙한다.

* 적절하게 삭제한다.

기간통산

(b) 선박은 선적 및 하역 시에 일요일 및 공휴일을 제외하고/포함하여* 일기가 허용되는 한 24시간 연속된 시간동안 일 이내에 선적 및 하역이 이루어져야 한다.

(c) 제외된 기간 동안 선적 및 하역에 사용된 시간은 만약 그러하다면 정박기간으로 계산되어야 한다.

취소할 수 없는 정박기간

(d) 선적과 하역을 위한 별도의 정박기간이 있는 경우에는 선적기간은 취소할 수 없다.

(* 표는 수정가능 문구임)

8. 면책사유

선박소유자는 항해의 전과 시작 시에 선박감항능력을 담보하며, 선박에 적절하게 선원을 승선시키고, 장비를 갖추며 보급품을 공급할 책임을 부담한다. 선박, 선장 또는 선주는 헤이그 규칙, 또는 헤이그 비스비 규칙의 적용이 있는 경우에, 이들 규칙에 의하여 규정된 면책사유로 인하여 운송물의 멸실 또는 훼손, 지연에 대하여 책임을 지지 않는다.

선박, 선장 또는 선주, 용선자는 이 용선계약서에 달리 명시적으로 규정하지 않는 한, 다음의 사유로 인하여 발생한 운송물의 멸실, 훼손 또는 인도, 선적, 양륙실패에 대하여 책임을 지지 않는다.

천재, 전쟁행위, 공적행위, 해적 또는 강도; 군주 통치자 및 인민에 의한 체포 또는 압류; 입·출항금지; 만약 선박 또는 운송물의 해방을 위하여 보증장이 신속하게 제공된 경우 법적절차에 의한 압류; 홍수; 결빙; 안개; 화재; 봉쇄; 폭동; 반란; 시민소요(동요); 지진; 폭발; 충돌; 좌초 및 항해사고; 기계 또는 선적설비의 사고; 또는 선주나 용선자의 지배를 벗어나는 기타 다른 원인; 항상 그러한 사고가 이 용선계약 하에서 직접적으로 선박의 선적 및 양륙절차 와 그 이행에 영향을 미치는 것을 조건으로 한다.

9. 파업

운송물, 탐광 또는 이 선박으로부터 선적되거나 양륙될 운송물이 필수적인 내륙운송과 관련된 사람(직원) 그리고 실질적인 선적 및 양륙작업을 포함하여 처음부터 또는 운송물의 실질적인 선적 및 양륙에 핵심적으로 관련된 사람들에 의한 파업과 공장폐쇄로 인하여 운송물의 선적 또는 양륙에 직접적으로 영향을 미치는 선박의 시간손실이 있는 경우, 만약 상기의 사건이 용선계약 시에 존재하지 않았다면 정박기간의 절반은 그러한 기간에 계산되어야 한다.

만약 그러한 파업 또는 공장폐쇄가 계속되는 기간 동안에, 선박이 체선되었다면, 파업 또는 공장폐쇄가 종료할 때까지의 체선료에 대하여는 제10조에서 규정된 비율의 절반으로 지급되어야 한다; 선박이 파업 발생 전에 이미 체선상태에 있지 않는 한, 완전한 체선은 전 기간에 대하여 지급되어야 한다.

10. 체선/조출

체선이 발생한 경우, 선적항 또는 양륙항에서, 용선자는 선주에게 1일당의 비율로 또는 하루의 어느 부분에 대한 비율로 비용을 지급하여야 한다. 조출료는 선주가 용선자에게 절약된 모든 정박기간에 대하여 체선요율의 반액으로 지급하여야 한다.

11. 선적 및 양륙비용

운송물은 선장의 감독 하에 선박의 위험 및 비용지출 없이 용선자/수령자의 부두노동자에 의하여 선적 및 양륙이 이루어져야 한다. 만약 부두노동자가 선장의 지시를 따르지 않은 경우에는 선장은 그들에게 서면으로 이의를 제기하고 용선자에게 그러한 사항을 즉시 알려야 한다.

12. 작업시간초과

(a) 비용

(i) 선적항 및 양륙항에서 모든 작업시간초과수당(비용)은 동일 신청당사자의 계산으로 한다.

(ii) 만약 작업시간초과가 항만당국에 의해서 또는 선적터미널이나 양륙터미널 또는 시설을 관리하는 당사자의 요청에 의하여 생긴 경우에는, 모든 작업시간초과비용은 선주 및 용선자/수령자간에 공평하게 부담되어야 한다.

(iii) 선박의 사관 및 선원에 대한 시간초과수당은 항상 선주의 계산으로 한다.

(b) 시간 계산

선주의 지시로 시간초과작업이 정박기간으로부터 제외된 기간 동안에 이루어진 경우에는 그 실제 사용된 시간이 계산되어야 한다; 만약 용선자/수하인의 지시에 의하여 그렇게 된 경우에는, 실제 사용된 시간은 계산되지 않아야 한다; 만약 항만당국 또는 선적터미널 및 하역터미널 또는 시설을 관리하는 당국의 지시에 의하여 이루어진 경우에는 그 실제시간은 계산되어야 한다.

13. 해치(창구)의 개방과 폐쇄

선적 및 양륙의 개시와 완료시에 해치의 개방과 폐쇄는 선주의 비용부담으로 하여야 하며, 이를 위하여 사용된 시간도 계산되어서는 아니 된다. 모든 다른 경우의 해치 개방과 폐쇄는 용선자의 계산으로 하고, 거기에 사용된 시간도 계산되어야 한다.

14. 감항성 균형(堪航性 均衡)유지

용선자는 선적 선석/항구 및 양륙 선석/항구 사이에 있는 동안에 선장이 만족하도록 선박을 감항성 균형을 유지하고, 안전하게 운송물을 선상에 적부하여야 한다.; 그에 따른 어떠한 비용도 용선자의 부담으로 하고 사용된 시간도 계산된다.

15. 이동

하나 이상의 선석에서 선적 및 양륙을 하기로 계약한 경우에는 사용된 연료유 비용을 포함하여 이동비용은 용선자의 계산으로 하고, 소요된 시간도 계산한다.

16. 부선료

만약 선박이 도착 후 첫 조류에 도달하려는 지역이 해수가 부족한 지역에 양륙이 요청된 경우, 부선행위 없이는 항상 바다에 떠있는 상태가 될 수 없는 경우에는, 정박기간은 안전한 정박 또는 부선행위지에서 제6조에 따라 그러한 장소를 향하는 유사한 규모의 선박을 기준으로 하여 계산되어야 하며. 선박이 양륙지에 도착할 수 있도록 하기 위하여 발생된 부선료는 비록 반대의 항만관습이 있는 경우에도 용선자의 계산으로 하여야 한다. 부선행위지로부터 양륙 선석까지 과정에서 소요된 시간은 정박기간 또는 체선기간으로 계산되지 않는다.

17. 대리점

선박은 선적항에서는 대리점에게 위탁되고, 양륙항에서는 대리점에게 위탁된다

18. 운송물에 대한 특별보험료

선령, 선급, 기국 또는 소유권으로 인하여 발생된 어떠한 운송물에 대한 특별(추가) 보험료도 최대 한도까지 선박소유자이 부담으로 되어야 하며, 용선자의 선택에 따라 운임으로부터 공제될 수 있다. 용선자는 그러한 공제를 할 수 있는 근거가 되는 납입증거를 제시하여야 한다.

19. 하역노동자의 손해배상

(a) 하역노동자에 의하여 발생된 모든 손해는 선박소유자와 하역노동자 사이에서 해결한다.

(b) 선박소유자는 하역노동자가 법적으로 책임을 지는 손해에 대하여 하역노동자로부터 배상을 만족스럽게 얻지 못한 경우에는 용선자는 지급기한이 도래한 미지급금액을 선박소유자에게 보상하여야 한다.

20. 이로

만약 선박이 인명 또는 재산을 구하기 위하여 이로하였거나 또는 합리적인 이로를 한 경우에는, 그러한 이로는 이 용선계약의 위반 또는 침해로 간주되지 않는다. 그리고 선주는 만약 그로 인하여 발생한 멸실 또는 훼손에 대하여 책임을 지지 않는다. 그러나 만약 이로가 선적 또는 하역운송물 또는 여객을 위한 목적인 경우에는 그것은 불합리한 것으로 추정된다.

21. 유치권

선박소유자는 운임, 공적운임, 체선료 및 용선계약에 기인하여 선박소유자에게 지급하여야 할 공동해손 분담금에 관하여 운송물위에 유치권을 갖는다.

22. 선화증권

선화증권은 도크 또는 철도 중량에 의하여 작성되어야 하며, 이 용선계약에 따른 중량부지, 운임 및 모든 조건으로 선장, 대리인 또는 선박소유자에 의하여 배서되고 선박에 운송물이 선적된 이후 24시간 이내에 용선자 또는 송하인의 사무실에서 서명되어야 한다. 선장은 선적된 운송물의 중량이 철도중량증명서에 따른 것이라는 것을 기재한 증명서에 서명하여야 한다. 용선자는 어떤 중량부족이 발생하더라도 선주에게 손해가 없다는 것을 보증한다.

23. 그랩(Grab) 양륙

어떤 운송물도 그랩에 의하여 접근하기 어려운 운송물구획설비에 선적되어서는 아니 된다. 그랩(Grab)은 크레인에 부착하여 광석, 석탄, 곡물 등의 운송물을 양적하는 기구로써, 본조는 이를 사용할 수없도록 되어 있는 운송물 선적설비의 사용을 금지하는 취지의 규정이다.

24. 책임제외조항

이 용선계약은 다음과 같은 조건으로 발행된 모든 선하증권에 포함되어 있는 조항에 따른다.

(a) 지상약관(파라마운트 조항)*

이 선하증권은 미국 해상물건운송법, 헤이그규칙, 헤이그 비스비 규칙 기타 선하증권 발행지 또는 목적지에 있어서 강행법으로 적용되는 동종의 국내법 조항에 따라서 효력을 가지며, 그러한 조항이 이 선하증권에 삽입된 것으로 본다. 그리고 이 선하증권에서 규정하고 있는 어떠한 규정도 위의 법에 기초한 운송인의 권리 또는 면책특권을 포기하거나 또는 책임 또는 의무를 가중시키는 것으로 간주되어서는 아니 된다. 만약 이 선하증권의 문언이 위의 법과 저촉되는 경우에는 그 문언은 그러한 한도 내에서 무효가 된다.

(b) 신 쌍방과실충돌조항

본 선박(운송선)이 다른 선박의 과실 및 본 선박의 항해 또는 관리에 관하여 선장, 해원, 도선사 또는 선박소유자의 사용인의 행위, 과실 또는 부주의로 인하여 다른 선박과 충돌한 경우에, 이 용선계약에 따라서 운송되는 운송물의 소유자는 그 다른 선박 즉 비운송선 또는 그 선박소유자에 대한 용선 선박소유자의 모든 손해 또는 채무를 보상한다.

다만, 그러한 손해 또는 채무는 다른 선박 즉 비운송선 또는 그 선박의 소유자로부터 위 운송물 소유자에게 지급하였거나 지급하여야 할 용선 선박상의 운송물 소유자의 운송물의 멸실, 훼손 또는 일체의 손해배상청구이고, 다른 선박 즉 비운송선 또는 그 선박의 소유자가 운송선 또는 운송선박의 소유자에 대한 자기의 구상권의 일부로써 상계, 공제 또는 회수할 수 있는 범위의 것을 한도로 한다.

(c) 뉴 제이슨 조항

항해를 시작하기 전 또는 후에 어떠한 원인의 결과이든지 또는 과실에 의한 것인지를 묻지 않고 발생한 사고, 위험, 손해 또는 재해가 발생하고 그 원인 또는 그 원인의 결과에 대하여 해상운송인이 법률, 계약 또는 기타에 의하여 책임을 지지 아니하는 경우에, 운송물(소유자), 송하인, 수하인 또는 하주는 공동해손의 성질을 가진 어떠한 희생, 손실 또는 비용에 대하여 해상운송인에게 지급(분담)하여야 하고, 운송물과 관련하여 발생한해난구조료 및 특별비용도 해상운송인에게 지급하여야 한다.

만일 해상운송인이 구조선을 소유하고 운항하는 경우에도 그 구조선이 제3자의 소유에 속하는 경우와 같이 구조료 전액을 지급하여야 한다. 운송물, 송하인, 수하인 또는 화주는 만일 요구가 있으면, 해상운송인 또는 그 대리인이 운송물의 견적 분담금, 모든 구조료 및 특별비용을 보상할 수 있는 정도의 충분한 금액을 운송물을 인도하기 전에 해상운송인에게 예치하여야 한다.

(d) 연료유보상조항

선박은 모든 다른 자유에 더하여 용선계약의 일부로써 그리고 어떤 단계에서든지 용선계약에서 정한 선적항 혹은 양륙항으로 직항하는 항로인지 관습적 항로인지를 묻지 않고 선박소유자의 재량으로써 연료유양이 용선된 항해를 위하여 필요한지 또는 필요하지 아니한지 묻지 않고 연료유를 운송할 수 있는 연료유탱크 및 다른 설비로 일정양의 연료유를 급유하기 위하여 항구로 들어갈 수 있는 자유를 갖는다.

25. 얼음조항

선적항

(a) 만약 선박이 항해 중에 어느 때든지 또는 도착 시에 또는 결빙이 도착 후에 생긴 경우에 최종 항으로부터 항해준비가 되어있을 때 얼음 때문에 선적항에 도달할 수 없는 경우에 선장은 선박이 얼어붙을 경우를 대비하여 운송물 없이 떠날 자유가 있다. 그러한 경우에 이 용선계약은 무효로 된다.

(b) 만약 선적 중에 선장이 선박의 결빙을 염려하여, 출항하는 것이 바람직하다고 간주되는 경우라면, 선장은 선주의 계산으로 양륙항을 포함하여 어느 항구에라도 운송물을 선상에 적재한 상태로 그렇게 할 자유를 가지며 어느 다른 항구로 항해할 자유를 가진다.

이 용선계약에 의하여 선적된 어떤 운송물 부분도 합의된 운임의 지급에 대하여 선박의 비용으로 목적지로 운송되어야 하며, 만약 아무런 추가비용이 수하인에게 발생되지 않는 것을 조건으로, 운임이 인도된 운송물의 양으로 지급된 경우(총액인 경우 비율로), 모든 다른 조건은 용선계약의 조건에 따른다.

(c) 선적항이 하나 이상인 경우에 만약 얼음으로 하나 이상의 항구가 폐쇄되었다면, 선장 또는 선주는 개항항구에서 운송물 일부를 선적하거나, 선주의 계산으로 (b)호에 따라 다른 곳에서 선적하거나 또는 용선자가 개항항구에서 운송물 전체를 선적하는데 동의하지 않는 한 용선계약이 무효임을 선언할 수 있다.

항해 및 양륙항

(d) 선박이 얼음 때문에 양륙 항에 도달하는데 방해를 받는 경우, 용선자/수령자는 선박을 항해의 재개

시까지 기다리게 하고 체선료를 지급할 것을 선택하거나 또는 선박이 안전하고 즉시 접근할 수 있는 그리하여 얼음으로 억류될 위험이 없이 안전하게 양륙할 수 있는 항구로 가도록 지시할 수 있는 선택권을 갖는다. 그러한 지시는 선박소유자 또는 선장이 용선자/수하인에게 목적항의 도달불가능을 통지한 후 48시간 이루어져야 한다.

(e) 만약 운송물을 양륙하는 동안, 선장이 선박의 결빙을 염려하여 출항하는 것이 합리적인 것으로 간주되는 경우에는 선장은 운송물이 선적된 채로 그렇게 할 자유를 갖는다. 그리고 가장 가까운 안전하고 접근할 수 있는 항구로 항해할 자유를 갖는다. 그러한 항구는 가능한 한 빨리 용선자/수하인에 의하여 지명되어야 하며, 선장이 그러한 항구를 선택하는데 실패한 경우, 선박소유자의 대체양륙항의 지명요청을 수령한 때로부터 일요일 및 공휴일을 제외하고 늦어도 24시간을 넘지 않아야 한다.

(f) 그러한 항구에서 운송물의 인도 시에, 선하증권 상의 모든 조건이 적용되어야 하고 마치 선박이 본래의 목적항에서 양륙한 것처럼, 선박소유자는 동일 운임을 수령한다. 만약 대체항까지의 거리가 100항해마일을 초과한 경우에는 그 항구에서의 인도운송물에 대한 운임은 비례적으로 증가되어야 한다.

26. 공동해손

공동해손은 1990년에 개정된 요크앤트워프 규칙이 적용되거나 또는 수정조항이 적용된다.

27. 전쟁위험

1. 선장 또는 선박소유자가 그의 재량으로 입항하는데 위험하거나 불가능하다고 생각되는 어떤 항구에서, 또는 어떤 봉쇄된 항구에서 선장은 선하증권의 서명이 요구되거나 서명할 책임이 없다.

2. (A) 만약 전쟁, 호전행위, 전투 활동, 시민전쟁, 시민소요, 혁명 또는 국제법의 적용으로 인하여, (a) 선적항 또는 양륙항에 입항 또는 그러한 항구에서의 운송물의 선적 또는 양륙이 선장 또는 선박소유자에 의하여 그의 판단에 따른 때 위험한 것으로 간주되는 경우나 또는, (b) 선장 또는 선박소유자에 의하여 그의 재량 판단으로 선박이 그러한 선적항 또는 양륙항에 도달하는 것이 위험하거나 또는 불가능한 것으로 판단되는 경우에는, 용선자는 운송물 또는 그 일부를 어느 다른 안전한 선적항 또는 양륙항에 용선계약상에 규정된 선적항 또는 양륙항의 범위 내에서 다른 안전한 선적항 또는 양륙항에 선적 또는 양륙되도록 영향을 미칠 수 있다(그 다른 항구가 봉쇄되지 않았거나 또는 그 입항 또는 운송물의 선적, 양륙이 선장이나 선박소유자의 재량판단에 의할 때 위험하거나 금지되지 않은 것을 조건으로 한다).

용선자 또는 그의 대리인이 선박소유자로부터 대체항의 지명요청을 수령한 후, 48시간 이내에 양륙항에 관하여 용선자로부터 지시가 없는 경우, 선박소유자는 자신이나 선장의 재량으로 판단하여 어느 안전항구에 운송물을 양륙할 자유를 갖는다(용선계약의 규정상으로 정해진 양륙항의 범위 내인지 여부는 묻지 않는다). 그리고, 그러한 양륙은 운송물의 양륙에 관한한 계약 또는 용선계약의 성실한 이행으로 간주된다. 용선계약의 규정상으로 정하여진 선적항 또는 양륙항의 범위 내에 있는 다른 항구에서 운송물의 선적 또는 양륙이 이루어진 경우에는, 그 용선계약은 마치 수행된 항해가 원래 의도된 대로 행하여진 것처럼 운임 및 모든 다른 조건에 관하여 해석되어야 한다. 그러나 선박이 운송물을 용선계약 규정에 따른 양륙항의 범위 밖의 항구에서 양륙을 한 경우에도 운임은 원래 목적한 항해의 경우와 마찬가지로 지급되어야 한다. 그리고 실제 양륙항에 도달하기 위하여 소요된 모든 추가 비용은 용선자 또는 운송물 소유자가 지급하여야 한다. 이 후자의 경우에 선박소유자는 그러한 특별비용에 관하여 운송물에 대한 유치권을 갖는다.

3. 선박은 출항, 도착, 항로, 기항항, 정지, 방향, 구역, 수로, 인도 또는 기타 다른 방법에 관하여 기국정부 또는 다른 정부 또는 지방관청, 또는 정부나 선박에 관한 전쟁위험보험조건하에서 그러한 지시나 권고를 줄 수 있는 권리를 가진 위원회나 개인에 의하여 행하여진 어떤 지시 또는 권고에 따를 자유를 갖는다. 만약 그러한 지시나 권고에 따른 것으로 인하여 어떠한 일이 이루어지거나 어떠한 일이 이루어지지 않는 경우, 그러한 것은 이로로 간주되어서는 아니 된다.

만약 그러한 지시 또는 권고로 인하여, 선박이 본래 목적한 양륙항에 들어가지 못한 경우 또는 선박이 선하증권 조건에 따라서 지시를 받은 경우, 운송물의 양륙에 관하여 선박은 선장 또는 선박소유자가 그의 재량으로 결정한 어느 안전한 양륙항에 입항할 수 있다.

그러한 양륙은 계약 또는 용선계약의 성실한 이행으로 간주된다. 그리고 선박소유자는 마치 양륙이 원래 목적하였던 항구에서 행해진 것처럼 또는 선박이 선하증권의 조건에 따라서 지시를 받은 것으로 보아서 운임에 대한 권리를 갖는다. 그러한 다른 양륙 항에서 이루어진 운송물 양륙과 도달에 관련된 모든 추가비용은 용선자나 운송물 소유자가 지급하여야 한다. 그리고 선박소유자는 그러한 비용과 운임에 관하여 운송물

위에 유치권을 갖는다.

28. 세금/ 관세

29. 양도
용선자는 선박소유자에게 이 용선계약을 성실히 이행할 것을 담보로 하여 다른 사람에게 용선계약의 일부 또는 전부를 양도할 권리를 갖는다.

30. 복하주선료(復荷周旋料)(Address Commission)
(선박이 멸실하였건 아니건 간에,) 총운임, 공적운임 및 체선료의 %에 해당하는 복하주선료는 이러한 운임 등이 지급되어야 하는 때에 용선자에게 지급된다. 용선자는 그의 지급대금으로부터 복하주선료를 공제할 권리를 갖는다.

31. 중개수수료(Brokerage Commission)
운임, 공적운임 및 체선료의 %에 해당하는 중개수수료는 선박소유자가 이러한 비용을 지급받는 때에 선박소유자로부터 에게 지급된다.
는 선주의 중개수수료 지급의무를 규정하고 있다.

32. 준거법
본 계약의 준거법은 한국법으로 한다.

33. 중재/ 재판관할
(1) * 이 계약으로부터 또는 이 계약과 관련하여 또는 이 용선계약의 불이행으로 말미암아 당사자간에 발생하는 모든 분쟁, 논쟁 또는 의견차이는 대한민국 서울에서 대한상사중재원의 상사중재규칙 및 대한민국 법에 따라 중재에 의하여 최종적으로 해결한다. 중재인(들)에 의하여 내려지는 판정은 최종적인 것으로 당사자 쌍방에 대하여 구속력을 가진다.
(2) * 본 계약으로부터 발생되는 모든 분쟁의 본안에 관한 제1심 재판의 관할은 서울중앙지방법원의 전속관할로 하기로 한다.
* 제33조 (1) 항 및 (2)항은 선택적임. 두 조항 중에 적용되지 않는 조항은 삭제할 것. 삭제되지 않는 경우에는 제33조 (1)항을 적용함.

3) 기간용선계약(time charter)

기간(정기)용선계약은 선복에 화물을 적재할 수 있는 설비 및 용구를 갖추고 선원을 승선시켜 장기간 해상을 운항할 수 있는 선박을 일정기간 용선화는 계약이다. 이때 용선자는 용선료 외에 연료비 · 입항세 · 운항비 등을 부담하고 용선주는 선원비 및 보험료와 같은 통상의 선비를 부담한다. 그리고 용선자는 다른 화주로부터 받은 운임과 용선료의 차액으로 이윤을 얻는다.

그래서 항해사항(선박의 조종, 항행)에 대하여는 선주의 비용과 책임으로 운항이 이루어지고, 상사사항(선적항과 양륙항의 지정, 화물의 수배 등)에 대하여는 정기용선자의 비용과 책임으로 운항이 이루어진다.

정기용선계약은 운송물의 운송의 전제가 되는 선박의 사용에 대한 약정이므로 선주는 운송물에 대한 주의의무를 부담한다는 등의 내용이 용선계약에는 찾아 볼수 없다. 일당 용선료가 지급되기 때문에 용선의 시작이 되는 선박의 인도에 대한 규정과 선주의 귀책사유로 인한 용선료 지급이 중단되어야 하는 사항(오프 하이어) 등에 대한 규정이 있다.

이 정기용선표준계약 서식은 모두(冒頭)에서부터 제44조까지는 NYPE 1993과 그 내용이 대동소이하다. 이 정기용선표준계약 서식의 제45조(준거법) 및 제46조(중재/재판관할)는 NYPE 1993의 내용을 대체하는 조항이다. 따라서 만일 이 정기용선표준계약 서식의 영문본을 만들고자 한다면 NYPE 1993에서 제45조를 삭제하고 이 해설판 제45조 및 제46조에 기재된 영문조항을 추가하면 될 것이다.

정기용선 표준 계약서(예)

이 정기 용선계약서는 년 월 일 에서 다음에 지정한 선박소유자 와 용선자 와 사이에 체결한다.

선박의 명세(Description of Vessel)

선명 국적 건조 년월일 선적항 및 선박번호 선급 해수 하기 만재흘수선의 흘수 에서 재화톤수 롱톤*/미터톤*(청수 및 선용품을 포함하여 화물 및 연료 롱톤*/미터톤*을 초과하지 않음). 용적은 곡물 입방피트, 또는 포대의 경우 입방피트, 총톤수 톤, 속력은 만재 항해 속력으로 양호한 날씨 조건에서 최대 풍력 뷰포트 지수 까지를 포함하여(연료 을 롱톤*/미터톤*을 소모하는 약 노트이다.

* 표시는 적절히 삭제한다.

선박 명세의 구체적인 추가 사항은 이 계약서의 부속서 A(Appendix A)를 참고할 것.

제1조 용선 기간

선박소유자는 본선의 인도시부터 기간 동안 항행구역의 범위 안에서 선박을 인도하고 용선자는 이것을 용선할 것을 약정한다.

> 제1조는 용선 기간에 대하여 정한다. 정기용선은 기간에 따라 용선료가 지급되므로 아주 중요한 의미를 갖는다.

제2조 선박의 인도

본 선박은 용선자가 자유롭게 처분할 수 있는 장소에 정박시켜야 한다. 선박은 인도시에 깨끗이 청소된 선창과 함께 화물을 수령할 준비가 되고, 수밀상태로 견고하여야 한다. 그리고 물밸러스트를 유지하며, 동시에 윈치를 작동시킬 수 있는 충분한 동력을 가지고 모든 면에서 통상적인 운송서비스에 적합하도록 하여야 한다.

선박소유자는 용선자에게 용선선박의 예상 인도일의 통지를 일 이전에 하여야 한다.

제3조 용선개시 및 종료시의 검사

계약 당사자는 별도의 합의가 없는 한, 용선선박을 인도 또는 반선하기 전에 각자의 비용으로써 검사원을 최초의 선적항/최후의 양륙항 보다 앞서 각각 선임하여 용선선박 내의 연료양과 용선선박의 상태를 확인하기 위하여 공동 용선개시 및 종료(온-오프 하이어) 검사를 실시하여야 한다. 각 검사원은 각 사항에 관하여 1통의 보고서를 작성하고 각자 서명하여야 한다. 그러나 검사원이 합의할 수 없는 사항을 기재한 별도의 보고서를 제출할 권리에는 영향이 없다. 만일 일방 당사자가 검사에 입회할 대표자를 선임하지 못하거나 또 공동검사 보고서에 서명할 수 없는 경우라고 하더라도, 그 당사자는 상대방 당사자가 작성한 검사 보고서의 조사 결과에 관하여 모든 면에서 구속을 받는다. 용선개시(온 하이어) 검사에 소요되는 시간은 용선자가 부담하고, 용선종료(오프 하이어) 검사에 소요되는 시간은 선박소유자가 부담한다.

제4조 위험 화물/면책 화물

(a) 용선선박의 선적국, 선적항과 양륙항의 국가, 및 용선선박이 반드시 통과하여야 할 중간국 또는 항의 관할청이 요구하거나 권고하는 방법에 따라서 운송할 경우를 제외하고, 용선선박은 모든 위험성, 유해성, 가연물 또는 부식성을 가진 물건을 제외하고 적법한 운송물의 운송에 사용할 수 있다. 위의 일반 규정에 영향을 미치지 아니하고, 특히 모든 종류의 산 동물, 무기, 탄약, 폭발물, 핵물질 및 방사능 물질의 운송을 추가 제외한다.

(b) 국제해사기구에서 지정한 운송물을 운송할 것을 합의한 경우에 그 운송물의 양은 톤으로 제한하여야 하고, 용선자는 국제해사기구의 규칙에 따라서 포장, 표시, 선적 및 적부 되었는가를 알 수 있게 하기 위하여 선장이 합리적으로 요구하는 증거를 제출하여야 한다. 만일 이에 위반하면 선장은 운송물의 선적을 거부할 수 있고, 이미 선적된 운송물은 용선자의 위험과 비용으로써 양륙할 수 있다.

제5조 항행구역

용선선박은 용선자의 지시에 따라서 안에 있는 구역의 안전한 항 또는 안전한 장소 사이에서의 적법한 항해에 사용되어야 한다.

제6조 선박소유자가 제공하여야 하는 것

선박소유자는 별도의 합의가 있는 경우를 제외하고, 용선선박의 보험, 모든 식료품, 선원실, 갑판부, 기관부 및 보일러 물을 포함하여 기타 필요한 선용품을 제공하고 비용을 지급하여야 한다. 선원의 임금, 선원의 고용과 고지에 다른 영사 비용, 선원에 관련된 항비도 지급하여야 한다. 그리고 선박소유자는 용선선박의 선급을 유지하고, 선체, 기관 및 장비를 철저하게 효과적인 작동 상태로 유지하고 또한 사관과 부원의 정원을 확보하여야 한다.

> 선박소유자가 부담하는 비용에 대하여 정한다. 선원의 고용과 선박의 관리 등이 선박소유자의 부담이라는 점이 특히 중요하다. 선박소유자가 고용한 선원의 과실로 인한 과실에 대하여는 선박소유자가 책임의 주체가 된다.

제7조 용선자가 제공하여야 할 것

용선자는 용선선박이 용선 기간 중에, 별도의 합의가 있는 경우를 제외하고, 연료 전부를 준비하고 지급하여야 한다. (강제적인 경비원과 화물 경비원 및 강제적인 폐기물 처분을 포함하여) 항비, 용선자의 업무에 관련된 일체의 통신비, 도선료, 예선료, 대리점비, 수수료, 영사 비용(다만 각 선원 및 용선선박의 국적에 관한 비용을 제외한다.) 그리고 제6조에 규정된 것을 제외한 기타 모든 통상 비용을 지급하여야 한다. 다만, 용선선박의 책임있는 사유로 인하여(기상을 이유로 한 경우는 제외함) 발생한 모든 비용은 선박소유자가 부담한다. 선원의 발병으로 소독 명령을 받은 경우의 비용은 선박소유자의 부담으로 한다. 그러나 이 용선계약에 따라서 용선선박을 사용할 동안 적재된 운송물 또는 기항한 항구 때문에 소독 명령이 내려진 경우에 그 비용은 용선자가 부담하여야 한다. 본 선박이 연속 6개월 이상 용선된 이후의 기타의 모든 소독 비용은 용선자가 부담하여야 한다.

용선자는 필요한 깔판과 특별 항해 및 운송물에 필요한 추가 의장품을 준비하여야 한다. 그러나 선박소유자는 용선자에게 이미 용선선박 위에 있는 모든 깔판의 사용을 허락하여야 한다. 용선자는 용선선박을 반선하기 전, 자기의 비용과 시간으로써 자기가 설치한 깔판과 의장품을 철거해야 한다.

> 정기용선자가 부담하여야 하는 내용은 선박 운항과 관련된 연료유 공급, 항비, 도선료 등임을 알 수 있다. 이는 상사사항에 대하여 정기용선자가 책임을 부담하게 되는 근거가 된다.

제8조 항해의 실행

(a) 선장은 신속하게 항해를 수행하여야 하고, 선원들과 함께 관습상 요구되는 모든 지원을 제공하여야 한다. 선장은 영어에 정통하여야 하고 또 (선박소유자에 의하여 선장이 선임되었다고 하여도) 용선선박의 사용 및 대리관계에 관하여 용선자의 지시를 따라야 한다. 용선자는 자기의 위험과 비용으로써, 선장의 감독 아래에서 제한없이 운송물의 선적, 적부, 고르기, 묶기, 고정, 더니징, 풀기, 양하 및 검수를 포함하여 모든 운송물에 대한 취급을 실행하여야 한다.

(b) 용선자가 선장과 선박 직원의 행위가 불만족하다는 합리적인 이유가 있는 경우에 선박소유자는 불만 사유서를 접수하는 즉시 그 사실을 조사하고, 필요하면 그 선임을 변경하여야 한다.

> (a)항은 선장은 선박소유자가 선임 · 감독하지만, 용선 기간 동안 선박의 사용에 대하여 정기용선자의 지시에 따라야 함을 정한다.

제9조 선박연료

(a) 용선자는 용선선박을 인도할 때, 선박소유자는 반선할 때, 선내에 남아 있는 모든 연료유 및 디젤유를 아래의 조건에 따라서 인도받고 그 대금을 지급하여야 한다. 용선선박은 톤당 가격의 연료유 롱톤*/미터톤* 및 톤당 가격의 디젤유 톤의 연료유와 함께 인도된다. 용선선박은 톤당 가격의 연료유 톤과, 톤당 가격의 디젤유 톤과 함께 반선된다.

* 위 조항에서는 동일한 톤수 단위를 적용한다.

(b) 용선자는 용선선박의 주기관 및 보조기관의 사용에 적합하고 그리고 부속서 A에서 기재하고 있는 명세에 적합한 품질의 연료유를 공급하여야 한다.

선박소유자는 부적당한 연료유 또는 합의된 명세와 적합하지 아니한 연료유를 사용하여 발생한 주기관 및 보조기관의 모든 손해에 대하여 용선자에게 손해배상 청구권을 유보한다. 또한 제공된 연료유가 상호 합의한 명세와 일치하지 아니하거나 또는 용선선박의 주기관 또는 보조기관에 사용함에 부적당하다는 것이 증명된 때에, 선박소유자는 용선선박의 항해 속력의 저하 및/또는 연료유 소비량의 증가 및 상실된 시간, 기타의 결과에 대하여 책임을 지지 아니한다.

> (b)항은 용선기간 중 선박연류유의 제공은 용선자의 부담과 책임임을 정한다.

제10조 용선 요율/반선 구역과 통지

용선자는 매 30일마다 용선선박의 사용과 용선에 대하여 1일당 미화 달러의 비율 혹은, 연료 및 선용품을 포함하여 하기 건현 에서 용선선박의 총재화 톤수에 대하여 1톤당 미화 달러의 비율에 의한 금액을 위의 인도일부터 지급한다. 1개월 미만의 기간에 대하여서도 동일한 비율에 따른다. 용선선박이 멸실되지 않는 한, 용선료는 통상의 소모를 제외하고서, 용선선박의 용선 개시시와 똑같이 양호한 상태로서 에서 선박소유자에게 반선일의 반선 시까지 지급된다. 다만 별도의 합의가 있으면 그것에 따른다.

용선자는 예정 반선일 및 예정항에 대한 통지를 일 전까지 선박소유자에게 하여야 한다.

용선료 계산의 목적을 위한 인도, 반선 또는 용선 종료시간은 세계 표준시에 따라 조정한다.

> 정기용선에서 가장 중요한 용선료에 대하여 정하고 있다. 용선된 날짜 혹은 톤수 중에서 하나로 용선료가 정하여 지지만 통상 용선된 날짜의 수로 용선료가 지불된다.

제11조 용선료의 지급

(a) 지급

용선료는 선박소유자 또는 선박소유자가 지정한 곳에 있는 수취인에 대하여 의 통화 또는 미화로써 선박소유자가 사용 가능한 자금으로서 15일치를 지급일에 선급하여야 한다. 마지막 달 또는 마지막 달의 일부분에 대하여는 개략액을 선급한다. 그 개략액이 실제의 시간을 만족시키지 못하는 경우에는, 선박소유자가 원하면, 만기가 되면 그 날 그 날로 나머지를 지급하여야 한다. 용선료의 정시지급과 규칙적 지급이 되지 않는 경우 또는 용선계약의 어떠한 기본조항 위반의 경우에 선박소유자는, 자신이 용선자에 대하여 가지는 어떠한 손해배상청구에 대하여도 영향을 받지 않고, 용선자의 사용으로부터 용선선박을 철수시킬 권리를 갖는다.

제11조 (b)에 규정된 유예기간의 만료 후에 그리고 용선료의 미지급이 있는 경우는 언제나, 선박소유자는 자유로운 철수권을 침해받지 않고서, 이 용선계약의 어떠한 의무의 이행도 중단할 권리를 가지고 그 결과에 대하여 선박소유자는 어떠한 책임도 부담하지 아니한다. 용선자는 선박소유자에게 그러한 손해에 대하여 보상하여야 한다. 그리고 용선료는 계속하여 발생하며 또 그러한 중단에 의하여 발생한 모든 추가 비용은 용선자가 부담한다.

(b) 유예기간

용선자측 또는 용선자의 은행측이 실수, 부주의, 잘못 또는 부작위로 말미암아 용선료가 정시에 정기적으로 지급되지 못한 경우, 선박소유자는 정상의 은행 영업일 (약정된 지급지에서 인정된) 일 전에 서면으로 그에 대한 보완 통지를 용선자에게 보내어야 한다. 이 통지에 따라서 위의 일 이내에 그 미지급이 보완되었을 때에는 그 지급은 정시에 정기적으로 지급된 것으로 유효하게 된다.

여기에 규정된 선박소유자의 통지를 받은 일 이내에 용선자가 용선료를 지급하지 아니할 때에는 선박소유자는 위 제11조 (a)의 규정에 따라서 용선선박을 철수시킬 수 있다.

(c) 최종 용선료의 지급

최종 및/또는 그 직전의 용선료를 지급할 때에 용선선박이 반선항을 향하여 항해 중일 때, 용선료의 지급은 그 항해를 완성하기 위하여 필요할 것으로 추정된 기간으로 계산되지만 그리고 반선 전에 용선선박 안에 실제로 남아 있는 연료유와 그 중에서 그리고 선박소유자가 인수할 것 및 또한 선박소유자의 계정으로 개략 산정한 것을 함께 고려하여 선박소유자와 정기용선자가 합의하여 정한다. 만일 그 지급액이 실제 기간의 용선료를 충족시키지 못할 때에 용선료 지급의 부족액은 만기가 되면 매일 매일 지급되어야 한다. 용선선박을 반선한 후에 차액이 생겼을 때에는 경우에 따라서 선박소유자가 반환하거나 또는 정기용선자가 지급한다.

(d) 현금 가불금

모든 항구에서 통상적인 용도를 위한 현금은 선박소유자의 요구에 따라서 2.5 퍼센트의 수수료를 붙여서 용선자로부터 선박소유자는 빌릴 수 있고 그 가불금은 용선료에서 공제된다. 그러나, 용선자는 그러한 가불금의 사용에 관하여 결코 책임을 지지 아니한다.

제12조 선석

용선선박은 조석에 관계없이 용선선박이 항상 떠서 안전하게 입항하여 정박하고 또 발항할 수 있는 조건하에서, 용선자 또는 그 대리인이 지시하는 어떠한 안전한 도크, 안전 선석 또는 안전한 장소에서 선적 및 양하를 이행한다.

용선자는 안전한 선석을 제공하여야 함을 정한다.

제13조 화물 공간

(a) 용선선박의 사관, 부원, 색구, 장비, 비품, 식료품, 선용품 및 연료를 위한 적절하고 충분한 구역을 제외하고, (용선선박이 합리적으로 안전하게 적부 및 운송을 할 수 있는 한도를 초과하지 않는 정도의) 용선선박의 선창, 갑판 및 기타 운송물을 위한 공간은, 만약 하역 감독이 승선할 경우에는 그를 포함하여, 모두 용선자가 자유롭게 사용할 수 있어야 한다.

(b) 갑판 위에 운송물을 운송할 경우, 갑판 위의 운송물을 운송한 결과 용선선박에 생긴 모든 종류의 멸실 및/또는 훼손 및/또는 책임 그리고 갑판적 화물을 적재하지 아니하였으면 생기지 아니하였을 모든 종류의 멸실 및/또는 훼손 및/또는 책임에 관하여 선박소유자는 용선자로부터 보상 받을 수 있다.

제14조 하역 감독과 식사

용선자는 자신의 위험으로써 용선선박에 승선하여 항해를 신속히 실행하도록 감독하는 하역 감독을 선임할 권리를 가진다. 하역 감독은 거주 설비를 무상으로 사용하며 선장에게 제공되는 것과 동일한 대우를 받는다. 이 때에 용선자는 1일 의 비율의 금액을 지급하여야 한다. 선박소유자는 도선사 및 세관원의 식료를 제공하여야 하고, 용선자 또는 그 대리인으로부터 위임을 받았을 때에는 검수인, 하역 감독 등에게 식료를 제공하여야 한다. 용선자는 이러한 식료대를 1끼당 의 비율의 금액을 지급하여야 한다.

제15조 항해 지시와 항해일지

용선자는 수시로 선장에게 영어로 된 서면으로 모든 필요한 지시 및 항해 지시를 주어야 한다. 선장은 매 항차 또는 여러 항차에 대한 갑판일지 및 기관일지를 정확하게 작성하여 용선자 또는 그 대리인에게 제공하여야 한다. 또 용선자, 그 대리인 또는 하역 감독의 요구가 있으면 용선선박의 침로, 항주 거리 및 연료 소비량을 기재한 갑판 및 기관 일지의 정본을 제출하여야 한다. 용선자 모든 일지의 요약은 영어로 작성되어야 한다.

제16조 인도/용선 해제

용선자의 요구가 있으면 용선 기간은 보다 전에는 개시하지 아니하고 용선선박은 일의 시 까지 인도 준비가 안된 경우 용선자는 이 계약을 해제할 선택권을 가진다.

> 용선선박의 인도일에 대하여 정한다. 용선자가 준비가 되지 않은 상태에서 선박을 인도받을 수 없고, 너무 늦게 제공되어서도 아니되므로 이러한 경우에는 계약해제권이 발생함을 정한다.

해제권의 연장

선박소유자가 상당한 주의를 다하였음에도 불구하고, 해제일까지 용선선박의 인도 준비가 되지 아니하고 용선선박의 새로운 준비 예정일을 선박소유자가 합리적으로 담보할 수 있는 경우에는, 선박소유자는 용선선박의 인도항 또는 인도지로 향할 발항 예정일 7일 전에, 용선자에게 이 정기용선계약, 해제 여부의 확답을 요구할 수 있다. 용선자가 해제하지 아니하기를 선택하거나, 혹은 2일 이내 또는 해제일 가운데, 둘 중에서 빨리 오는 기간 안에 대답이 없는 경우, 선박소유자가 통지한 새로운 인도준비 예정일의 7일 후가 최초의 해제일을 대신한다. 용선선박이 다시 연기되었을 때에는 선박소유자는 이 조항에 따라서 용선자의 해제권 행사의 확답을 다시 요구할 수 있다.

제17조 용선료 지급중단

선박 사관 또는 부원의 부족 및/또는 태만 및/또는 동맹파업, 선용품 부족, 화재, 선체, 기관 또는 비품의 고장 또는 손상, 좌초, 용선선박의 압류에 의한 억류(다만 그 압류가 용선자, 그 대리인 또는 하도급자의 귀책사유로 인한 것을 제외한다.), 운송물의 고유한 흠, 성질 또는 결함에 기인하지 않는 용선선박 또는 운송물의 해난 사고에 의한 선박의 지체, 검사 또는 선저 페인트 칠을 위한 드라이 도크 기타 용선선박의 완전한 운항을 저해하는 기타 유사한 사유로 인하여 시간을 상실한 때에는 용선료 및 시간외 수당의 지급은 그 상실한 기간에 대해서 중단한다. 용선선박이 항해 중 용선자의 지시를 위반하거나 또는 운송물의 사고, 또는 본 용선계약의 제22조에서 인정하는 경우 이외의 사유로 이로하고 다시 되돌아 왔을 경우, 용선선박이 이로를 개시한 때부터 용선선박이 다시 그 개시점 또는 목적지에서 등거리의 지점에서 항해를 재개할 때까지, 용선료의 지급은 중단된다. 용선료 지급 중단기간 중에 용선선박이 소비한 연료는 선박소유자가 부담한다. 거친 바다 때문에 항 또는 정박지로 피항하게 되는 경우 또는 수심이 낮은 항, 낮은 곳이 있는 강 또는 항에 취항하게 된 경우 용선선박의 지체 및/또는 그러한 지체의 결과로 발생한 비용은 용선자의 부담으로 한다. 항해 중에 선체 기관 또는 설비의 결함 또는 고장에 의하여 속력이 저하되었을 때에 발생한 상실 시간 및 그 결과로 추가 소비된 연료비 및 기타 입증된 모든 비용은 용선료에서 공제한다.

소위 말하는 오프 하이어 규정이다. 정기용선계약은 선박의 사용을 선박소유자가 제공하고 정기용선자는 이를 일당으로 지급하고 제공된 선박을 이용하는 것이므로, 선박소유자의 귀책사유로 선박이 사용할 수 없는 상태에 있다면 이 경우는 용선료의 지급이 중단되어야 할 것이다. 이에 대한 규정이다. 다만, 용선자의 귀책사유의 경우에는 용선자 비용으로 한다.

제18조 재용선

별도의 합의가 없는 한, 용선자는 이 본 용선계약 기간의 전부 또는 일부에 대하여 용선선박을 재용선하여 줄 수 있다. 그러나 용선자는 이 용선계약의 이행의 책임을 여전히 부담한다.

원칙적으로 용선자는 용선선박을 재용선할 수 있음을 정한다.

제19조 드라이 도크 입거

용선선박은 드라이 도크의 입거를 마지막으로 하였다.

* (a) 선박소유자는 이 용선계약 기간 중에 선급협회의 요구 또는 상황에 따라선저의 청소 및 페인트칠 및/또는 수선에 대하여 선박소유자와 용선자가 합의한 경우에 보다 좋은 시기와 장소에서 용선선박을 드라이 도크에 입거시킬 선택권을 갖는다.

* (b) 긴급한 경우를 제외하고 이 용선 기간 중에 용선선박을 드라이 도크에 입거하지 아니한다.

* 적절히 하나를 삭제함.

제20조 전손

용선선박이 멸실되었을 때에는 선급금 가운데 경과되지 아니한 금액(멸실 또는 최후에 소식이 있었던 날부터 기산하여)이 바로 용선자에게 반환되어야 한다.

제21조 면책사유

이 용선 기간 중에 천재지변, 공적, 화재, 군주, 지배자 및 인민에 의한 억류, 해상, 강, 기계, 보일러 및 항해의 모든 위험 및 사고, 그리고 항해과실에 기인한 손해에 대하여 계약당사자 사이에서는 상호 면책된다.

제22조 자유 항해권

용선선박은 도선사의 승선 여부에 관계없이 항해할 수 있고, 예항할 수 있고 또는 예항될 수 있으며, 조난 선박을 구조하고, 인명 및 재산을 구조할 목적으로 이로할 권리를 갖는다.

제23조 유치권

선박소유자는 본 용선계약하에서 수령할 모든 금액(공동해손 분담금을 포함하여)에 대하여 모든 운송물, 재운임 및/또는 재용선료 위에 유치권을 가진다. 용선자는 선급금으로서 미경과 금액의 전부 그리고 즉시 반환되어야 할 초과지급된 용선료 혹은 초과 예치액에 대하여 용선선박에 유치권을 가진다. 용선자는 직접 또는 간접이거나, 선박소유자가 용선선박 위에 가진 권리 및 이익보다 우선할 수 있는 어떠한 유치권 또는 채무를 발생시키지 못하고 또 존속시키지도 못한다. 용선자는 이 용선 기간 중에 항비 및 연료를 포함하여 어떠한 보급품 혹은 필요품 혹은 용역을 선박소유자의 신용(계산)으로 혹은 그 시간으로 조달하지 아니할 것을 약속한다.

용선료 채권을 갖는 선박소유자는 운송물 재운임 등에 대하여 유치권을 가지고, 반대로 선급금의 미경과금에 대하여는 용선자는 용선선박에 대하여 유치권을 가짐을 정한다.

제24조 해난구조

모든 습득한 해상 유기물 및 해난구조료는, 선박소유자와 용선자의 비용과 선원의 배당금을 공제하고 그 잔액에 대하여 선박소유자와 용선자가 균분한다.

해난구조료에 대하여 일정한 비용을 제한 다음 선박소유자와 용선자가 균분함을 정한다.

第25조 공동해손

공동해손은 1990년에 개정된 1974년 요크 앤트워프 규칙 또는 그 후에 개정된 규칙에 따라서 곳에서 의 통화로써 정산한다.

용선자는 이 용선 기간 중에 발행된 모든 선화증권에 공동해손은 1990년 개정의 1974년 요크 앤트워프 규칙 또는 그 후에 개정된 규칙에 따라서 정산한다는 취지 조항 및 제31조의 뉴 제이슨 조항을 삽입할 것을 약정한다. 정기용선료는 공동해손을 분담의 대상이 아니다.

第26조 항해

본 용선계약서의 어느 조항도 용선자에 대하여 선박을 임대차한 것으로 해석되어서는 아니된다. 선박소유자는 용선선박의 항해, 도선 및 예항 행위, 보험, 선원 기타 일체의 사항에 대하여 자기의 계산으로 항해하는 경우와 동일한 책임을 진다.

선박소유자가 선박에 대한 관리, 선원의 선임 · 감독을 계속한다는 취지이다. 따라서 정기용선자가 선박임차인(나용선자)이 부담하는 불법행위책임을 부담하지 않게 된다.

第27조 운송물 손해배상청구

선박소유자와 용선자 사이의 운송물에 대한 손해배상은 1984년 5월 개정된 1970년의 인터 클럽 뉴욕 프로듀스 익스체인지 협정 또는 후속 개정에 따라서 정산된다.

선박소유자와 정기용선자는 감항능력 주의의무와 운송물 적부에 대한 의무를 각각 부담하여 공동으로 책임을 부담하게 되는 경우가 있다. 이러한 경우의 손해배상의 처리는 양 당사자가 선주상호보험조합에서 정한 협정서에 따라서 처리함을 말한다.

第28조 하역설비와 조명

선박소유자는 용선선박에 하역설비를 장치하고, 기재된 양하 능력(모든 데릭 및 크레인용)을 가진 설비를 제공한다. 또한 선박소유자는 용선선박의 야간 작업을 위한 조명을 준비하여야 한다. 그러나 선내의 조명 이외에 추가된 모든 조명의 비용은 용선자의 부담으로 한다. 용선자는 용선선박의 모든 설비의 사용권을 가진다. 용선자의 요구가 있는 경우 선박은 주·야간 작업을 하여야 한다.그리고 운송물을 적·양하할 동안 모든 하역설비는 용선자가 자유로이 사용할 수 있다. 하역설비가 작동되지 않거나 또는 동력이 부족하여 작동되지 않을 경우, 그러한 불작동과 부족함이 용선자의 하역인부가 발생시키지 않는 한, 용선자가 실제로 잃은 시간은 용선료 지급이 중단된다. 또 그로 인하여 발생한 하역인부의 대기로 인한 비용은 선박소유자가 지급하여야 한다. 만일 용선자의 요구가 있을 경우, 선박소유자는 그러한 하역설비에 대신하여 육상의 하역설비를 사용하고 그 임차료를 부담하여야 한다. 이 경우 용선선박에 대한 용선료 지급은 계속된다.

하역설비의 제공은 선박소유자의 부담이고, 이것이 선박측의 원인으로 사용이 불가하게 된 경우에는 용선료 지급이 중단됨을 정한다.

第29조 선원의 초과 수당

용선자는 자신 또는 그 대리인의 명령에 따라 발생한 사관 또는 부원의 시간외 초과수당을 지급하는 대신으로 1개월에 , 1개월 미만은 그 비율로써 용선료와 함께 이를 선박소유자에게 지급하여야 한다.

第30조 선화증권

(a) 선장은 화물수령증 또는 검수서의 기재에 따라서 제시된 선화증권 또는 해상화물운송장에 서명하여야 한다. 그러나 용선자는 사전에 선박소유자로부터 서면으로 권한을 위임받아서, 항상 화물수령증 또는 검수서와 일치하도록 발행된 선화증권 또는 해상화물운송장에, 선장을 대신하여, 서명할 수 있다.

(b) 어떠한 선화증권 또는 해상화물운송장도 이 용선계약에 영향을 미쳐서는 아니된다. 용선자는 자기에 의하여 또는 그 요청에 의하여 선장이 서명한 모든 선화증권 또는 해상화물운송장과 이 용선계약 사이에 불일치로부터 생긴 모든 결과 또는 책임에 대하여 선박소유자에게 보상한다.

(c) 갑판적 운송물에 대한 선화증권에는 "용선자, 송하인 및 수하인의 위험, 비용 및 책임으로써 갑판위에 적재하였음. 또 그로 인하여 발생한 모든 멸실, 훼손 또는 지연에 대하여 용선선박 또는 선박소유자측에 책임을 부담시키지 아니함"이라는 뜻의 조항을 삽입하여야 한다.

선화증권은 선장에 의하여 발행되어야 하고, 용선된 선박은 정기용선자에 의하여 영업의 목적으로 사용되는 것이므로, 선장은 서명할 의무를 부담한다. 그러나, 이런 지시에 대하여 정기용선자는 책임을 부담한다.

第31조 보호조항

본 용선계약은 다음의 조항을 조건으로 하며, 이러한 조항은 모두 본 용선계약 하에서 발행되는 모든 선하증권 또는 해상화물운송장에 포함된다.

(a) 지상약관

본 선하증권은 미국 해상물건운송법, 헤이그 규칙, 헤이그 비스비 규칙 기타 선하증권 발행지 또는 목적지에 있어서 강행법으로서 적용되는 동종의 국내법의 조항에 의하여 효력을 가진다. 그리고 그러한 조항이 이 증권에 삽입된 것으로 본다. 그리고 이 증권에서 규정하고 있는 어떠한 규정도 위의 법에 기초한 운송인의 권리 또는 면책 특권을 포기하거나 또는 책임 또는 의무를 가중시키는 것으로 보아서는 아니된다. 이 증권의 문언이 위의 법과 저촉하는 경우에 그 문언은 저촉 범위내에서는 무효가 된다. 그리고,

미국 콕사(COGSA) 혹은 헤이그 비스비 규칙을 준거법으로 사용한다는 취지의 규정이다. 콕사 혹은 헤이그 비스비 규칙의 직접적인 적용대상은 아닐지라도 계약을 통하여 이를 준거법으로 사용이 가능하게 한다.

第45조의 한국 준거법 조항과의 관계에 있어서 미국 콕사의 내용이 한국상법 해상편보다 우선 적용된다. 그러나, 콕사 등에 없는 내용, 예컨대 계약의 성립 등은 한국법이 적용된다. 순전히 국내용으로 본 정기용선서식이 사용될 때에는 본 지상약관을 삭제하는 것이 바람직하다.

(b) 쌍방과실충돌 약관

다른 선박의 과실과 용선선박의 항해상 또는 관리상 선장, 해원, 도선사 또는 운송인의 피용자의 행위, 과실 또는 부주의의 결과로 인하여 용선선박(적재선박)이 다른 선박과 충돌한 경우에, 본 증권에 따라서 운송되는 화주는 비적재선 또는 그 선박소유자에 대하여 운송인이 부담하게 되는 모든 손해 또는 채무를 보상하여야 한다. 그러한 손해 또는 채무는 적재선박에 적재된 화주의 운송물에 대한 손상 혹은 손해 혹은 그 화주의 모든 손해배상을 나타내는 것으로서, 비적재선 또는 그 선박소유자가 적재선 화주에게 지급하였거나 지급할 것이며, 적재선박 혹은 그 운송인에 대하여 비적재선 선주가 구상권을 행사하여 상계하거나 공제하거나 회수한 것을 한도로 한다.

위의 조항은 충돌 선박 또는 물체 이외의, 또는 여기에 추가하여, 모든 선박 또는 물체의 소유자, 운항자 또는 관리인에게 충돌 또는 접촉과 관련하여 과실이 있는 경우에 또한 적용한다. 그리고,

이 조항은 미국에서 선박충돌 상호간에는 분할책임이 적용되지만, 화주에 대하여는 공동불법행위자인 선박이 연대책임을 부담하기 때문에 필요하다. 예컨대, 갑 선박과 을 선박이 각각 A, B화주의 운송물을 적재한 경우에, 항해과실에 의한 사고에는 갑 선박은 A에 대하여 을 선박은 B에 대하여 각각 면책이 된다. 단순화시켜서, 갑 선박의 화주인 A만 1억원의 손해를 보았고 이 때 과실비율은 50:50이라고 하자. 갑은 항해과실로 면책이 되는 경우이다. 우리 법에 의하면 A는 을 선박에게만 5천만원을 청구할 수있다. 그러나, 미국법에 의하면 A는 을 선박에게 1억을 청구할 수 있다. 을은 갑에게 다시 구상을 5천만원 하게 된다. 결국 갑은 분할책임

주의를 채택하고있는 국가(예컨대 한국)에 비하여 5천만원을 더 배상한 것이 되고 화주 A는 5천만원을 더 보상받은 것이 된다. 이를 시정하기 위하여 동 조항을 두어서 갑은 A에 대하여 5천만원을 회수하게 된다.

우리 법상으로는 상법 제845-847조에 의하여 물적손해는 분할책임이므로 이러한 문제는 발생하지 않고 이 조항은 필요없다. 그러나, 미국 법정에서 문제가 생기거나 외국적 요소가 가미되는 경우를 대비하여 조항을 존치시킨다.

(c) 뉴 제이슨 약관

항해의 개시 전 또는 후에 어떠한 원인의 결과이든지 또는 과실에 의한 것인지를 불문하고 발생한 사고, 위험, 손해 또는 재해가 발생하고 그 원인 또는 그 원인의 결과에 대하여 운송인이 법률, 계약 또는 기타에 의하여 책임을 지지 아니하는 경우에, 운송물, 송하인·수하인 또는 화주는, 공동해손의 성질을 가진 어떠한 희생, 손실 또는 비용에 대하여 운송인과 공동으로 분담하여야 한다. 운송물에 관련하여 발생한 해난구조료 및 특별비용도 지급하여야 한다.

운송인이 구조선을 소유하고 운항하는 경우에도, 마치 그 구조선이 제3자의 소유에 속하는 경우와 같이 구조료 전액을 지급하여야 한다. 운송물, 송하인, 수하인 또는 화주는 요구가 있으면 운송인 또는 그 대리인이 운송물의 예상공동해손 분담금, 모든 구조료 및 특별비용을 보상할 수 있는 정도의 충분한 금액을, 운송물을 인도하기 전에 운송인에게 예치하여야 한다.

과실이 있는 운송인의 화주에 대한 공동해손분담금의 청구를 인정한다고 하더라도, 화주는 과실이 있는 운송인에게 구상할 수 있게 된다. 그런데, 운송인이 면책이 되는 특별한 경우에는 이 조항을 통하여 화주는 구상할 수 없고 공동으로 공동해손비용을 부담하여야 한다.

(d) 미국 항행구역과 마약금지 약관

1986년 미국 약물남용금지법 또는 그 법의 개정법 조항에 따라서, 정기용선자는 적하목록에 기재되지 아니한 마약 및 마리화나가 용선선박에 선적되고 숨겨지는 것을 방지하기 위한 최선의 주의의무를 행할 것을 담보한다.

본 조항을 준수하지 않는 것은 담보의 위반을 구성하고 그 결과에 대하여 용선자는 책임을 부담하고, 또한 선박소유자, 용선선박의 선장 및 해원이 손해가 없도록 하여야 한다. 그리고 용선자는 이들에게 개별적으로 또는 합동하여 발생하거나 또는 발생하였던 모든 손해에 대하여 보상하여야 한다. 나아가, 용선자의 이 조항의 위반의 결과로서 야기된 벌금을 포함한 모든 시간의 상실과 발생한 비용에 대하여는 용선자의 부담이고 이러한 기간 동안에도 용선은 계속된다.

용선자가 본 조항의 내용을 위반한 결과, 용선선박이 압류되었을 때에는 용선자는 자신의 비용으로서 적절한 기간 안에 용선선박의 해방을 보장하기 위하여 모든 합리적인 수단을 강구하여야 하고, 자신의 비용으로서 용선선박의 해방을 위하여 해방 공탁금을 제공하여야 한다.

마약 또는 마리화나를 용선선박의 승선자가 소지한 것이 발견되었을 때에 선박소유자는 벌금을 포함하여 모든 상실 시간과 발생 비용을 책임져야 한다. 그리고,

(e) 전쟁조항

(i) 전시 금제품은 일체 선적하여서는 아니된다. 용선선박은 선박소유자의 승낙 없이, 그 승낙은 부당하게 억제됨이 없이, 선전포고의 유무에 관계없이, 전쟁 상태, 전투 행위, 적대 행위, 내전, 폭동 또는 해적 행위가 전개되고, 또 용선선박, 운송물 또는 선원이 교전국의 권력에 의하여 포획, 압류, 억류 또는 적대 행위를 쉽게 받을 수 있다고 합리적으로 예측되는 항 또는 구역에 입항할 것을 요구하지 못한다(여기서 말하는 권력이란 해군, 육군 또는 공군을 가진 법률상 또는 사실상의 관헌 또는 모든 주장되는 정부기관을 말한다.).

(ii) 선박소유자가 그러한 승낙을 한 경우에는, 용선자는 통상 선박보험증권상의 가액과 같은 보험가액으로서 (평가액 을 초과하지 아니한 금액으로서) 용선선박을 선박전쟁보험에 부보시키기 위하여 입증자료를 갖춘 할증보험료를 지급하여야 한다. 또한 선박소유자가 불가동 손해, 선비, 운임, 용선료 등의 손해, 전손, 봉쇄 등의 부수적 위험에 대하여 전쟁위험 보험에 부보할 수 있고 용선자는 그 보험료를 지급하여야 한다. 만일 그러한 보험을 상업적으로 또는 정부의 프로그램을 통하여도 확보할

수 없는 경우, 용선선박은 그러한 항 또는 구역에 입항할 것이 강요되지 않는다.

(iii) 이 용선계약일 후에 또는 용선선박이 용선계약에 따라서 용선 중에 (i)항에 기재된 상황이 있는 경우, 그러한 항 또는 지역으로 항해하는 것과 관련하여, 용선자는 그러한 전쟁, 전투 행위 또는 적대 행위의 결과, 선장, 사관 및 부원에 관하여 적절하게 발생하고 증명이 가능한 할증임금 및 할증 보험료를 부담하여야 한다.

(iv) 용선선박의 항해 또는 운송되는 운송물에 기인하여 발생한 선박 사관과 부원에 지급하여야 할 특별수당은 모두 용선자의 계산으로 한다.

제32조 전쟁으로 인한 해지

다음에 기재된 국가들 중에서

2개국 이상의 국가가 (선전포고의 유무에 관계없이) 전쟁을 일으킨 경우, 선박소유자 또는 용선자는 누구나 이 용선계약을 해지할 수 있다. 이 경우, 용선자는 제10조에 따라서 용선선박이 운송물을 적재하고 있는 경우 목적항에서 양륙한 후에, 또는 이 조항에 따라서 목적지에 도착 또는 입항을 방해받을 때에는, 선박소유자가 지시하는 부근의 안전한 개항에서 양륙 한 후에; 용선선박이 운송물을 적재하지 않은 경우에 그 당시에 정박하고 있는 항에서; 또는 항해 중일 때에는 선박소유자가 지시하는 부근의 안전한 개항에서 선박을 반선하여야 한다. 어떠한 경우에도 용선료는 제11조에 따라서 계속 지급되어야 한다. 이 조항에 규정된 것을 제외하고 이 용선계약의 다른 규정은 모두 반선시까지 적용한다.

제33조 얼음

얼음으로 폐쇄된 항 또는 지역에, 또 얼음 때문에 등대선을 철수시켰거나 또는 철수시키려고 하는 경우에, 또한 통상적인 현상으로 얼음 때문에 용선선박이 안전하게 항 또는 지역에 입항하여 정박할 수 없거나 또는 양륙을 마치고 난 다음에 출항할 수 없는 위험이 있어서 출항할 수 없는 경우는 용선선박은 어떠한 얼음이 있는 항구 지역에 입항하거나 남아있기를 강요 당하여서는 아니된다. 다만 선박소유자의 사전 승인을 조건으로 하여, 용선선박의 크기, 구조 및 얼음의 등급을 고려하여 합리적인 경우에는 쇄빙선을 따라 항행하여야 한다.

제34조 징발

본 용선계약 기간 중에 용선선박의 기국 정부에 의하여 용선선박이 징발된 경우에, 그 징발 기간은 용선료 지급중단 기간으로 본다. 정부가 그 징발 기간 중에 지급한 용선료는 선박소유자가 취득한다. 용선선박이 정부에 징발된 기간은 이 정기 용선계약에서 정한 기간의 일부로서 계산한다.

징발 기간이 개월을 초과할 경우에는 계약당사자 누구도 이 용선계약을 해지할 수 있다. 이로 인하여 발생한 손해에 대하여서는 어느 당사자도 손해배상을 청구할 수 없다.

제35조 하역 인부에 의한 손해

본 용선계약에 달리 정한 경우에도 불구하고, 하역 인부가 용선선박에 야기한 모든 손상에 대하여, 선장이 실무상 가능한 한 빨리 그리고 발견 후 48시간 이내에 서면으로 용선자 및/또는 그 대리인에 통지하면, 용선자는 손해배상을 선박소유자에게 지급하여야 한다. 그 통지는 손상을 상세하게 명시하고, 또 용선자에게 손상의 정도를 산정하기 위하여 검사인을 지정하도록 요구하는 것이어야 한다.

(a) 손상의 일부 혹은 모두가 용선선박의 감항능력 및/또는 선원의 안전 및/또는 용선선박의 항해 능력에 영향을 미치는 경우, 용선자는 직접 자기의 비용으로써 그러한 손상을 수선하도록 주선하여야 하고 용선선박은 그러한 수선을 완성할 때까지 계속 용선계속 중이며 필요하면 선급협회의 검사에 합격하여야 한다.

(b) 위 (a)항에 명시되지 아니한 손해의 일부 혹은 모두도 용선자의 선택에 따라서 반선 전후에 선박소유자의 수선 작업과 동시에 수선되어질 수 있다. 이러한 경우 용선자가 책임이 있는 수리를 위하여 필요한 시간과 비용이 선박소유자의 작업을 수행함에 있어서 필요한 시간과 비용을 초과하는 것을 제외하고는 어떠한 용선료 혹은 비용도 선박소유자에게 지급되지 않는다.

> 정기용선계약 하에서는 선박은 정기용선자에 의하여 운항되고, 선박소유자와의 관계에서 하역작업은 정기용선자의 부담이 된다. 그러므로 하역 인부들의 작업과정에서 발생하는 손해에 대하여는 정기용선자가 수리함을 정한다. 이 때에는 정기용선자의 귀책사유에 의한 것이므로 용선계속이 된다.

第36조 선창 청소

항차의 사이에 혹은 운송물의 적재의 사이에 필요한 선창 쓸기 및/또는 물로 씻기 및/또는 청소에 대하여, 이들은 선원들에 의해 행하여 질 수 있고 그 지방 규칙이 승인한 경우에, 매 선창당 의 비율로써 필요한 추가비용을 용선자는 준비하여 지급하여야 한다.

이러한 어떤 작업에 관하여 용선선박의 선창이 항만 당국 또는 기타 당국의 검사에 합격하지 아니하여도 선박소유자는 책임을 지지 아니한다. 용선자는 선창 청소를 하지 않는 대신으로 총액 를 지급하면서 용선선박을 반선할 선택권을 가진다.

第37조 세금

용선자의 지시로부터 생긴 용선선박 또는 선박소유자에게 부과된 모든 지방세, 주(州)세 및 국세는 이 용선계약 기간 중이거나 또는 이후이거나를 묻지 않고 운송물 및/또는 운임 및/또는 재운송임 및/또는 용선료에 대한 세금을 포함하여 용선자가 지급하여야 한다(다만 용선선박의 기국 또는 선박소유자의 국적국에서 부과한 세금을 제외한다.).

第38조 용선자의 회사기

용선자는 용선선박에 자신의 회사기를 게양할 수 있고 자기 회사의 표시를 페인트 할 권리를 가진다. 용선선박은 용선계약의 종료 전에 선박소유자의 회사 색깔로 페인트 칠을 하여야 한다. 용선자가 행한 페인트 칠, 정비 및 다시 칠하는데 필요한 시간과 비용은 용선자가 부담하여야 한다.

第39조 계선보험료 반환

용선선박이 최단 30일 간 항내에서 정박하였기 때문에 선박소유자가 보험자로부터 보험료를 환급받았을 때에는 용선자는 선박소유자가 보험자로부터 받은 환급보험료의 이익을 향유하고, 정박 기간이 모두 용선기간 계속 중이면 전액을, 용선 기간의 일부이면 실제용선기간의 비율에 따라서 용선자는 이익을 가진다.

第40조 서류

선박소유자는, 유류오염에 대한 재정책임 증서가 선박소유자의 상호보험조합으로부터 교부 가능하다면 그 증명서, 국제 톤수 증명서, 수에즈 운하 및 파나마 운하 톤수 증명서, 국적 톤수증서, 용선선박의 기기의 강도 및/또는 능력 증서에 대한 증서를 포함하여 합의된 항행구역 안에서 항해를 허용하기 위하여 필요한 용선선박에 관련된 모든 서류를 비치하여야 한다.

第41조 밀항자

(a) (ⅰ) 용선자는 자기가 선적할 운송물 및/또는 컨테이너 속에 숨어서 밀항자가 본선에 들어오는 것을 방지하기 위하여 상당한 주의를 다할 것을 담보한다.

(ⅱ) 용선자가 상당한 주의를 다하여도 밀항자가 용선자가 선적할 운송물 및/또는 컨테이너 속에 숨어서 용선선박에 들어왔을 때에는 용선계약의 위반이 되고, 용선자는 그 결과에 대하여 책임을 져야 하고 선박소유자가 손해를 보지 않도록 하여야 하고, 그리고 선박소유자에게 발생하고 입은 모든 손해에 대하여 보상하여야 한다. 더욱이 벌금을 포함하여 발생된 모든 상실 시간과 비용은 용선자의 계산으로 하고 용선선박은 계속 용선 중이 된다.

(ⅲ) 위의 (a)(ⅱ)에 정한 바와 같이 용선자가 계약을 위반한 결과, 용선선박이 억류가 된 경우, 용선자는 해방을 보장하기 위하여 모든 적절한 조치를 마련하여야 하고, 자기의 비용으로 해방을 확보하기 위하여 공탁금을 제공하여야 한다.

第42조 밀수

선장, 사관 및/또는 부원이 밀수를 한 경우, 선박소유자는 모든 벌금, 세금 또는 부과금을 부담하여야 한다. 그 결과로 발생한 시간의 상실에 대하여는 용선료 지급이 중단된다.

第43조 선박소유자 수수료

용선선박 또는 선박소유자는 본 용선계약 하에서 획득되고 지급된 용선료에 대하여 그리고 본 용선계약의 계속 혹은 연장에 대하여 %의 수수료를 에게 지급한다.

제44조 용선계약 주선료

본 용선계약 하에서 지급된 용선료에 대하여 %의 수수료를 에게 지급할 수 있다.

제45조 준거법

본 계약의 준거법은 한국법으로 한다.

본 계약을 규율하는 준거법은 당사자 자치의 원칙에 따라 한국법으로 하기로 정한다.

제46조 중재/재판관할

(1) * 이 계약으로부터 또는 이 계약과 관련하여 또는 이 계약의 불이행으로 말미암아 당사자간에 발생하는 모든 분쟁, 논쟁 또는 의견차이는 대한민국 서울에서 대한상사중재원의 중재규칙 및 대한민국법에 따라 중재에 의하여 최종적으로 해결한다. 중재인(들)에 의하여 내려지는 판정은 최종적인 것으로 당사자 쌍방에 대하여 구속력을 가진다.

(2) * 본 계약으로부터 발생되는 모든 분쟁의 본안에 관한 제1심 재판의 관할은 서울지방법원의 전속관할로 하기로 한다.

* 제46조 제(1)항 및 제46조 제(2)항은 선택적임. 두 조항 중에 적용되지 않는 조항은 삭제할 것. 삭제되지 않는 경우에는 제46조 제(1)항을 적용함.

계약으로부터 발생하는 분쟁은 법원에 의한 소송으로 처리되기도 하고 중재로서 처리되기도 한다. 본 조항은 당사자가 이 두가지 방법 중의 하나를 선택하여 소송으로 가거나 중재로 갈 수 있음을 말하고 있다. 중재로 하기로 한 경우에는 중재가 법원의 판결과 동일한 효력이 있고 다시 법원으로 소가 제기되는 것은 허용되지 않는다. 둘 중의 하나를 선택하지 않은 경우에는 중재조항이 적용되는 것에 합의한 것이므로 중재가 우선적으로 적용된다.

만일 계약 당사자가 합의 할 경우 아래 47조부터 조까지를 이 용선계약에 완전하게 삽입한다.

부속서 A

용선자 선박소유자

4) 나용선계약(bare boat charter)

'bare charter' 또는 'demise of ship'이라고도 하며, 선박을 용선(charter)하는 것을 말한다. 일반 용선은 선장이나 선원 등이 필요 인원·선구(船具)·기타 선박용품 등 항해에 지장이 없는 조건을 구비해 빌려오지만, 나용선은 선박만을 용선해 인적 및 물적 요소 일체를 용선자가 부담하고 동시에 용선자가 운항의 전부에 걸쳐 관리한다. 따라서 자기가 임명한 선장을 통해 그 선박을 점유하고 선주가 임명한 선장이 딸려있는 정기용선과는 다르다. 이런 뜻에서 나용선은 실제적으로는 선박임대차(ship hiring)와 같다. 용선하는 측이 선박 이외에 선원, 장비 및 소모품 일체에 대한 책임을 지는 용선계약으로 단순 나용선과 국적취득 조건부 나용선 등이 있다. 이와 같이 선박임대차란 선박임차인이 그 스스로의 책임과 권한으로 용선한 선박을 점유·사용하며, 선장과 선원을 지휘·감독하는 것이기 때문에, 용선한 선박의 이용에 관한 사항에 있어서는 전적으로 선박소유자와 같은 지위에 서게되어 마치 선박임차인이 선박소유자인 것과 같은 취급을 받게 되고, 대외적인 책임관계에 있어서 선박소유자가 아닌 선박임차인이 선박소유자인 것과 같은 권리와 의무를 부담하게 되는 것이다.

이러한 법리는 세계 공통의 것이고, 상법도 제850조 제1항에서 "선박임차인이 상행위 기타 영리를 목적으로 선박을 항해에 사용하는 경우에는 그 이용에 관한 사항에는 제3자에 대하여 선박소유자와 동일한 권리의무가 있다"라고 규정하고 있다. 이러한 법리는 세계 공통의 것이고, 상법도 제850조 제1항에서 "선박임차인이 상행위 기타 영리를 목적으로 선박을 항해에 사용하는 경우에는 그 이용에 관한 사항에는 제3자에 대하여 선박소유자와 동일한 권리의무가 있다"라고 규정하고 있다. 이러한 선박임대차의 대표적인 표준계약서 양식으로는 Barecon A form 과 Barecon B form 이 있다.

용선계약별 특성은 <표 5-21>과 같다.

〈표 5-21〉 용선계약별 특성 비교

구 분	항해용선계약	기간(정기)용선계약	선박임대차(나용선)계약
선장고용책임	선주가 선장임명 및 지휘감독	좌 동	임차인이 선장임명 및 지휘감독
책임 한계	용선자는 선복이용하고 선주는 운송행위	좌 동	임차인이 선박을 일정기간사용 및 운송행위
운임결정기준	화물의 수량 또는 선복으로 결정	기간에 의하여 결정	임차료는 기간을 기초로 결정
기항담보	용선자는 재용선자에 대하여 기항담보 책임없음	좌 동	임차인은 화주 또는 용선자에 기항담보책임 있음
선주의 비용 부담	선원급료, 식대, 음료수, 윤활유, 유지비 및 수선료, 보험료, 감가상각비, 연료, 항비, 하역비, 제수수료, 예선비, 도선료	선원급료, 식대, 음료수, 윤활유, 유지비 및 수선료, 보험료, 감가상각비	감가상각비, 보험료
용선자 비용부담	부담비용 없음	연료, 항비, 하역비, 제수수료, 예선비, 도선료	항해용선중 감가상각비 이외의 비용
계약의 본질	운송행위의 제공	운송능력의 제공	운송수단의 제공
운송주체	선박소유자	선박소유자	선박임차인 · 나용선자
용선선박의 점유·지배권자	선박소유자	선박소유자	선박임차인 · 나용선자

▌기타 비교

	항해용선계약	정기용선계약	선박임대차 · 나용선계약
선장 · 해원의 선임 · 감독권자	선박소유자	선박소유자	선박임차인 · 나용선자
운송물의 종류 · 수량의 특정	항해용선자가 구체적으로 결정	정기용선자가 구체적으로 결정한다	관련약관 없음
적양항의 지정	항해용선자가 지정	정기용선자가 지정	관련약관 없음
용선기간	선적항에서 선적준비가 완료된 때부터 양륙지에서 운송물이 양륙된 때까지	약정기간의 용선개시일부터 종료하여 반선할 때까지	약정기간의 용선선박을 인도한 때부터 종료하여 반선 할 때까지
용선료의 의미	운송행위의 보수 선적량 또는 총액운임(lumpsum freight)	운송행위 능력에 관한 보수기간 운임(time freight)	운송수단인 선박의 임차료
용선료의 산정기준	항해단위 (총 용선계약)	기간단위 (총 용선계약)	기간단위 (순 용선계약)
선박소유자의 부담항목	· 간접선비 · 직접선비 · 운항비(다만 하역조건이 FIO일 경우 하역인부 비용제외)	· 간접선비 · 직접선비	간접선비 · 선박임대차계약(demise charter) 인 경우 선박보험료
용선자의 부담항목	없음	운항비	직접선비 · 운항비 · 나용선계약(bareboat charter)인 경우 선박보험료
선박소유자의 묵시적 의무	감항능력 유지의무, 항해의 빠른 성취의무, 직항의무	감항능력유지의무, 성능유지의무, 항해의 빠른 성취의무, 직항의무	협의의 감항능력
선박의 소유자가 보증해야 할 감항능력의 내용		선박의항해능력(협의의 감항능력), 선원 · 설비 · 보급의 적합성, 홀드, 냉동실, 기타 화물창의 양호한 유지	나용선:협의의 감항능력임대차: 협의의 감항능력, 항해설비의 적합성, 화물창의 양호한 유지
감항능력의 유지시기	선적항을 출항할 때	용선계약 개시 및 용선기간 중	선박인도시
용선자가 지켜야 할 묵시적 의무	위험물 적재금지 안전항 지정	위험물 적재금지 안전항 지정	비교사항 없음
오프 하이어	없음	있음	나용선 : 없음 임대차계약 : 있음
선하증권 발행자	선박소유자, 선장, 그 대리인 용선자의 지시에 따라서 서명한 경우에는 보상약관의 적용을 받음	선박소유자, 선장, 그 대리인 용선자의 지시에 따라서 서명한 경우에는 보상약관의 적용을 받음	임차인, 용선자, 선장, 그 대리인
공동해손의 부담	선급 용선료는 분담하지 않음	선급 용선료는 분담하지 아니함	선급 용선료는 분담하지 아니함
제3자에 대한 불법행위 책임자	선박소유자	선박소유자, 다만 우리나라와 일본의 판례와 학설은 취항약관을 근거로 정기용선자를 위해 손해배상책임의 주체로 봄	선박임차인, 나용선자

▌부정기선 용선계약서(GENCON)

1. Shipbroker	RECOMMENDED THE BALTIC AND INTERNATIONAL MARITIME COUNCIL UNIFORM GENERAL CHARTER (AS REVISED 1922, 1976 and 1994) (To be used for trades for which no specially approved form is in force) CODE NAME: "GENCON" Part I
	2. Place and date
3. Owners/Place of business (Cl. 1)	4. Charterers/Place of business (Cl. 1)
5. Vessel's name (Cl. 1)	6. GT/NT (Cl. 1)
7. DWT all told on summer load line in metric tons (abt.) (Cl. 1)	8. Present position (Cl. 1)
9. Expected ready to load (abt.) (Cl. 1)	
10. Loading port or place (Cl. 1)	11. Discharging port or place (Cl. 1)
12. Cargo (also state quantity and margin in Owners' option, if agreed; if full and complete cargo not agreed state "part cargo") (Cl. 1)	
13. Freight rate (also state whether freight prepaid or payable on delivery) (Cl. 4)	14. Freight payment (state currency and method of payment; also beneficiary and bank account) (Cl. 4)
15. State if vessel's cargo handling gear shall not be used (Cl. 5)	16. Laytime (if separate laytime for load. and disch. is agreed, fill in a) and b). If total laytime for load. and disch., fill in c) only) (Cl. 6)
17. Shippers/Place of business (Cl. 6)	a) Laytime for loading
18. Agents (loading) (Cl. 6)	b) Laytime for discharging
19. Agents (discharging) (Cl. 6)	c) Total laytime for loading and discharging
20. Demurrage rate and manner payable (loading and discharging) (Cl. 7)	21. Cancelling date (Cl. 9)
	22. General Average to be adjusted at (Cl. 12)
23. Freight Tax (state if for the Owners' account) (Cl. 13 (c))	24. Brokerage commission and to whom payable (Cl. 15)
25. Law and Arbitration (state 19 (a), 19 (b) or 19 (c) of Cl. 19; if 19 (c) agreed also state Place of Arbitration) (if not filled in 19 (a) shall apply) (Cl. 19)	
(a) State maximum amount for small claims/shortened arbitration (Cl. 19)	26. Additional clauses covering special provisions, if agreed

It is mutually agreed that this Contract shall be performed subject to the conditions contained in this Charter Party which shall include Part I as well as Part II. In the event of a conflict of conditions, the provisions of Part I shall prevail over those of Part II to the extent of such conflict.

Signature (Owners)	Signature (Charterers)

Printed by The BIMCO Charter Party Editor

2. 해상운임

해상운임은 선사가 선박을 이용하여 사람이나 화물을 운송한 대가이다. 운임의 수준은 시장경제의 원칙인 수요와 공급의 원리에 의해 결정되어지는 것이 보편적이지만 해상운송의 정기항로에는 일종의 해상운임카르텔인 해운동맹 및 협의협정이 있어서 시장경쟁이 크게 제약을 받고 있다.

정기선운송에 있어서는 항로별로 해운동맹이 결성되어 있어 해상화물운임(tariff rate)을 책정하고 있으나 맹외선사와의 경쟁으로 인해 실제로 선사가 징수하는 시장운임은 공시된 해상화물운임보다 훨씬 낮은 경우가 대부분이며 시황에 따라 변동폭도 크다. 이는 운송서비스의 성격이 해운동맹 등 선사단체에 의해서 결정되고 선복공급이 비탄력적인데 기인한다.

1) 해상운임의 분류와 부대비용

주요 항로별 해운 운임

아시아~네덜란드 로테르담/독일 함부르크 (단위:달러)

	2007년초	현재	2008년 1월
해운운임	약 2100	3100	3500
유류할증료	470	728	900
환율 조정비용	약 160	400	400
성수기 할증료	없음	270	270
하역료	300	300	300
각종 잡비	30	30	30
계	3060	4828	5400

아시아~미국 동부해안(뉴욕) (단위:달러)

	2007년초	현재	2008년 하반기
해운운임	약 2500	2800	3400
유류할증료	450	680	900
파나마운하 통과료	210	210	210
성수기 할증료	없음	600	600
하역료	160	160	160
서류작성 등 잡비	30	30	30
계	3350	4480	5300

※ FEU(40피트 컨테이너) 기준
해운 운임 등은 선사 및 화주의 개별협상 결과 따라 다름
유류할증료 및 성수기할증료는 표준가격 기준, 실제 적용은 이보다 낮음

(1) 해상운임의 분류

(가) 지급시기에 따른 분류

■ 선불운임(Freight prepaid) : CIF 또는 CFR 조건에 의한 수출의 경우 수출업자가 선적지에서 운임을 종종 선불하는데 이를 선불운임이라 한다.

■ 후불운임(Freight to collect) : FOB 조건의 경우 수입업자가 화물의 도착지에서 운임을 지급하게 되는데 이를 후불운임이라 한다.

(나) 부과방법에 따른 분류

■ 종가운임(Ad Valorem Freight) : 귀금속 등 고가품의 운송에 있어 화물의 가격을 기초로 이의 일정률을 운임으로 징수하는 경우를 말한다.

■ 최저운임(Minimum Rate) : 운임은 일정단위를 기초로 부과되는데 화물의 용적이나 중량이 일정기준 이하일 경우 이미 설정된 최저운임을 부과한다.

■ 차별운임(Discrimination Rate) : 화물, 장소, 하주에 따라 운임을 차별적으로 부과하는 방식으로 해상운송에서 주로 이용되고 있다.

■ 무차별운임(Freight All Kinds Rate) : 화물, 하주, 장소를 불문하고 운송거리를 기준으로 일률적으로 운임을 책정하는 방식이다.

(다) 특수운임

■ 특별운임(Special Rate) : 해운동맹이 비동맹선사와의 경쟁, 특정화물의 유치, 대량화물에 대한 우대 등을 위해 일정조건을 갖춘 경우 요율을 인하하여 적용하는 운임이다.

■ 경쟁운임(Open Rate) : 광산물 등 특정화물의 수송에 있어서 동맹선사의 경쟁력을 높이기 위해 동맹선사 스스로가 운임을 결정토록 하는 경우의 운임이다.

■ OCP Rate(Overland Common Point Rate) : 북미 태평양 연안항만에서 하역되어 동부 내륙지역으로 육상운송되는 화물(OCP cargo)에 대해 낮은 해상운임률을 적용하여 화물을 유치하기 위한 정책운임을 말한다.

(라) 미국의 '84해운법상의 운임

■ **기간물량운임(Time Volume Rate)** : TVR은 선박회사 및 해운동맹이 일정기간에 제공되는 화물량에 따라 여러 가지 다른 운임률을 부과할 수 있도록 승인된 운임률로서 대량화물의 화주들이 선사로부터 운임을 할인받는 기회가 될 수 있다.

■ **우대운송계약(Service Contract)** : 화주 또는 화주단체(shippers' association)가 정기선 화물운송을 위해 운임동맹 또는 비동맹선사와 체결하는 계약으로 화주는 계약기간 중 일정화물(수량 등)을 제공할 것을 보증하며, 운임동맹 또는 비동맹선사는 스페이스, 운송기간, 기항지 등과 같은 일정한 서비스뿐만 아니라 해상운임공시표상의 운임보다 저렴한 운임을 보증한다. 화주의 보증물량이 많을수록 운임의 할인폭이 커 대형하주에게 유리하다. 한편 미연방해사위원회(FMC : federal maritime commission)는 선박을 실제로 운항하는 선사에게만 화주와 SC를 체결할 수 있는 자격을 부여하고 있으며 무선박운송인(NVOCC)이 운송인의 자격으로 자신의 고객인 실제화주와 SC를 체결하는 것은 금지하고 있다.

■ **독자 운임결정권(Independent Action)** : 독자 운임결정권(IA)은 미국항로에 취항하는 동맹선사들에게 'Tariff'에 신고된 운임률이나 기타 조건에 관계없이 독자적인 운임률을 설정할 수 있도록 허용한 것으로서, 동맹선사는 효력발생 10일전 까지만 FMC(미연방해사위원회)에 신고하게 되면 IA를 행사할 수 있게 된다. 동맹선사의 독

자 운임결정은 해운동맹의 특징인 공통운임제도와 상충되는 것이라 볼 수 있다.

(2) 부대비용

운송의 발달에 따라 운송관련 시설이나 인력이 갈수록 복잡·전문화되면서 선사가 해상운임만으로 경영이 어렵게 되자 이의 보전을 위해서 도입하게 된 것이 운송과 관련된 각종 부대비용이다.

부대비용은 선사들이 운항비의 증가 또는 운항수입의 감소를 보전하기 위해 부과하고 있는 할증료(surcharge) 및 부대비(additional Charge)는 통상 기본운임의 몇 %로 정하거나 컨테이너당 또는 톤당 일정액을 정하여 공시하는 형식을 취하고 있다. 각종 할증료에 대해 'UNCTAD Liner Code'와 'CENSA Code'에서는 일시적 또는 비정상적으로 발생된 운항비의 증가나 운임수입의 감소가 발생했을 경우에만 부과되어야 하며 화주단체가 이의를 제기했을 경우에는 반드시 증거를 제시하도록 하고 있으며 동맹에 의하여 부과된 할증료는 일시적인 것으로 여건이 개선되면 철폐되어야 하는 것으로 규정하고 있다.

(가) 터미널화물처리비(THC : Terminal Handling Charge)

화물이 CY에 입고된 순간부터 본선의 선측까지, 반대로 본선의 선측에서 CY의 게이트를 통과하기까지 화물의 이동에 따르는 비용을 말한다. 예전에는 선사가 해상운임에 포함하여 징수하였으나 1990년에 유럽운임동맹(FEFC)이 분리하여 징수하면서 다른 항로에도 확산되어 이제는 모든 항로에서 THC가 부과되고 있다. 터미널화물처리비는 한국을 비롯하여 대만, 홍콩 등 극동지역, ASEAN 국가, 유럽지역에서는 THC라는 명칭으로 부과되고 있으며, 일본지역은 아시아항로에 한정하여 컨테이너처리비용(container handling charge : CHC)이 부과되고 있고, 미국에서는 목적지 인도비용(destination delivery charge: DDC)이 부과되는 등 국가마다 터미널화물처리비의 개념과 원가구성 요소가 다르다. 특히 THC는 해운동맹에 대한 지역 하주단체의 협상력에 따라 부과정도가 다른 데 일본의 경우는 화주단체의 강력한 반발에 의해 미주항로나 유럽항로 취항선사들이 일본항구에서 THC를 징수하지 못하고 있다. 유럽의 화주단체는 THC를 원칙적으로 인정하지 않고 있으며 THC가 기본운임에 포함되어야 한다고 일관되게 주장하고 있는 실정이다. 그러나 화주단체의 협상력이 상대적으로 미약한 여타 아시아 국가들은 선사들이 일방적으로 부과하는 THC를 어쩔 수 없이 납부하고 있으며 선사들은 매년 THC의 대폭적인 인상을 통해 이 지역 화주들의 부담을 가중시키고 있어 THC의 철폐를 위한 지역 화주단체들의 활동도 한층 강화되고 있는 추세에 있다.

(나) CFS 작업료(CFS Charge)

선사가 컨테이너 한개의 분량이 못되는 소량화물을 운송하는 경우 선적지 및 도착지의 CFS에서 화물의 혼적 또는 분류작업을 하게 되는데 이때 발생하는 비용을 CFS Charge라 하며 선사는 하주로부터 이를 징수하여 CFS 운영업자에게 전달하게 된다.

(다) 도착지화물인도비용(DDC : Destination Delivery Charge)

북미수출의 경우 도착항에서의 터미널 작업비용과 목적지까지의 내륙운송비용을 포함하여 해상운임과는 별도로 징수하는 것으로서 북미서안과 인근 내륙지역의 경우 40피트 컨테이너 당 740달러, 북미동안과 인근 내륙지역은 40피트 기준 1,070달러를 징수하고 있다.

(라) 컨테이너세(Container Tax)

92년부터 항만 배후도로를 운송하는 컨테이너차량에 대해서 부산시가 20푸트 컨테이너 당 2만원씩 징수하고 있는 지방세로서 부산지역의 항만 배후도로 건설 등 운송시설의 확충을 목적으로 한 일종의 교통유발부담금이라 할 수 있다.

(마) 서류발급비(Documentation Fee)

선사에서 선화증권(B/L)과 화물인도지시서(D/O)의 발급시 소요되는 행정비용을 보전하기 위해 신설한 비용으로 현재 발급 건당 6,000~7,500원씩 징구하고 있다.

(바) 체선(화)할증료(Port Congestion Surcharge)

입출항 선박의 수에 비해 항구의 하역능력이 부족하여 하역작업을 위한 대기시간이 길어짐으로 인해 선사측에 추가적인 경비가 발생할 경우에 일정기간 동안 하주에게 부과한다.

(사) 통화할증료(CAF : Currency Adjustment Factor)

운임표시 통화의 가치하락에 따른 손실을 보전하기 위해 도입한 할증료로서 일정기간 해당통화의 가치변동률을 감안하여 기본운임에 일정비율(%)을 부과하고 있다. 항로에 따라서는 일정액을 부과하는 경우도 있다.

(아) 유류할증료(BAF : Bunker Adjustment Factor)

선박의 주연료인 벙커油의 가격변동에 따른 손실을 보전하기 위해 부과하는 할증료로서 기본운임에 대하여 일정비율(%) 또는 일정액을 징수하고 있다. 북미항로에서는 연료할증료(FAF : fuel adjustment factor)라고도 한다.

(자) 연체료(Detention Charge)

하주가 컨테이너 또는 트레일러를 대여받았을 경우 규정된 시간내에 반환을 못할 경우 벌과금으로 지불해야 하는 비용이며 규정된 시간(free time)은 동맹 또는 선사에 따라 다르다.

그러므로 해상운송 운임을 정리하면 다음과 같이 요약이 가능하다.

운임의 구조		개　념
기본운임(Basic Rate)		운임요율표에 명기된 품목별 운임을 말하며 중량 또는 용적 단위로 표시
할증료 Surcharge	유류할증료 (Bunker Adjustment Factor)	유가인상분에 대한 추가비용을 보전하기 위해 부과하는 할증료
	통화할증료 (Currency Adjustment Factor)	화폐가치 변화에 의한 손실보전을 위해 부과하는 할증료
	혼잡할증료 (Congestion Surcharge)	항구에서 선박폭주로 대기시산이 장기화될 경우 부과하는 할증료
	수에즈운하할증료 (Suez Surcharge)	수에즈운하 봉쇄시 희망봉 회항에 따른 추가비용 보전을 위해 부과하는 할증료
	특별운항할증료 (Special Operating Service Charge)	비상사태에 대비하여 부과하는 할증료
추가운임 Additional Charge	외항추가운임 (Out Port Arbitrary)	선박이 기항하는 항구(Base Port)이외의 지역행 화물에 적용하는 운임
	선택항추가운임 (Operational Charge)	선적시 양하항을 복수로 선정하여 최초항 도착전 양하항을 지정할 경우 적부상의 문제 등을 감안, 추가로 부과하는 운임
	항구변경료 (Diversion Charge)	선적시 지정했던 항구를 선적한 후 변경시 추가로 부과하는 운임
	환적할증료 (Transhipment Charge)	환적으로 발생하는 추가비용을 보전하기 위해 부과하는 운임
	초과중량할증료 (Heavy Lift Charge)	단위당 중량이 초과하여 특별한 장비사용시 발생하는 추가비용 보전을 위해 부과하는 운임
	장척할증료 (Long Length Charge)	단위당 길이가 길어 특별한 장비사용시 발생하는 추가비용 보전을 위해 부과되는 운임
	전쟁위험할증료 (War Risk Premium)	전쟁위험지역이나 전쟁지역에서 적양하되는 화물에 부과되는 운임
기타 Others	CFS Charge	LCL화물의 CFS내 작업에 소요되는 요금
	Demurrage	무료장치기간(Free Time)이내에 화물을 CY에서 반출하지 않을 경우 부과하는 요금
	Detention Charge	무료기간내에 반출해간 컨테이너를 지정된 선박회사의 컨테이너 야드에 반송하지 않을 경우 부과하는 요금

2) 해상운임의 산정기준과 지급시기

(1) 해상운임의 산정기준

■운임의 구성 요소
-기본운임(basic rate)
-할증료(surcharge)
-추가요금 (additional charge)

운임의 기본운임률(base rate)은 항로별, 화물별로 서로 다르게 정해지고 기본운임의 계산은 중량톤(weight ton) 또는 용적톤(measurement ton) 가운데 높은 쪽을 운임톤(revenue ton : r/t)으로 하여 기본운임률을 곱하여 산출된다.

한국은 1TON=1CBM(m^3)로 규정하고 더 높은 쪽을 기준으로 운임을 산정한다.

(가) 해상운송 운임계산 부과기준

해상운송시 운임계산의 기준으로 사용되는 톤을 운임톤(R/T : Revenue Ton)이라 말하며, Freight Ton 이라고도 한다. 해상운임 계산시 화물의 총중량(Gross weight)와 총용적(Gross Measurement)을 비교하여 큰 쪽을 운임톤(R/T)으로 선정하여 계산하게 되는데 이때 중량과 용적의 분기점은 1CBM(Cubic Meter=1㎥)당 1MT(Metric ton=1,000kg)이 된다. 즉, 화물용적 1CBM의 무게가 1,000kg 이상이 되면 중량화물(weight cargo)이 되어 무게를 기준으로 운임을 부과하고, 무게가 그 이하이면 용적화물(measurement cargo)이 되어 부피를 기준으로 운임을 부과하게 된다.

(나) 해상운송시 용적톤 계산방법

Measurement(용적)는 선적물품의 부피를 기재하는 곳으로 필수 기재사항이며, 계산단위는 CBM(Cubic Meter)을 주로 사용한다.

■ CBM(Cubic Meter)을 구하는 방법

포장물품의 {가로(L) m x 세로(W) m x 높이(H) m x 포장개수= CBM(입방미터)}를 계산한 수치이다. 즉, 1m(1,000㎜)x 1m(1,000㎜) x 1m(1,000㎜) = 1CBM 이 된다.

∘ 1Box 가정 : 0.3m(300㎜) x 0.4m(400㎜) x 0.5m(500㎜) = 0.06CBM일 경우 1CBM 으로 운임 부과함
∘ 200Box 가정 : 0.3m(300㎜) x 0.4m(400㎜) x 0.5m(500㎜) x 200Box = 12CBM으로 운임 부 과함

일반적으로 복합운송은 정기선해운에 다른 운송수단을 결합한 일관운송이기 때문에 복합운송의 운임체계는 정기선 운임체계를 기본으로 하고 있다. 이러한 정기선운송의 운임은 용적 또는 중량을 기준으로 하여 산출하고 있으며, 귀금속 등의 고가품인 경우에는 가격이나 개수를 기준으로 하고 있다. 중량보다 부피, 즉 용적이 큰 화물은 용적을 기준으로 하여 운임을 산출하며, 이러한 화물을 용적화물이라 하고, 중량을 기준으로 하는 화물을 중량화물이라고 한다.

할증료는 일반화물보다 무거울 때 부과하는 중량할증운임(heavy lift surcharge), 부피가 크거나 길이가 길 때는 용적 및 장척할증료(bulky/lengthy surcharge), 도착항의 항만사정이 선박으로 혼잡할 때는 선혼할증료(congestion surcharge), 선적시에 목적항을 2개로 정했다가 본선출항 후에 1개항에 도착항 선택할 때의 'Optional Charge' 등이 부과된다. 또한 환율의 변동에 따른 환차손을 화주에게 부담시키는 통화할증료(CAF), 유류가격의 인상으로 발생하는 손실을 보전하기 위한 BAF 등이 있다.

(2) 해상운임 지급시기

해상운송운임의 지급시기는 화물이 목적지에 도착한 다음 지불하는 후불지급이 원칙이지만, 실무적으로는 관습에 따라 선불로 지급한다. 이는 선화증권이나 용선계약서에 대부분 "운임은 선적시에 지급해야 하며 운송 중 화물이 상실되어도 전액 받을 수 있

는 것으로 간주 한다"라고 기재되어 있기 때문이다.

CIF나 CFR 조건에서는 수출상이 선적지에서 운임을 먼저 내는 운임인 선불운임(freight prepaid)을 수용하므로 선불운임은 적화완료시 지급(payable on completion of loading) 혹은 B/L발행(payable on signing of B/L)시 운임을 지급한다.

FOB 조건에서는 수입상이 화물의 도착지에서 운임을 지급하는 후불운임(freight to collect)을 수용하므로 FOB조건에서의 후불운임은 수입상이 화물의 도착지에서 지급(payable on arrival destination) 혹은 양화완료시 지급(payable on completion of discharging)한다.

■ 수입시 운송비 견적표(예)

상품정보 : 잡화, 한 컨테이너(TEU), 21ton, 23CBM, 도착지: 서울 00공단, 수입지: 미국 L.A, 수입항: 부산항 BCTOC, 상품가액 : Invoice Value $20,000, 수입조건: CIF, (1$ =₩1,226.18), 과세율 8%, 반입지: 양산지역, 참조항목: 선사부대비용. 출고보관료 환산요율. 부산-서울간 화물운송료. 물류비 일람표

수입단계	물류요금	단가/ 내역	금액(원)	비 고
수입현지	물품원가	$20,000	24,523,600	
	해상운임	$1,080	1,324,275	선사별 상이
선박부산 항 입항 및 양하	WARFAGE	₩323 원/ 톤	7,429	
	C.C.C.(컨테이너청소비)	5,000원/TEU	5,000	신규비용
	Fowarder's HandlingCharge	$30~$50	36,786~61,309	
	하역비	컨테이너 운송료+하역작업료 ABOUT / 적용톤수*8,000원*1.1(VAT)	202,400	
선적지 선박출항	CAF		0	북미미적용
	BAF	$146	179,022	
	적화보험료	Invoice가액*110%*0.135% = $29.7	36,418	ICC(A)조건
	CONT' TAX	₩20,000/TEU	20,000	
	THC	101,000/TEU	101,000	
	Document Fee	15,000+VAT	16,500	

		20'	40'	LCL	
통화할증료(CAF)	중 동	$50	$100	$2.5	
유류할증료(BAF)	북미수출	$65	$85	$1.5	
	북미수입	$34	$40	$4	톤당 : $2
	싱가포르	$25	$40		
	대만항로	$20	$30		

수입단계	물류요금	단가/내역	금액(원)	비 고
보세운송	컨테이너운송료	20'*1=w 40'*1=w		
보세장치 (반입)				
검역.검사	검사.검역료			
통관	관세+부가세 관세사수수료	과세가격=$20,000+$1,080+$30 (25,884,660) 2,070,772+2,795,538 2.0/1,000*25,884,660*1.1(수입시)	4,866,260 56,946	최저 2만 7천원
		감가+관세=25,884,660+2,070,772 =27,955,432		
출고	보세장치 장치보관료및 작업료	(보관료+작업료)*1.1-(종가+종량+작업료)*1.1 종가={(감가+관세)*(0.9+0.23*보관일수)} / 1000 *1.1(VAT) 종량 =적용톤수*{750 + (180*보관일수)} 출고상차료=3,466*적용톤수*(1+작업할증율%)		276,910 10일 보관 시
	화재보험료	감가*0.038/1,000 25,884,660*0.038/1,000=984	984	
	보세창고요율 종가 기본료 0.9 /1000+ +일일할증 0.23*일수/1000 (기본료+일일할증) /1000 *(감가+관세) 종량기본료(750 +일일할증 (180*일수)	출.보관료의 산출내역 (종가+종량+출고상차료)*1.1= 27,955,432*3.2/1000 =89,457(종가)+23*{750+(180*10)}=58,650 (종량) +3,466*23=79,718(기본상 하차료) +79,718*30%=23,915(중량할증료)= 251,735 251,735*1.1=276,909(출,보관료) 출고상차료 기본료=3,466원(일반잡화-C/T, B/L...) 10일-종가율=2.0 / 1000. 10일-종량율 =1,800 우천50% 중량30% 난작업50% 정시간외50% 선별120%	보세장치장요율 종가 기본료 0.6/1000 (1-7) 0.7/1000 (8-15) 0.7/1000 (16-30) 0.8/1000 (31이상) 0.9/1000 (61이상) 일일할증 0.12/1000 / 0.13/1000 0.14/1000 / 0.16/1000 0.18/1000 종량 450-90. / 550-125. / 600-135. / 650-155. / 750-175. / 850-195	
내륙운송	화물차 운송료	10톤트럭 (₩418,000) * 2대	836,000	VAT 포함

수입단계	물류요금	단가/ 내역	금액(원)	비고
화주 공장	취급 수수료	서류수발, 입항체크, 창고배정, 통관의뢰, 운송의뢰, 하역비수납, 선임납부, D/O전달, 차량수배, 창고료정리, 통관진행상황수시체크보완, 출고확인, 제경비정산발송, 물류비절감방향제시등 현지총괄업무대행수수료임.	55,000	
		합 계	32,569,053	

지역 요율표(2008')

(단위 : 원)

PORT	LCL		FCL						공 통	
	CFS+THC	C/TAX	THC (CHC)				C / TAX		W/F	D/FEE
	(CBM 당)	CBM	20'*1	40'*1	20'R	40'R	20'*1	40'*1	CBM	(B/L 건당)
미 주	10,165+4,300	1,000	101,000	137,000	217,000	289,000	20,000	40,000	192	9,000 + VAT
캐나다	10,165+4,300	1,000	101,000	137,000	217,000	289,000	20,000	40,000	192	9,000 + VAT
서남아시아	5,500 + 5,500	1,000	101,000	137,000			20,000	40,000	192	9,000 + VAT
동남아-한중	4,500 + 5,500	1,000	101,000	137,000			20,000	40,000	192	9,000 + VAT
한-일	4,500 + 6,000	1,000	101,000	137,000	135,000	180,000	20,000	40,000	192	9,000 + VAT
중남미	5,500 + 4,000	1,000	101,000	137,000	217,000	289,000	20,000	40,000	192	9,000 + VAT
유 럽	9,800 (CFS)	1,000	100,000	136,000	198,000	287,000	20,000	40,000	192	9,000 + VAT
S.AFRICA	5,500 + 5,500	1,000	101,000	137,000			20,000	40,000	192	9,000 + VAT
아프리카	9,800 (CFS)	1,000	100,000	136,000			20,000	40,000	192	9,000 + VAT
러시아	5,500 (CFS)	1,000	*해상운송에 포함 (CFS 차지 세금별도)				20,000	40,000	192	9,000 + VAT
호 주	5,500 + 5,500	1,000	100,000	136,000	198,000	287,000	20,000	40,000	192	9,000 + VAT
중 동	$13	1,000	100,000	136,000			20,000	40,000	192	9,000 + VAT

■ BULK 하역료

해운항만청장이 인가한 선박에서 부두 또는 예부선의 하역작업을 말하며, 항만하역요금은 통산적인 선내하역작업, 육상하역작업, 예부선운송작업 및 부대하역작업 등을 하역했을 경우 지급하는 비용.

A. 하역과정별 비용구성

(a)본선작업 물량장출고 육상정리 + 육상 + 이송 + 육상 + 경비시트

(b)부선작업 물량장장치 출고 부선정리 + 예부선 + 부선양적 + 경비시트

(c)부선작업 영업용창고 부선정리 + 예부선 + 부선양적 + 육상 + 경비시트

B. 하역비 조견표

(a)부두입고 및 보세운송

하태	육상정리	육상	이송	육상	경비, 시드	계	20%	30%	50%	70%	100%
P/T	1,886	2,096	1,859	2,096	450	8,387	1,216	1,823	3,039	4,255	6,078
철계	1,886	2,096	1,859	2,096	450	8,387	1,216	1,823	3,039	4,255	6,078
B/G	2,486	2,762	1,859	2,762	450	10,319	1,602	2,403	4,005	5,607	8,010
B/L	2,486	2,762	1,859	2,762	450	10,319	1,602	2,403	4,005	5,607	8,010
C/S	2,292	2,547	1,859	2,547	450	9,695	1,477	2,216	3,693	5,170	7,386
C/T	2,292	2,547	1,859	2,547	450	9,695	1,477	2,216	3,693	5,170	7,386
D/M	1,894	2,104	1,859	2,104	450	8,411	1,220	1,831	3,051	4,271	6,102
비철	1,894	2,104	1,859	2,104	450	8,411	1,220	1,831	3,051	4,271	6,102
기계	2,148	2,387	1,859	2,387	450	9,231	1,384	2,077	3,461	4,945	6,922

* 할증료= (육상정리 + 육상 + 육상) × 할증료 (%)

(b) 위험품 및 자가창고

하태	부선정리	예부선	부선양격	육상	경비시드	계	20%	30%	50%	위. 40%	위. 60%	위. 100%
P/T	564	2,444	3,248	2,096	450	8,802	1,182	1,772	2,954	4,392	6,589	10,981
철계	606	2,119	3,311	2,096	450	8,582	1,203	1,804	3,007	4,304	6,457	10,761
B/G	1,144	2,119	4,616	2,762	450	11,091	1,704	2,557	4,261	5,308	7,962	13,270
B/L	663	2,119	3,479	2,762	450	9,473	1,381	2,071	3,452	4,661	6,991	11,652
C/S	965	2,119	4,390	2,547	450	10,471	1,580	2,371	3,951	5,060	7,590	12,650
C/T	965	2,119	4,390	2,547	450	10,471	1,580	2,371	3,951	5,606	7,590	12,650
D/M	583	2,119	3,340	2,104	450	8,921	1,205	1,808	3,104	4,440	6,660	11,100
기계	741	2,444	3,728	2,387	450	9,750	1,301	3,428	3,428	4,772	7,157	11,929

* 일반 CARGO 할증 = (부선정리 + 부선양격 + 육상)× 할증률
* 위험품 할증 = (부선정리 + 예부선 + 부선양격 + 육상 + 이송료) × 할증률

(c) 이송요금

구분	인력		차량		
작업거리	50M 까지	50M 초과 20M마다	2KM까지	4KM까지	6KM까지
요금	1,023	511	1,859	2,307	2,629

(d) 중량할증표

톤수	할증(%)	톤수	할증(%)	톤수	할증(%)
80KG~200KG	30	15톤초과 30톤	70	70톤초과 80톤	350
200KG~400KG	50	30톤초과 40톤	150	80톤초과 90톤	400
400KG~700KG	20	40톤초과 50톤	200	90톤초과 100톤	450
700KG~5톤	30	50톤초과 60톤	250	100톤초과 110톤	500
5톤~15톤	50	60톤초과 70톤	300	110톤초과 120톤	550

*30톤초과 화물에 대하여 150%를 기준으로 하여 매 10톤마다 50%씩 가산됨.
*화물 경비료 :340원, 복포료:110원 *보통일용(1일):24,700원
*중기일용(1일):36,700원 *부선톤 당(1일):380원

■ 용어정리 ■

선내 : 본선 선창내에서 화물을 부선(BARGE) 또는 부두에 내려놓고 HOOK을 풀기까지의 작업료

부선양적 : 본선이 외항에 정박 중인 경우, 물량장 또는 본선에서 부선에 운반가능하도록 양육 적재하기까지의 작업

부선정리 : 본선에서 부선에 양하된 화물을 화주별 선화증권별 구분,정리하는 비용(선내요금의 40%)

육상정리 : 본선에서 부두에 양하된 화물을 물량장에서 화주별,선하증권별로 구분, 정리하는 비용(육상요금의 90%)

육상 : 선내(본선/부선)작업이 완료된 화물을 운반차량에 적재하는 비용.

출고상차료 : 창고에 보관된 화물을 반출하여 운반차량에 적재하는 비용.

C. 하역료의 부담범위

본선 선창내 하역노임을 선주 또는 하주 중 누가 부담하는가에 따라 선주선내와 하주 선내로 구별된다.

BERTH TERM (OR LINE TERM) : 본선 선창내 하역노임을 선주가 부담하는 조건, 주로 정기화물로서 잡화(GENERAL -CARGO) 하역시 조건
FIO TERM (FREE IN AND OUT) : 본선 선창내 하역노임을 하주가 부담하는 조건으로 식량, 비료, 광석 등 대량화물을 운송하는 부정기선은 대부분 이 형태가 많다.
적하역 하주부담을 F.I (FREE IN)라 하고 양하역 하주부담을 F.O (FRRE OUT)라 함.

■ 물류비 일람표

종 류		내 용	비 고
항만물류비	하역료		
	일반하역료		하역회사
	- 본선하역료	본선 내 하역작업(FIO조건 시 하주부담)	
	- 육상작업료	본선하역 후 육상작업 시(B.T조건)	
	특수하역료	기계하역 및 특수장비사용 하역 시 적용	하역회사
	- 컨테이너하역료	선임에 포함되어 선사가 부담	
	unlashing Charge	컨테이너하역 전 분리작업 시 요금	선사/하역회사
	본선하역료	본선하역료, 마샬링 Charge 등	선사/하역회사
	셔틀요금	부두에서 CY간 운송요금	선사/하역회사
	시내운송료	FCL의 시내운송 시 요금	운송회사
	On/Off Charge	컨테이너 상하차 요금	CY
	marshalling Charge	CY내에서 컨테이너를 Apronn까지 운송하는 비용	CY
	보세창고 작업료		보세창고
	- 하차입고료	보세구역 입고작업 시 요금	
	- 출고상차료	보세구역 창고적출 시 요금	
	연안하역료	연안화물 하역료	하역회사
	부대요금	하역관련 부대작업 시 요금	하역회사

	검수료	화물 검수 시 요금	검수검정회사
	검량료	화물 검량 시 요금	검수검정회사
	감정료	화물 감정 시 요금	검수검정회사
	항만시설사용료 (Whatfage)	화물입항 및 장치에 따른 항만시설 사용비용(선사가대납후 하주에게 징수)	해양수산부
	컨테이너세	부산항을 통과하는 컨테이너에 부과하는 세금 (2만원/TEU, 4만원/ FEU)	부산광역시
보관비	보세장치장/창고보관료	입고일에서 출고일까지 보관료(종가료 + 종량료)	창고, CY업체
	화물경비료	하차입고후 출고상차전까지 보관료	부두관리협회
	냉동창고 보관료	하차입고후 출고상차전까지 보관/작업	냉동창고
국내운송비	컨테이너 육송료	부두/CY에서 목적지까지 컨테이너 육상운송요금	운송회사
	화물자동차 운송료	일반화물의 육상운송요금	운송회사
	철도운송요금	부산항에서 의왕ICD까지 철송운임	철도청
	연안해송요금	부산, 인천, 군산, 여수항 간 해송운임	선사
해상운임/부대비	기본운임	항로별 화물운송비용 - 톤당운임*환율*수량(FCL:지역별 컨테이너당 rate) - Prepaid(송화주부담: CIF, C&F, CFR) - Collect(수화주부담: FOB, FAS, EX WORK)	항로별 운임동맹 및 협의회
	CAF	환율변동에 따른 가산요율(요금)	〃
	BAF	유가변동에 따른 가산요율(요금)	〃
	THC	본선하역에서 CY반출 시까지 컨테이너 취급비용 (CFSCharge에 포함되며 수입항로별로 요금상이)	〃
	CFS Charge	LCL화물의 CFS입고시 취급요금(Stuffing, Devanning)	선사/CFS
	서류발급비	B/L, D/O, Arrival Notice 발급시	선사
	목적지인도비	북미수출시(320$/TEU, 640$/FEU)	선사
항공	항공운송요금	국내외 항공화물 운송요금	항공사
통관비용	수출검사수수료	수출금액(FOB)의 일정율(0.09 ~ 0.18)	관세청, 관세협회, 관세사협회, KTNet
	파출검사수수료	수출(교통비실비),수입(시간당2,000원+교통비실비)	
	타소장치허가수수료	수출(건당 4,500원), 수입(18,000원)	
	임시개청허가수수료	기본료(평일 4,000원, 휴일 12,000원, 수출은1/4)+ 가산료(근무시간외)	
	원산지증명발급수수료	관세양허대상 수출품	
	통관수수료	감정가격 * 2/1,000	
	기타	정시간외수수료, EDI서비스료 등	
	통관관련 세금	관세, 특별소비세, 주세, 교통세, 농어촌특별소비세, 교육세, 부가가치세, 간이세율, 가산세 등	관세청
	관세사보수료	수출 : 감가(FOB) * 0.15% 수입 ; 감가(CIF) * 2.0%	
	검역관련 요금	식물검역, 수산물검역, 동물검역, 식품검역, 공중위생검역, 수입물품검역 등	동식물검역소
	검사수수료	CY내 내장통관, 직통관시 컨테이너 취급비용(CY,선사별로 상이함)	CY/선사

종 류		내 용	비 고
기타비용	적화보험료	수출입화물 운송중 손해보상 비용	손해보험사
	화재보험료	보관기간중 회재보험료 - (감가 * 관세) * 요율	손해보험사
	Forwarder's Handling charge	Forwarder가 선사와 하주 간 화물선적을 중개하고 받는 수수료	Forwarder

참고) 컨테이너화물의 경우 ODCY와 본선 간 발생하는 하역료, 셔틀료 및 On-Off charge 등의 제비용은 THC로 해상운임 및 부대비용에 포함함.

종 류		내 용	비 고
해상및항만	Despatch Money	약정된 정박기간 만료이전에 하역작업이 완료될 경우단축된 기간만큼 선주가 용선자(송하인, 수하인)에게 지급하는 금액(체선료의 1/2)	
	Port Congestion Surcharge	선박혼잡으로 인해 선박이 체선되는 경우 선박회사나정기선 운임동맹이 하주에게 부과하는 비용	
	Demurrage Charge	CY장치기간 중 정박기간을 초과하는 경우 초과일만큼화주에게 부과하는 요금	
	Detention Charge	Full Container가 Empty화될 때까지의 Free Time(무료장치기간)을 초과했을 때 선사가 하주에게 부과하는 요금	
내륙운송	운행제한 위반 (과적차량 범칙금)	도로법상 운행제한 규정을 위반한 운전자, 위반을 지시하거나 요구한 사람에게 부과하는 도로법상의범칙금(200만원)도로교통법상 운전자에게 5만원자동차운수사업법상 사업자에게 30만원*운송업체들은 단속을 피하기위해 20'컨테이너는 내품중량 17.5톤, 40'컨테이너는 20톤을 최대적재량으로 정해 운송하는 경우가 대부분임 - 이는 중량제한(40톤)보다는 축 중(10톤)에 의해 제한중량을 초과하는 경우가 많아 제한축 중을 초과하지 않는 최대적재량을 감안한 것임	차량축 중 10톤 또는 총중량 40톤을 초과하는 화물차량 및 적재중량의 1.1배 초과차량

■ 수출입 해상화물운송 운임견적요청(인터넷에 의한 견적요청의 예)

* Company &Name	
* Tel number	
* E-Mail	
Fax Number	
선적항 / 도착항	
LCL / cbm(소량화물)	
20' Dry container (Teu)	
40' Dry container (Feu)	
40' High-Cubic Container (Feu)	
20' Open-Top Container (가로x세로x높이 mm)	
40' Open-Top Container	
20' Flat-Rack Container	
40' Flat-Rack Container	
Break Bulky Cargo (G'WT / R.Ton) (가로x세로x높이 mm)	
Inland Traucking Section (육상운송구간)	
Remark (추가요청사항)	
관세환급	○ yes ○ no

전 송 취 소

3. 선화증권(Bill of Lading)

선화증권이란 해상운송에서 선적한 화물을 대표하는 유가증권이다. 선화증권은 상법 제854조에 따르면 선화증권의 발행은 운송인과 송화인 사이에 선화증권에 기재한 대로 운송계약이 체결되고 운송물을 수령 또는 선적한 것으로 추정하도록 규정되어 있다. 따라서 선화증권은 운송계약의 결정적인 증거가 될 뿐만 아니라 운송인이 송화인으로부터 화물을 수령하였다는 증거가 된다. 선화증권은 운송관계에서 가장 중요한 서류이며, 상업송장 및 포장명세서와 함께 신용장 거래시 3대 필수 네고서류로 사용되고 있다. 화물의 수령후 선적전에 발행하는 것을 수취선화증권, 선적후에 발행하는 것을 선적선화증권이라 하며, 현행 한국 상법은 "선화증권에 관한 통일조약"에 의거하여 2가지를 모두 인정하고 있다.

선화증권은 상법 제852조 1항에 의하여 선박소유자가 발행함이 원칙이지만 선장 기타 사용인에게 이를 위임할 수도 있다(동법 제852조 3항). 선화증권은 화주와 선박회사간에 체결한 해상운송계약에 의하여 선사가 그 화물을 영수하였다는 것을 증명하는 한편, 도착항에서 일정한 조건하에 수화인 또는 그 지시인에게 화물을 인도할 것을 약정한 증권으로 유가증권이다. 약칭하여 B/L이라고 부르기도 하고 선화증서(船貨證書)라고도 한다.

1) 선화증권의 기능과 성질

(1) 선화증권의 기능

☞ 유가증권
유가물 또는 사법상의 재산권을 표창하는 증권

선화증권이 국제무역에서 차지하고 있는 역할 혹은 기능을 좀 더 살펴보면 크게 다음과 같이 세 가지로 분류할 수 있다.

첫째, 선화증권은 이름 그대로 해당화물이 선적되어 선사의 관리 아래에 있다는 영수증의 역할을 한다. 수입자는 계약된 물품이 대금을 지불하고도 물품을 받지 못하는 불안을 해소하기 위해 해당 물품이 선적되었다는 사실의 확인을 원하게 되는데, 이때 물품의 선적을 증명하는 하는 서류가 선화증권이다. 둘째, 국제무역에 따르는 여러 가지 계약 중 선주와 화주간에 체결하는 운송계약은 별도의 계약서가 존재하지 않고 선화증권으로 대신하므로 선화증권은 바로 선주와 하주간에 계약이 체결된 것을 증명하는 계약증서가 된다. 따라서 만일 운송과정 중에 클레임이 발생하면 우선적으로 계약서인 선화증권의 내용을 가지고 선화주간의 권리의무를 판단하게 되는 것이다. 셋째, 선화증권은 증권의 소유자나 피배서인이 해당상품의 인도를 주장할 수 있는 권리증권(entitled document)이다. 정당한 절차와 방법에 따라 선화증권 원본을 소지할 경우 이를 해당 선박회사에 들고 가면 화물을 받아갈 수 있으므로 선화증권은 한마디로 "돈"이다.

(2) 선화증권의 법적 성질

(가) 요인증권(要因證券)

선화증권은 운송인 또는 그 대리인이 물건을 선적 또는 선적을 위하여 수취하였다는 요인이 있어야 비로소 발행된다. 따라서 선적하지 않았는데도 선화증권이 발행되었다고 한다면 위법행위다.

(나) 요식증권(要式證券)

선화증권은 기재사항이 법으로 규정되어 있으며 선화증권을 소지하고 있는 사람이 화물의 인도를 청구할 수 있는 유통증권(流通證券) 혹은 채권증권이다.

(다) 문언증권(文言證券)

운송인은 선화증권의 선의의 소지인에 대하여 증권의 기재문언에 관하여 책임을 지며, 반면에 그 소지인은 증권의 기재문언에 따라 권리를 주장할 수 있는데, 이러한 선화증권의 법적 성질을 문언증권 이라고 한다. 선화증권 원본의 발행은 1통으로도 가능하지만 화물의 도난, 연착 또는 분실 등에 대비하여 그 이상(2-5통)을 한 세트로 하여 발행할 수도 있는데, 현재 국내에서는 거의 3통을 한 세트로 하여 발행하는 것이 관례이다.[46] 한편, 선화증권은 몇 통을 발행하였더라도 내용이 동일하며 정식서명도 되어 있어 각 통은 동등한 효력을 지녀서 화물인도에는 한 통으로 족하며, 인도와 동시에 타 B/L은 무효가 된다. 물론, 은행에서 대금결제시 발행된 정본 전부를 제시해야 한다.

2) 선화증권의 종류와 기재사항

(1) 선화증권의 종류

참고 9 선화증권의 종류

분류기준	종 류
양 식	Long Form B/L, Short Form, B/L
선적여부	Shipped B/L, Received B/L, On Board B/L
하자표시 유무	Clean B/L, Dirty B/L, Foul B/L 또는 Unclean B/L이라고도 함
수하인 표시 유무	Straight B/L, Order B/L, Bearer B/L
발행인	Master B/L, Forwarder B/L, House B/L이라고도 함
기타	Through B/L, Charter, Party B/L, Third Party B/L Red B/L, Back Date B/L, Stale B/L

(가) 선적선화증권(Shipped or on Board B/L)과 수취선화증권(Received B/L)

선적선화증권은 선박회사가 화주로부터 수령한 운송화물을 선적한 후에 발행하는 증권이다. 보통 선화증권의 앞면 하단부분에 선적완료 사실을 "shipped" 또는 "shipped on board"란 표시와 함께 선적일자 등을 기재하여 나타낸다.(예; "SHIPPED on board on the vessel mentioned in apparent good order and condition,,,"으로 시작한다.) INCOTERMS 상의 13가지 정형무역거래조건 중 현재 가장 많이 이용되고 있는 FOB 또는 CIF 같은 무역조건은 본선(mother vessel) 인도를 전제로 한 것이기 때문에 이 경우 당연히 'shipped B/L'이 발행되어야 한다.

수취선화증권은 화물을 선적할 선박이 화물을 적재하기 위하여 항내에 정박 중이거나 혹은 아직 입항되지는 아니하였지만 선박이 지정된 경우에 선박회사가 주로 화물을 CY에서 수령하고 선적전에 발행하는 선화증권이다. 수취선화증권에는 나중에 실제로 선적이 이루어진 후 선적일을 기입하고 선박회사가 서명하면, 선적선화증권과 동일한 효력을 가지게 된다. 제4차 신용장통일규칙(UCP 400)부터는 신용장이 특별한 선적운송서류를 요구하지 않는 한 수취선화증권도 은행에서 수리를 하도록 규정하고 있다(예; “Received by the carrier....” 또는 “RECEIVED in apparent good order and condition,,,”와 같이 기재된다).

한편, 미국의 해운관습은 화주의 청구가 있을 때는 선적전이라도 운송인이 지정한 창고에 화물이 입고되면 일단 B/L을 발행해주고 선적이 끝난 후에 선적일을 날인한 후 서명함으로써 ‘Shipped B/L’로서의 효력을 갖도록 하는 것이 보편화되어 있으며, ′92년부터 Hamburg Rule이 발효됨으로써 국제적으로 수취선화증권이 당연히 그리고 자동적으로 효력 을 갖게 되었다.

(나) 무사고 선화증권(Clean B/L)과 사고(유보)부 선화증권(Foul or Dirty B/L)

무사고 선화증권이란 본선상에 선적하는 화물의 포장상태나 수량 등과 관련, 일등항해사가 발행하는 본선수취증(M/R)의 (Remarks)란에 아무런 결함 또는 이상상태가 기재되어 있지 않은 경우에 발행되는 선화증권을 말한다. 증권의 앞면에 “Shipped on board in apparent good order and condition”이라고 표시되기도 한다. 또 “Shipper′s load and count” 또는 “said by shipper to contain”이라는 부지약관(unknown clause)이 명시된다.

선박회사가 당초 수출업자로부터 화물의 수량 및 성질 등에 하자가 있는 물품을 받고 선적에 응할 경우, 선박회사는 이를 면책하기 위해 선화증권 상에 “Not Responsible for 물품” 등과 같은 하자표시를 한 선화증권을 발행하게 된다. 이러한 하자선화증권을 사고부 선화증권이라 한다. 사고부 선화증권은 은행에서 신용장통일규칙에 따라 매입이 거절되므로 수출자는 선적당시 화물에 대한 이상을 발견하였으면 즉시 이를 대체, 또는 재포장이 곤란한 경우에는 선박회사에 훼손화물보상장(L/I : letter of indemnity)을 제공하고 무사고 선화증권을 교부받을 수 있다. 선박회사는 이 보상장만 있으면 후에 훼손화물에 대해 책임이 면제된다.

(다) 기명식 선화증권(Straight B/L)과 지시식 선화증권(Order B/L)

기명식 선화증권은 선화증권상에 특정한 수화인이 기입된 선화증권을 말한다. 기명된 수화인이 양도하지 않는 한 다른 사람에게는 하등의 가치가 없다. 이는 주로 신용장방식을 제외한 송금방식(T/T) 등의 대금결제조건에서 수입지의 은행이 채권을 행사할 필요가 없는 경우에 발행하게 된다.

지시식 선화증권은 선화증권상에 특정한 수취인을 기재하지 않고 단순히 "to order", "order of shipper" 또는 "order of xx bank" 등으로 기재되어 있는 증권이다. 신용장이 개설된 후 수출지의 네고은행을 통해 환어음 및 선적서류가 개설은행으로 돌아오게 되는데, 만약 선화증권이 'order B/L'인데도 선화증권상의 수하인란에 개설은행을 표시하지 않고 수입자의 이름이 표시된다면 수입자는 은행에 수입대금을 갚지 않고 그대로 물건을 찾아가버릴 수 있는 위험성이 있다. 따라서, 신용장 개설은행이 화물에 대한 일차적인 소유권을 행사하고 개설은행이 증권이면에 백지배서만 하면 이 증권의 소지인(수입자)이 화물에 대한 소유권을 갖도록 양도할 수 있도록 하는 것이 바로 지시식 선화증권이다.

참고 10 **선화증권의 배서형식**

① 기명식 배서(Full Endorsement or special Endorsement) ; 피배서인(Endorsee)의 성명 또는 상호를 기재하고 배서인(Endorser)이 서명하는 방법. 예) Endorsee : Deliver to A.B.C Co., LTD. / Endorser : Korea Trading Co., LTD.(Signature)
즉, 기명식 배서(full endorsement)는 배서인이 피배서인의 이름을 구체적으로 명기하여 서명하는 배서방법. 기명된 수화인에게 선화증권이 전달되기 위해서는 연속적으로 배서하여야 함.

Deliver to Duna Co.
Han Co., Ltd.
\-\-\-\-\-\-\-\-\-\-\-\-\-\-\-\-
Capacity &Name

② 지시식 배서 ; 피배서인으로 Order of A.B.C. Co., LTD.라고 기재하고 배서인이 서명한다. 즉, 지시식배서(order endorsement)는 배서인이 피배서인을 "order of Hana Co., Ltd"와 같이 명기하여 서명하는 배서방법. 수출업자는 선화증권에 배서를 추가하지 않은 채로 매입은행에 제시. 통상 배서권자는 개설은행.

Deliver to order of Han Co.
Hanvit Bank
\-\-\-\-\-\-\-\-\-\-\-\-\-\-\-
Capacity &Name

③ 백지식 배서(Blank Endorsement) ; 피배서인명을 기재하지 않고 배서인이 서명하는 방법이다. 즉, 백지식배서(blank endorsement)는 피배서인에 대하여 아무 것도 기재하지 않고 배서인이 서명하는 배서방법.

Han Co., Ltd.
\-\-\-\-\-\-\-\-\-\-\-\-\-\-\-
Capacity &Name

④ 선택 무기명식 배서 ; 특정의 피배서인 또는 본권지참인이라고 기입하고 배서인이 서명하는 형식이다. 예) A.B.C. Co., LTD. or bona fide holder(bearer) / Korea Trading Co., LTD.(Signature)

참고 11 선화증권의 발행방식

발행방식		수화인(Consignee)	배서방식
지시식	단순지시식	To Order, To Order of Shipper	백지식 배서
	기명지시식	To Order of 개설은행, To our order	지시식 배서
기명식		특정인	기명식 배서
소지인식		소지인(Bearer)	

(라) 제3자 선화증권(Third Party B/L)

선화증권상에 표시되는 송화인은 일반적으로 신용장의 수익자가 된다. 그런데 수출입 거래의 매매당사자가 아닌 제3자가 송화인이 되는 경우가 있는데, 이를 제3자 선화증권(third party B/L, neutral party B/L)이라고 한다. 주로 중계무역 등에서 이용되는데, 신용장에 별도의 명시가 없는 한 은행은 이를 수리하도록 신용장 통일규칙에서 정하고 있다.

(마) 해양선화증권(Ocean or Marine B/L)과 통과(연결)선화증권(Throuh B/L)

해양선화증권이란 부산과 동경 또는 부산과 뉴욕과 같이 국외의 해상운송의 경우에 발행되는 선화증권이다. 보통 수출자에게 통지된 신용장의 내용을 보면, “documents required”란에는 “full set of clean on board ocean/marine bill of lading”이란 문구가 있는데, 이 속에 있는 ocean이나 marine이란 말이 바로 해양선화증권을 발급받아야 한다는 것을 의미한다.

통과선화증권이란 운송화물을 목적지까지 운송하는데 선주가 다른 선박을 이용하는 경우나 육운과 해운을 이용하여 운송될 경우 등 복수의 운송인이 관여하고, 최초의 운송업자가 다음 구간에 대하여 연결책임을 증명하는 B/L을 말한다. 이를 통과선화증권이라 하기도 하고 연결선화증권 또는 전통선화증권이라고도 한다.

(바) 약식(간이)선화증권(Short Form B/L)

약식선화증권은 선화증권으로서의 필요기재사항을 갖추고 있지만 정식 선화증권(long form B/L)의 이면약관이 생략된 것으로서 최근 미국을 위시한 여러 나라에서 널리 사용되고 있다. 이 약식선화증권에 관하여 어떤 분쟁이 생기면 일반적으로 정식 선화증권상의 화주의 권리와 의무에 따르게 된다.

(사) 적색선화증권(Red B/L)

적색선화증권은 보통의 선화증권과 보험증권을 결합시킨 것으로서 이 증권에 기재된 화물이 항해 중에 사고가 발생하면 이 사고에 대하여 선박회사가 보상해 주는 선화증권이다. 이 경우 선박회사는 모든 ‘Red B/L’ 발행권을 일괄부보하게 되므로 보험회사가 손해부담을 진다. 그러나 운임에 보험료가 추가되므로 결과적으로 보험료는 하주가 부담하는 것이 된다. 이러한 Red B/L은 과거 선박회사와 보험회사가 동일인일 경우에 사용하였으나 근자에는 사용하지 않고 있다.

(아) Stale B/L

> 정식선화증권(Long Form B/L) 선화증권의 앞면과 뒷면에 선적내용과 약관을 모두 갖춘 선화증권으로 대부분의 선화증권이 정식선화증권에 해당한다.

'Stale B/L'이란 선화증권의 어떤 형태를 말하는 것이 아니고, 선적후 정당하다고 인정되는 기간이 경과한 후에 은행에 제시된 선화증권을 말한다. 주로 신용장상에 명시된 선화증권의 제시시한을 경과한 선화증권을 지칭하는 용어이다. 신용장통일규칙(제43조)은 선화증권 또는 기타 선적서류의 발행일로부터 지급· 인수 또는 매입을 위하여 서류를 제시할 때까지의 일정기간을 명시하도록 하고 있다. 이러한 제시기간이 신용장상에 명시되어 있지 않은 경우 선화증권의 발행일로부터 은행측에서 일반적으로 용인하는 허용기간(21일)이 경과한 후 매입은행에 제시되면 은행은 신용장상에 "Stale B/L acceptable"이란 조항이 있는 경우를 제외하고는 수리를 거절한다.

(자) 환적선화증권(Transhipment B/L)

운송경로의 표시에 있어 도중의 환적을 증권면에 기재한 B/L을 말한다. 현재의 신용장통일규칙(UCP 600)에 의하여 환적이 신용장조건에 의해 금지되어 있지 않는 한, 전 운송과정이 단일 및 동일 운송서류에 표시되어 있는 경우 화물이 환적되어질 것이라고 표시되어 있는 운송서류는 수리된다.

(차) 집단선화증권(Groupage B/L)과 혼재화물선화증권(House B/L)

선박회사가 포워더의 혼재화물에 대해 포워더에게 1건으로 발행하는 선화증권을 'Groupage B/L' 또는 'Master B/L'이라고 하며, 포워더가 선사로부터 받은 'Master B/L'을 근거로 LCL화물 건건마다 LCL화물 화주에게 개별적으로 발행하는 B/L을 'House B/L'이라고 한다. 실제로 화물을 운송하는 선박회사가 아닌 이를 내행하는 운송주선인 또는 운송중개인이 물품을 인도받았다는 표시로 발행하는 선화증권으로 통상약관에 "Taken in charge,,,"로 시작된다. 이러한 선화증권의 경우 선적에 대한 위험요소를 포함하고 있게 되므로 신용장상에 이러한 선화증권을 매입하겠다는 의사표시("Forwarder B/L acceptable")가 되어있지 않는 한 은행은 이러한 선화증권을 수리하지 않는다. 그러나 'Forwarder B/L'의 서명인란에 "As carrier" 또는 "As master of ,,," "Acting as agent for ,,," 등과 같은 표시가 되어 있는 경우, 이는 운송중개인이 실제 선박회사(운송인)에 대행하여 발행한다는 의미이므로 'Forwarder B/L'이라고 하더라도 은행이 수리한다.

(카) 용선선화증권(Charter Party B/L)

화물의 적재선박이 다른 선주로부터 빌린 선박(용선)인 경우에 발행되는 선화증권을 말한다. “as per Charter Party” “All other conditions and exceptions as per charter party”로 표기된다.

(타) 소급일자 선화증권(Back Date B/L)

신용장상에 명시된 선적일자를 앞당겨 발행하는 선화증권으로 이로 인한 클레임이 제기될 시 선박회사가 책임을 져야 한다.

선화증권에 관하여 실무적으로 주의해야 할 점은 다음과 같다. 기존 영미법에서는 기명식선화증권(straight B/L)은 수화인(consignee)이 정확하게 기재되어 있으므로 유통이 불가(non-negotiable)한 것으로 이해되어 선화증권의 제출(선사회수)과 상관없이 실제 수화인만 확인되면 화물을 인도해도 무방한 것으로, 즉 해상화물보증장(sea waybill) 성격으로 이해하였으나, 한국을 포함한 대륙법 국가에서는 기명식 선화증권 발행이어도 여전히 선화증권의 회수가 없이는 화물을 인도하면 아니되는 것으로 인식하고 있다. 최근 영국의 대법원 판례에서는 기명식 선화증권(straight B/L)도 헤이그-비스비협약하의 권리증권기능이 있다고 만장일치하였다. 그 이유는 헤이그협약이나 헤이그-비스비협약의 입안자들이 기명식과 지시식 선화증권을 구분하려는 의도가 처음부터 없었고, 1855년 영국의 선화증권에 대한 법규 ‘Section I’에도 “선화증권상의 모든 수화인은 선화증권을 가지고 소송할 권리를 부여한다.”라고 명시하고 있기 때문이다. 따라서 기명식, 지시식에 상관없이 선화증권은 화물에 권리증권으로서의 효력이 있고 제2, 제3자로 유통이 언제든 가능하므로 선사들은 반드시 선화증권 회수 후 화물인도가 이루어져야 한다.

(파) 전자식 선화증권

전자식 선화증권은 선화증권(B/L, Bill of Lading)의 발행등록과 양도, 보관, 유통 등 과정을 웹 기반 전자방식으로 처리하는 선화증권을 전자선화증권(e-B/L)이라고 한다. 이는 2008년 법무부가 상법 개정을 통해 세계 최초로 전자선화증권 제도를 법률화하고 그동안 운송인이 서면발행에만 의존해오던 선화증권(B/L) 발급을 전자적으로 가능케 함으로써 선화증권의 유통과 저장, 변경 및 인도청구 등 업무를 빠르고 간편하게 처리할 수 있도록 했다.

국제해사위원회(Comite Maritime International : CMI)는 1990년 6월에 전자식 선화증권에 관한 규칙(Rules for the Electronic Bills of Lading : 이하 CMI규칙이라 한다)을 채택하였다. CMI규칙에 따르면 운송인은 소지인에게 화물을 지배 · 처분할 수 있는 자격을 부여하는 ‘개인코드’(Private Cod-e) 또는 ‘개인 키’(Private Key)와 함께 하주에게 전자식 선화증권을 발행한다. 이러한 지배처분권은 하주가 운송인에게 통지한 후 타 이해관계자에게 이전될 수 있으며, 이때 운송인은 원래의 키를 취소하고 하주의 지시에 따라 새로운 키를 발행한다. 선화증권과 복합운송서류상의 서명은 그것이 발행되는 국가의 법률에 저촉되지 않는 한 수기(handwriting) 모사서명(facsimile signature), 천공서명(perforated signature), 스탬프(stamp), 날인(seal), 또는 어떠한 기타 기계적 또는 전자적 방법에 의해 할 수 있다고 규정하여 전자식 서명의 효력을 인정하고 있다.

전자선화증권(e-B/L)이 본격 유통되면 종이문서인 선화증권을 전자문서로 대신할 수 있어 신속·편리하고 안정된 해상운송거래가 가능해진다. 또 독립 지정 등록기관을 통해 공인인증서 기반 e-B/L을 발행·등록하도록 함으로써 위조·변조, 분실 위험을 차단하는 동시에 발행·보관·관리 및 유통비용 절감효과(법무부 예상 연간 1,516억원)를 거둘 것으로 기대되고 있다. 또한 선화증권(B/L) 발급 및 유통 전자화를 통해 매입기간을 단축함으로써 수출대금 조기 회수가 가능해질 것으로 보이며 선화증권 도착지연으로 인한 화물인도 지연 가능성도 크게 줄어든다.

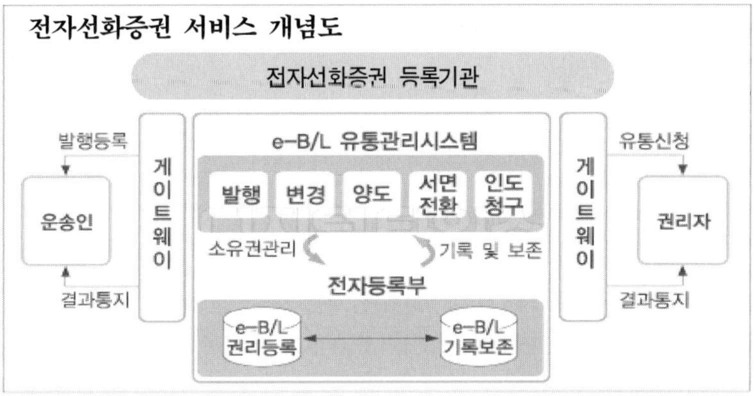

(자료 : 한국무역정보통신)

(2) 선화증권의 기재사항

선화증권의 양식 및 기재사항은 콘테이너로 운반되는지 혹은 재래선 벌크 형태로 운반되는지에 따라 약간의 차이가 존재하나 대부분 비슷하다(상법 제853조).

① Shipper ; 송하인의 성명 또는 상호를 기재하며 혼동이 예상될 때는 주소를 명기하여 명확히 하는 것이 좋다.

② Consignee ; T/T 방식이나 D/P, D/A 방식에서는 수입상의 상호 및 주소가 기재되나 신용장 방식에서는 신용장상에 표시된 문구에 따라 TO ORDER, TO ORDER OF SHIPPER, TO ORDER OF 개설은행명, 수입상명 등이 된다.(상업송장상의 Consignee와 일치시켜야 함.)

③ Notify Party ; 대개 신용장에 Notify Accountee라 기재되며 신용장 개설의뢰인, 즉 수입업자 또는 수입업자가 지정하는 대리인이 통지처(화물도착시 연락처)로 기재된다.

④ Ocean Vessel ; 화물을 수송하는 해상운송 선박명이 기재된다.

⑤ Port of Loading ; 화물을 선적하는 항구명 및 국명이 표시된다. 예) “Busan, Korea”, “Incheon, Korea”

⑥ Place of Receipt ; 송하인으로부터 운송인이 화물을 수취하는 장소로 "Busan C.Y" "Busan C.F.S" 등으로 표기한다.

⑦ Voyage No. ; 운송선박의 운송회사나 선박회사가 임의로 정한 일련번호가 기재되는데 1항차는 출발항에서 목적항을 거쳐 출발항에 회항하는 것으로 한다. 수출・수입을 구별하기 위하여 East, West, South, North 등을 표기한다.

⑧ Port of Discharge ; 화물의 양륙항 및 국명이 기재된다.

⑨ Place of Delivery ; 운송인이 책임지고 운송하여 수하인에게 인도하여 주는 장소를 명기한다.

⑩ Final Destination ; 화물의 최종 목적지를 표시하나 선화증권에 운임이 계상되어 있지 않는 경우는 단지 참조사항에 불과하다. 그리고 복합운송이 아닌 경우에는 기재되지 않는 경우가 많다.

⑪ B/L No. ; 선사가 임의로 규정한 표시번호를 기재한다. 통상 선적항과 양륙항의 알파벳 두문자를 이용하고 번호를 일련번호로 쓴다. "BO－5001" : Busan－Osaka, "HMBU－9001" : Hamburg-Busan 등으로 표시된다.

⑫ Flag ; 선박의 등록국적을 나타낸다. 해상사고 시는 국제적 관례인 기국주의에 의한다.

⑬ Container No. ; 화물이 적재되는 Container No.를 표기한다.

⑭ Seal No. ; Container에 적재된 화물에 봉인을 한 Seal No.를 표기한다.

⑮ No of CONT or other PKGS ; 컨테이너 숫자나 기타 포장갯수를 기재한다. 예) 1 CNTR(컨테이너)

⑯ Description of Packages and goods ; Packing List 및 Invoice에 기재된 상품의 내용을 열거 기재하며 B/L No.도 통상 표시되어진다.

⑰ Gross Weight, Measurement ; 등록 검량회사에서 검측된 중량 및 용적이 명기된다. Packing List, Invoice와 일치되지 않는 경우 Remark를 부기하여야 한다. 화물에 이상이 있으면 송하인에게 파손 화물보상장(Letter of Indemnity : L/I)을 요구하여 첨부시킨다. 수출입의 경우 Packing List와 B/L이 상이한 경우 통관되지 아니하므로 세심히 작성되어야 한다.

⑱ Freight and Charges ; 상품의 운송에 따른 제반비용의 명세로 Freight, C.A.F, B.A.F, C.F.S Charge, Wharfage 등이 통상 표시되며 Through B/L인 경우는 Inland Charge가 표시된다.

⑲ Revenue Tons ; 중량과 용적 중에서 운임이 높게 계산되는 편을 택하여 표시한다. 총중량과 총용적에 각각의 운임단가를 곱하여 총중량의 운임이 총용적보다 클 경우는 "K/T"를, 총용적이 클 경우는 "CBM"을 표시한다.

⑳ Rate ; Revenue ton당의 운임단가 및 'CFS Charge', 'Wharfage', 'B.A.F', 'C.A.F'의 비율 등이 표시된다. 'Wharfage'의 경우 국내에서는 1톤 이하는 무조건 올림으로 산

정하고 있어, 만일 7.001 CBM이라면 8CBM으로 계산된다.

㉑ Per ; 용적단위 또는 중량단위로 표시하고 'Full Container'의 경우는 Van 단위로 표시한다.

㉒ Prepaid & Collect ; C.I.F조건의 수출일 경우는 'Prepaid'난에 운임을 계산하여 표시한다. F.O.B 조건의 수출일 경우는 'Collect'난에 계산 표시한다. 또한 운임의 지불조건은 'Description of Goods'난에 "Freight Prepaid" "Freight Collect"라고 통상 표시되므로 혼동은 되지 않으나 간혹 기재되지 않는 경우도 있으므로 구별하여 각각의 난에 기재하는 것이 좋다. 복합운송의 경우는 각 구간마다의 운임을 표시하여 계산하는 것이 복합운송을 명백히 표시하는 방법이다. 그러므로 구간표시를 하고 구간운임 계산을 나타내는 것이 좋다.

D/O : Delivery Order

㉓ Freight Prepaid At ; C.I.F 수출조건인 경우 운임이 지불되는 장소를 나타낸다. 즉, 화물이 부산에서 선적운송되고 서울에서 운임이 지불되는 경우는 "Seoul, Korea"라고 기재한다. Freight Prepaid의 경우 운임이 지불되지 않으면 B/L 발행자는 특별한 상거래가 없는 한 B/L을 발행 교부하지 않는다.

㉔ Freight Payable At ; F.O.B 수출조건으로 운임이 수하인 부담인 경우에 수하인의 운임 지불장소가 기재된다. 운임이 지불되지 않으면 운송인 또는 대리점은 화물인도지시서(D/O)를 발행 교부하지 않는다.

㉕ No. of Original B/L ; Original B/L의 발행통수를 기재한다. Original B/L은 통상 3통을 한 세트로 발행하는데 그 숫자에는 제한이 없다. Original B/L에는 "Original" "Duplicate" "Triplicate" 등의 문구가 있고 은행과의 거래를 위하여 "Negotiable"이라는 문구도 표시된다. Original B/L의 경우에는 발행통수에 관계없이 그 한 장이라도 회수되면 상법 제816조에 따라 나머지는 유가증권으로서의 효력을 상실한다. B/L Copy의 경우는 "Copy Non-Negotiable"이라 기재되며 B/L Copy는 유가증권으로서의 효력이 없고 단지 참조석인 서류에 불과하다.

㉖ Place of Issue ; B/L의 발행장소가 기재된다.

㉗ On Board Date and Issue ; B/L의 On Board Date가 기재되며 선적일과 발행일자는 보통 일치된다. Date of Issue가 On Board Date 보다 늦을 수는 있으나 빠른 경우는 B/L의 선발행이 되므로 은행에서 매입을 거절당할 수 있다. On Board의 하단에는 B/L 발행자의 Signature가 표시된다.

㉘ Carrier Name ; B/L 발행권자의 서명(signature)이 표시된다. B/L 발행권자는 은행에 서명을 등록하고 있으며 일단 발행권자가 서명을 한 후 B/L을 수정할 경우에는 재발급을 하든가 또는 "Correction" 도장을 날인한 후 서명을 해야 한다. 그러나 중량 및 용적 등 상품의 가격에 영향을 미치지 않는 부분에는 "Correction" 도장만 날인해도 유효하다.

Bill of Lading

①Shipper/Exporter ABC TRADING CO. LTD. 1. PIL-DONG, JUNG-KU, SEOUL, KOREA	⑪B/L No. ; But 1004
②Consignee TO ORDER OF XYZ BANK	
③Notify Party ABC IMPORT CORP. P.O.BOX 1, BOSTON, USA	

Pre-Carriage by	⑥Place of Receipt BUSAN, KOREA	
④ Ocean Vessel WONIS JIN	⑦Voyage No. 1234E	⑫Flag

⑤Port of Loading	⑧Port of Discharge	⑨ Place of Delivery	⑩ Final Destination(For the Merchant Ref.)
BUSAN, KOREA	BOSTON, USA	BOSTON, USA	BOSTON, USA

⑬Container No. ⑭Seal No. Marks & No	⑮No. & Kinds of Containers or Packages	⑯Description of Goods	⑰Gross Weight	Measurement
ISCU1104	1 CNTR	LIGHT BULBS (64,000 PCS)	4,631 KGS	58,000 CBM
Total No. of Containers or Packages(in words)				

⑱ Freight and Charges	⑲ Revenue tons	⑳ Rate	㉑ Per	㉒ Prepaid	㉓ Collect

㉓ Freight prepaid at	㉔ Freight payable at	㉖ Place and Date of Issue May 21, 2000, Seoul Signature
Total prepaid in	㉕ No. of original B/L	
㉗ Laden on board vessel Date Signature May 21, 2000		㉘ ABC Shipping Co. Ltd. as agent for a carrier, zzz Liner Ltd.

3) 선화증권의 유의사항

(1) 운송인 서명의 고무 스탬프(rubber stamp) 유효성

일반적으로 운송인 서명이 고무 스탬프로 되어 있는 선하증권도 유효하다는 것이 현재의 일반적인 견해이고 해상물품운송에 관한 유엔협약(UNCITRAL Convertion on the Carrige of Good by Sea, 1978), 즉 함부르그 규칙(Hamburg Convention)과 국제복합운송에 관한 유엔협약(United Nations Convention on International Multi-modal Transport of Goods, 1980)에서도 그 유효성을 인정하고 있다. 또한 신용장통일규칙 제15조에서도 은행은 서류의 법률적 효과에 대하여 어떠한 의무나 책임도 부담하지 않는다고 규정되어 있으므로 개설은행의 부도처리는 부당하다고 볼 수 있다.

해상물품운송에 관한 유엔협약(함부르그 규칙, 1978) 제14조에서 선하증권의 서명은 발행지법에 반하지 아니하는 한 手記, 팩시밀리 서명, 스탬프 등의 방법으로 할 수 있다고 규정하고 있다.

제14조 3항
The signature on the bill of lading may be in handwriting, printed in facsimile, perforated, stamped, in symbols, or made by any other mechanical or electronic means, if not inconsistent with the law of the country where the bill of lading is issued.

국제복합운송에 관한 유엔협약(1980) 제5조 (iii)에서도 선화증권 대신에 국제복합운송서류라고 명시한 이외에는 해상물품운송에 관한 유엔협약과 똑같이 규정하고 있다. 신용장통일규칙상의 규정 제15조에서 은행은 서류의 법률적 효과에 대하여 어떠한 의무나 책임도 부담하지 않는다고 규정되어 있으므로, 선화증권의 서명이 스탬프로 되어 있다는 것이 부도사유가 될 수 없다.

제15조
Banks assume no liability or responsibility for the form, sufficiency, accuracy, genuineness, falsification or legal effect of any documents, or for the general and/or particular conditions stipulated in the document(s) or
superimposed thereon : nor do they assume any liability or responsibility for the description, quantity, weight, quality, condition, packing, delivery, value or existence for the good faith or acts and/or omissions, solvency,
performance or standing of the consignor, the carriers, the forwarders, the conignees or the insurers of the goods, or any other person whomsoever.

국제상업회의소는 보험자의 서명이 사전인쇄된 보험서류도 그 서류에 피보험자가 부서(conter-sign)하면 효력을 가지므로, 은행이 보험회사 또는 그 대리인의 서명이 미리 인쇄되어 있다는 것을 이유로 서류를 거절해서는 안 된다고 결정하였다. 보험업계에서는 그 서명을 보험서류에 미리 인쇄하는 것이 통상적인 관습이기 때문에 국제상업회의소에서 이를 인정하게 된 것이다.

[관련 국제상업회의소]
The Commission decided that banks should not refuse documents on the pretext that the signature of the insurance company or of one of its agents was pre-printed. <Meeting on 14 Mar. 1977 ICC Documents 470/304, 470/309>

그러나 신용장통일규칙과 U.N.협약이 반드시 국내법에 우선할 수 없으므로 소송이 제시되었을 때 매입은행 또는 수익자가 반드시 승소할 수는 없다.

(2) 선화증권 내 수입상의 국가명이 틀리고 선화증권 배서가 일부 누락의 경우 은행의 대금지급 거절의 유효성

수입상 소재국가가 신용장에 기재되지 않았더라도 국가명이 틀린 것은 unpaid 사유가 된다는 것이 국제상업회의소의 의견이다.[47] 그리고 선화증권 원본 중 1통이 신용장에서 요구한대로 백지배서 되지 않는 것은 unpaid 사유가 된다는 것이 국제상업회의소의 의견이다. 개설은행에게 인정된 서류심사기간의 최장기간은 서류접수후 7영업일이다. 이 7영업일은 최장기간이므로 개설은행이 신용장통일규칙 13조에 따라 행동하였는지는 법원이 판단할 문제이다.

신용장에서 두 개의 다른 주소가 기재된 경우 수출상은 그 중에 한 개의 주소와 일치된 서류를 제시하면 된다. 그리고 신용장에서 수입상의 소재국가명이 기재되지 않았더라도 국가명이 틀린 것은 대금지급거절사유가 된다.

신용장통일규칙 37조 a항에 수입상의 주소를 기재할 것을 요구하지 않고 있는데 이것은 상업송장에 적용되는 조항이다.

37조 a항
Unless otherwise stipulated in the credit, commercial invoice;
i must appear on their face to be issued by the beneficiary named in the credit (except as provided in Article 48), and
ii must be made out in the name of the applicant (except as provided in sub-Article 48(h)), and
iii need not be signed.

선화증권은 유가증권으로 배서나 교부에 의하여 화물수령권을 제3자에게 양도할 수 있다. 지시식 선화증권이 백지배서 되면 무기명식 선화증권(bearer B/L)이 되어 누구나 정당하게 선화증권을 소지한 자가 화물 수령권을 갖게 된다. 이 사례에서는 신용장에서 선화증권의 수하인 기재란에 "to order"로 기재할 것을 요구하였으므로 선화증권상의 화주가 선화증권 뒷면에 백지배서 하여야 한다. 백지배서는 수하인이 선화증권

뒷면에 배서하면서 특정인을 수하인으로 지정하지 않고 배서하는 것이다. 선화증권상의 화주는 일반적으로 수출상이다. 선화증권상의 화주가 수출상이 아닌 경우 그 선화증권을 third party B/L이라고 부른다.

신용장에서 선화증권 원본 전통에 대하여 백지배서(blank endorsed)를 요구하였다면 개설은행이 원본 전통을 갖고 있다고 하더라도 원본 중 한 통에 백지배서가 누락된 것은 대금지급거절사유가 된다는 것이 국제상업회의소의 의견이다. 백지배서 된 선화증권은 양륙항에서 선화증권 소지인이 선화증권 원본 중 한 통만 제시하면 화물을 찾을 수 있으므로 선화증권 원본 중 한 통의 백지배서가 누락되더라도 수입상이 화물을 찾는데는 문제가 없으나 신용장은 서류거래이므로 그것도 대금지급거절사유가 된는 것으로 국제상업회의소가 결정한 것으로 보인다.

[관련 국제상업회의소 의견]
Should only 2/3 bills of lading be endorsed, then this would be considered discrepant even if all of the originals were held by the issuing bank (Frankfurt Banking Commission meeting)

신용장통일규칙 제13조 b항은 은행이 서류를 심사하고 그것의 수리여부를 결정하는데 허용되는 상당기간(reasonable time)을 구체적으로 며칠이라고 규정하고 있지 않다. 서류접수후 7영업일이란 기간은 은행이 그러한 행동을 하는데 허용되는 최장기간(maximum period)이다. 국제상업회의소(ICC)가 이 사례에서 개설은행의 조치가 상당기간 이내에 행하여 졌는지 결정할 수 없다. 다만 국제상업회의소는 서류심사와 대금지급여부 결정이 서류접수후 7영업일보다 일찍 되어야 한다는 점이다. 개설은행의 조치가 적절하였느냐는 최종적으로 법원이 결정한다.

제13조 b항
The issuing bank, the confirming bank, if any, or a nominated bank acting on their behalf, shall each have a resonable time, not to exceed seven banking days following the day of receipt of the documents, to examine the documents, determine whether to take up or refuse the documents and to inform the party from which it received the documents accordingly.

(3) 선화증권내 도착항 기재가 신용장과 달라서 발생한 은행의 대금지급 거절의 유효성

신용장에서는 도착항으로 "Casablanca port"를 요구하였으나 제시된 선화증권에는 Barcelona가 도착항으로 기재되어있다면 개설은행의 하자통보는 정당하다.[48]

신용장거래는 서류거래이므로 실제로는 신용장에 도착항으로 기재된 카사블랑카항까지 해상운송되었더라도 선화증권 기재가 잘못되었다면 개설은행은 대금지급을 거절할 수 있다. 다만 본선적재부기(on board notation)에서 카사블랑카가 도착항이고 바로셀로나는 환적항이라는 사실이 기재되어 있으면 본선적재부기가 우선되어 본건 선화증권은 하자가 되지 않는다. 그러나 본선적재부기가 아닌 다른 곳에 이러한 기재가 있는 것은 아무런 효과가 없다.

2002년도에 발간된 “ICC Banking Commission Collected Opinions 1995-2001”과 2003년에 발표된 국제상업회의소 의견 “Document 470/TA. 541”에서도 이와 같은 사례는 하자가 된다는 사실을 밝히고 있다.

4. 해상운송관련 국제법규

해상운송과 관련된 국제법규로는 헤이그규칙(hague rules 1924)과 헤이그-비스비규칙(hague-visby rules 1968), 함부르크규칙(hamburg rules) 등이 있다.

헤이그규칙은 선화증권에 관한 통일조약으로서 1924년8월 25일 브뤼셀에서 개최된 제5차 해상법에 관한 국제회의(international conference on maritime law)에서 채택하였다. 헤이그규칙은 해상물품운송에 관한 국제적 통일을 기하고 선화증권(B/L)중 면책약관을 둘러싼 선주와 화주간에 이해관계 충돌을 피하기 위하여 해상운송거래조건의 국제규칙 준거와 선화증권의 국제적 통일을 목적으로 한다. “1924년 선화증권에 대한 어떤 규칙을 위한 국제조약”(international convention for the unification of certain rules relating to bills of lading, 1924)이라고도 하나 일반적으로 이 선화증권(B/L)통일조약을 ‘Hague Rules’라고 한다.

헤이그규칙은 선화증권상의 운송인의 면책약관 제한을 중심으로 해상운송계약법의 중요한 점을 거의 모두 규정하고 있는데, 그 기조는 운송약관의 이행 내지 운송물의 손해에 관하여 운송인의 의무와 책임을 최소화하는 동시에 면책을 최대화하고 있다. 운송인의 기본적 의무로서 선박의 감항능력(seaworthiness)에 대한 주의의무와 운송물의 취급, 보관 등에 관한 주의의무를 규정하고 운송물의 손해에 관한 운송인의 책임에 대해서는 과실책임주의의 원칙하에 선박의 불감항(不堪航)에 관한 과실과 운송물에 대한 주의의무의 위반인 상업상의 과실에 대해서는 면책약관을 금지하고 운송인의 책임을 운송물 1포(包) 또는 1단위에 대하여 100스털링파운드로 제한하며, 아울러 항해상의 과실과 화재 및 그 밖의 불가항력 사유에 대하여는 운송인의 면책을 인정하고 있다. 이상과 같이 동 조약은 선화증권에 의한 해상운송 계약관계를 합리적으로 규율하여 운송인과 화주, 기타 거래관계인의 공평한 지위를 보장하고 아울러 무역화폐로서의 선화증권의 유통성을 높임으로써 국제무역거래를 원활하게 하는데 이바지하였다. 그러나 한편으로는 해상운송인의 의무와 책임을 최소화하고 권리와 면책의 한계를 최대화하였다는 점에서 선주측에 유리하다는 비판을 받았다. 현재 한국의 상법은 해상운송송인의 책임 수취선화증권 등에 관하여 이 통일조약과 동등한 규정을 두고 있다.

헤이그-비스비규칙은 선화증권통일조약 개정 의정서로서 1924년 선화증권 통일조약(통칭 hague Rules)이 채택된 후 반세기를 경과함에 따라 해상운송의 환경도 컨테이너에 의한 운송으로 변하고 특히, 제2차 세계대전 후 인플레이션에 의한 운송인의 책임한도액 과 그 내용이 부분적으로 현실에 맞지 않아 1963년 6월 만국해법회(CMI)의 스톡홀럼 회의에서 개정초안(visby rules)이 작성되어, 1968년 2월 23일에 브뤼셀 국제 해사법 외교회의에서 성립된 것이 1924년 선화증권 통일조약을 개정하기 위한 의정서, 즉 헤이그-비스비규칙이다. 이 조약은 1977년 6월 23일 발효되었으며 1990년말 현재 영국, 프랑스, 네델란드 등 유럽 여러 나라를 중심으로 19개국이 조약체결국으로 되어 있다. 주요 개정안은 다음과 같다.

첫째, 물건의 외관상태에 관한 B/L의 기재는 그 B/L이 선의의 제3자의 수중에 넘겨지며, 반증이 없는 한 결정적 증거라는 것을 명시하였다. 둘째, 운송인의 책임한도액은 멸실 또는 손상된 물건(1포당 100 스타링 폰드) 1포 또는 1단위당 1만 포안카레-프랑(666.67SDR), 혹은 총중량에 대해 1kg당 30포안카레-프랑(2SDR) 중 높은 쪽으로 하였다. 즉, 책임한도액이 증가함에 따라 1MT에 의한 SDR이 채용되었다. 셋째, 컨테이너, 팔레트 또는 이와 유사한 운송용구는 이를 1포 또는 1단위로 하였다. 이 규칙의 발생후 약 10년이 지난 1978년 3월에는 이를 개정하는 국제회의가 독일의 함부르크에서 열렸으며 함부르크규칙을 성립시켰다. 이 규칙의 두드러진 특징의 하나는 항해과실을 선주의 유책사유로 함으로써 선주의 책임을 한층 강화시켰다는 것이다. 비록 헤이그-비스비규칙이 40여 년간 해상운송여건의 변화 반영하였지만 1924년에 제정된 헤이그 규칙의 한 부분으로서만 유효하다.

함부르크규칙의 정식명칭은, "1978년 국제연합 해상물품운송조약"(united nations convention on the carriage of goods by Sea. 1978)이라고 한다. 기존의 해운제도 및 관행에 대해 개발도상국의 강한 불만을 배경으로, 헤이그규칙을 재검토하고 화주보호 측면에서 완전히 새로운 해상물품운송조약을 작성하여야만 된다는 현실적인 요구에 따라 국제연합 무역개발회의(UNCTAD)의 요청에 의해 국제연합 국제상거래위원회(UNCITRAL)가 검토 및 작성된 조약안을 1978년 3월 30일 국제연합 회의에서 채택되었다. 이것이 1978년 국제연합해상물품운송조약으로 함부르크규칙이라고 부른다. 종래의 헤이그규칙이 선화증권을 발행한 경우만 적용되는 것에 비해 함부르그규칙은 용선계약을 제외한 전체의 해상물품계약에 적용되고 또 적용범위가 대폭 확대되었으며 현재 인정되고 있는 항해과실 면책제도, 화재면책제도도 폐지하고 화물의 물리적 손상에 대한 운송인의 책임한도액이 크게 높게 책정되어 있는 것이 커다란 특징인 것이다. 발효는 20개국의 비준(批准)이 조건으로 되어 있으며, 1990년 1월 현재 16개국이 비준하고 있다. 이 밖에도 전자식 선화증권(electronic bill of lading)에 관한 CMI 규칙(CMI rules for electronic bill of lading)과 볼레로 시스템에 의한 전자식 선화증권이 있다. 이들은 모두 선화증권의 다른 한 종류라기보다는 기존의 선화증권을 EDI(electronic data interchange ; 전자자료교환)시스템으로 전환한 것이다. 즉, 선사가 선화증권을 발행하는 대신 그 내용을 컴퓨터에 입력시켜 보존하고, 송화인 또는 수화인에게 EDI로 통신하여 화물에 대한 권리의 이전 및 화물을 인도하는 방법이다. 국제해법회(CMI)는 1980년 6월에 전자식 선화증권에 관한 CMI 규칙을 채택하였다.

1) 해상운송인의 면책

해상운송인은 항해과실면책과 선박화재면책 등을 주장할 수 있는 이외 다음 각호의 사실이 있었다는 것과 운송물에 관한 손해가 그 사실로 인하여 보통 생길 수 있는 것임을 증명한 때에는 이를 배상할 책임을 면한다.

(1) 해상 기타 항행할 수 있는 수면에서의 위험 또는 사고
(2) 불가항력
(3) 전쟁, 폭동 또는 내란
(4) 해적행위 기타 이에 준한 행위
(5) 재판상의 압류, 검역상의 제한 기타 공권에 의한 제한
(6) 송하인 또는 운송물의 소유자나 그 사용인의 행위
(7) 동맹파업 기타의 쟁의행위 또는 선박폐쇄
(8) 해상에서의 인명이나 재산의 구조행위 또는 이로 인한 이로 기타 정당한 이유로 인한 이로
(9) 운송물의 포장의 불충분 또는 기호의 표시의 불완전
(10) 운송물의 특수한 성질 또는 숨은 하자

2) 해상운송인이 손해배상책임을 부담하는 경우

해상운송인이 화물의 손상에 대해 책임을 부담하기 위해서는 화물이 해상운송도중에 손상돼야 하고, 운송인의 면책사유에 해당하지 않아야 한다. 화물이 해상운송도중에 손상됐다고 하더라도 운송인의 주의의무 위반으로 손상된 것이 아니라 화물의 내재적 속성 또는 포장불량으로 인해 손상됐다면 운송인은 손해배상책임을 부담하지 않는다. 예를 들어 운송물이 농산물의 경우에 송하인이 선적전에 적절한 조치를 취하지 않았기 때문에 운송 중에 곰팡이가 발생했다면 운송인은 손해배상책임을 부담하지 않는다. 기타 불가항력, 선박화재 등 운송인의 면책사유에 해당하면 운송인은 책임이 없다. 이러한 운송인의 책임은 선화증권과 선화증권에서 지정한 준거법에 의해 판단된다.

만일 화물을 선적하거나 하역하는 도중에 운송물이 파손됐다면 운송인과 송하인 또는 수하인 중에 누가 선적 또는 하역을 담당했는지 여부에 따라서 손상된 화물에 대한 손해를 부담한다. 운송계약을 FIO(free in and out)조건으로 했다면 송하인이 선적을 수하인이 하역을 책임지므로 선적 또는 하역과정에서의 손해에 대하여 운송인이 손해배상책임을 부담하지 않는다. 반면에 운송계약을 Liner조건으로 했다면 운송인이 선적과 하역을 담당하므로 운송인이 손해배상책임을 져야 한다.

3) 해상운송인에게 손해배상청구를 할 수 있는 당사자

국제무역조건에 관한 글에서 이미 언급한 바와 같이 국제무역조건은 국제물품매매계약이 아니라 국제물품매매계약 중 물건의 인도에 관한 조건이다. 이 조건에서는 물건에 대한 위험이 이전되는 시점을 규정하고 있다. 물건에 대한 위험이란 물건이 운송되는 도중에 매도인 또는 매수인의 고의 또는 과실이 없이 손실 또는 손상되었을 때에 이러한 손실 또는 손상에 대한 부담해야 할 위험을 의미한다. 예를 들어 물건에 대한 위험이 매도인으로부터 매수인에게도 이전되기 이전에 물건이 손실 또는 손상되면 매도인은 새로운 물건을 매수인에게 인도해야 하며, 이행지체에 따른 손해를 배상해야 한다. 반면에, 물건에 대한 위험이 매수인에게 이전된 후에 물건이 손실 또는 손상되면, 매수인은 매도인에게 새로운 물건을 인도해 달라고 청구할 수 없으며 보험회사에 보험청구를 하거나 운송인을 상대로 손해배상청구를 하는 방법밖에 없다.

그런데 국제무역조건은 매도인과 매수인간의 계약이므로 계약의 당사자가 아닌 운송인은 매도인과 매수인간의 국제무역조건과 아무런 관련이 없다. 운송인의 화물손상에 대한 책임은 운송계약상의 채무불이행책임과 불법행위책임으로 구성되는데, 운송인에 대해 하자 없는 물건의 인도를 청구할 수 있는 자는 선화증권소지인이므로 선화증권소지인만이 운송인에게 손해배상청구를 할 수 있다.

한편, 이러한 운송인에 대한 손해배상청구에는 좀 더 어려운 법리가 숨겨져 있다. 예를 들어 선화증권이 매도인으로부터 매수인에게 인도되기 전에 화물이 손실 또는 손상됐다면 운송인에 대해 손해배상청구를 할 수 있는 자는 선화증권을 소지하고 있는 매도인이다. 그런데 매도인이 매수인에게 단순히 선화증권만 양도하고 운송인에 대해 손해배상청구권을 양도한 사실을 통지하지 않았다면 어떻게 될까? 우리 법상 채권을 양도하려면 양도인과 양수인 사이의 양도합의 뿐만 아니라 채무자에 대한 채권양도통지가 있어야 한다. 위와 같은 경우에 매도인이 채무자인 운송인에 대하여 채권양도통지를 하지 않았기 때문에 운송인은 매수인에게 손해를 배상할 의무가 없는 것일까? 이에 대해 대법원 운송인에 대한 채무불이행으로 인한 손해배상청구권은 물론 불법행위로 인한 손해배상청구권도 선화증권에 화체되어 선화증권이 양도됨에 따라 선화증권 소지인에게 이전되므로 별도의 양도통지가 필요 없다는 입장이다. 따라서 매수인은 선화증권을 소지한 사실만으로 운송인에게 손해배상청구를 할 수 있다.

4) 해상운송인의 책임의 한도

해상운송인의 손상된 화물에 대한 손해배상책임은 일정한 범위로 제한된다.

■ 헤이그규칙, 헤이그-비스비규칙, 함부르그규칙의 비교

구분	헤이그규칙(1924)	헤이그-비스비규칙 (1968-1979개정)	함부르그규칙(1978)
적용 범위	모든국제해상물품운송에 적용되며, 선화증권의 발행을 요건으로 함	좌측과 동일	2국간의 항구상호간 국제해상운송계약 전체에 적용되고 선화증권의 발생의 유무를 불문함
책임 기간	tackle to tackle	좌측과 동일	port to port인수에서 인도까지
책임 원칙	과실책임주의물품의 인수.선적.적부.운송.보관.양하.인도에 대해 상당주의 의무의 이행책임을 부담하고 이 의무를 게을리 함으로써 발생한 물품의 멸실.손상에 대해 책임을 부담	과실책임주의 지연에 대해서도 책임을 부담	과실책임주의물품의 인수시부터 인도시까지의 관리하에 있는 동안에 대해 상당주의 의무의 이행책임을 부담. 다만, 손해지연의 발생시에 합리적으로 요구되는 모든 조치를 위한 것을 입증하면 면책
면책 사유	항해과실,과실에 의하지 않는 화재,발생후의 불내항, 기타의 불가항력적 사유(해상고유의 위험,동맹파업, 전쟁, 화주의 과실, 고유의 하자등) 갑판적화물, 생동물은 물품에서 제외	좌측과 동일	과실책임주의로서 면책사유의 열거를 폐지(당연히 항해과실의 면책도폐지).갑판적 화물, 생동물도 물품으로서 새로이 적용의 대상으로 함.
책임한 도액	1 package또는 1unit당 100파운드	1package 또는 1unit당 666.67 SDR 또는 1kg당 2SDR총액 중 높은쪽의 금액	package또는 unit방식과 중량방식을 병용. 1Package, 1unit당 835SDR또는 1kg당 2.5SDR 중 높은 금액
강행 법성	강행법	강행법	강행법
Time bar	1년	1년	2년

출처 : 헤이그규칙, 헤이그-비스비규칙, 함부르그규칙을 재구성함.

상법 제797조에 따르면 해상운송인의 책임은 포장당 또는 선적단위당 666.67SDR과 중량 1킬로그램당 2SDR 중 더 큰 금액으로 제한된다. 예를 들어 손상된 화물의 가격이 미화 100,000달러라고 하더라도 화물의 포장이 10팔레트이고 무게가 3톤이라면 포장단위당 책임제한은 6,666.7SDR이 되고, 중량단위당 책임제한은 6,000SDR이 된다. 그 결과 손상된 화물의 가격에 관계없이 운송인은 6,666.7SDR을 최고한도로 책임을 부담한다. SDR의 환율은 국제통화기금(IMF)웹사이트에 고시돼 있다. 이러한 해상운송인의 책임제한은 우리 상법뿐만이 아니라 전 세계적으로 인정되고 있다. 한편, 운송물에 관한 손해가 운송인 자신의 고의 또는 손해발생의 염려가 있음을 인식하면서 무모하게 한 작위 또는 부작위로 인해 발생했거나 송하인이 운송인에게 운송물을 인도

할 때에 그 종류와 가액을 고지하고 선화증권이나 그 밖에 운송계약을 증명하는 문서에 이를 기재한 경우에는 운송인의 책임제한이 적용되지 않는다.

5. 해상운송과 보험

1) 적재물 배상책임보험

해상운송인은 육상운송인처럼 의무적으로 적재물 배상책임보험에 가입하여야 한다. 적재물 배상책임보험은 앞에서 설명한 바와 같이 운송 중에 놓여 있는 화물의 멸실이나 손해, 분실이 발생하였을 경우, 이로 인하여 손해를 입은 화주의 손해배상청구를 대응하기 위한 보험이다.

운송보험이 보험계약자인 화주가 일정한 화물을 일정한 지점에서 일정한 목적지까지 제3의 운송인을 통하여 운송하는 과정에서 발생될 수 있는 운송위험을 담보하는 보험으로 그 목적은 화물의 소유자인 화주가 운송 중 화물손상시 손상의 책임이 있는 제3의 운송인으로부터 신속하고 충분한 보상을 받기 어렵기 때문에 별도의 운송보험에 가입함으로써 화주의 화물에 대한 이익을 보호하려는데 그 목적이 있는 반면, 적재물 배상책임보험은 화물운송 책임이 있는 운송인 역시 자기의 과실에 의해 발생될 수 있는 화주에 대한 배상책임을 위하여 배상책임보험에 가입하는 보험이다.

운송보험에서 화물의 운송과 관련된 이해관계 당사자는 화물에 대한 소유권을 가지고 있는 화주 그리고 화물운송 책임이 있는 운송인이며 이러한 소유이익을 가지고 있는 화주가 가입하는 보험이 운송보험이다. 운송보험과 적재물 배상책임보험의 차이는 다음과 같으며 적재물 배상책임보험에 관한 내용은 앞에서 설명하였으므로 여기에서는 생략하기로 한다.

구 분	운송보험	적재물 배상책임보험
보험계약자	화주	운송인
피보험자	화주	운송인
보험의목적	운송화물	운송화물에 대한 배상책임
보험의종류	구간보험(운송화물의 출발지에서 도착지까지)	기간 보험(1.3.6개원,1년 등 일정기간 담보하나 특정한 운송의 경우 건별로 부보가능)
보험종목	해상보험	특종보험
기타	자기화물운송특약, 운송인에 대한 대위권특약 첨부가능	

2) 선박보험

선박보험은 선박의 사고와 관련된 사고에 의하여 피보험목적물인 선박(속구 및 기타 항해에 필요한 모든 장비 일체를 포함)에 생긴 손해를 보상하는 보험이다.

선박보험은 보험계약을 체결할 때 당사자가 합의에 의하여 보험가액을 결정하는 기평가보험으로 선박이 건조, 운항 또는 계선되는 도중 각종 해상위험 등에 의하여 입은 선체의 물적손해와 선체사고로 인하여 발생하는 비용손해 및 충돌손해배상책임, 수익의 상실 등으로 인하여 손실이 발생할 경우 이러한 경제적 손해를 보상한다.

(1) 선박보험의 특징

선박보험은 국내 상법이 아니라 영국의 법과 관습을 준거법으로 하고 있기 때문에 다른 보험과 많은 차이점이 있다. 예를 들어 계약자가 반드시 보험기간 중에 지켜야 할 담보(WARRANTY) 조항이 있어 만일 이를 위반시 보험자는 그 때부터 보험사고에 대해 보상을 하지 않는다. 만일 위반사항을 다시 원상복귀하더라도 보험자의 보상책임은 발생하지 않는다. 또한 선박보험은 보험사고 발생시 보험계약자가 약관상의 담보위험으로 인해 발생한 사고라는 것을 입증하여야 보험 보상이 가능하다.

(2) 주요 보험 가입대상

원칙적으로 모든 선박을 국내 손해보험회사에 보험 가입할 수 있으나 다음의 선박은 대한 손해보험협회에 가입해야 한다.

- 원양어선을 제외한 총톤수 500톤 미만의 무선급 선박
- 방위산업 관련 선박의 건조보험

(3) 주요 보상하는 손해

선박보험은 다음과 같은 원인으로 인한 선박에 발생한 물적 손해 및 사고와 관련된 비용손해를 보상한다.

(가) ITC-HULLS 보험조건

주요 보상하는 손해	1. 선박의 침몰, 좌초, 대화재, 충돌, 전복 2. 도난, 투하, 해적행위 3. 지진, 화산의 분출 또는 낙뢰 4. 화물 또는 연료의 적재, 양하 또는 환적작업시의 사고 5. 선장, 고급선원, 보통선원 또는 도선사, 용선사의 과실 6. 선장 · 고급선원 · 보통선원의 악행 7. 기타 약관상 열거된 위험 ※ 상기 열거된 위험에 기인한 다음의 손해를 보상한다. - 전손 - 단독해손 - 공동해손 분담금 - 구조비 - 충돌손해 배상금의 3/4 - 손해방지비용

주요 보상하지 않는 손해	1. 충돌손해배상금의 1/4 2. 전손 및 추정전손을 제외한 1사고당 소손해 공제액 3. 피보험선박의 자연소모 4. 피보험자의 고의적 나태로 인한 손해

(나) ITC-Hulls FPL unless etc 보험조건

주요 보상하는 손해	ITC-HULLS 보험조건과 동일 (전손,단독해손,공동해손분담금,충돌손해배상금,손해방지비용,구조비) 단, 단독해손의 경우 좌초, 침몰, 화재, 폭발, 충돌로 인한 분손만을 보상한다.
주요 보상하지 않는 손해	ITC-HULLS 보험조건과 동일

(다) TLO, S/C, S/L 보험조건

주요 보상하는 손해	ITC-Hulls Total Loss Only(including Salvage, Salvage Charge and Sue and Labour) 약관을 첨부하여 전손(추정전손 포함), 구조비, 손해 방지비용만을 보상한다. 단, 여기에 충돌배상책임담보를 추가하거나 일정액의 소손해공제액을 설정하시면 보상을 받으실 수도 있다.
주요 보상하지 않는 손해	ITC-HULLS 보험조건과 동일

또한 선박보험의 종류에 따라 그 담보내용도 서로 상이하게 달라진다.

- 선체보험(Hull & Machinery) : 선체 및 기관의 멸실 및 손상, 비용손해, 충돌에 따른 배상책임
- 선비 및 증액보험(Disbusements & Increased value) : 선박가액의 앙등으로 인한 손해, 또는 손해발생시 계약자가 추가로 부담하게 되는 비용
- 전쟁 및 파업보험(War & Strikes) : 전쟁 및 파업으로 인한 손해
- 건조보험(builder's risk) : 선박 건조 중의 손해
- 불가동 손실보험(Loss of Earning) : 선박의 불가동으로 인한 예상수익의 상실
- 운임보험(Freight Insurance) : 선박운임의 손해

그러므로 해상운송인은 다음과 같은 내용들을 반드시 보험계약전 이해하여야 한다.

첫째, 보험기간의 설정에 있어서 보통 1년의 기간을 단위로 가입하는 것이 일반적이나 특정 항해기간 동안만 보험에 가입할 수도 있으며 1년 미만으로 보험에 가입할 수도 있다.

둘째, 보험료는 통상 4회 분납을 원칙으로 하며 선박보험의 종류에 따라 일시납, 2회납도 가능하다.

셋째, 500톤 미만의 선박의 경우에는 협정요율을 적용하며, 500톤 이상의 경우에는

국내, 해외 재보험자로부터 요율을 구득합니다. 요율구득에는 3~4일 정도 소요되므로, 보험가입일 1주일 전쯤 해상운송인은 보험자에게 요율문의를 하여야 한다. 요율구득시 필요사항은 아래와 같다.

- 선박명(영문) - 선박소유자, 관리자 - 총톤수, 건조일자, 국적
- 선재(철선, 목선) - 항해구역 - 보험조건 - 보험가입금액

넷째, 계약시 필요한 서류로는 선박국적증서, 선급증서(선명, 선령/건조년월일/총톤수, 선질/재질, 선급, 선종), 사업자 등록증, 관리계약서, 항해구역(trading limit), 보험조건 등이 있다.

제6장 항공운송

학습의 목적

수출·입운송절차 중 항공운송과 관련된 국제법규를 중심으로 항공운송절차와 그의 파생지식을 포괄적으로 습득한다.

학습의 목표

1. 항공운송의 기초로 공항과 화물항공기의 특성을 이해할 수 있다.
2. 항공화물 수출절차를 통하여 운송인의 역할을 이해할 수 있다.
3. 항공화물 수입절차를 통하여 운송인의 역할을 이해할 수 있다.
4. 항공화물운송계약에 관한 계약절차 및 내용을 모두 이해할 수 있다.
5. 항공화물운송장(Air Waybill ; AWB)의 작성방법 및 이면약관에 대한 내용을 모두 이해할 수 있다.
6. 항공운송관련 국제법 및 국제기구를 모두 이해할 수 있다.

제1절 항공운송의 기초

1. 공 항

초기의 공항은 활짝 트인 평지에 격납고(格納庫)와 터미널로 이루어졌다. 초기의 비행기는 매우 가벼워서 보통 지면에서도 쉽게 이동할 수 있었으나, 바람의 영향을 심하게 받았기 때문에 어떤 방향으로도 이착륙이 가능해야 했다. 항공기가 무거워지면서 지표면이 더 단단해져야 했으나 옆에서 부는 바람의 영향은 줄어들었다. 따라서 현대의 공항은 아스팔트나 콘크리트로 된 긴 활주로가 있어야 한다. 원래는 활주로가 3~4개 필요할 것으로 생각되었으나, 비행기의 무게가 계속 증가하여 일반적으로 2개로 줄어들었고, 홍콩의 경우는 주요 국제공항인데도 활주로가 단 하나다. 반면에 활주로의 길이는 계속 길어져서 250명 또는 그 이상의 승객을 태울 수 있는 4발(四發) 제트기의 이착륙이 가능하도록 4.3㎞ 길이의 활주로까지 만들어졌다. 공항의 표고(標高)도 활주로 길이를 결정하는 요소가 된다. 예를 들면 볼리비아의 라파스처럼 고도가 높은 곳은 공기가 희박하기 때문에, 같은 속도에서 항공기의 양력(揚力)이 작으므로 이륙하기 위해서는 더 긴 활주로가 필요하다.

항공교통 관제관들은 이착륙장에서 상당히 떨어져 있는 공항관제탑과 관제본부에서 레이더와 그 밖의 여러 전자항법장치로 항공기의 출입을 제어한다. 또한 관제관들은 비행기가 에이프런(화물 · 승객을 싣고 부리는 장소)과 활주로 사이를 이동할 때 조종사를 안내해주는 등 지상에서의 비행기 이동도 모두 통제한다.

승객 및 화물 터미널은 공항의 대형화와 더불어 꾸준히 커지고 더욱 복잡해졌다. 어떤 공항에는 비행기를 세우는 곳과 터미널 사이에 특별한 지상운반장치(예를 들면 모노레일)를 설치했다. 승객 탑승은 절차가 일정한 시간 동안 계속되는 트리클 방식(trikle system)이나 모든 절차를 먼저 처리한 뒤 단체로 탑승시키는 단체탑승방식(group system)으로 이루어진다. 화물터미널에서는 지게차, 화물운반용 열차, 벨트 컨베이어 그리고 그 밖의 다른 수단과 기계로 항공화물을 내리고 분류한다.

계기를 이용한 착륙장치(着陸裝置)가 개발되었지만, 공항에서는 조명이 매우 중요하다. 회전하는 녹색과 흰색의 신호등은 오랫동안 공항을 나타내는 표시가 되어왔다. 매우 밝은 진입등(進入燈)은 종종 공항의 경계 밖까지 직선으로 설치하여 조종사를 활주로로 안내한다. 호박색 활주로등은 필요에 따라 관제탑이나 자동장치에 의해 켜지거나 꺼진다. 녹색 한계등(限界燈)은 활주로의 끝을 표시하며, 푸른 등은 항공기가 활주로에서 나오거나 들어갈 때 사용되는 유도로(誘導路)를 표시한다. 붉은 등은 장애물을 표시하며, 깜박이는 붉은 등은 높은 장애물이 있음을 경고한다. 사실상 모든 정부는 공항의 건설과 운영에 관한 표준을 규정하고 있다. 국제민간항공기구는 국제적으로 사용할 수 있는 활주로의 수와 길이, 활주로 방향, 볼 수 있는 지상의 보조기구 그리고 기타 세세한 사항들을 포함하는 표준안을 내놓았다.

공항의 입지조건은 국제민간항공기구(ICAO) 부속서에 의하면 공역·운항조건, 환경조건, 건설조건 등 다양한 입지조건을 고려해야 한다고 되어 있다. 공역·운항은 관제 혼란과 공중충돌을 방지하기 위해 기존의 비행장에서 최소한 30㎞ 이상 떨어진 곳에 위치해야 하며 항공기 접근시 지상의 장애물로부터 안전한 공역을 확보해야 한다. 또한 안개, 풍향, 풍속, 운고 등 최근 10년간 기상데이터를 참고하여 예상취항률이 높은 곳을 선정해야 한다. 환경은 항공기 소음으로 인체뿐만 아니라 부동산의 이해관계 등에 미치는 영향이 커 취항할 항공기종에 따른 소음영역과 거리간의 관계를 참작해야 한다. 건설은 저렴한 건설비, 짧은 공기, 단지조성, 활주로, 주차장 등이 불필요한 지형상의 제한을 받지 않고 쉽게 시공할 수 있는 곳을 선정해야 한다고 되어있다. 특히, 이·착륙시 발생하는 소음피해가 적고 대도시와의 접근성이 좋은 지역에 공항이 건설되어야 한다.

2. 화물 항공기의 특성

2000년대 들어 세계 항공시장에서는 여객 분야를 능가하는 항공화물 운송시장의 팽창으로 화물항공기 대수의 증가 및 대형화에 의한 항공화물 수송능력의 증대와 화물전용 항공기(freighter)의 증가가 동시에 진행되고 있다.

이와 같은 주요 항공사들의 움직임은 향후에도 상당기간 이어질 것으로 예상되며, 수요가 팽창하는 세계 모든 지역을 대상으로 특히 부족한 수송능력과 네트워크를 확충하는 방향으로 가속화될 전망이다.

1) B747-400ERF

Length 전장	70.66m
Wing Span 전폭	64.44m
Max. Range 최대 항속거리	19.41m
Cruising Speed 순항속도	8,415km
최대 화물탑재량	916 (Km/h)
최대 화물 탑재용적	117.55t
최대탑재 PALLET(MainDeck)	24,923cuft
최대탑재 LD3수(Lower Deck)	30 개
▪ Length 전장	32 개

Door Size

▪ Nose Door	140 * 98
▪ Side Door	134 * 123
▪ Lower Deck	104 * 66
▪ Bulk	44 * 47

Contour Type
(Maindeck Pallet)

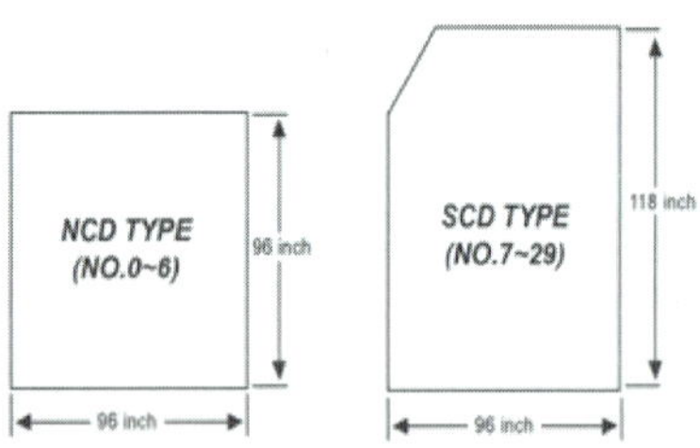

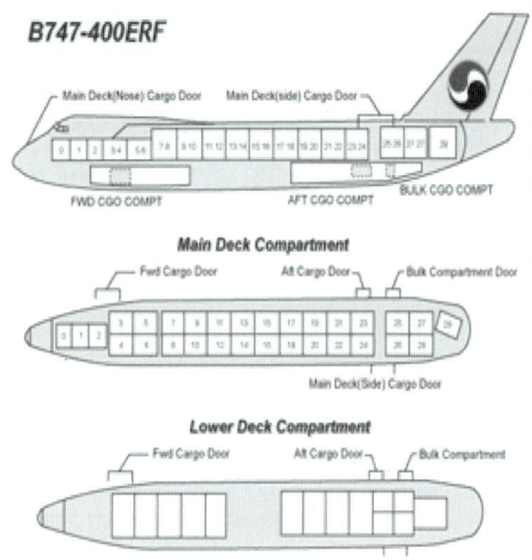

2) A300-600F

Length 전장	54.08m
Wing Span 전폭	44.84m
Max. Range 최대 항속거리	3,519km
Cruising Speed 순항속도	840 (Km/h)
최대 화물탑재량	46.90t
최대 화물 탑재용적	12,237cuft
최대탑재 PALLET(MainDeck)	14 개
최대탑재 LD3수(LowerDeck)	22 개

Door Size

▪ Nose Door	N/A
▪ Side Door	101 * 141
▪ Lower Deck (FWD)	66.8 * 106.3
▪ Bulk	42.4 * 37.4
▪ Lower Deck (AFT)	66.2 * 71.2

Contour Type
(Main-deck Pallet)

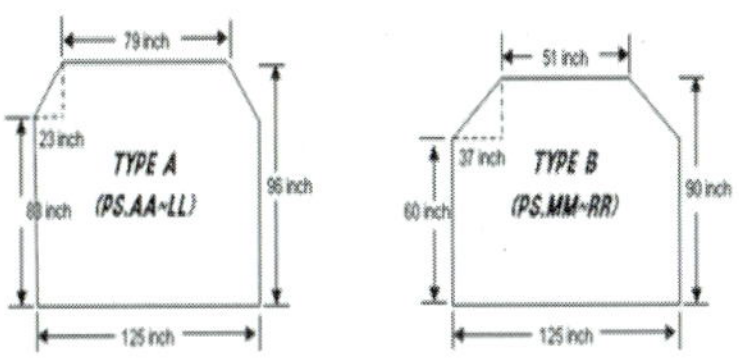

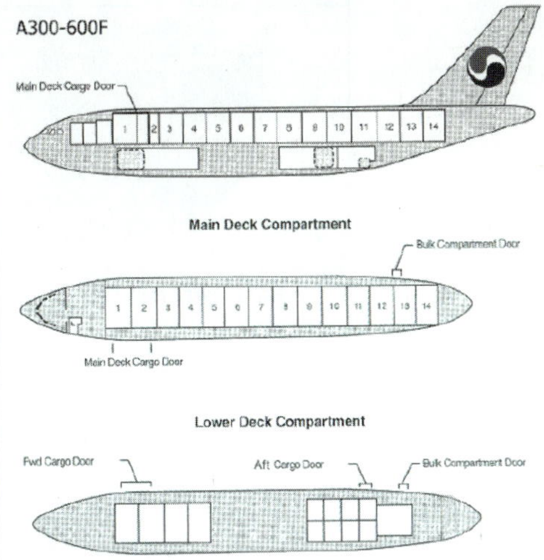

Loading Configuration 7 ULD 125" X 96"

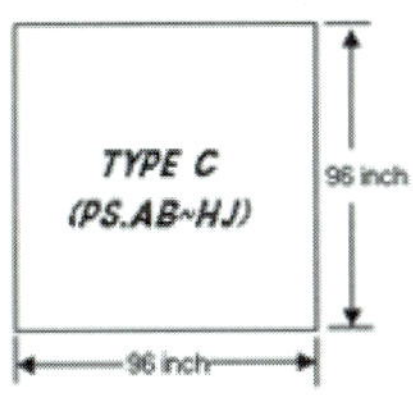

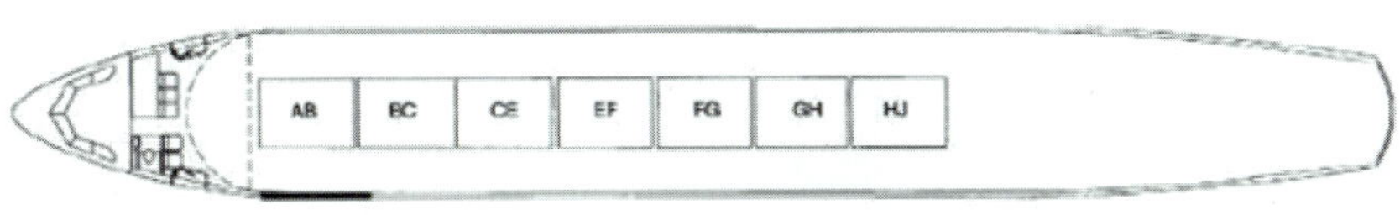

3) 항공기 단위 탑재용기

ULD Type (IATA Code)	Max Capacity (Tare Weight)	Dimention (Inch)	Utility
LD3 Garment Container (AKE) 	1,588 kg (105 kg)	60.4 x 61.5 x 64	General Cargo Garment

LD3 Refrigerated Container (RKE) 	1,588 kg (270 kg)	60.4 x 61.5 x 64	Perishable CGO Freeze Cargo
LD3 Refrigerated Container (RKN) 	1,588 kg (260 kg)	60.4 x 61.5 x 64	Perishable CGO Freeze Cargo- Equipped with Automated Temperature System
LD6 Container (ALF) 	3,175 kg (175 kg)	60.4 x 125 x 64	General Cargo
LD9 Container (AAP) 	6,033 kg (270 kg)	88 x 125 x 64	General Cargo
LD9 Refrigerated Container (RAP) 	6,033 kg (527 kg)	88 x 125 x 64	Perishable CGO Freeze Cargo
GM1 Container (AMA) 	6,804 kg (465 kg)	96 x 125 x 96	General CGO Garment

MD11F M1 Container (AMJ)			
	6,804 kg (475 kg)	96 x 125 x 96	General CGO Garment
Horse Stall (HMA)			
	6,804 kg (875 kg)	96 x 125 x 94.5	Horses

3. 항공운송의 이해

1) 항공운송(Carriage by Air)의 개념

항공운송이란 항공기에 의해 공로(空路)를 통하여 운송되는 승객의 수화물과 우편물을 제외한 항공운송장(airway bill : AWB)에 의해 운송되는 화물만을 운송하는 것을 말한다.

이러한 항공운송의 특성은 <표 6-1>에서와 같은 특징을 지니고 있다.

〈표 6-1〉 항공운송의 특성

구 분	항공화물	해상화물	비 고
신속성	북미·유럽지역 : 2일	북미: 약15일, 유럽: 약3주	
안정성	높음	충격에 의한 손상 / 자기운송에 따른 파손 도난, 원형변질 / 해수에 의한 부식	
경제성	운임이 높음 / 포장비 저렴 / 보험요율 낮고 운임 외 부대비용 없음	운임이 낮음 / 포장비 높음 보험요율 높음 / 부피화물 요금 높음 / 장기운송에 따른 기타 변동비의 추가발생	1 CBM(1m x 1m x 1m)의 부피화물의 경우- 항공 : 167kg- 해상 : 1,000kg

첫째, 화물운송은 항공여객운송과 달리 '일방운송'(one way)의 특성을 지닌다. 즉, 여객운송의 경우는 출발지를 떠난 여객이 다시 되돌아오는 왕복운송 형태가 대부분이지만, 화물의 경우는 현지 통관에 문제가 없는 경우 다시 되돌아오지 않는다. 또한 화물운송은 대부분 고정구매자가 있고 1회 거래에 그치지 않고 반복적인 거래가 이어지는 경우가 많다.

둘째, 야간 집중성과 적은 변동요인의 특성을 지니고 있다. 대부분 화물운송은 전용기 수송의 경우 출발 당일 오후까지 집화되어 익일 오전 중에 도착되는 스케줄이 일반적이어서 야간에 화물이 집중되는 특성을 갖고 있으며 여객과 달리 계절적 변동요인이 그리 크지 않다는 특성도 지니고 있다.

셋째, 신속성이다. 일반적인 항공화물 운송의 특성은 신속성을 꼽을 수 있으며, 이는 항공화물운송의 특성을 가장 잘 설명할 수 있는 것으로 최근 기업들에게 운송시간을 단축시키는 일이 중요하게 되면서 다소 비용이 비싸지만 이 같은 화주들의 요구에 가장 잘 부응할 수 있는 운송수단이 된다.

넷째, 정시성이다. 항공화물운송은 높은 정시성과 안전성을 가지며 운임측면에서 항공운송은 해상운송에 비해서 비싼 것이 사실이지만 총비용의 측면에서 볼 때 신속성과 안전성 등을 보장하기 때문에 경제성이 충분하다고 할 수가 있다.

다섯째, 다양성이다. 항공화물은 물품의 다양성, 크기의 다양성, 밀도 및 형상의 다양성 등으로 X-ray 검색 등을 통한 불법물질 판별이 어렵다.

여섯째, 개방성이다. 항공사가 모든 화물에 대한 완벽한 보안검색이 어렵고, 항공화물의 흐름과 절차가 공개되어 있어 누구나 접근이 가능하여 화물이 탑재되는 비행편을 식별하는 것이 용이하고 범죄 목표 항공기의 식별이 가능하다.

일곱째, 보안대책 적용이 어렵다. 화주로부터 항공기 탑재에 이르기까지 여러 사업체 또는 운영자(operator)가 관여하므로 불법물질 부착의 기회가 많고 항공화물의 수요는 증가속도가 커서 증가되는 물량에 적절한 수준의 보안대책을 적용하기가 용이하지 않다.

여덟째, 보안강화조치의 여객치중 항공화물에 대한 보안조치는 여객운송에 비해 허술하기 때문에 보안의 취약성을 드러내고 있어 장래에는 상대적으로 보안조치가 허술한 항공화물을 이용한 범죄가 시도되리라는 예측이 가능하다.

한국은 IMF 이후 외부로부터의 산업구조의 조정에 따라 항공기를 이용한 수출화물운송이 비약적으로 발전하고 있다. IMF 이전의 항공화물이 주로 섬유류, 잡화류, 생동물류, 가발 등이었다면 IMF 이후에는 부피와 중량이 적은 기계류와 전자제품이 항공화물의 주류를 이루고 있다. 최근에는 전체 항공화물의 30% 이상을 반도체와 전자제품이 차지하고 있다. 항공화물은 해상화물과 비하여 다음과 같은 장점을 가지고 있다.

항공운송은 신속성과 정시성을 최고의 목표로 하고 있으며, 운임면에서 항공운임이 해상운임에 비해 높으나 포장비, 보험료, 창고료 등 직접비와 재고품에 대한 투자자본, 관리비, 손실 등 간접비 및 배달시간, 정시성, 신뢰성 등 보이지 않는 비용을 감안한 종합비용에서 판단할 때 해상운송과 경쟁력이 있는 품목도 발생하고 있다.

2) 항공화물의 분류

항공화물운송의 대상이 되는 화물을 항공화물이라고 볼 때, 항공기에 탑재할 수 있는 화물의 대부분이 거의 해당되지만, 항공기의 특성상 제한을 받기도하여 다음과 같이 여러 가지 형태로 분류할 수가 있다.

(1) 화물의 일반특성에 따른 분류

화물의 특성에 따라 일반화물(general cargo)과 특수화물(special cargo)로 분류된다.

일반화물은 가격에 있어서나 항공사의 규정에 있어서나 아무런 제한을 받지 않고 종류별로 구분하여 적정한 유형의 컨테이너로 포장되거나 컨테이너에 적합지 않은 화물은 팔레트에 쌓아 포장하는 일반적인 운송화물을 가리키며, 귀중품, 우편물과 같이 성격에 따라 특별한 취급이 필요하고, 그에 따른 특별요금을 적용받는 화물을 특수화물이라고 한다.

항공사 취급에 따르면 IATA의 규정에 의해서 특별취급을 요하는 특수화물은 다시 세분화하여 구분된다. 특별취급되는 위험품(danger goods), 항공사가 별도로 규정하는 보석류나 운송 신고가격(declared value for carriage)이 Kg당 USD 1,000 이상 되는 귀중품(valuable cargo), 살아 움직이며 특별취급을 요하는 생동물(live animal), 운송도중 부패하기 쉬워 일정 온도는 유지시킬 수 있는 시설을 갖추어야 하는 부패성 화물(perishable cargo), 냉장을 요하거나 운송도중 물기를 내어 특별포장을 요하는 습성화물(wet cargo)과 시체(human remains), 외교행낭(diplomatic pouch), 중량화물(heavy cargo), 대형화물(over-hang cargo) 등이 있다.

참고 12 항공화물의 분류

특수화물	정 의
위험물(dangerous goods)	운송중의 상태 변화에 따라 인명, 항공기 및 다른 화물에 손상을 줄 수 있는 화물
생동물(live animals)	살아 움직이는 생동물로서 수송 전 구간에 대한 예약 확인 후 운송가능
중량·대형화물 (heavy·out-sized cargo)	·중량화물: 1개의 포장단위가 150kg을 초과하는 화물 ·대형화물: 항공화물용 컨테이너(ULD, Unit Load Device)의 Size를 초과하는 화물
부패성 화물(perishables)	부패, 변질되기 쉽거나 운송도중 가치가 손상되기 쉬운 화물
유해(human remains)	시체 및 유골(유골은 일반화물로 간주)
귀중화물(valuable cargo)	운송신고가격이 kg당 USD 1000$ 초과하는 화물(각종 보석류)
외교행낭 (diplomatic pouch)	정부기관 및 공관 또는 공관 간에 수발되는 각종 행낭
항공우편물(air mail)	신, 엽서, 소포 및 공행낭

(2) 운송상태에 따른 분류

운송상태에 따르면 특정 출발지(공항)를 떠나 목적지로 운송하는 수출화물(outbound cargo)과 항공기가 출발지를 떠나서 도착지로 운송된 수입화물(inbound cargo), 그리고 항공기 운항 중 특정 중간지점을 통과해서 다른 (최종)목적지로 향하는 통과화물(transfer cargo)로 분류할 수 있다.

(3) 보세 여부에 따른 분류

보세 여부에 따르면 국외로 수출할 화물이 세관의 통관절차를 마치지 않은 상태이거나 국외로부터 수입하여 도착한 화물이 이미 통관을 마친 상태의 화물인 국내화물(customs-cleared cargo)과 국외로 수출하기 위해 화물의 통관절차를 마친 상태의 화물이거나 또는 국외로부터 수입된 화물이 아직 통관을 마치지 못한 상태의 화물(보세화물)인 국외화물(bonded cargo)로 분류할 수 있다.

3) 항공화물 운송업자

(1) 항공화물 운송대리점

항공사 또는 총대리점을 대리하여 항공회사의 운송약관 및 운임률표에 따라 항공화물을 수집하고 항공화물운송장의 발행 및 이에 부수되는 업무를 수행하고 항공회사로부터 그 대가로서 항공운임에 대한 소정의 수수료를 받는다. 항공화물운송대리점은 다음 아래와 같은 업무를 처리한다.

■ 주요업무

1. 수출입 항공화물의 판매 및 유치
2. 운송을 위한 준비 - 항공화물 운송장 작성 / 운송서류준비/포장/ 포장별 확인작업 / 포장별 레이블(labelling)작업
3. 수출입 통관 대행
4. 트럭운송 주선
5. 기타 서비스 활동

(2) 혼재업자(Consolidator ; Air Freight Forwarder)

혼재업자는 개개의 송하인과 운송계약을 체결하고 운송책임을 부담하지만 항공기를 스스로 운항하지 않고 수탁한 화물을 하나의 화물(one-lot)로 모아서 스스로 송화인이 되어 항공회사에 운송을 위탁한다. 혼재업자는 항공기를 갖고 있지 않지만 자체 설정 화물요율 및 자체운송약관을 적용하고 자체운송장인 "house air waybill"을 발행한다. 즉, 타인의 수요에 응하여 유상으로 자기의 명의로서 항공사의 항공기를 이용하여 화물을 혼재 또는 운송하는 사업자를 의미한다.

혼재업자의 주요 업무는 수출화물일 경우, 화물을 혼적하고 살화물을 팔레트 또는 컨테이너화 하여 단위화물작업을 하며 화물의 출발, 도착 등 화물이동에 대한 추적을 한다. 수입화물일 경우는 통관과 문전서비스, 재수출상품의 제반 서류작성과 운송수단 결정 및 운송의뢰, 국내보세운송, 수화인을 위한 수입통관 주선한다.

항공화물운송업자로는 항공화물운송업자와 혼재업자 외에 상업서류 송달대리점이 있으나 상업서류 송달대리점은 우편법에 위배되지 않는 중량 45kg 이하인 상업서류와 서적, 잡지, 신문 등 정기 간행물과 같이 시장가치가 없는 물품을 취급하므로 본 교재에서는 상업서류 송달대리점에 관한 언급을 생략하기로 한다.

(가) 주요업무(수출/수입화물)

1. 화물의 출발, 환적 (transit), 도착화물의 이동에 대한 추적
2. 살화물(bulk cargo)을 팔레트 또는 컨테이너화하여 단위화물작업
3. 통관과 문전 인도(door to door service)를 위한 조치
4. 수하인을 위한 수인통관 주선
5. 재수출산품에 대한 제반서류작성과 운송수단 결정과 운송의뢰
6. 국내보세운송 주선

(나) 업무진행

1. 항공운송주선업자는 항공사로부터 특정 운송목적지까지 싼 운임 설정
2. 항공운송 주선업자는 운송장(house airwaybill)을 발행을 하여 개개의 운송인으로 부터 화물을 인수
3. 수탁화물을 목적지별로 분류 및 정리를 하여 화물을 대형화로 만듦
4. 항공운송주선업자 자신이 송화인이 됨.
5. 목적지별로 항공운송주선업자가 지정한 혼재화물인수대리점(break bulk agent)을 수하인으로 함.
6. 항공사의 중량할인 또는 특정운임 할인 적용
7. 항공사의 운송장(master air waybill)을 항공사의 대리점을 통하여 발급을 받아 항공사에 운송 위탁
8. 목적지의 혼재화물인수 대리점은 수하인에게 개별적인 화물 인도.

〈표 6-2〉 대리점과 주선업자의 차이

구 분	대 리 점	주 선 업 자
활동영역	FCL화물을 주로 취급	LCL화물은 주선업자에 혼재의뢰, 국내외 LCL 화물 취급
운 임	항공사의 운임률표 사용	자체의 운임률표 사용
화주에 대한책임	항공사 책임	주선업자 책임
운송약관	항공사의 약관 사용	주선업자 자체의 약관 사용
수수료	IATA의 5%Commission 및 취급수수료를 받음	수취운임과 지급운임과의 차액을 수익으로 하거나 IATA의 5% Commission을 받음
항공화물 운송장	항공사의 Master Air Waybill발행	자체의 House Air Waybill발행

참고 : IATA : International Air Transport Association으로 1945년 4월 설립

[그림 6-1] 항공화물 수출 Flow

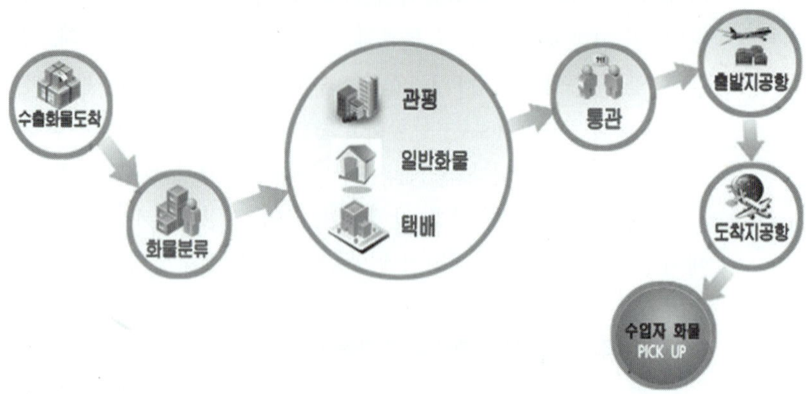

[그림 6-2] 항공화물 수입 Flow

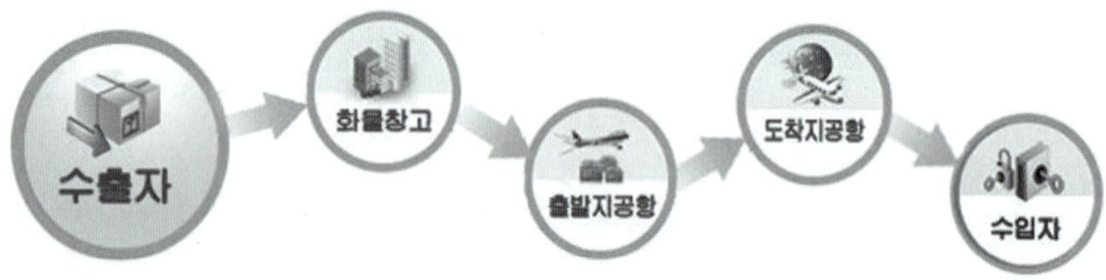

4. 항공화물 수출·입 절차

수입업무

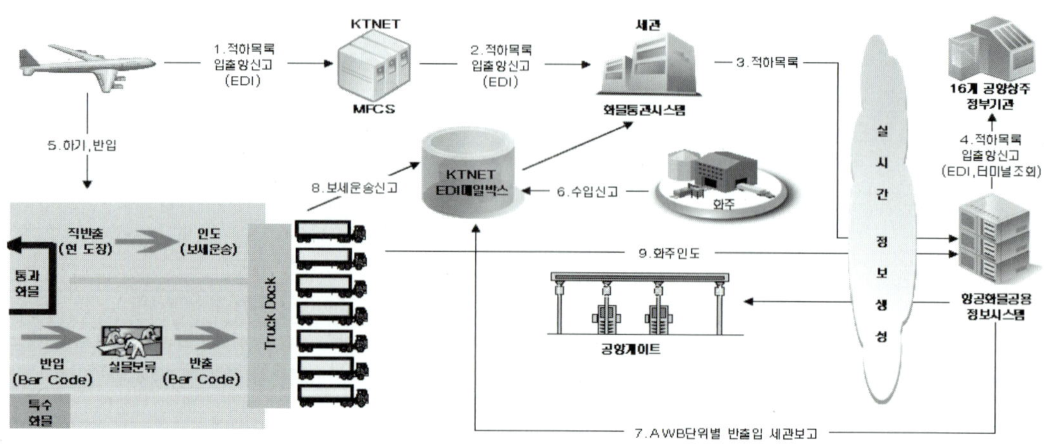

수출업무

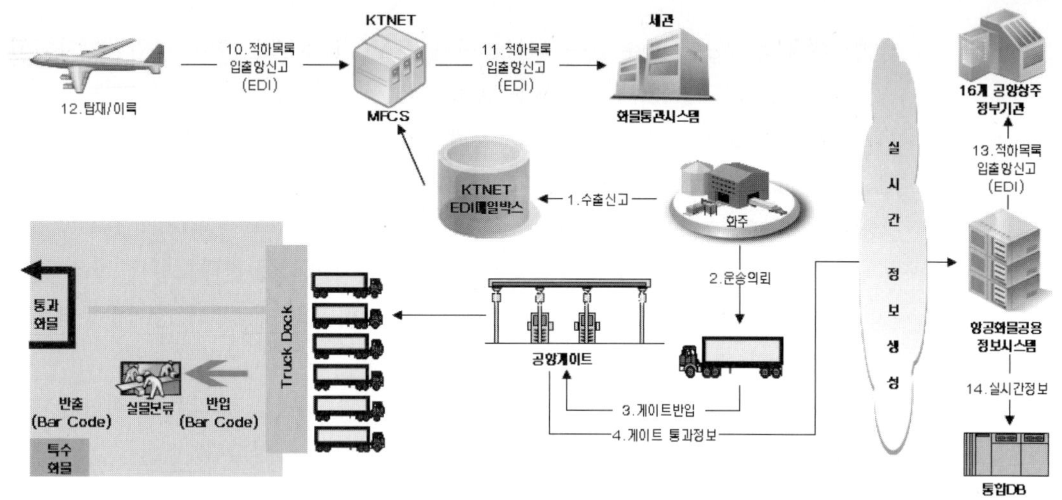

항공화물은 화주를 대신하여 화물운송에 대한 예약과 통관, 수출입면장 발행 등의 업무를 대리하는 대리점에 의해 운송업무가 수행되므로 일반적으로 화주와 항공사 간에는 직접적인 계약관계가 성립되지 않아 항공사의 입장에서는 화물운송 마케팅에 있어 간접판매 방식에 해당된다고 할 수 있다. 따라서 항공사의 고객은 화주로부터 화물운송의 책임과 권리를 위임받은 대리점이며, 대리점은 보통 운송업자(forwarder), 종합운송업자(integrator), 통관대행업자(customs broker) 등이 포함된다. 항공화물은 화주, 중개업자, 종합운송업자, 포워더 등이 화물송장을 발급받아 대리점에 화물운송을 의뢰하며, 대리점은 항공사에 화물예약을 한 후 화물의 특성에 따라 자체 화물창고에 입고된다. 대리점은 세관에 통관신청을 하여 수출면장을 발급받으며, 항공사는 대리점으로부터 통관을 확인하고 창고의 화물을 반출하여 화물의 접수 및 검색을 종료한 후 항공기에 탑재한다.

이때 공항 화물터미널에서의 항공화물 접수과정에서 항공사는 항공화물보안점검을 위해 항공안전본부의 “항공안전 및 보안에 관한 세부운영지침”에 의거하여 보안검색을 실시하고 항공화물의 부피 및 중량, 개수 등을 서류와 대조하며, 화주와 대리점의 서명이 분명한지, 포장상태에서 찢어지거나 외부에서 포장을 훼손한 흔적은 없는지 등 기본적인 화물 접수업무 외에 항공보안관련 점검업무가 함께 수행되어야 한다. 항공사는 검색이 끝난 화물을 여객기 또는 화물기를 통하여 운송하게 되고, 항공기에 탑재되어 목적지 공항에 도착하게 되면 다시 세관통관, 운송 등의 절차를 통하여 최종적으로 하수인에게 인도되며, 항공사는 항공운송이 종료되는 시점까지 항공보안을 확보할 수 있는 대책을 시행하게 된다.

1) 항공화물 수출절차

① 화물 선적요청 접수 ; 수출자는 전화, FAX, E-MAIL 또는 영업담당자와의 무역 및 운송관련 상담을 통하여 선적을 요청한다.

② 파트너 교신 ; 파트너에 의해 지명된 화물의 선적요청시 또는 문전배송(door to door service)을 요청하는 경우 파트너에게 선적 여부 및 선적지시서를 확인한 후 선적을 진행한다.

③ 화물의 집배지시 및 선적서류 요청 ; 수출자의 화물집배요청시 항공화물주선업자 및 대리점은 신속한 수령이 이루어지도록 하며, 수출자로부터 상업송장과 포장명세서의 사본 및 원본을 수령한다.

④ 항공사 선정 및 예약 ; 항공기 운항스케줄과 운임을 고려하여 적합한 항공사를 선정하고 항공사가 결정되면 화물의 예상중량에 따라 예약한다.

⑤ 선적관련 스케줄 통보 ; 스케줄이 결정되는 즉시 수출자에게 스케줄을 FAX 또는 E-MAIL로 통보한다.

⑥ 화물 집배(pick-up) ; 배차담당자는 화물의 집배요청 내용을 확인하고 수출자의 집배요청시간을 지킬 수 있도록 배차를 지시한다.

[그림 6-3] 항공화물 수출절차

MasterB/L(Line B/L) ;일반적으로 직접 화물 운송을 하는 선사에서 발행한 B/L
House B/L (Forwarder B/L) ; 포워딩에서 위의 MasterB/L을 근거로 발행하는 B/L
마스터비엘은 상위개념이고 하우스는 그 하위개념임.

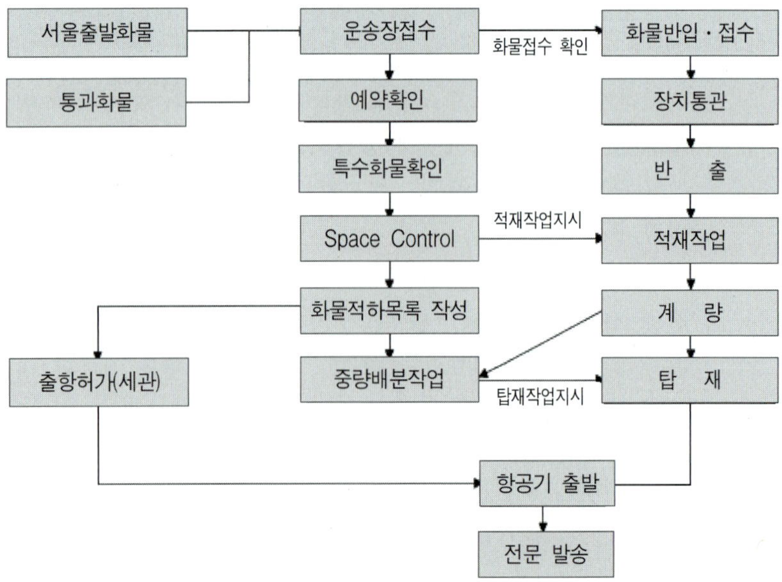

⑦ 화물반입 및 인식표(labeling)작업 ; 공항에서 총중량 & 용적중량을 계측하고 해당 화물에 따라 "MAWB", "HAWB" 인식표를 붙인다. 그러나 항공사에서 발행한다고 무조건 "MAWB"이 아니고 동일한 선적건에 대하여 포워더가 자체적으로 항공운송장을 발행한 건에 대하여 FORWARDER AWB은 HAWB, 항공사 AWB은 MAWB이라고 편의상 구분하여 부른다.

■ 완제품의 장치장 반입 ; 공장에서 생산된 완제품은 트럭에 의하여 화물터미널에 도착하게 되고 화물터미널의 "Truck Dock"을 통해 장치장으로 반입된다.

■ 화물의 척량검사 ; 장치장 반입시 (주)한국항공 조업원에 의해 화물의 척량검사를 실시한 후 수출화물 반입계를 발급받는다.

■ 장치지정 및 승인 ; 보세구역인 보세장치장에 화물을 반입하기 위해 세관 보세과에 수출화물 반입계를 제출하고 장치지정 및 승인을 받아야 한다.

⑧ 통관의뢰 및 면장발급 ; 수출자는 인천공항세관, 서울세관, 김포세관, 구로세관, 인천세관 등 관할세관에서 면장을 발급받는다.

■ 수출신고 ; 보세구역내에 화물을 반입한 후 자가통관의 허가를 받지 않은 수출자는 반드시 통관업자(관세사)를 통해서 수출신고를 해야 한다. 이때 준비해야 할 구비서류는 수출신고서, 신용장 사본, 수출승인서, 상업송장, 포장명세서, 검사증 등이다.

■ 수출심사 ; 세관 심사과에서는 제출된 수출신고서류를 1차 심사한 후 이상이 없을 경우 감정과로 서류를 이송한다. 이때 심사하는 사항은 다음과 같다.

㉮ 수출승인서, 신용장상의 단가와 정부의 Check Price 비교 ㉯ 정상결제 여부 ㉰ 수출금지품목 여부 ㉱ 신고서 기재사항의 정확성 ㉲ 화물의 기호, 품종, 수량, 계약조건, 목적지 심사

■ 화물검사 ; 세관 감정과에서는 서류와 화물을 대조하면서 수량, 규격, 품질 등을 검사하며, 심사과에서는 지정한 검사수량에 대한 전부 또는 일부를 개봉하여 검사한다.

■ 수출허가 ; 화물검사결과 이상이 없는 서류는 심사과로 회송되어 2차 심사로 수출면장을 발급해 준다.

⑨ 선적 서류작업 ; 수출자가 작성한 상업송장과 포장명세서에 맞게 MAWB 및 HAWB을 작성한다.

■ 운송장 및 화물의 인계 ; 통관절차가 완료된 화물의 운송장은 항공화물대리점에서 Cargo Delivery Receipt와 함께 해당 항공사에 접수시킨다. 운송장에는 Invoice, Packing List, C/O, 검역증 등 목적지에서의 통관에 필요한 서류가 첨부된다. 항공회사는 Cargo Delivery Receipt에 접수확인을 기재한 후 한국공항의 검수원에게 전달하여 화물을 인수토록 한다.

⑩ 화물 LOADING 및 선적서류 제출 ; 화물선적을 위해 작성한 선적서류를 항공사에 제출한다.

⑪ 선적 ; 예정된 스케줄대로 고객의 화물이 항공기에 탑재되어 출발한다.

■ 적재작업 ; 항공사는 해당 항공편의 항공기 특성을 고려하여, 사용 ULD 및 적재작업방법

등의 작업지시를 한국항공 담당검수원에게 하달하고, 검수원의 작업지시에 따라 적재작업을 행한다.

⑫ 사후관리 ; 화물이 정상적으로 선적이 되었는지 선적여부를 확인한다. 선적이 되면 파트너에게 선적통보를 위해 정식으로 발행한 MB/L, HB/L를 FAX 또는 E-MAIL로 사전 통지한다. 수출자의 화물이 미선적된 경우, 항공사와 긴밀하게 연락을 취하여 가장 빠른 스케줄로 선적이 될 수 있도록 스케줄을 조정한다.

2) 항공화물 수입절차

① 무역 및 운송관련 상담 ; 수입자는 전화, FAX, E-MAIL 또는 항공화물운송대리점 및 운송주선업자와 시장동향이나 가격, 통관대행 등에 대한 상담을 한다.

② 선적의뢰 ; 수입자로부터 선적의뢰를 받으면 항공화물운송대리점 및 운송주선업자는 해당지역 파트너와 화물내역을 확인하여 선적가능일자를 확인한다.

③ 화물스케줄 통보 ; 출발, 도착일자, 편명을 확인하여 수입자에게 통보하여, 선적서류를 FAX로 발송한다.

[그림 6-4] 항공화물 수입절차

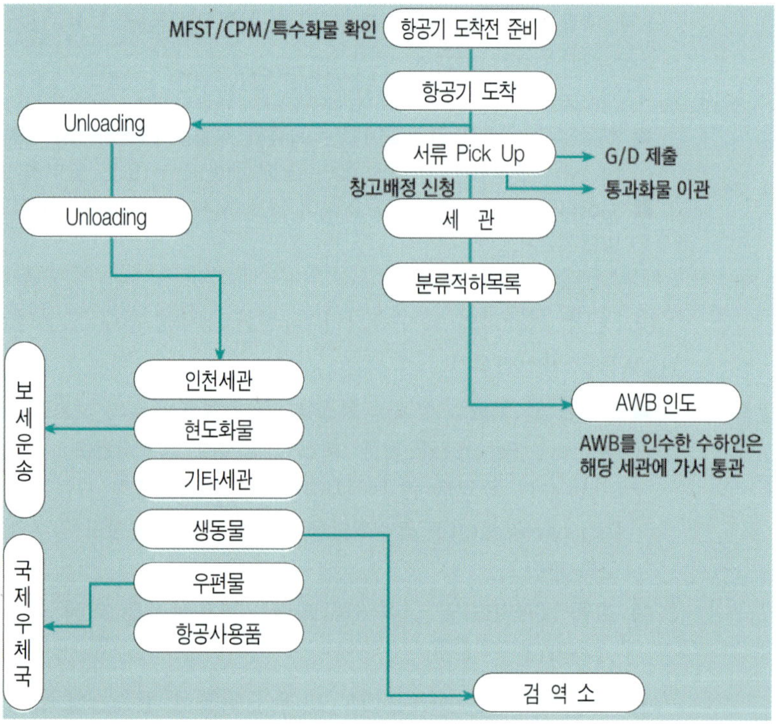

■ 전문접수 ; 출발지로부터 항공기 출발후 해당편 탑재화물 관련전문을 접수하면 화물을 완벽한 상태로 신속히 수하인(수입자)에게 인도하기 위해 항공기 도착 이전에 조업사에 통보하여 필요한 장비 및 시설을 확보하도록 한다. 또한 특수화물에 대해서는 신속히 인도할 수 있도록 수하인에게 사전에 통보한다.

④ EDI 전송 ; KT-NET을 통하여 세관과 항공사로 EDI 전송을 하며, 수입자의 요청에 따라 창고배정 및 특수화물 분류한다.

⑤ 도착통보 ; 원본 B/L을 접수받으면, 신속하게 창고확인 및 운임내역서를 산출하여 도착통보를 한다.

■ 항공기 도착 ; 항공기가 도착하면 항공사 직원이 기내에 탑승, 승무원으로부터 운송장 및 출발지 출항허가, 적하목록 등을 인계받은 다음, 세관 승기실에 적하목록을 제출하여 입항허가를 받는다. 또한 화물은 한국공항 담당자에 의해 하기(下機)된 후 화물터미널로 이동, 한국항공 담당자에게 인계한다.

■ 적재작업 ; 항공사는 해당 항공편의 항공기 특성을 고려하여, 사용 ULD 및 적재작업방법 등의 작업지시를 한국항공 담당검수원에게 하달하고, 검수원의 작업지시에 따라 적재작업을 행한다.

⑥ 서류, 화물운송 및 통관 ; 운송업자는 서류 인도 및 우편발송을 하며, 수입자가 요청할 시에는 통관대행을 제공하여 빠르고 정확한 통관을 진행한다.

■ 서류분류 및 검토 ; 서류가 도착하면 항공운송장과 적하목록을 대조하여 수입금지 품목, 안보위해(安保危害)물품 여부를 확인하고, 보냉·냉동을 요하는 품목은 한국항공 담당자에게 적절한 작업지시를 한다. 검토완료된 운송장과 적화목록은 통과화물의 경우 최종목석시 수송을 위해 세관에 이적허가를 신청하고, 한국이 최종 도착지인 도착화물의 경우에는 창고배정 및 보세운송을 위해 세관 보세과로 이송한다.

■ 창고분류 및 배정 ; 세관 보세과에서는 보세운송업체 직원이 세관직원의 감독 하에 운송장 상의 목적지 또는 화주(수하인)의 요청에 따른 창고배정작업을 한 후 적하목록에 기록한다.

⑦ 사후관리 ; 운송업자는 원활한 통관 및 출고 결과를 검토하여 통보를 하고 수입자에게 안전하게 화물이 배달되기까지 지속적으로 CHECK한다.

■ 운송장 인도 ; 해당화물의 수화인에게 운송장을 인계할 때 주민등록증을 확인하며, 또한 착지불화물인 경우에 수화인은 운임 이외에 운송요금의 2%에 해당하는 "Charge Collect Fee"를 지불해야 한다.

■ 보세운송 ; 외국물품이 통관되지 않은 상태에서 김포화물터미널 이외의 지역으로 운송될 경우 보세운송허가를 받아야 한다.

제 2 절 항공화물 운송계약

1. 항공화물의 정의

항공화물은 항공기에 의해 운송되는 기내식, 승객의 휴대물품 및 위탁수하물을 제외한 모든 물품으로 화물기에 탑재되는 화물이다.

ICAO Doc 9569에는 항공기에 의해 운송되는 우편물, 저장품, 동반수하물, 착오운송수하물을 제외한 모든 물품을 항공화물이라고 정의하고 있고 ICAO 보안 매뉴얼Doc 8973에는 "항공화물에는 여객기에 탑재되는 일반화물, 혼합화물, 운송품, 별송 쿠리어 물품, 우편물, 외교우편, 회사저장품 및 화물로 운송되는 별송 수하물 등 포함된다"라고 규정되어 있다. 또 IATA 항공화물 요율표에는 우편물 또는 국제우편협약의 조건에 의해 운송되는 물품과 여객항공권과 수하물표에 의해 운송되는 수하물(화물운송장에 의한 비동반수하물은 화물임) 그리고 항공화물보안기준 제3조 항공기에 의해 운송되는 기내식, 승객의 휴대물품 및 위탁수하물을 제외한 모든 물품으로 화물기에 탑재되는 화물을 항공화물로 규정하고 있다.

2. 항공화물의 운임

1) 항공화물의 운임

항공화물운임은 IATA(international air transport association ; 국제항공사 운송협회)가 제정한 운임요율표를 국제적으로 사용하고 있는데, 한국도 동 운임요율에 의거 정부의 승인을 받아 사용하고 있다.

국제항공운송협회는 세계를 편의상 3등분 하여 3개의 운송회의 지역(TC : tariff conference)으로 구분한 다음 대다수의 항공사들은 국제항공 운송협회가 정한 운임표와 규정인 "THE AIR CARGO TARRIFF Ⅰ.Ⅱ"에 따라 합의된 운임을 산출한다.

참고 13 ATA Traffic Conference Area (TC Area)

TC Area	지역정의	Sub Area
TC 1	북남미 대륙 / 인근도서	1. Caribbean
		2. Mexico
		3. Long Haul
		4. Within South America
TC 2	유럽 , 아프리카 , 중동	1. Within Europe
		2. Within Africa
		3. Within Middle East
TC 3	아시아,태평양 / 인근도서	1. South Asian Subcontinent
		2. South East Asia
		3. South West Pacific
		4. Japan, Korea

운임 조정회의에 참석하지 않은 가맹 항공사는 국제항공운송협회의 운임협정에 따를 필요가 없다. 회의를 통하지 않고 2국간에 혁신적인 운임의 설정 가능하다.

(1) 항공화물 요율(Tariff)의 정의

각 항공사에 의해 공시된 구간별 항공화물요율과 이에 관련된 규정을 포함하는 개념이다. Tariffs의 요율이 실제 판매가와 차이가 있을 수 있으나 할인율의 기준으로서 항공화물운송장(AWB)상 기입금액이 해당된다.

(가) 항공화물 요율(Tariff) 적용 원칙

- 운송장(AIR WAYBILL) 발행일에 유효한 것을 적용.
- 항공화물의 요율은 공항에서 공항까지의 운송만을 위하여 설정된 것.
- 출발지국의 현지통화로 설정되는 것이 원칙이나 많은 국가에서 USD로 요율을 설정
- 모든 화물 요율은 KG당 요율로 설정되나 USA 출발 화물요율은 LB당 요율로 설정
- 해당 정부의 승인을 득한 후에야 유효한 것으로 이용될 수 있음
- 별도의 통보 없이 변경 가능

(나) 항공화물 운임 적용 원칙

- 중량(Chargeable Weight) * KG/LB당 적용 요율로 산출
- 종가요금(Valuation Charge)과 함께 선불(Prepaid), 혹은 도착지불(Charges Collect)
- 화물의 실제 운송경로와 운임산출시 근거로 한 경로는 무관

(2) 항공운임 산출결정

보통 항공화물 선적시에는 운임의 기준이 되는 것이 중량(gross weight)이고 해상화물 선적시에는 부피(cbm)이다. 그러나 예외적으로 항공운송인 경우에도 실제중량(net-weight)보다 부피가 많이 나가는 경우에는 용적중량(volume weight)에 의해 운임을 산출한다.

(가) 실제중량에 의한 방법

- kg, lb 모두 0.1단위까지 측정
- 소수점이 있는 경우 ; 실중량이 0.5kg 미만이면 0.5kg으로 산출하고 0.6kg 이상 1kg 미만은 1kg으로 계산한다. lb는 소숫점 이하를 절상하여 산출한다.

(나) 용적중량에 의한 방법

계산전에 각 단위 치수를 사사오입하여 정수로 만든 후 가로×세로×높이의 방식으로 계산한다. 직육면체나 정육면체가 아닌 경우에는 최대가로×최대세로×최대높이로 계산한다. 부피를 운임부과 중량으로 환산하는 기준(1kg = 6,000㎤ / 1lb + 166세제곱인치) [예 ; 가로-세로-높이가 70cm일 경우, 70×70×70/6000 또는 CBM*167]

> 가로 162㎝, 세로 156㎝, 141㎝인 화물의 용적중량은?
> ① 162㎝ × 156㎝ × 141㎝ = 3,563,352㎤
> ② 3,563,352㎤ / 6,000 = 593,892㎏
> ③ 용적중량(Volume Weight) = 594㎏

항공화물의 용적중량이 산출되면 다음 순서에 의해 진행한다.

첫째, 적용이 가능한 요율을 결정한다. 운송하는 화물의 품목 및 여정에 따른 적용 가능한 요율형태를 결정하고 운임산출중량에 해당하는 요율을 확인한다.

둘째, 운임을 산출한다. 항공화물 운임은 운임산출중량 X 요율로 결정되며 계산된 운임이 각 도시간에 정해진 최저요금 미만일 경우 최저요금이 항공화물운임이 된다.

셋째, 높은 중량단계에서 낮은 운임 적용 가능성을 점검한다. 높은 중량단계에서의 낮은 요율을 적용하여 운임이 더 낮아지는 경우 낮은 운임이 항공화물 운임이 된다.

(다) 저운임의 적용에 의한 방법

높은 중량 단계에서 낮은 중량을 적용하여 운임이 낮아지면 이를 운임으로 적용

2) 운임의 종류

(1) 종가운임

화물운송 중 사고발생시 항공사의 최대배상 한도액은 kg당 US달러 20불이나 이를 초과하는 금액을 항공사로부터 배상받고자 할 경우, 수출자는 운송장에 그 화물의 가격을 신고하고 종가요금을 지불한 경우에 KG당 20달러를 초과하는 실손해액을 배상받을 수 있는 운임을 말한다.

- 신고조건 ; -1건을 구성하는 화물의 일부만을 가격신고하고 나머지를 제외할 수 없음, -중량운임과 함께 선불이나 착지불로 지불, -송화인은 반드시 그 화물의 가격을 신고, -신고가격은 "DECLARED VALUE FOR CARGO "란에 기재

(2) 단위 탑재 요금

항공사가 송화인 또는 대리점에서 컨테이너 또는 팔레트 단위로 판매시 적용되는 요금으로 국제항공 운송협회에서 규정한 단위 탑재용기의 형태에 따라 상이한 운임을 적용한다.

- 단위 탑재 용기의 단위운임 ; -기본운임과 초과 중량요율로 구성 -각 형태마다 기본운임으로 운송할 수 있는 최고한도 중량을 설정

(3) 기타 요금

- 입체 지불 수수료(disbursement fee) ; 송화인의 요청에 따라 항공사, 수화인 또는 그 대리인이 선불한 비용을 수화인으로부터 징수하는 금액으로 입체 지불금에 일정요율을 곱하여 산출한다.
- 위험품 취급 수수료(dangerous collect charge) ; 위험품 규정집에 위험품으로 명시된 품목에 대하여 부과되는 취급 수수료
- 착지불 수수료(charges collect charges) ; 운송장상 운임과 종가운임을 수화인이 납부하도록 기재된 화물에 대하여 운임과 종가운임을 합한 금액의 일정률에 대하여 수수료로 징수하는 금액으로서, 통화에 대한 환차손 및 송금업무를 위해서 부과되며 운송료의 2%이며 최저요금은 건당 US10달러임

3) 항공화물 운임요율

(1) 일반화물요율(general cargo rate ; GCR)

이 요율은 특정품목할인요율(specific commodity rate) 또는 품목분류요율(class rate)이 적용되지 않는 모든 화물에 적용되는 가장 기본적인 요율이다. 일반화물요율에는 최저운임(minimum charge)인 45kg 미만 요율, 45kg 이상 요율, 100kg 이상 요율, 300kg 이상 요율 등으로 설정되어 있으며 대체로 중량이 많으면 많을수록 더

싼 요율이 적용된다.

■ 최저운임(minimum charge) ; 화물운송에 적용되는 운임 중 가장 저렴한 운임이며 중량운임이나 부피운임이 최저운임보다 낮은 경우에 적용

■ 기본요율(normal rate) ; 모든 화물요율의 기본이 되는 것으로 45kg 미만의 화물에 적용되는 요율

■ 중량 단계별 할인요율(chargable weight) ; 일정 단계에 따라 다른 요율이 적용되는 화물요율에 있어 중량이 높아짐에 따라 KG당 요율을 낮게 적용하는 요율

<table>
<tr><td rowspan="6">Tra3nsportation Charge</td><td rowspan="4">▪Weight charge</td><td>GCR (General Cargo Rate)</td></tr>
<tr><td>SCR (Specific Commodity Rate)</td></tr>
<tr><td>CCR (Class Rate)</td></tr>
<tr><td>BUC (Bulk Unitization Charge)</td></tr>
<tr><td colspan="2">▪Unpublished Rate - Construction, Combination</td></tr>
<tr><td colspan="2">▪Valuation Charge</td></tr>
<tr><td>Other Charges</td><td colspan="2">▪위험품 취급 수수료, 운송장 작성 수수료, 입체지불금 수수료, 착지불 수수료, 보험료, Trucking Charge 등</td></tr>
</table>

(2) 특정품목 할인요율(specific class rate ; SCR)

특정품목 할인요율은 통상 특정구간에 특정품목에 대하여 일반화물요율(GCR)보다 낮은 수준으로 설정되어 있으며 반드시 최저중량을 제한하고 있다. 특정품목 할인요율(SCR)은 품목분류요율(CCR)이나 일반화물요율(GCR)보다 우선하여 적용된다. 단, 품목분류요율(CCR)이나 일반화물요율(GCR)을 적용하여 더 낮은 요율이 산출될 시는 당해 낮은 요율의 적용이 가능하고, 품목분류요율(CCR)이 일반화물 요율(GCR)보다 더 클 경우에는 품목분류요율(CCR)을 우선하여 적용하여야 한다. 이 요율은 특정구간에서 동일품목이 계속적으로 반복운송되는 품목에 대하여 일반품목보다 요율을 낮춤으로써 항공운송이용을 촉진하고 확대시키는데 그 목적이 있다.

(3) 품목분류요율(commodity classification rate ; CCR)

화물의 특성, 가격 등을 고려하여 몇 가지 특정 품목, 특정 지역간에만 적용된다. 할인요율을 적용받는 것은 비동반 수화물, 신문, 잡지 등이 있고 할증요율을 적용받는 것은 귀중화물, 생동물, 시체, 자동차 등이 있다. 일반화물요율(GCR)과 비교하여 크거나 작거나 간에 일반화물요율(GCR) 보다 우선하여 적용된다.

(가) 신문, 잡지, 정기간행물, 책, 카탈로그, 점자책 및 그 용구 (R)

해당구간 일반화물요율(GCR)중 Normal Rate의 50%에 해당하는 요율이 적용된다. 최저요금은 해당구간 일반화물 최저요금과 할인율에 5kg을 적용한 금액 중 큰 금액을 최저요금으로 한다.

(나) 비동반 수하물(Baggage Shipped as Cargo) (R)

비동반 수하물(단, 기계류, 보석, 카메라, 상품, 세일즈 샘플 등은 제외)을 항공화물로 운송할 경우에는 해당구간 일반화물요율(GCR) 중 Normal Rate50%에 해당하는 할인요율이 적용된다. 최저요금은 10kg에 해당하는 금액이다. 이 요율은 여객이 한국을 출발하여 IATA 제2지역과 제3지역으로 여행할 경우에만 적용한다. 수하물은 여객의 출발 이전에 운송인에게 인도되어야 하고 모든 통관절차를 종료해야 한다.

(다) 생동물 요율 (S)

IATA 3지역에서 미주 전 지역 / IATA 2지역에서 미주 전 지역

	IATA 3지역에서 미주 전 지역		IATA 2지역에서 미주 전 지역
	한국출발제외	한국출발	
냉혈동물 제외한 생동물	Applicable GCR의 110%	Applicable GCR의 140%	Applicable GCR의 110%
냉혈동물 *	Applicable GCR	Applicable GCR	Applicable GCR

미주 전 지역에서 냉혈동물에 적용되는 요율은 어류, 이구아나, 개구리, 곤충, 파충류, 거북이, 환형동물 등을 의미이다.

냉혈동물을 제외한 생동물	
IATA 2지역 최저운임	Applicable GCR Applicable Minimum Charge의 110%
IATA 3지역 (한국제외) 최저운임	Applicable GCR Applicable Minimum Charge의 110%
한국지역 최저운임	Applicable GCR의 140% Applicable Minimum Charge의 150%
냉혈동물	
IATA 2, 3지역 최저운임	Applicable GCR Applicable Minimum Charge의 150%

(라) 최저운임 (Minimum Charge)

IATA 3지역에서 미주 전 지역: 일반화물에 대한 최저운임의 110%

IATA 2지역에서 미주 전 지역: 일반화물에 대한 최저운임의 200%

(마) 기타 품목분류요율 (S)

화폐,여행자수표,주권,채권,금,백금,다이아몬드(공업용 다이아몬드 포함), 기타보석류 등 귀중화물과 시체 및 유골 등에 대한 별도의 할증요율이 존재.

(4) 팰릿 · 컨테이너운임(bulk unitization charge ;BUC)

팰릿 또는 컨테이너에 적입된 상태로 송화인이 항공사에 반입한 후 그대로 수화인에게 인도되는 화물에 적용하는 운임이다.

3. 위험물관리

항공화물에 있어서의 위험물이란 항공운송 중 발생하는 기압 및 온도의 변화, 운항 중의 진동과 공간의 제한에 따라 항공기, 인명, 인접화물 등에 피해를 줄 우려가 있는 화물로서, IATA 발행 DangerousGoods Regulations(이하 D.G.R)에 수송 여부 및 제한 사항이 규정되어 있다. 예를 들어 페인트, 드라이아이스, 밧데리, 자동차 등도 항공운송에 있어서는 위험물으로 규정하고 있다.

항공으로 운송될 위험물은 항공기의 안전을 위하여 위험물의 성질을 가장 잘 알고 있는 화주에 의하여 D.G.R 규정에 의거 포장, MARKING, LABELLING등을 실시토록 하고 있으며, 항공사에 위탁 시 일반 화물과 구분되어 취급될 수 있도록 화주 신고서를 작성하여 제출토록 되어있다.

〈표 6-3〉 위험물 분류

Class1 : Explosive	Class2 : Gas	Class3 : Flammable Liquid	Class4 : Flammable solid	Class5 : Oxidizer
Class6 : Toxic Substance	Class7 : Radioactive	Class8 : Corrosive	Class9 : Miscellaneous	

모든 위험물은 안전한 수송과 위험발생시 긴급처리를 위하여 포장외부에 운송하고자 하는 위험물의 내용을 명시하여야 한다.

■ 필수 Marking 항목

- Proper Shipping Name : 해당 위험물의 UN/ICAO 정식명칭
- UN or ID Number : (해당 위험물의 고유번호)
- 송하인과 수하인의 이름 및 주소

■ 항공운송시 IATA에 의하여 위험품목으로 정해진 품목

폭발성 물질/가스/인화성액체/인화성 고체/ 과산화물/독극물/방사선 물질/부식성 물질/기타(어류, 나프탈렌, 면실, 축전지, 목탄, 접착제 등)

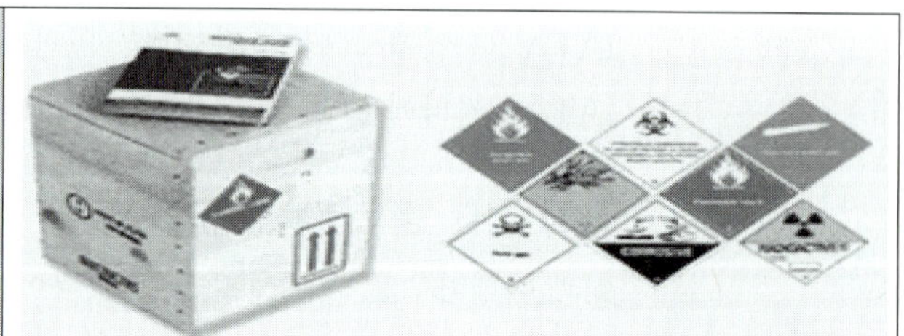

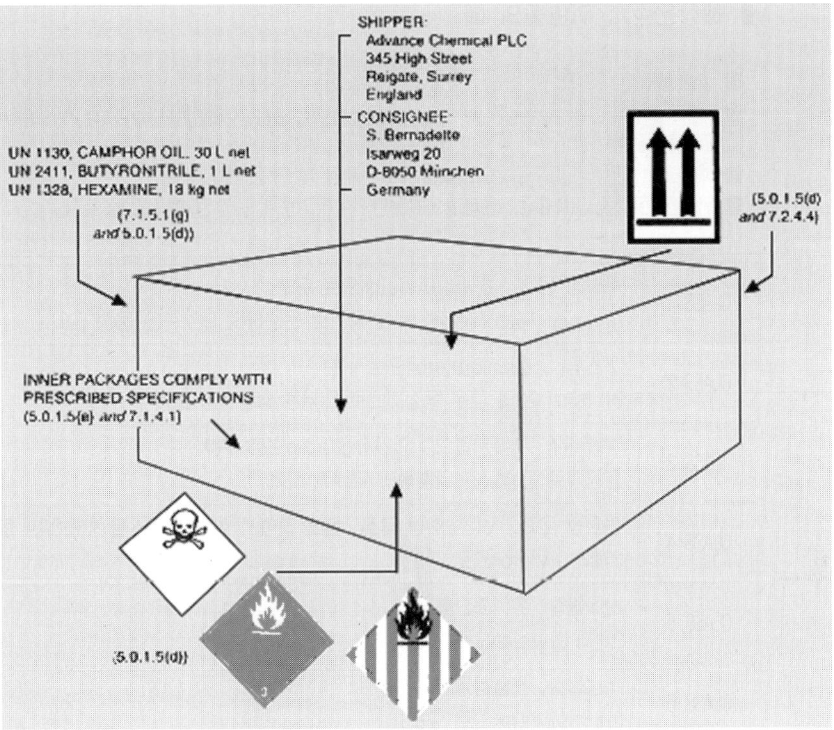

■ 위험품 화주신고서(**Shipper's Declaration for Dangerous Goods**)

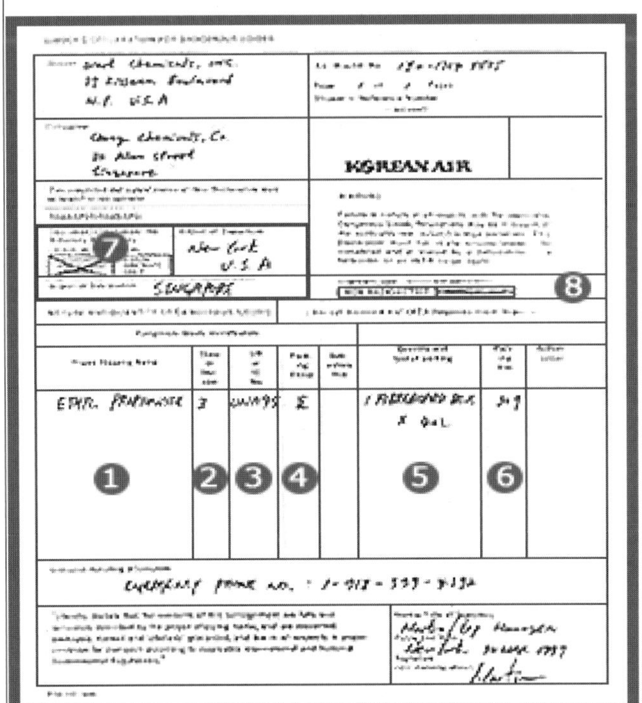

❶ **ProperShippingName**
-UN/ICAO에 등록된 위험물품의 정식명칭

❷ **ClassorDivision**
-어떤 위험성을 가지고 있나?

❸ **UNorIDNo.**
-해당 위험물품의 고유번호

❹ **PackingGroup:위험성의정도**
-SubsidiaryRisk
-부차 위험성(주는 Class or Division)

❺ **QuantityandTypeofPackaging**
-포장, 재질, 갯수, 양

❻ **PackingInstruction**
-해당 위험물품 포장에 대한 지침

❼ 여객기에 탑재가능한지 아닌지?

❽ 방사능물질은 아닌지?

▌ 해상운송시 위험물의 예

- ■ 기름(MARPOL 73/78 Ⅰ기준)
- ■ 유해액체/화학품(국제액화가수운송선의 구조 및 설비 기준(IMDG Code)과 73/78부속서 Ⅱ에 규정된 폐기물 포함)
- ■ 해양오염물질 및 폐기물을 포함한 물질, 재료 및 제품(IMDG Code)
- ■ 위험한 고체물질(MHBs), 산적고체화물안전실무기준에 규정된 폐기물을 포함

CLASS 1	폭발성 물질 : 6개의 Division으로 구분 Division 1.4는 제한적으로 항공기로 운송하며 대부분은 운송 금지
CLASS 2	가스류 : 3개의 Division으로 구분 Division 2.3의 경우 독성가스로 대부분 항공운송 금지
CLASS 3	Division 구별은 없으며 Packing Group으로 구분 항공기로 운송되는 위험품의 약 70% 차지
CLASS 4	인화성 고체, 자연발화성 물질, 물과 접촉시 인화성 가스를 방출하는 물질 3개의 Division으로 구분
CLASS 5	산화물질, 유기과산화물 2개의 Division으로 구분
CLASS 6	독성물질, 전염성물질 2개의 Division으로 구분
CLASS 7	방사능 물질 Division은 없으며 3개의 Category로 구분
CLASS 8	부식성 물질 Division은 없음 접촉시 피부조직을 파괴하거나 다른 물질에 부식을 야기하는 물질
CLASS 9	기타 위험 물질 DGR 분류상 다른 Class에 분류되지 않으나 위험성을 가지고 있는 물질

4. 항공화물운송장(Air Waybill ; AWB)

항공회사가 화물을 항공기로 운송할 때 발행하는 화물수취증을 말하고, 항공운송장 또는 항공화물수취증이라고도 한다. 미국 및 유럽 등에서는 "consignment note" 또는 "air consignment note"라고 부른다.

기본적인 성격은 선화증권과 같으나 선화증권이 화물의 수취를 증명하는 동시에 유가증권적인 성격을 가지고 유통이 가능한 반면, 항공운송장은 화물의 수취를 증명하는 영수증에 불과하며 유통이 불가능하다는 차이점이 있다.

운송계약은 항공화물운송장을 발행한 시점, 즉 하주 또는 그 대리인이 AWB에 서명하거나 항공사 또는 해당 항공사가 인정한 항공화물취급대리점이 AWB에 서명한 순간부터 유효하며 AWB상에 명시된 수하인(Consignee)에게 화물이 인도되는 순간 소멸된다.

☞ 항공화물운송장 종류
① MASTER AWB : 항공사가 혼재화물에 대하여 발행하는 운송장
② HOUSE AWB : 항공화물 운송주선업자가 혼재화물을 구성하는 개개의 화물에 대하여 발행하는 운송장

운송장은 화물과 함께 보내져 화물의 출발지, 경유지, 목적지를 통하여 각 지점에서 적절한 화물취급 및 운임정산 등의 작업이 원활하게 수행되는데 필요한 모든 사항이 기재되어 있는데 하주들이 항공운송장에 대한 이해부족으로 업무의 혼란을 가중시키거나 손해를 입는 사례가 있으므로 항공운송장에 대한 기본적인 이해가 필요하다.

항공화물운송장은 송하인과 운송인 사이에 항공화물의 운송계약이 체결되었다는 것을 나타내고 또한 송하인으로부터 항공화물을 운송하기 위하여 수령하였다는 증거서류가 된다. 항공화물운송장의 양식은 IATA에서 그 양식과 발행양식을 규정하고 있으며, IATA결의 600호에 발행방식, 운송장 계약조항, 화물의 수탁, 매뉴얼, 항공화물운송장, EDI항공화물운송장 등이 규정되어 있다. 현재는 1968년에 IATA에서 제정한 신양식을 사용하고 있다.

참고 14 항공화물운송장과 선화증권의 차이점 비교

항공화물 운송장(Air Waybill)	선회증권(Bill of Lading)
· 유가증권이 아닌 단순한 화물운송장	· 유가증권
· 비유통성(Non-Negotiable)	· 유통성(Negotiable)
· 기명식	· 지시식(무기명식)
· 수취식(화물은 창고에서 수취하고 AWB발행)	· 선적식(shipped:화물은 본선에 적재 후 B/L발행)
· 수려증권(受戾證券)이 아님	· 수려증권
· 송하인이 작성	· 선박회사가 작성

1) 항공화물운송장의 기능

항공운송에 있어서 화물의 유통을 보장하는 가장 기본적인 운송서류인 항공화물운송장은 항공운송인의 청구에 따라 송하인이 작성, 제출하는 것이 원칙이지만 항공사나 항공사의 권한을 위임받은 대리점(또는 항공운송주선업자)에 의하여 발행되는 것이 통례이다. 항공운송장의 기능을 정리하면 다음과 같다.

(1) 운송계약서

AWB는 송하인과 항공운송인간의 항공운송계약의 성립을 입증하는 운송계약서이다. 그러나 운송장은 12통으로 구성되어 있어 그 全通이 모두 운송계약서는 아니며 송하인용 및 원본이 이에 해당된다.

(2) 화물수취증

항공화물운송장은 항공운송인이 송하인으로부터 화물을 수취한 것을 증명하는 화물

수령증의 성격을 가지고 있다.

(3) 요금계산서

화물과 함께 목적지에 보내져 수하인이 운임 및 요금을 계산하는 근거자료로서 사용된다.

(4) 보험계약증서

송하인이 AWB에 보험금액 및 보험가액을 기재한 하주보험(Air Waybill)을 부보한 경우에는 AWB의 원본 No.3이 보험계약의 증거가 된다.

(5) 세관신고서

수출입신고서 및 통관자료로서 사용된다.

(6) 화물운송의지시서

AWB에 송하인이 화물의 운송, 취급, 인도에 관한 지시를 기재할 수 있다.

2) 항공화물운송장의 표준화

국제항공운송에 있어서 발행되는 항공화물운송장은 IATA(International Air Transport Association ; 국제항공운송협회)에 의해 양식과 발행방식이 규정되어 있다(IATA RESO 600). 이 통일안은 전 IATA 회원 항공사가 의무적으로 사용토록 규정하고 있으며 비회원사도 회원사들과 연계운송을 위하여 대부분 IATA 양식을 사용하고 있다.

운송장이 국제적으로 유통성이 보장되는 이유는 IATA가 결의한 모든 규정을 대부분의 정부가 인정하여 공인하고 있기 때문이다. 법률적인 뒷받침으로서는 항공운송에 관한 국제조약인 와르소조약(Warsaw Convention)이 있다. 이 조약은 1929년 폴란드의 Warsaw에서 서명된 것으로 "국제항공운송의 규칙통일에 관한 조약"으로 불려진다. 이 조약에 의해 화물운송장의 법률적 성격, 운송인의 책임범위, 배상한도, 송하인, 수하인, 항공회사의 권리와 의무 등이 규정된다.

아울러 화물운송장에는 와르소조약과 헤이그의정서(Hague Protocol)에 따라 항공사가 행해야 할 사항을 화물운송장 원본 뒷면에 명백히 규정하고 그 규정에 따라 위탁받은 화물의 운송에 대한 책임을 지도록 되어 있다

3) IATA의 항공화물운송장 이면약관

IATA는 항공운송의 조건(운임, 운송규칙)을 협정하고 항공운송장의 양식 및 발행방

법 등을 정하고 있는데 IATA가 제정한 운송계약약관은 Warsaw Convention의 범위 내에서 제정된 것으로 이 중 운송인의 책임과 관련된 조항을 운송장의 이면 약관에 구체적으로 명시하고 있다 .

(1) 약관전문 주의서에 의한 전제

화물의 발송지 국가 이외의 국가에 최종 목적지 또는 기항지를 가지는 운송에 대해서는 와르소조약이 적용된다. 즉, 운송이 조약 제1조의 규정하는 것일 때는 이 조약이 적용되는 것을 가리킨다. 조약은 운송인의 책임을 손해화물 1kg당 250금프랑으로 제한하고 송하인이 보다 높은 가액을 신고하거나 또는 필요로 하는 추가요금을 지급한 경우에는 신고가액을 한도로 한다는 취지를 규정하고 있다. 이 250금프랑은 금 1온스가 USD42.22로써 약 USD20에 상당한다. 현재 사용중인 IATA AWB(Air Waybill) 이면약관의 운송인의 책임한도(Limitation of Liability)가 현행 중량 1kg당 17SDR (Special Drawing Rights)을 19SDR(약 USD29.85$)로 상향 조정되었다.

이번 항공운송인의 책임한도 조정은 몬트리올조약 제24조 제1항의 규정에 따른 것으로 ICAO에서는 매 5년 주기로 IMF(국제통화기금)의 세계경제전망(WEO) 데이터베이스에 의한 세계 인플레이션(물가)상승률을 근거로 하여 책임한도를 상향조정(17SDR → 19SDR/kg)한 것이다.

(2) 운송책임

이 약관에 의한 운송이 조약에 규정된 국제운송일 때는 와르소조약의 책임규정에 따른다. 즉, 운송이 조약 제1조 2항에 규정된 국제운송인 경우에는 조약에 있어서 운송인의 책임한도에 대한 규정 및 기타의 책임규정에 따르기로 했다.

(3) 규정기준

이 약관에 의한 운송에 있어서 준수해야 할 규정은 ① 적용법령(국내법을 포함함), ② 이 약관의 규정, ③ 적용 Tariff, 운송조건, 규칙, 시각표(발착시각을 제외함) 등이다. 이것들은 이 운송의 계약조건의 일부이며 또한 이것들을 열람할 수 있다.

(4) 비Warsaw운송

와르소조약이 적용되지 않는 운송의 경우도 운송인의 책임은 운송화물 1kg에 대하여 USD20을 초과하지 않는 것으로 한다. 다만 송하인이 높은 가격을 신고하거나 추가요금을 지급하였을 때에는 예외로 한다. 즉, 조약체약국에서 발송되어 비체약국에 도착하는 화물과 같은 비Warsaw 운송화물에 대해서도 IATA 가맹국의 항공회사에 의하여 운송된 화물에 대해서는 이 약관이 적용된다는 것을 규정한 것이다

(5) 책임제한규정의 원용

운송인의 책임에 대한 유한책임제는 다음에 열거된 자에 대해서도 적용된다.

① 운송인의 대리인, 사용인, 대표자, ② 운송에 사용하는 항공기의 소유자, 그 대리인, 사용인 및 대리자 이것은 Hague 개정 Warsaw조약, 즉 헤이그 의정서의 제25조 1항의 규정에 상응하는 것이지만 Hague 의정서에는 그 적용대상을 운송인을 사용인으로 하고 있고 이 약관에서는 그 이외의 자로 확대하고 있다.

(6) 운송책임 기간

운송인이 운송에 대해서 책임을 부담해야 하는 기간은 ① 화물이 자기의 관리하에 있는 기간, ② 자기의 대리인의 관리하에 있는 기간이다. 여기서 자기의 관리하에 있는 기간이란 발송공항에서 화물의 점유가 운송인에 의하여 개시된 때부터 도착공항에서 화물이 운송인의 점유를 떠날 때까지를 말한다. 또한 대리인이란 전술한 기간내에서의 대리인을 가리키는 것이며, 그 이외의 장소에서의 대리인까지 포함하는 것은 아니다

4) 항공화물운송 클레임

(1) 송화인과 항공운송인의 권리와 의무

이하의 권리와 의무는 몬트리얼 의정서의 관련조문에서 발췌한 항공운송에 있어서의 일반적인 사항으로서 동 의정서를 비준하지 않는 국가들에게는 효력이 발생하지 않는다는 한계가 있다.

(가) 송화인의 의무

첫째, 송하인은 자기 또는 대리인이 기재하는 운송장의 내용이 정확해야 하고 또한 화물접수증(Receipt for the cargo)에 기재하기 위해 운송업자에게 정확한 정보를 제공할 의무가 있다.

둘째, 본인 또는 대리인에 의해 기재된 운송장을 항공사에 신고하지 않았거나 그 내용이 불완전함으로써 손해가 발생한 경우 송하주는 운송인의 손해 뿐만 아니라 그로 인해 운송업자가 부담하여야 할 타인의 손해에 대해서도 책임이 있다.

셋째, 화물접수증에 기재되는 내용의 부정확성, 불완전성에 대해서도 송하인이 책임을 진다. 즉, 운송장에 기재된 모든 정보는 하주에 의해 제공되는데 그 정확성을 지키는 것은 하주의 의무이며 이를 어김으로써 발생되는 모든 손해는 하주가 책임을 져야 한다는 것이다.

예컨대, 신용장 개설은행의 소재가 널리 알려져 있지 않은 경우 또는 신용장 개설은행 소재지 인근의 공항과 실하주 소재지 인근의 공항 중 선택 등의 문제는 하주가 결정해서 알려주어야 한다. 또한 운임조건이 선불(Prepaid)인가 후불(Collect)인가의

문제는 하주의 결정소관이다. 특히 조심해야 할 점은 해상운송으로 계획되었던 것이 항공운송으로 바뀌었을 경우에 거래 당사자간에 항공료 지불 소재가 분명치 않은 채 수송되는 경우이다. 항공운임을 지불하는 당사자가 누구이든 간에 지불책임은 송하주에게 있으나 처음 AWB 발행시점에서의 하주의 지시 내용이 정확해야 한다.

(나)송화인의 권리

첫째, 하주는 상기의 책무를 이행하는 조건으로 화물을 찾거나 운송도중에 화물수송을 멈추게 하거나 또는 중도에서 화물을 처분할 수 있는 권리를 갖는다. 다만 이 권리를 행사함에 있어서 운송인 또는 타인에게 손해를 입혀서는 안 되며 그로 인해 발생한 모든 비용은 하주가 부담해야 한다.

둘째, 항공사는 하주의 지시를 따르지 못할 경우 그 뜻을 하주에게 통지해야 한다.

셋째, 항공사는 항공운송장 또는 화물접수증을 확인하지 않은 채 하주의 지시에 따라 화물을 처분했을 경우 그로 인해서 정당한 AWB(또는 화물접수증) 소지인에게 발생될 수 있는 손해에 대해 책임을 진다. 그러나 송하주의 지시에 따라 수하인이 바뀔 수도 있다.

넷째, 송화주의 권리는 수화인의 권리가 발생되는 시점부터 소멸된다. 단, 수화주가 화물의 수취를 거절한다거나 수화인의 주소가 분명치 않을 경우 송화인이 화물처분권을 갖는다. 송화인이 화물처분권을 행사함에 있어서 항공사와 다른 화주에게 손해를 주어서는 안 되며 그로 인한 모든 비용은 송화인이 부담한다.

(다) 항공운송인의 책임

첫째, 항공사는 화물의 파손, 분실, 훼손이 항공운송 중에 발송한 경우 이에 대한 책임을 진다. 단, 화물고유의 결함, 불완전한 포장, 전쟁 등의 불가항력 그리고 정부당국의 정당한 행위에 의한 손해에 대해서는 면책된다.

둘째, 연착으로 인해 발생한 손해는 항공사 또는 그 사용인이 동 손해를 방지하기 위한 조치를 취했거나 취할 수 없는 사정이었음을 입증한 경우에는 그 책임을 부담하지 않는다.

셋째, 항공사의 책임한도액은 파손된 부분에 대해 kg당 17SDR(약 USD 20.00)이다. 단, 운송전에 물품가액을 신고하고 합당한 요금을 지불했을 때는 신고된 가액을 한도로 배상한다.

(2) 항공운송인에 대한 배상청구 및 소송

(가) 수하인이 이의를 제기하지 않고 화물을 수취하였을 경우 반증이 없는한 화물이 양호한 상태로 또한 운송증권에 따라 인도된 것으로 추정된다.

화물의 외장에는 이상이 발견되지 않지만 내부의 감추어진 손해가 있을 경우 화물의 수령시에 수하인이 클레임을 제기하기란 어렵다. 이렇게 수하인이 클레임을 제기하지 않고 화물을 수령한 경우는 화물을 양호한 상태로 운송계약에 따라 화물이 인도된 것으로 추정하게 된다.

(나) 파손이 있을 경우 수하인은 파손을 발견하자마자 늦어도 화물의 수취일로부터 14일 이내에 운송인에 대하여 이의를 제기하여야 한다.

연착의 경우에는 수하인이 화물을 처분할 수 있었던 날로부터 21일 이내에 이의를 제기하여야 하고 소정의 기간내에 이의를 제기하지 않았을 경우 운송인에 대한 소송은 운송인에게 사기(詐欺)가 있을 경우를 제외하고는 수리되지 않는다. 상기에 규정된 클레임 제기기간을 경과하면 수하인은 청구권을 상실하게 되고 운송인의 배상책임은 소멸된다.

(다) 법원 관할에 관한 규정

책임에 관한 소송을 원고(原告)의 선택에 따라 어느 하나의 체약국의 영역에서 운송인의 주소지, 운송인의 주된 영업소의 소재지 또는 운송인이 계약을 체결한 영업소의 소재지 법원 또는 도착지의 법원중 어느 하나에 제기하여야 한다.

(라) 책임에 관한 소송은 도착지에의 도착일, 항공기가 도착했어야 할 날짜 또는 운송의 중지일로부터 기산하여 2년의 기간내에 제기하여야 되고 그 기간의 경과 후는 제기할 수가 없다.

출소기한을 명시한 것으로 화물의 파손, 멸실에 대한 배상청구의 소송에 관해서는 화물이 목적지에 도착한 날로부터 기산하여 2년이고 연착에 대한 배상청구의 경우는 항공기가 목적지에 도착해야 할 날 또는 운송중지일로부터 기산하여 2년이다.

5. 항공화물 운송장의 작성요령

① Airport of Departure : 출발지 도시 또는 공항의 3-Letter Code 기입한다.

Shipper's Name and Address | Shipper's Account Number

Not negotiable
Air Waybill
issued by
KOREAN AIR

Copies 1, 2 and 3 of this Air Waybil are originals and have the same validity.

Consignee's Name and Address | Consignee's Account Number

Telephone :

It is agreed that the goods described herein are accepted in apparent good order and condition(except as noted) for carrlage SUBJECT TO THE CONDITIONS OF CONTRACT ON THE REVERSE HEREOF. THE SHIPPER'S ATTENTION IS DRAWN TO THE NOTICE CONCERNING CARRIER'S LIMITATION OF LIABILITY. Shipper may increase such limitation of liability by declaring a higher value for carriage and paying a supplemental charge if required.

Issuing Carrier's Agent Name and City

Accounting Information

Agent's IATA Code | Account No.

Airport of Departure(Addr. of First Carrier) and Requested Routing

TO	By First Carrier (Routing and Destination)	to	by	to	by	Currency	CHGS Code	WT/VAL PPD	WT/VAL COLL	Other PPD	Other COLL	Declared Value for Carriage	Declared Value for Customs

Airport of Destination | Flight/Date | For Carrier Use Only | Flight/Date | Amount of Insurance

INSURANCE-If Carrier offers Insurance, and such insurance is requested in accordance with conditions on reverse hereof, indicate amount to be insured in figures in box marked 'amount of Insurance'.

Handling Information

No. of Pieces RCP	Gross Weight	kg lb	Rate Class / Commodity item No.	Chargeable Weight	Rate / Charge	Total	Nature and Quantity of Goods (incl. Dimensions or Volume)

Prepaid | Weight Charge | Collect

Other Charges

Valuation Charge

Tax

Total Other Charges Due Agent

Shipper certifies that the particulars on the face hereof are correct and that insofar as any part of the consignment contalns dangerous goods, such part is properly described by name and is in proper condition for carriage by air according to the applicable Dangerous Goods Regulations.

Total Other Charges Due Carrier

Signature of Shipper or his Agent

Total Prepaid | Total Collect

Currency Conversion Rates | CC Charges In Dest. Currency

Executed on(date) | at(place) | Signature of Issuing Carrier or its Agent

For Carrier's Use Only at Destination | Charges at Destination | Total Collect Charges

ORIGINAL 3(FOR SHIPPER)

☞ 세계 도시의 3-Letter Code

✦- 취급 시 주의 사항(Handling Information) : 특별 취급요령이나 취급 시 기타 주의 사항이 있을 경우 이란에 기재하여야 하며 내용은 다음과 같다.
- 수하주 이외에 도착내용을 통지해야 할 사람이 있는 경우
- 운송의뢰서에 첨부되어야 할 제반 서류- 'Fragile' 'This side up' 등 취급주의 사항이나 생물 또는 부패성 화물일 경우 화물의 품명

② Shipper's Name and Address : 송하인의 성명, 주소, 도시, 국명이 기입되며 전화번호가 있을 경우 같이 기입해 두는 것이 좋다.

동경	NRT	오사카	KIX	나고야	NGO	북경	BJS	대련	DLC
후쿠오카	FUK	아오모리	AOJ	히로시마	HIJ	광쩌우	CAN	청도	TAC
후쿠시마	FKS	가고시마	KOJ	고마쯔	KMQ	상해	SHA	천진	TSN
마쓰야마	MYJ	니이가타	KIJ	오이타	OIT	연대	YNT	홍콩	HKG
오카야마	OKJ	삿포로	SPK	센다이	SDJ	하얼빈	HRB	타이페이	TPE
다카마쓰	TAK	도야마	TOY	장춘	CGQ	심양	SHE	뉴델리	DEL
알마티	ALA	하바로프스크	KHV	크라스노야르크	KJA	모스크바	SVO	타쉬켄트	TAS
블라디보스톡	VVO	사할린	UUS	로스엔젤레스	LAX	뉴어크	EWR	샌프란시스코	SFO
시카고	ORD	시애틀	SEA	호놀룰루	HNL	엥커리지	ANC	아틀랜타	ATL
보스턴	BOS	댈러스	DFW	덴버	DEN	라스베가스	LAS	올랜도	ORL
워싱턴	IAD	상파울로	GRU	토론토	YYZ	밴쿠버	YVR	오클랜드	AKL
브리스베인	BNE	크라이스처치	CHE	시드니	SYD	암스테르담	AMS	프랑크프루크	FRA
괌	GUM	사이판	SPN	로마	FCO	쥬리히			

③ Shipper's Account Number : AWB 발행 항공사의 임의로 사용된다.

AIRWAYBILL NO. :항공화물 운송장 번호는 상단좌우와 하단우측에 명기되며, IATA CARRIER 3 DIGIT CODE와 7단위의 일련번호 그리고 7진법에 의한 체크 디지트 등 11단위로 표시

예)

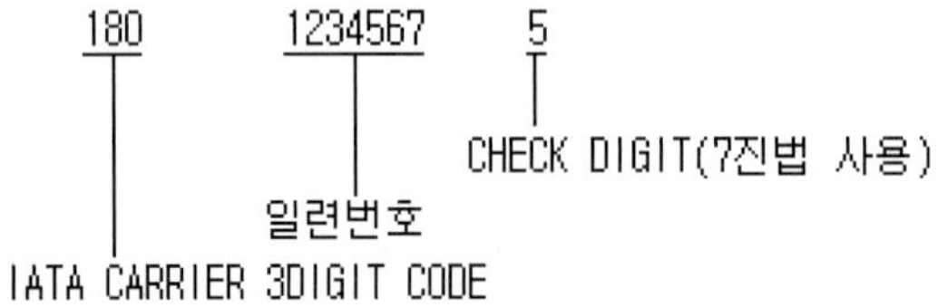

④ Consignee's Name and Address : 수하인의 성명, 주소, 도시, 국명, 전화번호 등을 기입한다. 어떠한 이유로 실제 수하인을 대신하여 은행이나 화물대리점이 수하인이 될 경우 실수하인은 Handling Information란에 기재되어야 한다. 이때 화물 인도항공사는 은행이나 대리점을 유일한 수하인으로 간주하며 본란에 명시된 수하인으로 부터의 지시가 없이는 타인에게 인도하지 않는다.(신용장방식거래에서 Consignee를 신용장 개설 은행으로 기재하도록 한 경우 나중에 개설은행은 AWB Original 2(for Consignee)에 이서하고 화물인도승낙서를 발급하여 신용장 개설의뢰인(수입상)에게 화물의 수취를 위임하게 됨) 만약, 송하인이 특정의 개인이나 회사에게도 도착사실을 통보해 줄 것을 요청하면 그 주소를 Handling Information란에 기입하여야 한다.("also notify"라는 말로 표현) AWB

은 비양도성이기 때문에 "to order" 또는 "to order of the Shipper"라고 표현해서는 안 된다. 수하인이 화물인수의 편의를 위해 인도항공사나 호텔 또는 유사한 임시거처를 주소지로 할 경우 수하인 또는 그 친척의 집 주소를 Handling Information란에 '인도불가시의 연락처'(In case of inability to deliver to consignee contract :)라는 표시와 함께 기입해야 한다.

⑤ Consignee's Account Number : 고객분류를 위한 부호를 기입하며, 인도항공사의 임의로 사용한다.

⑥ Issuing Carrier's Agent Name and City : AWB 발행 화물대리점의 이름 및 도시명을 기입한다.

⑦ Agent's IATA Code : 대리점의 IATA Code를 기재한다.

⑧ Account Number : AWB 발행 항공사의 임의로 사용한다.

⑨ Airport of Departure(Address of First Carrier) and Requested Routing : 출발지 공항과 운송구간을 기재한다. 3-Letter City Code의 사용도 가능하다.

⑩ Accounting Information : 특별히 회계처리에 관한 내용을 기록한다. 운송료 지불방법(현금, 수표, MCO)이나 GBL번호, 기타 필요한 내용을 기록한다.

⑪ Routing and Destination : 예약에 의한 첫 구간의 도착지와 수송 항공사명을 기입한다. 이때 항공사명은 Full Name을 적도록 한다. 최종목적지까지 2개 이상의 항공사가 수송에 개입할 경우 각 경유지와 해당구간을 수송하는 항공사명을 Code로 기입한다. 한 도시에 2개 이상의 공항이 있을 경우는 도착지 공항의 3-Letter Code를 기입한다.

⑫ Currency : AWB 발행국 화폐단위 Code를 기입하며 AWB에 나타난 모든 금액은 본란에 표시되는 화폐단위와 일치하는 것이어야 한다.(단, "Collect Charges in Destination Currency"란에 표시되는 금액은 제외) 자국 화폐단위 대신 UKL 또는 USD를 현지통화로 간주하는 나라에서는 본란에 UKL 또는 USD를 표시해야 한다.

⑬ Charge Code : 항공사의 임의로 사용된다.

⑭ Weight/Valuation, Charge-Prepaid/Collect : 화물운임의 지불방식에 따라 선불(PPD) 또는 착지불(COLL)란에 '×'자로 표시한다. 화물운임과 종가요금은 둘 다 모두 선불 또는 착지불이어야 하며 화물운임은 선불, 종가요금은 착지불 등의 형태는 불가능하다.

⑮ Other Charges at Origin-Prepaid/Collect : 화물운임과 종가요금을 제외한 출발지에서 발생된 기타요금을 지불방식에 따라 선불 또는 착지불란에 '×'자로 표시한다. 출발지에서 발생한 모든 기타 요금은 전부 선불이거나 전부 착지불이어야 한다.

⑯ Declared Value for Carriage : 송하인의 운송신고가격을 본란에 기재한다. 화물의 분실이나 파손인 경우 동 금액은 손해배상의 기준이 되며 종가요금 산정도 동 금액을 기준으로 계산된다. 가격신고 방법은 일정한 금액을 신고하는 것과 무가격신고(No Value Declared, NVD로 표시함)의 2가지 방법 중 화주가 임의로 선택할 수 있다.

⑰ Declared Value for Customs : 세관통관 목적을 위해 송하인의 세관신고 가격을 기록한다. NCV(No Customs Value)도 가능하다.

⑱ Airport of Destination : 최종 목적지인 공항이나 도시명을 Full Name으로 기록한다.

⑯운송신고가격(Declared Value for Carriage) : 송화주는 이 난에 화물의 가격 또는 NVD(No Value Declared)를 꼭 기입하여야 한다.

세관신고기격(Declared Value for Customs) : 이 난에 신고된 금액에 대해 관세가 부과된다. 수입국의 규정에 이 난의 기입이 의무적이 아닐 경우에는 NCV(No Customs Value Declared)로 기재하여도 무방하다

- 보험(Insurance) : 송하주가 수송하고자 하는 화물에 대해 보험에 부보하고자하는 경우 원하는 액수를 이 난에 기입한다.

✦다음의 화물에 대해서는 착지불이 금지되어 있다.
- 수하주와 송하주가 동일인인 경우
- 수하주가 죄수 혹은 자유가 제한된 자인 경우
- 주소가 도착지공항 Terminal 혹은 Hotel,또는 기타 유동적인 상태인 경우
- 그 화물을 판매하였을 때 화물의 가격이 운임보다 싼 경우
- 도착지 국가의 통화규정에 수화주로부터 운임지불을 허용하지 않는 경우
- 최후 인도 항공사가 착지불화물 취급을 동의하지 않는 경우
- 착지불화물로 접수 불가한 품목 : 시체(Human Remains), 생동물(Live Animals), 부패성화물(Perishables), 개인용품 또는 사용된 이사짐

ULD: unit load device

⑲ Flight/Date : 하주가 요청한 예약편을 기입하는 것이 아니고 항공사 임의로 사용된다. 그러나 본란에 기입된 것이 확정된 것임을 의미하지는 않는다.

⑳ Amount of Insurance : 하주가 보험에 부보하고자 하는 보험금액을 기록한다. 보험에 부보하는 금액은 대체로 운송신고가격과 일치하며 보험에 부보하지 않을 때는 공백으로 남겨둔다.

㉑ Handling Information : AWB의 다른 란에 표시할 수 없는 각종 사항을 나타내기 위해 사용된다. 충분한 여백이 없을 때는 별도 용지의 사용이 가능하다. 본란에 기입되는 사항은 대략 다음과 같다.

① 화물의 포장방법 및 포장표면에 나타난 식별부호, 번호 ② 수하인 외에 화물도착 통보를 할 필요가 있는 사람의 주소, 성명 ③ AWB가 함께 동반되는 서류명 ④ Non-Delivery로 인한 화물의 경우 최초의 AWB 번호를 기입-기타 화물운송과 관련된 제반 지시 또는 참고사항

㉒ Consignment Details and Rating : 화물요금에 관련된 세부사항을 기록한다. 본란에 기록되는 세부사항은 다음과 같다.

M	Minum Charge	N	Normal under 45kg (1001b) rate	Q	Quantity over 45kg(1001b) rate
C	Specific Commodity Rate	R	Class Rate(less than normal rate)	S	Class Rate(more than normal rate)
U	Pivot weight and applicable pivot weight charge	E	Weight in excess of pivot weight and applicable rate	X	Unit Load Device(as an additional line entry with one of the above)
P	Small Package Service	Y	Unit Load Device Discount		

ⅰ) Number of Pieces : 화물의 개수를 기입하며 총 개수는 아래 합계란에 표시한다.

ⅱ) RCP(Rate Combination) : 요율결합지점을 표시해 줄 필요가 있을 경우 해당도시 3-Letter Code를 기입한다.

ⅲ) Actual Gross Weight : 화물의 실제무게를 기입하며 합계중량은 아랫 부분에 표시한다. BUC를 적용했을 경우는 사용된 ULD의 자중을 화물무게 아래에 적어둔다.

ⅳ) kg/lb : 무게단위를 기입한다.(Kilogram : K, Pound : L로 표시)

ⅴ) Rate Class : 화물요율에 따라 아래 Code중 사용된다.

ⅵ) Commodity Item Number ; ① SCR이 적용될 경우 품목번호 기재, ② CCR이 적용될 경우 해당 Percentage 표시-BUC를 적용했을 경우 ULD의 Rating Type을 표시

ⅶ) Chargeable Weight ; ① 화물의 실제중량과 부피중량 중 높은 쪽의 중량을 기입한다. 이때 소숫점이 있을 경우 이를 처리하여야 한다. ② 최저운임(Minimum Charges)이 적용될 경우, 기재할 필요가 없다. ③ BUC를 적용했을 경우에는 해당 ULD의 운임적용 최저중량을 기입한다.

ⅷ) Rate/Charge : ① kg당 또는 lb당 적용요율을 기입한다. ② 최저운임 적용시는 최저운임 기입. ③ BUC 적용 시 해당 ULD의 최저적용운임(Pivot Charge) 기입. ④ 하주소유 ULD에 대한 ULD 할인금액 기입. ⑤ Over Pivot Rate 기입.

ⅸ) Total : 운임적용중량((22)-ⅶ)×요율((22)-ⅷ) 금액을 기입한다. 서로 다른 요율이 적용되는 품목이 둘 이상의 경우의 총합계 금액은 아랫 부분의 빈칸에 기입한다.

ⅹ) Nature and Quantity of Goods(include dimensions or volume) ; ① 화물의 품목을 기입한다. 필요시에는 상품의 원산국을 기입하기도 한다. ② 부피중량이 적용되는 화물포장의 칫수를 최대가로×최대세로×최대높이의 순으로 표시한다. ③ BUC 적용 시 사용된 ULD의 IATA Code를 기입한다. ④ 본란의 여백이 부족할 경우 'Extension List'를 사용할 수 있다.

㉓ Weight Charge(Prepaid/Collect) : 운임지불방법에 따라 선불 또는 착지불란에 해당화물의 운임을 기입한다.

㉔ Valuation Charge(Prepaid/Collect) : 하주의 신고가격에 따라 부과되는 종가금액을 지불방법에 따라 선불 또는 착지불란에 기입한다. 화물운임과 종가요금은 양지 모두가 선불이거나 또는 착지불이어야 한다. 즉, 운임선불, 종가요금은 착지불 또는 그 반대의 경우 등은 인정되지 않는다.

㉕ Other Charge : 화물운임 및 종가요금을 제외한 기타비용의 명세 및 금액을 기입한다. 명세를 표시하기 위해서는 아래의 Code가 사용된다.

AC	Animal Container	PU	Pick Up	MO	Insurance Premium
AS	Assembly Service Fee	SO	Storage	UH	ULD Handing
AW	Air Waybill Fee	SU	Surface Charge	IN	Miscellaneous
CH	Clearance and Handling	TR	Transit		
DB	Disbursement Fee	TX	Taxes		

상기 Code는 금액 앞에 표시해야 하며 상기 제비용들의 귀속여부를 확실히 하기 위해 항공사 몫일 경우 C, 대리점 몫일 경우 A로 표시한다. 이때 'A' 또는 'C'의 표시는 비용 Code와 금액 사이에 기재한다.(예-PU 'C' : 35.00)

㉖ Total Other Charge : 출발지에서 발생하여 ㉕란에 표시된 제비용은 모두가 선불이거나 또는 착지불이어야 한다.

ⅰ) Total Other Charges Due Agent (Prepaid/Collect) : AWB 발행 수수료가 대리점 몫일 경우 이 내용이 기입되어야 한다. 기타 출발지에서 징수되는(선불) '대리점 몫'의 제비용은 기입할 필요가 없으며, ㉕란에 표시되는 '대리점 몫'의 비용 중 착지불 금액만 표시한다.

ⅱ) Total Other Charge Due Carrier(Prepaid/Collect) : 운임이나 종가요금을 제외하고 ㉕란에 표시되는 비용 중 '항공사 몫'에 해당하는 비용을 선불 또는 착지불란에 기재한다.

㉗ Total Prepaid : 운임, 종가요금, 기타 제비용(항공사 몫, 대리점 몫 포함) 중 선불란에 표시된 금액의 합계를 기입한다.

참고사항 세계 항공사 두 자리 문자코드

Airline	Designator	ICAO Designator
Ada Air	ZY	ADE
Adria Airways - The Airline of Slovenia	JP	ADR
Aegean Airlines S.A.	A3	AEE
Aer Lingus Limited	EI	EIN
Aero California	JR	SER
Aeroflot Russian Airlines	SU	AFL
Aerolineas Argentinas	AR	ARG
Aerolineas Centrales de Colombia	VX	AES
Aeromexico	AM	AMX
Aeromexpress S.A. de C.V.	QO	MPX
Aerosvit Airlines	VV	AEW
Aerovias Venezolanas, S.A.	VE	AVE
Affretair (Private) Limited	ZL	AFM
Air Afrique	RK	RKA
Air Algerie	AH	DAH
Air Austral	UU	REU
Air Berlin GmbH &Co. Luftverkehrs KG	AB	BER
Air Botswana Corporation	BP	BOT
Air Caledonie International	SB	ACI
Air Canada	AC	ACA
Air China International Corporation	CA	CCA
Air Contractors (UK) Limited	AG	ABR
Air Europa Lineas Aereas, S.A.	UX	AEA
Air France	AF	AFR
Air Gabon	GN	AGN
Air Jamaica	JM	AJM
Air Jamaica Express Limited	JQ	JMX
Air Kazakstan	9Y	KZK
Air Koryo	JS	KOR
Air Liberte AOM	IW	AOM
Air Littoral	FU	LIT
Air Luxor, S.A.	LK	LXR
Air Madagascar	MD	MDG
Air Malawi Limited	QM	AML

Airline	Designator	ICAO Designator
Air Maldives Limited	L6	AMI
Air Malta p.l.c.	KM	AMC
Air Marshall Islands, Inc.	CW	MRS
Air Mauritius	MK	MAU
Air Moldova International S.A.	RM	MLV
Air Namibia	SW	NMB
Air New Zealand Limited	NZ	ANZ
Air Niugini Pty Limited	PX	ANG
Air Nostrum L.A.M.S.A.	YW	ANS
Air Pacific Ltd.	FJ	FJI
Air Seychelles Limited	HM	SEY
Air Tahiti	VT	VTA
Air Tanzania Corporation	TC	ATC
Air Ukraine	6U	UKR
Air Vanuatu (Operations) Limited	NF	AVN
Air Zimbabwe (Pvt) Ltd.	UM	AZW
Air-India Limited	AI	AIC
Alaska Airlines Inc.	AS	ASA
Albanian Airlines MAK S.H.P.K.	LV	LBC
Alitalia - Linee Aeree Italiane	AZ	AZA
All Nippon Airways Co. Ltd.	NH	ANA
ALM 1997 Airline Inc., dba Air ALM	LM	ALM
Aloha Airlines Inc.	AQ	AAH
ALPI Eagles S.p.A.	E8	ELG
America West Airlines Inc.	HP	AWE
American Airlines Inc.	AA	AAL
Ansett Australia Holdings Limited	AN	AAA
AOM-Minerve S.A. trading as Air Liberte	IJ	LIB
Ariana Afghan Airlines	FG	AFG
Arkia - Israeli Airlines Ltd	IZ	AIZ
Asiana Airlines Inc.	OZ	AAR
Augsburg Airways GmbH	IQ	AUB
Austrian Airlines	OS	AUA
Avianca - Aerovias Nacionales de	AV	AVA
Avioimpex A.D. p.o.	M4	AXX
Azerbaijan Hava Yollary	J2	AHY
Azzurra Air S.p.A.	ZS	AZI
Balkan - Bulgarian Airlines	LZ	LAZ
Bangkok Airways Co. Ltd.	PG	BKP
Belavia	B2	BRU

Airline	Designator	ICAO Designator
Bellview Airlines Ltd.	B3	BLV
Biman Bangladesh Airlines	BG	BBC
Braathens ASA	BU	BRA
Britannia Airways AB	6B	BLX
British Airways p.l.c.	BA	BAW
British Midland Airways Ltd.	BD	BMA
BWIA West Indies Airways Limited	BW	BWA
C.A.L. Cargo Airlines Ltd.	5C	ICL
Cameroon Airlines	UY	UYC
Cargolux Airlines International S.A.	CV	CLX
Cathay Pacific Airways Ltd.	CX	CPA
China Eastern Airlines	MU	CES
China Northern Airlines	CJ	CBF
China Northwest Airlines	WH	CNW
China Southern Airlines	CZ	CSN
China Southwest Airlines	SZ	CXN
China Xinjiang Airlines	XO	CXJ
China Yunnan Airlines	3Q	CYH
Cielos del Sur S.A.	AU	AUT
Cityjet	WX	BCY
Comair Ltd.	MN	CAW
Compania Mexicana de Aviacion	MX	MXA
Continental Airlines, Inc.	CO	COA
Continental Micronesia, Inc.	CS	CMI
COPA Airlines	CM	CMP
Corse Air International	SS	CRL
Croatia Airlines	OU	CTN
Crossair Ltd	LX	CRX
Cubana de Aviacion S.A.	CU	CUB
Cyprus Airways	CY	CYP
Czech Airlines a.s., CSA	OK	CSA
Delta Air Lines Inc.	DL	DAL
Delta Air Transport N.V.	SN	SAB
Deutsche BA Luftfahrtgesellschaft mbH	DI	BAG
Deutsche Lufthansa AG	LH	DLH
DHL International E.C.	ES	DHX
Dinar Lineas Aereas S.A.	D7	RDN
Eagle Aviation Ltd.	Y4	EQA
Ecuatoriana de Aviacion S.A.	EU	EEA
Egyptair	MS	MSR

Airline	Designator	ICAO Designator
El Al Israel Airlines Ltd.	LY	ELY
Emirates	EK	UAE
Estonian Air	OV	ELL
Ethiopian Airlines Enterprise	ET	ETH
European Air Transport	QY	BCS
Eurowings AG	EW	EWG
Falcon Air AB	IH	FCN
FedEx	FX	FDX
Finnair Oyj	AY	FIN
Garuda Indonesia	GA	GIA
GB Airways Ltd.	GT	GBL
Ghana Airways Corp.	GH	GHA
Gulf Air Company G.S.C.	GF	GFA
Hahn Air Lines	HR	HHN
Hainan Airlines Company Limited	HU	CHH
Hapag Lloyd Fluggesellschaft	HF	HLF
Hazelton Airlines	ZL	HZL
Hong Kong Dragon Airlines Limited	KA	HDA
Iberia - Lineas Aereas de Espana	IB	IBE
Icelandair	FI	ICE
Independent Carrier (ICAR)	C3	IPR
Indian Airlines	IC	IAC
Inter-Aviation Services	D6	INL
Iran Air	IR	IRA
Iran Asseman Airlines	EP	IRC
Iraqi Airways	IA	IAW
JALways Co. Ltd.	JO	JAZ
Japan Air System Co., Ltd.	JD	JAS
Japan Airlines Company Ltd.	JL	JAL
Jersey European Airways Limited	BE	JEA
Jet Airways (India) Private Limited	9W	JAI
Jugoslovenski Aerotransport (JAT)	JU	JAT
Kendell Airlines	KD	KDA
Kenya Airways	KQ	KQA
KLM Royal Dutch Airlines	KL	KLM
KLM uk Ltd.	UK	UKA
Korean Air Lines Co. Ltd.	KE	KAL
Kuwait Airways	KU	KAC
Ladeco S.A. dba Ladeco Airlines	UC	LCO

Airline	Designator	ICAO Designator
Laker Airways (Bahamas) Limited	7Z	LBH
LAM - Linhas Aereas de Mocambique	TM	LAM
Lan Chile S.A.	LA	LAN
Lan Peru S.A.	LP	LPE
Lauda Air Luftfahrt AG	NG	LDA
Lauda Air S.p.A.	L4	LDI
Libyan Arab Airlines	LN	LAA
Lineas Aereas Costarricenses S.A.	LR	LRC
Lineas Aereas Privadas Argentinas (LAPA)	MJ	LPR
Lithuanian Airlines	TE	LIL
Lloyd Aereo Boliviano S.A. (LAB)	LB	LLB
LOT - Polish Airlines	LO	LOT
LTU International Airways	LT	LTU
Lufthansa Cargo AG	LH	GEC
Lufthansa CityLine GmbH	CL	CLH
Luxair	LG	LGL
Macedonian AirInes	IN	MAK
Maersk Air A.S.	DM	DAN
Mahan Airlines	W5	IRM
Malaysian Airline System Berhad	MH	MAS
Malev Hungarian Airlines Limited	MA	MAH
Manx Airlines	JE	MNX
Meridiana S.p.A.	IG	ISS
MIAT - Mongolian Airlines	OM	MGL
Middle East Airlines AirLiban	ME	MEA
Montenegro Airlines	YM	MGX
Nigeria Airways Ltd.	WT	NGA
Nippon Cargo Airlines	KZ	NCA
Northwest Airlines, Inc.	NW	NWA
Olympic Airways S.A.	OA	OAL
Oman Aviation Services Co. (SAOG)	WY	OAS
OY Air Botnia AB	KF	KFB
Pakistan International Airlines	PK	PIA
Palestinian Airlines	PF	PNW
Philippine Airlines, Inc.	PR	PAL
Pluna Lineas Aereas Uruguayas S.A.	PU	PUA
Polynesian Limited	PH	PAO
Portugalia - Companhia Portuguesa de	NI	PGA
Pulkovo Aviation Enterprise	FV	PLK
Qantas Airways Ltd.	QF	QFA

Airline	Designator	ICAO Designator
Qatar Airways (W.L.L.)	QR	QTR
Red Sea Air	7R	ERS
Royal Air Maroc	AT	RAM
Royal Brunei Airlines Sdn. Bhd.	BI	RBA
Royal Jordanian	RJ	RJA
Royal Swazi National Airways Corp.	ZC	RSN
Royal Tongan Airlines	WR	HRH
Safair (Proprietary) Ltd.	FA	SFR
Samara Airlines	E5	BRZ
SATA - Air Acores	SP	SAT
Saudi Arabian Airlines	SV	SVA
Scandinavian Airlines System (SAS)	SK	SAS
Shandong Airlines	SC	CDG
Siberia Airlines	S7	SBI
Sierra National Airlines	LJ	SLA
Singapore Airlines	SQ	SIA
Singapore Airlines Cargo Pte. Ltd.	SQ	SQC
Skyways AB	JZ	SKX
Solomon Airlines	IE	SOL
South African Airways	SA	SAA
Southern Winds S.A.	A4	SWD
Spanair S.A.	JK	JKK
SriLankan Airlines Limited	UL	ALK
Sudan Airways Co. Ltd.	SD	SUD
Surinam Airways Ltd.	PY	SLM
Swiss Air Transport Co. Ltd. (Swissair)	SR	SWR
Syrian Arab Airlines	RB	SYR
T.A.T. European Airlines	VD	TAT
TAAG - Linhas Aereas de Angola	DT	DTA
Taca International Airlines, S.A.	TA	TAI
TAM - Transportes Aereos del	PZ	LAP
TAM Linhas Aereas S.A.	JJ	TAM
TAP - Air Portugal	TP	TAP
TAROM - Romanian Air Transport	RO	ROT
Thai Airways International Public	TG	THA
The Mount Cook Group Ltd.	NM	NZM
TNT Airways S.A.	3V	TAY
Transaero Airlines	UN	TSO
Transavia Airlines	HV	TRA
Transbrasil S.A., Linhas Aereas		TBA

Airline	Designator	ICAO Designator
Trans-Mediterranean Airways	TL	TMA
Tunisair	TU	TAR
Turkish Airlines Inc.	TK	THY
Turkmenistan Airlines	T5	TUA
Ukraine International Airlines	PS	AUI
United Airlines, Inc.	UA	UAL
UPS	5X	UPS
US Airways, Inc.	US	USA
Varig S.A.	RG	VRG
Viacao Aerea Sao Paulo, S.A. (VASP)	VP	VSP
Virgin Atlantic Airways Limited	VS	VIR
Volare Airlines S.p.A.	VA	VLE
Wideroe's Flyveselskap A.S.	WF	WIF
Xiamen Airlines	MF	CXA
Yemenia - Yemen Airways	IY	IYE
Zambian Airways	Q3	MAZ

참고사항 세계 공항 두 자리 문자코드

Country	Airport Name	Code	Country	Airport Name	Code
Argentina	Buenos Aires Aeroparque Jorge Newbery	AEP		Vancouver International	YVR
	Buenos Aires Ezeiza International	EZE		Winnipeg International	YWG
Australia	Brisbane Airport	BNE	Chile	Santiago Benitez Airport	SCL
	Melbourne Airport	MEL	China	Beijing Capital Airport	PEK
	Perth International	PER		Shanghai Hongqiao Airport	SHA
	Sydney Airport	SYD	Croatia	Zagreb Airport	ZAG
Austria	Vienna Airport	VIE	Czech Republic	Ruzyne - Prague	PRG
Belgium	Brussels National Airport	BRU	Denmark	Billund Airport	BLL
Brazil	Rio de Janiero International	GIG		Copenhagen Airport	CPH
	Sao Paulo Guarulhos International	GRU	Egypt	Cairo International	CAI
Bulgaria	Sofia Airport	SOF	Finland	Helsinki-Vantaa	HEL
Canada	Calgary International	YYC	France	Lyon Saint Exupery Airport	LYS
	Edmonton International	YEG		Marseille Provence Airport	MRS
	Halifax International	YHX		Nice Airport	NCE
	Montreal Dorval International	YUL		Paris Charles de Gaulle Airport	CDG
	Ottawa McDonald-Cartier International	YOU		Paris Orly Airport	ORY
	Toronto Lester B. Pearson International	YYZ	Germany	Berlin Tegel Airport	TXL

Country	Airport Name	Code	Country	Airport Name	Code
	Cologne/Bonn Konrad Adenauer	CGN	Saudi Arabia	Jeddah King Abdul Aziz International	JED
	Dusseldorf Airport	DUS		Riyadh King Khalid International	RUH
	Frankfurt Airport	FRA	Singapore	Singapore Changi International	SIN
	Hamburg Airport	HAM	South Africa	Capetown International	CPT
	Munich Airport	MUC		Johannesburg International	JNB
	Paderborn Airport	PAD	Spain	Barajas Airport	MAD
	Stuttgart Airport	STR		Barcelona Airport	BCN
Greece	Athens International	ATH		Palma De Mallorca Airport	PMI
Hong Kong	Hong Kong International	HKG	Sweden	Stockholm Arlanda Airport	ARN
Hungary	Budapest Ferihegy	BUD	Switzerland	Geneva International	GVA
India	Delhi Indira Ghandi International	DEL		Zurich Airport	ZRH
	Mumbai Sahar International	BOM	Taiwan	Kaohsiung International	KHH
Indonesia	Jakarta Soekarno-Hatta Airport	CGK		Taipei Chiang Kai Shek International	TPE
Ireland, Rep. of	Dublin Airport	DUB	Thailand	Bangkok International	BKK
Israel	Tel Aviv Ben Gurion International	TLV	Turkey	Istanbul Airport	IST
Italy	Genoa Cristoforo Colombo International	GOA	U.A.E	Dubai International Airport	DXB
	Milan Linate Airport	UN	United Kingdom	Birmingham International	BHX
	Milan Malpensa Airport	MXP		Bristol International	BRS
	Naples International	NAP		Cardiff International	CWL
	Rome Fiumicino Airport	FCO		Edinburgh Airport	EDI
Japan	Osaka Kansai International	KIX		Glasgow International	GLA
	Tokyo Haneda Airport	HND		Glasgow Prestwick International	BUK
	Tokyo Narita Airport	NRI		Humberside International	HUY
Korea, Rep of	Pusan - Kimhae International	PUS		Leeds Bradford International	LBA
	Incheon international airport	ICN		London Gatwick Airport	LGW
Malaysia	Kuala Lumpur International	KUL		London Heathrow Airport	LHR
Mexico	Mexico City International	MEX		London Luton Airport	LTN
Netherlands	Amsterdam Schiphol Airport	AMS		London Stansted Airport	STN
	Eindhoven Airport	EIN		Manchester Airport	MAN
New Zealand	Auckland International	AKL		Newcastle International	LCL
	Christchurch International	CHC	Venezuela	Caracas Simon Bolivar International	CCS
Norway	Oslo	OSL	Russian Federation	Moscow Sheremetyevo Airport	SVO
Philippines	Manila Ninoy Aquino International	MNL	Poland	Warsaw International	WAW

Country	Airport Name	Code	Country	Airport Name	Code
Portugal	Lisbon Airport	LIS		Houston Hobby Airport	HOU
United States	Albany International	ALB		Indianapolis International	IAN
	Albuquerque International	ABO		Jackson, Ms. Airport	JAN
	Anchorage Ted Stevens International	ANC		Jacksonville International	JAX
	Atlanta Hartsfield International	ATL		Las Vegas McCarran International	LAS
	Atlantic City International	AIY		Kahului Airport	OGG
	Austin-Bergstrom International	AUS		Milwaukee General Mitchell International	MKE
	Baltimore/Washington International	BWI		Louisville International	SDF
	Bangor International	BGR		Kansas City International	MCI
	Birmingham International	BHM		Los Angeles International	LAX
	Boston Logan International	BOS		Memphis Airport	MEM
	Buffalo Niagara International	BUF		Miami International	MIA
	Burbank Airport	BUR		Philadelphia International	PHL
	Charlotte/ Douglas International	CLT		Phoenix Sky Harbor International	PHX
	Chattanooga Airport	CHA		Pittsburgh International	PIT
	Chicago Midway Airport	MDW		Portland International	PDX
	Chicago O'Hare International	ORD		Port Columbus International	CMH
	Cincinnati/Northern Kentucky International	CVG		Raleigh-Durham International	RDU
	Cleveland Hopkins International	CLE		Reno/Tahoe International	RNO
	Colorado Springs Airport	COS		Richmond International	RIC
	Dallas Love Field	DAL		Sacramento Internationa	SMF
	Dallas/Fort Worth International	DFW		St. Louis Lambert International	STL
	Denver International	DEN		Salt Lake City International	SLC
	Des Moines International	DSM		San Antonio International	SAT
	Detroit Metro Airport	DTW		San Diego International	SAN
	Fort Lauderdale Hollywood International	FLL		San Francisco International	SFO
	Grand Rapids Gerald R. Ford International	GRR		Minneapolis/St. Paul International	MSP
	Hartford Bradley International	BDL		New Orleans Louis Armstrong International	MSY
	Honolulu International	HNL		Nashville International	BNA
	Houston George Bush Intercontinental	IAH		New York John F. Kennedy International	JFK
	Huntsville International	HSV		Newark International	EWR
	New York La Guardia Airport	LGA		Oklahoma City Will Rogers World Airport	OKC
	Norfolk International	ORF		Ontario International	ONT
	Oakland International	OAK		Orlando International	MCO
	Omaha Eppley Airfield	OMA		Palm Beach International	PBI

Country	Airport Name	Code	Country	Airport Name	Code
	San Jose Norman Y. Mineta International	SJC		Tampa International	TPA
	Santa Ana John Wayne Airport	SNA		Tucson International	TUS
	Seattle-Tacoma International	SEA		Washington/Dulles International	IAD
	Spokane International	GEG		Washington Ronald Reagan International	DCA
	Springfield Branson Airport	SGF		Wilkes-Barre/Scranton International	AVP

1) 항공화물운송장(Air Way Bill) 발행

국제항공화물운송장의 법적 성질은 증거증권성이 있고, 유통증권도 아니고 유가증권도 아니며, 이른바 물권적 효력을 갖는 인도증권도 아니고, 처분증권성은 있으며, 면책증권성이 있고, 요식증권성은 가지고 있지 않다.

항공화물운송장은 ① 화주가 작성한 화물운송지시서, 신용장, 상업송장, 포장명세서 등에 따라 화물 전량을 인수한 후 항공사나 항공사의 위임을 받은 대리점에 의하여 발행, ② 운송장의 내용은 근거서류의 내용과 일치, ③ 운송장은 원본 3통, 부본 6통 등으로 구성되는 것이 원칙이나 항공사의 필요에 따라 부본을 5장까지 추가할 수 있으며, 식별을 용이하게 하기 위하여 색종이를 사용하고 있다.[49)]

2) 항공화물운송장의 파생문제

국토해양부는 항공화물 운송시 필요한 송장, 운송장(AWB) 등 종이서류를 전자문서화하는 전자 프레이트(e freight)사업을 국제항공운송협회(IATA), 인천국제공항공사와 협력, 본격적으로 추진해 나가고 있다. 이를 위해 국토해양부는 지난 2010년 캐나다 밴쿠버에서 열린 세계 항공화물 심포지엄 폐회식 행사에서 국제항공운송협회 및 인천공항공사와 전자 프레이트 사업에 상호 협력하는 3자간 양해각서(MOU)를 체결하였다.

전자문서의 전송과 관리기능이 항공물류정보시스템을 통해 구현되면 현재 시스템을 이용하고 있는 항공물류기업들의 업무 효율성 향상으로 업무 처리시간이 단축될 것이다. 또한 종이서류의 생산·운송·관리 비용이 절감될 것이다.

(1) 물품이 실재 탑재하지 않는 문제

항공운송장은 항공운송을 하기 위하여 화물이 수취되었다는 것을 증명하는 운송서류에 불과하다. 이는 항공회사 또는 그의 대리인이 화물을 수취하였다는 증거서류(물품의 탑재를 증명하지 않음)에 불과하므로 수입업자가 물품이 실제로 탑재되지 않았다는 사실을 가지고 항공회사에 대항할 수 없다.

(2) 항공화물운송장 위조의 문제

수출업자가 항공회사에 물품의 발송을 위하여 수탁시키지 않고 항공화물운송장을 위조한 경우이다. 이 경우 물품이 수입국에 도착하지 않았는데도 수출업자가 신용장 조건과 외관상 일치하는 항공화물운송장을 제시하였다면 수입업자는 물품대금을 지급하여야 한다.

(3) 대비방안

첫째, 신용장에 물품이 해당 항공기에 탑재되었다는 문언을 항공화물운송장에 항공회사가 부기하도록 한다. 이러한 방법은 수취선화증권의 본선적재부기(on board notation)와 동일하다고 볼 수 있다. 즉, 항공화물운송장에 탑재문언과 탑재일을 표시하고 항공회사의 서명을 받도록 한다.

둘째, 신용장에 항공회사가 물품을 해당 항공기에 탑재하였다는 탑재확인서를 필요서류로 제시하도록 한다.

6. 항공운송관련 국제법 및 국제기구

IATA는 항공운송의 조건(운임 · 운송규칙)을 규정하고 항공화물운송장(AWB)의 양식 및 발행방법 등을 정한다. IATA가 제정한 운송계약약관은 바르샤바조약의 범위 내에서 제정한 것이고 이 중 운송인의 책임과 관련된 조항은 항공화물운송장의 이면약관에 구체적으로 명시하고 있다. IATA AWB 이면약관의 해석은 다음과 같다. “운송인의 책임제한에 관한 공지사항”이라는 표제(Title) 하에 운송의 최종 목적지가 외국이거나 외국을 경유할 경우에는 바르샤바조약이 적용된다. 한편 송하인이 미리 고가의 화물을 신고하고 추가운임을 지불한 경우를 제외하고는, 동조약에 따라 모든 화물의 멸실, 손상, 지연에 대해 운송인의 변상책임은 kg당 250FGF(french gold franc)로 제한된다. Kg당 책임3한도액 250FGF는 금값이 1 온스 당 미화 42.22(US$)일 때를 기준하여 kg당 약 US$20에 해당된다.

1) 국제법

(1) 바르샤바조약(Warsaw Convention)

Convention for the Unification of Certain Rules Relating to International Carriage by Air, 1929은 1929년 제정된 국제항공 운송인의 민사책임에 관한 통일법이다. 항공기사고로 인한 여객과 화물에 미친 손해배상범위와 책임한도를 설정하여 각국 법의 충돌을 방지하고 국제항공 운송인의 책임을 일정 한도로 제한하여 국제 민간항공 운송업을 발전시키기 위한 조약으로 운송인과 여객 또는 화주의 이익을 조정하는 공평의 원칙을 견제하는 것이 목적이다.

(2) 헤이그 의정서(Hague Protocol)

"Protocol to Amend the Convention for the Unification of Certain Rules Relating to International Carriage by Air Signed at Warsaw on 12 October 1929"는 Warsaw 조약 체결후 25년이 지나는 동안 항공기술 등의 발달로 안전도도 많이 향상되어 원계약의 목적 중 하나인 항공산업을 보호하여야 할 필요성이 크게 감소하자 운송인의 책임한도액을 현실화시킬 목적으로 1955년9월8일 서명하여 1963년 8월1일부터 발효되었다. 그런데 현재 사용 중인 IATA AWB(Air Waybill) 이면약관의 운송인의 책임한도(Limitation of Liability)가 현행 중량 1kg당 17SDR(Special Drawing Rights)을 19SDR(약 USD29.85$)로 상향 조정되었다.

이것은 몬트리올조약 제24조 제1항의 규정에 따른 것으로 ICAO에서는 매 5년 주기로 IMF(국제통화기금)의 세계경제전망(WEO) 데이터베이스에 의한 세계 인플레이션(물가)상승률을 근거로 하여 책임한도를 상향조정(17SDR → 19SDR/kg)한 것이다.

☞ 바르샤바 조약, 헤이그의정서 내용 재구성함.

〈표 6-4〉 WARSAW 조약과 헤이그 의정서의 비교

구분	WARSAW 조약 (1929서명, 1933발효)	헤이그 의정서 (1955서명, 1963발효)
적용범위	항공기에 의한 여객, 수하물, 또는 화물의 모든 국제운송에 적용됨	좌측과 동일함
책임원칙	거증책임이 전환된 과실책임주의	좌측과 동일함
면책사유	·운송인 및 사용인은 손해를 방지하는데 필요한 모든 조치를 취하였다는 것 또는 그 조치를 취하는 것이 불가능하였다는 것을 증명하였을 때는 책임을 부담하지 않음 ·운송인은 손해가 조종항공기의 취급 또는 항행에 관한 과실에서 발생한 것을 증명하였을 때는 책임을 부담하지 않음. ·청구자측의 과실	·원칙적으로 좌측과 동일함. 다만, 손해가 조종, 항공기의 취급 또는 항행에 관한 운송인의 과실에서 발생한 경우의 면책규정은 삭제되었음.
배상금액 및 책임제한	·운송인의 책임은 1kg에 대해 250 Poincare Franc을 한도로 한다(IATA에 의해 U$20로 환산). 다만 송화인이 운송인에게 화물을 교부할 때 인도시의 가액을 초과하는 것을 증명하지 않는 한 이 신고된 가액을 한도로 책임을 부담	좌측과 동일
손해통지 기한	멸실. 손상이 있는 경우, 화물의 수취일로부터 7일 이내에, 연착의 경우는 14일 이내에 이의를 신청하여야 함. 다만 운송인에게 사기가 있는 경우에는 그러하지 아니함.	멸실, 손상이 있는 경우에는 화물의 수취일로부터 14일 이내에, 연착의 경우에는 송화인이 화물을 처분할 수 있었던 날로부터 21일 이내에 운송에 대하여 이의를 재기하여야 함.
소송제기 기한	책임에 관한 소송도 도착예정일 또는 운송지일로부터 기산하여 2년이 내에 제기하여야 함.	좌측과 동일
책임제한 불인정 사유	손해가 운송인, 또는 그 사용인의 고의 또는 고의에 상당한다고 인정되는 과실로 발생하였을 때는 운송인의 책임은 제한되지 않음.	좌측과 동일함. 다만, 고의적 악행에 대해서는 '손해를 발생시키려는 의도를 가지고 또는 무모하게 또는 손해가 발생할 우려가 있다는 것을 인식하면서 행한 작위 또는 부작위'로 정의되었음.

〈표 6-5〉 운송인의 책임제한 내용의 비교

구 분	국제조약	내 용
해상화물	Hague Rules	포장단위당 GBP100
	Hague-Visby Rules	포장단위당 SDR666.67 또는 Kg당 SDR2.0 총액 가운데 높은 액수
	Hamburgu Rules	포장단위당 SDR835 또는 Kg당 SDR2.5 총액 가운데 높은 액수
	한국 상법	포장단위 당 SDR 666.67
	US COGSA	포장단위 당 SDR 500
	CANADA COGWA	포장단위 당 C$500
	일본 상법	헤이그비스비규칙 적용
항공화물	WARSAW Convention	Kg 당 USD 20.00
주요 운송인의 선화증권 상의 책임제한 내용		
주요 해운회사	헤이그규칙과 헤이그비스비규칙을 근간으로 하나 양하항의 국내법과 비교하여 높은 금액을 주로 채택함	
주요 항공회사	모두 KG 당 USD 29.85(19SDR)	

(3) 과다라하라 협약(Guadalajara Convention)

운송인의 종류는 계약운송인과 실제운송인으로 구분되며, 실제 운송인이 운송을 담당한 경우 누구에게 협약을 적용하는가에 대해 법체계에 따라 해석을 달리함에 따라 이를 통일하기 위해 1961년 채택하였다.

(4) 과테말라 의정서(Guaremala Protocol)

1965년 초안이 작성되었으나 아직 미발효된 상태이다. 국제민간항공기구 총회에서 협약상 책임한도액 개정의 필요성으로 법률 위원회가 개정 협약 초안을 작성하였다.

2) 몬트리올 협정(Montreal Additional Protocol)

국제항공운송에 관하여는 1929년 바르샤바 조약을 모체로 한 바르샤바 체제가 확립되어 있다. 1929년 "국제항공운송인의 책임에 관한 일부규칙을 통일하기 위한 바르샤바 협약"이 제정된 이래, 1955년 헤이그 의정서, 1961년 과다라하라 협약, 1971년 과테말라 의정서, 1975년 몬트리올 제1, 2, 3, 4 추가의정서에 이르기까지 일련의 조약체계를 바르샤바 체제(Warsaw Instrument)라고 한다.

정식명칭은 "Convention for the Unification of Certain Rules for International Carriage by Air Done at Montreal on 28 May 1999"이다. 국제항공운송조약들의 잦

은 개정으로 그 내용들이 복잡해지자 각국의 차이를 통일하기 위하여 국제민간항공기구는 바르샤바조약과 개정조약에서의 여객에 대한 책임한도 문제에 관한 특별회의를 구성하여 국제항공운송협회와 미국정부와의 협의로 1966년 제정하였다. 그 후, 1999년 5월 28일에 몬트리올협약을 성립시켜 2003년 11월 4일부터 몬트리올협약이 발효되고 있다. 그동안 한국은 "1955년 헤이그 의정서에 의하여 개정된 바르샤바 조약"에 가입하였으므로 국제항공운송 관련 모든 분쟁들에 대하여 법원은 이와 같이 "개정된 바르샤바 조약"에 의하여 해결하여 왔다(대법원 1986. 7. 22. 선고 82다카1372판결 등에서 확립된 원칙).

그러나 지난 2007년 9월 20일 국회 본회의에서 몬트리올협약가입동의안이 가결되어, 2010년 1월 1일부터 효력을 갖게 되었다. 몬트리올 협약도 기본적으로는 바르샤바체제에 속한다고 볼 수 있다. 그러나 동협약은 바르샤바협약의 중요한 내용이라고 할 수 있는 여객의 부상·사망에 대한 책임제한을 폐지하고, 새로운 관할의 기준으로 여객의 주거지를 추가로 인정하는 등 상당한 변화를 담고 있다. . 이에 몬트리올협약의 주된 내용을 간략하게나마 미리 살펴보고자 한다.

(1) 몬트리올 협약의 주된 내용

(가) 별개의 독립된 협약형식

몬트리올협약은 독립된 새로운 협약으로 제정되었다. 바르샤바체제내의 협약들 중에는 일부 미발효된 의정서들이 있어서 각 당사국들에게 적용하기가 매우 복잡하게 되어 있으므로 별개의 독립된 협약의 형태로 성립시킨 것이다. 협약은 7개의 장(Chapter)에 57개의 조문으로 구성되어 있다.

(나) 바르샤바체제하의 기존 협약과의 관계

몬트리올협약 제55조가 이에 관한 조항을 두고 있다. 몬트리올협약 가입국간의 국제운송이나, 몬트리올협약 가입국 안에서의 국제운송의 경우에는 기존의 어떤 협약보다도 몬트리올협약이 우선하여 적용된다. 몬트리올협약의 가입국과 몬트리올협약을 비준하지 아니한 기존협약 가입국 사이의 운송은 몬트리올협약이 적용되는 국제운송은 아니다[몬트리올협약상 국제항공운송이란 항공운송계약상 출발지와 도착지가 각각 협약의 체약국에 있거나, 혹은 출발지와 도착지가 모두 단일한 체약국 안에 있지만, 타국에 예정 기착지를 둔 경우를 말한다(협약 제1조 제2항). 이는 기존의 바르샤바체제와 동일하다.]

우리나라와 몬트리올협약을 비준하지 아니한 기존 바르샤바협약 가입국간의 항공운송과 관련하여 사고가 발생한 경우, 법원이 개정된 바르샤바협약을 적용할지 혹은 몬트리올협약을 적용할지에 대하여 논란의 여지가 있다.

(2) 적용범위

(가) 국제운송

몬트리올협약 제1조에 의하면 이 협약은 항공여객, 수하물 또는 화물에 대한 유상 및 무상의 '국제운송'에 적용된다. '국제운송'의 범위에 관하여는 협약 제1조 제2항이 이를 규정하고 있다. 기존의 바르샤바 체제와 내용상의 차이는 없다.

(나) 계약운송인 이외의 자에 의한 항공운송

한편 몬트리올협약은 협약 제5장에 "계약운송인 이외의 자에 의한 항공운송"이라는 장을 신설하여 제39조부터 제48조에 걸쳐 비교적 상세하게 규정하고 있다.

(다) 국가 / 군 당국에 의한 운송에도 적용

몬트리올협약 제2조에 의하면, 가입시 유보를 하지 아니하면, 국가 또는 군 당국에 의한 운송에도 적용되는 것이 원칙이다. 국가가 주권국가로서의 기능수행 혹은 의무의 이행으로서 직접 수행하는 비상업적 운송(예컨대 외국에 전쟁이 발생한 경우 자국민의 대피를 위하여 국가가 민간 항공기를 전세하여 운송하는 경우) 혹은 군을 위한 여객 수하물 및 화물 운송에 대해서는 동 협약 제57조 유보조항(Reservations)에 따라 가입시 협약의 적용을 배제할 수 있다.

(라) 우편물 운송에 비적용

몬트리올협약은 우편물의 운송에는 적용되지 않는다(제2조).

(3) 여객의 사망 · 상해에 대한 책임

(가) 이원적 책임구조(협약 21조)

(i) 100,000 SDR까지의 손해 : 운송인의 과실여부를 묻지 않고 책임을 진다. 단, 승객의 기여과실에 따른 책임감면은 가능(제20조).

(ii) 100,000 SDR을 초과하는 손해 : 운송인에게 과실이 존재하는 경우에만 책임을 진다.

(나) 100,000SDR을 넘는 손해에 대한 운송인의 무과실 입증책임

손해가 운송인, 고용인 또는 대리인의 부주의, 불법적 행위, 부작위에 기인하지 않았거나, 그러한 손해가 오로지 제3자의 부주의, 불법적 행위 또는 부작위에 기인되어 발생되었다는 것을 운송인이 입증하는 경우에만 운송인의 책임이 면제된다(협약 제21조 제2항). 형식적으로는 과실책임주의를 규정하고 있으나 운송인에게 무과실 입증책임을 지움으로써 실질적으로는 무과실책임에 가깝다.

(다) 책임제한제도의 철폐

여객의 상해 및 사망에는 기존 바르샤바체제에 의한 책임제한을 철폐하였다.

(4) 여객의 "지연"으로 인한 책임 (협약 제19조 본문)

(가) 책임한도액

4,150 SDR (협약 제22조 제1항)

(나) 면책사유

운송인 또는 이행보조자가 손해를 방지하기 위하여 합리적으로 필요한 모든 조치를 취하였다는 사실 혹은 그들이 그와 같은 조치를 취하는 것이 불가능하였다는 사실을 입증한 때에는 지연으로 인하여 발생된 손해에 대하여 책임을 부담하지 않는다(협약 제19조 단서).

(다) 책임제한의 배제

바르샤바체제에서의 소위 '무모함 기준'(Recklessness Test)과 동일한 기준으로 책임제한이 배제된다. 다만, 하수인 혹은 대리인의 무모한 행위를 이유로 책임제한을 배제하기 위하여는 그러한 하수인이나 대리인이 고용의 범위내에서 행위한(acting within the scope of its employment) 사실을 증명하여야 한다(협약 제22조 제5항 및 단서). 수하물 혹은 화물의 '지연'으로 손해의 경우에도 같은 요건으로 책임을 면한다.

(5) 수하물 또는 화물의 멸실 · 손상 · 지연으로 인한 책임(협약 제19조, 제22조 본문)

(가) 책임한도액

수화물의 경우 승객당 1,000 SDR, 화물의 경우 KG당 17 SDR. 단, 도착지 가액을 신고하고 종가요금을 지불하고, 신고된 가액이 도착지 가치를 넘지 않는 경우에는 신고된 가액을 한도로 함(제22조, 제23조)

(나) 면책사유

수하물이든 화물이든 손해가 물건 자체의 고유의 하자로 야기된 경우 운송인은 면책. 화물의 경우에는 손해가 포장불량, 전쟁, 공공당국의 행위로 야기된 경우에도 운송인은 면책(협약 제17조, 제18조). 지연의 경우에는 동일한 면책사유가 적용된다(협약 제19조 단서).

(다) 책임제한의 배제

수화물에 대해서는 여객운송의 지연에 적용되는 것과 동일한 요건으로 무모함 기준에 의하여 책임제한이 배제된다(협약 제22조 제5항 및 단서). 책임제한이 배제되는 경우를 규정한 협약 제22조 제5항에서 화물의 멸실, 손상, 지연으로 인한 책임의 제한은 포함되지 않았다. 화물의 경우에는 책임제한이 배제되지 않는 것으로 보아야 할 것이다.

(6) 책임감면

손해가 손해배상을 청구하는 자의 과실, 기타 불법행위 또는 부작위로 기인되었거나 기여되었다는 것이 입증되었을 때에는 운송인의 책임의 전부 또는 일부가 면제된다. 무과실책임을 포함한 운송인의 모든 책임에 대하여 적용된다(제20조).

(7) 책임한도의 조정

몬트리올협약 제24조는, 인플레이션 계수[국제통화기금의 가입국의 소비자물가지수를 가중평균하는 방법으로 계산한다.(협약 제24조)]가 10%를 초과하는 경우 매 5년마다 책임한도액을 조정할 수 있는 절차 규정을 두었다.

그러나 현재 상법은 운송인의 배상책임금액에 관하여, 육상운송인에 대하여는 상법 제137조에서, 해상운송인의 배상책임한도에 관하여는 상법 제797조에서 규정하고 있고, 항공운송인의 배상책임금액에 대해서는 침묵하고 있다.

그러므로 여기서 문제는 운송(주선)인의 손해배상액 산정과 환율적용 기준시점이 문제가 된다. 이러한 운송인의 배상책임은 대부분 운송계약 또는 선화증권에 외화(주로 USD)로 기재된 화물가액(Invoice Amount)에 따라 '외화'로 그 배상금액이 정해지거나 또는 해상운송인의 경우처럼 상법 제797조에 규정된 바와 같이 그 책임제한을 원용하는 경우 SDR(Special Drawing Right)로 배상책임금액이 산정되는 바, 이러한 배상책임금액의 산정단위인 USD 또는 SDR이 급격히 원화절상 또는 절하되는 경우, 원화배상의 주체인 운송인(운송주선인)은 직접적으로 영향을 받게 되므로, 운송인의 손해배상액 산정에 있어서 어느 시점의 환율을 적용해야 하는지에 대한 검토는 중요한 일이다.

■ 환율적용의 기준시점에 관한 검토

민법 제378조에서는 "채권액이 다른 나라의 통화로 지정된 때에는 채무자는 지급할 때에 있어서의 이행지의 환금시가에 의하여 우리나라 통화로 변제할 수 있다"고 규정하고 있다.

대법원은, "신용장 개설은행의 손해액을 신용장 결제대금에 관한 구상금 채권액의 범위내에서 운송물이 불법으로 인도되어 멸실된 당시의 시가 상당액으로 파악하고, 그 시기를 신용장 개설은행이 통지은행에게 미 달러화로 지급한 운송물 대금 상당이라고 본다면, 미 달러화로 표시된 그 시가를 '멸실 당시'의 외국환 시세에 의하여 우리나라 통화로 환산한 금액이 그 멸실 당시의 가액이 되는 것이고, 한편, 불법행위로 이한 손해배상의 방법에 관하여 규정하고 있는 민법 제763조. 제394조 소정의 '금전'이라 함은 우리나라의 통화를 가리키는 것이어서 불법행위로 인한 시가 상당의 손해배상을 구하는 채권은 당사자가 외국통화로 지급하기로 약정하였다는 등의 특별한 사정이 없는 한 채권액이 외국통화로 지정된 외화채권이라 할 수 없으며, 미 달러화로 표시된 위 시가를 우리나라 통화로 환산함에 있어서는 달리 특별한 사정이 없는 한 기준환율에 의하여 환산함이 상당하고 대고객 전신환매도율에 의하거나 대고객 전신환매입율에 의하여 환산할 것은 아니다"라고 판시한 바 있다(대법원 1995.9.15. 선고 94다61120 판결).

한편, 대법원은 다른 판결에서, "상법 제789조의 2(현행상법 제797조)에 규정된 국제통화기금의 1 특별인출권(SDR)에 상당하는 금액인 계산단위를 국내통화로 환산하는 시점에 관하여 상법상 명문의 규정이 없는 바, 운송인의 손해배상책임을 제한하는 입법취지와 1978년의 함부르크 규칙을 비롯한 관련 국제조약 및 독일, 일본 등 여러 나라에서 실제 배상일이나 판결일 등을 국내통화로 환산하는 기준일로 삼고 있는 점, 선박소유자 등의 책임제한절차에 관한 법률 제11조 제2항에서 공탁지정일에 가장 가까운 날에 공표된 환율에 의하도록 규정하고 있는 점 등에 비추어 볼 때, 상법 규정에 의한 계산단위를 소송상 국내통화로 환산하는 시점은 실제 손해배상일에 가까운 사실심 변론종결일을 기준으로 하여야 할 것이다(대법원 2001.4.27. 선고 99다71528 판결)"라고 판시하고 있다.

대법원의 판결에서 보듯이, 운송화물의 손상, 도난 등으로 인해 화주가 운송인에게 손해배상을 청구하는 경우 또는 화주의 적하보험사가 적하보험금을 지급한 후 운송인에게 구상권을 행사해 오는 경우, 운송인이 화주 또는 적하보험사에게 부담하는 손해배상채무는 '사고발생일 또는 멸실 당시'의 외화채권액을 우리나라 통화를 환산한 금액이 될 것이나, 운송인으로써 상법상 책임제한 규정에 따라 손해배상책임을 부담하는 경우, 그 계산단위를 국내통화로 환산하는 시점은 '실제 손해배상금을 지급하는 때'가 되어야 할 것으로 판단된다.

(8) 강행규정

몬트리올협약 제26조에서는 운송인의 책임을 면제시키거나 협약에 규정되고 있는 책임한도보다도 적은 액수의 책임한도를 정하는 규정은 무효로 한다고 규정하고 있다.

(9) 비계약적 청구 및 징벌적 배상의 배제

몬트리올협약 제29조는 비계약적인 청구(예컨대 불법행위를 원인으로 하는 손해배상청구)의 경우에도 협약이 적용되도록 명시하고 있다. 한편, 손해액을 산정함에 있어서 피해자가 실제로 입은 손해만이 인정되며, 미국법상의 소위 징벌적 손해배상 (Punitive Damage)은 인정되지 않는다.

(10) 선 배상금 지급

몬트리올협약 제28조는 '선 배상금 지급'에 관한 조항을 두고 있다. 운송인은, 국내법 규정이 있는 경우, 승객 사망, 부상으로 인한 손해에 대해 선 배상금을 지급하여야 한다.

(11) 보험

몬트리올협약 가입국은 자국의 운송인들에게 협약에 따른 책임을 담보할 수 있는 보험을 유지하도록 요구하여야 하고, 자국에 취항하는 운송인에게 그러한 보험을 유지하고 있다는 증거를 제출할 것을 요구할 수 있다(제50조).

(12) 재판관할권(제5관할권의 신설)

몬트리올협약에서는 바르샤바협약에 규정되어 있는 바와 같이 4가지의 재판관할권을 규정하고 있다. 즉, 원고는 선택에 따라 ① 운송인의 주소지, ② 운송인의 주된 영업소의 소재지, ③ 운송인이 계약을 체결한 영업소의 소재지, ④ 도착지를 관할하는 법원 중 어느 한 곳에 소송을 제기할 수 있다.

여객의 사망 또는 상해로 인한 소송에 관하여는, 몬트리올협약은 위의 4가지 재판관할권에 추가하여, 사고 당시 여객의 항구적인 주거지(Principal and Permanent Residence)에서도 재판을 할 수 있도록 규정하고 있다. 단, 그 국가에 해당 항공사가 취항하고 있을 것을 요건으로 한다(협약 제33조 제2항).

(13) 중재약정

화물운송계약의 경우 서면 약정으로 중재약정을 할 수 있고, 신청인은 제33조에 따른 4개의 재판관할지역 중 한곳에서 중재의 개시를 신청할 수 있다(제34조).

결국, 국제항공운송인은 화물이 파괴, 멸실 또는 훼손된 경우의 손해에 대하여는 그 손해의 원인이 된 사고가 항공운송 중에 발생한 것인 때에는 책임을 진다(바르샤바협약 제18조 제1항). 이때 항공운송 중이란 화물이 비행장 또는 항공기상에서 또는 비행장 외에 착륙한 경우에는 장소 여하를 불문하고 운송인의 관리하에 있는 기간을 말한다(바르샤바협약 제18조 제2항). 운송인은 화물의 연착으로 발생한 손해에 대하여도 책임을 지며(바르샤바협약 제19조), 운송인이 운송서류를 분실하여 결과적으로 화물운송이 지연된 경우에도 운송인은 화물의 연착으로 인한 손해를 배상할 책임을 면하지 못한다.

그런데 국제항공운송인의 책임제한에 관해 언급해 보면, 최근에 IATA(국제항공수송협회)의 주도로 IATA표준약관에 의하여 국제항공운송인의 책임제한을 철폐하고 무한책임을 지는 방향으로 진행되고 있다.

책임의 범위는 송하인이 운송가격을 신고하고 필요로 하는 초과요금(종가요금)을 지급하지 아니하면 운송인의 책임은 화물 1Kg당 250 포앙카레 프랑 내에서 실손해를 배상하여야 한다(바르샤바협약 제22조 제2항).

운송인이 책임을 지는 경우 그 손해배상액은 중량을 계산하여 산정하되, 이때의 중량은 파손·멸실된 부분만의 중량이 아니라, 그 부분의 파손·멸실로 인한 물건 전체에 미치는 손해를 말하므로 문제된 물건 전체의 중량을 기준으로 한다(바르샤바협약 제22조 제2항).

송하인이 운송가격을 신고하고 소정의 종가요금을 지급하면 운송인은 화물의 멸실·

훼손의 경우 신고한 가격을 한도로 실손해를 배상하여야 한다.

송하인이 종가요금을 낮출 목적으로 실제가격보다 낮추어 운송가격을 신고한 경우는 그 실제가격이 아닌 신고가격이 운송인의 책임한도액이 된다. 책임한도액에 대한 이자는 별도로 계산하여야 하는지 아니면 이것도 한도액에 포함되는지 의문이나, 판결 후 지급시까지의 이자는 당연히 별도로 인정되며, 판결전의 이자에 관하여는 법정지의 일반 법원칙에 따라 이를 긍정하는 견해와, 바르샤바협약은 운송인의 책임을 절대적으로 제한한다는 이유로 이를 부정하는 견해로 나뉘어지나 이를 인정하는 것이 다수설이다. 운송인의 책임을 면제하거나 바르샤바협약이 정한 책임한도액보다 낮은 한도를 정하는 계약규정은 무효이므로(바르샤바협약 제23조), 운송계약의 당사자는 특약으로도 여객 및 송·수하인에게 불리한 방향으로 협약의 적용을 배제·변경할 수 없다.

〈표 6-6〉 항공운송인의 책임한도 비교

<table>
<tr><th colspan="3">구 분</th><th>바르샤바조약</th><th>헤이그의정서
(개정 바르샤바조약)</th><th>몬트리올 협정</th></tr>
<tr><td colspan="3">서명일자</td><td>1929.10.12</td><td>1955.9.8</td><td>1966.5.16</td></tr>
<tr><td colspan="3">발효일자</td><td>1933.2.13</td><td>1963.8.1</td><td>1966.5.16</td></tr>
<tr><td rowspan="4">책임한도액</td><td colspan="2">여객</td><td>1인 당
USD 10,000,00</td><td>1인 당
USD 20,000,00</td><td>1인당 USD75,000,00
(소송비 포함)/1인당
USD58,000,00(소송비용 불포함)</td></tr>
<tr><td colspan="2">위탁수화물</td><td>kg 당 USD20.00</td><td rowspan="3">바르샤바조약과 동일</td><td rowspan="3">바르샤바조약과 동일
현재 화물 kg당 29.85USD
또는 19SDR</td></tr>
<tr><td colspan="2">휴대수화물</td><td>1인 당 USD400.00</td></tr>
<tr><td colspan="2">화물</td><td>kg 당 USD20.00</td></tr>
<tr><td rowspan="4">청구기한</td><td rowspan="2">훼손</td><td>여객</td><td>수취일 후 3일 이내</td><td>수취일 후 7일 이내</td><td rowspan="4">헤이그 의정서와 동일</td></tr>
<tr><td>위탁
수화물</td><td>수취일 후 7일 이내</td><td>수취일 후 14일이내</td></tr>
<tr><td rowspan="2">지연</td><td>휴대
수화물</td><td>처분 가능일</td><td>처분 가능일</td></tr>
<tr><td>화물</td><td>14일</td><td>21일</td></tr>
</table>

3) 국제기구

(1) 국제항공운송협회(IATA : International air transport association)

1945년 설립된 순수 민간단체, 본부는 몬트리올 및 제네바에서 설립되었다. 국제운송협회의 주요 업무는 세계인의 편의를 위해 안전하고 정기적이며 경제적인 항공운송업의 발달과 항공교역의 육성 및 관련 운송장의 문제점 해결하고 국제민간 항공운송에 직·간접으로 관계되는 항공운송 기업간의 협력수단 제공하며 국제민간항공기구 및 기타 국제기구와의 협력한다.

(2) 국제민간항공기구(ICAO : International civil aviation organization)

1947년 발족된 UN 전문기관으로 주요업무는 국제민간항공의 발전을 목표로 항공기,

공항 및 항공 보안시설의 권장하고 불필요한 경쟁으로부터 경제적 소비를 방지하며 체약국의 국제 항공기 육성에 공정한 기회부여를 주된 업무로 한다.

(3) 국제주선인 협회(FIATA : international federation of freight forwarders association)

1926년 국가별 대리점 협회나 개별 대리점으로 구성되었다. 주요 업무는 항공대리점업의 이익을 국제적으로 보호하고 대리점 조직과 연관 업체들의 협조관계 유지하는 일이다.

7. 항공운송과 보험

항공보험은 항공기 운용과 관련된 위험을 담보하는 보험으로 항공기가 이륙을 개시하여 착륙을 마치는 사이의 위험은 물론 이착륙에 따른 활주중의 위험, 그리고 항공기가 지상에 머무르고 있는 동안의 위험들을 모두 포괄하는 보험이다.

즉, 항공보험은 추락, 불시착, 전복, 화재, 풍수해, 행방불명 등으로 항공기 자체에 피해를 입었을 때의 재산상 손해, 그 사고로 타인에 피해를 끼쳐 입은 법률상 배상책임손해, 항공기 탑승자의 신체상해 손해를 보상하는 종합보험이다.

항공보험의 가입대상은 고정익 항공기(fixed wing aircraft)와 일반 헬리콥터, 동축반전 헬리콥터(2개의 주익), 노타 헬리콥터(notar) 등과 같은 회전익 항공기(rotor wing aircraft) 등이다.

1) 주요 보상손해

보상하는 주요 손해로는 다음과 같다.

첫째, 제3자 배상책임보험(third party liability insurance)이다. 이는 항공기가 추락하거나 항공기로부터 낙하한 사람 또는 물건에 직접 기인해서 지상에 있는 제3자가 사망 또는 상해를 입거나 재물에 대하여 손해를 끼쳐 이 보험의 피보험자인 항공기 운항자가 법률상의 손해배상책임을 부담하게 됨으로써 입는 손해를 보상한다.

둘째, 승객배상책임보험(passenger legal liability insurance)이다. 이는 항공기 탑승 중 또는 승강중의 승객의 사망 또는 상해에 대하여 피보험자인 항공운송사업자 또는 조종사가 법률상의 손해배상책임을 부담함으로서 입은 손해를 보상한다.

셋째, 항공승무원 및 승객상해보험(personal accident insurance)이다. 기체의 탑승 또는 비행 중에 한하여 발생된 승무원 및 승객의 급격하고 우연한 외래의 사고에 의한 사망, 불구폐질 또는 상해를 담보하며, 필요에 따라 탑승하는 정비사 등 지상근무요원도 포함하여 보험에 가입할 수 있다.

넷째, 기체전쟁보험(aircraft hull war risks insurance)이다. 항공기의 비행 또는 계류 중 전쟁, 동맹파업, 폭동, 납치 등으로 인한 항공기의 멸실, 손상, 강탈 및 항공기의 납치에 관련된 비용을 보상한다.

다섯째, 기체보험(hull all risks insurance)이다.

기체보험 Hull All Risks Insurance	1. 비행중의 사고 (Flight Risks) 엔진고장으로 인한 화재/ 불시착(Forced Landing)/ 공중충돌 (Collision)/ 행방불명(Missing) 2. 이·착륙 및 활주중의 사고 이·착륙시 다리(Skid)의 고장/ 브레이크 조작과실(Error)/ 전복 (Overturn) 및 이탈 (Overrunning)/ 동체 착륙(Wheel-up Landing)/ 충돌(Collision) 3. 지상에서의 사고(Ground Risks) 계류 중(Parking) 또는 격납고(Hanger)에 격납중의 손해/ 화재, 파손 및 강도, 절도/ 풍수해 및 지진

2) 주요 보상하지 않는 손해

보상하지 않는 주요 손해는 다음과 같다.

첫째, 기체보험(hull all risks insurance) 중 절대면책에 해당하는 손해들이다. 이를테면 피보험자측의 고의 또는 악의에 의한 손해나 보험계약자, 피보험자 또는 조종사에 의한 감항성위반 및 항공기 운항에 관한 법규위반으로 인한 손해에 있어 그 위반이 고의 또는 악의에 의한 것일 때 그리고 자연적인 마모, 기능의 저하 및 기계적 고장 등 우발성을 결한 손해는 보상하지 않는다. 단, 이러한 손해들이 원인이 되어 발생된 결과적 손해는 보상된다.

그러나 상대적 면책에 해당하는 다음과 같은 손해에 대항하여 해당 특약을 약정하면 보상한다. 즉, 직접이건 간접이건 불문하고 전쟁, 폭동, 동맹파업, 소요, 내란, 군대, 정부나 관공서의 몰수 또는 징발에 따른 손해와 불가항력에 의한 경우를 제외하고 항공기가 보험증권에 기재된 지리적 제한을 넘어서 비행하고 있을 때 발생한 손해, 항공기가 보험증권에 기재된 사용목적 이외의 목적에 사용되고 있는 동안에 발생한 손해 등이 여기에 해당된다. 또 지상에서의 사고(ground risks) 이를테면 계류(parking) 중 또는 격납고(hanger)에 격납 중의 손해로서 화재, 파손 및 강도, 절도 및 풍수해, 지진으로 인한 손해도 해당 특약을 약정하면 보상한다.

둘째, 제3자 배상책임보험(third party liability insurance) 중 기체보험에서 면책된 위험과 피보험자 소유나 보호, 관리하에 있는 재산에 입힌 손해, 피보험자에 의하여 수송되거나 관리 또는 지배하에 있는 승객, 수하물, 화물 및 우편물에 대한 손해배상책임, 항공기의 조종사, 승무원 또는 항공기 내외에서 작업 중에 있는 사람과 피보험자의 영업임무에 종사하는 사람 및 하청업자로부터 받은 배상청구 등은 보상하지 않는다.

셋째, 승객배상책임보험(passenger legal liability insurance)에서 피보험자의 임직원, 동업자가 피보험자에 고용되어 활동하는 동안 혹은 피보험자를 위한 임무를 수행하는 동안에 입은 신체상해나 손실, 운항승무원, 객실승무원 혹은 기타 승무원이 항공기 운항에 종사하는 동안에 입은 상해나 손실 등은 보상하지 않는다.

넷째, 항공승무원 및 승객상해보험(personal accident insurance)에서 전쟁위험에 기인한 손해, 자살, 고의적 자해, 피보험자가 비정상적 정신상태에 있을 때, 고의적으로 위험에 노출되거나 피보험자 자신의 범죄행위에 의한 것 또는 약물이나 알콜의 영향에 의한 것 등에는 보상하지 않는다.

보험료 산출에 필요한 사항으로는 항공기 소유자, 운항자와 항공기 명세(기종, 등록번호, 승객 및 승무원 좌석수 등), 사용목적(자가용, 사업용, 영업용 등), 조종사 경력(회전익, 고정익, 운항기종 경력구분), 과거의 손해율, 정비사, 정비관련사항, 운항지역, 정치 비행장, 수용장소, 운송약관을 기초로 산출한다.

8. 국제 항공운송의 새로운 문제

최근 10년간 세계경제는 자유무역주의에 힘입어 국가간의 교역이 확대되고 있으며, 세계 항공화물 운송은 산업의 고도화, 소비의 다양화가 추구됨에 따라 수송실적도 지속적으로 증가하였다.

ICAO, IATA 등의 국제기구에 따르면 향후에도 항공운송시장은 지속적인 발전과 성장을 이룰 것이며, 세계적인 항공자유화의 확대로 더욱 가속화될 것이라는 예상한다. 특히 아시아태평양 지역의 성장세가 두드러질 것이라는 예측과 함께 2년 연속 세계 최고로 선정된 인천국제공항이 위치한 우리나라는 항공화물운송 세계 1위(2006년 기준)의 항공사를 보유하고 있는 만큼 보안의 확보는 무엇보다 중요한 문제이다.

미국의 2001년 9.11 항공기 테러사건 이후 테러 방지를 위해 국가별로 다양한 항공보안체계를 구축하여 항공보안을 강화하고 있지만 이러한 보안강화는 주로 여객보안강화 위주로 이루어 졌으며 이에 따라 항공화물 보안은 여객에 비해 허술하여 보안의 취약성을 내포하고 있다. 또한 우리나라는 항공화물운송 세계 1위(2006년 기준)의 항공사를 보유하고 세계 2위(2006년 기준)의 항공화물을 처리하고 있음에도 불구하고 다량의 항공화물을 공항에서 검색하는데 많은 시간과 비용이 소요됨에 따라 신속하고 효율적인 항공화물 보안체계 구축은 매우 중요하다. 우리나라는 제도정비 등을 통하여 보안강화를 위해 노력하고 있지만 이러한 노력에도 불구하고, 항공화물 운송의 신속성을 확보하면서 보안성을 동시에 유지할 수 있는 체계적이고 유기적인 보안체계는 미비한 실정이며, 지금까지 항공화물 보안체계를 검토하고 구체적인 실행방안을 도출한 연구가 없다.

그러므로 우리나라의 항공화물 보안정책의 기본방향과 구체적인 실행계획을 수립함으로써 현실적이고 실현가능한 항공화물 보안체계를 구축하여 안전하고 신속한 화물처리를 할 수 있도록 기본방향을 제시하고 세부 추진전략 및 기관별 이행프로그램을 마련하여야 할 것으로 사료된다.

참고 15 인천 항공화물 터미널 조감도

Terminal Capacity

Company	Size(m²)	Capacity(ton)
Korean Air	81,900	1,460,000
Asiana Airlines	50,400	1,110,000
Foreign Carriers (UPS, FedEx, TNT etc.)	50,400	520,000
International Express Mail Center	29,724	350,000
US Army Post Office	1,516	20,000
DHL	9,454	210,000
Atlas Air	11,250	200,000
Total	**234,644**	**3,870,000**

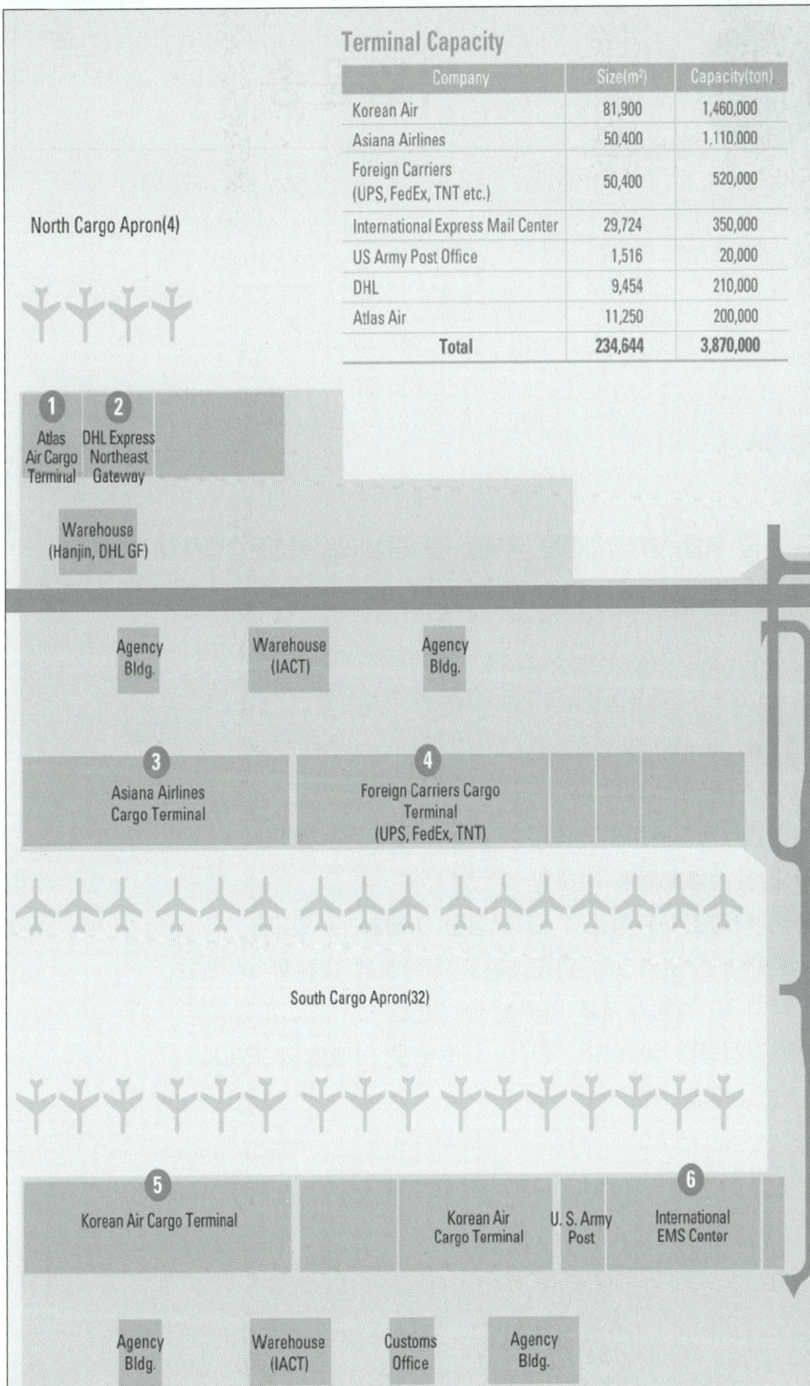

Atlas Air Cargo Terminal

DHL Express Northeast Gateway

Asiana Airlines Cargo Terminal

Foreign Carriers Cargo Terminal

Korean Air Cargo Terminal

International EMS Center

7

제7장 복합운송

학습의 목적

수출 · 입운송절차 중 복합운송과 관련된 국제법규를 중심으로 복합운송절차와 그의 파생지식을 포괄적으로 습득한다.

학습의 목표

1. 복합운송의 개념 및 복합운송의 성립요건들을 이해할 수 있다.
2. 복합운송의 주요 운송경로들을 이해할 수 있다.
3. 복합운송에 관한 국제조약·규칙들과 그 특징을 이해할 수 있다.
4. 복합운송인과 프레이트 포워더의 업무내용을 정확하게 이해할 수 있다.
5. 복합운송인의 책임 및 책임체계를 이해할 수 있다.
6. 복합운송증권의 작성방법 및 이면 약관의 내용들을 이해할 수 있다.

제1절 복합운송의 기초

1. 복합운송(Multimodal Transport)의 의의

1) 복합운송의 개념

상품의 생산지(生産地)와 그 상품의 소비지(消費地)간에는 공간적 거리가 존재하므로 이러한 공간적 불일치를 조정하기 위해서는 반드시 상품의 이동이 수반되어야 한다. 그런데 운송이라는 서비스 용역이 생산지와 소비지의 공간적 불일치를 일치로 조정하는 역할을 담당하기 때문에 운송은 장소적 효용(place utility)을 창출하는 기능을 지니는 것이다.

전술한 바와 같이 운송(수송)은 사람이나 재화를 어떤 장소에서 다른 장소로 이동시키는 것으로써, 그 운송수단은 크게 트럭, 열차, 선박, 항공기 등으로 구분되고, 운송구간은 육상, 해상, 항공 등으로 나누어진다. 이러한 운송이 한 국가내에서 이루어지는 경우를 국내운송이라고 하며, 다른 국가간에 이루어지는 경우를 국제운송이라고 한다.

국제운송은 한 종류의 운송수단을 이용하여 한 국가의 출발지에서 다른 국가의 목적지에 이르는 단일운송이 있는가 하면 이종복수(異種複數)의 운송수단을 이용하는 경우가 있다. 후자가 곧 국제복합운송(International Multimodal Transport)을 말하는 것으로 "화물을 어떤 국가의 일정지점에서부터 다른 국가의 인도 예정지점까지 서로 다른 두 종류 이상의 운송수단에 의한 운송"이라고 정의할 수 있다.

♦ UNCTAD : United Nations Conference on Trade and Development

복합운송의 '복합'이라는 용어는 "multimodal", "combined", "intermodal" 등 여러 가지 표현으로 사용된다. 그러나 유엔무역개발위원회(UNCTAD)가 복합운송을 "multimodal"로 통일하자고 제안함에 따라 1990년 이후부터 "multimodal"을 복합운송의 공식용어로 사용한다. 운송의 일관성을 강조하여 복합일관수송이라고도 명하기도 한다.

바르샤바조약(국제항공운송 통일규칙에 관한 조약, 1929)에서 출발하여, 1956년 4월 해륙복합운송용 컨테이너가 개발되면서 실질적 개념으로 발전한 국제 복합운송은 일반적으로 두 가지 이상의 상이한 운송수단(선박과 철도, 선박과 비행기)에 의하여 화물이 목적지까지 운반되는 운송형태를 의미한다. 즉, 도로운송, 철도운송, 항공, 해상운송 등 갖가지 운송수단 가운데 두 가지 이상을 순차적으로 결합하여 운송하는 것으로서 컨테이너화물의 국제운송은 당연히 복합운송 형태를 취한다.

제2차 세계대전 후에 선진국의 산업은 생산기술의 발전에 따라 대량생산시대를 맞이하게 되었으며, 화물운송은 대형화·전문화·고속화 등 그 기능의 분화에 의한 생산성의 향상으로 운송코스트(cost)의 절감방향으로 진전되지 않을 수 없었다. 특히, 잡화류는 그 품목 및 발착지(發着地)가 다종다양화(多種多樣化)하고 전문화가 불가능한 한편, 그 무역량은 매년 증대하여 항만노동력의 부족에 따라 심한 경우 항만기능이 마비되기에 이르렀다. 그 결과 정기선 경영은 현저한 압박을 받게 되어 컨테이너에 의한 수송합리화, 즉 컨테이너화(containerization)가 대두되었다.

컨테이너화는 운송분야에서의 "Unit Load System(ULS)"을 실체화시킨 것으로써 가장 발전된 운송형태로 제일 먼저 도입된 것은 육상의 제조공장이며, 이 방식이 운송분야에 도입되어 실체화된 것이 컨테이너운송의 등장배경이다.

요컨대 Unit Load System이란 화물을 일정한 크기로 규격화하고 포장 외양을 통일시키는 구상을 말하며, 이는 화물유통 전 과정을 통하여 적합한 하역기기를 통한 기계적인 화물의 취급이 가능하도록 화물외장의 치수를 규격화하는 것이다. 이 ULS를 실체화시킨 것이 곧 컨테이너화(containerization)이며, 1950년대 후반에 미국 선사가 해상운송에 컨테이너를 이용하면서 널리 사용되기 시작했다.

이러한 복합운송(combined transport, transport combiné)이라는 용어는 최근 들어 사용된 개념은 아니며, 이미 1929년 바르샤바조약(국제항공운송에 관한 어떤 규칙의 통일에 관한 조약)에 처음 등장하여 이른바 연속운송(successive transport)이나 통운송(throught transport)으로 이해되고, 이러한 개념 위에서 운송계약이 체결되어 왔다.

그러나 실제로 복합운송이 이루어지는 내용에 따라 복합운송이란 용어가 처음 사용된 것은 1949년 국제상업회의소(ICC)의 국제복합운송증권조약의 예비초안에서 종래의 통운송에 대립 발전된 용어로써 복합운송(transport comnés)이란 표현을 사용한 것이 처음이다. 그 후 복합운송에 대한 용어는 UN의 복합운송조약에서 "Multimodal Transport"라고 부르기 까지는 주로 "Combined Transport"라고 불렀으며, 미국에서는 협동일관수송이라는 의미에서 "Intermodal Transport"라고 불렀다. 즉, "Combined Transport"란 특정 운송물이 2종(種) 이상의 이종 또는 동종 운송수단에 의해 순차적으로 수송된다는 뜻이며, "Intermodal Transport"란 이종운송기관(주로 선박과 철도운송) 간의 상호 협동에 의해 수송된다는 뜻이다. 이러한 국제복합운송의 궁극적인 목적은 규격화 및 표준화된 컨테이너의 연계 또는 일관수송을 통해 문전에서 문전(door to door)까지 목적화물을 수송하는 것으로 물류관리상 많은 경비절감 효과를 가져왔다.

복합운송의 장점을 UN 경제사회이사회(UN Department of Economics and Social Affairs)의 보고서를 토대로 살펴보면 다음과 같다.

- 화물유통의 신속성 제고 : 인도지연의 회피, 통관절차의 간소화, 화물혼재의 가능화
- 화물유통의 안전성 제고 : 수송 중 화물손상의 감소, 밀수품의 감소, 인도불능으로 인한 클레임 회피, 오손의 회피 등
- 화물유통의 저렴성 확보 : 상품 매입가격의 인하, 포장비의 절감, 해상보험료의 저렴화, 서류작성 및 화인 등에 필요한 비용절감, 자금고정화를 통한 자금조달 필요성의 감소(자금회전의 신속화), 화물혼재의 가능화 등

- 운송서류의 간소화 : 서류작성과 화인의 감소
- 노동력 부족의 해결과 하역설비의 자동화 : 운송비의 감소, 하역의 신속화
- 무역의 확대 촉진 : 상품인도시 상품가격의 견적 용이화, 재고의 감소, 자금조달의 필요감소, 상품의 적부작업지역 및 환적지점(stowage operating area or transhipment place)의 분산 가능

국제복합운송은 대량생산과 오토메이션의 메커니즘이 컨테이너의 개발과 더불어 세계의 기간 정기선 해운에 새로이 적용됨으로써 복합운송의 경제적 효용이 크게 각광을 받고 있다. 복합운송의 발달로 운송의 출발점과 도착점이 종래의 "port to port"에서 "door-to-door", "depot-to-depot"로 변경되었다. 복합운송은 이와 같은 운송의 목적을 달성하기 위하여 환적을 불가피하게 인정하고 단일한 운송주체가 각각 상이한 운송형태로 진행되는 전 구간에 대하여 단일 운송증권을 발행하며, 환적 시 편의를 위해 화물의 형태가 단위화(unitized cargo)한다.

2) 복합운송의 성립요건

복합운송은 MTO(Multimodal Transport Operator)와 MTD(Multimodal Transport Documents)의 개념하에 국제복합운송을 컨테이너운송에 따라 단일계약주체에 의해 일괄 처리한다는 의미로 UN 복합운송조약에 규정되어 있다.

국제복합일관운송이 되기 위해서는 네 가지 요건 ① Through Rate, ② Through(or Multimodal Transport) B/L, ③ Single Carrier's Liability, ④ 다양한 운송수단 결합이라는 조건이 충족되어야 한다.

첫째, 운송책임의 단일성(through liability)이다. 복합운송인은 자기의 명의와 계산으로 송하인을 상대로 복합운송계약을 체결한 계약당사자일 뿐만 아니라 전체운송을 계획하고 여러 운송구간을 적절히 연결하여 운송이 원활하게 이루어지도록 조정하고 감독할 지위에 있으므로 전 구간에 걸쳐 화주에 대한 단일책임을 져야 한다. 둘째, 단일 복합운송증권(combined transport B/L)의 발행이다. 복합운송이 되기 위해서는 복합운송인이 화주에 대하여 전구간에 대한 유가증권으로서의 복합운송증권을 발행하여야 한다. 셋째, 일관운임(through rate)의 설정이다. 복합운송인은 그 서비스의 대가로서 각 운송구간마다 분할된 것이 아닌 전구간에 대한 단일화된 운임을 설정, 화주에게 제시하여야 한다. 넷째, 다양한 운송수단이 결합되어야 한다. 이것은 화물의 국제운송이 각각 다른 법적규제를 받는 여러 운송수단에 의해 이행되어야 한다는 의미이다. 따라서 동일한 운송수단으로 결합되는 운송은 복합운송이 아니며 해상과 항공, 해상과 육상, 또는 그 반대조합의 경우만을 복합운송이라 한다.

그러나 이 가운데 문제는 단일운송인 책임제(Single Carrier's Liability System)로 "Network Liability System"과 "Uniform Liability System"간에는 아직까지 문제해결

이 완결되지 못하여 계속 마찰이 야기되고 있는 실정이다. 이 부분에 관련된 내용은 복합운송인의 책임체제에서 자세히 언급하기로 한다.

2. 복합운송의 주요 운송경로

복합운송방식에는 대표적으로 해륙복합운송과 해공복합운송이 있다. 먼저 해륙복합운송방식은 선박, 철도, 트럭 등으로 조합하는 방식으로서, 해상루트를 중심으로 트럭에 의해 내륙운송이 완결되는 방식과 대륙횡단철도에 의한 랜드브리지 방식이 있으며, 해공복합운송은 해상운송이 지니고 있는 운임의 저렴성과 항공운송이 갖는 운송의 신속성이라는 장점을 결합하여 일관수송하는 것을 말한다. 이들의 장점으로는 해륙복합운송의 경우, 운송비용의 절감과 운송시간의 단축이라는 효과가 있다. 해공복합운송의 장점으로는 첫째, 해상운송에 비해 절반 이상 수송기간 단축, 항공운송요율보다 60% 이상 저렴하고 둘째, 기업물류관리에 적시납품의 융통성을 들 수 있으며 셋째, 수송기간 단축으로 재고비용과 자본비용 절감을 들 수 있다.

1) 해륙복합운송

(1) 해륙(Sea-Land)복합운송의 의의

국제복합운송은 최초로 1960년대부터 주로 해상 컨테이너의 발전에 따라 해·륙(sea/land) 복합운송서비스인 선박과 철도 및 자동차의 조합에 의해 시작된 "Door to Door"서비스가 그 시초이다. 여기에는 선사가 주도하여 "Zone Tariff"에 의한 내륙운송요금의 설정에 따라 해상경로를 중심으로 한 형태와 랜드 브릿지(land bridge) 방식에 의한 대륙횡단철도와의 제휴에 의한 형태로 나누어 볼 수 있다.

"Land Bridge"의 목적은 운송비용의 절감과 전체 운송시간의 감소를 위한 것으로써 이러한 비용절감의 가능성은 해상운송업자들로 하여금 내륙운송에 있어서 규모의 경제를 실현하기 위해 주요 내륙운송망에 뛰어난 접근성을 가진 소수의 항만에 화물량을 집중시키도록 했다.

이 "Land Bridge"의 개념은 컨테이너화와 복합운송의 진전에 따른 새로운 현상이기는 하지만 이미 19세기 후반 뉴욕~일본간 교역(파나마운하 개통 이전)에 있어서 북미대륙횡단철도가 이용되었다. 그러나 "Land Bridge"의 개념은 오랫동안 잊혀졌으나 1960년대 후반부터 북미대륙횡단철도를 이용하는 해륙복합운송시스템이 새로운 운송방법으로 각광을 받기 시작하였고, 비슷한 시기에 시베리아 횡단철도를 이용한 해륙복합운송서비스도 개발되어 과거 아시아와 유럽간의 주요한 교역 및 통신로였던 실크로드를 재현하게 되었다.

랜드-브릿지란 해·륙 복합일관수송이 실현됨에 따라 해상-육로- 해상으로 이어지는 운송구간 중 중간구간인 육로 운송구간을 말하며, 대륙횡단을 위한 철도 및 육로운송방식을 이용하여 매개운송구간화함으로써 육상과 해상을 잇는 해륙복합운송을 위한 교량의 역할을 하고 있다. 랜드-브릿지는 일반적으로 2국간 랜드-브릿지와 3국간 랜드-브릿지의 두 가지가 있다.

랜드-브릿지의 전형적인 경로는 극동에서 유럽지역까지 운송시에 파나마와 수에즈운하를 경유하지 않는 ① 극동-북미태평양안-(철도)-북미대서양안-유럽(ALB), ② 극동-나호드카(러시아)-(철도)-유럽제항(SLB)의 경로이다.

[그림 7-1] Land Bridge 2가지 형태

◇ 3 Span 랜드브릿지 형태

극동 ---→ 북미 서해안 ---→ 북미 동해안 ---→ 유럽
(해로) (육로) (해로)

◇ 2 Span 랜드브릿지 형태

극동 ---→ 북미 서해안 ---→ 북미 동해안
(해로) (육로)

북미 서해안 ---→ 북미 동해안 ---→ 유럽
(육로) (해로)

(2) 북미 Land Bridge

북미 랜드 브릿지는 American Land Bridge(ALB)와 Canadian Land Bridge (CLB)가 대표적이다. ALB는 극동지역의 항만으로부터 북미서안의 주요 항만까지 해상운송한 뒤 철도운송으로 연계, 북미동안/걸프만의 항만에서 다시 해상운송으로 유럽지역항만 또는 유럽내륙까지 일관운송하는 서비스 방식이다.

북미 Land Bridge는 1967년 아랍국가와 이스라엘간의 전쟁으로 수에즈운하가 봉쇄됨에 따라 수에즈운하를 경유하는 극동/유럽항로와 경쟁하는 새로운 운송방법으로 각광을 받았다. 이 서비스는 1972년에 Seatrain사(社)가 처음으로 Land Bridge의 운임(tariff)을 공표하고 영업을 개시하였다. 이 Seatrain사의 서비스는 운임과 운송일수가 전구간해상운송(All Water Service)과 시베리아 횡단철도 서비스의 중간정도이며, 화물의 통과국이 미국이라는 신뢰감에 따라 화주들로부터 큰 기대를 모았다. 그 후 1978년에는 Sea-Land사가, 1980년 APL, 1982년에는 Lykes사가 각각 이 서비스에 참여하여 1982년에는 약 100만개(unit)의 운송량을 기록하였다.

그러나 ALB서비스는 ① 운송스페이스가 극동/미국간의 화물량에 좌우되어 안정적

인 스페이스(space)의 확보에 문제가 있었고, ② 극동/유럽간의 전구간해상운송에 있어서 맹외선(盟外船) 등이 양질의 저렴한 서비스를 제공함에 따라 소요일수나 운임면에서 All Water Service 보다 우위성이 없어지게 되었다. 더욱이 시베리아횡단철도서비스(SLB, TSR)의 활성화 등에 따라 상대적으로 경제성이 떨어짐에 따라 오늘날 화주의 이용은 매우 저조한 실정이다.

한편 CLB(Canadian Land Bridge)는 ALB와 같은 형태로써 극동지역에서 캐나다의 밴쿠버(Vancouver)항 또는 미국의 시애틀(Seattle)항까지 해상운송한 후 그곳에서 캐나다의 철도회사를 이용, Montreal 또는 캐나다의 동안(東岸)까지 내륙운송한 뒤 다시 선박으로 유럽의 각 항만까지 해상운송하는 방법이다. 이 CLB는 Canadian Pacific Rail사와 일본 회사(三菱倉庫)가 개발하였으며, 최근에는 CLB도 ALB와 마찬가지의 여건을 보이고 있어 이용이 극히 부진한 편이다.

(가) Mini Land Bridge(MLB)

Mini Land Bridge(MLB) Service는 미국 Seatrain사가 ALB 서비스의 개설과 병행하여 1972년에 개시했다. 즉, Seatrain사는 Van Central 철도회사와 Santa Fe 철도회사의 동의를 얻어 저렴한 운임을 확보하고 유럽에서 미국 동안의 찰스톤(Charleston)항을 경유하여 서안의 캘리포니아(California)까지 운송한 후 귀로(歸路)를 이용해 미국 서안에서 동안으로 화물을 운송하게 된 것이 그 효시이다.

〈표 7-1〉 MLB Service 내역

출발지	운송수단	중 계 지	운송수단	목적지	소요일수
부산	→선박→	시애틀, 오클랜드, LA, 롱비치 등 미국 서안 항구	→철도→	미국 동안 제항 최종목적지의 철도회사 CY/CFS	15~18일

Land Bridge와 MLB의 차이점은 랜드 브릿지가 해상운송→육상운송→해상운송의 과정인데 비해 MLB는 해상운송→육상운송의 과정만을 포함한다는 것이다.

MLB의 장점으로서 화주는 ① 다양한 범위의 운송서비스를 제공받을 수 있고, ② 운송수단 및 선박 스케쥴의 선택에 여유를 가질 수 있다는 점이며, 선사를 비롯한 운송인으로서는 ① 동일한 화주를 계속 확보하면서도 항만 선택에 여유가 있으며, ② 소수의 항만에 화물을 집중토록 하여 선박의 활용도를 높일 수 있을 뿐만 아니라 효율적인 내륙운송이 가능한 점 등이다.

(나) Micro Land Bridge(Interior Point Intermodal ; IPI)

MLB가 전구간해상운송의 대체운송서비스로서 미동안 또는 걸프만 지역의 항만에 한정되어 있는 Port to Port운송인데 반해 Micro Bridge는 미국의 주요 내륙지점의 철도터미널 또는 선사의 CY/CFS에서 화물의 인도가 행해지는 복합운송서비스로서 통상 IPI(Interior Point Intermodal)로 불리운다.

〈표 7-2〉 IPI Service 내역

출발지	운송수단	중계지	운송수단	중계지	운송수단	목적지	소요일수
부산	→선박→	미국 서안	→철도/ 트럭→	철도 터미널	트럭	그룹 I 그룹 II 그룹 III	약 22일

IPI 서비스는 운송인이 내륙지점까지의 B/L을 발행하고 철도에서 트럭으로의 연결, 최종 목적지에서의 인도에 이르기까지 모두 운송인이 수배한다. 최근에는 화주의 문전까지의 운송하는 Store Delivery Service도 제공하고 있다. IPI 지역은 매우 광범위하여 IPI Ⅰ, IPI Ⅱ, IPI Ⅲ 등과 같이 3개의 지역그룹으로 나누어 운임을 공시한다. IPI Ⅰ은 미시시피강을 중심으로 한 서쪽 지역으로 Chicago, Kansas City, Dallas, Denver, Phones, St. Louis, Cleveland, Grand Rapids 등이고, Ⅱ 지역은 미시시피강 동쪽으로 Minneapolis, Cincinati, Columbia, Detroit 등이다. 그룹 Ⅲ은 동안에 가까운 도시로 Atlanta, Charlotte, Greensboro 등이다.

한편 Reversed Micro Bridge라고도 불리우는 Reversed Interior Point Intermodal(RIPI) 서비스도 있다. 이는 극동에서 파나마운하를 경유하여 미동안 항만까지 해상운송한 후 그곳에서 철도, 트럭 등에 접속하여 내륙도시까지 운송하는 서비스이다. RIPI는 IPI 서비스에 대항하기 위해 1980년 미동안 기항선사들에 의해 시작되었다. 미국 동안에 가까운 내륙도시행 화물이 주로 이 서비스를 많이 이용하며, IPI 보다는 운임이 싼 편이나 운송기간은 IPI 보다 더 많이 소요된다.

〈표 7-3〉 RIPI Service 내역

출발지	운송수단	중계지	운송수단	중계지	운송수단	목적지	소요일수
부산	→선박→	미국 동안-뉴욕, 챨 스톤, 사반 나, 뉴올리 언즈 등	→철도/ 트럭→	미국 내륙도시 트럭 터미널	트럭	IPI 지역	약 34일

(3) 시베리아 Land Bridge

(가) Siberian Land Bridge(SLB)의 의의 및 특성

SLB(또는 TSR ; Trans Siberian Railway)란 시베리아 철도를 이용하여 극동지역의 우리나라와 일본을 바롯하여 동남아, 호주 등과 유럽대륙, 스칸디나비아반도 및 중

동간을 해·륙 또는 해·륙·해의 형태로 연결하는 복합운송시스템을 말한다. 즉, 극동에서 유럽 및 중동행 화물을 집화하여 러시아의 나호드카(Nakhod- ka)항과 보스토치니(Vostochny)항으로 해상운송한 다음, 러시아의 전소련통과화물공단(SOTRA : V/O SOJUZTRANSIT)[50], Eurasia Trans사와 한국, 일본, 유럽 등의 NVOCC 또는 Freight Forwarder들이 제휴하여 철도로 시베리아를 횡단하여 중동근접지역이나 동구제국의 국경지역까지 운송하고 여기에서 다시 동·서구, 스칸디나비아 반도, 지중해, 이란, 아프카니스탄 등지로 철도, 컨테이너선, 트럭 등으로 연결되는 국제복합운송시스템이다.

시베리아 랜드브릿지를 이용한 운송은 19세기말 시베리아철도가 부설된 초창기에는 여객액운송만 담당하였고, 1930년대 초부터 화물운송이 시작되었으나 제2차 세계대전으로 중단되었다. 이후 1967년에 서비스가 재개되었으나 본격적인 컨테이너운송은 1971년 3월 구주운임동맹(FEFC)이 컨테이너선을 취항시키고 Freight For- warder를 지정하여 운영하면서부터 시작되었다.

우리나라는 그동안 외국의 포워더와 계약을 통하여 간접적으로 참여해왔었으나 1990년 9월 러시아와 정식수교가 이루어지면서 SOTRA나 전소대외운수공단(SVT ; V/O SOJUZVNESHTRANS), Eurasia Trans 등과 직접 계약을 통해 실질적으로 TSR 서비스에 참여하고 있다.

현재 극동과 유럽을 연결하는 여러 가지 운송서비스 경로(부산/로테르담 구간)를 비교해보면 TSR은 약 13,000km, 북미대륙을 경유하는 ALB는 약 20,700km, 수에즈(Swez)운하 경유 전구간해상운송시는 약 20,700km, 파나마(Panama)운하 경유시는 약 23,000km, 케이프타운(Cape Town) 경유 전구간해상운송시에는 약 27,000km 등이다. 따라서 TSR이 가장 짧은 운송루트이며, 그 결과 운송소요일수도 다른 경로보다 며칠 빠를 뿐만 아니라 운임도 구주운임동맹(FEFC)보다 약간 저렴하게 책정되어 있다. 그러나 운송일수 및 러시아 철도운임이 불안정하여 수시로 대폭 인상되는 문제점이 있다.

과거 TSR은 거리의 단축에 따른 비용의 저렴성 이외에도 ① 유럽 내륙지점에의 양호한 접근성, ② 중동항로의 대체경로, ③ 체선이 심한 중동항만의 회피 등의 장점에 따라 국제복합운송의 주동맥으로서의 무한한 잠재력을 갖고 있는 것으로 평가되었다. 그러나 TSR 서비스의 문제점도 많았다. ① 극동지역과 유럽간의 대외교역 불균형에 따른 컨테이너의 수급문제, ② 동절기의 결빙문제, ③ 화물운송의 안전성 및 화물추적에 따른 커뮤니케이션 문제, ④ 시베리아 철도시설의 노후화 및 TSR 운영관리의 비효율성에 따른 적기화물인도 문제 등이다.

TSR 운임은 프레이트 포워더에 의한 일관공통운임으로써 품목별, 행선지별로 컨테이너 1개당의 운임(Box Rate)이 설정되어 있다. 즉, 구소련국철의 운임체계가 화물별 기준(품목그룹별 7단계)으로 되어 있는 관계로 FCL은 20ft 1개, 40ft 1개당의 화물종류를 기준으로 하여 그룹별로 운임이 설정되어 있다. 또한 LCL은 별도로 CBM(㎥)당 요금이 설정되어 있다.

(나) TSR 운송경로

시베리아 랜드브릿지의 운송방식은 부산, 일본 등의 각 항구로부터 러시아의 나바호드카·보스토치니항까지 선박에 의한 해상운송 후, 구소련 영토내는 철도에 의한 육상운송을 이용하여 각각 유럽·중근동의 국경까지 화물을 운송하며, 그 이후 각 운송수단의 결합에 따라 "Transrail", "Transsea", "Tracons" 등으로 나누어진다.

① Transrail : TSR의 3가지 운송시스템 중 가장 일반적인 운송방법이다. 1984년에 TSR과 평행으로 북쪽에 건설된 소위 제2시베리아철도라고 불리우는 총 연장 4,335km의 BAM철도[51]의 개통에 따라 TSR의 운송능력은 크게 향상되었다. 극동지역의 항만으로부터 해상운송에 의해 보스토치니항까지 컨테이너화물의 운송이 이루어진 후 운송의 안정화, 합리화를 도모하기 위해 행선지별 컨테이너 전용절차(Block Train)로 시베리아 횡단철도를 이용하여 Moscow와 Chelyabinsk 같은 거점도시를 거쳐 주요 경계지점까지 운송하게 된다. 그러나 시베리아철도는 광궤(궤간 1,520mm)인데 비해 유럽의 철도는 표준궤노(궤산 1,435mm)이므로 구소련의 유럽 국경지역에서 환적이 가능해야 한다. 전 구간운송을 완료하는데 22~30일이 소요되며, Vostochny항에서 주요 경계지점까지는 약 15일이 소요된다. 경계지점에 따라 6개의 경로에 의해 운송이 가능하다.

② Transsea : 해상운송으로 보스토치니항까지 운송된 컨테이너화물이 TSR에 의해 Baltic해 연안 또는 흑해의 항구인 Leningrad, Riga, Tallin, Zhdanov, Ilyichevsk까지 철도운송이 이루어진 후 다시 선박으로 최종 목적지(지중해, 서유럽, 스칸디나비아)까지 운송되는 Land Bridge 시스템이다.

③ Trancons : 러시아 또는 폴란드 국경의 Brest의 동쪽에 위치한 비소코리트 브스크(Vysoko-Litovsk)까지 운송된 화물을 스위스, 프랑스 이북 등의 서비스지역까지 트럭으로 운송하는 형태이다.

(4) 중국대륙횡단철도(TCR)

유럽대륙과 아시아대륙을 연결하는 Land Bridge로서 기존의 TSR 이외에 중국대륙을 통과하여 유럽과 연결되는 중국횡단철도(Trans China Railway)도 큰 관심을 끌고 있다. TCR은 우리나라를 비롯한 일본, 대만, 홍콩 등 극동지역을 기점으로 하여 1차로 선박을 이용, 강소성 연운항까지 해상으로 운송한 후 중국대륙을 동서로 관통하는 철도운송에 의해 중국대륙을 횡단해서 구소련 국경지역에서 환적한 후 시베리아횡단철도(TSR)에 연결하여 유럽까지 운송하는 대륙간 횡단철도서비스이다.

중국정부는 1990년 7월 중국 신강(新疆) 위그루자치구와 카자흐스탄공화국간에 TCR을 이용한 임시 대외무역화물운송이 개시되자 국경통과운수관리법 관련 문건을 발표하였다. 그 내용은 중국 국경을 통과하는 국제컨테이너운송과 관련된 노선, 항만, 운영기관, 비용, 세관, 동식물검역, 위생검역, 상품관리규정 등을 포함하고 있다. 그리고 TCR과 연결되는 대표적인 항만으로 대련항, 청도항, 천진항, 연운항, 심천 북구안

(北口岸) 등을 지정하였다.

중국대륙횡단철도서비스로서 가장 관심을 끄는 운송경로는 중국 연운항을 거점항으로 하여 연운항/난주(蘭州)간의 용해선(1,799km), 난주/아라산쿠간의 난신・북강선(2,364km)을 연결하여 중국서북단의 국경역인 아라산쿠까지 철도운송한 후 여기에서 컨테이너 환적시설을 사용해서 카자흐스탄공화국을 통과하는 시베리아철도에 접속하여 유럽 또는 중동까지 일관운송하는 서비스망이다. 이 TCR은 아시아대륙과 유럽을 연결하는 운송루트로 활용하기 위해 1956년부터 중국과 구소련이 국경을 연결하는 철도건설을 시작했다가 중단되었으나, 1985년 5월에 공사가 재개되었으며 1992년 12월부터는 운송활동을 정식으로 개시하였다. 그러나 현재 카자흐스탄공화국 및 러시아 국경까지의 국제화물 직행운송만 이루어질 뿐 유럽까지의 운송은 이루어지지 못하고 있다.

TCR은 운송거리상 극동/유럽을 연결하는 최단코스로써 TSR보다 약 2,000km의 운송거리 단축이 가능하며, 운송일수와 운송비용면에서도 상당한 절감이 가능하다. 그러나 TCR은 ① 중국국경을 지나 구소련의 TSR과 연결되어야 하나 궤도(TSR은 광궤 1,520mm, TCR은 표준궤 1,435mm)의 차이로 인해 중국국경에서 반드시 환적되어야 하며, ② TCR은 TSR과 반드시 연계되어야 하므로 TCR의 전체운임은 러시아측과의 협상여하에 영향을 받기 때문에 경쟁관계인 TSR보다 현저하게 낮은 운임책정이 어려울 것이고, ③ TCR 서비스에 대한 관계국간의 운영상 비협조, 원활한 집화활동의 제한, 컨테이너 환적 및 창고시설 등 물리적으로 국제화물운송에 부적합한 시설 등의 문제점으로 인해 TCR의 활성화에는 상당한 시간이 걸릴 것으로 보인다.

(5) 아시아횡단철도(TAR) 및 아시안 하이웨이

아시아 횡단철도(Trans Asian Railway)는 1992년 UN 경제사회이사회(Eco- nomic and Social Commission for Asia and the Pacific ; ESCAP)에 의하여 추진중인 한반도(TKR)-중국(TCR)-러시아(TSR)를 경유하여 유럽까지 연결되는 새로운 철도망이다.

아시아 횡단철도를 이용할 경우 장점은 부산에서 로테르담까지 거리는 약 10,370km로서 컨테이너 운송이 약 24일 정도 걸리며, 전구간 해상운송시 거리인 20,000km보다 9,630km가 짧아 운송기일이 약 4~5일 정도 빠르고 운임도 20% 이상 저렴해진다.

UN 아시아・태평양경제사회이사회는 1996년 10월 제52차 ESCAP회의에서 남북한 등 42개국이 TAR의 개통을 위해 단절된 남북한철도를 복원하는데 최우선적으로 노력한다는 결의안을 채택함으로써 실현가능성은 남아 있다. ESCAP의 결의대로 아시아 횡단철도가 개통될 경우 부산항이나 광양항에서 북한을 거쳐 TSR이나 TCR과 연결시킬 수 있는 한반도종단철도(Trans Korean Railway ; TKR)망 구축 가능성은 존재하고 있다. 이 경우 새로운 화물운송경로로써 충분한 잠재력이 있는 것으로 평가되고 있다.

한편 1992년 UN ESCAP의 제48차 회의에서는 전술한 아시아 횡단철도(TAR) 외에도 아시아 횡단고속도로(Asian Highway)를 포함하는 아시아육상교통인프라개발계획(Asian Land Transport Infrastructure Development Project ; ALTID)을 추진키로 하였다. 아시안 하이웨이는 당초 동남아시아(태국, 월남, 인도네시아, 필리핀 등)와 서아시아(아프카니스탄, 이란 등)를 연결하는 65,000km의 도로망 구축에 있었으나 동서냉전 구조 속에서 중국, 월맹 등 사회주의 국가의 불참으로 필리핀-인도네시아-태국-인도-파키스탄-이란 등을 연결하는 남부노선을 대상으로 추진하여 왔다. 그러나 최근 동서냉전 구조가 와해되면서 1988년부터 1991년까지 중국, 몽고, 베트남, 미얀마 등이 적극 UN ESCAP에 가입함에 따라 한반도를 기점으로 중국-몽고-중앙아시아-유럽을 최단거리로 연결하는 북부노선이 추가되게 되었다. 아시안 하이웨이가 가동될 경우 아시아 각국간 새로운 교류형태가 생성되기 시작하여 아시아 전역은 하나의 경제권이 되면서 복합운송의 발전에 크게 기여할 것으로 기대된다.

2) 해공복합운송

(1) 해공(Sea & Air)복합운송의 의의

해상운송과 항공운송을 혼합한 해·공 복합운송은 그 구조에서 볼 수 있는 것처럼 All Water 운송이나 All Air 운송에게는 없는 특수한 성격의 중간운송수단으로 전개되고 있다. 이러한 Sea & Air 복합운송은 해상운송의 저렴성(Economy of Seafreight)과 항공운송의 신속성(Speed of Aircargo)이라는 장점을 상호 결합한 운송방식으로 비용면에서 가장 효과적으로 운송시간을 단축하고 취급상의 문제점을 최소화하기 위한 제3의 논리적인 국제복합운송방식이다. 즉, Sea & Air 운송은 운송일수와 운송요금이 전구간 항공운송(All Air)과 전 구간해상운송(All Water)의 중간에 있는 것으로써 전구간을 항공운송으로 하는 경우 운임이 너무 높고 전구간을 해상운송으로 하는 경우 운송일수가 너무 오래 소요되는 문제점을 효과적으로 극복할 수 있는 운송방식이다.

이 "Sea/Air" 운송의 이점은 운임과 운송일수가 해상운송과 항공운송에서의 이점이 중간적 입장에 있으므로 항공운송에서의 고 운임률과 해상운송에서의 운송기간의 장기성을 극복할 수 있는 해공복합운송방식이라는 관점에서 경제적인 운송방식이라 할 수 있다.

운송수단의 선택기준은 긴급성(납기 등)과 화물유통상 총비용과의 조합, 즉 운송일수와 운송비의 "Trade-Off"이다. 유럽으로의 운송을 예를 들면 여러 가지 운송수단이 있으며, 그 중에서 "Sea & Air" 운송의 운임은 "All Air"의 1/2, 운송시간은 "All Water"의 1/2수준인 제3의 운송수단으로서 해상운송과 항공운송의 중간에서 "Trade-off"하고 있다고 할 수 있다. 더구나 해공복합운송에서는 하나의 동일 행선지에 대해서도 여러 가지 경로가 설정되어 있고, 화주의 요구에 따라 선택의 여지가 있다.

Sea & Air 운송방식은 1950년대 말 또는 60년대 초 미국의 "Flying Tiger"사 또는 캐나다의 "Air Carnada"사에 의해 개발되었으며, 또한 1978년 "Concord"사와 "Japan Sea Air Service(JSAS)" 등 2사가 해공복합운송의 전문 복합운송인으로서 업무를 개시한 이후 현재에는 프레이트 포워더에 의해 이 서비스가 활발히 제공되고 있다.

(2) 해공(Sea & Air)복합운송의 주요 경로

오늘날에 있어 가장 일반적으로 행해지고 있는 해공복합운송방식으로는 ① 세계 해상항로 중에서 가장 선편이 많은 한국, 일본을 비롯한 극동-북미서안간의 태평양항로에서는 해상운송을 이용하고, 미국내 및 대서양선에서는 항공운송을 이용하여 미국 중동부 및 유럽 각지로 수송하는 방식이다.

[그림 7-2] Sea & Air의 주요 운송경로

· 극동 —(Sea)→ 북미 서해안 —(Air)→ 미국내, 유럽, 중남미, 기타
　　북미 서해안 = 밴쿠버, 시애틀, LA 등

· 극동 —(Sea)→ Vostochny —(Truck)→ 블라디보스톡 —(Air)→ Moscow —(Air)→ 유럽/중동 등

· 극동 —(Sea)→ 동남아, 중동 —(Air)→ 유럽, 중동, 아프리카, 호주 등
　　동남아, 중동 = 홍콩, 싱가포르, 방콕, 두바이 등

이외에도 ② 캐나다 서안의 밴쿠버에서 양륙하여 항공운송에 의하여 몬트리올을 경유하여 유럽으로 운송하는 방식, ③ 북미 서안에서 양륙하여 남미 또는 유럽으로 항공운송을 하는 방식, ④ 한국 및 일본에서 러시아의 보스토치니간을 해상운송하고, 보스토치니-블라디보스톡에서 모스크바까지는 항공운송하여 각 공항까지 운송하는 방식, ⑤ 한국 및 일본-홍콩간은 해상운송, 홍콩-유럽까지는 항공운송하는 방식, ⑥ 한국-두바이간은 해상운송하고 두바이-유럽까지 항공운송하는 방식 등이 있다.

3) 한국을 경유한 랜드브리지의 주요 경로

▌중국출발 한국경유의 복합운송

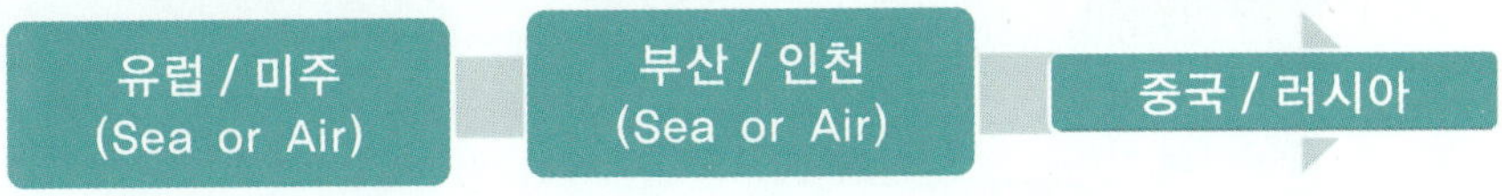

▌외국출발 한국경유의 중국, 러시아도착 복합운송

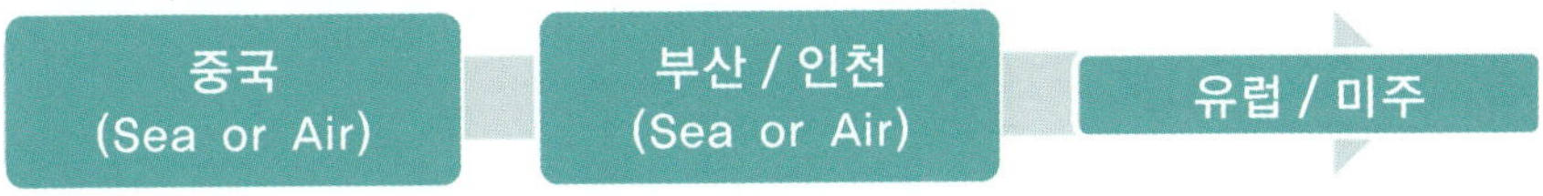

▌인천항과 위해(威海)항을 해상과 육상으로 연결

2010년 12월 22일부터 인천항-위해(威海)항 항로를 통해 해상과 육상으로 한·중간 화물자동차 상호운행을 하고 있다. 인천항과 위해(威海)항을 해상과 육상으로 연결하는 화물자동차가 운행을 개시한 것이다.

단계적으로 시행되는 한·중 화물차 복합운송협정은 1단계에서는 견인차(tractor)를 제외한 피견인 차량(trailer)에 한해 상대국내 운행을 허용한다. 이후 운행경험을 바탕으로 견인차까지 확대해나간다는 계획이다.

1단계 운행방식은 일관운송시스템 방식으로 진행된다. 국내 출발지에서 견인차가 컨테이너를 실은 트레일러를 항만으로 수송한 후, 트레일러를 카페리에 탑재해 중국까지 해상운송을 하면 이를 중국 항만에서 다시 견인차에 트레일러를 장착해 최종목적지까지 '도어투도어'(door to door) 수송을 하는 방식이다.

이렇게 되면 양국 항만에서 컨테이너를 도로운송용 트레일러에 옮겨 실을 필요가 없어져 운송시간과 비용이 절감되고 화물파손 위험도 줄어든다.

인천항과 위해항간 상호운행 개통을 시작으로 선사와 양국 항만의 준비상황에 따라 인천-청도 등 여타 한·중 카페리 항로로 단계적으로 확대할 계획이다.

컨테이너를 탑재한 피견인 트레일러

견인차와 결합된 상태의 트레일러

카페리에 승선하고 있는 트레일러　　카페리 선내에 탑재된 피견인 트레일러

3. 복합운송에 관한 국제조약·규칙

1) 복합운송 관련법규의 성립배경

국제복합운송이 이론적으로 실현되기 위해서는 단일운송주체와 단일책임원칙이 필요하다. 즉, 육·해·공 등 각종 상이한 운송수단간에 상호계약을 체결하며, 그 가운데 한 운송인이 주체가 되고 다른 운송수단을 가진 운송인은 하수 또는 하청운송인이 되어야 한다.

그러나 실제로 육상운송 중 철도를 제외한 도로운송과 해상운송 및 항공운송에는 많은 기업이 존재함으로써 몇몇 특정기업간에는 단순한 연계에 의해 복합운송이 수행되기 때문에 운송효율이 저하되어 왔다. 이는 국제운송질서가 운송수단에 따라 통리된 것이 아닌 개별법(조약)체계를 통해 운송질서가 유지되어 왔기 때문이다.

첫째, 해상운송에서는 ① 1924년의 선화증권 통일조약(Hague Rules), ② 1968년의 개정선화증권조약(Hague-Visby Rules), ③ 1978년 UN해상물품운송조약(Hamburge Rules) 등이 있다.

둘째, 육상운송에서는 ① 1970년의 철도에 의한 화물운송에 관한 국제조약(CIM), ② 1956년의 도로에 의한 화물의 국제운송을 위한 계약에 관한 조약(CMR) 등이 있다.

셋째, 항공운송에서는 1929년의 국제항공운송에 있어서의 일부규칙의 통일에 관한 조약(Warsaw Convention)과 1955년에 개정된 Hague Protocol(개정 바르샤바조약)이 있다.

따라서 화물을 서로 다른 운송구간을 통해 운송하는 경우에는 각 운송구간마다 서로 다른 조약 또는 강행국내법의 규제를 받는 운송증권을 발행하게 된다. 이에 따라 다음과 같은 국제조약안과 통일규칙이 제정되게 되었다.

① 국제해법회(CMI)의 복합운송계약에 관한 조약 초안(1949)과 Tokyo Rules(1969)
② 사법통일국제협회(UNIDROIT)의 TCM 조약안(Project de Convention sur le Transport International Combine' de Marchandies 1970)
③ 유럽경제위원회(ECE) 및 정부 간 해사자문기구(IMCO)와의 공동작업에 의한 TCM 조약안(1971)

④ 국제상업회의소의(ICC)에 의한 복합운송증권에 관한 통일규칙(1975)
⑤ UNCTAD의 IPG에 의한 UN국제복합운송조약(1980)
⑥ UNCTAD/ICC에 의한 복합운송증권규칙(1992)

2) UN 국제복합운송조약

1948년 국제상업회의소(International Chamber of Commerce ; ICC)의 의뢰에 따라 1949년 만국해법회(Committee Maritime International : CMI)는 "국제복합운송계약에 관한 조약 초안"(일명 박게안[52])을 공포하였으며, 다시 CMI는 1968년 동경총회에서 복합운송조약안(Tokyo Rules)을 채택하였다.

그러나 이 2개의 초안은 해석상 혼란만 가중시켰기 때문에 UN유럽경제위원회(ECE)의 내륙운송위원회(Inland Transport Committee)는 이들을 통합하고 합리화하기 위하여 CMI와 로마사법통일국제협회(UNIDROIT)를 원탁회의에 소집하여 이 결정에 따라 1969년 6월 UNIDROIT의 주최로 로마에서 개최된 제1차 회의에서 "Tokyo-Rome Rule"을 탄생시켰으며, 이어 1970년 1월의 제2차 회의에서 이를 재조정하여 TCM 조약초안(Rome Draft, TCM Draft Convention)을 마련하였다. 그런데 이 TCM 조약초안은 종래 복합운송조약안의 심의에 참여하지 않았던 항공업계의 강한 반대와 이 초안이 복합운송의 장래 발전에 미칠 영향에 대한 사회적・경제적 관점에서의 철저한 연구가 조약성립에 선행되어야 한다는 주장에 부딪혀 재검토가 불가피하게 되었다. 이에 따라 이 초안은 UN의 전문기관인 정부간 해사자문기구(Inter-Governmental Maritime Consulative Organization : IMCO) 법률위원회에 송부되었으며, 동 위원회의 검토 결과 관련기관들의 공동작업이 필요하다고 판단됨에 따라 일찍이 복합운송체제에 관심을 가지고 있었던 IMCO와 ECE의 합동위원회가 이 작업을 담당하여 4차례에 걸친 합동회의 끝에 1971년 11월 TCM 조약안(Project de Convention sur le Transport International Combiné de Marchandise)을 확정하였다.

이 TCM조약안은 당초 1972년 11월에 개최된 국제컨테이너운송회의(United Nations/IMCO Conference on International Container Traffic)에서 국제조약으로 채택될 예정이었으나 개발도상국의 반대에 부딪혀 좌절되고 말았다. 이는 UN 경제사회이사회가 1972년 7월 국제컨테이너운송회의에서 TCM 조약안의 채택을 의제로 삼지 않을 것을 결정함으로써 결국 백지로 환원되고 새로운 조약의 마련은 개발도상국의 영향력이 강한 UNCTAD로 넘어가게 되었다.

UNCTAD의 강력한 반대로 TCM 조약안이 백지 환원되자 복합운송조약의 심의무대는 UNCTAD의 무역개발위원회(Trade and Development Board : TDB)에 설치된 정부간준비그룹(Intergovernment Preparatory Group : IPG)으로 넘어가게 되었다. 이에 따라 IPG는 여섯 차례의 회의 끝에 조약초안을 완성하게 되었는데, 당초 예상한 대로 개도국과 선진국의 이해관계가 첨예하게 대립되어 그 심의과정에 난항을 거듭하게 되었다. 즉, 개발도상국은 컨테이너운송업과 같은 고도의 자본집약산업에 있어서 자기들의 노동집약적 산업구조로는 선진국과 경쟁할 수 없다고 생각하였고, 선진국은 복합운송조약이 어디까지나 복합운송인과 화물 이해관계자간의 권리 및 의무관계를 규정하는 사법적인 것으로 국한되어야 하며 복합운송인의 활동에 관한 제반 사법적 규제는 국내법에 일임하여야 한다는 입장을 견지하게 되었다.

이러한 대립 끝에 작성된 조약초안은 1979년 11월과 1980년 5월 제네바에서 소집된 UN 전권회의에 넘겨지게 되었다. 이 채택회의는 우선 각 개발도상국들을 아시아, 아프리카, 라틴아메리카 등 3개 지역으로 나누어 지역별로 의견을 조성한 다음 다시 그룹회의[53]에서 초안을 전체적으로 일괄합의하는 소위 컨센서스방식에 의해 UN 국제복합운송조약(United Nations Convention on International Multimodal Transport of Goods, 1980)을 채택하였다. 이 UN 조약은 상당부분 Hamburg Rules(United Nations Convention on the Carriage of Goods by Sea, 1978)에 기초하고 있고 또한 TCM 조약초안과 복합운송을 ICC 통일규칙에도 크게 의존하고 있다.

UN 조약의 발효는 30개국의 비준이 이루어진 날로부터 1년 후에 발효하게 되어있으나 1994년 말까지 7개국(카메룬, 칠레, 말라위, 멕시코, 르완다, 세네갈, 잠비아)에 불과한 실정이다. 그 이유는 조약의 준비과정에서 실무계를 대표하는 ICC, 국제보험연합회(IUMI), 국제해운회의소(ICS) 등이 복합운송인의 책임에 대해 이종책임체계(Network Liability System)을 지지해왔음에도 불구하고 UN 복합운송조약은 복합운송의 이상을 추구한 나머지 현실기반을 무시하고 소위 변형단일책임체계(Modified Uniform Liability System)를 채택하고 있기 때문이다.

본 조약은 40개 조문으로 구성되어 있으며 또한 6개 조문이 부속서로 추가되어 있는데, 주요 내용은 다음과 같다.

① 복합운송인의 책임은 과실책임주의에 의한다. 화물의 멸실, 훼손, 지연에 의한 손해가 발생한 경우에는 운송인의 과실이 있는 것으로 추정한다. 즉, 복합운송인은 무과실을 입증하지 못하면 배상책임을 면할 수 없다.

② 복합운송인에 의한 물품의 수취지 또는 인도지의 어느 한 국가가 체약(비준)국이면 UN 조약이 강제적으로 적용된다.

③ 복합운송인의 책임한도액은 손해발생구간이 판명된 때는 국제법, 국제조약 또는 UN 조약상의 책임한도액가장 높은 금액으로 한다. 손해구간이 판명되지 않은 불명손해인 경우 1포장당 또는 선적단위당 920 SDR 또는 물품의 1kg당 2.75 SDR을 적용하되 높은 금액으로 한다. 복합운송에 해상운송구간이 포함되지 않았을 경우 8.33 SDR을 적용한다. 인도지연화물에 대한 책임제한은 운임액수의 2.5배를 채택하고 있지만 전체화물에 대한 운임을 초과할 수 없도록 하고 있다.

④ 복합운송인의 책임한도는 이종책임체계에 의하지 않고 전체운송구간에 대하여 대화주 단일책임을 지는 변형단일책임체계에 의한다. 사고발생구간에 강행법규가 존재하는 경우에도 본 조약의 규정이 우선적으로 적용될 수 있다. 단, 강행법규의 책임한도액이 UN 조약의 책임한도액보다 높을 경우에는 그 강행법규가 우선적으로 적용된다(제19조).

3) ICC 복합운송증권통일규칙

UNCTAD의 IPG에 의한 복합운송조약의 심의가 몹시 난산을 겪고 있는데 비해서, 실무계를 대표하는 ICC에서는 1972년 11월의 국제컨테이너운송회의에서 TCM 조약안이 백지환원됨에 따라 동년 12월에 복합운송증권을 위한 통일규칙(Uniform Rules for a Combined Transport Document 1973, 1975 Revision)을 발표하였다.

이는 선화증권을 중심으로 한 종래의 신용장 거래에 대하여 새로운 문제점을 제기한 복합운송증권(CTD)에 관하여 신용장통일규칙에 필요한 수정을 가하여 수리 가능한 선적서류로서 할당해 왔던 종래의 여러 조건을 완화하고 은행 매입의 전제조건으로써 운송인의 CTD 발행책임을 명확히 하기 위해 이를 복합운송통일규칙에 준거하도록 한 것이다.

ICC의 복합운송증권을 위한 통일규칙은 Network system 및 그 적용의 임의성에 입각한 것이며, 이미 발틱국제해운동맹(Baltic and International Maritime Conference : BIMCO)의 표준증권 양식 등으로 국제해운업계에서 컨테이너 운송증권의 기준으로 채용되어 온 TCM 조약안의 연장된 표준약관이라고 볼 수 있다. 그리고 이 규칙은 10개 항목에 19개 규칙으로 구성되어 있다.

4) UNCTAD/ICC 복합운송증권규칙

복합운송증권에 관한 ICC의 통일규칙(ICC Publication No.298)은 만국해법회(CMI)의 동경규칙(Tokyo Rules)과 UNIDROIT가 작성한 TCM 조약안을 기초로 제정되어 세계적으로 널리 사용되어 왔다. 전술한 바와 같이 발틱국제해운동맹 및 FIATA 복합운송증권 등에 표준약관으로 널리 사용되어 왔으나 당초 1980년의 UN 국제복합운송조약의 발효를 앞두고 UNCTAD의 해운위원회는 UNCTAD 사무국이 거래당사자 및 국제기구와 긴밀히 협조하여 Hague Rules, Hague-Visby Rules는 물론 FIATA B/L이나 ICC 통일규칙과 같은 현행 증권을 기초로 하여 복합운송증권에 관한 규정을 제정할 것을 지시하였다.

이에 따라 UNCTAD 사무국은 상거래 당사자들과 접촉을 지속하였으며, 새로운 규칙을 제정하기 위하여 1988년에 UNCTAD/ICC 합동작업반이 조직되어 복합운송에 관한 통일규칙 제정을 추진하였다. 이번에 제정된 UNCTAD/ICC 복합운송증권규칙은 복합운송에 관한 Hague Rules와 Hague-Visby Rules를 기초로 한 것으로 국제무역업계의 다양한 의견을 반영하기 위하여 3년간의 긴 작업과정을 거쳐 제정되었고, 1992년 1월 1일부터 시행되고 있다. 이 규칙은 하나의 지침에 불과하며, 따라서 복합운송계약에 적용할 수 있는 국제조약이나 국내법의 강행규정은 이 규칙에 우선한다. 그러나 이 규칙은 범세계적으로 국제무역거래에 적용될 수 있으며, ICC의 신용장통일규칙(UCP)

의 최신 개정내용과 일치되기 때문에 국제무역계 및 금융계에서 널리 받아들여지도 있다. 현재 복합운송업계에서 가장 널리 사용하고 있는 FIATA MT B/L의 이면약관에서 이 규칙을 채택하고 있으며, 우리나라 복합운송협회에서 제정한 B/L(KIFFA MT B/L) 또한 그러하다.

UNCTAD/ICC 규칙은 화물의 멸실, 훼손, 지연에 관한 책임에 대해 ICC규칙 및 UN조약과 마찬가지로 복합운송인의 과실추정(presumed fault)의 원칙을 채용하고 있다. 따라서 복합운송인은 자신이나 사용인, 대리인, 기타 피용인이 손해를 방지하기 위해 적절히 필요한 제반조치를 취한 사실을 입증하지 않는 한 책임을 져야 한다.

책임의 제한에 대해서는 ICC규칙과 UN조약의 중간수준을 채택하고 있다. 소위 '컨테이너 조항'(Container Clause)이 적용될 경우 포장당 666.67SDR 또는 매 kg당 2SDR 중 높은 한도액이 적용되는데, 이는 Hague-Visby 규칙상의 책임한도와 일치한다. 한편 해상운송구간이 포함되지 않은 복합운송의 경우 UN조약과 마찬가지로 매 kg당 8.33SDR이 적용된다.

UNCTAD/ICC 복합운송증권규칙은 전문(Introduction), 규칙의 해설(Explanation of the Rules, 규칙 13개조로 구성되어 있음) 및 1. 적용범위, 2. 용어정의, 3. 복합운송증권에 기재된 정보의 증거력, 4. 복합운송인의 의무, 5. 복합운송인의 책임, 6. 복합운송인의 책임한도, 7. 복합운송인의 책임제한권의 상실, 8. 송하인의 책임, 9. 물품의 멸실 및 손상의 통지, 10. 제소기한, 11. 불법행위에 대한 본 규칙의 적용, 12. 복합운송인의 사용인, 대리인 및 기타의 복합운송인의 피용인에 대한 본 규칙의 적용, 13. 강행법규 등으로 구성되어 있다.

참고로 각 복합운송규칙을 비교하면 <표 7-4>와 같다.

〈표 7-4〉 복합운송증권규칙 비교

구분 \ 규칙	ICC 복합운송증권 통일규칙(1975)	UN 국제복합운송조약 (1980)	UNCTAD/ICC 복합 운송증권규칙(1992)
적용 범위	이 규칙에 의한 복합운송증권에 의거하여 체결된 복합운송계약에 적용됨.	복합운송인이 화물을수취하는 지점 및 화물을 인도하는 지역 또는 "or"에 의해 연결되어 있는 경우 자국이 이 조약의 체약국이 아니더라도 상대국이 체약국이면(반대의 경우도 포함)이 조약 적용됨.	이 규칙을 복합운송계약에 삽입시키는 경우 이 규칙이 적용되며, 이 경우 단일운송계약 또는 복합운송계약이냐에 관계없이 적용됨.

책임체계	이종책임체계	변형 단일책임체계	변형 단일책임체계
책임원칙	과실추정책임원칙 (단, 운송인의 거증책임 있음)	좌 동	좌 동
배상금액 및 책임한도	손해발생구간이 불명확한 경우는 중량주의에 따라 1kg당 30 포앙카레프랑(Poincaré Franc, 약 2SDR)을 한도로, 손해발생구간이 판명된 경우는 각 구간에 적용하는 국제조약(규칙)/국내법에 따름.	1 package or 1 unit당 920SDR 또는 1 kg당 2.75SDR 중 높은 금액. 컨테이너, 팔레트 등을 세는 방법은 Hague-Visby Rules, Hamburg Rules과 동일함. 복합운송에 해상운송구간이 포함되지 않은 경우 1kg당 8.33SDR을 적용함.	복합운송인이 물품을인수하기 전에 송하인이 물품의 종류와 가액을 통보하고 또한 이를 복합운송증권에 기재한 경우를 제외하고 매 포장당 또는 매 단위당 666.67SDR 또는 매 kg당 2SDR중에서 높은 쪽의 금액. 복합운송에 해상운송구간이 포함되지 않은 경우 1kg당 8.33SDR을 적용함.
지연손실 배상금액	지연구간에 대해 해당 운송수단의 운임액 범위 내	지연된 화물에 한해 운임의 2.5배 범위 내. 단, 총 배상금액이 운송계상의 총운임을 초과하지 않는 금액.	인도지연에 따른 간접손해에 대하여 책임이 있는 경우 총 운임을 초과하지 않는 금액
책임 한도 총액	해당조항 없음.	전손(全損)에 대한 책임한도액. 단, 간접손실은 불포함.	전손에 대한 책임한도액.
책임제한권 상실	복합운송인의 고의/무모하게 또는 알면서 행한 작위 /부작위에 대해서는 책임제한(한도)의 이익을 주장하지 못함.	좌 동	좌 동

제 2 절 복합운송인과 프레이트 포워더

1. 복합운송인

1) 복합운송인의 정의 및 범위

국제복합운송인은 이종(異種) 또는 동종(同種) 운송수단을 조합하여 2국 이상을 수송하는 운송인을 말하는 것으로 TCM 조약안에서는 CTO(Combined Transport Operator), UN 조약 및 UNCTAD/ICC 규칙에서는 MTO(Multimodal Transport Operator)라고 규정하고 있으며, 미국에서는 주로 ITO(Intermodal Transport Operator

; 협동일관운송인)라고 부른다.

이러한 복합운송인에 대해 TCM 조약안에서는 ① 복합운송증권을 발행하며, ② 화물의 수령에서부터 인도에 이르기까지 전구간에 걸쳐 자기의 이름으로 운송을 이행하고, ③ 그 운송에 대하여 조약에 규정된 책임을 부담하며, ④ 복합운송증권에 기명된 자 또는 정당하게 배서된 증권의 소지인에게 화물의 인도를 확실히 하기 위해 필요한 조치를 다하는 자로 정의하고 있다.

UN 국제복합운송조약에서는 "자기 또는 자신의 대리인을 통하여 복합운송계약을 체결하고 송하인이나 복합운송에 관여하는 운송인의 대리인으로서가 아닌 주체(하수 또는 하청운송인이 아님)로서 행위하고, 그 계약의 이행에 관한 채무를 부담하는 자를 말한다"라고 정의하고 있다. 또한 1992년부터 시행되고 있는 UNCTAD /ICC 복합운송증권규칙에 의하면 복합운송인은 복합운송계약을 체결하고 또한 운송인으로서 그 계약이행의 채무를 부담하는 자를 의미한다고 규정하고 있다. 반면 UNCTAD/ICC규칙 제2조 3항에서는 복합운송인과 일치하지 않는 실제운송인(performing carrier, actual carrier)을 복합운송인과 구별하기 위하여 운송인(carrier)의 정의를 규정하고 있다.

이상에서와 같이 복합운송인에 대해 정의를 내린다면, "복합운송인은 스스로 또는 자신을 대신한 타인을 통하여 복합운송계약을 체결하고 송하인이나 복합운송에 관여하는 운송인의 대리인이나 또는 그러한 사람으로서가 아닌 운송의 주체자로서 행위하고 계약의 이행에 관한 채무를 부담하는 운송인"이라고 할 수 있다.

그러나 복합운송인은 반드시 실제운송인이어야 하는 것은 아니며 오히려 프레이트 포워더와 같이 화물 및 운송수단에 대한 수배자적인 성격을 지니고 있다.

2) 복합운송인

(1) 실제운송인(Actual Carrier)형 복합운송인

UNCTAD/ICC 복합운송증권규칙에서 운송인은 복합운송인과 동일인이거나 아니거나와 상관없이 실제로 운송의 전부 또는 일부를 이행하거나 또는 이행의 인수하는 자라고 정의한 것과 같이 실제운송인형 복합운송인이란 자신이 직접 운송수단(선박, 트럭, 항공기 등)을 보유하면서 복합운송인의 역할을 수행하는 운송인을 말한다.

실제운송인의 대표적인 회사로서 선박회사, 철도회사, 트럭회사 및 항공회사 등을 들 수 있는데, 복합운송구간 중 해상구간이 차지하는 비중에 비추어 볼 때 선박회사가 가장 대표적인 실제운송인형 복합운송인이라 할 수 있다.

컨테이너선의 등장으로 선박회사의 운송책임은 종래의 "Tackle to Tackle"(선측에서 선측까지)에서 "Terminal to Terminal"로 확대되고, 다시 더 확대되어 해상운송에만 머무르지 않고 국제간의 Door to Door운송을 일괄하여 인수하는 국제복합운송업자로 바뀌고 있다.

(2) 계약운송인(Contracting Carrier)형 복합운송인

실제운송인은 Carrier형 운송인인데 비해 계약운송인은 선박, 트럭, 항공기 등의 운송수단을 직접 보유하지 않으면서도 실제운송인처럼 운송주체자로서의 기능과 책임을 다하는 운송인을 말한다. 즉, 계약운송인은 실제운송인에게는 화주의 입장에서, 화주에게는 운송인의 입장에서 책임과 의무 등을 수행한다. 이러한 유형의 복합운송인으로는 해상운송주선인(Ocean Freight Forwarder), 항공운송주선인(Air Freight Forwarder), 통관업자 등이 있는데 해상 및 항공운송주선인이 가장 대표적이라고 할 수 있으며, 현행 국내법상 복합운송주선인이 여기에 해당된다. 이에 따라 보통 계약운송인형 복합운송인을 프레이트 포워더형 복합운송인이라고 한다.

(3) 무선박운송인(NVOCC)형 복합운송인

프레이트 포워더형 복합운송인은 법적으로 실체화시킨 것이 NVOCC(Non-vessel Operating Common Carrier)인데, NVOCC가 처음 법제화된 것은 1963년 미국 FMC General Order 4<510, 21(b)>이다. 이 General Order는 1981년에 개정되어 NVOCC는 미국 해운법에서 말하는 "Common Carrier by Water"에 상당하는 것으로 규정하였고, 1984년 신 해운법에서는 NVOCC가 Common Carrier라는 점을 명확히 하고 있다.

1984년 미국 해운법에 의하면 NVOCC란 해상운송에 있어서 자기 스스로 선박을 직접 운항하지 않으면서 해상운송인(Ocean Common Carrier)에 대해서는 화주의 입장이 되는 것이라고 정의하고 있다. 여기에서 Common Carrier란 보수를 받고 미국과 타국간에서 해상화물운송업무를 수행할 것을 일반에게 공시하는 자를 뜻한다. 이러한 Common Carrier에는 NVOCC 외에 VOCC(Vessel Operating Common Carrier)가 있는데, NVOCC는 VOCC에 대하여 화주의 입장이 되며 화주에게는 Common Carrier의 입장이 된다.

TCM조약안에 따르면 복합운송인이란 복합운송증권을 발행하며, 화물의 수령부터 인도까지 전구간에 걸쳐 자기이름으로 운송을 이행하고, 그 운송에 대해 조약에 규정된 책임을 부담하며, 복합운송증권에 기명된 또는 정당하게 배서된 증권의 소지인에게 화물의 인도를 확실히 하기 위해 필요한 모든 조치를 다하는 자를 의미한다. 또 유엔 복합운송조약의 정의에 의하면 복합운송인은 스스로 또는 대리인을 통해 운송계약을 체결하고 송하인이나 운송인의 대리인이 아닌 주체로서 계약의 이행에 책임을 지는 자를 말한다. 따라서 복합운송인을 일반적인 의미로 정의하면 자기의 명의와 계산으로 화주를 상대로 복합운송계약을 체결한 계약당사자로서, 운송전반을 계획하며 운송기간 중 여러 운송구간을 적절히 연결하고 통괄하여 운송이 원활하게 이루어지도록 조정하고 감독할 지위에 있는 자이다.

2. 프레이트 포워더의 의의

1) 프레이트 포워더의 개념

"Forwarder" 또는 "Freight Forwarder"에 대한 사전의 해석은 "운송을 위탁한 고객을 대리하여 화주의 화물을 통관, 입출고, 집화, 환적 또는 배달 등의 서비스를 제공하여 화주가 요구하는 목적지까지 안전하고 신속하게 운송하는 자"이다.

프레이트 포워더의 국제민간기구인 FIATA는 Forwarder를 운송의 설계자(Architect of transport)로 그 특징을 파악하고 있으나 Freight Forwarding의 오랜 역사를 가지고 있는 유럽에서도 그 정의는 명백하지 않은 실정이다.

프레이트 포워더란 "Forwarding Agent", "Shipping Agent", "Shipping & Forwarding Agent" 등을 총칭하는 개념인데, 이는 운송을 위탁한 고객의 대리인으로서 송하인의 화물을 인수하여 수하인에게 인도할 때까지의 집화, 입출고, 선적, 운송, 보험, 보관, 배달 등 일체의 업무를 주선해 줄 뿐만 아니라 복합운송체제하에서 스스로 운송계약의 주체자가 되어 복합운송인으로서 복합운송증권을 발행하여 전구간의 운송책임을 부담하는 자를 말한다.

FIATA는 불어로 Federation Internationale des Associations de Transitaires et Assimiles의 두문자(頭文字)를 딴 약자. 영어로는 International Federation of Freight Forwarders Associations로 표기

"Forwarding Agent"는 원래 소량화물을 철도화차 단위의 화물량으로 집화, 분배하는 사업가를 말하는 것으로 유럽에서 생성되었으며, Shipping Agent는 주로 매도인을 대리하여 선적절차의 이행, 선적서류 작성, 선적 등의 일을 하지만 영국에서는 선사를 위해 선복판매를 하며 그들의 일부는 지금도 선적중개인으로 활동하고 있다. 이처럼 불문법(不文法) 국가인 영국에서는 Forwarding Agent가 하는 일은 선박, 철도 등의 운송인을 상대로 운송을 주선하고 필요한 경우 선박, 철도, 세관 등의 사이에서 여러 가지 주선을 하기 위하여 화주의 대리인으로서 행동하는 것이며, 운송인이 아닌 것으로 인식되어 왔다. 그러나 오늘날에는 포워더가 화주의 단순한 대리인으로서가 아니라 운송인으로서 책임을 지는, 즉 운송계약의 주체자로서 행위하고 있어 그 역할에 대한 정의가 변천되어 가고 있다.

독일의 상법전 제407조(Handelsgestzbuch §407)에는 포워더를 자기의 고객을 위하여 자기의 명의로 운송주선의 업무를 수행하는 자로 정의하고 있다. 또한 프랑스의 상법전(Code de Commerce)에는 포워더에 상당하는 개념으로 Commissionaire de transport와 Transitaire이 있으나 그 기능에는 차이가 있다. "Commissionaire de transport"는 독일의 "Spediteur"와 마찬가지로 자기의 이름으로 포워더의 행위를 하는 주재자로서(as a Principal) 운송의 법적실행에 책임을 지는 반면 "Transitaire"는 전자와 달리 대리인으로서의 포워더이므로 운송인과 같은 법적 책임을 지지 않는다.

한편 우리나라의 상법에는 "운송주선인이란 자기 명의로 물건운송의 주선을 영업으로 하는 자"라고 규정(제114조)한 것과 같이 자기명의로 물건운송의 주선을 영업으로

함으로써 상인이 되며(제4조, 제46조 12호), 물건운송인인 이상 육상·해상·항공운송 또는 3종류의 통운송의 어느 것이든 불문한다. 이에 따라 복합운송주선업자는 육상·해상·항공에 의한 운송 중 적어도 두 가지 이상의 운송이 개입된 해상-육상, 육상-항공, 해상-항공, 해상-육상-항공 등의 운송을 주선 또는 수행하며, 때로는 해상운송과 항공운송 중에서 한 가지 운송만 주선하거나 이행하기도 한다. 이와 같이 프레이트 포워더는 전통적인 대리인으로서의 운송주선인 역할과 복합운송체제하의 운송주체자로서의 역할을 동시에 수행하고 있다. 즉, 복합운송주선인은 송하인의 요청에 따라 그의 대리인으로서 송하인으로부터 물품에 관한 적재, 운송, 보험, 보관 등의 일체의 업무를 주선해줄 뿐만 아니라 복합운송체제하에서 스스로 운송계약의 주체자가 되어 복합운송인으로서 복합운송증권을 발행하여 전 구간의 운송책임를 부담하는 사람이라고 정의할 수 있다.

2) 프레이트 포워더의 기능

프레이트 포워더(Freight Forwarder)의 기능은 화주의 대리인으로서 적절한 운송수단을 선택하여 운송에 따르는 일체의 부대업무를 처리해주는 전통적인 운송주선기능과 오늘날과 같은 복합운송시스템 하에서는 독자적인 영업광고와 함께 스스로 컨테이너 등의 운송설비를 갖추고 집화, 분배, 혼재업무를 행하는 운송의 주체자로서의 기능을 지니고 있다.

포워더의 업무는 Local 유형, International 유형 및 Carrier 유형의 3가지로 대별할 수 있다. Local 유형의 포워더는 활동영역이 국내적이거나 부분적인 특정범위에 한정되며, 국제유형의 포워더는 Local 업무에 추가하여 국제 Network를 결합한 유형이라고 할 수 있다. 또한 Carrier 유형은 복합운송인(MTO) 또는 무선박운송인(NVOCC)으로서 행동하고 이용자의 편익을 도모하고 있다.

프레이트 포워더의 기능을 간략히 살펴보면 다음과 같다.

하나, 전문적 조언자이다. 화주의 요청에 따라 해상, 항공, 철도, 도로운송의 소요비용과 시간, 신뢰성, 경제성을 고려하여 가장 적절한 운송로를 채택하게 해주고 또한 그 운송수단, 운송로에 바탕을 두고 화물의 포장형태 및 전국의 각종 운송규칙을 알려주며 운송서류를 용이하게 작성하도록 하는 등 일체의 조언을 해준다.

둘, 운송계약의 체결 및 선복의 예약자이다. 프레이트 포워더는 통상 특정화주의 대리인으로서 자기의 명의로 운송계약을 체결한다. 운송계약을 체결할 때 특정 선박 또는 항공기의 선(기)복을 예약해야 하며, 이때 선박(항공)회사는 포워더로부터 구두예약을 접수하여 화물의 명세, 필요한 컨테이너 수(數), 운송조건 등을 기재한 선복예약서(booking note)를 사용하게 되며, 매도인은 선복예약서의 조건대로 선(기)적할 수 있는 것이다.

셋, 관계서류의 작성자이다. 포워더에게 관계되는 서류 또는 취급업무는 선화증권, 항공운송장 또는 이와 유사한 서류, 통관서류, 원산지증명서, 보험증권, 선적지시서 등인데, 이들 서류들을 포워더가 직접 작성하든가 또는 화주가 작성하는 경우 효율적인 조언을 한다. 특히, 우리나라의 포워더는 해상 또는 항공 혼재화물적하목록을 작성하여 EDI로 세관에 제출한다.

넷, 통관수속자이다. 주요한 항만이나 공항에 사무소를 두고 세관원 및 관세사들과 긴밀한 접촉을 유지하면서, 화주를 대신하여 관세사를 통하여 통관수속을 한다.

다섯, 운임 및 기타 비용의 입체자이다. 포워더와 화주간에 통상의 거래관계가 확립되어있는 경우, 포워더는 고객을 대신하여 모든 비용을 입체 지불한다. 수출입업자는 통상 선사, 항공사 기타 운송인 및 하역업자, 컨테이너, 보관시설 기타의 설비 등을 이용하는데, 이러한 것들이 포워더를 통해 이루어지게 되면 이 비용에 대한 수출입업자의 지불은 포워더에게 일괄적으로 지불됨으로써 수속절차가 간소화된다. 이와 관련하여 해외의 거래관계를 통하여 COD(Cash On Delivery)의 편의를 제공하는 수도 있으며, 또한 포워더는 고객을 위하여 L/C나 외화의 매매 등에 관한 은행에의 수배를 하기도 한다.

여섯, 포장 및 창고보관자이다. 포워더는 운송수단 또는 목적지에 적합한 포장을 할 수 있는 독자적인 포장회사를 가지는 수도 있으며, 화물의 포장방법에 관해서 운송수단이나 목적지에 가장 적절하고 효과적인 것을 화주에게 조언을 한다. 또한 포워더는 주체자로서의 운송이나 소량컨테이너화물(LCL)의 통합·분배 또는 혼재업무를 행하는 당연한 결과로서 자기의 창고를 소유하여 일시적 또는 단기적인 보관서비스도 제공한다.

일곱, 보험의 수배자이다. 포워더는 화물보험에 관계되는 가장 유리한 보험형태, 보험금액, 보험조건 등에 정통하고 있어 화주를 대신하여 보험수배를 할 수 있으며, 운송화물의 사고발생시 화주를 효율적으로 보좌한다.

여덟, 화물의 집화·분배·혼재서비스를 담당한다. 전통적인 대행기관이 아닌 운송 주체자로서의 포워더의 업무는 화물의 집화·분배·혼재서비스 등이 있는데, 이는 운송주체자로서의 업무가 포워더 본연의 중요한 기능이라 할 수 있다.

아홉, 관리업자, 분배업자이다. 포워더는 수화인을 위한 화물의 관리업자 및 분배업자로서의 기능도 가지고 있다. 전자는 Door to Door의 전운송과정에 걸쳐 화물의 안전과 원활한 흐름을 도모하기 위해 화주를 대신해서 이를 감시하는 일이며, 후자는 대량으로 수입되는 화물을 일괄하여 통관한 뒤 각지에 흩어져 있는 수화인에게 배송·인도하는 일이다.

열, 시장조사자이다. 해외의 거래망을 통하여 외국의 바이어를 소개하기도 하고 또 국내시장에 관한 정보를 수집하는 등 여러 가지로 수출입업자를 지원하고 있다.

3) 프레이트 포워더의 효용성

프레이트 포워딩 서비스(Freight Forwarding Service)가 물적유통과정에 참여하는 각 분야별 이익주체에 제공하는 경제적 효용성은 다음과 같다.

(1) 화주 측면

(가) 수출업자(송하인)

복잡한 국제화물유통 관련업무에 관해 포워더를 이용함으로써 비용, 시간, 인력 절감 등을 꾀할 수 있으며, 자기 기업내에 운송전문 Staff를 두지 않고도 화물유통정보, 운송지식, 운송에 관한 Know-how 등 최적의 Advice(조언)를 활용할 수 있어 자기 본업인 생산과 판매에 전념할 수 있다.

(나) 수입업자(수하인)

수하인은 화물수령에 필요한 서류의 작성 빛 절차에 관해 프레이트 포워더의 조언(advice)을 용이하게 입수할 수 있고 자기의 통상업무에 전념하고 있으면 포워더는 화물의 도착을 통지(Arrival Notice)해줄 뿐만 아니라 수하인의 문전(door)까지 화물을 인도해준다.

(다) 규모의 경제 실현

프레이트 포워더는 다수의 송하인으로부터 위탁받은 선복(船服) 교섭권을 활용하여 대형화된 Cargo Volume을 배경으로 실제운송인으로부터 보다 유리한 Rate를 유도함으로써 소위 '규모의 경제'(Scale Merit)를 실현하여 그 이익을 수탁자인 화주가 입게 하도록 한다.

(라) 최적의 운송시스템 선택

수출입업자가 스스로 국제물류 업무를 수행할 경우에 있어서 각자 육상, 항만, 해상 등의 각 Segment의 정보를 입수하여 포장, 보관, 하역에 관한 정보와 결합시켜 가까스로 수출입상품의 물류코스트를 파악할 수 있는데 반해 프레이트 포워더를 이용할 경우 수출입업자의 활동을 최소화시키면서도 일관수송 서비스를 수행하기 위한 해당 상품의 운임부담력 또는 수급의 완급에 따라 최적의 운송시스템 선택이 가능하도록 한다.

(2) 실제운송인 측면

포워더는 실제운송인(Performing Carrier, Actual Carrier)에 대한 관계에서 화주의 입장이 되기 때문에 운송인이 프레이트 포워더를 이용할 경우 일반 화주와 직접 교섭

하는 것보다 많은 이익을 향유할 수 있다. 즉, 실제운송인은 각양각색의 수많은 화주들을 상대로 직접 집화활동을 하는 것보다 집화전문가인 포워더를 상대함으로써 안정적인 물량확보를 꾀할 수 있다.

3. 미국의 프레이트 포워더와 NVOCC

미국의 프레이트 포워더는 크게 네 가지 형태로 구분되어 법제화되어 있으며, 법률에 따라 각기 다른 위원회의 규제를 받고 있다.

첫째, 국내운송주선인(Domestic Freight Forwarder)은 구 주제통상법(Interstate Commerce Act : ICA)의 규정에 따라 주제통상위원회(Interstate Commerce Commission : ICC)의 관할에 속하며, 둘째로 항공운송주선인(Air Freight Forwarder)은 국내외를 막론하고 연방항공법(Federal Aviation Act : FAA)의 규정에 따라 민간항공위원회(Civil Aeronautics Board : CAB)의 관할에 속하며, 셋째로 해상운송에서의 Ocean Freight Forwarder와 NVOCC는 연방해사위원회(FMC)의 관할에 속한다. 이와 같이 미국의 경우 우리나라의 해상화물운송주선인과 유사한 것으로 Domestic 및 Ocean Freight Forwarder, NVOCC 등이 있다.

1) Domestic Freight Forwarder

Interstate Commerce Act(ICA) 제4편 <Set, 402(a)2>에 의하면 Domestic Freight Forwarder란 철도, 자동차 및 수상운송인이 아닌 일반운송인(Common Carrier)으로서 보수를 받고 주간화물을 운송하는 것 또는 운송의 준비를 하는 것을 공표하는 자이다. 그 통상적인 업무내용으로는 ① 화물의 집화, 혼재, 분배, 배송업무를 수행하거나 또는 준비를 하고, ② 수령지부터 인도지까지 화물운송에 대한 책임을 지고, ③ 화물운송을 위하여 철도, 자동차, 수상운송수단을 이용하는 것 등을 들 수 있다. 즉, Domestic Freight Forwarder란 실제운송인이 아니라 이용운송인이라고 할 수 있으며, 화주에게는 원청운송인으로서 운송책임을 지고 운송증권도 발행하기 때문에 NVOCC의 성격과 비슷하다.

2) Ocean Freight Forwarder

프레이트 포워더가 미국법에 최초로 규정된 것은 1942년의 Bland Freight Forwarding Act이며, 1961년 미국 공법 87-254호에 의하여 Independent Ocean Freight Forwarder의 FMC 면허제가 도입되었다.

그 후 1984년 신해운법 제3조 19항에 의하면 Ocean Freight Forwarder란 ① 화주의

대리인으로서 해상운송을 통해 미국으로부터 수출품의 선적 또는 선적을 위한 선복예약 및 기타의 방법을 취하며, ② 서류작성과 선적에 수반하는 작업을 행하는 자라고 규정하고 있다. 이와 함께 미국 해운법의 시행세칙이라고 할 수 있는 연방해사위원회(FMC)의 CFR의 §510.2 h항에는 프레이트 포워딩 서비스에 관하여 자세히 열거하고 있다.

프레이트 포워더의 서비스에 대한 대가로는 화주(shipper, consignee, seller)로부터는 주선수수료를 받고, 선박회사로부터는 집화보상금(compensation)을 받을 수 있도록 규정하고 있다. 또한 해운법 제17조에 의하면 Ocean Freight Forwarder로서 행위(act as an OFF)하기 위해서는 FMC 면허를 취득하여야 하고, 면허를 받으려면 포워딩 서비스의 수행자격을 보유할 것과 재무장관이 인정하는 보증서를 제출하도록 규정하고 있다. 그리고 이 규정에 근거하여 제정된 CFR Subport B(§510.11~§510.19)에는 프레이트 포워더의 면허발급요건에 관하여 구체적으로 규정하고 있다. 즉, ① 미국내에서 3년 이상 포워딩 업무에 종사한 자일 것, ② 미화 30,000달러의 보증금(surety bond)을 예지할 것, ③ Forwarder 업무를 수행할 수 있는 적합한 자질을 갖출 것 등이다. 이 중 포워딩 업무를 수행할 수 있는 자질보유여부를 판단하기 위한 자료로서 FMC에서는 추천서를 요구하고 있다. 추천서로는 선박회사의 추천서, 다른 포워딩 회사의 근무확인서, CPA의 소견서, 거래은행의 평가서 등이 이용되고 있다.

3) NVOCC(Non-Vessel Operating Common Carrier)

NVOCC가 처음 법제화된 것은 1963년의 FMC General Order 4<§510. 21(b)>이다. 이 규정에 의하면 NVOCC란 ① 광고, 권유, 기타의 방법에 의하여 운임률을 설정 및 고시하고 해운법에 규정된 주간 또는 외국항로 사이에서 해상운송을 이용하여 화물운송업무를 제공할 것을 표명한 자, ② 화물의 안전수송에 대한 의무를 다하고 법률에 따라 책임을 지는 자, ③ 이용선박의 소유 또는 지배여부를 불문하고 하청운송인인 해상운송인과 자기명의로 당해화물의 운송계약을 체결하는 자라고 명시하고 있다.

이 General Order는 1981년에 개정되어 NVOCC는 해운법에서 말하는 "Comm- on Carrier by Water"에 상당하는 것으로 규정하였고, 1984년 신해운법에서는 NVOCC가 Common Carrier라는 점을 명확히 하였다.

1984년 신해운법 제3조 17항에 의하면 NVOCC란 해상운송에 있어서 자기 스스로 선박을 직접 운항하지 않으면서 해상운송인(Ocean Common Carrier)에 대해서는 화주(shipper)의 입장이 되는 것이라고 정의하고 있다. 여기에서 Common Carrier란 보수를 받고 미국과 타국가간의 해상화물 운송업무를 ① 선적항 또는 화물 인수지점에서부터 양하항 또는 화물인도지점까지의 운송에 관한 책임을 지며, ② 운송행위의 전부 또는 일부를 위해서 미국과 타국가간을 운항하는 선박을 이용한다는 내용으로 수행할 것을 일반(general public)에게 공시하는 자를 뜻한다. 이러한 보통운송인(common carrier)에는 NVOCC외에 VOCC(Vessel Operating Common Carrier)가 있으며, NVOCC는 VOCC에 대해 화주의 입장이 된다는 점에서 서로 구분된다.

〈표 7-5〉 미국의 Freight Forwarder와 NVOCC와의 비교

구 분	Domestic Freight Forwarder	Ocean Freight Forwarder	NVOCC
근거법률	Interstate Commerce Act	Shipping Act	Shipping Act
관장기관	STB(구 ICC)	FMC	FMC
제도의 형태	자유제(1986년 이전에는 ICC의 면허제)	FMC의 면허제	FMC Tariff File제
운송구간	미국내 주와 주사이	미국과 다른 국가간	미국과 다른 국가간
B/L 발행	자기 명의 B/L 발행	자기 B/L 발행불가	자기명의 B/L 발행
운송책임	있음	없음	있음
Tariff	자체 운임표 있음	자체 운임표 없음	자체 운임표 있음
Carrier 주요 업무	Common Carrier 기능 소량화물 혼재	운송인이 아님 선복예약, 서류작성	Common Carrier기능 LCL 혼재, 선적

NVOCC의 자격 또는 법정요건에 관해서는 1977년에 미국 하원에서 필요최소한의 규정을 입법화하려고 시도한 바 있으나 아직까지 법제화되지 못하고 있다. 다만, NVOCC는 Common Carrier로 간주된다는 입장에서 운임신고(tariff file) 의무를 지고 있다. 따라서 자기가 운송업무를 취급하는 구간에서 적용하고 있는 Tariff, Rates, Charges 등을 FMC에 신고하여야 한다.

한편 미 연방해사위원회(FMC)의 자료에 의하면 1990년말 미국관련 항로에서 영업활동을 하고 있는 무선박운송업체(NVOCC)는 약 7,500개 업체에 달하고 있는데, 이 가운데 FMC에 자신의 운임(tariff)을 신고한 업체는 약 19%인 1,450개 업체에 불과하고 나머지 6,000여개의 외국국적의 무선박운송업체는 미 해운법이 규정한 자신의 Tariff를 FMC에 신고하지 않고 불법적인 영업활동을 하고 있어 실화주와 선사 뿐만 아니라 미국내 해상화물주선업자(Ocean Freight Forwarder)와 터미널 운영업자(Terminal Operator)로부터 불만이 고조되자 1990년초 미국내 통관 및 주선업협회(National Customs Broker and Forwarders Association of America, Inc. : NCBFFA)와 FMC는 Tariff를 신고하지 않는 불법적인 영업활동을 금지시키기 위해 미 의회에 무자격 NVOCC 규제법안의 제정을 건의하기에 이르렀다. 이에 따라 미국 하원 상선·어업위원회는 1990년 6월 28일 "1990년 NVOCC법 개정안"(NVOCC Amandments of 1990 : H.R.5206)을 제출하여, 동법안이 상·하 양원을 통과 1990년 1월 15일 제정된 임시시행세칙(Interim Rule)과 함께 4월 15일부터 발효되었으며, 1991년 11월 18일에는 최종시행세칙이 발효되었다.

✦ 1995년 12월의 해운법 개정을 통한 해상운송주선업과 화물유통촉진법상의 복합운송주선업의 업종이 일원화 됨.

개정 NVOCC법의 주요 내용은 성실의무이행보증금 예치 및 법정대리인의 지정이다.

미 해운법 제23조(a)의 신설 조항으로 FMC에 tariff를 신고한 모든 NVOCC는 유사시의 손해배상 및 벌칙금과 관련한 재정적인 책임을 보증하기 위해 의무적으로 미화 5만달러 이상의 보증금을 예치해야 하며, 해운법 제23조 d항의 규정에 의해 미국 이외의 지역에 본사를 둔 모든 복합운송업체는 미국내에 상주하고 있는 법정대리인을 지정하도록 규정하고 있다. 따라서 미국관련 항로 및 미국에서 NVOCC 영업활동을 수행하고자 할 경우 반드시 ① FMC에 Tariff file, ② 미화 5만달러의 성실보증금(surety bond) 예치, ③ 법정대리인(agent) 지정, ④ 불법 운임할인금지 각서(Anti rebating cetification) 제출 등의 의무를 다해야 한다.

4. 복합운송인의 책임 및 책임체계

1) 복합운송인의 책임

복합운송인의 책임을 지배하는 책임원칙에는 과실책임원칙과 무과실책임원칙, 절대책임원칙이 있다.

과실책임원칙은 선량한 관리자로서의 적절한 주의의무를 전제로 성립되는 책임원칙으로 운송인의 과실을 화주가 입증하는 것이 원칙이며 화물의 멸실, 손상이 운송인의 과실임을 화주가 입증하면 운송인은 책임을 면할 수 없다.

무과실책임원칙은 운송인이 자신의 과실유무를 불문하고 배상책임을 지는 것으로 불가항력, 포장불비, 화물고유성질, 통상의 소모 또는 누손 등은 면책된다. 절대책임(결과책임) 원칙은 손해의 결과에 대해 절대적으로 책임을 지는, 면책의 항변이 일체 용인되지 않는 제도다.

2) 복합운송인의 책임체계

복합운송인을 주축으로 하는 오늘날의 복합운송에 있어서 운송인의 책임문제는 복합운송인이 전 운송구간을 단일책임체계 및 책임기준하에 부담할 것인가 그렇지 않으면 각 운송구간마다 적용되어 온 국제협약 및 국내법규에 따라 부담할 것인가 하는 문제이다. 전자는 전운송구간 단일책임 각 구간 일괄책임(uniform liability system)이고, 후자는 전운송구간 단일책임 각 구간 이종책임형(network liability system)으로 선진국에서 많이 사용되고 있다. 전기 두 가지 유형의 절충형이 “modified uniform system”이다.

(1) 일관운임(Through rate)의 설정

✦운송물의 멸실 또는 손상이 생긴 구간이나 운송방식이 입증된 경우에 복합운송인의 책임을 정하기 위하여 그 구간이나 운송방식에 적용되는 기존의 모든 책임원칙을 그대로 예외없이 적용한다는 원칙. 이종책임체계와 다른 점은 계약약관도 채용할 수 있다는 것이다.(운송인에게 유리한 것이 보통)

복합운송인은 복합운송의 서비스대가로써 각 운송구간마다 분할된 것이 아닌 전 운송구간의 단일화된 운임을 설정하여야 하는데, 이는 전운송구간에 대한 책임이 복합운송인에게 집중되어 있으므로 이에 대한 반대급부도 하나로 통합되는 것은 당연하다. 이러한 일관운임의 산출은 각 구간운임을 단순 합산한 것이 아니라 규모의 경제가 반영되어 산출되므로 좀 더 합리적인 요율이 제시된다.

(2) 일관선화증권(Through or Mutimodal Transport B/L) 발행

복합운송이 되기 위해서는 복합운송인이 화주에 대하여 전운송구간을 담당하는 유가증권으로서의 일관운송증권이 발행되어야 한다. 이러한 증권의 발행은 법적으로 운송책임을 단일화시킨 것이며, 운송책임의 단일성과 표리의 관계이다.

(3) 단일운송인 책임제(Single Carrier's Liability System)

복합운송은 복합운송인이 전운송구간에 걸쳐 단일책임을 져야 한다. 복합운송은 단일계약으로 다수의 구간운송행위가 결합되어 있으나 복합운송인은 자기의 명의와 계산으로 송하인을 상대로 복합운송계약을 체결한 계약당사자이기 때문이다. 그리고 전체운송을 계획하고 여러 운송구간을 적절하게 연결하고 통괄하며, 운송이 원활하게 이루어지도록 조정, 감독할 지위에 있기 때문에 복합운송인에게 운송책임을 집중 통일시켜야만 복합운송의 기능을 발휘하게 할 수 있다.

복합운송인에게 복합운송 전구간에 대한 책임을 집중시킨다고 할 때 복합운송인이 부담하는 책임을 어떤 내용으로 할 것인가에 대해서는 ① Network Liability System(이종책임체계), ② Uniform Liability System(단일책임체계), ③ Modified Uniform Liability System(변형 단일책임체계) 등의 세 가지 이론이 있다.

(가) 이종책임체계(Network Liability System)

이종책임체계(異種責任體系)라 함은 화주에 대해 운송계약의 체결자인 복합운송인이 전운송구간에 걸쳐서 책임을 지지만 그 책임은 운송구간 고유의 원칙에 의한다. 즉, 해상운송구간에서는 헤이그규칙(Hague Rules) 또는 헤이그-비스비규칙(Hague-Visby Rules), 항공운송구간에는 바르샤바조약(Warsaw Convention), 도로운송구간에는 도로화물운송조약(CMR) 또는 각국의 일반화물자동차 운송약관, 철도운송 구간에는 철도화물운송조약(CIM)에 의하여 결정하는 책임체계이다. 이는 손해발생구간이 확인된 경우이며 손해발생구간이 확인되지 않은 경우, 즉 "Concealed Damage"인 경우에는 운송구간이 가장 긴 해상운송구간에서 발생한 것으로 간주하여 "Hague Rules" 또는 "Hague-Visby Rules"을 적용한다. 그리고 멸실이나 손상 등의 손해발생구간을 알 수 없는 경우와 또는 아는 경우라 하더라도 그 구간에 적용할 조약이나 강행법규가 없는 경우에는 따로 일정한 책임원칙을 설정한다. 가령, 과실책임의 일반원칙을 두고 복합운송인이 책임을 질 경우의 배상금액산정기준 또는 멸실·손상된 운송물의 중량당 일정액의 책임한도금액을 두는 것 등이 그 예이다.

이종책임체계 하에서는 기존조약이 적용될 수 없는 경우 문제가 되므로, 국지적 손해에 대해 당해구간에 적용되는 국제조약을 적용할 것인지, 국내법을 적용할 것인지, 또는 책임한도액을 비교하여 고액을 선택할지의 문제가 선결되어야 한다. 1975년의 ICC 복합운송증권통일규칙에서 이종책임체계를 채택하였다.

(나) 일괄책임체계(Uniform Liability System)

✦복합운송인의 책임제한 : 운송인은 개개의 운송물의 손해에 대해 일정액을 한도로 하여 손해배상하는 개별적 유한책임 원칙

일괄책임제도란 복합운송기간에 화물에 멸실 또는 훼손이 발생할 경우, 해당 손해가 발생된 장소와 운송수단에 따라서 책임원칙과 책임한도가 적용되는 것이 아니라 동일한 책임원칙에 따라서 복합운송인이 책임을 부담하는 것이다. 복합운송의 가장 큰 장점이 수출상의 창고에서 수입상의 창고까지 화물의 일괄운송을 담당하는데 있다고 한다면 이러한 취지에 충실하게 따르고자 하는 책임체계가 일괄책임제도다. 일괄책임제도는 화물에 손해가 발생할 경우, 운송물의 멸실, 훼손, 지연손해가 복합운송의 어느 구간에서 발생하였느냐를 묻지 않고 복합운송인은 동일한 기준에 따라 책임을 지는 체계이므로 화주는 각 운송수단의 운송인에게 대항하지 않고 운송계약체결자인 복합운송인으로부터 배상을 받을 수 있으므로 화주에게 매우 유리하다. 그러나 복합운송인이 면책사유로서 멸실, 손상, 지연을 피할 수 없을 뿐 아니라 그 결과를 방지할 수 없었던 사정으로 발생했다는 것을 증명한 경우만 면책되고 복합운송인은 화주에게 배상한 뒤 손해와 관련된 하청운송인에게 구상을 해야 하므로 구상절차와 소요되는 시간 측면에서 복합운송인에게 불리하다.

일괄책임체계의 문제점으로는 서로 상반되는 상황하에서 타협점을 마련하기 어렵고, 즉 기존의 각 운송법제의 원칙과 한도가 서로 달라서 이 중 어느 것을 선택할 것인가가 문제가 되고 복합운송인에게 충분한 배상능력과 업무능력이 요구됨으로 결국 거대자본과 기술축적을 이른 다국적기업만이 복합운송업을 할 수밖에 없으며 책임한도가 기존운송법의 최저책임한도 수준으로 설정되지 않으면 결국 보험료율이 높아지게 되고, 보험료상승은 운임률의 상승을 의미함으로 손해를 보는 것을 화주 및 최종소비자가 된다는 점이다.

(다) Modified Uniform Liability System(변형 단일책임체계)

이 책임체계는 이종책임체계와 단일책임체계의 절충안으로써 화주에 대하여 운송계약의 당사자인 운송인이 인수한 전 운송구간에 걸쳐서 전적으로 동일한 내용을 책임을 지는데, 책임한도액은 Network Liability System에 의거하여 각 구간에 적용되는 법률 등에 따라 결정된다. 원칙적으로 손해발생구간의 확인여부에 관계없이 동일한 책

임원칙(Uniform Liability System)을 적용하지만 손해발생구간이 확인되고 그 구간에 적용될 법에 규정된 책임한도액이 당해 이면약관의 책임한도액보다 높은 경우 그 구간에 적용되는 법의 책임한도액을 적용한다. 1978년 "Hamburg Rules"(UN 해상물품운송조약), 1992년 UNCTAD/ICC 복합운송증권규칙 및 FIATA MT B/L과 KIFFA MT B/L 등에서 이 책임체계를 채택하고 있다.

(라) 절충식 책임체계(flexible liability system)

이 제도는 이종책임체계와 일괄책임체계를 절충한 것으로 유엔조약이 채택한 책임체계다. 절충식 책임체계 하에서 복합운송인의 책임체계는 일률적인 책임원칙을 따르고 책임의 정도와 한계는 손상이 발생한 구간의 규칙에 따른다. 즉, 이 책임체계는 손해발생구간의 확인여부에 관계없이 동일한 책임규정을 적용(통합책임 체계)하나, 손해발생구간이 확인되고 그 구간에 적용될 법에 규정된 책임한도액이 유엔조약의 책임한도액보다 높은 경우에는 그것의 적용을 인정(분할책임체계)한다. 이 제도하에서는 책임의 한계가 기본책임하의 한계를 초과했을 때만 적용될 것인지 여부가 문제시된다. 일반적으로 선진국은 분할책임제도를 개도국과 일부 선진국은 통합책임제도를 선호하고 있으나 유엔은 절충식 책임체계를 선호한다.

〈표 7-6〉 각 조약(규칙)별 책임한도액의 비교(운송물 1kg당)

조약(규칙)명	적용(운송)구간	책 임 한 도 액
Hague-Visby Rules(1968)	해 상	30 포앙카레프랑 (약 US$ 2.00)
Hamburg Rules(1978)	해 상	2.5 SDR (약 US$ 3.50)
CIM(1970)	철 도	50 제미날프랑 (약 US$ 16.00)
CMR(1956)	도 로	25 제미날프랑 (약 US$ 8.00)
Warsaw Convention(1933)	항 공	250 포앙카레프랑 (약 US$ 20.00)
ICC 규칙(1975)	복합운송	30 포앙카레프랑 (약 2SDR)
UN 복합운송조약(1980)	복합운송	2.75 SDR (약 US$ 3.80)
UNCTAD/ICC 규칙(1992)	복합운송	2 SDR (약 US$ 2.80)

3) 우리나라 복합운송인의 책임

2011년 상법개정시 '복합운송 규정'을 새로 신설할 예정이다. 신설될 복합운송 규정의 내용은 크게 ① 손해발생구간이 확인이 되면 이종책임 체계의 적용, ② 사고발생이 불명확하면 운송거리가 가장 긴 구간 적용, ③ 운송인 의무·책임만 경감하는 특약은 무효로 송화인의 보호를 강화하는 내용 등 3가지이다. 그 동안 우리나라 수출자들은 다음 예에서 보는 바와 같이 복합운송을 이용한 수출의 경우, 손해발생시 적절한 배상을 받을 수 없었다.

컴퓨터부품을 수출하고 있는 A씨는 페루에 있는 거래업체에 제품을 수출하던 중 낭패를 봤다. 트럭, 선박, 비행기를 모두 이용해 페루까지 운송해줄 수 있다는 운수업체 B사와 계약을 체결했는데 한달 후 바이어로부터 제품이 파손됐다는 연락이 온 것이다. A씨는 B회사에 운송물 파손책임을 묻고 싶었지만 육상 · 해상 · 항공 중 어느 구간에서 파손됐는지 명백하지 않아 적절한 배상을 받을 수 없었다.

복합운송의 경우 사고발생시 이를 해결할 명시적인 규정이 없어 실무계에서는 관행적으로 해상운송관련 규정을 적용, 분쟁을 해결하는 관행이 통용되고 있기 때문이다. 해상운송의 경우 화물파손시 과실책임을 전제로 포장 당 117만원 또는 1kg당 3,500원 중 큰 금액을 운송인의 책임한도로 설정하고 있다. 과실책임주의를 전제로 하지만 운송인의 책임한도를 제한하지 않는 육상운송이나, 무과실책임원칙에 따라 1kg당 3만 3,000원까지 배상토록 하는 항공운송에 비해 운송인에게 가장 많은 책임제한혜택을 부여하는 셈이다. A씨 입장에서는 가장 불리한 조건으로 손해를 보전 받을 수밖에 없는 것이다. 즉, 국가간 교역이 늘어나고 교통이 발달함에 따라 육·해·공을 모두 이용하는 복합운송방식이 일반적인 운송형태로 자리잡았지만 이처럼 분쟁이 발생했을 경우 해결할 명시적인 법률규정이 없어 송하인(운송회사와 운송계약을 체결하고 화물을 보내는 사람)이 피해를 볼 수 밖에 없다.

이번 상법 개정안은 지난 2005년부터 법무부가 추진한 상법 선진화작업의 완결판으로 앞서 상법 해상편과 총칙·상행위편 개정안은 지난 2007년과 올해 각각 국회를 통과했으며, 회사편·보험편·항공운송편 개정안은 현재 국회 법제사법위원회에서 심의 중이다. '복합운송 규정'에 관한 상법 개정 내용은 다음과 같다.

규 정		내 용
손해 발생 구간이 밝혀진 경우 운송인의 책임	해상구간	해상운송법 적용, 과실추정
	육상구간	운송업 규정 적용, 과실추정
	항공구간	항공운송법 적용, 무과실책임
손해 발생 구간이 밝혀지지 않은 경우 운송인의 책임	가장 긴 구간이 해상	해상운송법 적용, 과실추정
	가장 긴 구간이 육상	운송업 규정 적용, 과실추정
	가장 긴 구간이 항공	항공운송법 적용, 무과실책임
운송인의 책임제한액		1kg당 19SDR
운송인의 의무 또는 책임을 감경·면제하는 특약의 효력		무효
운송인의 채권 · 채무가 유효한 제척기간		운송물을 인도한 날 또는 인도할 날로부터 1년
손해 발생시 적용 법규를 당사자간 특약으로 변경할 수 있는지 여부		불가, 강행규정성 명문화
손해 발생 구간이 불분명한 경우 운송인의 책임제한 배제 사유		운송인의 고의 또는 무모한 과실

(1) 손해발생구간의 확인에 따른 복합운송인의 책임 이원화

새로 신설되는 복합운송규정은 우선 복합운송인의 책임과 관련해 손해발생구간이 확인되느냐에 따라 이종책임체계를 취하도록 했다. 운송물의 멸실, 훼손 또는 연착이 발생한 운송구간이 확인된 경우에는 그 운송구간에 적용되는 규정에 따라 책임을 진다. 하지만 어느 운송구간에서 손해가 발생했는지 불분명한 경우에는 운송거리가 가장 긴 운송구간에 적용되는 규정에 따라 책임을 진다.

해상운송구간에서 손해가 발생한 것이 확인되면 해상운송법이 적용되고 운송인의 과실은 추정된다. 육상구간에서 손해가 발생한 경우에는 상행위편의 운송업 규정이 적용되고, 과실추정주의에 따라 운송인이 책임을 진다. 항공구간에서 손해가 발생한 경우에는 항공운송법이 적용되고 운송인은 무과실 책임을 부담한다.

손해가 발생한 운송구간이 밝혀지지 않은 경우에는 육·해·공 중 운송구간이 가장 긴 곳이 어디인지에 따라 각각의 규정을 적용한다. 다만 책임제한액은 항공운송법의 예에 따라 1kg 당 19SDR로 제한하기로 했다. SDR은 국제통화기금(IMF)이 운영하는 특별인출권으로서 달러와 함께 기축통화의 기능을 하며, 1SDR은 현재 약 1,700원의 가치를 가진다.

운송거리가 길다고 손해발생 위험이 높은 것은 아니고 손해발생위험의 중요한 요소는 운송기간이므로 손해발생구간이 불명한 경우 적용법률의 결정은 위험에 노출된 시간인 운송기간에 비례해 결정하는 것이 매우 합리적이다.

또 화물에 따라서는 손상 가능성이 거리보다는 시간에 연관된 경우가 있으므로 항공운송은 운송거리는 길지만 운송기간은 가장 짧을 가능성이 크다.

(2) 운송인 책임경감 특약의 무효

신설 예정인 복합운송규정은 또 운송인의 의무 또는 책임만을 경감 또는 면제하는 당사자 사이의 특약은 효력이 없도록 해 송하인보호를 두텁게 했다. 운송계약에서 송하인이 운송인보다 불리한 협상력을 가지고 있으므로 운송인의 책임경감에 관한 특약의 무효는 당연한 조치다.

(3) 운송인 책임경감 특약의 무효

운송인의 채권·채무 제척기간을 1년으로 하는 내용도 신설된다. 손해발생구간이 불분명한 경우에 한해 운송인이 송하인 또는 수하인에 대해 가지는 채권 및 채무는 청구원인을 불문하고 운송인이 수하인에게 운송물을 인도한 날 또는 인도할 날로부터 1년 이내에 재판상 청구가 없으면 소멸하도록 한 것이다. 다만 당사자의 합의에 의해 기간을 연장할 수 있도록 했다. 현재 실무에서는 운송인에 대한 제소기한을 통상 9개월로 하는 경우가 많은데 기간이 너무 짧아 송하인 등에게 불리하다는 지적이 많아 이를 반영한 것이다.

복합운송에 적용되는 모든 규정을 강행규정으로 명시해 당사자의 약정으로 일방에게 불리한 내용의 약정을 할 수 없도록 만든 것도 특징이다. 이에 따라 손해발생구간이 밝혀진 경우인지 여부에 상관없이 사고발생시 적용할 법률을 지정한 당사자의 약정은 무효가 된다. 예컨대 당사자가 항공운송법이 적용될 사건을 해상운송법을 적용해 분쟁을 해결하겠다고 하면 이 같은 약정은 무효인 것이다. 이밖에도 개정안은 손해발생구간이 확인되지 않은 경우에 있어 운송인의 책임제한을 배제할 사유로는 운송인의 고의 또는 무모한 과실만을 인정하도록 했다.

상법 복합운송규정이 제정되면, 우리나라는 육상·해상·항공·복합운송법이 상법 내에 완결적으로 마련돼 "통일운송사법"을 보유한 선진운송법제국가 된다.

5. 우리나라의 국제물류주선업

1) 국내법상의 국제물류주선인 제도

우리나라에 포워딩제도가 도입된 것은 1970년대 초로 선박대리점들이 외국 포워더의 한국 에이전트 역할을 맡아 포워딩 서비스를 하다가 그 후 선박대리점에서 취급하던 포워딩업무가 하나 둘씩 별도의 독립법인체로 분리되면서 포워딩서비스가 본격적으로 시작되게 되었으며, 1976년에는 [외항해상운송 부대사업 면허요령]이 해운항만청에 의해 제정되어 포워딩업체들은 해운운송주선업 면허를 받아 영업을 하게 되었다. 해상운송주선업은 1983년에 관련법령의 개정으로 등록제로 전환되었으며 1987년에는 개방화 추세에 따라 등록기준만 갖추면 아무런 제한없이 해상화물주선업을 영위할 수 있도록 하여 많은 업체들이 설립되어 현재 업체 수는 400여개사를 넘어서고 있다.

한편 1991년에 화물유통촉진법이 제정되어 복합운송주선업이 새로이 등장하게 되었는데 초기의 복합운송주선업은 항공법에 의한 항공화물운송대리점과 항공운송주선업이 단순히 업종을 전환한 것에 불과하여 주로 기존의 항공화물의 콘솔이 주된 업무를 이루었으나 복합운송주선업체의 이익을 대변하기 위해 교통부로 부터 설립인가를 받아 정식으로 발족한 한국복합운송주선업협회(KMTA)가 1993년 국제복합운송협회(FIATA)의 회원사로 등록하여 해상운송주선업체와 마찬가지로 복합운송주선업체들도 정식으로 FIATA B/L을 사용할 수 있게 됨에 따라 기존의 해상화물운송주선업체중 일부가 복합운송주선업에 등록하고 신규업체의 진입이 지속적으로 증가되어 현재 복합운송주선업체수는 2000여개에 이르고 있다.

1995년 12월 화물유통촉진법과 해운법이 개정 공포되어 복합운송주선업으로 일원화되어 운송주선업이 보다 활성화되었다. 개정된 화물유통촉진법에서는 복합운송주선업을 타인의 수요에 응하여 자기의 명의와 계산으로 타인의 선박, 항공기, 철도차량 또는 자동차 등 2가지 이상의 운송수단을 이용하여 화물의 운송을 주선하는 사업이라고 정의하고 있으며, 복합운송주선업을 경영하고자 하는 자나 선박 또는 항공기만을 이용하는 운송주선업을 경영하고자 하는 자는 건설교통부령이 정하는 등록신청서에 사업계획서를 첨부하여 건설교통부장관에게 등록해야 한다.

그리고 종전의 해운법 제34조 규정에 의하여 해상화물운송주선업자로 등록한 자는 부칙의 경과조치 규정에 의해 복합운송주선업자로 등록한 것으로 간주하도록 하였으며, 1996년 6월30일자로 개정 공포된 화물유통촉진법 시행령에서는 복합운송주선업의 등록기준을 법인의 경우는 자본금이 3억 원 이상으로, 개인의 경우는 자산평가액이 6억 원 이상으로 정하고 있다.

한편, 우리나라 해상운송주선업자의 이익을 대변하는 단체로 1977년 설립되어 FIATA의 정회원으로 활동해 오던 한국국제복합운송업협회(KIFFA:전 한국해상운송 주선업협회)가 관련법령의 개정에 따라 한국복합운송주선업협회(KMTA)에 흡수통합됨에 따라 우리나라의 운송주선업은 이제 명실공히 본격적인 복합운송시대를 열수 있는 제도적인 기틀을 마련하게 되어 향후 복합운송주선업이 보다 활성화되었다.

2) 국제물류주선업의 등록요건

번호	구 분	내 용
1	신 청 인	법인, 개인 모두 가능
2	등록기준 (근거 : 물류정책기본법 제43조제3항, 동법 시행규칙 제6조)	자본금 또는 자산평가액 법인 : 3억 원 이상 개인 : 자산평가액 6억 원 이상
		보증보험가입 1억 원 이상의 보증보험에 가입할 것. 다만, 각호의 1에 해당하는 경우에는 그러하지 아니한다. 1. 자본금 또는 자산평가액이 10억 원 이상인 경우 2. 컨테이너 장치장을 소유하고 있는 경우 3. 은행법 제2조의 규정에 의한 금융기관으로부터 1억 원 이상의 지급보증을 받은 경우 4. 1억 원 이상의 화물배상책임보험에 가입한 경우
3	구비서류 (근거 : 물류정책기본법 시행규칙 제5조)	신청서 국제물류주선업등록신청서
		법인등기부등본 (법인인 경우에 한함) 「물류정책기본법」 제43조제3항 및 같은 법 시행규칙 제6조제1항에 따른 등록기준에 적합함을 증명하는 서류 1부
		B/L 및 AWB 양식·약관 자기 명의로 발행할 한글 또는 영문으로 작성된 선하증권 및 항공화물운송장의 양식·약관에 관한 서류

		외국인 임원 신원확인 서류 신청인(법인인 경우에는 그 임원)이 외국인인 경우에는 ?물류정책기본법? 제44조 각 호에 해당하지 아니함을 증명하는 해당 국가의 정부 그 밖에 권한 있는 기관이 발행한 서류 또는 공증인이 공증한 신청인의 진술서로서 「재외공관공증법」에 따라 해당 국가에 주재하는 대한민국공관의 영사관이 확인한 서류 1부
		외국인투자 증명서류 「외국인투자촉진법」에 따른 외국인투자를 증명할 수 있는 서류(외국인투자기업의 경우만 해당한다) 1부 보험가입서류 보증보험을 가입한 서류 - 1억 원 이상의 화물배상책임보험 또는 보증보험에 가입한 서류 원본
4	처리기간	10일
5	등록의 결격사유 (근거 : 물류정책기본법 제44조)	다음 각호의 1에 해당하는 자는 국제물류주선업의 등록을 할 수 없음. 금치산자 및 한정치산자 이 법, 화물자동차 운수사업법, 항공법 또는 해운법을 위반하여 금고 이상의 실형을 선고받고 그 집행이 종료(집행이 종료된 것으로 보는 경우를 포함한다)되거나 집행이 면제된 날부터 2년이 지나지 아니한 자 이 법, 화물자동차 운수사업법, 항공법 또는 해운법을 위반하여 금고 이상의 형의 집행유예를 선고받고 그 유예기간 중에 있는 자 이 법, 화물자동차 운수사업법, 항공법 또는 해운법을 위반하여 벌금형을 선고 받고 2년이 지나지 아니한 자 국제물류주선업의 등록 취소처분을 받은 후 2년이 지나지 아니한 자 법인으로서 그 임원 중에 제1호부터 제5호까지의 어느 하나에 해당하는 자가 있는 경우

<table>
<tr><td colspan="4">국제물류주선업 등록신청서</td><td>처리기간
10일</td></tr>
<tr><td rowspan="3">신
청
인</td><td>① 상 호(명 칭)</td><td colspan="3"></td></tr>
<tr><td>② 성 명
(대표자)</td><td></td><td>③주민등록번호
④법인등록번호</td><td></td></tr>
<tr><td>⑤ 주 소</td><td colspan="3">(전화 :)
(FAX :)</td></tr>
<tr><td colspan="2">⑥국제물류주선업명칭</td><td colspan="3"></td></tr>
<tr><td colspan="2">⑦위 치</td><td colspan="3"></td></tr>
<tr><td colspan="2">⑧ 자본 금</td><td colspan="3"></td></tr>
<tr><td colspan="5">「물류정책기본법」 제43조제1항 및 같은 법 시행규칙 제5조제1항에 따라 국제물류주선업 등록을 신청합니다.
년 월 일
신청인 (서명 또는 인)
서울특별시장 귀하</td></tr>
<tr><td colspan="2">수수료</td><td colspan="3">20,000원</td></tr>
<tr><td rowspan="3">구비
서류</td><td colspan="3">신청인(대표자) 제출서류</td><td>담당공무원 확인사항
(담당공무원의 확인에 동의하지 아니하는 경우 신청인이 직접 제출하여야 하는 서류)</td></tr>
<tr><td colspan="3">1. 「물류정책기본법」 제43조제3항 및 같은 법 시행규칙 제6조제1항에 따른 등록기준에 적합함을 증명하는 서류 1부
2. 자기 명의로 발행할 한글 또는 영문으로 작성된 선하증권 및 항공화물 운송장의 양식·약관에 관한 서류
3. 신청인(법인의 경우에는 그 임원)이 외국인인 경우에는 「물류정책기본법」 제44조 각 호에 해당하지 아니함을 증명하는 해당 국가의 정부 그 밖의 권한 있는 기관이 발행한 서류 또는 공증인이 공증한 신청인의 진술서로서 「재외공관공증법」에 따라 해당 국가에 주재하는 대한민국공관의 영사관이 확인한 서류 1부
4. 외국인투자기업인 경우에는 「외국인투자촉진법」에 따른 외국인투자를 증명할 수 있는 서류 1부</td><td>법인등기부등본(법인의 경우만 해당한다)</td></tr>
<tr><td colspan="4">본인은 이 건 업무처리와 관련하여 「전자정부법」 제21조제1항에 따른 행정정보의 공동이용을 통하여 담당 공무원이 위의 담당 공무원 확인사항을 확인하는 것에 동의합니다.
신청인(대표자) (서명 또는 인)</td></tr>
</table>

<table>
<tr><td>사무명</td><td colspan="4">국제물류주선업의 등록 안내</td><td colspan="2">처리부서
운수물류담당관</td></tr>
<tr><td>사무내용</td><td colspan="6">국제물류주선업을 경영하고자 하는 자가 물류정책기본법 제43조의 등록기준에 적합한 구비서류를 갖추어 시·도지사에게 신청하는 민원사무임</td></tr>
<tr><td rowspan="7">처리과정</td><td>접수처</td><td>민원실</td><td>경유처</td><td></td><td>처분청</td><td>서울특별시장</td></tr>
<tr><td>대조공부</td><td></td><td>비치대장</td><td>등록대장</td><td>처리기간</td><td>10 일</td></tr>
<tr><td>최종결재</td><td>과장</td><td>수수료</td><td>20,000원</td><td>면허세</td><td>18,000원</td></tr>
<tr><td>현장조사사항</td><td colspan="5"></td></tr>
<tr><td>처리요건</td><td colspan="5"></td></tr>
<tr><td>후속민원</td><td colspan="5"></td></tr>
<tr><td>처리흐름</td><td colspan="5">접수 → 선람 → 관련사항 확인 → 등록</td></tr>
<tr><td>근거법규</td><td colspan="6">물류정책기본법 제43조 및 같은법 시행규칙 제6조</td></tr>
<tr><td>구비서류</td><td colspan="6">〈민원인 제출서류〉
1. 국제물류주선업 등록신청서 1부.
2. 물류정책기본법 제43조제3항 및 같은 법 시행규칙 제6조제1항의 규정에 의한 등록기준에 적합함을 증명하는 서류 1부
3. 신청인(법인의 경우에는 그 임원)이 외국인인 경우에는 법 제44조 각호에 해당하지 아니함을 증명하는 당해 국가의 정부 기타 권한있는 기관이 발행한 서류 또는 공증인이 공증한 신청인의 진술서로서 재외공관공증법에 따라 해당 국가에 주재하는 대한민국 공관의 영사관이 확인한 서류 1부.
4. 외국인투자촉진법에 의한 외국인투자를 증명할 수 있는 서류(외국인투자기업의 경우에 한한다) 1부.

〈담당공무원 확인사항, 민원인 제출생략〉
- 법인등기부등본
〈참고〉
1) 2.항의 등록기준 증명서류는 1억이상의 화물배상책임보험 또는 보증보험증서 원본.
2) 대표이사, 이사 및 감사의 본적과 호주를 기재한 내용 첨부.</td></tr>
<tr><td>처리요령 및 유의사항</td><td colspan="6"></td></tr>
</table>

6. 복합운송증권

화물운송 주선업자가 발행하는 복합운송증권으로서 1926년에 설립된 국제운송주선업협회연맹(FIATA)이 제정하고 국제상업회의소(ICC)가 승인한 표준양식에 의거하여 발행된 복합운송선화증권(FIATA combined transport bill of lading ; FBL)을 말한다. 현재 우리나라를 비롯하여 세계적으로 통용되고 있는 FBL은 1987년 9월 벨기에의 앤드워프에서 개최된 제20차 FIATA 세계총회에서 일부 개정하여 1988년 1월 1일부터 사용되고 있는 FBL이다.

분류 기준	해당 복합운송증권
복합운송인의 책임내용에 의한 분류	분할책임형증권, 통합책임형증권
증권발행인의 의한 분류	해상운송인 발행증권, 육상운송인 발행증권, 항공운송인, 발행증권, 운송주선인 발행증권
유가증권적 분류	유통성/비유통성, 기명식/지시식, 선화증권형
UNCTAD/ICC 복합운송증권통일규칙에 준거하는 증권	"Negotiable(or Non-negotiable) Multimodal Transport Document subject to ICC Publication No.481" 라는 문구 삽입
선화증권형식의 복합운송증권	Combined Transport Bill of Lading, Multimodal Transport Bill of Lading, International Transport Bill of Lading, 등 다양한 명칭존재
피아타 복합운송용 선화증권	(FIATA FBL: FIATA multimodal transport bill of lading)국제운송주선인 협회연맹에서 발행하는 복합운송용 선화증권 양식

신용장통일규칙 제25조 d항에 의하면 신용장에 별도의 명시가 없는 한 은행은 화물운송주선업자(freight forwader)가 발행한 운송서류의 수리를 거절하지만, ICC가 인정하는 FIATA의 복합운송선화증권은 예외로 하고 있다. FBL과 유사한 서류에 FCR(Forwader's certificate of receipt)과 FCT(Forwarder's certificate of transport)가 있는데, FCR은 화물수령증이고, FCT는 화물상환증에 불과하다. 현재 복합운송증권의 성격을 갖는 운송증권은 통일되어 있지 않으며, 선화증권 형식의 복합운송증권이 발행되고 있다.

복합운송증권은 결국 복합운송인이 발행하는 증권으로, 발행자인 운송인이 운송품의 수령을 증명하고, 나아가 운송계약의 증거가 되는 외에 권리증권, 즉 유가증권의 성격을 갖는다.

이와 같은 복합운송증권의 법적 성질은 다음과 같다.

첫째, 복합운송증권은 유가증권의 성격을 지니고 있다. 권리의 이전이나 행사에 증권의 점유가 필수적이며, 증권 상의 권리자에게 화물을 인도하면 운송인 면책이 되고(면책성), 증권의 이전으로 권리를 양도할 수 있고(양도성), 증권의 제시 또는 상환으로 화물의 인도를 청구할 수 있고(제시성, 상환성), 증권상의 권리내용이 증권의 문언만으로 정해지고(문언성), 증권의 취득자가 알수 없는 이유로는 권리를 침해받지 않는다(항변절단). 둘째, 권리증권의 성격을 지니고 있다. 증권의 인도가 곧 화물의 인도와 동일한 효력을 지닌다. 셋째, 지시증권의 성격을 지니고 있다. 증권에 권리자로 기명되어 있는 특정인 또는 그가 지정하는 자에게 권리의 행사를 인정하는 것으로서 배서에 의한 계속적인 양도가 가능하다. 넷째, 무기명증권의 성격을 지니고 있다. 배서가 없이 양도할 수 있다. 다섯째, 기명증권의 성격을 지니고 있다. 증권상에 특정인이 권리자로 명기돼 있고, 원칙적으로 배서 금지된 비유통증권이다. 여섯째, 유통증권의 성격을 지니고 있다. 증권의 배서, 양도를 통해 화물에 대한 권리가 이전된다.

▌복합운송증권의 약관의 해설

컨테이너 이용의 급격한 증가로 1970년대 이후 복합운송이 크게 발전하였으나 복합운송증권에 관한 국제적통일법규의 불비로 1973년경부터 국제상업회의소(ICC)가 제정한 복합운송증권통일규칙(Uniform Rules for a Combined Transport Document) 등 임의규칙이 국제상거래에서 널리 이용되었다.

1973년 말경 이후 국제복합운송에 관한 통일법규의 제정을 위한 유엔무역개발회의(UNCTAD)의 다년간의 노력끝에 드디어 1980년 유엔국제물건복합운송조약이 성립하였으나 발효요건을 갖추지 못하였다. 이런 상황에서 UNCTAD가 국제상거래단체와의 긴밀한 협조하에 1968년헤이그-비스비규칙, 앞에서 언급한 ICC통일규칙 등을 참고하여 복합운송에 관한 새로운 규칙을 제정하였는데 이것이 "복합운송증권에 관한 UNCTAD/ICC규칙"(UNCTAD/ICC Rules for Multimodal Transport Document)이며 1992년부터 시행되었다. 이에 FIATA(국제운송주선인협회연합)도 이 UNCTAD/ICC규칙상의 원칙을 기초로 하여 1992년에 FIATA복합운송선하증권표준약관(Standard Conditions (1992) governing FIATA Multimodal Transport Bill of Lading)을 제정하여 1994년 3월 1일부터 시행하고 있다.

COMBINED TRANSPORT DOCUMENT

Shipper
JEON BUK 000 co. LTD
C.P.O. BOX 000. SEOUL, KOREA

Consignee
TO ORDER

Notify party

Pre-carriage by	Place of receipt KUNSAN, CFS
Ocean Vessel J. J OCEAN	Place of delivery KUNSAN, KOREA
Port of discharge SEATTLE	Final destination SEATTLE

B/L No.
BURD2009

J. J OCEAN
Jeon Buk Shipping Corporation
COMBINED TRANSPORT BILL OF LADING
BETWEEN AMERICA AND FAR EAST

RECEIVED in apparent good order and condition accept otherwise noted the total number of Containers of Packages or units enumerated below for transportation from the place of receipt to the place of delivery subject to the terms hereof. One of the international Bill of Lading must be surrenderd duly endorsed in charges for the goods. On presentation of this document(duly endorsed) IN WITNESS whrerof the number of Bill od Lading stated below have been signed one of which being accomplished the other(s) to be void.

Container No.	No. of Container	Changes and Description of goods	Gross Weight (KGS)	Measurement (CBM)
KACU1234567/ 12345	2 CNTRS	SAID TO CONTAIN 2pcs. of JJ MODEL : 00-160 CHECK NO : AF123 "LCL. SERVE. CHARGES ARE DUE AT THE DESTINATION"	51	0.976

Total number of Containers or Packages (in words) TWO(2) CONTAINERS ONLY

Freight and Charges	Reverse tons	Rate	Prepaid	Collect
U.S. 7600 INTERIM BAF. CAF SURCHARGE LCL SERVICE CHARGE(L) WHARFAGE	0.976	100.00JJ -0.20% -14.00% TOTAL $7.50 $0.33	7.50 0.33	90.04 -0.18 -12.08 80.72

Freight amount as arranged	Freight payable at	Place and date of issue Seoul, Korea
	Number of Original FBL THREE(3)	Stamp and Signature As Multimodal Transport Operator J. J OCEAN Jeon Buk Shipping Corporation

복합운송업무의 비중이 매우 큰데도 불구하고 우리나라를 비롯한 많은 국가에서 아직 복합운송에 관한 사법(私法)분야의 법제가 미비하므로 실무분야에서는 위에서 언급한 FIATA복합운송선하증권표준약관을 그대로 사용하거나 또는 이를 기본으로 하고 약간의 수정을 가하여 사용하는 것이 일반적이다. 여기에 제시하는 복합운송선하증권표준약관도 위 FIATA복합운송선하증권표준약관의 내용을 거의 그대로 번역하여 기본으로 삼았다. 그러나 모델로 한 FIATA표준약관과는 다음과 같은 약간의 차이점이 있다.

- 운송주선인(Freight Forwarder)이라는 표현을 복합운송인(Multimodal Transport Operator)으로 바꾸었다.
- 제7조의 지상약관(Paramount Clause)은 국내복합운송에서 당사자가 이 조항의 적용을 배제하고자 하는 경우에는 이를 삭제하고 제19조에 따라서 우리나라 법만을 준거법으로 할 수 있도록 조정하였다.
- 제20조 중재/재판관할(Arbitration/Jurisdiction)조항은 분쟁발생시 우리나라에서 법원에 의한 소송이나 대한상사중재원의 중재 중의 하나를 선택할 수 있도록 추가하였다.
- 이 표준약관은 FIATA표준약관을 모델로 하였으나 FIATA표준약관은 아니므로 영문증권의 앞면서식 우측 맨 위쪽(상단)난은 한글 서식의 해당 난을 바탕으로 하여 이 약관의 배포자 또는 사용자 등이 기관이름 또는 자신의 로고 등을 참작하여 적절하게 작성하여 사용하여야 한다.

▮ 정 의 ▮

a. '복합운송인'이라 함은, 이 복합운송선화증권(이하 "복합운송증권"이라 약칭한다)을 발행하고 그 표면에 이름이 기재되며 운송인으로서 복합운송계약의 이행을 위하여 책임을 지는 사람을 말한다. b. '하주'라 함은, 선적의뢰인, 송하인, 수하인, 이 복합운송증권의 소지인, 물건의 수령인 및 그 소유자를 말한다. c. '송하인'이라 함은, 복합운송인과 복합운송계약을 체결하는 사람을 말한다. d. '수하인'이라 함은, 복합운송인으로부터 물건을 수령할 권리가 있는 사람을 말한다. e. '인수'라 함은, 복합운송인이 이 증권에 명시된 수령장소에서 운송을 위하여 물건을 인도받아 수령하는 것을 말한다. f. '물건'이라 함은, 컨테이너, 팰리트 또는 복합운송인이 제공하지 아니한 운송 또는 포장 용기와 생동물을 포함한 모든 재산을 말하며 그러한 재산의 적재 또는 운송이 갑판적인지 또는 선창적인지의 여부는 관계치 아니한다.

이 약관에서 기본적인 용어로 자주 사용되는 '복합운송인', '하주', '송하인', '수하인', '인수' 및 '물건' 등의 개념에 대한 정의를 규정하고 있다. 특히 '물건'은 단순히 운송물 뿐만 아니라 컨테이너, 팰리트 기타 복합운송인이 제공하지 아니한 운송 또는 포장용기와 생동물 등 모든 재산을 포함한다는 점을 유의할 필요가 있다.

제1조 적용

"복합운송선하증권"이라는 표제에도 불구하고 이 약관은 오직 한 가지 운송방식만 사용하는 경우에도 동일하게 적용한다.

원래 복합운송은 둘 이상의 서로 다른 운송방식을 결합한 운송이지만 이 약관은 예컨대, 항구와 항구 사이의 운송과 같이 단일운송방식만 사용하는 경우에도 적용한다.

제2조 복합운송증권의 발행

1. 이 복합운송증권을 발행함으로써 복합운송인은,

1) 물건을 인수한 장소(이 복합운송증권에 명시된 수령장소)로부터 이 복합 운송증권에 지정된 장소까지 전체운송의 이행 및/또는 자기명의로 이행의 주선을 할 의무를 지며

2) 이 약관에 규정된 책임을 진다.

2. 이 복합운송증권의 약관에 따라 복합운송인은 직무범위내에서 행동하는 그의 사용인 또는 대리인 또는 이 복합운송증권에 의하여 입증되는 계약의 이행을 위하여 사용하는 기타 사람의 작위 및 부작위에 대하여 자기 자신의 작위 및 부작위와 마찬가지로 책임을 진다.

제1항은 복합운송증권을 발행한 복합운송인(이하 '운송인'이라 한다)이 모든 운송구간의 전체운송을 자신이 직접 이행하거나 또는 자기 명의로 다른 운송인을 선정하는 등 이행의 주선을 할 의무가 있고 또한 이 약관상의 책임을 진다고 규정한다(책임내용, 책임제한 등은 제6조, 제8조 등에서 상세하게 규정함).

제2항은 운송인이 그의 사용인 또는 대리인 등 이행보조자의 행위에 대하여 책임을 지지만 그 대위책임의 범위를 '직무의 범위내에서' 또는 '계약의 이행을 위하여 사용하는' 등의 표현으로 제한하는 규정이다.

제3조 유통성 및 물건에 대한 권리

1. 이 복합운송증권은 '유통불능'이라고 표시된 경우 외에는 유통가능증권 형식으로 발행된다. 이 복합운송증권은 물건에 대한 권리증권이며 소지인은 이 복합운송증권의 배서에 의하여 증권에 기재된 물건을 수령 또는 양도할 권리를 가진다.

2. "송하인의 검량, 적재, 검수", "송하인이 포장한 컨데이너" 또는 이와 유사한 상반되는 표시가, 인쇄된 본문에 들어있거나 또는 이 복합운송증권에 첨가되어 있는 경우를 제외하고 이 복합운송증권의 기재는 복합운송인이 그와 같이 기재된 물건을 인수하였다는 추정적 증거가 된다. 그러나 이 복합운송증권이 선의의 수하인에게 상당한 대가로 양도되었을 경우에는 반증이 허용되지 아니한다.

제1항은 "유통불능"이라고 명시된 경우 외에는 복합운송증권은 원칙적으로 유통가능증권이며 선화증권과 같은 유가증권으로서 운송물에 대한 반환청구권을 표창하는 권리증권이므로 그 배서에 의하여 운송물에 대한 권리가 이전함을 밝히고 있다.
제2항은 송하인이 컨테이너 등 운송용기에 실제로 적재한 운송물의 내용을 운송인이 알지 못한다는 취지의 이른바 "부지약관"(不知約款)이 복합운송증권에 포함되어 있는 경우를 제외하고 복합운송증권에 기재된 물건은 운송인이 인수하였다는 추정적 증거가 된다고 규정한다. 따라서 복합운송인의 반증이 허용된다. 그러나 복합운송증권의 유통성을 보호하기 위하여 그것이 선의의 제3자에게 상당한 대가로 양도된 경우에는 그러한 반증이 허용되지 아니한다.

제4조 위험물 및 배상

1. 하주는 위험성이 있는 물건의 운송에 관하여 국내법 또는 국제협약에 따른 강행규정을 준수하여야 하며 또한 어떠한 경우에도 복합운송인이 위험성 있는 물건을 인수하기 전에 그 위험의 정확한 성질을 서면으로 통지하고 또한 필요한 경우 취하여야 할 예방책을 복합운송인에게 고지하여야 한다.

2. 만일 하주가 그러한 내용을 알리지 아니하고 또한 복합운송인이 물건의 위험성과 취하여야 할 필요한 예방책을 알지 못하며 또한 언제든지 그 물건이 인명 또는 재산에 위험하다고 인정되는 경우에는, 상황에 따라서, 그 물건을 보상없이 어느 장소에서든 양하, 폐기 또는 무해조치할 수 있다. 하주는 물건의 인수, 운송 또는 그에 부수하는 서비스로 인하여 발생하는 모든 멸실, 훼손, 책임 또는 비용에 대하여 복합운송인에게 배상하여야 한다. 위에서 말한 물건의 운송으로 인하여 생기는 위험의 정확한 성질을 복합운송인이 알고 있었다는 사실의 입증책임은 하주에게 있다.

3. 만일 어떠한 물건이 인명 또는 재산에 위험을 초래하게 될 경우 그 물건도 같은 방법으로 어느 장소에서든 양하 또는 양륙시키거나 폐기 또는 무해조치할 수 있다. 만일 그러한 위험이 복합운송인의 과실 또는 부주의로 인하여 발생하지 아니한 경우 복합운송인은 아무런 책임을 지지 아니하며 하주는 그러한 위험으로 인하여 생긴 모든 멸실, 훼손, 책임 또는 비용에 대하여 복합운송인에게 배상하여야 한다.

위험성 있는 물건의 운송에서 하주의 강행법규 준수의무, 운송인에 대한 위험성의 통지와 예방책의 고지의무를 규정(제1항)하는 한편 그러한 의무 위반시에 운송인은 일정한 경우 보상없이 그러한 물건을 양하, 폐기 또는 무해조치할 수 있으며 하주는 그로 인하여 발생하는 손해 등을 운송인에게 배상하도록 하였다(제2항). 또한 인명 또는 재산에 위험을 초래하게 될 물건을 운송인은 양하, 양륙, 폐기 또는 무해조치할 수 있고 과실이 없으면 아무런 책임을 지지 아니하며 하주는 그로 인한 손해 등을 운송인에게 배상하여야 한다(제3항).

제5조 물건의 명세와 하주의 포장 및 책임

1. 송하인은 복합운송인이 물건을 인수한 때에, 복합운송증권에 기재하기 위하여 자

기 자신이 또는 자기를 대신하여 제공한 물건의 일반적 성질, 화물의 기호, 개수, 중량 및 용적과 적용가능하면 물건의 위험성에 관한 모든 명세의 정확함을 복합운송인에게 담보한 것으로 본다. 송하인은 그러한 명세의 부정확 또는 부적합으로 인하여 생긴 모든 멸실, 훼손 또는 비용을 복합운송인에게 배상하여야 한다. 송하인은 비록 복합운송증권을 양도한 경우에도 여전히 책임을 져야 한다.

복합운송인의 이러한 배상받을 권리는 송하인 이외의 다른 사람에 대한 복합운송증권상 그의 책임을 제한하지 아니한다.

2. 물건의 선적 또는 포장이 하주 또는 그를 대신하여 복합운송인 이외의 사람에 의하여 행하여진 경우에 결함이 있거나, 또는 불충분한 포장 또는 컨테이너 또는 기타 운송용기내에 부적합한 적재 또는 포장에 의하여, 또는 하주가 제공한 컨테이너 또는 기타 운송용기의 결함 또는 부적합에 의하여, 또는 만일 복합운송인이 제공하였으면 하주의 합리적인 검사로 결함 또는 부적합성이 명백하여졌을 컨테이너 또는 기타 운송용기의 결함 또는 부적합으로 인하여 생긴 멸실, 훼손 또는 비용에 대하여 복합운송인은 책임을 지지 아니한다. 하주는 이와 같이 발생한 모든 멸실, 훼손, 책임 또는 비용에 대하여 복합운송인에게 배상한다.

먼저 송하인은 복합운송인이 물건을 인수한 때에 복합운송증권에 기재하기 위하여 자기 또는 대리인 등이 제공한 물건의 성질 등 각종 정보의 정확함을 담보한 것으로 보고 그 위반으로 인하여 생긴 손해 등을 운송인에게 배상하여야 하며(제1항) 물건의 선적, 포장 또는 운송용기에의 적재 등이 하주 또는 그의 대리인 등에 의하여 행하여지고 그로 인한 결함 등으로 인하여 손해 또는 비용이 생긴 경우 운송인은 책임을 지지 아니하며 하주가 운송인에게 배상하여야 한다(제2항).

제6조 복합운송인의 책임

1. 이 약관에서 물건에 대한 복합운송인의 책임기간은 복합운송인이 물건을 그의 관리하에 인수한 때로부터 그 물건을 인도하는 때까지로 한다.

2. 복합운송인은 자기자신, 사용인, 대리인 또는 제2조 제2항에서 언급한 기타 사람의 과실 또는 부주의로 인하여 물건의 멸실, 훼손 또는 인도지연이 발생하지 아니하였음을 입증하지 않는 한 그러한 멸실, 훼손 또는 인도지연을 일으킨 사고가 제2조 제1항 제1호에 규정하는 바와 같이 물건이 복합운송인의 관리하에 있는 동안에 발생하였을 경우 멸실, 훼손 및 인도지연에 대하여 책임을 진다. 그러나 송하인이 적시 인도의 중요성을 신고하여 복합운송인이 이를 수락하고 이 사실이 복합운송증권에 기재되었을 경우에만 복합운송인은 인도지연으로 인한 손해에 대하여 책임을 진다.

3. 복합운송인은 도착시간을 보증하지 아니한다. 그러나 특별히 합의한 시간내에 물건이 인도되지 아니하거나 또는 그러한 합의가 없는 경우에는 당시의 상황을 고려하여 성실한 복합운송인에게 합리적으로 요구되는 시간내에 물건이 인도되지 아니한 때에 인도지연이 생긴 것으로 본다.

4. 만일 제6조 제3항에서 규정한 인도일 경과 후 연속하여 90일 이내에 인도되지 아니하면 손해배상 청구인은 반증이 없는 경우 그 물건이 멸실한 것으로 처리할 수 있다.

5. 복합운송인이 그 당시의 상황에 비추어 멸실 또는 훼손이 이 항 제1호 내지 제5호에 규정된 하나 또는 그 이상의 원인 또는 결과로 인하여 발생할 수 있음을 입증한 때에는 그렇게 발생한 것으로 추정하여야 하지만 손해배상청구인은 멸실 또는 훼손이 사실은 하나 또는 그 이상의 그러한 원인 또는 결과로 인하여 전적으로 또는 부분적으로 발생한 것이 아님을 입증할 권리가 있다.

1) 하주 또는 복합운송인 이외의 하주의 대리인 또는 복합운송인이 그로부터 물건을 인수한 사람의 작위 또는 부작위
2) 포장 또는 기호 및/또는 개수의 불충분 또는 결함있는 상태
3) 하주 또는 하주의 대리인에 의한 물건의 처리, 선적, 적부 또는 양하
4) 물건의 고유한 하자
5) 파업, 직장폐쇄, 조업정지 또는 노무의 정지 또는 방해

6. 해상 또는 내수로 운송을 위한 항변

제6조 제2항, 제6조 제3항 및 제6조 제4항에 불구하고 해상 또는 내수로 물건운송과 관련하여 운송중 멸실, 훼손 또는 인도지연이 다음과 같은 원인으로 인하여 발생한 경우 복합운송인은 그러한 멸실, 훼손 또는 인도지연에 대하여 책임을 지지 아니한다.

1) 항해 또는 선박의 관리상 선장, 선원, 도선사 또는 운송인의 사용인의 작위, 부주의 또는 태만 2) 운송인의 고의 또는 과실에 의하여 발생하지 아니한 화재. 그러나 멸실 또는 훼손이 선박의 불감항으로 인하여 발생한 경우에는 언제나 복합운송인은 항해개시시에 선박의 감항능력을 갖추기 위하여 상당한 주의를 하였음을 입증할 수 있다.

먼저 운송인의 책임기간을 물건을 인수한 때로부터 인도할 때까지로 규정하고(제1항) 운송인이 무과실의 입증책임을 부담하는 과실추정주의(過失推定主義)를 원칙으로 하며 인도지연으로 인한 손해배상책임은 송하인이 물건의 적시인도의 중요성을 표명하여 운송인이 수락하고 소정의 절차를 밟은 경우에만 인정한다(제2항)(헤이그-비스비규칙에는 인도지연에 관한 명시적인 규정이 없다). 또한 운송인은 도착시간을 보증하지 아니한다는 점과 인도지연으로 보는 시기를 규정하고(제3항) 90일 이내에 인도되지 아니하면 물건이 멸실한 것으로 처리할 수 있도록 하였다(제4항). 운송인이 운송물의 멸실 또는 훼손이 하주측의 일정한 귀책사유 내지 불가항력 등의 사유(제5항 1호 내지 5호)로 발생할 수 있음을 입증하면 일단 면책이 추정되지만 손해배상 청구인의 반증이 허용된다(제5항). 끝으로 해상 또는 내수로 물건운송 중의 멸실, 훼손 또는 인도지연의 경우에는 전통적인 해상물건운송의 경우와 마찬가지로 항해상의 과실 및 운송인의 고의 또는 과실에 의하지 아니한 화재를 운송인측의 면책사유로 규정하고 있다. 그러나 항해 개시시의 선박의 불감항으로 인한 경우에는 면책이 허용되지 아니한다(제6항)(위 제5항 및 제6항에 관하여는 상법 제789조를 참조할 것).

제7조 지상약관 ★

1. 이 약관은 이 복합운송증권에 의하여 입증되는 계약에 적용되는 국제협약 또는 국내법의 강행규정에 저촉되지 아니하는 범위내에서만 효력을 가진다.

2. 1924년 8월 25일 브뤼셀에서 성립한 선화증권에 관한 약간의 규칙의 통일을 위

한 국제협약에 포함된 헤이그규칙 또는 이미 발효·시행중인 국가의 경우 선적국에서 법제화한 바와 같이 1968년 2월 23일 성립한 브뤼셀의정서에 포함된 헤이그-비스비규칙은 모든 해상물건운송과 내수로운송에도 적용되며 그러한 규정은 갑판적 또는 선창적을 불문하고 모든 물건에 적용된다.

3. 만일 미국 해상물건운송법(US COGSA)이 이 복합운송증권에 강행적으로 적용되는 경우 갑판적 또는 선창적을 불문하고 해상물건운송에 적용되며 그 외의 경우에는 이 복합운송증권상의 기재에 따라 갑판위에 운송되는 물건을 제외하고 적용된다.

(* 이 조항은 국내법이 준거법으로 적용되는 경우 삭제하여 사용할 수 있는 선택조항이다).

이 약관이 관련 국제협약 또는 국내법의 강행규정에 위반하면 효력을 가질 수 없고 또한 해상 또는 내수로 운송의 경우 1924년헤이그규칙 또는 1968년헤이그-비스비규칙이 갑판적 또는 선창적을 불문하고 모두 적용된다는 것과 만약 미국해상물건운송법(US COGSA)이 강행적으로 적용된다면 역시 갑판적 또는 선창적을 불문하고 적용되지만 그 외의 경우에는(즉 강행적 적용의 경우가 아니면) 복합운송증권에 갑판적으로 기재되고 또한 갑판적으로 운송되는 물건을 제외하고 적용 된다는 점을 규정하고 있다.

다만, 이 약관은 주로 국제복합운송의 경우를 고려한 것이므로 예컨대 국내복합운송의 경우 등 당사자가 이 조항의 적용을 배제하고자 하는 경우에는 이 조항을 삭제하여 제19조의 준거법규정과 선택적으로 적용할 수 있도록 배려하였다.

제8조 복합운송인의 책임제한

1. 물건의 멸실 또는 훼손에 대한 배상액은 물건이 수하인에게 인도되는 장소 및 시기 또는 이 복합운송증권에 따라 물건이 인도되어야 할 장소 및 시기의 그러한 물건의 가액을 참조하여 산정한다.

2. 물건의 가액은 현행 상품거래가격에 따라, 만일 그러한 가격이 없으면 현행 시장가격에 따라, 또한 만일 그러한 가격도 없으면 동일한 명칭과 품질의 물건에 대한 통상가액을 참조하여 결정한다.

3. 제8조 제4항 내지 제8조 제9항의 규정에 의거하여 복합운송인은 어떠한 경우에도 포장 또는 단위당 666.67SDR("특별인출권" 이하 같다) 상당액 또는 멸실되거나 훼손된 물건의 총중량에 대한 킬로그램당 2SDR 상당액 중 높은 금액을 초과한 금액에 대하여 책임을 지지 아니한다. 그러나 복합운송인이 물건을 인수하기 전에 송하인이 물건의 성질과 가액을 신고하고 복합운송인이 이를 수락하거나 또는 종가운임이 지급되고 그 가액이 복합운송증권에 기재된 경우에는 그 신고가액을 한도로 한다.

4. 컨테이너, 팰리트 또는 유사한 운송용기에 한개 이상의 포장 또는 단위가 적재된 경우 그러한 운송용기에 내장된 것으로 이 복합운송증권에 기재된 포장 또는 기타 선적단위는 포장 또는 선적단위로 본다. 그 외의 경우에는 그러한 운송용기 자체를 포장 또는 단위로 본다.

5. 위에서 언급한 규정에 불구하고 만일 계약에 따라 복합운송이 해상 또는 내수로에 의한 물건운송을 포함하지 아니한 경우 복합운송인의 책임은 멸실 또는 훼손된 물건의 총중량에 대한 킬로그램 당 8.33SDR을 초과하지 아니하는 액수로 제한된다.

6. 1) 물건의 멸실 또는 훼손이 복합운송의 특정구간에서 발생하였고 만일 그 특정 운송구간을 위하여 별도의 운송계약이 체결되었다면 그와 관련하여 적용가능한 국제협약 또는 강행적 국내법에서 다른 책임한도를 규정하고 있는 경우에 그러한 멸실 또는 훼손에 대한 복합운송인의 책임한도는 그러한 국제협약 또는 강행적 국내법의 규정을 참조하여 정한다.

2) 하주가 물건의 성질 및 가액을 신고하지 아니하고 또한 이 복합운송증권에 기재되지 아니하였으며 또한 종가운임이 지급되지 아니하였으면 미국해상물건운송법(US COGSA)이 적용되는 경우 복합운송인의 책임은 포장당 또는 포장 이외의 방법으로 물건이 선적된 경우에는 관습상의 운임단위당 미화 500달러를 초과하지 아니한다.

7. 만일 복합운송인이 물건의 멸실 또는 훼손 이외에 인도지연 또는 간접적인 멸실 또는 훼손으로 인한 손해에 대하여 책임을 지는 경우 복합운송인의 책임은 이 복합운송증권에 의거한 복합운송을 위한 복합운송계약상 운임의 2배에 상당하는 금액을 초과하지 아니하는 금액으로 제한된다.

8. 복합운송인의 총책임은 물건의 전손에 대한 책임한도를 초과하지 아니한다.

9. 복합운송인이 그러한 멸실, 훼손 또는 인도지연을 일으킬 의도로써 또는 무모하게 또는 아마 그러한 멸실, 훼손 또는 인도지연이 발생하리라는 것을 인식하면서 행한 사적인 작위 또는 부작위로 인하여 멸실, 훼손 또는 인도지연이 발생하였다는 사실이 입증되면 복합운송인은 책임제한의 이익을 받을 권리가 없다.

먼저 물건의 멸실 또는 훼손에 대한 배상액의 산정시기와 장소(제1항) 및 가액의 산정기준(제2항)을 명시한 다음 각 경우 배상액의 한도를 규정하고 있다. 해상 또는 내수로 운송이 포함된 복합운송의 경우 운송인의 책임은 포장 또는 단위당 666,67SDR 상당액 또는 물건의 중량 킬로그램당 2SDR 상당액 중 높은 금액을 초과할 수 없다. 그러나 사전에 송하인이 물건의 성질과 가액을 신고하는 등 소정의 절차를 이행하면 신고가액을 한도로 한다(제3항). 이는 1968년헤이그-비스비규칙상의 책임한도와 같다.

컨테이너 등 운송용기에 내장되어 있는 포장 또는 단위에 관하여는 그 개수가 복합운송증권에 기재된 경우에는 그것을 포장 또는 선적단위로 보고 그 이외의 경우에는 운송용기 자체를 포장 또는 선적단위로 보는데(제4항) 이는 1968년헤이그-비스비규칙(제4조 제5항 c호) 또는 상법(제789조의 2 제1항 제1호)의 경우와 같다. 그러나 해상 또는 내수로 운송이 포함되지 아니한 복합운송의 경우 운송인의 책임한도는 물건의 총중량 킬로그램당 8.33SDR을 한도로 하는데(제5항) 이는 국제도로운송계약에 관한 조약(CMR)의 경우와 같다.

제6항 제1호는 각 운송구간별로 국제협약 또는 강행적 국내법에서 다른 책임한도를 정한 경우에는 사고발생 구간에 적용되는 책임한도에 따르도록 하였는데 이 조항은 위 제6조 제6항(해상 또는 내수로 운송을 위한 항변) 및 이 조의 제5항과 더불어 이 약관이 복합운송인의 책임제도에 관하여 이른바 단일책임제도(uniform liability system)가 아니라 구간별책임제도(net work liability system)에 따르고 있음을 보여준다. 미국해상물건운송법(US COGSA)이 적용되는 경우에는 그 법에 따라서 책임한도가 포장 또는 관습상의 운임단위당 미화 500달러로 제한된다(제6항 제2호). 제7항은 인도지연 또는 간접적인 멸실,훼손 등으로 인한 손해의 책임한도를 운임의 2배 상당액으로, 그리고 제8항은 운송인의 총책임을 물건의 전손에 대한 책임한도로 각각 제한한다.

끝으로 제9항은 운송인의 고의 등으로 인한 손해에 대하여는 책임제한의 이익을 배제하고 있는데 이는 1968년헤이그-비스비규칙(제4조 제5항 e호) 또는 상법(제789조의 2 제1항 단서)의 경우와 같은 취지이다.

제9조 불법행위로 인한 소송에 대한 적용

이 약관은 청구가 계약에 근거한 것이든 또는 불법행위에 근거한 것이든 묻지 않고 이 복합운송증권에 의하여 증명된 계약의 이행과 관련하여 복합운송인에 대한 모든 청구에 적용한다.

이 약관에 의한 손해배상청구는 계약을 근거로 한 것이므로 만약 청구자가 불법행위를 근거로 청구할 경우 운송인은 이 약관상의 보호를 받지 못할 우려가 있으므로 그러한 경우에도 운송인을 보호하기 위하여 둔 규정이다. 1968년헤이그-비스비규칙(제4조의 2 제1항) 또는 상법(제789조의 3 제1항)의 경우와 같은 취지이다.

제10조 사용인 및 기타 사람의 책임

1. 이 약관은 청구가 계약에 근거한 것이든 또는 불법행위에 근거한 것이든 묻지 않고 이 복합운송증권에 의하여 증명된 계약의 이행과 관련하여 사용인, 대리인 또는 계약의 이행을 위하여 그의 서비스를 이용하는 기타 사람(모든 독립계약자를 포함한다)에 대한 청구에 대하여 적용한다. 또한 복합운송인과 그러한 사용인, 대리인 또는 기타 사람의 총 책임은 제8조의 한도를 초과하지 아니한다.

2. 이 복합운송증권에 의하여 증명된 계약을 체결하는 경우 복합운송인은 이들 규정의 범위내에서 자기자신을 위하여서 뿐만 아니라 그러한 사람들을 위한 대리인 또는 수탁자로서 행동하며 그러한 사람들은 이 범위 내에서 이 계약의 당사자가 되거나 또는 당사자로 본다.

3. 그러나 만일 물건의 멸실 또는 훼손으로 인한 손해가 제10조 제1항에 언급된 사람이 손해를 일으킬 의도로써 또는 무모하게 그리고 아마 손해가 발생하리라는 것을 인식하면서 행한 사적인 작위 또는 부작위로 인하여 발생하였다는 사실이 입증된 경우에는 그러한 사람은 제8조에서 규정한 책임제한의 이익을 받을 권리가 없다.

4. 복합운송인 및 제2조 제2항과 제10조 제1항에서 언급한 사람들로부터 배상받을 수 있는 총액은 이 약관에서 규정한 한도를 초과할 수 없다.

제1항은 운송인 자신 이외에 그의 사용인, 대리인 등 이행보조자(독립계약자 포함)도 운송인과 같이 이 약관상의 책임제한 등 보호를 받을 수 있도록 한 규정으로 이른바 "히말라야조항"(Himalaya clause)에 해당한다. 그러나 1968년헤이그-비스비규칙 제4조 제2항에서는 "독립계약자"를 제외하고 있는데 여기서는 포함하고 있다. 그러나 운송인의 경우와 마찬가지로 이들 사용인 등도 손해의 발생에 대하여 고의 등 일정한 사유가 있을 때에는 책임제한권을 상실한다(제3항). 그리고 운송인과 이들 사용인 등으로부터 배상받을 수 있는 총액은 이 약관상의 한도를 초과할 수 없고(제4항) 운송인은 계약체결의 경우 등에 이들 사용인 등의 대리인으로서의 역할을 한다(제2항).

제11조 운송의 방법 및 경로

복합운송인은 하주에게 통지하지 아니하고 물건을 갑판적 또는 선창적으로 운송하고 물건의 취급, 적부, 보관 및 운송에 따른 수단, 경로 및 절차를 선택 또는 대체할 수 있는 재량권을 가진다.

> 복합운송인이 실제로 운송을 이행하는 구체적인 방법, 수단과 경로 등은 다양하므로 이에 대한 재량권을 부여한 규정이다.

제12조 인도

1. 물건은 이 복합운송증권에 따라서 수하인 또는 그의 대리인에게 교부하거나 또는 그들의 처분에 넘기거나 또는 인도지에서 적용되는 법률 또는 규정에 따라서 물건을 관계당국 또는 물건을 교부받아야 할 기타 사람에게 교부하거나 또는 복합운송인이 하주에게 인도받도록 요구할 권리가 있는 다른 장소에 갖다 놓았을 때에 인도한 것으로 본다.

2. 복합운송인은 하주의 단독 위험하에 물건을 보관할 권리가 있으며 보관을 개시하면 복합운송인의 책임은 종료하고 청구하는 즉시 하주는 그러한 보관비를 복합운송인에게 지급하여야 한다.

3. 만일 이 복합운송증권에 의한 운송이 언제나 복합운송인 또는 제2조 제2항에서 언급한 사람의 과실 또는 부주의로 인하여 생긴 것이 아닌 방해 또는 어떤 종류의 위험(물건의 상태를 포함한다)에 의하여 영향을 받거나 또는 받을 가능성이 있고 또한 이를 합리적인 노력에 의하여 회피할 수 없는 경우 복합운송인은; 이 복합운송증권에 의한 물건의 운송을 포기할 수 있고 또한 합리적으로 가능한 경우 복합운송인이 안전하고 또한 편리하다고 생각하는 장소에 물건의 전부 또는 일부를 하주가 처분하도록 갖다 놓을 수 있으며 이로써 인도가 이루어진 것으로 보고 그 물건과 관련된 복합운송인의 책임은 종료한다. 어떠한 경우에도 복합운송인은 이 복합운송증권에 의한 운임 전액을 받을 권리가 있으며 하주는 위에서 언급한 사정으로 인하여 발생한 모든 추가비용을 지급하여야 한다.

> 제1항은 물건의 인도에 해당하는 구체적인 행위와 시기에 관한 규정이고 제2항은 운송인이 하주의 단독위험하에 물건을 보관할 수 있고 하주는 보관비를 지급해야 한다는 규정이다. 제3항은 운송인이 자기 또는 그의 사용인 등 이행보조자의 과실없이 방해 등을 받거나 그럴 가능성이 있는 경우 운송을 포기하거나 일정한 조치를 취할 수 있고 그런 경우에도 운송인은 운임전액과 소정의 추가비용을 받을 권리가 있음을 규정하고 있다.

제13조 운임 및 요금

1. 운임은 선불이든 또는 도착지의 후불이든 관계없이 손해배상청구, 반소 또는 상계로 인한 할인 또는 유예 없이 현금으로 지급하여야 한다. 복합운송인이 물건을 그의 관리하에 인수한 순간에 운임을 취득한 것으로 보며 어떠한 경우에도 반환되지 아니한다.

2. 운임 및 이 복합운송증권에 기재된 모든 금액은 이 복합운송증권에서 지정한 통화로 지급하거나 또는 복합운송인의 선택에 따라서 발송지 또는 목적지 국가의 통화

로 지급하며 발송일에 선불된 운임에 대하여는 은행의 최고 현행 일람출급환율에 의하고 목적지에서 지급되는 운임에 대하여는 하주가 물건도착의 통지를 받은 날 또는 인도지시서를 회수한 날 중 환율이 보다 높은 날의 은행 최고 현행 일람출급환율에 의하거나 또는 복합운송인의 선택에 따라 이 복합운송증권 발행일의 은행 최고 현행 일람출급환율에 의한다.

3. 하주는 물건과 관련된 모든 부과금, 세금, 요금 또는 기타 비용을 지급하여야 한다. 만일 복합운송인이 장비를 제공한 경우 하주는 복합운송인의 과실 또는 부주의에 기인하지 아니한 모든 유치료와 요금을 지급하여야 한다.

4. 하주는 전쟁, 군사작전, 전염병, 파업, 정부의 지시명령 또는 불가항력으로 인한 이로 또는 지연에 따른 모든 성질의 비용 또는 기타 비용의 증가에 대하여 복합운송인에게 운임의 액수에 비례하여 보상하여야 한다.

5. 하주는 물건의 내용, 보험, 중량, 용적 또는 가액의 신고가 정확함을 보증하지만 복합운송인은 내용물을 검사하고 중량, 용적 또는 가액을 확인할 권리가 있다. 만일 이러한 검사 중에 신고내용이 부정확하다는 사실이 발견된 경우 하주는 이 복합운송증권에 운임으로 기재된 다른 액수와 관계없이 정확한 운임과 부과된 운임과의 차액의 5배에 상당하는 금액 또는 정확한 운임의 2배에서 부과된 운임을 감액한 금액 중 적은 금액을 검사비 및 다른 물건에 대한 운임손실의 배상금으로 복합운송인에게 지급하기로 합의한다.

6. 이 복합운송증권에 의한 운송과 관련하여 복합운송인이 다른 사람으로부터 운임, 요금 또는 기타 비용을 징수하는 지시의 수락에도 불구하고 하주는 청구서를 수령하는 즉시 그러한 금전에 대하여 또는 어떠한 이유에서든 미지급에 대하여 여전히 책임을 져야 한다.

제1항은 운임이 손해배상청구 등으로 인한 상계, 할인 또는 유예 등이 없이 현금으로 지급되어야 하며 반환될 수 없음을 규정하고 제2항은 모든 지급금액의 지급통화와 적용환율을 구체적으로 규정하며 제3항은 운임 이외에 하주가 부담해야 할 물건에 관련된 부담금, 세금, 요금 기타 비용과 유치료 등에 관하여 규정한다.

제4항은 전쟁, 파업 등 일정한 불가항력적 사유로 인한 이로 등 지연에 따른 모든 비용 등을 운임의 액수에 비례하여 하주가 보상하도록 하였으며 제5항은 물건의 내용, 가액 등에 관한 하주의 신고내용이 부정확하다는 사실이 발견된 경우 하주는 본래의 운임보다 고율의 금액을 배상금으로 지급하도록 하였는데 이는 부정행위에 대한 제재적 의미가 있는 규정이다. 끝으로 제6항은 운송인에게 운임, 요금 등을 타인으로부터 징수할 수 있는 권한이 부여된 경우에도 하주는 상계 등의 행위를 할 수 없고 모든 미지급금에 대하여 책임을 져야 한다고 규정한다.

제14조 유치권

복합운송인은 보관료 및 이를 회수하기 위한 비용을 포함하여 하주가 복합운송인에게 언제든지 지급하여야 할 모든 금액에 관하여 물건 및 그에 대한 관련서류에 대하여 유치권을 가지며 복합운송인이 적절하다고 생각하는 합리적인 방법으로 유치권을 행사할 수 있다.

물건의 보관료 기타 하주가 운송인에게 지급하여야 할 모든 금액에 대하여 운송인은 그 물건 및 관련서류에 대하여 유치권을 가지며 이를 적절하게 행사할 수 있다(상법 제800조 제2항 참조).

제15조 공동해손

하주는 복합운송인에게 생길 수 있는 공동해손의 성질을 갖는 모든 청구에 관하여 복합운송인에게 배상하여야 하며 이와 관련하여 복합운송인이 요구하는 담보를 제공하여야 한다.

선박 및 적하의 공동위험을 면하기 위하여 선박 또는 적하에 대하여 처분을 하고 이로 인하여 손해 또는 비용이 발생한 경우 이해관계인이 공평하게 분담하는 것이 공동해손제도이므로 하주는 운송인의 그러한 성질의 분담청구에 대하여 당연히 배상하여야 하고 또한 필요한 담보를 제공하여야 한다

제16조 통지

1. 제12조에 따라서 물건이 수하인에게 인도된 때에 수하인이 멸실 또는 훼손의 일반적 성질을 명시하여 서면으로 복합운송인에게 물건의 멸실 또는 훼손의 통지를 하지 아니하면 그러한 교부는 복합운송인이 이 복합운송증권에 기재된 바와 같이 물건을 인도하였다는 추정적 증거가 된다.

2. 멸실 또는 훼손이 외관상 명백하지 아니한 경우에는 제12조에 따라서 물건이 수하인에게 인도된 날로부터 연속 6일 이내에 서면으로 통지하지 아니하면 동일한 추정적증거의 효과가 적용된다.

수하인에게 물건이 인도된 때에 물건의 멸실 또는 훼손이 외관상 명백한 경우에는 인도시에, 그리고 외관상 명백하지 아니한 때에는 인도된 날로부터 6일 이내에(1968년 헤이그-비스비규칙 제3조 제6항 및 상법 제800조의 2 제1항에서는 3일 이내임) 일정한 내용을 서면으로 운송인에게 통지하지 아니하면 복합운송증권에 기재된 바와 같이 물건을 인도하였다는 추정적 증거가 된다. 따라서 청구인은 반증을 제시하고 배상청구를 할 수 있다.

제17조 제소기간

물건 인도후 또는 물건이 인도되어야 할 날 이후 또는 제6조 제4항에 따라서 물건이 인도되지 아니하여 수하인이 그 물건을 멸실한 것으로 처리할 수 있는 권한을 갖는 날 이후 1년 이내에 소가 제기되지 아니하고 다른 명시적인 합의가 없는 한 복합운송인은 이 약관에 의거한 책임으로부터 면제된다.

FIATA복합운송선하증권약관(제17조)에서는 물건의 인도 후 등 일정한 날로부터 9개월 이내에 제소가 없으면 운송인의 책임이 면제된다고 규정하고 있는데 여기서는 우리나라 상법의 관련 조항과의 관계를 고려하여 1년으로 연장하였다(상법 제811조 참조). 이는 기간의 중단 또는 정지가 인정되지 아니하는 제척기간(除斥期間)으로 풀이한다.

제18조 일부 무효

만일 어떠한 조항 또는 그 일부가 무효로 판정될 경우라도 이 복합운송증권 및 나머지 조항 또는 그 일부의 효력에는 영향을 미치지 아니한다.

이 약관상 어떤 조항 또는 그 일부가 무효인 경우라도 나머지 부분의 효력에는 영향이 없다.

제19조 준거법

이 복합운송선화증권의 준거법은 대한민국법으로 한다.

본 복합운송선화증권을 규율하는 준거법은 당사자 자치의 원칙에 따라 대한민국법으로 하기로 정한다. 따라서 제19조의 영문조항은 다음과 같이 수정하여야 한다.
Article 19 (Governing Law)
This multimodal transport Bill of Lading shall be governed by Korean Law.

제20조 중재 / 재판관할

* 제20조 제1항 및 제2항은 두 조항 중에서 택일하여 적용되지 않는 조항은 서식인쇄 전에 삭제하여야 된다.

(1) 이 계약으로부터 또는 이 계약과 관련하여 또는 이 계약의 불이행으로 말미암아 당사자간에 발생하는 모든 분쟁, 논쟁 또는 의견차이는 대한민국 서울에서 대한상사중재원의 중재규칙 및 대한민국법에 따라 중재에 의하여 최종적으로 해결한다. 중재인(들)에 의하여 내려지는 판정은 최종적인 것으로 당사자 쌍방에 대하여 구속력을 가진다.

(2) 이 거래로 부터 발생되는 모든 분쟁의 본안에 관한 제1심 재판의 관할은 서울중앙지방법원의 전속관할로 하기로 한다.

제20조의 중재 및 재판관할조항은 분쟁이 발생하면 우리나라에서 법원에 의한 소송이나 대한상사중재원의 중재 중의 하나를 선택하여 소송으로 가거나 중재로 갈 수 있도록 안내하였다. 중재로 하기로 한 경우에는 중재가 법원의 판결과 동일한 효력이 있고 다시 법원으로 소가 제기되는 것은 허용되지 않는다. 따라서 (1)항과 (2)항 중 오직 하나만이 기재되어야 한다.

제20조의 영문조항은 다음 내용에서 (1)항 또는 (2)항 중 하나만을 선택하여 적용하지 않는 조항은 서식인쇄 전에 삭제하여야 한다.

보충자료 및 참고문헌

1) ① shipping main mark

② shipping care mark

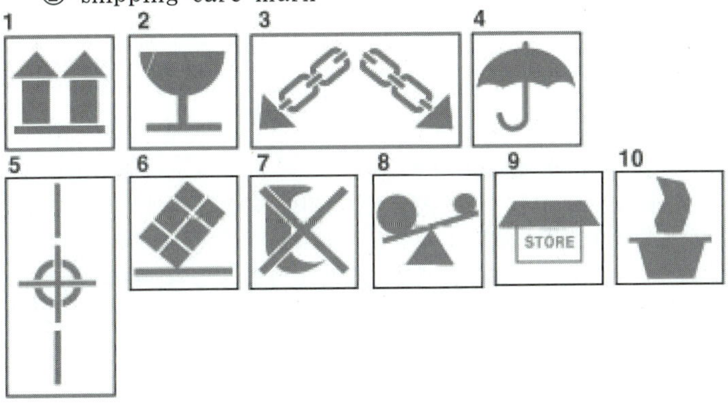

1. THIS SIDE UP,
2. FRAGILE
3. SLING HERE,
4. KEEP DRY
5. CENTER OF BALANCE,
6. DO NOT DROP,
7. USE NO HOOK.
8. HEAVY WEIGHT THIS END.
9. REQUIRING
10. WAREHOUSING.

2) 수출상이 수출화물 적재를 위해 수출화물이 대기 중인 현장으로 빈 컨테이너를 보내줄 것을 요청하는 것을 컨테이너를 "door order 한다."고 한다.

3) Booking 내용에 의거 선박회사에서는 화물을 적입할 수 있는 빈 컨테이너(Empty Container)를 하주가 지정한 창고로 보내 준다(이를 실무에서는 Spotting 또는 Positioning 이라고 한다). 이 컨테이너는 운송화물에 대한 창고 내지는 대형 포장재에 해당하므로 이를 인수시 이상이 없는지를 잘 조사한 후 기기인수도서(CIR)를 작성, 양 당사자가 서명한다. CIR이 갖는 의의는 ① 컨테이너라는 운송장비가 하주의 관리 하에 있는 동안 손상되었을 시 하주는 이를 배상하여야 하며 EIR은 책임소재를 판단하는 기초자료임 ② 인수시 기기의 상태를 검사하여 내부에 적입된 화물의 안전을 도모하고 손해를 사전에 예방하기 위함.

4) B/L (Container Packed by Merchant) ; "If the cargo received by the Carrier is container(s) into which contents have been packed by or on behalf of the Merchant, (1) this Bill of lading is prima-facie evidence of the receipt only of the number of container(s) as shown on the face hereof; and the order and condition of the contents and any particulars thereof (including marks and numbers, number and kind of packages or pieces, descriptions, quality, quantity, gauge, weight, measure, nature, kind and value) are unknown to the Carrier, who accepts no responsibility in respect thereof, and (2) the Merchant warrants that the stowage of the contents of container(s) and their closing and sealing are safe and proper and also warrants that the container(s) and contents thereof are suitable for handling and carriage...... (3) the Merchant shall inspect the container(s) when the same are furnished by or on behalf of the Carrier, and they shall be deemed to have been accepted by the Merchant as being in sound and

suitable condition for the purpose of the transport contracted herein, unless he gives notice to the contrary in writing to the Carrier, and (4) if the container(s) are delivered by the Carrier with seals intact, such delivery shall be deemed as full and complete performance of the Carrier's obligation hereunder and the Carrier shall not be liable for any loss of or damage to the contents of the container(s), and (5) the Carrier shall be at liberty to open the container(s) and to inspect the contents of the container(s) without notice to the Merchant at such time and place as the Carrier may deem necessary and all expenses incurred therefrom shall be borne by the Merchant; in case the seals of container(s) are broken by the customs or other authorities for inspection of the contents of the said container(s), the Carrier shall not be liable for any loss, damage, expenses or any other consequences arising or resulting therefrom."

5) 컨테이너에 화물을 적재한 후 입구를 금속재로 봉인하는 것을 말한다. 여기에는 식별을 하기 위한 기호 및 번호가 붙어 있다. 이 봉인상태를 통하여 화물의 도난, 부정행위의 유무, 화물의 이상 유무를 확인할 수 있다.

6) 대법원 2001.2. 9. 선고 98-49074 판결
■ 사실관계 ; H사는 1995년 U사로부터 신문용지를 수입하는 계약을 체결하였다. 운송인인 피고는 U사로부터 중국 대련항으로부터 부산항까지 위 화물을 컨테이너에 의한 해상운송을 의뢰받아, U사에 화물을 적입할 컨테이너를 제공하였고, U사는 이를 컨테이너에 적입하였다. 그 후 피고는 U사로부터 화물을 컨테이너에 적입된 상태로 수령하여 이를 피고의 선박에 선적하고, "외관상 양호한 상태로 수령함", "송하인이 적입하고 수량을 셈" 그리고 "1,504롤이 들어 있다고 함"이라는 문구가 기재된 무고장 선화증권을 발행하였다. H사는 정당한 선화증권의 소지인으로서 컨테이너를 개봉하였는데, 화물의 일부가 찌그러져 젖었거나 잘린 상태로 손상되어 있는 것을 발견하였다. 한편, 보험회사인 원고는 H사에게 보험금을 지급하고 보험자대위의 법리에 따라 운송인인 피고에게 구상금청구의 소를 제기하였다. 원고는 운송인인 피고가 제대로 방수처리가 되지 않은 컨테이너를 제공하였고, 해상운송과정에서 거친 항해를 하였으며, 부산항에서 양하시 비가 내렸음에도 컨테이너를 방치하여 컨테이너에 빗물이 스며들게 한 과실로 화물이 손상되었으므로, 피고는 H사에게 채무불이행 또는 불법행위로 인한 손해배상책임이 있다고 주장하였다. 이에 대하여 피고는 이 사건 선화증권에는 부지약관이 기재되어 있으므로 이 사건 화물의 손상사실에 대한 입증책임은 원고에게 있다고 다투었다.
■ 판단내용 ; 송하인측에서 직접 화물을 컨테이너에 적입하여 봉인한 다음 운송인에게 이를 인도하여 선적하는 형태의 컨테이너 운송의 경우에 있어서는, 상법 제814조 제1항 소정의 선화증권의 법정기재 사항을 충족하기 위하여 혹은 그 선화증권의 유통편의를 위하여 부동문자로 "외관상 양호한 상태로 수령하였다."는 문구가 선화증권상에 기재되어 있다고 할지라도, 이와 동시에 "송하인이 적입하고 수량을 셈(Shipper's Load &Count)" 혹은 "……이 들어 있다고 함(Said to Contain……)." 등의 이른바 부지(不知)문구가 선화증권상에 기재되어 있고, 선화증권을 발행할 당시 운송인으로서 그 컨테이너 안의 내용물 상태에 대하여 검사, 확인할 수 있는 합리적이고도 적당한 방법이 없는 경우 등 상법 제814조 제2항에서 말하는 특별한 사정이 있는 경우에는 이러한 부지문구는 유효하고, 위 부지문구의 효력은 운송인이 확인할 수 없는 운송물의 내부상태 등에 대하여도 미친다고 할 것이다. 따라서 선화증권상에 위와 같은 부지문구가 기재되어 있다면, 이와 별도로 외관상 양호한 상태로 선적되었다는 취지의 기재가 있다 하여 이에 의하여 컨테이너 안의 내용물의 상태에 관하여까지 양호한 상태로 수령 또는 선적된 것으로 추정할 수는 없다고 할 것이므로, 이러한 경우 선화증권 소지인은 송하인이 운송인에게 운송물을 양호한 상태로 인도하였다는 점을 입증하여야 한다.
■ 분석 ; 위 대법원 판결은 1991년 상법이 개정된 이후 부지약관의 효력에 관하여 구체적으로 밝힌 점에서 커다란 의미가 있다. 상법 제814조 제2항은 운송물의 중량, 용적, 개수 또는 기호가

운송인이 실제로 수령한 운송물을 정확하게 표시하고 있지 아니하다고 의심할 만한 상당한 이유가 있는 때 또는 이를 확인할 적당한 방법이 없는 때에는 그 기재를 생략할 수 있다고 규정하고 있어 화물의 내부상태가 포함되는지 여부가 불분명하나, 화물의 내부상태가 상법 제814조 제2항의 규정하는 범주에 속하지 아니한 것으로 해석하는 경우에는, 부지약관의 효력은 부정됨에 따라 선화증권의 기재내용을 부인하는 입증책임은 운송인에게 있다고 하여야 할 것이다. 그런데 화물의 내부상태가 손상되었다는 것이 손해배상의 주된 내용인 본 사안에서, 위 판결은 부지약관의 허용범위를 넓게 해석하여 화물의 내부상태에 관한 것까지 포함시킴으로써 부지약관의 효력을 확장시켰다는 점에 의의가 있다. 본 사안의 경우 선화증권에는 "송하인이 적입하고 수량을 셈(Shipper's Load &Count)" 혹은 "……이 들어 있다고 함(Said to Contain……)."이라는 전형적 부지약관 문구가 기재되어 있었는바, 이와 같이 컨테이너운송에 흔한 S.T.C(Said To Contain)이라는 문구는 입증책임의 전환에 관한 부지약관의 일종으로 해석하는 견해가 있다. 선화증권에 이러한 문구의 기재를 금지하는 경우에는, 운송인이 선화증권에 송하인이 서면으로 통지한 운송물의 종류, 중량 또는 용적, 개수와 기호를 기재하여야 하고 이러한 사항은 선화증권은 기재된 대로 수령 또는 선적한 것으로 추정되므로(상법 제814조의 2), 운송인은 이에 대하여 입증책임을 부담하였을 것이나, 부지약관의 기재를 통하여 송하인이 선적시 화물의 내부상태가 손상되지 않았다는 사실을 입증하여야 할 것이므로, 입증책임의 전환의 성격을 가지는 것으로 해석된다.

■ 결론 ; 이상에서 부지약관을 개관한 후 한국 상법의 규정 및 한국 대법원의 대표적 판례들을 살펴보았다. 이에 의하면, 1991년 개정된 상법은 헤이그규칙과 함부르크규칙의 관련 규정을 도입하여 부지약관이 인정되는 특별한 사유를 명시하고 있고(제814조 제2항), 2001. 2. 9. 선고된 98-49074 판결은 상법의 위 규정이 적용되는 구체적 기준을 제시한 것으로 해석된다. 이러한 법규정과 법원판례의 해석과 같이, 부지약관은 운송물 확인의 어려움과 운송거래의 신속을 지나치게 중시한 나머지 송하인이나 선화증권의 소지인 등 이해관계인의 권리가 침해되지 않도록 제한적 범위내에서 인정되어야 할 것이다. 즉, 운송인이 해상운송계약을 체결함에 있어 자신의 면책 또는 이익만을 위하여 부지약관의 도입을 강제하거나 부지약관의 효력을 인정하기 위한 특별한 사유의 요건을 구비하지 아니한 채 부당하게 작성한 경우에는 부지약관의 효력은 부인되고, 이에 따라 운송인은 운송물의 수령 또는 선적시 수량, 중량 등이 상이하였다는 점을 입증하여야 할 것이다. 이와 관련하여, 아직은 부지약관에 관한 법원의 판례가 누적되지 아니한 상태여서 부지약관의 효력이 인정되는 경우와 부정되는 경우에 다양한 사안에 참고할 수 있는 구체적인 기준이 마련되었다고 보기는 어려우나 이에 대한 심도 있는 연구와 다양한 판례의 누적을 통해서 머지않아 이러한 기준이 정립될 수 있을 것으로 기대한다.

7) Paul Engels, International Carriage of Goods, ed. by Julian D.M. Lew, in International Trade : Law and Practice, Euromoney, 1983, p.25.

8) 고속도로 및 자동차전용도로의 출입 등의 기준
고속도로와 도로법 제54조의3의 규정에 의하여 도로의 구분에 따른 설계기준자동차는 다음 표와 같다.

도로의 구분	설계기준자동차
고속도로 및 주간선도로	세미트레일러
보조간선도로 및 집산도로	세미트레일러 또는 대형자동차
국지도로	대형자동차 또는 소형자동차

설계기준자동차의 종류별 제원은 다음 표와 같다.

자동차 종류별	폭	높이	길이	축간거리	앞내민 길이	뒷내민 길이	최소 회전반경
소형자동차	1.7	2.0	4.7	2.7	0.8	1.2	6.0
대형자동차	2.5	4.0	13.0	6.5	2.5	4.0	12.0
세미트레일러	2.5	4.0	16.7	앞축간거리4.2 뒤축간거리9.0	1.3	2.2	12.0

1. 축간거리 : 앞바퀴 차축의 중심으로부터 뒷바퀴 차축의 중심까지의 길이를 말한다.
2. 앞내민길이 : 자동차의 앞면으로부터 앞바퀴 차축의 중심까지의 길이를 말한다.
3. 뒷내민길이 : 뒷바퀴 차축의 중심으로부터 자동차의 뒷면까지의 길이를 말한다.

9) 도로운송중량제한에 따라 초과되는 제품들은 연안해송을 통하여 화물의 운송이 완료되어야 한다. 고속도로, 국도, 지방도 등의 도로를 운행하는 차량 중 총중량 40톤, 축중 10톤을 초과하거나 적재적량을 초과하는 화물을 적재한 차량으로서 중량 측정계의 오차를 감안 10%의 허용치를 두어 총중량 44톤 또는 축중 11톤 이상은 연안해송을 이용하는 것이 바람직하다. 이를 위반 시 현재 벌칙금은 행위자 및 사용자에게 각각 200만원이다. 연안해송시에 상행의 경우 부산 우암 7부두에서 선적된다. 일반부두는 장치기능이 거의 전무해 컨테이너를 장기간 장치할 수 없기 때문에 부두 내 평균체재기간은 약 12시간 가량이며 선적스케쥴에 맞춰 수송이 완료된다. 해상운송구간의 소요시간은 출항 1시간, 항진 27시간, 인천입항 1시간 30분, 인천하역 5시간을 거쳐 인천항에 약 3~5일간 체류하며 이어 내륙운송을 거쳐 하주 문전까지 운송된다.

10) FCL 수출품의 통관 후 운송

□ 컨테이너조달 요청시 관련서류

① 공컨테이너 요청서(Empty Container Door Order)〈화주-포워더-선사-트럭운송 시〉

② EIR(Equipment Interchange Receipt : 기기수도증)〈화주-선사-CY-트럭기사 시〉

※EIR 5부의 용도

① Original(기사가 화주에게 전달)
② Local Office Copy
③ Loading CY/CFS
④ Discharging Port CY/CFS
⑤ Office File

□ 수출신고 위반시 제반서류 : ① 수출신고서, ② 수출승인서(필요시), ③ 상업송장(Invoice), ④ 포장명세서(Packing List), ⑤ 기타법령에 의한 허가승인의 조건을 증명하는 서류

□ 운송시 지참하여야 할 서류 ; -수출신고필증

LCL(Less than Container Load Cargo)화물의 운송

LCL화물은 20′ 또는 40′ 컨테이너 1대에 채울만한 물량이 되지 못하여 컨테이너 Door 운송과정이 필요없이 물품을 Loose Cargo 상태로 트럭에 실어 운송인이 지정한 부산지역의 CFS로 운송하는 것을 말한다. 하주의 수출입화물이 LCL 화물인 경우에는 일반적으로 하주가 직접 일반차량을 수배해서 CFS까지 수송하고 있으며, 운임을 절약하고 동일지역행 화물과 혼재하기 위해서 통상 포워더를 이용하고 있다.

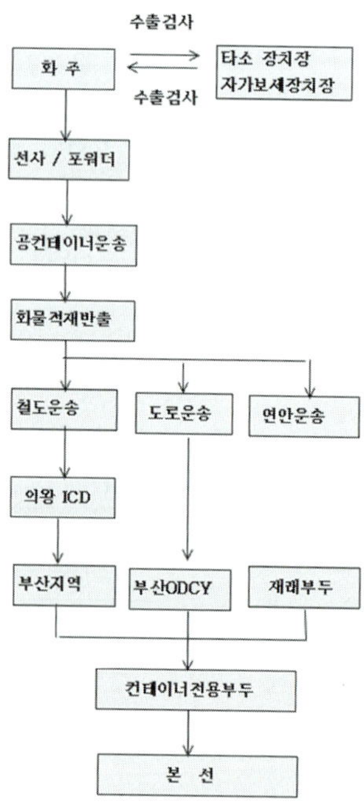

LCL 수출품의 DOOR 통관후 운송

□ LCL 수출품의 Door 통관후 운송
① FCR(Forwarder's Cargo Receipt),
② Forwarder's B/L, ③ Master B/L 〈선사→포워더〉,
④ House B/L(포워더→화주)
※선적통지(Shipping Advice ; 수출국 포워더가 수입국파트너 포워더에 통지하는 경우)
① 선적서류송부서(Covering letter),
② 선화증권사본(Master B/L),
③ House B/L or FIATA B/L,
④ 수출컨테이너번호 목록,
⑤ 적하목록(Manifest),
⑥ 선적통지서(Shipping Advice),
⑦ 본선적부계획서(Stowage Plan),
⑧ 위험화물목록(Dangerous Cargo),
⑨ 냉동화물목록(Reefer Cargo),
⑩ 이상화물목록(Exception List),
⑪ 컨테이너내부적부도(Container Load Plan),
⑫ Freight Invoice(Collect 경우),
⑬ 포장명세서, 송장,
⑭ 정산서(Disbursement)

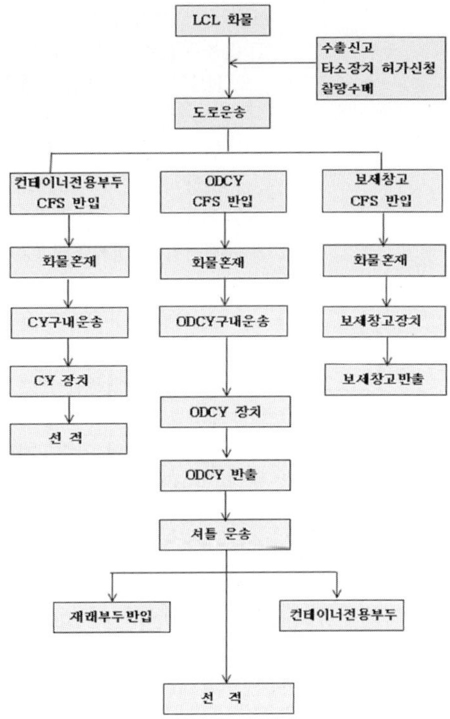

□ 포워더의 혼재형태

① Buyer's Consolidation

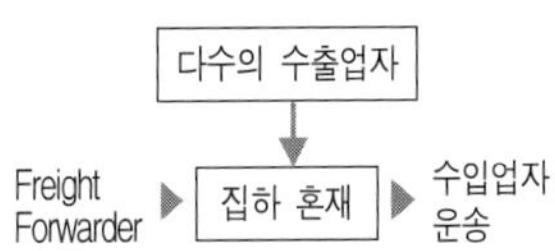

포워더가 수입업자(Buyer)의 위탁을 받아 다수의 수출업자(Seller)로부터 화물을 집하하여 운송하는 형태

② Forwarder's Consolidation

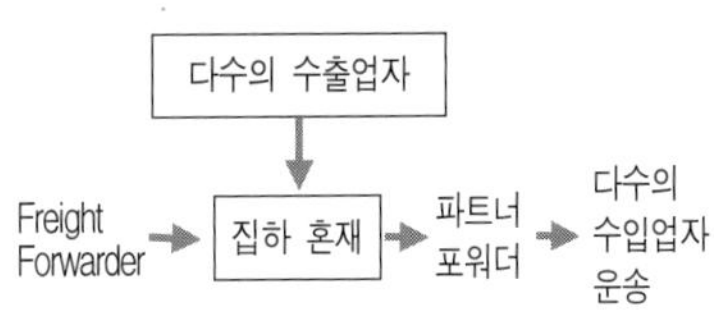

포워더가 다수의 수출업자로부터 화물을 집하 혼재하여 화물 수입국의 파트너 포워더(또는 Agent)를 통해 다수의 수입업자에게 수송하는 형태

③ Co-Loading

포워더가 자체적으로 집하한 LCL화물이 FCL화물로 혼재되기에 부족한 경우 동일 목적지의 LCLLCL 화물을 보유하고 있는 타 포워더에게 Joint Consolidation을 의뢰하여 화물을 신속하고 경제적으로 수송하는 방법

□ 컨테이너 전용부두(부산항)

① HBCT(Hyundai Busan Container Terminal), ② PECT(Pusan East Container Terminal) : 신선대 부두, ③ 감만부두 : 한진 현대, 세방, 대한통운 운영부두, ④ 우암부두 : 우암터미널(주), ⑤ 감천부두 : 한진해운

선적지 통관 시 운송절차(부산항 기준)

□ 수송되어 선적지에 도착하여 혼재 작업이 이루어지는 3가지 경우

① 전용부두에 직반입 되는 경우
- HBCT, PECT등 전용부두에 직반입되어 혼재작업후 선적되는 경우
- 현재 HBCT CFS를 사용하는 선사(현대, 조양, 한진, APL 등)

② 혼재작업이 ODCY의 CFS에 반입되어 이루어지는 경우
- ODCY의 CFS까지 수송되기 위하여 화주가 일반트럭을 직접 수배하여 운송하는 경우와 포워더가 대행하는 경우가 있음.

③ 보세창고 CFS에 반입되는 경우〉
- 선적되기까지 일정기간의 여유가 있는 경우 일반 보세창고에 반입하여 선적시점에 작업

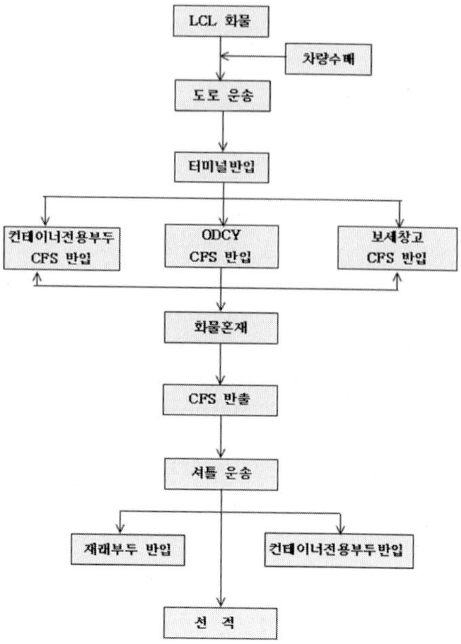

□ 선적지 수출신고 제반서류 : ① 수출신고서, ② 수출승인서(필요시), ③ 상업송장(Invoice), ④ 포장명세서(Packing List), ⑤ 기타법령에 의한 허가승인의 조건을 증명하는 서류

11) 수입화물이 양하지에 도착하면 선사는 해당 화주에게 화물 도착통지를 하고 화주는 은행으로부터 선적서류를 인수 받아 수입통관절차를 밟게 된다. 이 경우 부두에서 양하되어 화주의 문전까지 화물이 도착되는 일련의 과정을 살펴보면 FCL인 경우 부두직반출인 경우와 ODCY 등을 거친 후 수입통관되는 경우로 크게 구분된다. 수입시 선박이 입항하여 화물이 양하되고 통관수속을 거친 후 화주의 문전에 도달하기 까지의 일련의 과정이 경우에 따라 매우 복잡하지만 커다란 줄기를 기준으로 하여 살펴보면 다음과 같은 경로를 따른다.

① 화물양하의 2가지 경우
－선박이 전용부두에 접안하여 화물이 양하되는 경우
－선박이 재래부두에 접안하여 화물이 양하되는 경우

② 검역업무
검역대상화물에 한하여 실시하며 화주 또는 선사가 검역소에 신청서를 제출하여 수행
－식품검역 : 국립검역소
－식물검역 : 식물검역소
－동물검역 : 동물검역소

③ 보세운송업무
－일반보세운송
－간이보세운송
－해상간이보세운송 : 연안수송
－세관관할 내 간이보세운송
- 무환화물 간이보세운송

④ 배정처의 지정

선사로부터 수입화물 도착통지를 받은 화주는 자신의 화물이 어느 창고에 입고될 것인가를 지정하며, 선사는 적하목록상에 배정처를 기록하여 배정적하목록을 작성하여 세관에 신고한다. 세관에서 배정적하목록 확인을 끝내면 선사는 하역회사, 운송회사와 함께 해당 배정처로 화물을 이송하게 되는데 보통의 경우 화주가 지정하지 않을 경우 선사에서 임의로 배정한다.

□ 포워더를 통한 수입의 경우 선적서류 입수(수출국 파트너 포워더→수입국 포워더)
① 선적서류송부서, ② House B/L Copy, ③ Master B/L(Original &Copy), ④ 상업송장, ⑤ 포장명세서, ⑥ 컨테이너내부적부도, ⑦ 적하목록, ⑧대변/차변전표(Credit/Debit Note) 또는 정산서

□ 도착통지(포워더 → 화주) ; ·도착통지서(Arrival Notice)

□ 배정적하목록 작성보고(화주(포워더)→선사 →세관) ; ·배정적화목록

□ 수입신고 및 통관(일반 수입통관절차와 동일하다 : 포워더→세관, 화주→세관)
① 수입신고서, ② 수입승인서(필요시), ③ 상업송장, ④ 원산지증명서(필요시), ⑤ 검역증(필요한 경우), ⑥ 선화증권 사본

□ 화물인수 시 관련서류 ; ① 수입신고필증, ② 은행결제서류, ③ 화물선취보증서(서류미도착시), ④ 화물인도지시서(D/O), ⑤ 화물반출허가서

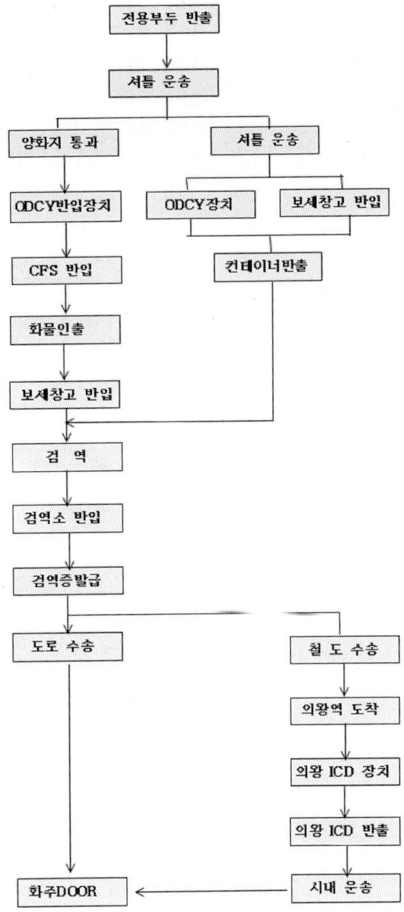

12) 정식명칭은 불어로 되어 있으나 영어로는 "International Convention Concerning the Carriage of Goods by Rail 1970(CIM)"으로 표기한다.
13) CIM convention 제 11 조
14) 송채헌, "국제운송인의 책임에 관한 연구" 박사학위 논문, 조선대학교,1999, pp.17-19
15) D M. Day, The Law of International Trade,(London: Butterworths, 1981, P.89.
16) D M Day, op cit, P. 90.
17) Clive M. Schmitthoff, Schmitthoff Export Trade(London: Steven & Sons, 1990), P. 634.
18) Ibid, P.634.
19) CMR 제17조 1항
20) 철도화물탁송장(Railway Consignment Note)이란 송화인이 운송을 위탁할 시 철도운송인, 도로운송인 서명하여 3부가 발행된다. 이 중 제1부는 송화인, 제2부는 화물과 함께 탁송되며 제3부는 운송인이 보관한다. 또한 철도화물탁송장은 유통될 수 없으며 권리증서도 아니다. 다만 계약의 조건과 운송인이 화물을 수령했다는 취지의 운송계약을 체결한 추정적 증거이다. Clive M. Schmitthoff, op cit, p.638.
21) CMR 제3조, CIM 제50조
22) CMR 제3조, CIM 제50조.
23) CMR 제30조 1항.
24) CMR 제30조 5항.
25) CMR 제17조 2항과 CMR 18조 1항.
26) CMR 제17조 4항, 18조 2항~3항.

27) CMR 제17조 2항, 제18조 1항, CIM 제36조 2항, 제37조 1항.
28) CMR 제17조 3항.
29) CMR 제17조 4항(a), CIM 제36조 3항(f)
30) CMR 제18조 4항.
31) CMR 제17조 4항(f), 제18조 5항, CIM 제36조 3항(h)
32) CMR 제17조 1항, CIM 제36조 1항.
33) CIM Annex Ⅲ RICo(Regulation concerning the Intranational Carriage of Containers by Rail) 제3조, Door-to-door carriage
34) 25 gold franc은 SDR이 소개되기 전에 사용햇으며, SDR이 1979년 항공 및 도로운송법에 의하 여 계산단위로 사용되면서 833 SDR per kg(총 중량기준)이다. Clive M Schmitthoff, op. cit, p.641.
35) D.M Day, Bemardette Gnffin, op cit., p.103.
36) CMR 제23조 5항과 CMR 제30조 3항
37) CMR 제20조 1항.
38) CMR 제32조 1항, Clive M Schmitthoff, op cit, pp.624-643.
39) 17 SDR은 50 금프랑에 해당한다. D M Day, Bernardette Griffin, op cit, P.104.
40) 자료 : 양창호외,「초대형 컨테이너선 운항에 대비한 차세대 항만하역시스템 기술개발전력 연구」, 한국해양수산연구원, 2002 및 박태원·장봉민,「컨테이너선 대형화의 경제적 효과분석」, 한국해양수산개발원, 2002
41) 자료 : 양창호외,「초대형 컨테이너선 운항에 대비한 차세대 항만하역시스템 기술개발전력 연구」, 한국해양수산연구원, 2002 및 박태원·장봉민,「컨테이너선 대형화의 경제적 효과분석」, 한국해양수산개발원, 2002
42) 자료 : 양창호외,「초대형 컨테이너선 운항에 대비한 차세대 항만하역시스템 기술개발전력 연구」, 한국해양수산연구원, 2002 및 박태원·장봉민,「컨테이너선 대형화의 경제적 효과분석」, 한국해양수산개발원, 2002
43) 자료 : 양창호외,「초대형 컨테이너선 운항에 대비한 차세대 항만하역시스템 기술개발전력 연구」, 한국해양수산연구원, 2002 및 박태원·장봉민,「컨테이너선 대형화의 경제적 효과분석」, 한국해양수산개발원, 2002
44) 한국의 경우, 4000명이 넘는 해기사(선장·항해사·기관사)들이 육상 물류의 핵심인력으로 활약하고 있다. 국적 대형선사가 있어야만 더 많은 전문인력 배출이 가능하다.
45) 파손화물보상장(Letter of Indemnity) : 부두수취증이나 입고확인서(재래화물일 경우)를 발급할 시점에서 화물의 이상이 발견되면 해당 화물에 대해서는 정상적인 B/L(clean B/L)을 발급하지 않는 것이 원칙이나 이로 인한 하주의 불이익을 감안하여 화물의 손상이나 이상 상태가 양당사자간에 확인된 경우, 그리고 하주가 그로 인한 선박회사의 손해를 보상할 것을 서류로 약속하는 경우 선박회사는 화물의 이상에도 불구하고 이상이 없는 것처럼 정상 B/L을 발급하는 경우가 종종 있다. 이러한 경우에 발급된 L/I의 법적 효력에 대해서는 국가별로 차이가 있으나 이 L/I는 이를 발급한 송하인(수출상)과의 관계에서만 유효할 뿐, 수하인이나 제3의 B/L 소지인에게는 대항요건이 될 수 없다는 것이 공통된 입장이다. 수출지에서 이상이 있었던 만큼 목적항에서는 반드시 Claim이 발생하기 마련이며 선박회사는 L/I와 무관하게 수하인(수입상)이 청구한 손해배상에 응하여야 하나 그 배상금액을 전액 수출상으로부터 회수한다는 것이 실무적으로 거의 불가능하다는데 문제가 있다.
46) 선화증권의 발행부수가 꼭 세 장이여야 할 규정은 없다. 다만 원래 분실 · 도난 등을 감안 하여 여벌로 발행하였는데 한국은 관례로 3장을 발행한다. 또 은행에서도 선화증권의 원본 3장 모두를 보통 요구하는데 그 이유는 바이어의 요구에 따라 네고(매입)은행에서 선화증권의 수량을 요구하기 때문이다. 만약 선화증권이 한 장 발행될 경우 분실 등이나, 망실할 경우에 재발행을 하려면 선화증권의 중요성으로 여러 가지 절차와 시간을 요하므로 이러한 불편한 사항을 감안하여 관례상 3장 정도가 가장 효율적이라 여기는 것이다. 참고로 거래방식이 송금방식(T/T)일 경우에는 원본을 발행하여 바이어에게 송부하여 통관하는 방식과 SURRENDER B/L 이라는 방식으로 도착지에서 선화증권을 받는 방식도 있다.
47) 참고문헌) ICC, DCINSIGHT, Vol. 8 No.2. pp.12-13, April-June 2002.

48) R 460, ICC Banking Commission Collected Opinions 1995-2001, pp.329-331)

49) 항공화물운송장의 구성

구 분	용 도	색구분	기 능
Original 1	For Issuing Carrier (발행 항공회사용)	녹색	운임이나 요금 등의 회계처리를 위하여 사용되고 송화인과 운송인과의 운송계약체결의 증거이다.
Original 2	For Consignee (수화인용)	분홍색	출발지에서 목적지에 보내 당해 화물운송장에 기재된 수화인에게 화물과 함께 인도된다.
Original 3	For Shipper (송화인용)	청색	출발지에서 항공회사(운송인)가 송화인으로부터 화물을 수취하였다는 것을 증명하는 수취증이고 송화인과 운송인과의 운송계약체결의 증거서류이다. 그러나, '수화인용' 원본에 기재된 수화인에게 화물을 인도하는 경우에 수화인이 '송화인용' 원본을 소지하고 있는 가를 물어보지 않으므로 이 원본은 송화인의 운송품 처분권을 제한하는 효력을 가지고 있을 뿐이다. 환어음 결제에서는 이 원본으로 결제하고 있으므로 외국환은행은 취급하는데 주의하여야 한다.
Original 4	Delivery Receipt (인도항공회사 화물인도용)	황색	운송인이 도착지에서 수화인과 화물을 상환할 때 수화인이 이 부분에 서명하고 인도항공회사에 돌려주는 것으로서 화물인도증명서 및 운송계약이행의 증거서류가 된다.
Original 5	For Third Carrier (도착지 공항용)	백색	화물과 함께 도착지공항에 보내져 세관통관용 기타업무에 사용.
Original 6	For Third Carrier (도착지 공항용)	백색	운송에 참가한 항공회사가 운임청산에 사용한다.
Original 7	For Second Carrier (제2항공회사용)	백색	운송에 참가한 항공회사가 운임청산에 사용한다.
Original 8	For First Carrier (제1항공회사용)	백색	운송에 참가한 항공회사가 운임청산에 사용한다.
Original 9	For (발행대리점용)	백색	발행대리점의 보관용으로 사용한다.
Original 10	Extra Copy	백색	필요에 따라 사용한다.
Original 11	예비용	백색	

50) 전소련통과화물공단은 대외경제성(Ministry of Foreign Economic Relations)의 하부조직으로 SLB를 관장하고 있다. 주요 업무는 ⓐ 해운 · 하천운수 · 철도 · 자동차 및 항공의 각 운송수단을 복합화하여 구소련연방이나 제3국 영토경유로 외국 통과화물의 유치와 조직화, ⓑ 시베리아대륙횡단철도운송에 대해 가장 합리적이고 진보적인 수단과 방법을 선택함으로써 통과화물운송에 관한 운용으로 외화획득과 효율화 등이다.

51) BAM철도는 바이칼(Baykal)-아무르(Amur)-마기스트랄(Magistral)의 머리 글자를 따서 붙여진 이름으로 제2의 시베리아 횡단철도이다. 이 철도는 시베리아철도의 크라스노야 르스크와 이르쿠츠크 사이의 타이세트에서 시작되어 일본해에 연해있는 소베트스카야 가와니까지 총 4,300km로서 시베리아철도의 북방에 있는 철도망 중 가장 중요한 노선이다. 1974년에 공사가 시작되어 1984년 10월에 완공되었다.

52) 박게안이라고 부르는 것은 스웨덴 최고재판소 판사였던 Algst Bagge가 주재하는 국제위원회(Comité International)에서 이루어졌기 때문이다.

53) B Group(선진국), D Group(사회주의 국가), 77 Group(개발도상국) 및 미국으로 구성되었다.

찾아보기

ㄱ

가스운반선 252
개장 109
거래 파트너 모델 58
건현 248
격벽 258
경하배수톤수 250
계선주 202
공동물류 35
과다라하라 협약 390
과테말라 의정서 390
관세자유지역 213
광파표지 207
구조강도 기능 245
국제물품운송계약 144
국제복합운송 403
국제복합운송조약 147
국제철도운송조약 170
국제항공운송조약 146
군함 256
기간(정기)용선계약 288
기기인수도증 137
기본화인 132
깊이 246

ㄴ

나용선계약 230, 300
내항 기능 246
노트 249
늑골 258

ㄷ

단일운송인 책임제 432
단일책임체계 433
더블바텀방식 150
도로운송 149
돌핀 203
동남아항로 225
등록장 248

ㄹ

로지스틱스 26

ㅁ

마샤링 야드 203
만재흘수선 247
목재 방역 121
목적지화인 132
몬트리올 협정 390
무역거래정형조건 81
무화인화물 132
물류(物流) 21

ㅂ

바르샤바조약 388
방충재 202
방파제 201
배수톤수 249
변형 단일책임체계 433
복원 기능 245
복합운송증권 통일규칙 147
본선수취증 265
볼라드 203
부두 201
부두수취증 265
부양의 기능 245
부잔교 202
부정기선 229
부정기선 운송 229
부지약관 138
부화인 133
북미 동안 227
북미 서안 항로 227

비트 202

ㅅ

4PL 33
산업 혁신자 모델 59
3PL 31
선급제도 235
선적 스케줄 134
선적예약 162
선적의뢰 163
선화증권 317
세미트레일러방식 149
소비자포장 111
솔루션 통합자 운영모델 58
수선간장 248
수선장 248
수송포장 111
순톤수 250
시너지 상승 모델 58

ㅇ

어선 256
LNG선 252
여객선 255
연안 해상운송 160
열처리 121
외장 109
원유운반선 251
유럽항로 227
육상운송 149
음파표지 209
이종책임체계 432
2PL 29
인수도서 137
일관운임 432
일반화물요율 362
1PL 29

ㅈ

자유지대 212
잔교 202
재화중량톤수 250
적부도 137
전장 248
전파표지 208
전폭 248
절충식 책임체계 434
정기용선계약 230, 266
정보화인 132, 133
제1자 물류 29
제2자 물류 29
제3자 물류 31
제4자 물류 33
조종 기능 246
주화인 132
중동항로 226
진공포장 112

ㅊ

철도운송 156
총톤수 249
최저운임 363
추진 기능 245
취급주의 화인 132, 133
측면화인 133

ㅋ

캡스탄 203
컨테이너선 254
컨테이너 야드 203

ㅌ

트림 248
특수작업선 256
특정품목할인요율 361, 362

ㅍ

판재개방형 111
판재밀폐형 111
팰릿·컨테이너운임 364

편의치적 233
포장 109
포장명세서 139
표준화물선 환산톤수 250
풀트레일러방식 149
품목분류요율 361

ㅎ

한·일항로 226
함부르크 규칙 146
합판밀폐형 111
항공운송장 347
항공화물 요율 359
항만의 입지 196
항해용선계약 230, 266, 267, 268
해리 249
해운동맹 231
헤이그 비스비 규칙 145
헤이그 의정서 389
헤이그규칙 145
형상표지 209
형폭 249
화물번호 화인 133
화물선 251
화물수취시간 163
화물운송 위험담보 186
화물주선 위험담보 186
화인 130
흘수 246

INDEX

A

Aft. Peak Tank 259
AWB 347, 366

B

Berth Terms 267
bext 248
Bitt 202
bmld 249
Bollard 203
BUC 364
Bulkhead 258
B.W.T 76

C

Capstan 203
Case mark 133
Caution mark 133
CCR 362
CFR 89
CFS 137
cgt 250
CIF 90
CIM 146
CIP 93
CIR 137
closing time 163
CLP 137
CMR 169
Container Yard : CY 203
Convention note 137
Counter marks 133
CPT 91

D

DAP 98
DAT 97
DDP 95
deadweight tonnage: dwt 250
depth:d 246
Destination mark 132
DEVANNING 131
displacement tonnage 249
Double Bottom Tank 259
D/R 265
draft 246

E

ESCAP 412
ETA 135, 166
ETD 135, 166
EXW 83

F

FAS 87
FCA 85
FCL 136
Fender 202
FI 267
FIATA 398
FIO 267
FIOST 267
1PL 29
FO 267
FOB 88
Fore Peak Tank 259
Forwarder 424
4PL 33
free zone 212

freeboard 248
Freight Forwarder 424

G

GCR 361
gross tonnage 249
Guadalajara Convention 390
Guaremala Protocol 390

H

Hague Protocol 389
Hague Rules 145
Hagure Visby Rules 145
Hamburg Rules 146
Harbour 191
Hopper Tank 259

I

IACS 235
IATA 358, 397
ICAO 397
ICD 167
Industry Innovator 59
Information mark 133
IPI 408

J

JL 35

K

knot 249

L

Land Bridge 406
lbp 248
LCL 136
loa 248
load line 247
logistics 26
lpp 248
lwl 248
lwt 250

M

M/R 265
Main marks 132
Marshalling Yard : MY 203
Minimum Charge 363
MLB 408
Montreal Additional Protocol 390
Mooing Post 202
MTD 405
MTO 405

N

NCLM 22
net tonnage 250
NPPO 122
NVOCC 429

O

ODCY 137

P

Pallet 112
pier 202
Plywood Box 111
Port 191

R

rpm 249

S

SCR 362